2012

大中型批发零售和住宿餐饮企业统计年鉴

国家统计局贸易外经统计司 编

中国统计出版社
China Statistics Press

图书在版编目（CIP）数据

大中型批发零售和住宿餐饮企业统计年鉴. 2012/
国家统计局贸易外经统计司编.
--北京：中国统计出版社，2012. 10
ISBN 978-7-5037-6682-4

Ⅰ. ①大… Ⅱ. ①国… Ⅲ. ①批发业-统计资料
-中国-2012-年鉴②零售业-统计资料
-中国-2012-年鉴③饭店业-统计资料
-中国-2012-年鉴④饮食业-统计资料
-中国-2012-年鉴 Ⅳ. ①F721. 7-54 ②F719-54

中国版本图书馆CIP数据核字（2012）第208724号

大中型批发零售和住宿餐饮企业统计年鉴-2012

作　　者 / 国家统计局贸易外经统计司
责任编辑 / 马　平
封面设计 / 李雪燕
出版发行 / 中国统计出版社
通信地址 / 北京市丰台区西三环南路甲 6 号　邮政编码 / 100073
电　　话 / 邮购（010）63376909　书店（010）68783171
印　　刷 / 河北天普润印刷厂
经　　销 / 新华书店
开　　本 / 880 × 1230 毫米　1/16
字　　数 / 1032 千字
印　　张 / 33
版　　别 / 2012 年 11 月第 1 版
版　　次 / 2012 年 11 月第 1 次印刷
定　　价 / 380.00 元

如有印装差错，由本社发行部调换。

《大中型批发零售和住宿餐饮企业统计年鉴—2012》编辑成员

编辑说明

一、《大中型批发零售和住宿餐饮企业统计年鉴—2012》系统收录了全国和各省、自治区、直辖市大中型批发零售和住宿餐饮业企业基本情况、经营情况和主要财务情况的2011年年报统计数据，是一部全面反映中国大中型批发和零售业、住宿和餐饮业企业改革和发展状况的资料性年刊。

二、本年鉴正文内容分为四个部分：1.综合篇；2.地区篇；3.行业篇；4.企业篇。同时设有三个附录：1.统计上大中小微型企业划分办法；2.批发和零售业、住宿和餐饮业统计限额标准；3.主要统计指标解释。

三、为便于读者使用，本年鉴对所用略语和主要统计指标解释、统计范围和统计方法作了简要说明。

四、本年鉴中所使用的企业划型标准，采用国家统计局于2011年9月印发的《统计上大中小微型企业划分办法》。

五、本年鉴中涉及的全国性统计资料，均未包括香港、澳门特别行政区和台湾省数据。

六、本年鉴中所使用的度量衡单位，均为国际统一标准计量单位。

七、本年鉴表中的“空格”表示该项统计指标数据不足本表最小单位数、不详或无该项数据。

目 录

综合篇

地区篇

行业篇

企业篇

附 录

综合篇

简要说明：

一、本篇资料主要内容为全国大中型批发和零售业、住宿和餐饮业企业单位数和从业人员数情况；大中型批发和零售业企业商品购、销、存情况；大中型住宿和餐饮业企业经营情况；大中型批发和零售业、住宿和餐饮业企业主要财务及经济效益分析指标等。

二、大中型批发和零售业、住宿和餐饮业企业采用全面调查方法。

三、批发和零售业、住宿和餐饮业大中型企业划分依据《统计上大中小微型企业划分办法》，具体见附件Ⅰ。

1-1 大中型批发和零售业企业基本情况

项目	批发业					
	大中型		大型		中型	
	2011年	2010年	2011年	2010年	2011年	2010年
一、法人单位数(个)	**22188**	**19482**	**1977**	**1749**	**20211**	**17733**
二、年末从业人数(万人)	**297.0**	**274.8**	**147.7**	**138.9**	**149.3**	**135.9**
三、商品购、销、存情况(亿元)						
商品购进额	207257.7	157566.5	90971.7	69557.3	116286.0	88009.1
商品销售额	226631.6	174266.0	102793.2	80409.8	123838.4	93856.2
期末商品库存额	14752.6	12084.5	5957.7	5112.3	8795.0	6972.1
四、实收资本及构成(亿元)						
实收资本	10305.7	8584.2	4139.6	3454.6	6166.1	5129.6
国家资本	2907.1	3030.0	1528.0	1572.7	1379.1	1457.2
集体资本	235.7	228.3	38.8	41.0	196.9	187.2
法人资本	3714.3	2468.2	1325.5	816.1	2388.8	1652.1
个人资本	1968.6	1632.7	342.8	261.0	1625.8	1371.7
港澳台资本	453.1	310.9	218.5	137.5	234.5	173.4
外商资本	1026.9	914.2	686.0	626.3	340.9	287.9
五、主要财务指标(亿元)						
(一)年末资产负债						
流动资产合计	66339.4	52597.2	26739.0	20808.3	39600.4	31788.8
固定资产原价	6216.2	5600.7	3556.7	3308.0	2659.6	2292.6
累计折旧	2135.1	1874.3	1268.9	1144.9	866.1	729.4
资产总计	84052.5	67472.4	35476.3	28612.7	48576.2	38859.7
负债合计	60726.4	47635.2	23301.4	17534.0	37425.0	30101.2
所有者权益	23326.1	19767.6	12174.9	11009.0	11151.2	8758.6
(二)损益及分配						
主营业务收入	202340.1	157166.5	90724.3	71921.6	111615.9	85244.9
主营业务成本	187787.7	144989.7	82049.0	64852.9	105738.6	80136.7
主营业务税金及附加	931.7	689.6	595.2	492.0	336.6	197.5
主营业务利润	13620.7	11020.3	8080.1	6435.7	5540.7	4584.6
其他业务利润	480.2	363.3	220.0	174.6	260.2	188.8
销售费用	5369.5	4568.1	3129.4	2671.7	2240.0	1896.4
管理费用	2762.6	2349.0	1473.4	1266.2	1289.2	1082.8
财务费用	642.5	445.2	92.9	79.1	549.6	366.1
营业利润	5519.1	4587.9	3612.7	2911.2	1906.4	1676.7
利润总额	5633.2	4854.3	3724.4	3074.9	1908.8	1779.4
应交所得税	1190.1	919.0	792.8	629.4	397.3	289.6
应付职工薪酬	1947.4	1359.1	1160.3	800.7	787.1	558.4
应交增值税	2582.5	2137.8	1341.1	1220.8	1241.4	917.0

1-1 续表

项目	零售业					
	大中型		大型		中型	
	2011年	2010年	2011年	2010年	2011年	2010年
一、法人单位数(个)	**20787**	**19097**	**2111**	**1628**	**18676**	**17469**
二、年末从业人数(万人)	**454.2**	**429.5**	**214.3**	**194.4**	**239.9**	**235.1**
三、商品购、销、存情况(亿元)						
商品购进额	50323.6	39485.7	25437.0	17984.3	24886.6	21501.4
商品销售额	58486.6	46531.4	30888.5	22391.1	27598.1	24140.4
期末商品库存额	5325.7	4106.6	2399.2	1712.9	2926.5	2393.8
四、实收资本及构成(亿元)						
实收资本	4530.8	3569.3	2187.1	1541.3	2343.7	2028.0
国家资本	875.6	638.3	676.9	430.3	198.7	208.0
集体资本	139.3	145.1	53.7	47.6	85.7	97.6
法人资本	1630.7	1241.3	682.0	511.3	948.7	730.0
个人资本	1045.0	859.6	247.7	180.4	797.3	679.3
港澳台资本	369.7	286.4	189.8	116.3	179.9	170.0
外商资本	470.5	398.5	337.1	255.4	133.5	143.1
五、主要财务指标(亿元)						
(一)年末资产负债						
流动资产合计	17218.2	13552.5	8711.0	6622.8	8507.2	6929.7
固定资产原价	5550.3	4855.3	3182.3	2628.0	2368.0	2227.3
累计折旧	1716.4	1488.6	1013.0	860.1	703.4	628.5
资产总计	25746.3	20499.3	13769.4	10551.5	11976.8	9947.8
负债合计	18666.8	14910.9	9655.0	7370.8	9011.8	7540.0
所有者权益	7109.5	5586.5	4116.8	3178.7	2992.7	2407.8
(二)损益及分配						
主营业务收入	51416.3	41517.7	26691.0	19647.8	24725.4	21869.9
主营业务成本	45598.6	36723.2	23491.4	17208.3	22107.2	19514.9
主营业务税金及附加	224.3	184.8	120.9	81.0	103.4	103.8
主营业务利润	5593.4	4389.2	3078.7	2285.1	2514.7	2104.1
其他业务利润	835.0	667.7	576.8	450.1	258.2	217.7
销售费用	3087.6	2397.0	1845.8	1344.7	1241.7	1052.3
管理费用	1565.6	1307.4	801.2	634.0	764.4	673.4
财务费用	297.1	207.2	103.6	73.1	193.6	134.1
营业利润	1544.8	1325.2	965.3	778.6	579.5	546.6
利润总额	1408.9	1251.1	949.3	755.2	459.6	495.9
应交所得税	300.1	238.4	183.1	134.5	117.0	103.9
应付职工薪酬	1403.2	997.2	755.7	487.2	647.5	510.1
应交增值税	1076.3	874.6	577.3	463.9	499.0	410.7

1-2　大中型批发和零售业企业单位数和从业人数

项　　目	法人单位数(个)		年末从业人数(人)	
	限额以上	大中型企业	限额以上	大中型企业
总　　计	**125223**	**42975**	**9010604**	**7512449**
一、批发业	**66752**	**22188**	**3734886**	**2969994**
(一)按登记注册类型分				
1.内资企业	**63170**	**20324**	**3222606**	**2503875**
国有企业	3936	2409	603078	546059
集体企业	1030	369	63513	44154
股份合作企业	353	108	20388	13806
联营企业	130	55	9248	8062
国有联营企业	51	23	2346	1942
集体联营企业	20	6	1545	1409
国有与集体联营企业	24	13	1457	1345
其他联营企业	35	13	3900	3366
有限责任公司	16530	6601	963745	783364
国有独资公司	536	319	65675	57356
其他有限责任公司	15994	6282	898070	726008
股份有限公司	1675	940	399594	382965
私营企业	37980	9428	1103740	687555
私营独资企业	2306	541	67191	36797
私营合伙企业	509	99	12888	6503
私营有限责任公司	33918	8445	973481	609993
私营股份有限公司	1247	343	50180	34262
其他企业	1536	414	59300	37910
2.港、澳、台商投资企业	**1261**	**687**	**185083**	**167745**
合资经营企业	211	124	30538	28289
合作经营企业	20	10	5927	5585
独资经营企业	997	535	136614	121980
投资股份有限公司	31	17	11611	11503
其他港澳台商投资企业	2	1	393	388
3.外商投资企业	**2321**	**1177**	**327197**	**298374**
中外合资经营企业	372	214	38881	34413
中外合作经营企业	23	14	3649	3335
外资企业	1881	927	277815	254247
外商投资股份有限公司	40	19	6514	6070
其他外商投资企业	5	3	338	309

1-2 续表 1

项目	法人单位数(个)		年末从业人数(人)	
	限额以上	大中型企业	限额以上	大中型企业
(二)按国民经济行业分				
农畜产品批发	2565	943	139843	94027
食品、饮料及烟草制品批发	5496	2558	694840	599741
米、面制品及食用油批发	1038	439	68433	51924
肉、禽、蛋及水产品批发	611	208	58060	45241
饮料及茶叶批发	1122	522	134330	115110
烟草制品批发	617	560	251706	249115
纺织、服装及日用品批发	6685	2424	446027	364317
服装批发	1883	887	174252	148681
鞋帽批发	494	192	38450	31755
文化、体育用品及器材批发	1463	563	112088	91324
文具用品批发	497	169	16739	11385
体育用品批发	120	48	9507	7933
图书批发	211	104	30624	25351
医药及医疗器材批发	3834	2186	349719	296219
西药批发	2267	1405	212181	181113
中药材及中成药批发	885	517	93272	80466
矿产品、建材及化工产品批发	30249	7723	1105296	829214
煤炭及制品批发	4349	1457	169329	125875
石油及制品批发	3095	1388	422760	400300
金属及金属矿批发	11667	2234	219485	130188
建材批发	3229	767	84123	49438
化肥批发	1251	416	58056	39074
农药批发	148	55	6759	4875
机械设备、五金交电及电子产品批发	12295	4669	732653	592160
汽车、摩托车及零配件批发	2198	871	129341	108471
家用电器批发	1201	609	162696	148227
计算机、软件及辅助设备批发	1479	514	65393	48756
通讯及广播电视设备批发	515	242	61721	54613
贸易经纪与代理	973	335	42912	33980
其他批发	3192	787	111508	69012
(三)按控股情况分				
国有控股	7197	4485	1144121	1058621
集体控股	2142	896	139464	106524
私人控股	48917	13042	1639742	1095836
港澳台控股	1193	655	176334	159089
外商控股	2148	1080	313757	286910

1-2 续表 2

项 目	法人单位数(个)		年末从业人数(人)	
	限额以上	大中型企业	限额以上	大中型企业
二、零售业	**58471**	**20787**	**5275718**	**4542455**
(一)按登记注册类型分				
1.内资企业	**56779**	**19521**	**4613019**	**3896003**
国有企业	3010	1292	307192	264362
集体企业	2493	661	127542	90208
股份合作企业	589	170	39713	31978
联营企业	240	53	11614	8100
国有联营企业	79	15	5086	3792
集体联营企业	61	19	2926	2250
国有与集体联营企业	53	6	1459	604
其他联营企业	47	13	2143	1454
有限责任公司	16210	7395	1804741	1623178
国有独资公司	236	104	22697	19383
其他有限责任公司	15974	7291	1782044	1603795
股份有限公司	1991	1096	548056	527799
私营企业	30122	8209	1645674	1250022
私营独资企业	5870	903	183497	103567
私营合伙企业	874	177	34312	21176
私营有限责任公司	22032	6735	1327644	1043751
私营股份有限公司	1346	394	100221	81528
其他企业	2124	645	128487	100356
2.港、澳、台商投资企业	**791**	**603**	**287466**	**283132**
合资经营企业	203	156	65846	64634
合作经营企业	36	18	8815	8360
独资经营企业	520	407	188183	185707
投资股份有限公司	26	18	4051	3916
其他港澳台商投资企业	6	4	20571	20515
3.外商投资企业	**901**	**663**	**375233**	**363320**
中外合资经营企业	293	210	165870	157540
中外合作经营企业	50	34	20421	20090
外资企业	531	397	183246	180097
外商投资股份有限公司	21	18	4597	4561
其他外商投资企业	6	4	1099	1032

1-2 续表 3

项目	法人单位数(个)		年末从业人数(人)	
	限额以上	大中型企业	限额以上	大中型企业
(二)按国民经济行业分				
综合零售	10559	6536	2332920	2230632
百货零售	4759	2886	1023497	975555
超级市场零售	4340	3134	1178236	1145380
食品、饮料及烟草制品专门零售	3226	823	203098	156737
粮油零售	519	107	26554	18369
肉、禽、蛋及水产品零售	447	164	31539	25451
饮料及茶叶零售	792	128	36143	24436
烟草制品零售	352	110	17298	12306
纺织、服装及日用品专门零售	3232	1249	346139	307034
服装零售	1741	802	231558	211639
文化、体育用品及器材专门零售	2943	903	189812	144759
体育用品零售	96	37	12266	11092
图书零售	1487	565	103342	79455
医药及医疗器材专门零售	3352	1531	345262	304482
药品零售	2881	1484	332919	299167
汽车、摩托车、燃料及零配件专门零售	21131	7084	1140085	881259
汽车零售	14479	6312	818953	653528
机动车燃料零售	4528	585	274012	209742
家用电器及电子产品专门零售	8189	1677	475146	354404
家用电器零售	4731	1088	331443	260765
计算机、软件及辅助设备零售	2312	279	74856	40406
通信设备零售	752	265	59075	49036
五金、家具及室内装修材料专门零售	3132	547	130195	88631
无店铺及其他零售	2707	437	113061	74517
邮购及电子销售	106	59	26615	25743
(三)按控股情况分				
国有控股	5194	2591	872535	802745
集体控股	3719	1281	335551	284846
私人控股	42070	12944	2774893	2236565
港澳台控股	720	565	255829	251171
外商控股	698	528	291860	287837

1-3 大中型批发和零售业

项目	商品购进额		进口	
	限额以上	大中型企业	限额以上	大中型企业
总计	**3281602574**	**2575813321**	**272306914**	**231622998**
一、批发业	**2660771635**	**2072577246**	**253838451**	**215752607**
(一)按登记注册类型分				
1.内资企业	**2346321332**	**1793320024**	**160260092**	**129974799**
国有企业	523670734	500074960	28173160	27063702
集体企业	19553043	14961110	1676621	1518624
股份合作企业	8093914	6409064	248195	225452
联营企业	5280586	3730494	388990	185837
国有联营企业	2172652	1312339	257476	68231
集体联营企业	308628	187427		
国有与集体联营企业	1794601	1555359	3064	3064
其他联营企业	1004705	675369	128449	114542
有限责任公司	814734498	632550902	80937453	66680154
国有独资公司	98641586	85866491	11243459	10660336
其他有限责任公司	716092911	546684411	69693994	56019819
股份有限公司	319696805	298387967	12976221	12669060
私营企业	629021692	320399192	34491484	20488736
私营独资企业	22511012	9525395	380358	250414
私营合伙企业	7815785	2136713	196125	6266
私营有限责任公司	576269144	295885024	32437828	19288482
私营股份有限公司	22425751	12852060	1477174	943574
其他企业	26270060	16806334	1367967	1143235
2.港、澳、台商投资企业	**81955476**	**66375795**	**17045423**	**14048168**
合资经营企业	14760132	13972315	1132117	1086631
合作经营企业	1092452	1048614	1594	424
独资经营企业	64585714	49923694	15895056	12946774
投资股份有限公司	1451774	1365837	16656	14338
其他港澳台商投资企业	65404	65335		
3.外商投资企业	**232494828**	**212881427**	**76532937**	**71729639**
中外合资经营企业	57768364	55534384	4537357	4271410
中外合作经营企业	10271578	10241289	36925	34415
外资企业	163558404	146466667	71798637	67299952
外商投资股份有限公司	862126	611607	155758	119603
其他外商投资企业	34356	27480	4259	4259

企业商品购、销、存情况

单位：万元

商品销售额				期末商品库存额	
		出口			
限额以上	大中型企业	限额以上	大中型企业	限额以上	大中型企业
3605258987	**2851181772**	**177950264**	**136230477**	**249793231**	**200783271**
2887010131	**2266315506**	**177409164**	**136045509**	**183289843**	**147526314**
2517171562	**1935776213**	**151550888**	**114486572**	**154566479**	**122523117**
569649317	544009425	22165893	20434095	35737598	33577028
20821920	15877977	1226745	1025060	2261087	1928688
8629296	6832384	308877	246478	720131	613496
6150637	4422933	457383	271032	363201	221319
2634982	1735376	166371	82954	141937	55654
421512	194528	70484	11707	32495	11405
1864700	1616377	73670	73670	100822	92258
1229443	876653	146858	102701	87946	62002
864851131	672585167	60095006	48679454	57161086	45213754
101594975	88654279	4945503	4634937	9793407	9061270
763256156	583930888	55149504	44044517	47367679	36152484
336879099	324660017	13733195	13081001	16075188	15113638
680274127	347872035	52388943	30071109	40653616	24808073
24903761	10788763	1172463	590552	1344196	772233
8275044	2330371	497037	230636	238795	109022
622075226	320261700	48866279	27987960	36844386	22186012
25020097	14491202	1853164	1261961	2226239	1740806
29916035	19516274	1174845	678343	1594571	1047121
95030527	**78081379**	**7208942**	**6304689**	**9448587**	**7206769**
15882675	15047005	311142	276940	929380	885386
1201850	1154542	14861		15251	13850
76154511	60177141	6866089	6013215	8308267	6129663
1722101	1633624	16850	14535	195612	177803
69389	69068			76	66
274808042	**252457914**	**18649334**	**15254248**	**19274777**	**17796428**
63647131	60963433	3042428	2604014	2896199	2787304
10765102	10727709	4492		113062	111087
198994311	179900322	15303485	12620031	16078555	14846682
1353335	827913	298691	29964	185442	49898
48163	38537	238	238	1519	1458

1-3 续表 1

项目	商品购进额		进口	
	限额以上	大中型企业	限额以上	大中型企业
(二)按国民经济行业分				
农畜产品批发	47657547	36887200	6839703	6251621
食品、饮料及烟草制品批发	191825998	166878374	6037759	3843570
米、面制品及食用油批发	27593439	21814483	2626518	1839023
肉、禽、蛋及水产品批发	9792012	7540562	432478	81300
饮料及茶叶批发	25897975	22596700	1037933	501745
烟草制品批发	94296308	90698618	427494	407994
纺织、服装及日用品批发	134313660	101421765	13266425	10757069
服装批发	48680789	40562791	4746050	3785886
鞋帽批发	8971495	6697861	793639	622210
文化、体育用品及器材批发	33232076	27800855	2130075	1481586
文具用品批发	9756244	7532001	895841	548134
体育用品批发	2043275	1729183	384889	349825
图书批发	5147620	4815294	91393	90583
医药及医疗器材批发	94512477	86236685	7284907	6737119
西药批发	65718637	61231925	3591489	3370074
中药材及中成药批发	19377653	17628403	673146	627377
矿产品、建材及化工产品批发	1661808005	1243657438	115061062	93632701
煤炭及制品批发	213642171	166717953	6823971	5609301
石油及制品批发	524178198	467600248	23653671	16893194
金属及金属矿批发	636438284	415358070	54853291	49015252
建材批发	81850230	57845432	7505437	5713868
化肥批发	34065195	27742814	1393804	1178451
农药批发	2184727	1602623	322363	319227
机械设备、五金交电及电子产品批发	392261541	333015139	81028110	74907833
汽车、摩托车及零配件批发	119030256	109398003	34035869	33124284
家用电器批发	70280317	59882629	10294499	9842588
计算机、软件及辅助设备批发	44541997	36679457	11262233	10455484
通讯及广播电视设备批发	31669114	26892490	1701000	1633193
贸易经纪与代理	35411524	29246641	10222767	8956714
其他批发	69748808	47433150	11967644	9184393
(三)按控股情况分				
国有控股	1182997235	1093770992	88082833	79335548
集体控股	75727830	62163942	8601540	7858356
私人控股	898425559	499339934	47616149	30008596
港澳台控股	76418329	60808976	16455377	13445234
外商控股	198248682	180505511	73300971	68597426

单位：万元

商品销售额				期末商品库存额	
		出口			
限额以上	大中型企业	限额以上	大中型企业	限额以上	大中型企业
49976507	38559357	1355330	961878	12991008	10941335
236753159	208472228	5868755	4076460	21592722	19241235
29334312	23001966	1339991	1228421	6988462	6065578
10810595	8274987	1835359	1166120	447121	285609
32758779	28625608	498029	377419	2832110	2233157
124655934	120291277	445179	427329	8470713	8438828
159187048	122500496	60101131	45513498	10518254	8828972
58885311	49575264	24062237	19304656	4137145	3671473
10995696	8553012	5398922	3582892	765080	670078
36328701	30326259	2963550	1852225	5269679	4658773
10428116	8030381	588955	425858	620501	448831
2515159	2152556	691648	480174	213852	180827
5379701	5009405	43700	35176	1154901	1052931
104650725	95171004	2268347	2002070	9484698	8561251
71585989	66397201	1604316	1488948	6101813	5676137
21653307	19698037	215078	186653	1944957	1751453
1734697154	1303402615	37265530	29046968	83340919	61419341
226398533	176441780	1000421	796188	9101897	6365775
544488103	495967187	5247172	5028034	17651670	13788944
657852995	426568873	14106567	11148155	37238888	26755087
87633636	60466942	3968983	2873674	4694506	3323107
34720255	28143202	1181227	1048276	5531353	4885275
2717185	2027655	398072	268297	446061	378407
450236214	384537958	47242929	37571349	33242265	28678931
143920740	133233855	6028668	4754254	9920764	9236644
77860292	67076135	6737971	5611928	5853696	5134892
48409931	39450914	3182605	2119379	2542373	2052606
35520863	30389073	1625169	1346609	2250200	1875203
39953221	32869509	10810634	7418674	2293124	1958467
75227403	50476081	9532957	7602387	4557174	3238008
1258538375	1175232589	53453925	49624438	78381271	70312769
81277363	66301453	6462436	5369654	6130588	5239964
973071946	544159929	78356385	49263240	58423742	37816678
89198892	72208310	7195264	6322538	9061059	6824275
237337828	217145180	15958171	12897182	17590366	16188703

1-3 续表 2

项目	商品购进额		进口	
	限额以上	大中型企业	限额以上	大中型企业
二、零售业	**620830938**	**503236074**	**18468463**	**15870391**
(一)按登记注册类型分				
1.内资企业	**542314080**	**427660433**	**13469916**	**11048467**
国有企业	45334825	39561135	565936	524562
集体企业	11455135	5618514	21919	9038
股份合作企业	3224616	1853692	5998	3470
联营企业	2150990	1203319	3512	3511
国有联营企业	1132679	725554	2138	2137
集体联营企业	298204	184724		
国有与集体联营企业	433348	151063	1374	1374
其他联营企业	286759	141978		
有限责任公司	202266237	170272022	5685253	4752368
国有独资公司	2688996	2010137	131059	75696
其他有限责任公司	199577241	168261885	5554194	4676672
股份有限公司	84601628	80689435	474542	453617
私营企业	180124076	119413376	6216353	4858571
私营独资企业	18013783	6832994	188198	135931
私营合伙企业	3103602	1311348	7025	1790
私营有限责任公司	148936016	104100664	5618938	4330240
私营股份有限公司	10070674	7168370	402191	390609
其他企业	13156572	9048940	496404	443331
2.港、澳、台商投资企业	**33395124**	**32462457**	**3209368**	**3131536**
合资经营企业	8853832	8602628	856667	800394
合作经营企业	3217801	3152171		
独资经营企业	18614959	18021994	2260460	2238900
投资股份有限公司	423659	412542	92242	92242
其他港澳台商投资企业	2284873	2273122		
3.外商投资企业	**45121735**	**43113184**	**1789179**	**1690388**
中外合资经营企业	20374772	19526732	579725	572573
中外合作经营企业	2358220	2136824	396	373
外资企业	21474811	20664391	1202053	1110436
外商投资股份有限公司	785464	738136	7006	7006
其他外商投资企业	128468	47101		

单位：万元

商品销售额				期末商品库存额	
		出口			
限额以上	大中型企业	限额以上	大中型企业	限额以上	大中型企业
718248855	**584866265**	**541101**	**184968**	**66503388**	**53256957**
622051697	**495495659**	**512931**	**157758**	**57830612**	**44913194**
54040961	47248449	48534	43258	3773948	3225958
12853673	6368331	3876	632	801779	467882
3943342	2324722			549613	170130
2536384	1480300			199360	139739
1395503	945430			119383	90959
335333	214334			27996	22321
470497	154739			26198	12862
335050	165797			25784	13599
226742421	191558478	162058	19255	24156357	19898568
2843099	2149691			863564	274047
223899322	189408787	162058	19255	23292793	19624520
109900041	105220939	60971	60970	6513803	6132796
196730732	130595276	229771	33643	20506075	13951414
19892091	7816611	20519	300	1501758	729063
3425956	1488171	223		295187	143796
162650118	113694742	206984	32943	17799789	12429718
10762568	7595751	2045	400	909341	648837
15304142	10699165	7720		1329677	926706
41225885	**40108190**	**1798**	**1798**	**4115961**	**3971804**
11434739	11142044	564	564	1006893	974889
3971229	3888834			150680	138994
22937973	22227783	1234	1234	2721308	2622700
604232	584053			87323	85546
2277712	2265477			149757	149675
54971274	**49262416**	**26373**	**25413**	**4556816**	**4371959**
27201929	22844361	2704	2704	1795121	1746477
2933977	2668829	421	421	228892	214345
23921251	22959663	23247	22288	2447922	2338433
791495	744083			66443	63655
122621	45479			18438	9050

1-3 续表 3

项目	商品购进额		进口	
	限额以上	大中型企业	限额以上	大中型企业
(二)按国民经济行业分				
综合零售	159735136	148715374	1196723	1172669
百货零售	83939049	78272463	840582	826870
超级市场零售	67156469	64943811	319283	316324
食品、饮料及烟草制品专门零售	16512857	10502475	132346	102076
粮油零售	4603997	3408516	3676	
肉、禽、蛋及水产品零售	2317863	1535967	38	38
饮料及茶叶零售	2819349	1288850	11487	3477
烟草制品零售	1922461	1292790	100310	96897
纺织、服装及日用品专门零售	20948013	15563417	911259	865580
服装零售	13894768	10968614	626164	591345
文化、体育用品及器材专门零售	15540843	11130425	782382	761081
体育用品零售	769500	671354	3718	3695
图书零售	7388807	5661918	136967	131991
医药及医疗器材专门零售	25580924	21113287	211193	119594
药品零售	24190955	20746363	30864	28759
汽车、摩托车、燃料及零配件专门零售	298592089	239660984	14279724	12243732
汽车零售	205386948	166094945	13924385	11982738
机动车燃料零售	86749450	71248228	165457	131529
家用电器及电子产品专门零售	54961395	40803511	415217	309689
家用电器零售	37474180	29498698	48536	30096
计算机、软件及辅助设备零售	11380317	7149800	42107	3637
通信设备零售	4733956	3552711	16911	2845
五金、家具及室内装修材料专门零售	13960943	7652162	105019	66317
无店铺及其他零售	14998739	8094441	434602	229654
邮购及电子销售	4893141	4170902	3274	3078
(三)按控股情况分				
国有控股	140187101	128973441	1859415	1627443
集体控股	31391688	23176477	444157	378517
私人控股	306943751	222497057	9347889	7521074
港澳台控股	29572790	28737533	3024619	2962099
外商控股	31950502	30603869	1267361	1128539

单位：万元

商品销售额		出口		期末商品库存额	
限额以上	大中型企业	限额以上	大中型企业	限额以上	大中型企业
193278363	181077331	73439	68084	17697700	16675619
108278844	102116538	66548	66083	8360265	7809731
75416341	72964993	299	299	8612910	8318687
19074834	12321459	21039	11715	2051597	1311794
5137797	3936564	2187		574794	272845
2755043	1899933	16196	9404	151384	121144
3325618	1609888	187	186	436743	249506
2319053	1562608			311910	238161
26326476	20089317	100441	13668	4330197	3600006
17268606	13912290	39195	8859	2704158	2280966
16964202	12032805	39650	14734	4749757	3246810
941385	827172	7755	7755	295071	271274
7405838	5625750	2046	2046	2172252	1405661
28476972	23348270	786	670	3143876	2607705
26752993	22859478	670	670	2949892	2532746
339634962	272232009	198107	57061	26744759	20724813
217705528	175726194	170036	46348	21878518	17697277
114736401	93878371	5552	5552	3548121	2727403
60104764	44574618	33922	16157	5481198	3799874
41474687	32846241	16497	4215	3619899	2597146
12061884	7367315	11303	6501	973505	530186
5175876	3844753	5334	5334	669749	527937
16649059	9478043	27269	1106	1101518	638877
17739225	9712415	46449	1772	1202786	651459
5276544	4392857			375284	350298
176299380	160377520	101873	94992	11975131	10168549
35536055	26392993	4463	1218	2981863	2448257
336323035	244071846	282523	64732	35110179	25977862
37072861	35617271	1234	1234	3854001	3715421
38867059	37342117	137965	22709	3685051	3531854

1-4 大中型批发和零售业

项目	流动资产合计		固定资产原价	
	限额以上	大中型企业	限额以上	大中型企业
总计	**1068059988**	**835576339**	**140233545**	**117665607**
一、批发业	**860032649**	**663394024**	**74608064**	**62162492**
(一)按登记注册类型分				
1.内资企业	**739717603**	**555542779**	**68370123**	**56364338**
国有企业	136270323	126465268	21628406	20217217
集体企业	8541814	7210002	1174072	932118
股份合作企业	1997075	1527036	295670	234201
联营企业	1661744	987183	138008	115526
国有联营企业	459091	259549	65315	55466
集体联营企业	162715	31415	11563	9070
国有与集体联营企业	321920	267841	31954	30767
其他联营企业	718018	428377	29176	20222
有限责任公司	288754875	226398158	16887302	12976280
国有独资公司	43957562	40743313	2739242	2427277
其他有限责任公司	244797313	185654845	14148060	10549003
股份有限公司	75188611	70285660	12711246	12387723
私营企业	218124051	117110387	14547985	8780782
私营独资企业	5368064	2542118	920218	405986
私营合伙企业	2013929	588673	137795	67834
私营有限责任公司	201302529	107740172	12666436	7709623
私营股份有限公司	9439529	6239424	823536	597338
其他企业	9179111	5559086	987434	720492
2.港、澳、台商投资企业	**34909404**	**30468678**	**1731457**	**1518137**
合资经营企业	5325757	5005650	337573	303550
合作经营企业	226518	198910	12845	12438
独资经营企业	28648502	24588939	1306565	1128131
投资股份有限公司	702623	669712	74466	74019
其他港澳台商投资企业	6004	5468	7	
3.外商投资企业	**85405642**	**77382567**	**4506484**	**4280017**
中外合资经营企业	14386384	13444775	990502	928273
中外合作经营企业	1193427	1182275	29747	27673
外资企业	68866964	62344054	3290840	3132943
外商投资股份有限公司	943402	399610	195047	190921
其他外商投资企业	15465	11853	348	207

企业年末资产负债

单位：万元

累计折旧		资产总计		负债合计		所有者权益合计	
限额以上	大中型企业	限额以上	大中型企业	限额以上	大中型企业	限额以上	大中型企业
44946816	**38514666**	**1382877314**	**1097987715**	**1007564523**	**793931562**	**375609939**	**304356149**
25180820	**21350605**	**1074448440**	**840524865**	**787901984**	**607263813**	**286547027**	**233261500**
22658144	**19004158**	**930621300**	**711159069**	**689734920**	**519112048**	**240886950**	**192047470**
8011245	7440596	178347212	165809580	113272522	103814371	65074689	61995210
379480	299613	10584688	8926080	8834092	7496363	1750596	1429717
71822	49677	2391302	1815717	1906258	1450108	485045	365609
49897	40196	1962873	1231236	1566324	949147	396549	282090
28656	24895	556691	340601	392101	231941	164590	108660
2743	1139	203935	53588	165843	39198	38092	14390
7707	7126	383200	324360	284486	233933	98714	90427
10791	7037	819047	512688	723894	444075	95153	68613
5275297	4262685	357046644	279520203	281794231	221849662	75252859	57670989
861679	721504	59948966	54766413	44910113	41028876	15038853	13737537
4413618	3541180	297097677	224753790	236884118	180820787	60214005	43933452
4274030	4176281	114144143	107447211	71492029	67084523	42652114	40362689
4373892	2570901	254907597	139464565	203033856	111812646	51873865	27651918
223256	96403	7334367	3755097	5065154	2576275	2269214	1178822
35119	16588	2204704	683241	1836970	521495	367735	161745
3901543	2310008	234128696	127532274	187353282	102773941	46775538	24758332
213975	147903	11239829	7493954	8778451	5940935	2461378	1553019
222481	164209	11236842	6944477	7835608	4655228	3401234	2289249
603225	**515501**	**40665550**	**35627860**	**28876362**	**25224972**	**11789188**	**10402888**
111441	101720	6533301	6143046	4872595	4619914	1660706	1523132
5675	5364	249920	219849	147210	121214	102709	98634
457648	380133	32720550	28136932	23479005	20120701	9241545	8016231
28455	28284	1155772	1122566	373743	359795	782029	762771
6		6007	5468	3809	3348	2198	2120
1919451	**1830946**	**103161590**	**93737936**	**69290701**	**62926793**	**33870889**	**30811143**
423186	398952	16875153	15748336	13214806	12510097	3660347	3238239
9928	9100	1343459	1330099	1008520	1004732	334940	325366
1437631	1377015	83454798	75754390	54107245	48930947	29347553	26823443
48457	45730	1472612	893196	950104	474368	522508	418828
249	149	15568	11915	10027	6649	5541	5266

1-4 续表 1

项　　目	流动资产合计		固定资产原价	
	限额以上	大中型企业	限额以上	大中型企业
(二)按国民经济行业分				
农畜产品批发	29744437	24320869	4361838	3284020
食品、饮料及烟草制品批发	84079827	73956399	14598102	13236363
米、面制品及食用油批发	16366605	13442187	1698141	1220400
肉、禽、蛋及水产品批发	2786052	2044199	871862	724475
饮料及茶叶批发	13999630	12494135	806590	665141
烟草制品批发	38408434	36578988	8854828	8829635
纺织、服装及日用品批发	58807390	44914118	4569711	3727418
服装批发	23645594	20077359	1685392	1490150
鞋帽批发	3817727	3069637	398734	356140
文化、体育用品及器材批发	15676748	13160981	1708981	1487342
文具用品批发	3998561	3028870	204116	127528
体育用品批发	1163610	1041581	124791	118221
图书批发	4096743	3789830	929442	864243
医药及医疗器材批发	41635626	37541025	3005337	2644965
西药批发	27879503	25661418	1815648	1584170
中药材及中成药批发	8566024	7705323	565790	492785
矿产品、建材及化工产品批发	410117894	285709860	36216763	29911661
煤炭及制品批发	61813940	48031699	3808716	2931163
石油及制品批发	71428162	55577235	20651692	19090301
金属及金属矿批发	185885344	121705797	6058002	4143950
建材批发	27923423	17346494	1836035	1310115
化肥批发	16329252	14114389	1155214	836621
农药批发	1568889	1340321	220665	208564
机械设备、五金交电及电子产品批发	164621859	138576752	7796216	6190724
汽车、摩托车及零配件批发	41169501	37324249	1717327	1408116
家用电器批发	27308430	24263513	693865	542149
计算机、软件及辅助设备批发	16487542	11852984	357539	269147
通讯及广播电视设备批发	13816303	12456903	1063095	999983
贸易经纪与代理	31947957	29177464	757031	646384
其他批发	23400911	16036555	1594084	1033612
(三)按控股情况分				
国有控股	320606622	289868459	40909353	37916694
集体控股	31195722	25268703	2444480	1973279
私人控股	318599344	187327260	21527892	13825593
港澳台控股	33465295	29083180	1762395	1555082
外商控股	77890904	70407015	3524523	3338358

单位：万元

累计折旧		资产总计		负债合计		所有者权益合计	
限额以上	大中型企业	限额以上	大中型企业	限额以上	大中型企业	限额以上	大中型企业
1294926	991246	41983709	34948419	31662907	26284660	10320802	8663759
5576836	5191612	106552983	93994652	56699411	46709084	49853573	47285568
514271	380091	19555624	15915912	16614093	13553848	2941530	2362064
291850	243225	4241778	3260140	2925433	2180908	1316345	1079232
277026	230664	16819868	14841807	13448073	12086450	3371795	2755357
3765025	3753880	47431418	45558829	11240913	9478687	36190505	36080142
1583824	1292124	71417505	55591213	52380194	40207002	19037311	15384210
603775	532679	27846042	23747257	20180790	17178678	7665252	6568580
97493	82635	4794671	3934606	3442443	2776069	1352228	1158536
536484	463080	19634782	16602508	13149034	10998770	6485748	5603739
68353	44444	4432986	3305924	3585626	2743041	847360	562883
50228	46782	1396516	1264264	1031642	927766	364874	336498
277645	256728	6380339	5972923	3413120	3164497	2967219	2808426
1027482	903395	48978207	44014696	37269586	33609339	11708745	10405358
564236	488002	32909965	30208657	25131796	23129862	7778168	7078795
199668	173422	9985951	8923198	7929204	7086055	2056747	1837144
11536689	9692776	528113862	379553264	401186339	285881341	126927970	93672370
1088124	827953	80592937	64581484	57339489	45296634	23253447	19284851
6783322	6115991	109370242	87523806	73263771	58505282	36106468	29018523
1830141	1250955	225283479	151633877	182364523	122529051	42919403	29105272
530445	380563	35622715	22272723	28006912	17440187	7615803	4832536
334801	256935	19656802	16935608	16003390	13814537	3653412	3121071
46979	43332	2080480	1801042	1629790	1449722	450689	351320
2886924	2269872	192973880	162987352	143571157	120334925	49402723	42652427
528203	440978	49600897	44901806	36305629	32547771	13295268	12354035
237596	188197	30271268	27038495	25296455	22363774	4974813	4674722
142725	106485	17926679	12828564	14175927	10549746	3750753	2278818
462476	442025	17921973	15732280	10932684	9160630	6989289	6571650
249712	212034	35997924	32866928	30032316	27802699	5965607	5064230
487941	334465	28795587	19965833	21951041	15435995	6844547	4529838
14316648	13498947	435539645	392844070	292761835	262095783	142777810	130748288
783792	627863	36958715	30172010	30703281	24953963	6255434	5218046
6467798	4105143	379355440	227897953	299255338	179834429	80100672	48063971
586901	502799	38929804	33976124	27778240	24171115	11151564	9805008
1566167	1492449	93546079	84731805	62445371	56481772	31100707	28250033

1-4 续表 2

项目	流动资产合计		固定资产原价	
	限额以上	大中型企业	限额以上	大中型企业
二、零售业	**208027340**	**172182316**	**65625482**	**55503115**
(一)按登记注册类型分				
1.内资企业	**176012882**	**141291800**	**55986409**	**46141943**
国有企业	9376096	7759595	5946720	5213617
集体企业	2085932	1265141	1146630	701645
股份合作企业	1005711	555740	468391	375677
联营企业	433314	324709	146069	91290
国有联营企业	230912	187722	76215	55237
集体联营企业	61612	48098	19686	10997
国有与集体联营企业	79824	54794	20760	3505
其他联营企业	60966	34095	29408	21551
有限责任公司	71028918	60162296	18762307	16408393
国有独资公司	1032892	787459	672765	585660
其他有限责任公司	69996026	59374837	18089541	15822733
股份有限公司	26668554	25165435	14475555	12843032
私营企业	61833425	43515946	14093361	9815715
私营独资企业	3958795	2088398	1775178	725710
私营合伙企业	636558	335664	253965	108803
私营有限责任公司	53717038	38419965	11334416	8454114
私营股份有限公司	3521034	2671920	729802	527087
其他企业	3580932	2542939	947377	692574
2.港、澳、台商投资企业	**13848912**	**13370686**	**3967301**	**3833978**
合资经营企业	4419024	4327760	1268157	1220246
合作经营企业	1166694	1133493	176072	164067
独资经营企业	7542995	7250623	2193887	2131995
投资股份有限公司	204469	144033	161511	151306
其他港澳台商投资企业	515729	514777	167673	166364
3.外商投资企业	**18165546**	**17519830**	**5671772**	**5527194**
中外合资经营企业	6227927	6077846	2430727	2390484
中外合作经营企业	1171559	1092107	435089	423240
外资企业	10481317	10173015	2766538	2676976
外商投资股份有限公司	241343	157390	33199	30612
其他外商投资企业	43399	19472	6219	5882

单位：万元

累计折旧		资产总计		负债合计		所有者权益合计	
限额以上	大中型企业	限额以上	大中型企业	限额以上	大中型企业	限额以上	大中型企业
19765996	**17164061**	**308428874**	**257462850**	**219662540**	**186667749**	**89062912**	**71094650**
16476369	**13960648**	**262631460**	**213463146**	**186397754**	**154568809**	**76530284**	**59193886**
1894981	1651471	19327451	16883520	11597064	10169011	7730387	6714509
385383	239241	3348938	1979599	2249658	1402327	1099280	577272
118752	85594	1545460	986216	882025	648744	663435	337472
58730	31115	636071	486068	422477	348433	213594	137635
29440	19682	345511	284212	240401	211638	105110	72574
8671	4491	84407	63867	56428	44222	27979	19645
11845	1477	99809	64898	73148	58361	26661	6537
8773	5465	106344	73091	52500	34212	53844	38879
5785545	5162473	98090319	83028414	74028296	63627153	24336755	19677332
232797	208883	1876584	1499511	996650	748199	879934	751312
5552749	4953590	96213735	81528903	73031645	62878954	23456821	18926019
4077721	3809050	51729679	48282196	31940693	30205311	19812465	18100365
3914546	2802235	82901378	58197873	61535021	45405008	21364724	12792864
405568	175490	6178647	3030625	3605388	2032145	2573257	998478
63197	24578	953096	490817	574840	349036	378255	141781
3243538	2452680	71006371	51096625	53987301	40467917	17017439	10628708
202243	149487	4763264	3579806	3367491	2555910	1395773	1023896
240712	179470	5052164	3619260	3742520	2762822	1309644	856438
1148151	**1106370**	**20484352**	**19524704**	**14207762**	**13548288**	**6276591**	**5976416**
358969	344025	6271576	6118959	4190640	4087531	2080936	2031428
85878	82281	1347490	1269501	1118557	1070060	228932	199440
619181	605423	11140461	10770712	7789997	7567691	3350464	3203021
43166	33780	633328	276197	521950	236999	111378	39198
40958	40860	1091498	1089335	586617	586007	504881	503328
2141475	**2097043**	**25313062**	**24475000**	**19057024**	**18550652**	**6256038**	**5924349**
927122	914102	8817969	8619654	6672697	6527309	2145273	2092345
234978	231053	1525931	1432015	1057463	1026205	468468	405810
968750	942889	14622664	14195181	11096608	10797924	3526056	3397256
9726	8276	296530	202396	176960	165811	119571	36585
900	723	49967	25755	53297	33403	-3330	-7648

1-4 续表 3

项　　目	流动资产合计		固定资产原价	
	限额以上	大中型企业	限额以上	大中型企业
(二)按国民经济行业分				
综合零售	63086511	60795193	29425971	28008005
百货零售	37401487	36184063	18988849	18084161
超级市场零售	23752996	23164051	9529486	9237881
食品、饮料及烟草制品专门零售	5411490	3778870	1782436	1179351
粮油零售	1522967	1097448	375905	188022
肉、禽、蛋及水产品零售	457019	359802	294645	222670
饮料及茶叶零售	1250737	820032	379981	260119
烟草制品零售	801865	603682	137665	92460
纺织、服装及日用品专门零售	10166076	8434737	2447761	1923559
服装零售	7155060	6146261	1738916	1429789
文化、体育用品及器材专门零售	8247220	6157528	2893571	2329551
体育用品零售	537401	494332	71731	61411
图书零售	3738644	2940415	1891562	1511925
医药及医疗器材专门零售	11393466	9440641	1493786	1202723
药品零售	10567680	9184335	1392265	1145114
汽车、摩托车、燃料及零配件专门零售	77440172	60592405	19617728	16149681
汽车零售	64850753	51323467	10519006	8380436
机动车燃料零售	10589112	8463303	8677879	7640759
家用电器及电子产品专门零售	21811116	17172382	2752743	2064373
家用电器零售	16430019	13916020	2101974	1668101
计算机、软件及辅助设备零售	3154075	1740241	311894	143567
通信设备零售	1744977	1327389	285026	235326
五金、家具及室内装修材料专门零售	5062895	2627350	3363543	1487440
无店铺及其他零售	5408394	3183211	1847943	1158432
邮购及电子销售	1458488	1292925	163384	159431
(三)按控股情况分				
国有控股	35331263	32468050	18701779	17557739
集体控股	9102994	7805144	3976175	3311220
私人控股	107876835	81600011	25789538	19817844
港澳台控股	12153212	11720418	3445052	3345803
外商控股	15503845	14965432	4736571	4605083

单位：万元

累计折旧		资产总计		负债合计		所有者权益合计	
限额以上	大中型企业	限额以上	大中型企业	限额以上	大中型企业	限额以上	大中型企业
9187333	8855859	104897577	100182990	76870319	73874564	28033286	26314455
5506257	5312856	65343791	62940999	45766540	44266647	19577289	18674390
3393806	3325538	36276998	34982995	28824443	27862111	7458545	7126874
493569	342956	7906281	5526625	4870380	3510280	3035901	2016345
111716	64652	1970202	1331242	1556236	1126352	413965	204890
71591	55978	827150	639691	455645	369684	371505	270007
96233	66023	1882276	1295413	1261047	893927	621229	401486
53058	36908	1064386	795977	417870	316936	646515	479042
755639	602489	13992395	11454713	10097021	8453143	3895373	3001570
521741	428680	9914888	8433860	7410534	6396191	2504354	2037669
997309	810781	11942252	9162766	7041060	5449227	4901192	3713540
23312	19758	643880	586277	459678	417270	184202	169007
649736	515953	6156674	4938397	3321219	2736066	2835454	2202331
506182	418113	14254241	11814186	10620651	8932515	3633590	2881671
478459	408455	13327764	11503032	9932164	8703483	3395600	2799550
5874034	4913279	110744895	88225744	78752502	63336633	32014892	24912591
3037640	2517152	82085921	64513744	63633225	51184734	18451715	13329011
2715830	2356057	26069688	22727804	13339853	11420330	12753315	11330953
687005	490757	27573451	21924614	20275749	16606274	7296286	5318340
447353	346382	20996497	17822679	15740166	13609313	5254991	4213366
115388	50941	3769351	2127492	2445842	1468313	1323508	659180
106175	88023	2239656	1756544	1697901	1375203	541754	381341
738201	395796	9161222	4426088	5615461	2931085	3815229	1765045
526724	334033	7956561	4745124	5519397	3574030	2437163	1171094
71981	70311	1750067	1557831	1593730	1430045	156336	127786
5874416	5495167	65644178	61458713	39588718	37136920	26078939	24345273
1209376	999301	14653970	12469958	10481531	9148528	4172439	3321429
7228013	5701907	148484251	112516645	110749446	86946890	38007864	25845785
1034572	999808	17496329	16621903	12373249	11765429	5123080	4856474
1840292	1802230	21175133	20435298	16297276	15828767	4877856	4606531

1-5 大中型批发和零售业

项　　目	实收资本		国家资本		集体资本	
	限额以上	大中型企业	限额以上	大中型企业	限额以上	大中型企业
总　　计	**202407939**	**148364891**	**41622602**	**37827155**	**4943599**	**3750036**
一、批发业	**143487325**	**103056768**	**31971037**	**29071012**	**3055121**	**2356818**
(一)按登记注册类型分						
1.内资企业	**124990177**	**87076742**	**31516172**	**28628308**	**3003136**	**2320979**
国有企业	21491017	19699782	14663813	13332807	15038	13615
集体企业	929183	692563	5789	2979	777340	570064
股份合作企业	288902	193254	10920	8370	24987	11787
联营企业	218510	150003	58563	43431	20318	7894
国有联营企业	87524	51950	45088	30341	702	700
集体联营企业	20906	9596			13347	4388
国有与集体联营企业	49566	43993	13207	12830	2748	2405
其他联营企业	60515	44464	269	260	3521	400
有限责任公司	43954716	30759604	7324571	6599717	1544200	1220588
国有独资公司	7260556	6410758	3734821	3505529	10713	10713
其他有限责任公司	36694160	24348846	3589750	3094188	1533487	1209875
股份有限公司	18699660	17083950	9352704	8559004	428197	390435
私营企业	37265068	17238305	77110	62674	139077	79150
私营独资企业	1421244	660848	8290	62	3045	1120
私营合伙企业	277310	105463	73			
私营有限责任公司	33914155	15551265	66671	60614	130669	76966
私营股份有限公司	1652358	920729	2077	1997	5364	1063
其他企业	2143120	1259281	22702	19327	53980	27447
2.港、澳、台商投资企业	**5855079**	**4968421**	**67574**	**63849**	**32161**	**20808**
合资经营企业	988731	886425	43839	40814	12152	800
合作经营企业	33943	30529	85	85		
独资经营企业	4704350	3940539	808	808	20000	20000
投资股份有限公司	125566	108809	22842	22142	9	8
其他港澳台商投资企业	2489	2120				
3.外商投资企业	**12642069**	**11011605**	**387291**	**378856**	**19824**	**15031**
中外合资经营企业	1976769	1688997	317457	309865	19755	15031
中外合作经营企业	195568	187513			69	
外资企业	10266432	8969787	2499	1656		
外商投资股份有限公司	201056	163365	67335	67335		
其他外商投资企业	2244	1944				

企业实收资本及构成

单位：万元

法人资本		个人资本		港澳台资本		外商资本	
限额以上	大中型企业	限额以上	大中型企业	限额以上	大中型企业	限额以上	大中型企业
74207769	**53449912**	**55573299**	**30136410**	**9233365**	**8227676**	**16827422**	**14973818**
52726654	**37143265**	**38638328**	**19686484**	**5333082**	**4530668**	**11763102**	**10268520**
51322073	**35951470**	**38441745**	**19537663**	**104271**	**89796**	**602780**	**548526**
6746741	6296313	64217	56638			1208	408
80142	60549	63896	58554	1912	314	103	103
136522	108689	116104	64205	204	204	166	
107390	79050	30740	18128			1500	1500
33431	20062	8304	847				
5461	3360	2098	1848				
23292	19788	10320	8970				
45207	35841	10018	6463			1500	1500
26784030	18175124	8084868	4604963	33716	24327	183331	134886
3499149	2880623	15351	13371	429	429	93	93
23284881	15294501	8069517	4591592	33287	23899	183238	134793
5227029	4809061	3629013	3263865	38084	36954	24633	24633
11591382	6004540	25422134	11060029	28273	26802	7091	5110
558041	297659	829779	340787	21624	21219	465	
73635	27425	200620	75126			2982	2912
10420282	5423372	23291054	9987031	1837	1083	3644	2198
539424	256084	1100681	657085	4812	4500		
648837	418145	1030774	411282	2080	1194	384748	381886
482757	**413001**	**65931**	**50369**	**4995415**	**4221442**	**211241**	**198952**
276891	251083	62830	49861	442952	401906	150068	141961
23871	22490	1139	500	8823	7429	25	25
165592	123126	1831		4454979	3739646	61140	56958
16403	16302	131	8	86173	70341	8	8
				2489	2120		
921824	**778794**	**130653**	**98452**	**233397**	**219431**	**10949081**	**9521042**
587378	493393	114251	83957	54717	50215	883211	736536
76723	76723			4503	4453	114273	106337
233451	184456	2752	1045	137054	127890	9890678	8654741
24272	24222	13450	13450	37123	36873	58876	21485
		200				2044	1944

1-5 续表 1

项目	实收资本		国家资本		集体资本	
	限额以上	大中型企业	限额以上	大中型企业	限额以上	大中型企业
(二)按国民经济行业分						
农畜产品批发	4652794	3482801	1879823	1607737	207768	158588
食品、饮料及烟草制品批发	10469978	8641569	2833345	2515855	364656	298045
米、面制品及食用油批发	1780539	1297284	529903	424856	139086	115492
肉、禽、蛋及水产品批发	1338199	1181053	215203	186073	14913	10574
饮料及茶叶批发	1482810	1103753	133237	109827	79627	69907
烟草制品批发	2981096	2950280	1307639	1295319	2591	2540
纺织、服装及日用品批发	9983941	7507922	737933	666015	169610	123375
服装批发	3773279	3087308	295550	288890	67052	59322
鞋帽批发	563946	419634	34248	32456	1493	754
文化、体育用品及器材批发	3125701	2494367	1132561	1091930	70232	66558
文具用品批发	635614	423100	48990	41142	7596	7548
体育用品批发	132505	107394				
图书批发	1204938	1119695	886051	859655	38540	38280
医药及医疗器材批发	7393875	6384399	822368	677442	92606	78375
西药批发	5466831	4840521	675682	545318	52509	42957
中药材及中成药批发	1274660	1088475	113987	101667	37027	34118
矿产品、建材及化工产品批发	79884823	52993115	22289789	20476914	1629054	1224809
煤炭及制品批发	10313900	6906388	1279984	1180136	202264	133149
石油及制品批发	24938840	19050077	13132984	12313188	96556	72967
金属及金属矿批发	29462312	18289840	6791202	6064501	664218	514772
建材批发	5013438	2814230	292378	246835	74197	38116
化肥批发	2268562	1881990	158941	136141	436939	343577
农药批发	164646	86581	11518	8118	20815	18395
机械设备、五金交电及电子产品批发	21291084	17032777	1040049	896172	365666	309797
汽车、摩托车及零配件批发	5124496	4364598	285259	271253	121664	112716
家用电器批发	2641523	2399587	35451	29233	58772	51166
计算机、软件及辅助设备批发	2253024	1553928	80084	63467	37430	32200
通讯及广播电视设备批发	2428308	2105273	63417	61926	8903	783
贸易经纪与代理	2723768	2234744	542601	527748	9630	4424
其他批发	3961360	2285074	692568	611199	145899	92849
(三)按控股情况分						
国有控股	60046192	51654198	31334743	28571391	119831	112882
集体控股	3643365	2884519	33400	26778	2303438	1777787
私人控股	54028375	27989511	213542	188424	285460	206286
港澳台控股	5606442	4729811	36672	34137	12059	808
外商控股	11857342	10351912	115776	112401	5247	5043

单位：万元

法人资本		个人资本		港澳台资本		外商资本	
限额以上	大中型企业	限额以上	大中型企业	限额以上	大中型企业	限额以上	大中型企业
1315736	990290	1029425	531765	22388	15365	197654	179057
4425826	3826475	2013423	1309695	371042	322755	461686	368744
661909	495426	297975	143688	100178	73297	51488	44526
404542	374956	683709	601244	8075	8075	11758	132
577106	402955	315412	198753	202152	195633	175276	126677
1660437	1652209	8874	213	1556			
3487643	2735633	3541692	2160654	1128320	994658	918743	827587
1094119	852609	1533086	1205629	575221	510902	208251	169957
209851	165609	153095	76364	126842	111554	38416	32898
764864	478471	544707	294982	231006	208554	382332	353872
166027	87613	195486	81972	8486	2656	209030	202168
43298	35634	22468	10546	53272	53272	13466	7942
190633	149906	68698	53837	3000		18017	18017
3250535	2874690	2576588	2149575	226547	220356	425231	383962
2369991	2144288	1941845	1697020	142942	141189	283863	269749
678217	593379	375619	308468	51794	50843	18017	
29577599	18514224	22471572	9678599	1405153	1164299	2511657	1934270
4536339	3540032	4190671	2032851	74131	3014	30511	17206
9030676	4977471	1915784	1042238	243229	230198	519611	414014
10443310	6903781	10557024	4133371	520868	447632	485690	225784
1660494	1007631	2511559	1081877	342110	320097	132699	119675
477719	373816	419242	261661	5380	5330	770342	761466
51412	34801	77494	22357	497		2910	2910
7325941	5777759	5040875	2960977	1362905	1215135	6155648	5872938
1474342	1151819	1083408	731617	266865	230175	1892958	1867017
549493	461266	406763	282934	17365	12699	1573680	1562288
856951	511182	631818	355460	359813	348457	286928	243162
786818	660605	351990	238274	304299	267006	912880	876678
1551528	1346113	272248	133177	132212	43418	215549	179865
1026983	599610	1147798	467060	453510	346130	494602	168226
26282931	20750426	1956696	1873712	57607	55927	294385	289858
994889	817026	299432	260341	4760	1064	7446	1523
19136551	10963690	34250270	16512686	76439	71500	66114	46926
340394	269951	54518	45411	5042313	4264009	120487	115497
557416	452766	8905	4895	83527	82760	11086472	9694047

1-5 续表 2

项　　目	实收资本		国家资本		集体资本	
	限额以上	大中型企业	限额以上	大中型企业	限额以上	大中型企业
二、零售业	**58920615**	**45308123**	**9651565**	**8756142**	**1888478**	**1393218**
(一)按登记注册类型分						
1.内资企业	**48602932**	**35594142**	**9308992**	**8417768**	**1725376**	**1231834**
国有企业	4473897	3950492	3725576	3284117	14087	9428
集体企业	719427	385806	10408	4077	579623	320620
股份合作企业	450267	157093	26736	23849	41375	25626
联营企业	224301	94444	158122	48256	16438	10516
国有联营企业	152524	41349	145252	38354	250	50
集体联营企业	18657	13218	130	50	11907	9478
国有与集体联营企业	15189	7185	3356	780	2443	270
其他联营企业	37932	32692	9384	9072	1839	717
有限责任公司	16599715	12268629	1509155	1304398	641236	487698
国有独资公司	330633	276464	221146	179701	50	
其他有限责任公司	16269083	11992165	1288009	1124697	641186	487698
股份有限公司	8985123	8437120	3845865	3729753	223879	195765
私营企业	16222199	9723818	22366	13758	164204	143543
私营独资企业	1846394	742794	2346	392	5265	2318
私营合伙企业	258334	104437	1770	1350	1652	
私营有限责任公司	13331495	8362457	16963	11209	150675	135269
私营股份有限公司	785976	514129	1287	807	6612	5956
其他企业	928002	576741	10764	9561	44534	38638
2.港、澳、台商投资企业	**4346697**	**4120372**	**107230**	**105331**	**130309**	**129338**
合资经营企业	1219331	1166246	92503	91290	130009	129338
合作经营企业	153558	127589	3221	2536	300	
独资经营企业	2756390	2640690	7005	7005		
投资股份有限公司	81443	50888	4500	4500		
其他港澳台商投资企业	135975	134958				
3.外商投资企业	**5970986**	**5593609**	**235343**	**233044**	**32792**	**32046**
中外合资经营企业	1923301	1873978	121136	118836	28057	27361
中外合作经营企业	312850	290087	3771	3771	4735	4685
外资企业	3668636	3376095	109537	109537		
外商投资股份有限公司	57249	46099	900	900		
其他外商投资企业	8950	7350				

单位：万元

法人资本		个人资本		港澳台资本		外商资本	
限额以上	大中型企业	限额以上	大中型企业	限额以上	大中型企业	限额以上	大中型企业
21481115	**16306647**	**16934970**	**10449926**	**3900283**	**3697008**	**5064320**	**4705298**
20380076	**15246515**	**16884114**	**10413201**	**199531**	**195274**	**104959**	**89666**
684337	616206	49840	40682			58	58
92653	43491	36325	17244	2		416	375
99679	70133	279508	34542	1216	1200	1753	1742
40264	28826	9478	6847				
5680	2298	1342	647				
5112	3180	1508	510				
5487	2735	3904	3400				
23985	20613	2724	2290				
8933424	6565631	5431763	3842820	23391	21570	60864	46630
107436	94764	2001	2000				
8825988	6470867	5429762	3840820	23391	21570	60864	46630
3355180	3152066	1471270	1271382	62746	61971	26183	26183
6735023	4481952	9192948	4978737	105810	104383	1848	1446
695614	325822	1043067	314249	100022	100007	79	6
77980	22716	176922	80371	10			
5675415	3947580	7481342	4262952	5778	4376	1323	1072
286014	185834	491617	321165			446	368
439517	288211	412982	220948	6367	6150	13838	13233
433923	**420722**	**39389**	**29310**	**3595605**	**3402869**	**40242**	**32801**
265472	257135	29713	25431	692176	654194	9459	8858
22555	20660	383		125133	102428	1966	1966
19887	16918	8176	3780	2692505	2591009	28817	21977
10248	10248	100	100	66595	36040		
115761	115761	1017		19198	19198		
667117	**639410**	**11468**	**7414**	**105146**	**98866**	**4919119**	**4582830**
555402	540931	9083	6289	41493	41493	1168130	1139068
11551	10287	200		10105	6325	282488	265019
88615	77653	1580	520	52285	49784	3416620	3138601
8599	8589	605	605			47145	36005
2950	1950			1264	1264	4736	4136

1-5 续表 3

项目	实收资本		国家资本		集体资本	
	限额以上	大中型企业	限额以上	大中型企业	限额以上	大中型企业
（二）按国民经济行业分						
综合零售	15612425	14373929	1147299	1072633	889463	706318
百货零售	9066090	8409382	851889	786263	547057	446100
超级市场零售	5685753	5364085	251959	249962	185978	178257
食品、饮料及烟草制品专门零售	1527959	865098	346042	145127	125973	85374
粮油零售	229072	99668	97520	35103	18962	8290
肉、禽、蛋及水产品零售	210665	148394	28152	21837	9224	3938
饮料及茶叶零售	297643	160124	12505	7172	16966	15592
烟草制品零售	275903	119151	174747	59775	15903	8037
纺织、服装及日用品专门零售	3153968	2374422	95610	82826	54184	32079
服装零售	1991656	1613280	17499	13323	31234	21334
文化、体育用品及器材专门零售	2541869	1908604	976439	755211	43289	17473
体育用品零售	119798	101624	2770	1983		
图书零售	1173128	910604	797972	611685	13659	2764
医药及医疗器材专门零售	3353021	2713780	371273	274636	56909	48843
药品零售	3203718	2655079	368681	273494	55739	48798
汽车、摩托车、燃料及零配件专门零售	23176136	16665155	6338494	6137778	382965	237326
汽车零售	13482329	8304021	268138	220777	286837	209106
机动车燃料零售	8535461	7609751	6062075	5911778	90919	27090
家用电器及电子产品专门零售	5679716	4114008	76942	37371	217533	199339
家用电器零售	4088546	3327873	20428	11998	204394	191348
计算机、软件及辅助设备零售	1074665	495946	40486	10583	5948	3708
通信设备零售	390471	258158	7123	6295	4667	4088
五金、家具及室内装修材料专门零售	1763957	1041170	53844	35512	51134	31613
无店铺及其他零售	2111563	1251956	245622	215048	67030	34853
邮购及电子销售	604661	563977	36665	34600	530	
（三）按控股情况分						
国有控股	13587811	12526705	9277617	8479944	35857	26034
集体控股	2107591	1588232	22683	14159	1371530	998898
私人控股	28304127	18610250	111625	67558	241375	205121
港澳台控股	3791560	3586895	32456	31763	5356	4685
外商控股	5090093	4717506	11348	10857	27281	26895

单位：万元

法人资本		个人资本		港澳台资本		外商资本	
限额以上	大中型企业	限额以上	大中型企业	限额以上	大中型企业	限额以上	大中型企业
5650053	5223081	3376138	2875447	1869974	1850788	2679499	2645663
3360805	3174137	2077100	1809258	1211856	1195945	1017384	997680
1990999	1856940	1146176	978851	619500	617076	1491141	1482998
441366	283293	515900	267727	77733	71885	21061	11807
36634	13563	51108	17864	24849	24849		
103028	82276	68896	38977	1189	1188	178	178
105471	65471	138510	53007	20043	18382	4147	500
51070	33630	34299	17825				
884879	688413	725357	439621	653754	586730	740185	544752
597497	488226	513713	342051	433694	398483	398018	349864
670760	481375	455356	275611	286889	283640	109136	95295
16803	10605	18092	12128	64360	64335	17774	12574
277260	235822	54941	31636	55	55	29243	28643
1967696	1715739	879693	598222	38199	37392	39250	38948
1941240	1710039	801331	586098	35959	35959	768	690
8301460	5398314	7104854	3946666	589361	545695	459002	399377
6437378	4007441	5811359	3241356	468258	438885	210359	186455
1633980	1327283	496862	133982	20307	6809	231318	202809
2385614	1895264	2542983	1532804	206084	204105	250561	245125
1741131	1508964	1772838	1267869	168027	167976	181728	179718
441626	265637	502056	136458	36124	34225	48425	45334
155568	108306	202307	118663	733	733	20073	20073
567444	319293	736016	337195	62618	29084	292902	288473
611844	301875	598673	176634	115670	87689	472723	435857
135904	126273	33691	24400	31190	12024	366680	366680
3296534	3069706	619509	596927	139287	138587	219123	215623
560663	458271	141849	106252	374	362	10492	10291
12954816	9188696	14824072	8982610	150295	146564	21944	19700
212809	204825	10480	5331	3517989	3328543	12471	11747
396979	366766	3995	2979	21924	19127	4628565	4290881

1-6 大中型批发和零售业

项　　目	主营业务收入		主营业务成本	
	限额以上	大中型企业	限额以上	大中型企业
总　　计	**3209287620**	**2537564446**	**2967421784**	**2333862943**
一、批发业	**2578898496**	**2023401335**	**2408180195**	**1877876826**
(一)按登记注册类型分				
1.内资企业	**2252616216**	**1733315924**	**2121415170**	**1624611866**
国有企业	509597642	486390393	469305702	447477417
集体企业	19044381	14668272	17772063	13654214
股份合作企业	7748328	6107190	7277107	5730894
联营企业	5778334	4090535	5491339	3866321
国有联营企业	2472161	1611950	2401126	1560041
集体联营企业	393755	176468	353325	162755
国有与集体联营企业	1747862	1452291	1668161	1377113
其他联营企业	1164556	849826	1068727	766412
有限责任公司	768621785	599531255	732408914	569171057
国有独资公司	82909371	75048617	79353963	71658293
其他有限责任公司	685712415	524482638	653054951	497512764
股份有限公司	302187906	290827855	285256267	274362238
私营企业	612427414	313946669	579015531	294244869
私营独资企业	22655569	9988853	20364816	8736105
私营合伙企业	7746923	2181355	7294548	1908983
私营有限责任公司	560182035	289392045	530934862	272149647
私营股份有限公司	21842887	12384417	20421305	11450135
其他企业	27210427	17753755	24888247	16104856
2.港、澳、台商投资企业	**83256278**	**68105377**	**73867710**	**59511479**
合资经营企业	12854022	12125201	11912755	11221887
合作经营企业	1006865	966356	890648	852746
独资经营企业	67831687	53533369	59766226	46216606
投资股份有限公司	1504398	1421419	1242015	1164397
其他港澳台商投资企业	59307	59032	56067	55842
3.外商投资企业	**243026002**	**221980034**	**212897316**	**193753481**
中外合资经营企业	58024956	55460345	53661777	51291992
中外合作经营企业	9205175	9170934	8973625	8945969
外资企业	174445986	156522284	149251009	132930814
外商投资股份有限公司	1304055	788930	970442	551138
其他外商投资企业	45830	37541	40463	33568

企业损益及分配

单位：万元

主营业务税金及附加		主营业务利润		其他业务利润		销售费用	
限额以上	大中型企业	限额以上	大中型企业	限额以上	大中型企业	限额以上	大中型企业
13351818	**11560059**	**228514018**	**192141444**	**14478646**	**13151821**	**97757109**	**84570460**
10249407	**9317120**	**160468894**	**136207389**	**5647965**	**4802077**	**62816590**	**53694650**
8912723	**8015533**	**122288323**	**100688525**	**3758066**	**3010792**	**43285513**	**35113745**
5391595	5345344	34900345	33567632	701502	626160	7408736	7062004
59472	41692	1212846	972366	68461	54647	418626	336091
20766	14785	450455	361511	11154	6413	164408	127155
8699	7637	278296	216577	4299	3527	99437	84752
4486	4238	66549	47671	2192	1871	23791	17235
295	172	40135	13541	1191	1160	4517	2028
1593	1198	78108	73980	355	294	27172	26172
2325	2029	93504	81385	561	203	43957	39316
1706712	1443844	34506159	28916354	1658232	1330327	15353032	13106161
296942	292515	3258466	3097809	362830	241317	1308017	1194879
1409770	1151329	31247694	25818545	1295402	1089011	14045015	11911282
452121	433406	16479518	16032211	377864	368643	5648295	5463653
1157238	646528	32254645	19055272	900205	601835	13423416	8343203
147132	69756	2143621	1182992	18439	10477	605152	385265
21436	10121	430939	262251	2943	1641	158721	91425
923407	528651	28323766	16713747	830018	556142	12165969	7540858
65262	38000	1356320	896282	48804	33575	493574	325655
116121	82298	2206059	1566601	36350	19239	769563	590727
165714	**150024**	**9222854**	**8443874**	**316625**	**289654**	**4583934**	**4120776**
30656	25667	910611	877647	-26439	-28825	438850	427124
3706	3658	112511	109952	17	16	41366	39433
128277	117760	7937184	7199003	334588	310608	3974166	3526825
3015	2880	259368	254142	8460	7855	128777	126619
61	60	3179	3130			775	775
1170969	**1151563**	**28957717**	**27074990**	**1573273**	**1501631**	**14947143**	**14460129**
65276	59534	4297903	4108819	80465	74648	2502694	2456056
2441	2347	229109	222618	1668	1525	54388	48670
1100365	1087008	24094612	22504462	1484802	1422300	12193405	11804167
2845	2642	330768	235150	6170	3001	193258	148317
42	32	5325	3941	167	158	3398	2919

1-6 续表 1

项目	管理费用		财务费用	
	限额以上	大中型企业	限额以上	大中型企业
总计	**53142555**	**43282493**	**12920579**	**9395988**
一、批发业	**34148850**	**27626250**	**9245834**	**6424704**
(一)按登记注册类型分				
1.内资企业	**25879572**	**20411923**	**9481625**	**6724625**
国有企业	7837925	7499367	1041541	935950
集体企业	346925	270113	137387	116205
股份合作企业	99072	72122	18270	11010
联营企业	77080	60669	18297	13082
国有联营企业	19463	14903	6098	4828
集体联营企业	10488	3397	2169	1058
国有与集体联营企业	10337	8688	5658	4777
其他联营企业	36792	33681	4372	2420
有限责任公司	7239286	5879339	3238539	2597621
国有独资公司	991031	896649	486494	447149
其他有限责任公司	6248255	4982690	2752045	2150472
股份有限公司	2268017	2111879	966572	878229
私营企业	7662797	4279435	3909375	2079509
私营独资企业	327696	169729	144800	72456
私营合伙企业	71670	35847	27508	9132
私营有限责任公司	6964588	3878323	3567268	1885796
私营股份有限公司	298843	195537	169799	112126
其他企业	348471	238998	151644	93019
2.港、澳、台商投资企业	**2166829**	**1984053**	**127500**	**126507**
合资经营企业	174719	160815	58435	53214
合作经营企业	7802	7533	990	137
独资经营企业	1914856	1747842	61891	67062
投资股份有限公司	68911	67366	6174	6085
其他港澳台商投资企业	541	497	10	10
3.外商投资企业	**6102449**	**5230275**	**-363291**	**-426429**
中外合资经营企业	443354	403847	77842	66958
中外合作经营企业	12702	11665	4354	4277
外资企业	5598367	4776137	-457337	-503116
外商投资股份有限公司	46529	37618	11890	5511
其他外商投资企业	1498	1008	-39	-58

单位：万元

营业利润		利润总额		应交所得税		应付职工薪酬		应交增值税	
限额以上	大中型企业	限额以上	大中型企业	限额以上	大中型企业	限额以上	大中型企业	限额以上	大中型企业
82319568	**70639006**	**79802809**	**70420458**	**16940695**	**14902294**	**38394264**	**33505708**	**43957628**	**36588038**
62355390	**55190889**	**62261005**	**56331879**	**13401069**	**11901300**	**22411370**	**19473936**	**31248210**	**25825096**
49310661	**42877806**	**48005430**	**42915005**	**10226254**	**8940722**	**17243867**	**14545079**	**25693324**	**20685240**
20102732	19385723	20340757	19600693	4669207	4480093	5378819	5166276	8250652	7905417
417295	344010	348965	299765	69394	61596	201340	159243	195693	136678
180370	157651	132323	109075	60678	57876	74295	55281	100701	84247
91866	65417	75726	61156	18077	14485	42756	37335	42720	37931
23011	16067	24775	17189	7374	5167	17697	15268	11520	8069
24296	8218	11607	8386	716	130	3221	2574	1232	970
35377	34686	35792	35303	6595	6419	6639	5784	19008	18429
9182	6447	3552	278	3392	2768	15199	13709	10960	10463
11818821	9986072	12256968	10420683	2809566	2343900	5278929	4488957	7730260	6016719
1182526	1110305	1455832	1356883	374684	348624	657467	606931	1082451	581303
10636295	8875767	10801136	9063800	2434882	1995275	4621462	3882026	6647809	5435417
7100009	7004311	7040898	6970745	1031948	985594	2150330	2082332	3047954	2958893
8602172	5251044	6964385	4743864	1445828	893436	3921059	2413053	6025872	3325412
1089689	571299	898323	459924	147980	77515	185157	105557	350776	166872
176034	127683	157786	117558	30562	23877	38124	20486	72233	33993
6945769	4307745	5636053	3991053	1199356	743419	3535361	2169489	5373886	3006174
390680	244317	272222	175329	67930	48624	162417	117521	228977	118372
997396	683577	845408	709024	121556	103742	196339	142603	299472	219943
2894783	**2720452**	**3042220**	**2849727**	**746588**	**670951**	**1255306**	**1174135**	**1462490**	**1243186**
241076	229605	207679	195245	41240	38625	161112	153441	143928	135542
62370	62866	65416	66004	13879	13859	9166	8668	13396	14138
2521886	2360576	2697131	2517334	681006	608446	1042779	970313	1272300	1061323
67597	65557	70138	69294	10463	10022	41370	40860	32201	31531
1854	1849	1856	1851			878	854	665	651
10149946	**9592631**	**11213356**	**10567147**	**2428227**	**2289626**	**3912198**	**3754721**	**4092396**	**3896671**
1328265	1225952	1336774	1232836	225443	208699	371020	350239	536580	517231
166811	167007	76618	76740	13817	13640	19196	17509	17853	15868
8556192	8141002	9704684	9199358	2166685	2056533	3474720	3345173	3512914	3344408
98041	58438	94663	58002	22116	10682	45485	40176	24572	18890
636	232	616	211	166	72	1777	1623	477	274

1-6 续表 2

项　目	主营业务收入		主营业务成本	
	限额以上	大中型企业	限额以上	大中型企业
(二)按国民经济行业分				
农畜产品批发	47104062	36498524	43768385	33977694
食品、饮料及烟草制品批发	209514369	184215265	168396050	145556480
米、面制品及食用油批发	25810617	20017771	24320282	18892391
肉、禽、蛋及水产品批发	10228030	8070709	9387971	7390677
饮料及茶叶批发	29415185	25597075	21765002	18500054
烟草制品批发	109378464	105828416	82962567	79978688
纺织、服装及日用品批发	145501394	111349523	128272653	96235812
服装批发	52937147	44132729	46001364	37853979
鞋帽批发	10242523	7879751	8578852	6325537
文化、体育用品及器材批发	31847713	26375776	28993816	23867078
文具用品批发	9143961	7009144	8723617	6702754
体育用品批发	2212918	1872117	1825788	1511608
图书批发	4487508	4153369	3835264	3568959
医药及医疗器材批发	93340753	85698700	84608971	77740445
西药批发	63745578	59943527	58903557	55414761
中药材及中成药批发	19224070	17461216	17422269	15825906
矿产品、建材及化工产品批发	1548109416	1163200903	1491980336	1119829525
煤炭及制品批发	204537807	160601974	193740245	152237737
石油及制品批发	487732452	443673326	467409301	424394203
金属及金属矿批发	577481801	372337852	564926304	364188417
建材批发	79878694	55176964	75828912	53285704
化肥批发	34089612	27813048	32574716	26635987
农药批发	2532365	1886070	2357892	1756310
机械设备、五金交电及电子产品批发	399599688	341877316	364785204	311433835
汽车、摩托车及零配件批发	128412228	118784770	116954974	107843234
家用电器批发	65284768	55783368	59592357	50489707
计算机、软件及辅助设备批发	42287951	34202726	40037621	32798285
通讯及广播电视设备批发	28376943	26600901	25251424	23580773
贸易经纪与代理	38378334	31513720	35621968	29161866
其他批发	65502768	42671609	61752812	40074090
(三)按控股情况分				
国有控股	1121642695	1050680405	1052595152	984276415
集体控股	73738962	60213441	70073733	57162574
私人控股	878412857	492416133	829493826	461033685
港澳台控股	78157932	62964947	69077915	54725388
外商控股	209613950	190656775	181483299	164317684

单位：万元

主营业务税金及附加		主营业务利润		其他业务利润		销售费用	
限额以上	大中型企业	限额以上	大中型企业	限额以上	大中型企业	限额以上	大中型企业
127795	98691	3207882	2422139	155592	135634	1089524	849402
5819756	5725127	35298563	32933658	509934	437350	9412010	8533047
42193	28289	1448142	1097091	128459	94423	942850	684349
42774	30306	797285	649726	45630	40226	259437	206048
214449	197567	7435734	6899454	75758	67958	3144690	2890787
5372075	5355082	21043822	20494646	88608	87518	2688673	2658593
337127	287665	16891614	14826046	515879	460267	8366348	7544918
140613	128544	6795170	6150206	182357	169169	2665990	2420883
53577	50949	1610094	1503265	10652	8997	591214	538653
73200	64763	2780697	2443935	131158	103623	1281149	1139794
13665	10980	406679	295410	28469	23600	196953	154793
4868	4578	382262	355931	10293	9439	240270	226945
13373	11543	638871	572867	40811	35379	269821	242120
189207	166411	8542575	7791844	377997	356428	4589017	4255514
113416	102366	4728605	4426400	188516	180419	2462254	2331489
38801	33771	1763000	1601539	47325	39918	983692	903667
1860578	1402243	54268502	41969135	1526472	1231133	19147290	14635123
440759	338016	10356803	8026221	327985	292827	4370983	3274714
391150	363801	19932001	18915322	324125	291074	6397649	5990537
496281	333722	12059216	7815713	462235	348723	4021983	2539177
160971	105290	3888811	1785970	97494	72598	1023558	600734
102072	60697	1412824	1116364	38363	30263	540994	427293
2485	1372	171988	128388	9316	7456	86313	64053
1465177	1343793	33349307	29099688	2087149	1782226	16266261	14577280
985604	947479	10471650	9994057	300929	265207	5016964	4855509
103233	94949	5589178	5198712	338246	321417	4063086	3793944
39176	30885	2211154	1373556	98842	67781	974723	865022
84366	81237	3041153	2938891	655298	531139	1138578	1034078
74674	63898	2681692	2287956	196916	182451	1287088	1144094
301893	164529	3448063	2432990	146868	112964	1377902	1015478
6599120	6500082	62448423	59903908	1640347	1412710	17563795	16737033
198573	169803	3466656	2881064	193244	161139	1293094	1079952
1812232	1110789	47106799	30271659	1584564	1178107	20159874	13658124
159367	143252	8920650	8096307	244806	216955	4349637	3880980
1133847	1116305	26996804	25222786	1536144	1470494	14042325	13587190

1-6 续表 3

项　　目	管理费用		财务费用	
	限额以上	大中型企业	限额以上	大中型企业
(二)按国民经济行业分				
农畜产品批发	831810	650108	798621	689676
食品、饮料及烟草制品批发	7433359	6997441	210196	79756
米、面制品及食用油批发	388304	297227	275483	203524
肉、禽、蛋及水产品批发	237376	192727	64457	53859
饮料及茶叶批发	640444	555370	16054	3896
烟草制品批发	5241695	5222646	-340775	-335593
纺织、服装及日用品批发	3794045	3230311	539108	314394
服装批发	1594783	1403982	136004	90271
鞋帽批发	520215	488134	32928	22137
文化、体育用品及器材批发	774732	629636	109421	89940
文具用品批发	134617	95610	48242	39055
体育用品批发	96230	83758	13555	12621
图书批发	249735	219397	225	-959
医药及医疗器材批发	2034199	1763989	409126	371681
西药批发	1096054	979810	317144	291194
中药材及中成药批发	386243	332049	87530	81091
矿产品、建材及化工产品批发	9864714	7007435	6351817	4432841
煤炭及制品批发	1687286	1324827	1001443	705126
石油及制品批发	2280777	1992528	692681	681753
金属及金属矿批发	2639159	1736934	3339162	2197565
建材批发	1088900	508803	471557	258355
化肥批发	333580	260364	258794	223484
农药批发	52166	41441	46850	42142
机械设备、五金交电及电子产品批发	7904955	6280816	273246	79054
汽车、摩托车及零配件批发	1138585	989290	-38975	-104591
家用电器批发	863303	780169	-7828	-14761
计算机、软件及辅助设备批发	1042771	423073	21023	-11430
通讯及广播电视设备批发	1399996	1314228	36209	24613
贸易经纪与代理	584340	455159	96926	81082
其他批发	926696	611356	457373	286278
(三)按控股情况分				
国有控股	12671407	11960394	2653399	2534690
集体控股	828777	662714	449899	377672
私人控股	10761841	6519811	5611650	3288967
港澳台控股	2109221	1925477	116477	115139
外商控股	5900765	5047488	-375613	-434494

单位：万元

营业利润		利润总额		应交所得税		应付职工薪酬		应交增值税	
限额以上	大中型企业	限额以上	大中型企业	限额以上	大中型企业	限额以上	大中型企业	限额以上	大中型企业
867208	591663	1028047	733947	111036	93638	451962	347262	239240	177616
19373259	18366163	19600933	18641305	4620466	4388197	5239733	4929129	6122598	5791026
52051	79772	316639	298008	64249	51557	294793	228374	129898	87468
307516	259674	315966	271044	28727	21888	185044	153386	71184	46821
3767611	3569324	3628204	3444345	894094	850943	631252	571425	1126161	1050506
13805647	13298422	14178382	13691373	3406242	3285312	3379887	3370001	4253442	4161703
5137542	4586974	4966757	4474762	1151852	1032815	2303303	1993678	2096599	1784544
2596782	2417253	2543315	2359901	575742	536125	888281	797958	824685	721600
517744	505229	537113	526577	121281	117286	166923	149873	227381	213162
823373	761644	849342	787202	175531	158713	594781	514320	447167	358158
55245	28143	45336	27792	15379	10290	78885	57888	80610	24019
38500	37606	44590	43693	14564	13497	55004	48653	98516	96249
194628	182696	200217	192389	18085	15932	167333	148058	68084	60175
2096072	1960072	1964213	1842899	440585	403347	1678919	1514604	1402613	1260748
1214803	1178065	1086572	1065059	243147	231690	934738	852313	763443	706034
365642	337021	349018	323543	81348	72621	366886	324586	338875	301695
20386931	16763885	18799830	16407108	3764411	3030820	6128868	5037287	11986765	9701708
5005982	4362735	4847430	4296384	757133	629495	799224	676816	2894399	2492380
8253990	7856450	7791084	7397328	1556290	1371596	2426133	2324650	4320013	4094254
3082875	2093980	2888790	2129786	747776	521245	1334675	960626	2570247	1587407
1658251	704230	840204	638627	166911	110238	378499	253180	699166	457481
450754	369244	531828	423502	109332	96050	211224	170121	135545	101597
-3877	-12021	55042	48652	6554	5689	28181	22292	26326	20916
11497487	10328571	12595797	11398663	2594080	2341909	5071779	4410331	6323326	5242179
4695986	4555526	5105812	5016322	1199741	1176690	730039	661004	2080870	1989247
1135456	1085856	1123190	1109499	178920	157754	819109	770885	1024946	966536
310330	181800	470718	190735	155972	110966	430920	303159	374981	325301
1180029	1122722	1630232	1574197	171473	154003	743363	694913	1356648	845609
1213518	1082396	1229121	1121722	306785	275135	403351	339275	428200	323804
959999	749521	1226967	924271	236324	176726	538674	388050	2201702	1185312
31922900	30557508	32704593	31256773	7132211	6682225	9534358	9129021	13693205	12624790
1307452	1122734	1091983	926919	247120	220051	513951	425803	878675	766029
13038305	8691798	11254645	8276424	2345271	1602331	5949231	3989554	9312858	5810547
2818235	2608760	2963488	2736020	723749	647233	1204320	1124973	1445680	1228293
9274603	8777404	10338067	9754042	2248872	2117004	3722107	3570821	3809138	3624022

1-6 续表 4

项　　目	主营业务收入		主营业务成本	
	限额以上	大中型企业	限额以上	大中型企业
二、零售业	**630389123**	**514163110**	**559241589**	**455986117**
(一)按登记注册类型分				
1.内资企业	**550491566**	**437146766**	**491674396**	**390798077**
国有企业	48485068	42836815	43849795	38980599
集体企业	11233993	5552673	9888450	4849247
股份合作企业	3390002	1918136	2994149	1672607
联营企业	2169599	1222698	1968020	1098181
国有联营企业	1119691	713569	1017546	642705
集体联营企业	317468	203811	276560	178913
国有与集体联营企业	424375	153780	400657	145733
其他联营企业	308066	151538	273257	130830
有限责任公司	200142190	168418245	178574344	149897054
国有独资公司	2554716	1901839	2219685	1606370
其他有限责任公司	197587475	166516406	176354659	148290684
股份有限公司	93780637	89564762	83848668	80202104
私营企业	177226514	117808752	157894459	105244727
私营独资企业	17927571	7016796	15268561	6062240
私营合伙企业	3121059	1326172	2672807	1146956
私营有限责任公司	146303657	102391576	131147048	91721834
私营股份有限公司	9874227	7074207	8806042	6313698
其他企业	14063563	9824685	12656512	8853558
2.港、澳、台商投资企业	**36056729**	**35032494**	**30383733**	**29517522**
合资经营企业	9775485	9515846	8247454	8018118
合作经营企业	3447108	3348268	3171928	3091185
独资经营企业	20308705	19675508	16814290	16285005
投资股份有限公司	537066	515915	417756	399923
其他港澳台商投资企业	1988366	1976956	1732304	1723292
3.外商投资企业	**43840828**	**41983851**	**37183460**	**35670518**
中外合资经营企业	19703999	19043342	17152507	16596560
中外合作经营企业	2589234	2354174	2167824	1977203
外资企业	20741601	19892961	17135826	16463993
外商投资股份有限公司	698435	653423	629478	598406
其他外商投资企业	107559	39951	97825	34356

单位：万元

主营业务税金及附加		主营业务利润		其他业务利润		销售费用	
限额以上	大中型企业	限额以上	大中型企业	限额以上	大中型企业	限额以上	大中型企业
3102411	**2242939**	**68045123**	**55934054**	**8830682**	**8349745**	**34940519**	**30875810**
2765243	**1920068**	**56051927**	**44428621**	**6515052**	**6063511**	**26842842**	**23028417**
155755	112654	4479518	3743562	356965	313783	1905973	1673218
113813	50309	1231730	653117	71725	51687	378222	236288
20509	11717	375344	233812	35980	31325	150448	87565
7733	4214	193846	120303	8393	7968	86094	61293
2367	1265	99778	69599	5302	5221	45523	36044
3506	2092	37402	22806	1236	1024	16643	11389
446	173	23272	7874	356	266	11622	5019
1414	685	33395	20023	1499	1457	12307	8841
895411	730962	20672435	17790229	3250425	3104890	11533895	10388353
13923	11411	321108	284058	79312	75390	151208	131752
881488	719550	20351328	17506172	3171114	3029500	11382687	10256601
438664	400164	9493305	8962494	1168237	1157428	4297488	4139176
1024842	534780	18307213	12029245	1540387	1325319	7937614	6019350
251361	69422	2407649	885134	75355	41126	608699	302564
41026	18476	407226	160740	15573	12983	143046	72977
677737	412975	14478872	10256767	1346834	1175638	6705245	5238737
54718	33906	1013467	726603	102625	95572	480623	405072
108517	75269	1298534	895858	82939	71110	553108	423175
167134	**160601**	**5505862**	**5354371**	**854302**	**839419**	**3246643**	**3170195**
50938	50253	1477093	1447475	313315	308551	779973	768531
7844	6607	267336	250476	60323	59753	77607	69062
94660	90680	3399755	3299823	438520	433557	2164958	2112676
2550	1953	116760	114039	12063	7497	33481	31122
11141	11108	244921	242556	30081	30061	190624	188804
170034	**162270**	**6487334**	**6151063**	**1461327**	**1446816**	**4851034**	**4677199**
64325	61838	2487167	2384944	720971	717329	1926179	1858853
10699	9816	410711	367155	76886	75640	291895	268826
93089	89096	3512686	3339872	659043	650275	2578005	2503102
1659	1397	67298	53620	3550	3025	44597	39929
262	122	9472	5473	877	546	10358	6490

1-6 续表 5

项目	管理费用		财务费用		营业利润	
	限额以上	大中型企业	限额以上	大中型企业	限额以上	大中型企业
二、零售业	**18993704**	**15656243**	**3674745**	**2971285**	**19964178**	**15448117**
(一)按登记注册类型分						
1.内资企业	**15594318**	**12364380**	**3417454**	**2734187**	**17267850**	**12890876**
国有企业	1162523	873212	117560	100836	1677654	1427772
集体企业	370255	202020	57092	33645	500186	233720
股份合作企业	124788	90404	19954	16182	117339	72202
联营企业	35568	23752	10442	9335	70329	33981
国有联营企业	16138	10945	6458	5942	37170	21981
集体联营企业	7325	5081	1304	956	13347	6404
国有与集体联营企业	3370	2102	1011	998	7622	20
其他联营企业	8735	5624	1669	1440	12190	5577
有限责任公司	5853297	4992168	1242793	1048989	5329833	4484883
国有独资公司	126189	106861	2348	-22	124385	124653
其他有限责任公司	5727108	4885307	1240446	1049011	5205448	4360230
股份有限公司	2385556	2232239	419351	361181	3959319	3778830
私营企业	5332331	3717604	1464064	1098642	5200476	2613996
私营独资企业	510656	231656	142146	66780	1216941	324632
私营合伙企业	92718	44436	25217	12013	161954	44431
私营有限责任公司	4451090	3233962	1230394	974741	3534096	2084123
私营股份有限公司	277867	207550	66306	45108	287486	160810
其他企业	329999	232982	86197	65378	412713	245492
2.港、澳、台商投资企业	**1557639**	**1515659**	**122852**	**112907**	**1480543**	**1443200**
合资经营企业	349653	339491	59424	57191	639507	629028
合作经营企业	127179	122521	907	565	119087	115202
独资经营企业	962173	936152	51228	49955	658957	634241
投资股份有限公司	81176	80472	9250	3161	4690	6548
其他港澳台商投资企业	37458	37023	2044	2035	58301	58180
3.外商投资企业	**1841748**	**1776205**	**134439**	**124190**	**1215785**	**1114041**
中外合资经营企业	658931	645958	44667	43275	584661	559927
中外合作经营企业	91267	85818	7704	9059	93604	75018
外资企业	1081232	1035589	80818	70619	520990	471073
外商投资股份有限公司	9169	8359	844	856	18259	9521
其他外商投资企业	1149	481	407	382	-1728	-1498

单位：万元

利润总额		应交所得税		应付职工薪酬		应交增值税	
限额以上	大中型企业	限额以上	大中型企业	限额以上	大中型企业	限额以上	大中型企业
17541803	**14088578**	**3539626**	**3000995**	**15982894**	**14031772**	**12709418**	**10762942**
14619221	**11293956**	**2766712**	**2248982**	**13587689**	**11699176**	**10725796**	**8877298**
1363498	1164702	186724	146004	1171806	1028859	1106175	987568
355963	179466	49304	24227	272586	179864	163244	73618
104408	70878	14362	10743	94863	73313	58097	43324
64944	32175	9475	3303	32315	20329	42132	25279
36219	21056	4445	1793	14921	10107	16112	8596
11160	6688	1365	623	5646	4012	10922	9666
7412	-264	2112	230	5965	2392	7424	1053
10153	4695	1554	658	5783	3818	7674	5964
4541770	3932214	1228298	1072057	5426628	4894315	4002061	3470282
134427	131749	33502	27641	108922	93909	36558	31010
4407343	3800465	1194796	1044417	5317706	4800407	3965504	3439273
3753933	3608728	468620	448628	2192862	2146921	1776827	1713945
4110970	2097020	760018	505087	4107587	3128928	3347479	2386603
1030484	277162	124561	46742	356317	193000	371931	175784
138311	40412	14364	3779	66095	37218	47884	23773
2704886	1637288	573884	417877	3394129	2652607	2738253	2098099
237289	142158	47208	36689	291046	246103	189410	88947
323735	208774	49911	38933	289042	226647	229782	176679
1402561	**1372627**	**396230**	**389542**	**1001012**	**982699**	**885427**	**865319**
631776	628600	154795	153494	300390	296309	273536	270523
119004	116765	31055	30912	29264	27751	24019	21916
583364	558160	192519	187358	632660	620508	547443	532876
7182	8002	4458	4374	19671	19267	6453	6112
61235	61099	13403	13403	19027	18863	33977	33892
1520021	**1421995**	**376683**	**362471**	**1394193**	**1349898**	**1098195**	**1020325**
578703	554524	151932	148998	565855	558223	478112	446328
85219	66581	17472	14832	63637	58782	85221	78285
839362	792628	203479	195908	746834	716186	435825	407014
18454	9716	3495	2426	15050	14779	89080	88440
-1717	-1454	306	306	2817	1927	9957	259

1-6 续表 6

项目	主营业务收入		主营业务成本	
	限额以上	大中型企业	限额以上	大中型企业
(二)按国民经济行业分				
综合零售	163833582	152992004	140203036	130871760
百货零售	88973589	83610971	75433132	70853207
超级市场零售	66378339	64063993	57440810	55525581
食品、饮料及烟草制品专门零售	17070112	10862425	14267803	8988941
粮油零售	4530859	3376295	4209146	3150572
肉、禽、蛋及水产品零售	2385562	1586121	2100505	1415298
饮料及茶叶零售	2939642	1403264	2162536	889202
烟草制品零售	2123527	1430567	1728495	1139375
纺织、服装及日用品专门零售	22947657	17580589	17259735	12817208
服装零售	14889266	12037895	11105941	8777231
文化、体育用品及器材专门零售	14597655	10233105	11530998	8001763
体育用品零售	842402	739502	663952	581814
图书零售	5874558	4264358	4492738	3262824
医药及医疗器材专门零售	25171654	20550556	21894155	17921030
药品零售	23654085	20114758	20659569	17590005
汽车、摩托车、燃料及零配件专门零售	302531317	245733624	280233662	228013164
汽车零售	198643053	160278896	184418591	148977918
机动车燃料零售	97417580	83016818	90133241	76877849
家用电器及电子产品专门零售	53327771	39342915	47486667	34999359
家用电器零售	36728942	28855362	32355017	25416316
计算机、软件及辅助设备零售	10616898	6436868	9787086	5964875
通信设备零售	4721478	3550955	4207252	3163313
五金、家具及室内装修材料专门零售	14665252	7822252	12073858	6295074
无店铺及其他零售	16244124	9045641	14291675	8077818
邮购及电子销售	4715653	3980900	4254844	3647780
(三)按控股情况分				
国有控股	147657492	137145260	132438645	123217349
集体控股	31575334	23532869	28029750	20866423
私人控股	302042258	219065855	269491227	195610262
港澳台控股	32139920	31228160	27067894	26292527
外商控股	33740900	32351437	28337108	27176062

单位：万元

主营业务税金及附加		主营业务利润		其他业务利润		销售费用	
限额以上	大中型企业	限额以上	大中型企业	限额以上	大中型企业	限额以上	大中型企业
1255662	1114436	22374884	21005808	5784725	5690540	14228991	13790283
802028	732750	12738429	12025014	2551815	2497783	6086621	5866589
379470	342236	8558059	8196176	3095329	3065828	7500651	7359412
172743	100320	2629566	1773164	157144	132874	1047826	775766
23344	14350	298369	211373	55703	49531	77941	50365
22620	9383	262437	161440	12495	11486	80901	57151
50508	33218	726598	480844	10965	8066	329696	240699
18985	12957	376047	278235	23089	19999	91419	69056
206572	146620	5481350	4616761	309779	276484	3129981	2802861
143597	111996	3639728	3148668	182759	162361	2074105	1886267
148925	93205	2917732	2138137	184803	144075	1356773	1084721
3304	2557	175146	155131	4277	3124	101512	88287
32101	21814	1349719	979720	120113	98842	603936	466577
102484	68256	3175015	2561270	127214	114919	1548505	1334586
94856	66161	2899660	2458592	120989	112388	1423377	1281955
626563	373096	21671092	17347364	1095796	942425	8373966	6930104
420329	264536	13804133	11036442	900441	770691	5385956	4415281
163360	101565	7120979	6037404	166457	152255	2765385	2424173
238530	142787	5602574	4200769	947127	879106	3362117	2836976
170995	108338	4202930	3330708	745469	722599	2604997	2280205
39778	17776	790034	454217	73479	50156	377925	265840
22331	14444	491895	373198	122002	104140	330025	272651
243797	156185	2347597	1370993	117298	93499	869361	615166
107134	48035	1845315	919788	106796	75823	1022998	705347
13416	9831	447393	323289	3326	2411	492485	439190
550494	480990	14668353	13446921	1689885	1622329	6836638	6411991
210314	130485	3335270	2535961	519838	490083	1541920	1334231
1649396	1017706	30901635	22437887	3318383	3012557	14633192	11852915
144309	139082	4927717	4796551	826845	812782	2935296	2865805
136582	131550	5267210	5043825	1155385	1146106	4055419	3934766

1-6 续表 7

项目	管理费用		财务费用		营业利润	
	限额以上	大中型企业	限额以上	大中型企业	限额以上	大中型企业
(二)按国民经济行业分						
综合零售	7310683	6909965	992914	903350	6091986	5536792
百货零售	4644329	4411226	740082	698787	4162125	3880008
超级市场零售	2350971	2249562	207302	175953	1715404	1586883
食品、饮料及烟草制品专门零售	651844	435371	89521	52330	1021762	654997
粮油零售	146394	111324	21806	9625	102774	87351
肉、禽、蛋及水产品零售	77717	52365	14060	10220	103310	54164
饮料及茶叶零售	117064	62481	25397	16113	264942	169621
烟草制品零售	102407	72510	5326	1975	224162	165492
纺织、服装及日用品专门零售	1479201	1271458	148102	118411	1077718	746510
服装零售	1012825	897646	96660	80196	685407	495360
文化、体育用品及器材专门零售	972728	718153	84962	55546	719710	455774
体育用品零售	66450	60278	6208	5735	4941	3640
图书零售	564673	422060	1018	-800	325373	217416
医药及医疗器材专门零售	890772	706532	160761	138825	710969	505662
药品零售	799019	678105	154788	137396	651424	482830
汽车、摩托车、燃料及零配件专门零售	5031302	3911754	1782666	1477141	7636708	6023505
汽车零售	3961609	3181441	1578478	1347517	3803251	2884494
机动车燃料零售	904542	672795	161000	111469	3546925	3068885
家用电器及电子产品专门零售	1466101	1030384	176851	111328	1568184	1130099
家用电器零售	1030187	801209	112142	68453	1223286	929689
计算机、软件及辅助设备零售	236774	101949	33094	18596	216584	120151
通信设备零售	154644	114367	29701	25176	99792	65570
五金、家具及室内装修材料专门零售	572900	335892	166358	83755	864736	438350
无店铺及其他零售	618174	336734	72611	30600	272406	-43571
邮购及电子销售	205129	131464	7783	6133	-252951	-249570
(三)按控股情况分						
国有控股	3614493	3206315	374016	342441	5979875	5543198
集体控股	1079138	848659	168241	136880	1124025	753727
私人控股	8963317	6687211	2426702	1902899	8312067	5117781
港澳台控股	1472054	1433185	107240	96989	1275890	1249999
外商控股	1535884	1476262	118957	108414	790455	748969

单位：万元

利润总额		应交所得税		应付职工薪酬		应交增值税	
限额以上	大中型企业	限额以上	大中型企业	限额以上	大中型企业	限额以上	大中型企业
5535514	5140466	1398079	1335132	6179237	5955874	3829484	3671852
3988116	3793474	979483	939296	2995796	2892936	2301586	2226732
1404709	1296167	385172	373587	2884159	2812463	1382525	1345361
932287	624645	180752	136874	523218	400814	364988	234127
124506	95173	26523	23409	52923	31385	45085	26324
87558	48640	9754	6730	63361	50746	36184	25991
231768	161055	50477	39955	99759	69532	92889	60977
208598	157084	40327	32290	74944	56769	49881	36820
950041	692490	246721	212395	1075722	963495	681792	566569
585260	451430	164216	144748	718668	661440	482832	425419
793146	564405	105806	75483	859390	693256	333687	236666
6293	5085	5719	5588	33219	29008	22721	19116
304985	221403	28644	19889	469722	378025	146120	108596
634159	476771	126908	104606	976407	868000	506966	395909
593863	466751	117973	101494	929050	845958	448716	381432
6424634	5182863	1084464	860377	4286246	3579864	5324694	4551182
3297900	2581358	803623	666101	2952768	2489797	3353449	2830063
2906534	2536322	241686	178640	1209881	1038491	1841472	1664660
1368167	1080386	235817	184727	1317356	1031990	900056	652484
1106409	925608	175368	141696	926405	772886	624010	490606
171347	104487	35586	25410	208049	120651	152078	73279
62897	35294	18339	14080	152208	126480	100125	80424
718641	403061	83444	52865	368597	255385	310621	208624
185213	-76508	77636	38536	396720	283095	457130	245528
-260971	-255954	2620	1530	117821	113899	163512	140687
5331775	4956613	774659	694138	3704659	3464862	2876457	2681196
948229	690887	179171	142340	895089	764576	559422	440919
6663083	4233533	1449626	1098353	7173609	5829436	5690640	4352556
1199357	1173655	346344	339499	898770	882102	835137	815110
1106494	1066609	308639	298262	1106076	1071529	850495	788585

1-7 大中型批发和零售业企业经济效益分析指标

项目	负债比率(%)		主营业务毛利率(%)		人均营业收入(万元)		费用率(%)	
	限额以上	大中型企业	限额以上	大中型企业	限额以上	大中型企业	限额以上	大中型企业
总　　计	**72.9**	**72.3**	**7.5**	**8.0**	**359.5**	**340.7**	**5.1**	**5.4**
一、批发业	**73.3**	**72.2**	**6.6**	**7.2**	**696.2**	**686.2**	**4.1**	**4.3**
(一)按登记注册类型分								
1.内资企业	**74.1**	**73.0**	**5.8**	**6.3**	**704.7**	**697.0**	**3.5**	**3.6**
国有企业	63.5	62.6	7.9	8.0	849.5	895.5	3.2	3.2
集体企业	83.5	84.0	6.7	6.9	301.5	334.0	4.7	4.9
股份合作企业	79.7	79.9	6.1	6.2	381.1	443.4	3.6	3.4
联营企业	79.8	77.1	5.0	5.5	625.3	507.8	3.4	3.9
国有联营企业	70.4	68.1	2.9	3.2	1055.0	831.1	2.0	2.3
集体联营企业	81.3	73.1	10.3	7.8	255.4	125.9	4.4	3.7
国有与集体联营企业	74.2	72.1	4.6	5.2	1199.9	1080.0	2.5	2.7
其他联营企业	88.4	86.6	8.2	9.8	298.7	252.5	7.3	8.9
有限责任公司	78.9	79.4	4.7	5.1	807.7	770.7	3.3	3.6
国有独资公司	74.9	74.9	4.3	4.5	1369.0	1341.1	3.1	3.3
其他有限责任公司	79.7	80.5	4.8	5.1	766.7	725.6	3.3	3.6
股份有限公司	62.6	62.4	5.6	5.7	762.9	766.3	2.9	2.9
私营企业	79.6	80.2	5.5	6.3	557.5	459.7	4.1	4.7
私营独资企业	69.1	68.6	10.1	12.5	337.8	272.2	4.7	6.3
私营合伙企业	83.3	76.3	5.8	12.5	601.2	335.5	3.3	6.3
私营有限责任公司	80.0	80.6	5.2	6.0	578.3	477.8	4.0	4.6
私营股份有限公司	78.1	79.3	6.5	7.5	436.5	362.1	4.4	5.1
其他企业	69.7	67.0	8.5	9.3	463.1	474.6	4.6	5.1
2.港、澳、台商投资企业	**71.0**	**70.8**	**11.3**	**12.6**	**453.5**	**409.9**	**8.2**	**9.1**
合资经营企业	74.6	75.2	7.3	7.4	428.4	436.6	5.1	5.2
合作经营企业	58.9	55.1	11.5	11.8	169.9	173.0	5.0	4.9
独资经营企业	71.8	71.5	11.9	13.7	499.7	442.2	8.7	9.9
投资股份有限公司	32.3	32.1	17.4	18.1	132.0	125.9	13.3	13.8
其他港澳台商投资企业	63.4	61.2	5.5	5.4	150.9	152.1	2.2	2.2
3.外商投资企业	**67.2**	**67.1**	**12.4**	**12.7**	**749.1**	**750.5**	**8.4**	**8.6**
中外合资经营企业	78.3	79.4	7.5	7.5	1499.1	1618.3	5.2	5.3
中外合作经营企业	75.1	75.5	2.5	2.5	2535.9	2764.3	0.8	0.7
外资企业	64.8	64.6	14.4	15.1	634.2	622.2	9.8	10.2
外商投资股份有限公司	64.5	53.1	25.6	30.1	203.5	132.8	19.0	23.8
其他外商投资企业	64.4	55.8	11.7	10.6	135.6	121.5	10.6	10.3

注：费用率等于销售费用、管理费用、财务费用三项之和除以营业收入合计(下表同)。

1-7 续表 1

项目	负债比率(%)		主营业务毛利率(%)		人均营业收入(万元)		费用率(%)	
	限额以上	大中型企业	限额以上	大中型企业	限额以上	大中型企业	限额以上	大中型企业
(二)按国民经济行业分								
农畜产品批发	75.4	75.2	7.1	6.9	338.9	390.9	5.7	6.0
食品、饮料及烟草制品批发	53.2	49.7	19.6	21.0	305.3	311.0	8.0	8.4
米、面制品及食用油批发	85.0	85.2	5.8	5.6	379.8	387.9	6.2	5.9
肉、禽、蛋及水产品批发	69.0	66.9	8.2	8.4	177.5	179.9	5.4	5.6
饮料及茶叶批发	80.0	81.4	26.0	27.7	227.2	230.7	12.5	13.0
烟草制品批发	23.7	20.8	24.2	24.4	438.0	428.3	6.9	7.1
纺织、服装及日用品批发	73.3	72.3	11.8	13.6	328.7	308.4	8.7	9.9
服装批发	72.5	72.3	13.1	14.2	307.4	300.9	8.2	8.8
鞋帽批发	71.8	70.6	16.2	19.7	266.9	248.6	11.2	13.3
文化、体育用品及器材批发	67.0	66.2	9.0	9.5	286.3	291.0	6.7	7.0
文具用品批发	80.9	83.0	4.6	4.4	549.9	619.1	4.1	4.1
体育用品批发	73.9	73.4	17.5	19.3	235.5	239.1	15.6	17.0
图书批发	53.5	53.0	14.5	14.1	149.5	167.3	11.3	10.9
医药及医疗器材批发	76.1	76.4	9.4	9.3	268.9	291.5	7.5	7.4
西药批发	76.4	76.6	7.6	7.6	302.3	333.1	6.0	6.0
中药材及中成药批发	79.4	79.4	9.4	9.4	206.7	217.6	7.6	7.5
矿产品、建材及化工产品批发	76.0	75.3	3.6	3.7	1409.8	1411.2	2.3	2.2
煤炭及制品批发	71.1	70.1	5.3	5.2	1219.5	1290.9	3.4	3.3
石油及制品批发	67.0	66.8	4.2	4.3	1157.2	1111.9	1.9	1.9
金属及金属矿批发	80.9	80.8	2.2	2.2	2657.3	2882.6	1.7	1.7
建材批发	78.6	78.3	5.1	3.4	951.4	1118.2	3.2	2.5
化肥批发	81.4	81.6	4.4	4.2	589.4	714.8	3.3	3.3
农药批发	78.3	80.5	6.9	6.9	376.1	388.4	7.3	7.8
机械设备、五金交电及电子产品批发	74.4	73.8	8.7	8.9	553.1	582.1	6.0	6.1
汽车、摩托车及零配件批发	73.2	72.5	8.9	9.2	997.7	1100.6	4.7	4.8
家用电器批发	83.6	82.7	8.7	9.5	406.0	381.3	7.4	8.1
计算机、软件及辅助设备批发	79.1	82.2	5.3	4.1	650.2	705.4	4.8	3.7
通讯及广播电视设备批发	61.0	58.2	11.0	11.4	510.1	497.6	8.2	8.7
贸易经纪与代理	83.4	84.6	7.2	7.5	899.2	932.8	5.1	5.3
其他批发	76.2	77.3	5.7	6.1	590.1	619.6	4.2	4.5
(三)按控股情况分								
国有控股	67.2	66.7	6.2	6.3	991.8	999.8	2.9	3.0
集体控股	83.1	82.7	5.0	5.1	531.7	568.7	3.5	3.5
私人控股	78.9	78.9	5.6	6.4	538.2	452.1	4.1	4.7
港澳台控股	71.4	71.1	11.6	13.1	446.9	399.6	8.3	9.3
外商控股	66.8	66.7	13.4	13.8	674.2	671.0	9.2	9.5

1-7 续表 2

项目	负债比率(%)		主营业务毛利率(%)		人均营业收入(万元)		费用率(%)	
	限额以上	大中型企业	限额以上	大中型企业	限额以上	大中型企业	限额以上	大中型企业
二、零售业	**71.2**	**72.5**	**11.3**	**11.3**	**121.1**	**114.9**	**9.0**	**9.5**
(一)按登记注册类型分								
1.内资企业	**71.0**	**72.4**	**10.7**	**10.6**	**120.9**	**113.9**	**8.2**	**8.6**
国有企业	60.0	60.2	9.6	9.0	159.7	163.7	6.5	6.1
集体企业	67.2	70.8	12.0	12.7	89.2	62.3	7.1	8.4
股份合作企业	57.1	65.8	11.7	12.8	86.6	61.2	8.6	9.9
联营企业	66.4	71.7	9.3	10.2	187.3	151.7	6.1	7.7
国有联营企业	69.6	74.5	9.1	9.9	220.9	189.1	6.1	7.4
集体联营企业	66.9	69.2	12.9	12.2	109.2	91.5	7.9	8.5
国有与集体联营企业	73.3	89.9	5.6	5.2	291.0	254.9	3.8	5.3
其他联营企业	49.4	46.8	11.3	13.7	143.8	104.2	7.4	10.5
有限责任公司	75.5	76.6	10.8	11.0	112.6	105.6	9.2	9.6
国有独资公司	53.1	49.9	13.1	15.5	115.9	101.8	10.6	12.1
其他有限责任公司	75.9	77.1	10.7	10.9	112.6	105.6	9.1	9.6
股份有限公司	61.7	62.6	10.6	10.5	174.1	172.4	7.4	7.4
私营企业	74.2	78.0	10.9	10.7	108.8	95.4	8.2	9.1
私营独资企业	58.4	67.1	14.8	13.6	98.1	68.2	7.0	8.5
私营合伙企业	60.3	71.1	14.4	13.5	91.5	63.3	8.3	9.7
私营有限责任公司	76.0	79.2	10.4	10.4	111.4	99.4	8.4	9.1
私营股份有限公司	70.7	71.4	10.8	10.8	99.6	87.9	8.3	9.2
其他企业	74.1	76.3	10.0	9.9	110.1	98.6	6.9	7.3
2.港、澳、台商投资企业	**69.4**	**69.4**	**15.7**	**15.7**	**127.3**	**125.6**	**13.5**	**13.5**
合资经营企业	66.8	66.8	15.6	15.7	151.1	149.8	12.0	12.0
合作经营企业	83.0	84.3	8.0	7.7	395.6	405.3	5.9	5.7
独资经营企业	69.9	70.3	17.2	17.2	109.5	107.5	15.4	15.5
投资股份有限公司	82.4	85.8	22.2	22.5	135.9	133.1	22.5	22.0
其他港澳台商投资企业	53.7	53.8	12.9	12.8	98.2	97.9	11.4	11.3
3.外商投资企业	**75.3**	**75.8**	**15.2**	**15.0**	**119.0**	**117.8**	**15.3**	**15.4**
中外合资经营企业	75.7	75.7	12.9	12.8	120.8	123.0	13.1	13.1
中外合作经营企业	69.3	71.7	16.3	16.0	129.0	119.3	14.8	15.2
外资企业	75.9	76.1	17.4	17.2	115.6	112.9	17.7	17.8
外商投资股份有限公司	59.7	81.9	9.9	8.4	152.8	144.0	7.8	7.5
其他外商投资企业	106.7	129.7	9.0	14.0	98.7	39.3	11.0	18.1

1-7 续表 3

项目	负债比率(%)		主营业务毛利率(%)		人均营业收入(万元)		费用率(%)	
	限额以上	大中型企业	限额以上	大中型企业	限额以上	大中型企业	限额以上	大中型企业
(二)按国民经济行业分								
综合零售	73.3	73.7	14.4	14.5	72.2	70.6	13.4	13.7
百货零售	70.0	70.3	15.2	15.3	89.4	88.2	12.5	12.8
超级市场零售	79.5	79.6	13.5	13.3	58.0	57.7	14.7	14.8
食品、饮料及烟草制品专门零售	61.6	63.5	16.4	17.2	85.0	70.3	10.4	11.5
粮油零售	79.0	84.6	7.1	6.7	172.5	186.3	5.4	5.0
肉、禽、蛋及水产品零售	55.1	57.8	11.9	10.8	76.3	62.9	7.2	7.5
饮料及茶叶零售	67.0	69.0	26.4	36.6	81.9	57.9	15.9	22.6
烟草制品零售	39.3	39.8	18.6	20.4	124.5	118.4	9.2	9.8
纺织、服装及日用品专门零售	72.2	73.8	24.8	27.1	67.8	58.3	20.3	23.4
服装零售	74.7	75.8	25.4	27.1	65.9	57.9	20.9	23.4
文化、体育用品及器材专门零售	59.0	59.5	21.0	21.8	78.3	71.9	16.2	17.9
体育用品零售	71.4	71.2	21.2	21.3	69.0	67.0	20.6	20.8
图书零售	53.9	55.4	23.5	23.5	58.5	55.0	19.3	20.3
医药及医疗器材专门零售	74.5	75.6	13.0	12.8	73.3	67.8	10.3	10.6
药品零售	74.5	75.7	12.7	12.6	71.4	67.6	10.0	10.4
汽车、摩托车、燃料及零配件专门零售	71.1	71.8	7.4	7.2	266.8	280.4	5.0	5.0
汽车零售	77.5	79.3	7.2	7.1	243.7	246.4	5.5	5.6
机动车燃料零售	51.2	50.2	7.5	7.4	357.9	398.4	3.9	3.8
家用电器及电子产品专门零售	73.5	75.7	11.0	11.0	114.4	113.5	9.2	9.9
家用电器零售	75.0	76.4	11.9	11.9	113.2	113.4	10.0	10.7
计算机、软件及辅助设备零售	64.9	69.0	7.8	7.3	143.2	161.1	6.0	5.9
通信设备零售	75.8	78.3	10.9	10.9	82.1	74.7	10.6	11.3
五金、家具及室内装修材料专门零售	61.3	66.2	17.7	19.5	113.7	89.4	10.9	13.1
无店铺及其他零售	69.4	75.3	12.0	10.7	145.3	123.3	10.4	11.7
邮购及电子销售	91.1	91.8	9.8	8.4	178.6	156.0	14.8	14.4
(三)按控股情况分								
国有控股	60.3	60.4	10.3	10.2	171.7	173.3	7.2	7.2
集体控股	71.5	73.4	11.2	11.3	95.7	84.0	8.7	9.7
私人控股	74.6	77.3	10.8	10.7	110.1	99.3	8.5	9.2
港澳台控股	70.7	70.8	15.8	15.8	127.7	126.4	13.8	13.9
外商控股	77.0	77.5	16.0	16.0	117.7	114.5	16.6	16.7

1-8 大中型住宿和餐饮业企业基本情况

项 目	住宿业					
	大中型		大型		中型	
	2011年	2010年	2011年	2010年	2011年	2010年
一、法人单位数(个)	**3782**	**3303**	**435**	**341**	**3347**	**2962**
二、年末从业人数(万人)	**122.5**	**113.2**	**30.4**	**24.6**	**92.1**	**88.6**
三、经营情况(亿元)						
营业额	2218.0	1839.0	790.0	614.0	1428.0	1225.0
客房收入	957.7	803.3	343.0	273.1	614.7	530.2
餐费收入	957.5	786.7	323.0	246.9	634.5	539.8
商品销售额	62.6	50.4	27.6	18.2	35.0	32.2
其他收入	240.2	198.6	96.4	75.7	143.7	122.9
四、实收资本及构成(亿元)						
实收资本	1850.6	1724.0	667.7	515.2	1182.8	1208.8
国家资本	588.3	612.2	242.0	186.8	346.3	425.4
集体资本	37.6	53.1	3.0	10.4	34.6	42.6
法人资本	607.2	451.7	194.3	109.4	412.9	342.3
个人资本	192.5	189.3	23.5	20.4	169.0	169.0
港澳台资本	263.7	244.1	140.1	120.3	123.6	123.8
外商资本	161.3	173.5	64.8	67.9	96.5	105.6
五、主要财务指标(亿元)						
(一)年末资产负债						
流动资产合计	1906.1	1598.6	749.1	571.8	1157.0	1026.8
固定资产原价	4287.6	3898.7	1625.5	1344.9	2662.1	2553.7
累计折旧	1638.8	1474.5	636.2	530.6	1002.6	943.8
资产总计	5987.9	5205.9	2303.7	1792.2	3684.2	3413.7
负债合计	4111.2	3576.3	1436.1	1104.1	2675.1	2472.2
所有者权益	1876.7	1629.6	867.6	688.1	1009.2	941.5
(二)损益及分配						
主营业务收入	2253.4	1872.6	834.3	651.9	1419.1	1220.6
主营业务成本	749.1	613.8	256.3	204.3	492.8	409.5
主营业务税金及附加	121.3	98.7	43.9	32.6	77.5	66.1
主营业务利润	1383.0	1160.1	534.1	415.1	848.8	745.1
其他业务利润	16.0	12.9	4.4	4.8	11.6	8.2
销售费用	625.5	522.5	199.8	152.7	425.7	369.8
管理费用	625.1	525.0	223.6	174.0	401.5	351.0
财务费用	98.3	77.6	38.8	28.2	59.4	49.4
营业利润	51.9	52.2	79.7	67.3	-27.8	-15.1
利润总额	49.0	58.8	77.6	68.6	-28.5	-9.9
应交所得税	24.9	22.5	16.1	13.1	8.8	9.4
应付职工薪酬	409.1	303.9	135.3	91.0	273.8	212.9

1-8 续表

项目	餐饮业					
	大中型		大型		中型	
	2011年	2010年	2011年	2010年	2011年	2010年
一、法人单位数(个)	**2947**	**2486**	**267**	**228**	**2680**	**2258**
二、年末从业人数(万人)	**123.2**	**107.8**	**61.4**	**52.3**	**61.9**	**55.5**
三、经营情况(亿元)						
营业额	2204.3	1761.4	1117.6	872.9	1086.7	888.5
客房收入	94.0	66.7	15.4	10.7	78.6	56.1
餐费收入	2018.6	1620.4	1071.0	837.6	947.5	782.9
商品销售额	48.7	40.7	19.7	15.6	29.1	25.2
其他收入	43.0	33.5	11.5	9.1	31.5	24.4
四、实收资本及构成(亿元)						
实收资本	420.0	343.1	130.9	118.4	289.1	224.7
国家资本	29.2	24.3	10.7	6.6	18.5	17.7
集体资本	8.7	8.0	1.5	3.2	7.2	4.8
法人资本	148.1	104.0	41.5	24.4	106.6	79.7
个人资本	124.5	102.9	17.5	27.2	107.0	75.7
港澳台资本	48.9	50.4	16.0	18.9	32.9	31.5
外商资本	60.6	53.5	43.8	38.2	16.9	15.3
五、主要财务指标(亿元)						
(一)年末资产负债						
流动资产合计	785.3	629.1	268.9	214.2	516.3	415.0
固定资产原价	754.4	602.9	302.2	228.4	452.2	374.5
累计折旧	254.3	213.4	109.4	89.7	145.0	123.7
资产总计	1773.0	1413.7	706.2	542.7	1066.8	871.1
负债合计	1210.1	931.3	431.9	320.6	778.2	610.6
所有者权益	562.8	482.5	274.4	222.0	288.4	260.5
(二)损益及分配						
主营业务收入	2184.1	1758.0	1114.2	874.9	1069.9	883.1
主营业务成本	1033.7	774.0	501.1	336.4	532.6	437.6
主营业务税金及附加	117.8	91.4	61.0	45.0	56.8	46.4
主营业务利润	1032.5	892.6	552.1	493.5	480.5	399.1
其他业务利润	8.1	7.1	0.9	0.6	7.2	6.5
销售费用	651.4	582.4	353.0	335.4	298.4	247.0
管理费用	226.1	178.5	97.9	76.7	128.2	101.8
财务费用	29.8	22.5	8.9	7.8	20.9	14.7
营业利润	136.3	123.4	96.5	81.1	39.8	42.3
利润总额	127.1	127.3	98.0	88.0	29.1	39.3
应交所得税	34.2	31.5	22.6	20.1	11.5	11.4
应付职工薪酬	314.9	230.9	155.0	108.5	159.9	122.3

1-9 大中型住宿和餐饮业企业单位数和从业人数

项目	法人单位数(个)		年末从业人数(人)	
	限额以上	大中型企业	限额以上	大中型企业
总计	**39002**	**6729**	**4434618**	**2457412**
一、住宿业	**16506**	**3782**	**2156638**	**1224925**
(一)按登记注册类型分				
1.内资企业	**15503**	**3244**	**1897017**	**1004611**
国有企业	3013	770	424571	246181
集体企业	642	87	57792	21732
股份合作企业	190	28	18378	7128
联营企业	71	22	8417	5094
国有联营企业	34	9	4052	2443
集体联营企业	14	3	1198	349
国有与集体联营企业	9	5	1431	1108
其他联营企业	14	5	1736	1194
有限责任公司	4148	1217	623603	400048
国有独资公司	125	53	22673	18173
其他有限责任公司	4023	1164	600930	381875
股份有限公司	567	137	81131	47183
私营企业	6193	879	610168	245375
私营独资企业	1465	119	102348	28137
私营合伙企业	373	21	28370	8051
私营有限责任公司	4004	680	443360	192534
私营股份有限公司	351	59	36090	16653
其他企业	679	104	72957	31870
2.港、澳、台商投资企业	**574**	**320**	**153000**	**130547**
合资经营企业	275	162	78299	67501
合作经营企业	68	48	20407	18560
独资经营企业	206	96	48204	39280
投资股份有限公司	21	12	5484	4793
其他港澳台商投资企业	4	2	606	413
3.外商投资企业	**429**	**218**	**106621**	**89767**
中外合资经营企业	185	102	47604	40216
中外合作经营企业	61	37	16433	14209
外资企业	168	74	37839	31481
外商投资股份有限公司	12	4	3839	3239
其他外商投资企业	3	1	906	622
(二)按国民经济行业分				
旅游饭店	11462	3395	1769016	1122381
一般旅馆	4556	329	345890	87442
其他住宿服务	488	58	41732	15102
(三)按控股情况分				
国有控股	3934	1219	628444	412720
集体控股	1043	211	115154	56082
私人控股	8876	1416	942544	418495
港澳台控股	443	240	115526	96819
外商控股	285	136	63981	53187

1-9 续表

项　　目	法人单位数(个)		年末从业人数(人)	
	限额以上	大中型企业	限额以上	大中型企业
二、餐饮业	**22496**	**2947**	**2277980**	**1232487**
(一)按登记注册类型分				
1.内资企业	**21235**	**2527**	**1737628**	**741029**
国有企业	675	94	70681	27618
集体企业	376	21	22163	4245
股份合作企业	273	22	17901	5187
联营企业	24	4	2005	925
国有联营企业	2		96	
集体联营企业	8	1	630	323
国有与集体联营企业	2		83	
其他联营企业	12	3	1196	602
有限责任公司	4116	734	429247	222976
国有独资公司	43	7	7728	3682
其他有限责任公司	4073	727	421519	219294
股份有限公司	461	69	70143	46502
私营企业	14001	1475	1036316	407889
私营独资企业	4245	204	212538	40171
私营合伙企业	726	57	41897	10745
私营有限责任公司	8435	1146	730054	333884
私营股份有限公司	595	68	51827	23089
其他企业	1309	108	89172	25687
2.港、澳、台商投资企业	**642**	**237**	**159081**	**132669**
合资经营企业	174	59	53553	45891
合作经营企业	35	14	7310	6203
独资经营企业	419	159	94062	77061
投资股份有限公司	12	5	4000	3514
其他港澳台商投资企业	2		156	
3.外商投资企业	**619**	**183**	**381271**	**358789**
中外合资经营企业	177	39	97028	89628
中外合作经营企业	34	11	6217	4990
外资企业	377	123	274200	261945
外商投资股份有限公司	24	8	3059	1813
其他外商投资企业	7	2	767	413
(二)按国民经济行业分				
正餐服务	20921	2644	1745282	756345
快餐服务	799	193	438324	410805
饮料及冷饮服务	186	17	16700	11538
其他餐饮服务	590	93	77674	53799
(三)按控股情况分				
国有控股	954	192	134741	76021
集体控股	637	69	50938	20927
私人控股	17905	2002	1401069	577868
港澳台控股	575	213	147798	123546
外商控股	492	159	292924	276253

1-10 大中型住宿和餐饮业

项　　目	营业额		客房收入	
	限额以上	大中型企业	限额以上	大中型企业
总　　计	**70709417**	**44223107**	**17378437**	**10516744**
一、住宿业	**32618930**	**22180186**	**15353203**	**9577172**
(一)按登记注册类型分				
1.内资企业	**27067339**	**17104209**	**12700074**	**7207823**
国有企业	6082458	4124779	2693910	1713296
集体企业	793890	383327	341351	139249
股份合作企业	221330	106322	105901	44167
联营企业	131615	92569	61425	40159
国有联营企业	60376	40470	30776	18410
集体联营企业	22019	12537	10736	6396
国有与集体联营企业	25428	20944	8722	6636
其他联营企业	23793	18618	11190	8718
有限责任公司	9411406	6878931	4465569	3013789
国有独资公司	380021	314398	174750	138655
其他有限责任公司	9031386	6564533	4290819	2875134
股份有限公司	1267296	890018	561661	357702
私营企业	8187516	4108153	3993212	1669969
私营独资企业	1446489	477272	710595	197463
私营合伙企业	346040	86982	179594	39089
私营有限责任公司	5874258	3242295	2857612	1316064
私营股份有限公司	520730	301605	245411	117353
其他企业	971827	520111	477046	229493
2.港、澳、台商投资企业	**3200515**	**2938309**	**1507781**	**1353985**
合资经营企业	1655286	1543492	807376	745359
合作经营企业	453351	422932	197161	185247
独资经营企业	996047	886703	454150	380612
投资股份有限公司	89259	80010	45571	39715
其他港澳台商投资企业	6572	5173	3523	3053
3.外商投资企业	**2351076**	**2137668**	**1145349**	**1015364**
中外合资经营企业	1100901	1008071	522441	473436
中外合作经营企业	358547	333642	168406	152969
外资企业	834497	749425	432279	373316
外商投资股份有限公司	45746	37410	19131	13644
其他外商投资企业	11385	9119	3092	2000
(二)按国民经济行业分				
旅游饭店	27520492	20420513	12356093	8654319
一般旅馆	4523871	1517647	2686026	806232
其他住宿服务	574567	242026	311084	116622
(三)按控股情况分				
国有控股	9861027	7459284	4390876	3160226
集体控股	1657812	1012506	713715	387824
私人控股	12781516	6943479	6215664	2887020
港澳台控股	2316318	2089269	1080126	945810
外商控股	1499974	1352269	770361	670065

企业经营情况

单位：万元

餐费收入		商品销售额		其他收入	
限额以上	大中型企业	限额以上	大中型企业	限额以上	大中型企业
47557566	**29761045**	**1930497**	**1113482**	**3842917**	**2831836**
13219823	**9575159**	**890617**	**626351**	**3155287**	**2401504**
11134757	**7628595**	**722389**	**465729**	**2510119**	**1802061**
2512857	1778239	168561	112265	707130	520980
343346	185743	17195	7056	91999	51280
85545	42648	7281	5089	22602	14418
52784	39801	3573	2812	13834	9797
21504	16864	504	430	7592	4766
10164	6034	500		618	108
10693	8832	2293	2293	3720	3183
10423	8070	276	89	1904	1740
3840406	3005526	216867	161515	888564	698101
151565	131325	10625	7183	43082	37235
3688841	2874201	206243	154332	845483	660866
502653	364200	78000	67309	124983	100807
3403047	1987236	204613	94858	586645	356091
601036	226075	52089	17154	82769	36580
137744	40998	8891	1360	19811	5535
2439754	1568812	130614	68170	446278	289250
224514	151351	13019	8174	37787	24727
394120	225203	26299	14826	74361	50588
1206953	**1126917**	**127249**	**122633**	**358533**	**334773**
619711	581338	31395	28543	196805	188253
172824	159885	44470	44136	38895	33664
377636	352402	51213	49787	113049	103902
34152	31351	172	168	9364	8776
2630	1942			419	178
878113	**819646**	**40979**	**37988**	**286635**	**264670**
392565	363547	18533	16545	167362	154543
150294	142624	10628	10346	29219	27703
311875	293642	9947	9239	80396	73229
16257	13869	1330	1316	9028	8580
7122	5964	541	541	630	615
11642867	8964127	768705	588352	2752826	2213714
1385088	519280	109925	33361	342832	158774
191867	91752	11987	4637	59629	29016
3948035	3087887	308634	241234	1213482	969937
687325	446672	57201	40895	199571	137115
5312597	3278576	298223	149269	955031	628614
860493	792119	111416	107690	264284	243650
554622	519117	18954	17682	156037	145405

1-10 续表

项目	营业额		客房收入	
	限额以上	大中型企业	限额以上	大中型企业
二、餐饮业	**38090487**	**22042921**	**2025234**	**939572**
(一)按登记注册类型分				
1.内资企业	**28150753**	**13002218**	**1925717**	**868336**
国有企业	982252	440282	207481	94793
集体企业	351337	99423	43061	13025
股份合作企业	296093	95095	21955	7930
联营企业	48962	30437	1317	
国有联营企业	2745		464	
集体联营企业	31035	22101	15	
国有与集体联营企业	2151		84	
其他联营企业	13032	8336	754	
有限责任公司	6726728	3783129	546050	310393
国有独资公司	107456	78160	5172	2506
其他有限责任公司	6619272	3704970	540878	307887
股份有限公司	1177840	863218	83449	48210
私营企业	17241862	7271375	911455	356704
私营独资企业	3898726	761134	216922	46068
私营合伙企业	680513	206766	46015	13061
私营有限责任公司	11768513	5844259	602300	280795
私营股份有限公司	894110	459217	46218	16780
其他企业	1325679	419259	110949	37281
2.港、澳、台商投资企业	**3038182**	**2547878**	**55931**	**40939**
合资经营企业	834434	713212	21004	16554
合作经营企业	175347	148103	2223	
独资经营企业	1920710	1587416	31202	22924
投资股份有限公司	106296	99147	1502	1460
其他港澳台商投资企业	1396			
3.外商投资企业	**6901552**	**6492826**	**43586**	**30297**
中外合资经营企业	1786135	1658687	31652	27281
中外合作经营企业	136510	113966	2027	
外资企业	4913761	4677186	9230	3017
外商投资股份有限公司	48829	35809	386	
其他外商投资企业	16317	7178	292	
(二)按国民经济行业分				
正餐服务	28961830	13944297	1976324	916225
快餐服务	7476175	6962486	9465	3679
饮料及冷饮服务	399531	294721	987	
其他餐饮服务	1252951	841418	38459	19668
(三)按控股情况分				
国有控股	2017022	1273004	266160	136956
集体控股	881556	437660	92243	49051
私人控股	22820467	10051613	1336953	550884
港澳台控股	2803533	2364628	53286	38197
外商控股	5768012	5458029	24751	17196

单位：万元

餐费收入		商品销售额		其他收入	
限额以上	大中型企业	限额以上	大中型企业	限额以上	大中型企业
34337743	**20185887**	**1039880**	**487131**	**687630**	**430331**
24664623	**11343416**	**964092**	**431596**	**596322**	**358869**
683758	299107	42616	19996	48398	26386
278233	74372	15838	5933	14206	6093
245415	75707	16882	3394	11841	8064
38483	21597	8950	8840	212	
2133				148	
22146	13261	8858	8840	16	
2019				48	
12185	8336	92		1	
5693158	3178290	267127	143559	220394	150887
69146	47491	12983	9085	20156	19077
5624012	3130799	254144	134474	200238	131810
990901	730032	73376	59969	30114	25007
15586248	6602623	495821	179302	248337	132746
3478524	684907	149526	17746	53754	12413
603366	185570	22633	5182	8499	2953
10706773	5319079	305188	150142	154252	94243
797585	413068	18474	6232	31832	23138
1148427	361689	43482	10603	22821	9686
2890449	**2437641**	**54909**	**43705**	**36892**	**25594**
781004	674950	18193	13328	14234	8380
159672	134999	10054	9778	3398	3326
1846399	1532235	25886	20407	17222	11849
102172	95456	583	193	2039	2039
1202		194			
6782671	**6404830**	**20879**	**11830**	**54416**	**45869**
1727820	1613935	9374	4622	17289	12850
119834	101914	577	185	14073	11866
4874470	4649363	7522	3885	22539	20922
44608	32439	3406	3139	429	231
15939	7178			86	
25427559	12208996	954564	444728	603384	374347
7400405	6930374	29097	7162	37209	21271
369863	271803	20580	15733	8102	7185
1139916	774713	35640	19508	38936	27528
1512386	987813	127154	67200	111322	81036
672341	308692	72894	53002	44078	26916
20457690	9064115	663422	241145	362403	195468
2672693	2267079	46140	37276	31413	22076
5685847	5393867	12155	7659	45259	39308

1-11 大中型住宿和餐饮业

项目	流动资产合计		固定资产原价	
	限额以上	大中型企业	限额以上	大中型企业
总计	**40834019**	**26913327**	**73511505**	**50419343**
一、住宿业	**26969321**	**19060590**	**59172451**	**42875681**
(一)按登记注册类型分				
1.内资企业	**21182170**	**13898203**	**45068463**	**30358829**
国有企业	3773219	2558197	13609806	9509413
集体企业	414521	169792	1290720	676483
股份合作企业	151593	78507	460538	213767
联营企业	72391	50473	248059	160110
国有联营企业	39036	26280	140238	90787
集体联营企业	9363	3457	25183	4706
国有与集体联营企业	11788	9171	57062	47227
其他联营企业	12204	11566	25576	17391
有限责任公司	8223932	6098681	16437760	12425216
国有独资公司	221858	177885	1136939	977863
其他有限责任公司	8002074	5920796	15300821	11447352
股份有限公司	1208073	868057	2106152	1460463
私营企业	6687777	3688729	9833814	5312318
私营独资企业	796206	326124	1403779	428275
私营合伙企业	222703	101751	364328	115586
私营有限责任公司	5159240	2938819	7399146	4370064
私营股份有限公司	509628	322035	666561	398393
其他企业	650664	385768	1081613	601059
2.港、澳、台商投资企业	**3439864**	**3034028**	**8336528**	**7332293**
合资经营企业	1849675	1717751	4354039	3929447
合作经营企业	508053	399792	1125219	939123
独资经营企业	991658	841324	2597155	2236550
投资股份有限公司	86960	72266	230391	200328
其他港澳台商投资企业	3517	2895	29725	26846
3.外商投资企业	**2347287**	**2128358**	**5767461**	**5184558**
中外合资经营企业	1087252	967978	2436461	2138737
中外合作经营企业	305421	277669	900633	819401
外资企业	652285	583774	2156232	1975457
外商投资股份有限公司	299799	296874	265942	242905
其他外商投资企业	2530	2064	8194	8059
(二)按国民经济行业分				
旅游饭店	23616008	17700846	53683606	40775004
一般旅馆	2990183	1221064	4711259	1734709
其他住宿服务	363130	138680	777586	365967
(三)按控股情况分				
国有控股	6732336	5188514	22735340	17517102
集体控股	999780	618050	2746633	1649254
私人控股	11543122	6973296	16716421	9679207
港澳台控股	2383165	2033509	6147405	5328745
外商控股	1678877	1526291	4221144	3864063

企业年末资产负债

单位：万元

累计折旧		资产总计		负债合计		所有者权益合计	
限额以上	大中型企业	限额以上	大中型企业	限额以上	大中型企业	限额以上	大中型企业
26749083	**18931241**	**116665126**	**77609427**	**79418989**	**53213187**	**37247248**	**24395173**
22089222	**16387804**	**84422662**	**59879476**	**57667109**	**41112102**	**26757731**	**18767375**
15733901	**10706254**	**67048565**	**44699888**	**45064518**	**30206514**	**21986226**	**14493373**
5239550	3628051	15524235	10956462	8618687	5928910	6905548	5027552
525974	260527	1447288	715969	976469	483926	470819	232043
149197	70572	560559	258271	376935	212660	183624	45611
113505	65955	251509	169695	147670	91622	103839	78073
68202	38481	134246	89066	68280	30398	65966	58668
12414	2683	31158	10784	10984	2523	20173	8262
25431	18864	47989	40805	45067	39750	2922	1055
7457	5927	38117	29040	23340	18952	14777	10088
5526680	4192048	26154724	19551013	18145068	13543426	8009656	6007587
371585	310751	1370207	1208123	854769	746896	515438	461227
5155095	3881297	24784517	18342890	17290300	12796530	7494218	5546360
758458	543268	3422221	2440222	2149252	1469589	1272969	970633
3084271	1737484	17883937	9637071	13494685	7854223	4391430	1782847
382437	140144	2323378	793851	1425950	610067	897429	183784
104810	38269	572185	207252	380356	183035	191828	24217
2407207	1444059	13681742	7854046	10697810	6414274	2986111	1439772
189817	115012	1306631	781922	990569	646848	316063	135074
336266	208350	1804092	971185	1155752	622158	648341	349028
3812058	**3397257**	**10552438**	**9089145**	**7779343**	**6591073**	**2773095**	**2498073**
2219945	2009782	5513815	4945076	4153421	3597400	1360394	1347676
545277	475493	1291993	1016220	986196	741034	305796	275186
965571	847844	3431659	2849471	2408593	2061450	1023065	788021
73787	57422	279001	248424	205868	172312	73133	76111
7479	6717	35971	29955	25264	18877	10707	11078
2543263	**2284293**	**6821659**	**6090443**	**4823249**	**4314515**	**1998410**	**1775929**
1196569	1056622	2910519	2532545	2018157	1753430	892362	779115
487260	442584	818132	744296	819539	730110	-1408	14186
817245	748281	2400987	2148189	1351334	1218693	1049653	929496
37583	32283	643059	617485	601852	580623	41206	36863
4606	4524	48963	47928	32367	31659	16596	16269
20401569	15780018	74628860	55827780	51226543	38318091	23402317	17509689
1473521	515390	8613614	3538351	5563355	2394946	3052438	1143405
214133	92396	1180188	513345	877212	399065	302976	114280
9147634	7061900	27006025	21199181	14974299	11435846	12031726	9763335
1061622	612830	3377331	2081461	2442117	1586298	935214	495163
5213062	3126663	30720761	17745214	23067312	14186903	7655627	3558312
2610278	2277289	7787023	6530698	5964041	4964609	1822982	1566088
1635385	1483158	5187685	4662857	3734369	3357529	1453316	1305328

1-11 续表

项目	流动资产合计		固定资产原价	
	限额以上	大中型企业	限额以上	大中型企业
二、餐饮业	**13864699**	**7852737**	**14339054**	**7543662**
(一)按登记注册类型分				
1.内资企业	**11474755**	**5888294**	**11542464**	**5334158**
国有企业	404150	188945	933308	410818
集体企业	106234	29346	158107	32104
股份合作企业	178154	90960	175496	79156
联营企业	9862	4688	18126	9037
国有联营企业	369		1352	
集体联营企业	3732	2621	13281	8542
国有与集体联营企业	2199		429	
其他联营企业	3563	2068	3065	495
有限责任公司	3484821	1975934	3279356	1894452
国有独资公司	48703	29598	28421	8362
其他有限责任公司	3436118	1946337	3250935	1886090
股份有限公司	636978	515615	651427	448325
私营企业	6269716	2934988	5826621	2288466
私营独资企业	974397	300068	1338241	267518
私营合伙企业	154862	53656	202325	52628
私营有限责任公司	4808961	2404145	4006231	1871584
私营股份有限公司	331495	177119	279824	96735
其他企业	384840	147818	500023	171800
2.港、澳、台商投资企业	**1157965**	**953154**	**1175886**	**784877**
合资经营企业	299701	236918	342338	206989
合作经营企业	68440	60368	77481	71218
独资经营企业	714802	582885	743865	497675
投资股份有限公司	74831	72982	11759	8995
其他港澳台商投资企业	191		444	
3.外商投资企业	**1231978**	**1011289**	**1620704**	**1424627**
中外合资经营企业	380685	291135	641745	540943
中外合作经营企业	34526	20901	36363	26630
外资企业	781497	673694	922188	843517
外商投资股份有限公司	30336	23748	16286	12703
其他外商投资企业	4935	1811	4123	834
(二)按国民经济行业分				
正餐服务	11938680	6388479	12410876	5915552
快餐服务	1248447	1054417	1496457	1386053
饮料及冷饮服务	126173	83263	79396	53825
其他餐饮服务	551398	326576	352325	188232
(三)按控股情况分				
国有控股	961332	534875	1524607	833485
集体控股	300397	147861	519316	234749
私人控股	9047075	4558052	8192921	3468256
港澳台控股	1074752	881795	988294	688338
外商控股	1033669	879702	1394654	1202788

单位：万元

累计折旧		资产总计		负债合计		所有者权益合计	
限额以上	大中型企业	限额以上	大中型企业	限额以上	大中型企业	限额以上	大中型企业
4659861	**2543437**	**32242465**	**17729951**	**21751880**	**12101085**	**10489517**	**5627797**
3437766	**1634274**	**26222727**	**12724194**	**17842003**	**9002532**	**8379656**	**3720593**
294196	134448	1373316	579866	880696	340311	491552	238487
58188	18142	252425	55438	197082	40469	55343	14969
57061	28355	435271	229937	286719	155160	148552	74776
2551	1356	29552	13140	12728	3293	16824	9847
129		2008		756		1252	
1097	942	17153	10721	5768	524	11385	10197
165		3303		1214		2088	
1161	414	7089	2419	4989	2769	2099	-350
983658	565258	7852452	4268664	5586016	3104948	2266436	1163715
10247	4869	145536	45605	99013	40818	46523	4787
973411	560389	7706916	4223059	5487003	3064130	2219913	1158928
198800	128414	1668980	1335930	851181	670847	817799	665083
1705484	708243	13612971	5888312	9399033	4413501	4213939	1474811
326703	72012	2506438	627630	1312311	421280	1194127	206350
56900	13473	379904	105755	193507	60298	186397	45457
1233383	587461	9999384	4796324	7404334	3676100	2595050	1120224
88498	35296	727246	358603	488880	255823	238365	102780
137828	50059	997760	352907	628548	274003	369211	78905
556960	**334506**	**2443593**	**1902296**	**1657040**	**1166069**	**786554**	**736227**
171187	90804	666732	480662	518028	279251	148704	201411
32611	28887	138180	123077	99660	79722	38520	43355
349143	212535	1530123	1195093	977267	748219	552856	446875
4013	2281	107928	103464	61908	58877	46020	44587
6		631		176		454	
665135	**574657**	**3576144**	**3103461**	**2252837**	**1932484**	**1323307**	**1170977**
235763	189907	1170009	995135	706992	555237	463018	439898
20895	15107	95600	50985	47502	36337	48098	14648
399965	363359	2223710	2017219	1447994	1311204	775716	706015
7004	5990	74537	35975	41809	25538	32728	10437
1507	294	12288	4148	8540	4168	3748	-20
3828783	1819026	27683366	14007194	19060674	9951797	8621624	4054328
670358	624862	3336240	3024921	2054761	1851385	1281479	1173536
32304	22654	216577	145334	87199	48451	129378	96883
128415	76895	1006281	552502	549246	249452	457036	303050
539427	302331	2736970	1462134	1759525	825169	976376	635897
160134	69163	942084	468451	656849	361685	285235	106766
2406547	1074932	19659430	9197183	13461935	6718677	6197495	2478506
450383	285152	2248595	1748423	1362430	1033925	886164	714498
591100	484638	2996091	2656370	2042940	1706810	953151	949560

1-12 大中型住宿和餐饮业

项目	实收资本		国家资本		集体资本	
	限额以上	大中型企业	限额以上	大中型企业	限额以上	大中型企业
总计	**37170947**	**22705499**	**8668097**	**6175118**	**1051492**	**463218**
一、住宿业	**27682070**	**18505559**	**8114204**	**5882828**	**800311**	**376166**
(一)按登记注册类型分						
1.内资企业	**20893041**	**12866895**	**7609094**	**5433403**	**732651**	**324936**
国有企业	5916934	3844280	4919573	3184369	19787	9267
集体企业	471255	157769	4771	1492	355021	130753
股份合作企业	186744	66137	27445	19163	36648	6416
联营企业	92566	59918	49939	34785	8009	3646
国有联营企业	51739	32710	36955	25554	380	
集体联营企业	9708	1800			3534	411
国有与集体联营企业	20499	15987	7883	4231	2522	1663
其他联营企业	10620	9422	5100	5000	1573	1573
有限责任公司	7968302	5769287	2190269	1844757	236824	137695
国有独资公司	507280	444416	300600	264098	91	
其他有限责任公司	7461023	5324871	1889669	1580659	236733	137695
股份有限公司	932835	636063	317169	274480	40113	12179
私营企业	4606086	2001515	10088	1442	28112	19170
私营独资企业	806764	177715	4784		2255	
私营合伙企业	162736	29017	1842	22	1293	22
私营有限责任公司	3300956	1622610	2974	1420	23734	19148
私营股份有限公司	335629	172172	487		829	
其他企业	718319	331926	89841	72915	8136	5809
2.港、澳、台商投资企业	**4090854**	**3344762**	**333007**	**293639**	**47159**	**34759**
合资经营企业	1841156	1495276	230404	198306	46877	34706
合作经营企业	571451	462384	90524	83954	282	52
独资经营企业	1536736	1256978				
投资股份有限公司	129137	118103	12079	11380		
其他港澳台商投资企业	12374	12021				
3.外商投资企业	**2698174**	**2293902**	**172103**	**155786**	**20501**	**16472**
中外合资经营企业	1073297	907512	130479	118849	4533	710
中外合作经营企业	314864	268889	29241	24555	207	
外资企业	1231233	1045394	11708	11708	2400	2400
外商投资股份有限公司	58628	52782	675	675		
其他外商投资企业	20153	19326			13361	13361
(二)按国民经济行业分						
旅游饭店	24466074	17385476	7566229	5739401	692763	346126
一般旅馆	2838367	985263	456017	128272	93754	27890
其他住宿服务	377629	134820	91958	15155	13795	2150
(三)按控股情况分						
国有控股	10679906	8022229	7546659	5473587	28744	15936
集体控股	939111	442882	13345	772	575749	228937
私人控股	8029008	3798961	55861	43090	55108	38294
港澳台控股	3316244	2696775	110970	92993	38191	27175
外商控股	1996037	1694108	29912	23892	2862	2654

企业实收资本及构成

单位：万元

法人资本		个人资本		港澳台资本		外商资本	
限额以上	大中型企业	限额以上	大中型企业	限额以上	大中型企业	限额以上	大中型企业
12239080	**7552964**	**8059045**	**3169213**	**3962346**	**3125305**	**2751387**	**2219681**
9162420	**6071995**	**4473351**	**1924541**	**3215511**	**2636750**	**1916273**	**1613279**
8056507	**5153104**	**4387402**	**1874094**	**72075**	**66210**	**35312**	**15147**
959131	643135	14596	5969	816	816	3030	724
99934	25466	11524	58	5			
83420	34446	39031	6112			200	
33285	21160	1333	327				
14304	7156	100					
5880	1390	295					
10093	10093						
3009	2522	938	327				
4243097	3096429	1271305	670974	11481	8656	15326	10775
205481	179318	1108	1000				
4037616	2917111	1270197	669974	11481	8656	15326	10775
348048	221665	221375	121913	5425	5425	705	400
1952313	962624	2612205	1015533	2102	1522	1266	1223
291296	86366	507937	91349	450		41	
35695	1902	123861	27026	22	22	23	23
1456989	769516	1814426	829826	1630	1500	1202	1200
168333	104840	165980	67332				
337278	148180	216032	53207	52246	49791	14786	2026
663813	**544075**	**52465**	**28338**	**2926064**	**2384821**	**68346**	**59131**
478017	406881	49445	27139	978104	775752	58310	52492
99307	82409	778		378081	293490	2479	2479
77168	45763	220		1455251	1210515	4097	700
9322	9022	2021	1198	102254	93043	3460	3460
				12374	12021		
442099	**374817**	**33485**	**22109**	**217371**	**185719**	**1812616**	**1539000**
347135	300714	20595	10859	83701	73156	486855	403223
66837	50506	3289	2372	59660	51515	155630	139940
20910	17143	8661	8068	68045	55083	1119510	950992
6521	6453	810	810			50622	44844
696		131		5964	5964		
7841712	5520635	3546334	1704996	3083649	2568144	1735386	1506175
1174605	497292	847771	190228	108121	47412	158099	94169
146102	54068	79245	29318	23741	21194	22788	12935
2761184	2230127	63819	50513	189367	170065	90132	82002
318801	199211	26355	11101	2961	1961	1900	900
3878987	2015145	3987028	1659734	40752	34694	11272	8005
359193	281100	16262	8742	2754141	2251752	37488	35012
214933	187158	21036	16216	40317	35979	1686978	1428209

1-12 续表

项　　目	实收资本		国家资本		集体资本	
	限额以上	大中型企业	限额以上	大中型企业	限额以上	大中型企业
二、餐饮业	**9488877**	**4199940**	**553893**	**292290**	**251181**	**87052**
(一)按登记注册类型分						
1.内资企业	**7597148**	**2878873**	**529798**	**276142**	**234503**	**80791**
国有企业	404668	173695	335691	151604	2160	355
集体企业	97866	11245	170		86722	7726
股份合作企业	98986	47719	1251	250	10491	2819
联营企业	12162	8250	450		8240	8000
国有联营企业	681		450		113	
集体联营企业	8777	8000			8115	8000
国有与集体联营企业	1603					
其他联营企业	1102	250			13	
有限责任公司	2053628	1026161	133011	76349	89412	42219
国有独资公司	27841	7215	16238	50	75	
其他有限责任公司	2025788	1018946	116772	76299	89337	42219
股份有限公司	377541	255903	50089	42446	14861	6294
私营企业	4289279	1315544	8040	5171	13836	7404
私营独资企业	881034	137252	6265	5000	4761	2033
私营合伙企业	242910	137080			2187	1065
私营有限责任公司	2991318	977273	1775	171	6019	3620
私营股份有限公司	174017	63939			869	686
其他企业	263017	40357	1096	322	8781	5975
2.港、澳、台商投资企业	**862405**	**590468**	**10206**	**7934**	**10136**	**5270**
合资经营企业	240629	135277	8751	6479	7028	5270
合作经营企业	53010	40848	1057	1057	3108	
独资经营企业	542550	390287				
投资股份有限公司	25899	24055	398	398		
其他港澳台商投资企业	316					
3.外商投资企业	**1029324**	**730599**	**13889**	**8214**	**6543**	**990**
中外合资经营企业	307650	226837	13689	8214	5773	990
中外合作经营企业	59400	17497			770	
外资企业	618388	474826				
外商投资股份有限公司	34554	11439	200			
其他外商投资企业	9333					
(二)按国民经济行业分						
正餐服务	8342096	3335898	501718	251027	230409	80519
快餐服务	749927	638175	9880	6006	3016	1680
饮料及冷饮服务	92163	65209	1203	245	498	
其他餐饮服务	304690	160658	41092	35012	17258	4853
(三)按控股情况分						
国有控股	697294	366582	464305	218479	8891	6280
集体控股	265359	91354	4485	1476	174989	39246
私人控股	6005647	2124071	11493	6500	24808	16249
港澳台控股	779660	532821	2314	1622	2000	650
外商控股	888887	645889	5698	4633	1660	990

单位：万元

法人资本		个人资本		港澳台资本		外商资本	
限额以上	大中型企业	限额以上	大中型企业	限额以上	大中型企业	限额以上	大中型企业
3076660	**1480969**	**3585694**	**1244672**	**746835**	**488555**	**835114**	**606402**
2823745	**1292377**	**3544752**	**1219525**	**10442**	**2795**	**14408**	**7244**
61001	21185	5814	551				
9607	3274	1368	245				
61386	41128	25778	3442	40	40	40	40
806	250	2667					
		118					
452		210					
3		1600					
351	250	738					
1155024	623045	723746	275923	4569	2259	7867	6364
11247	7165	281					
1143777	615880	723465	275923	4569	2259	7867	6364
164523	119968	144966	87196	29		3073	
1265212	471270	2495001	831059	4853		2837	640
266878	56102	602836	74117	254		40	
42666	15929	198057	120086				
892858	377057	1583769	595785	4599		2797	640
62810	22182	110339	41070				
106187	12256	145413	21109	951	495	590	200
100324	**62673**	**17472**	**11248**	**684957**	**465717**	**39311**	**37626**
54180	31431	15043	11248	133578	60096	22049	20753
2194	1080	972		45449	38711	230	
24368	11047	1291		499859	362367	17032	16873
19431	19116			6070	4542		
150		166					
152591	**125920**	**23470**	**13900**	**51437**	**20044**	**781395**	**561532**
105931	89479	21935	13900	18966	15638	141356	98616
4392	53			25100	850	29138	16594
33253	29523	1386		7171	3555	576578	441748
7109	6864	50				27195	4574
1906		100		199		7128	
2766846	1261640	3440842	1202303	557939	324086	404842	216324
198751	169052	65931	25602	124161	110292	348189	325543
6429	2224	17850	2850	30910	27628	35274	32262
104634	48054	61072	13918	33825	26549	46809	32273
180323	107904	34136	27320	4626	3158	5013	3441
67420	43941	8923	5912	1162	740	8380	40
2177654	952094	3333988	1142099	6937	75	11267	7055
67498	45552	9151	7104	681783	461638	16914	16254
102102	84224	2207	208	19230	541	757990	555293

1-13 大中型住宿和餐饮业

项　　目	主营业务收入		主营业务成本	
	限额以上	大中型企业	限额以上	大中型企业
总　　计	**70011993**	**44375239**	**30942055**	**17828861**
一、住宿业	**32654855**	**22534064**	**11788139**	**7491430**
(一)按登记注册类型分				
1.内资企业	**26715464**	**17057490**	**9920422**	**5778560**
国有企业	6026953	4120980	2202165	1346520
集体企业	768542	373866	347323	150018
股份合作企业	220328	108315	82108	37808
联营企业	130460	92726	47311	31070
国有联营企业	59040	40265	20356	12295
集体联营企业	21946	12429	9942	6482
国有与集体联营企业	25925	21408	9304	7794
其他联营企业	23550	18623	7710	4499
有限责任公司	9373490	6916439	3132811	2212858
国有独资公司	376680	312298	116015	87283
其他有限责任公司	8996810	6604142	3016796	2125575
股份有限公司	1227833	863370	529385	374968
私营企业	8023153	4070483	3194736	1448181
私营独资企业	1396815	465737	685299	191487
私营合伙企业	331468	85731	163611	37227
私营有限责任公司	5782395	3220356	2135660	1099837
私营股份有限公司	512476	298659	210166	119630
其他企业	944704	511311	384583	177137
2.港、澳、台商投资企业	**3612858**	**3363460**	**1237094**	**1153913**
合资经营企业	2096550	1985729	801853	765244
合作经营企业	447123	416246	127654	118102
独资经营企业	973439	875949	274975	242177
投资股份有限公司	89324	80364	31393	27642
其他港澳台商投资企业	6422	5173	1219	748
3.外商投资企业	**2326533**	**2113113**	**630623**	**558957**
中外合资经营企业	1092423	1000120	241815	207463
中外合作经营企业	352311	328148	100010	94321
外资企业	813555	727329	275218	246806
外商投资股份有限公司	57101	48397	9680	7551
其他外商投资企业	11143	9119	3900	2816
(二)按国民经济行业分				
旅游饭店	27684547	20788905	9747523	6857287
一般旅馆	4408539	1503823	1821410	557310
其他住宿服务	561770	241336	219207	76833
(三)按控股情况分				
国有控股	9810520	7474398	3354937	2338314
集体控股	1630387	1006696	660903	381582
私人控股	12983376	7322546	5184420	2751001
港澳台控股	2290782	2078973	659144	587993
外商控股	1498069	1347352	449944	403305

企业损益及分配

单位：万元

主营业务税金及附加		主营业务利润		其他业务利润		销售费用	
限额以上	大中型企业	限额以上	大中型企业	限额以上	大中型企业	限额以上	大中型企业
3719435	**2391510**	**35350503**	**24154868**	**439725**	**241078**	**19023756**	**12769684**
1751466	**1213132**	**19115250**	**13829502**	**290954**	**160433**	**9238216**	**6255292**
1444979	**931768**	**15350063**	**10347162**	**234781**	**111910**	**7805290**	**4979640**
314141	214359	3510647	2560101	58282	30583	1840204	1275015
40950	19726	380269	204122	10079	2719	191936	98226
11780	5481	126440	65026	1742	522	65859	25517
6848	4921	76301	56735	768	583	40724	28536
3399	2411	35285	25559	214	58	19848	12812
799	336	11205	5611	492	492	6215	3431
1432	1178	15189	12436	33	33	7530	6024
1218	996	14622	13128	30		7131	6268
522001	385879	5718678	4317702	69121	36143	2838440	2012784
20707	17297	239958	207718	2170	1250	121432	104294
501294	368582	5478720	4109985	66951	34893	2717008	1908491
64585	45960	633863	442442	16975	8707	291711	183559
435124	227294	4393293	2395008	68043	29492	2289125	1214432
70315	25091	641201	249159	9992	3618	290114	126336
17890	4978	149967	43526	1925	205	71832	22275
321906	183228	3324829	1937291	51649	24355	1793063	997011
25013	13997	277297	165032	4478	1314	134116	68810
49550	28149	510571	306025	9771	3162	247290	141571
177233	**163566**	**2198531**	**2045981**	**33180**	**29730**	**853649**	**769044**
95397	89270	1199300	1131215	14951	14194	446439	404079
23935	22190	295534	275954	2065	1994	132355	123188
52614	47272	645850	586500	15393	13150	248981	218820
4942	4549	52989	48173	643	392	22937	20477
345	286	4858	4139	128		2938	2480
129254	**117798**	**1566656**	**1436358**	**22993**	**18793**	**579277**	**506608**
61064	56210	789544	736447	6499	4875	261174	234833
19552	18256	232749	215571	6086	5930	106706	97499
44588	39880	493749	440643	10391	7987	187108	153852
3399	2916	44022	37930	18		20222	16889
651	536	6592	5767			4067	3535
1494959	1120244	16442065	12811374	229644	144570	7842875	5762685
227207	79921	2359922	866592	57637	14945	1245537	427934
29301	12967	313262	151536	3674	918	149804	64673
520268	396718	5935315	4739366	86032	50796	2893347	2181901
86503	52976	882981	572138	17077	6633	458864	287639
687108	387472	7111848	4184073	115155	57049	3654479	2037546
124711	113220	1506927	1377760	22254	18903	601678	532774
83077	75038	965048	869009	15107	11592	378829	318879

1-13 续表 1

项　　目	主营业务收入		主营业务成本	
	限额以上	大中型企业	限额以上	大中型企业
二、餐饮业	**37357138**	**21841175**	**19153916**	**10337431**
(一)按登记注册类型分				
1.内资企业	**27502212**	**12860884**	**14819419**	**6418609**
国有企业	949060	425451	512906	213605
集体企业	331842	91454	199182	52837
股份合作企业	291672	94786	154861	47844
联营企业	48734	30421	37846	24454
国有联营企业	2745		1917	
集体联营企业	30773	22101	26443	18786
国有与集体联营企业	2163		813	
其他联营企业	13053	8320	8673	5668
有限责任公司	6736800	3794486	3343108	1778599
国有独资公司	106669	77583	40065	23415
其他有限责任公司	6630131	3716903	3303044	1755184
股份有限公司	1166946	858158	557505	379958
私营企业	16728952	7157900	9294744	3705473
私营独资企业	3613176	717924	2219501	396561
私营合伙企业	656278	201027	395694	115539
私营有限责任公司	11582744	5784658	6169427	2927933
私营股份有限公司	876754	454292	510122	265440
其他企业	1248207	408229	719268	215840
2.港、澳、台商投资企业	**3030675**	**2556717**	**1266330**	**1037447**
合资经营企业	832846	711395	398050	337422
合作经营企业	172920	146437	71669	55757
独资经营企业	1917218	1599738	763618	616044
投资股份有限公司	106296	99147	32266	28225
其他港澳台商投资企业	1396		728	
3.外商投资企业	**6824250**	**6423574**	**3068166**	**2881375**
中外合资经营企业	1777466	1652971	808900	744968
中外合作经营企业	136346	113940	70112	61341
外资企业	4844059	4613995	2160120	2053956
外商投资股份有限公司	48433	35489	24046	17429
其他外商投资企业	17946	7178	4988	3681
(二)按国民经济行业分				
正餐服务	28295834	13767123	14892807	6660074
快餐服务	7429134	6935756	3453580	3165932
饮料及冷饮服务	388955	289028	122582	79034
其他餐饮服务	1243214	849269	684947	432392
(三)按控股情况分				
国有控股	1992729	1276619	999935	596040
集体控股	857124	426251	451024	203059
私人控股	22282425	9929082	12166507	5071658
港澳台控股	2792538	2370474	1151618	952374
外商控股	5697006	5393774	2522523	2383716

单位：万元

主营业务税金及附加		主营业务利润		其他业务利润		销售费用	
限额以上	大中型企业	限额以上	大中型企业	限额以上	大中型企业	限额以上	大中型企业
1967969	**1178378**	**16235253**	**10325366**	**148771**	**80645**	**9785540**	**6514392**
1422140	**680737**	**11260653**	**5761538**	**126779**	**66371**	**6471659**	**3467890**
42570	18734	393584	193112	7584	3069	208821	96460
16031	4346	116629	34271	3657	1173	58397	17030
15598	4603	121213	42339	1001	215	65897	20026
1244	521	9644	5446	262		4300	2226
176		652					
238	58	4092	3257			1295	663
114		1236				737	
716	463	3664	2189	262		2268	1563
354780	204529	3038912	1811358	40631	26917	1839246	1118761
5180	3694	61424	50474	526	180	29774	20681
349600	200835	2977487	1760884	40105	26738	1809472	1098079
59438	43656	550003	434544	8276	5278	286008	224407
868527	383135	6565681	3069292	61515	29081	3759564	1886142
167694	36212	1225981	285151	11502	3722	504936	161470
31045	10102	229539	75386	1576	76	107119	40725
624232	312979	4789085	2543746	41632	20885	2964054	1587484
45557	23842	321075	165010	6805	4398	183455	96464
63953	21213	464986	171176	3854	637	249427	102839
167529	**140927**	**1596816**	**1378343**	**13883**	**8605**	**1098083**	**951788**
46597	39683	388199	334290	3498	696	249984	214149
8577	7453	92674	83227	640	565	57739	50876
106369	88272	1047231	895422	9745	7344	743537	641945
5901	5519	68129	65403			46790	44818
84		584				33	
378300	**356713**	**3377784**	**3185486**	**8109**	**5670**	**2215798**	**2094713**
98605	91730	869961	816273	-15297	-16469	546038	511290
8223	6765	58011	45834	363	207	36389	29817
267905	256015	2416034	2304024	22836	21725	1610398	1539307
2579	1800	21808	16260	207	207	14519	11560
989	403	11969	3094			8455	2739
1484986	740901	11918041	6366148	124543	64493	6950904	3886957
403732	381540	3571822	3388284	14514	9068	2383271	2276048
21198	15472	245175	194522	402	93	166534	136399
58054	40463	500213	376414	9312	6992	284831	214988
94206	61271	898588	619308	15155	9404	502868	344029
42701	21194	363399	201998	8828	4943	200841	107536
1159275	530353	8956643	4327071	89683	43759	5158871	2658579
154747	131029	1486173	1287071	13176	8441	1023033	887147
314979	298959	2859504	2711099	5794	4561	1915217	1824731

1-13 续表 2

项目	管理费用		财务费用	
	限额以上	大中型企业	限额以上	大中型企业
总计	**12612207**	**8512040**	**1777668**	**1280548**
一、住宿业	**8573816**	**6250773**	**1262242**	**982680**
(一)按登记注册类型分				
1.内资企业	**6798467**	**4651543**	**1044672**	**787349**
国有企业	1751249	1263401	134263	112378
集体企业	180803	100831	11137	5968
股份合作企业	56836	32360	7631	5333
联营企业	33821	25173	1636	1103
国有联营企业	14193	10101	862	561
集体联营企业	3732	936	99	41
国有与集体联营企业	9098	8058	463	322
其他联营企业	6798	6079	212	179
有限责任公司	2587432	1953595	419130	345737
国有独资公司	128880	113210	10477	9141
其他有限责任公司	2458551	1840385	408653	336596
股份有限公司	263431	187787	46567	34116
私营企业	1731084	968910	396400	267682
私营独资企业	208922	82969	47282	21403
私营合伙企业	53023	17488	15669	8946
私营有限责任公司	1355474	796158	302268	213566
私营股份有限公司	113666	72295	31182	23768
其他企业	193811	119486	27907	15033
2.港、澳、台商投资企业	**1063196**	**955591**	**141073**	**126865**
合资经营企业	543309	499515	75770	73041
合作经营企业	122680	108666	21986	17450
独资经营企业	363933	317936	37030	33052
投资股份有限公司	30522	27233	6224	3295
其他港澳台商投资企业	2753	2240	64	27
3.外商投资企业	**712152**	**643639**	**76496**	**68466**
中外合资经营企业	361615	330934	52211	48893
中外合作经营企业	86822	78345	16539	13990
外资企业	228690	202841	6338	4270
外商投资股份有限公司	32527	29360	1132	1039
其他外商投资企业	2499	2159	276	275
(二)按国民经济行业分				
旅游饭店	7486899	5810798	1135715	925214
一般旅馆	937850	361019	111187	48795
其他住宿服务	149067	78955	15341	8671
(三)按控股情况分				
国有控股	2907949	2285565	256701	225801
集体控股	392489	254426	37660	26453
私人控股	2864056	1723578	646996	458183
港澳台控股	786360	696760	104535	91311
外商控股	464635	416727	53264	49208

单位：万元

营业利润		利润总额		应交所得税		应付职工薪酬	
限额以上	大中型企业	限额以上	大中型企业	限额以上	大中型企业	限额以上	大中型企业
2372978	**1882001**	**1818885**	**1761436**	**863865**	**590702**	**11498820**	**7239201**
367918	**519134**	**195955**	**490105**	**337096**	**249138**	**6025175**	**4090599**
-46562	**52516**	**-186866**	**53043**	**231931**	**150100**	**5035520**	**3198580**
-147834	-52877	-118905	-12854	41481	30511	1341000	905603
7343	1961	-881	1699	7632	4251	137381	59032
-2096	2391	-5409	982	1788	433	43511	18744
999	2611	-594	1794	1908	1638	27917	19133
695	2240	362	2288	726	651	14529	9607
1651	1695	527	942	941	788	3100	1070
-1859	-1925	-1725	-1892	55	20	5190	4242
512	602	242	456	186	179	5097	4215
-61419	36185	-89948	32065	83403	66443	1805557	1310910
-20968	-19948	-19192	-15263	2275	1887	89394	75180
-40451	56133	-70756	47328	81128	64556	1716163	1235731
54118	51004	43534	47505	12313	10216	206276	140581
51209	-21996	-46493	-44761	73761	32110	1309915	655157
104659	22072	62099	11689	20591	5414	203988	70809
11364	-4978	3819	-5736	3135	510	50603	12430
-70961	-43837	-113510	-55790	47889	23824	971824	528164
6146	4748	1099	5076	2145	2362	83500	43754
51119	33236	31831	26613	9645	4498	163962	89420
212390	**249812**	**188061**	**225435**	**53289**	**49053**	**606163**	**547929**
173304	193358	160631	181506	38756	38521	362408	335251
20601	28670	12329	20235	4692	4558	67375	59972
25281	30809	23748	28325	9312	5467	158675	137216
-6028	-2416	-7900	-4025	525	508	16314	14480
-768	-608	-747	-606	5		1392	1010
202090	**216806**	**194760**	**211628**	**51876**	**49984**	**383492**	**344090**
121733	127419	99894	107411	25733	24913	189014	171413
28852	31685	33179	35844	7253	7023	47711	42954
61597	67262	61658	67813	18465	17631	132204	117023
-9843	-9358	307	790	435	417	12140	10703
-250	-202	-278	-231	-9		2424	1998
218976	457283	127328	445681	274936	225586	5193947	3808069
146653	61690	75327	46111	53387	17641	730154	240569
2290	161	-6699	-1687	8773	5911	101075	41960
-10125	121343	19615	165997	100365	84868	2162472	1617170
11895	10426	-819	8601	14911	10165	298845	173137
60930	19402	-69777	-11770	121390	65411	2131530	1162177
62427	90604	34868	64561	27425	23531	409983	363512
65646	75956	65516	79038	30769	29529	242461	216304

1-13 续表 3

项目	管理费用		财务费用	
	限额以上	大中型企业	限额以上	大中型企业
二、餐饮业	**4038391**	**2261267**	**515426**	**297868**
(一)按登记注册类型分				
1.内资企业	**3149074**	**1510121**	**466401**	**259719**
国有企业	173383	82737	15433	7753
集体企业	42031	11559	3777	1209
股份合作企业	35568	11883	4202	1817
联营企业	2374	1031	524	299
国有联营企业	336		44	
集体联营企业	723	581	236	201
国有与集体联营企业	20		26	
其他联营企业	1296	450	217	98
有限责任公司	858644	495277	125281	82889
国有独资公司	33742	28151	251	165
其他有限责任公司	824902	467127	125030	82724
股份有限公司	143329	108053	26671	21900
私营企业	1773641	761833	273878	137176
私营独资企业	292684	69528	51437	15370
私营合伙企业	63014	17960	9844	4175
私营有限责任公司	1330593	637915	200711	111221
私营股份有限公司	87350	36430	11885	6411
其他企业	120103	37747	16635	6675
2.港、澳、台商投资企业	**311611**	**241336**	**24400**	**18815**
合资经营企业	89774	69282	7164	5185
合作经营企业	26680	23180	1956	1601
独资经营企业	188129	142599	14112	10942
投资股份有限公司	6711	6275	1155	1087
其他港澳台商投资企业	318		13	
3.外商投资企业	**577706**	**509810**	**24626**	**19334**
中外合资经营企业	144879	125679	8769	5405
中外合作经营企业	18291	12479	1330	1089
外资企业	409903	368825	13356	11787
外商投资股份有限公司	4082	2791	1075	1003
其他外商投资企业	550	37	97	51
(二)按国民经济行业分				
正餐服务	3300638	1635312	486120	276448
快餐服务	562347	508125	21276	17226
饮料及冷饮服务	32094	18072	920	166
其他餐饮服务	143313	99758	7110	4028
(三)按控股情况分				
国有控股	348331	219747	29587	16660
集体控股	123706	66390	16533	11480
私人控股	2370705	1057692	381400	206444
港澳台控股	285819	223355	21469	17083
外商控股	485517	428269	19535	15940

单位：万元

营业利润		利润总额		应交所得税		应付职工薪酬	
限额以上	大中型企业	限额以上	大中型企业	限额以上	大中型企业	限额以上	大中型企业
2005060	**1362867**	**1622929**	**1271331**	**526769**	**341564**	**5473645**	**3148602**
1256626	**616468**	**903608**	**544227**	**337364**	**159896**	**4114540**	**1922471**
4871	9706	-6219	4904	8622	2723	172184	74725
15476	5679	11372	5570	3192	1481	50692	12848
16741	8829	16700	8486	3782	1303	43626	14176
2735	1880	1088	520	644	3	3907	2133
271		13		258		187	
1837	1813	419	453	222		1350	754
453		481		120		113	
173	67	175	67	43	3	2258	1379
184023	143511	129092	131131	75657	48199	1064221	598641
-2112	1358	-1804	1861	292	136	22965	13580
186135	142152	130895	129270	75365	48063	1041256	585061
122179	105410	128016	121576	21061	18449	196071	139653
827569	316873	572411	256433	212222	84467	2408104	1023714
386840	41501	276312	31418	63784	9396	415097	90658
50855	12571	39994	10184	7646	1827	147209	23196
343953	232285	216355	184845	128296	64628	1731843	854044
45920	30515	39751	29986	12496	8616	113956	55816
83033	24580	51147	15607	12185	3271	175735	56582
184444	**182831**	**180568**	**180938**	**50985**	**46155**	**461566**	**387756**
44744	46334	46433	48589	13609	12482	136083	116548
6959	8156	6364	7870	2077	2041	30044	25840
117062	113134	114510	111553	32101	28688	275863	226969
15458	15208	13178	12926	3048	2944	19258	18400
221		83		150		318	
563991	**563567**	**538754**	**546165**	**138421**	**135512**	**897538**	**838374**
154822	157278	149486	153670	35972	34779	263111	244335
2330	2657	1304	1968	1035	951	20240	17151
401631	402253	385896	390131	100877	99401	603615	569573
2341	1113	-41	140	526	382	8901	6339
2866	266	2109	256	10		1670	976
1260863	660910	897793	574164	347973	172503	4262027	2062681
621115	594508	604428	585614	150832	145513	979496	921047
45982	39955	43900	41304	10103	8831	49903	36733
77101	67494	76808	70249	17862	14718	182219	128141
67664	76397	80051	95260	23741	16653	403377	252062
30790	21546	29675	21989	10003	5953	130136	60758
1049215	441836	719757	359625	275838	118490	3235033	1436884
176870	175774	171272	171711	48268	44101	427897	360615
441552	443299	424633	431975	108620	106740	739065	692126

1-14 大中型住宿和餐饮业企业经济效益分析指标

项目	负债比率(%)		主营业务毛利率(%)		人均营业收入(万元)		费用率(%)	
	限额以上	大中型企业	限额以上	大中型企业	限额以上	大中型企业	限额以上	大中型企业
总计	**68.1**	**68.6**	**55.8**	**59.8**	**15.9**	**18.2**	**47.4**	**50.4**
一、住宿业	**68.3**	**68.7**	**63.9**	**66.8**	**15.3**	**18.6**	**57.6**	**59.1**
(一)按登记注册类型分								
1.内资企业	**67.2**	**67.6**	**62.9**	**66.1**	**14.3**	**17.2**	**57.8**	**60.4**
国有企业	55.5	54.1	63.5	67.3	14.4	16.9	60.9	63.5
集体企业	67.5	67.6	54.8	59.9	13.5	17.3	49.3	54.5
股份合作企业	67.2	82.3	62.7	65.1	12.1	15.2	58.6	58.3
联营企业	58.7	54.0	63.7	66.5	15.6	18.2	58.2	59.0
国有联营企业	50.9	34.1	65.5	69.5	14.6	16.5	58.9	58.3
集体联营企业	35.3	23.4	54.7	47.8	18.4	35.9	45.6	35.2
国有与集体联营企业	93.9	97.4	64.1	63.6	18.2	19.3	65.5	67.3
其他联营企业	61.2	65.3	67.3	75.8	13.6	15.6	60.0	67.3
有限责任公司	69.4	69.3	66.6	68.0	15.2	17.5	61.5	61.5
国有独资公司	62.4	61.8	69.2	72.1	16.8	17.3	68.6	71.9
其他有限责任公司	69.8	69.8	66.5	67.8	15.2	17.5	61.2	61.1
股份有限公司	62.8	60.2	56.9	56.6	15.3	18.5	48.4	46.4
私营企业	75.5	81.5	60.2	64.4	13.3	16.7	54.4	59.7
私营独资企业	61.4	76.8	50.9	58.9	13.8	16.6	38.7	49.3
私营合伙企业	66.5	88.3	50.6	56.6	11.8	10.6	41.9	56.8
私营有限责任公司	78.2	81.7	63.1	65.8	13.2	16.9	59.0	61.7
私营股份有限公司	75.8	82.7	59.0	59.9	14.4	18.0	53.7	54.9
其他企业	64.1	64.1	59.3	65.4	13.1	16.1	49.1	53.8
2.港、澳、台商投资企业	**73.7**	**72.5**	**65.8**	**65.7**	**23.8**	**26.0**	**56.5**	**54.6**
合资经营企业	75.3	72.7	61.8	61.5	27.0	29.6	50.4	48.8
合作经营企业	76.3	72.9	71.4	71.6	22.1	22.6	61.4	59.4
独资经营企业	70.2	72.3	71.8	72.4	20.4	22.5	66.2	64.5
投资股份有限公司	73.8	69.4	64.9	65.6	16.4	16.9	66.4	63.1
其他港澳台商投资企业	70.2	63.0	81.0	85.5	10.8	12.5	87.6	91.8
3.外商投资企业	**70.7**	**70.8**	**72.9**	**73.5**	**22.4**	**24.2**	**57.2**	**56.1**
中外合资经营企业	69.3	69.2	77.9	79.3	23.1	25.1	61.3	61.0
中外合作经营企业	100.2	98.1	71.6	71.3	22.6	24.4	56.5	54.6
外资企业	56.3	56.7	66.2	66.1	22.4	24.2	49.7	47.4
外商投资股份有限公司	93.6	94.0	83.0	84.4	14.9	14.9	94.4	97.7
其他外商投资企业	66.1	66.1	65.0	69.1	12.3	14.7	61.4	65.5
(二)按国民经济行业分								
旅游饭店	68.6	68.6	64.8	67.0	15.9	18.8	58.7	59.4
一般旅馆	64.6	67.7	58.7	62.9	12.9	17.4	51.3	55.2
其他住宿服务	74.3	77.7	61.0	68.2	13.6	16.1	55.3	62.5
(三)按控股情况分								
国有控股	55.4	53.9	65.8	68.7	15.8	18.3	60.9	62.1
集体控股	72.3	76.2	59.5	62.1	14.3	18.0	54.0	56.2
私人控股	75.1	79.9	60.1	62.4	13.9	17.7	54.6	57.1
港澳台控股	76.6	76.0	71.2	71.7	20.0	21.6	64.7	63.1
外商控股	72.0	72.0	70.0	70.1	23.9	25.8	58.7	57.1

1-14 续表

项目	负债比率(%)		主营业务毛利率(%)		人均营业收入(万元)		费用率(%)	
	限额以上	大中型企业	限额以上	大中型企业	限额以上	大中型企业	限额以上	大中型企业
二、餐饮业	**67.5**	**68.3**	**48.7**	**52.7**	**16.4**	**17.8**	**38.3**	**41.4**
(一)按登记注册类型分								
1.内资企业	**68.0**	**70.8**	**46.1**	**50.1**	**15.9**	**17.4**	**36.6**	**40.5**
国有企业	64.1	58.7	46.0	49.8	13.5	15.5	41.5	43.6
集体企业	78.1	73.0	40.0	42.2	15.2	22.0	30.9	31.9
股份合作企业	65.9	67.5	46.9	49.5	16.4	18.4	36.1	35.4
联营企业	43.1	25.1	22.3	19.6	24.3	32.9	14.8	11.7
国有联营企业	37.6		30.2		28.6		13.8	
集体联营企业	33.6	4.9	14.1	15.0	48.8	68.4	7.3	6.5
国有与集体联营企业	36.8		62.4		26.1		36.2	
其他联营企业	70.4	114.5	33.6	31.9	11.0	13.8	28.8	25.4
有限责任公司	71.1	72.7	50.4	53.1	15.6	17.1	42.2	44.6
国有独资公司	68.0	89.5	62.4	69.8	13.8	21.1	59.6	63.0
其他有限责任公司	71.2	72.6	50.2	52.8	15.6	17.0	41.9	44.2
股份有限公司	51.0	50.2	52.2	55.7	16.9	18.8	38.5	40.5
私营企业	69.0	75.0	44.4	48.2	16.2	17.6	34.6	38.8
私营独资企业	52.4	67.1	38.6	44.8	17.1	17.9	23.4	34.2
私营合伙企业	50.9	57.0	39.7	42.5	15.7	18.7	27.3	31.3
私营有限责任公司	74.0	76.6	46.7	49.4	15.9	17.4	38.7	40.3
私营股份有限公司	67.2	71.3	41.8	41.6	17.1	19.8	32.0	30.4
其他企业	63.0	77.6	42.4	47.1	14.1	16.0	30.8	35.9
2.港、澳、台商投资企业	**67.8**	**61.3**	**58.2**	**59.4**	**19.1**	**19.3**	**47.2**	**47.3**
合资经营企业	77.7	58.1	52.2	52.6	15.6	15.5	41.6	40.6
合作经营企业	72.1	64.8	58.6	61.9	23.9	23.9	49.4	51.1
独资经营企业	63.9	62.6	60.2	61.5	20.5	20.8	49.1	49.6
投资股份有限公司	57.4	56.9	69.6	71.5	26.6	28.2	51.4	52.6
其他港澳台商投资企业	27.9		47.9		8.9		26.1	
3.外商投资企业	**63.0**	**62.3**	**55.0**	**55.1**	**18.0**	**18.0**	**41.1**	**40.7**
中外合资经营企业	60.4	55.8	54.5	54.9	18.4	18.5	39.1	38.6
中外合作经营企业	49.7	71.3	48.6	46.2	21.9	22.8	41.1	38.1
外资企业	65.1	65.0	55.4	55.5	17.7	17.7	41.8	41.4
外商投资股份有限公司	56.1	71.0	50.4	50.9	15.9	19.7	40.4	43.1
其他外商投资企业	69.5	100.5	72.2	48.7	23.4	17.4	50.7	39.4
(二)按国民经济行业分								
正餐服务	68.9	71.0	47.4	51.6	16.2	18.3	37.9	41.9
快餐服务	61.6	61.2	53.5	54.4	17.0	17.0	39.7	40.2
饮料及冷饮服务	40.3	33.3	68.5	72.7	23.3	25.1	51.3	53.5
其他餐饮服务	54.6	45.1	44.9	49.1	16.1	15.9	34.8	37.3
(三)按控股情况分								
国有控股	64.3	56.4	49.8	53.3	15.0	17.0	43.7	44.9
集体控股	69.7	77.2	47.4	52.4	17.1	20.7	39.2	42.9
私人控股	68.5	73.1	45.4	48.9	15.9	17.2	35.5	39.4
港澳台控股	60.6	59.1	58.8	59.8	19.0	19.2	47.5	47.5
外商控股	68.2	64.3	55.7	55.8	19.5	19.6	42.3	41.9

地区篇

简要说明：

一、本篇资料主要内容为分地区大中型批发和零售业、住宿和餐饮业企业单位数和从业人员数情况；分地区大中型批发和零售业企业商品购、销、存情况；分地区大中型住宿和餐饮业企业经营情况；分地区大中型批发和零售业、住宿和餐饮业企业主要财务及经济效益分析指标等。

二、批发和零售业、住宿和餐饮业统计采用“法人在地统计”原则，即按法人企业主要经营活动所在地确定法人企业所在地区。

2-1 各地区大中型批发和零售业企业基本情况

地区	大中型		大型		中型	
	法人单位数(个)	年末从业人数(人)	法人单位数(个)	年末从业人数(人)	法人单位数(个)	年末从业人数(人)
全国	**42975**	**7512449**	**4088**	**3620375**	**38887**	**3892074**
北京	2838	585307	341	348540	2497	236767
天津	1014	141302	88	64713	926	76589
河北	1317	273012	126	131499	1191	141513
山西	1042	180929	117	77490	925	103439
内蒙古	603	110304	67	53087	536	57217
辽宁	1277	244441	151	130861	1126	113580
吉林	474	93494	49	46134	425	47360
黑龙江	579	117723	78	57241	501	60482
上海	2943	576955	391	344284	2552	232671
江苏	3621	627452	352	341803	3269	285649
浙江	3754	494635	253	210159	3501	284476
安徽	1254	229503	155	102893	1099	126610
福建	1723	232616	103	76939	1620	155677
江西	551	113361	61	54737	490	58624
山东	3833	617571	271	264632	3562	352939
河南	2250	346126	127	109507	2123	236619
湖北	1431	305591	129	159245	1302	146346
湖南	1124	198569	94	85980	1030	112589
广东	4740	841268	492	427747	4248	413521
广西	766	120539	79	48460	687	72079
海南	262	35058	16	8151	246	26907
重庆	1080	209782	83	101281	997	108501
四川	1276	215735	133	97329	1143	118406
贵州	373	77149	43	39870	330	37279
云南	794	139434	69	67350	725	72084
西藏	32	5617	4	1882	28	3735
陕西	812	184474	92	91078	720	93396
甘肃	368	58793	38	20886	330	37907
青海	87	17644	13	8820	74	8824
宁夏	176	27614	14	8249	162	19365
新疆	581	90451	59	39528	522	50923

2-2 各地区大中型批发和零售业企业商品购、销、存情况

单位：万元

地 区	商品购进额	进 口	商品销售额	出 口	期末商品库存额
全 国	**2575813321**	**231622998**	**2851181772**	**136230477**	**200783271**
北 京	357815410	67019708	388655944	13929784	35474953
天 津	134808524	7770059	141475469	2977831	6914580
河 北	63551118	510382	69935415	625673	3544886
山 西	62652860	573042	70678402	271511	4504816
内蒙古	25238131	319240	27995072	159516	3365778
辽 宁	110736482	3976329	120241287	1421900	6080742
吉 林	19754724	602626	24445811	64510	1444023
黑龙江	33514783	8511415	36958523	706815	3135558
上 海	335208174	60023843	366231176	22731919	24268741
江 苏	191732049	12972461	222099319	15522783	14310431
浙 江	180906823	13781902	203802869	25526468	12988250
安 徽	52625063	2944097	59065866	1856534	3951209
福 建	78413213	6967595	86714365	8232353	6644981
江 西	16532875	197232	21836474	493831	1217115
山 东	134519692	6358324	153208689	5703359	9420862
河 南	55330750	1123620	62574272	1259266	6944747
湖 北	78452349	3426316	88343866	957132	5268152
湖 南	41789796	433042	45342884	563228	3164513
广 东	297081440	26443701	317791648	27813051	18812650
广 西	23516790	326806	27043993	299202	2228074
海 南	9966643	434333	10737098	192468	663845
重 庆	47909471	734219	53872623	1083003	3297189
四 川	49114230	1959216	61113675	1135256	6091286
贵 州	15013093	280984	17763324	662750	1694241
云 南	35842574	1800891	40217412	959393	5222234
西 藏	774647		962719		103027
陕 西	47936833	867432	52179251	689138	2657005
甘 肃	22133854	67626	24400292	14394	1965489
青 海	3659222	9298	5015582	53298	262852
宁 夏	6642839	71869	6639075	19513	669993
新 疆	42638867	1115391	43839381	304598	4471053

2-3 各地区大型批发和零售业企业商品购、销、存情况

单位：万元

地区	商品购进额	进口	商品销售额	出口	期末商品库存额
全国	**1164086959**	**93669851**	**1336816648**	**38995034**	**83568917**
北京	187767435	34794939	213058384	7786858	17465379
天津	61858906	804255	64711199	248038	1903525
河北	26796689	189258	30389216	520	1362809
山西	26977902	76784	32546675		1154807
内蒙古	10709928	276	12628200		1049291
辽宁	69611240	2303813	75333951	28872	2909403
吉林	8205252	15820	11337247		486072
黑龙江	15870333	138131	17966083		1475605
上海	160343219	31315650	178890191	6005221	13125696
江苏	74642828	3128562	91341291	5522714	6787201
浙江	56198959	3392623	70202908	5785576	3747798
安徽	23978165	390010	28418162	813266	1486052
福建	30293695	3563629	34923353	1134910	2417081
江西	6386667	32157	11516651	163223	443324
山东	54883607	1055629	63083803	1498147	3524637
河南	20918130	7743	26024950	358	1477065
湖北	52896804	2910407	59069869	447228	2770367
湖南	15484523	490	21805980	413	1133219
广东	136578439	8846412	144572189	9465674	6735922
广西	9404496	33384	12214824	44	798011
海南	3719340	74397	4165956	21203	174330
重庆	18274575	2177	21233674		1530951
四川	22476194	249979	30502394	7404	2971162
贵州	8709790		11035083		925882
云南	13008191	282868	16448252	258	2512351
西藏	357391		463164		26382
陕西	19642496	60384	22059495	64728	1145124
甘肃	4919340		5769815		331827
青海	2183041		3070540		151574
宁夏	3189317		3044087		314949
新疆	17800067	77	18989065	380	1231124

2-4 各地区中型批发和零售业企业商品购、销、存情况

单位：万元

地区	商品购进额	进口	商品销售额	出口	期末商品库存额
全国	**1411726361**	**137953147**	**1514365123**	**97235443**	**117214354**
北京	170047974	32224769	175597560	6142927	18009574
天津	72949619	6965803	76764271	2729793	5011055
河北	36754429	321124	39546199	625153	2182077
山西	35674959	496257	38131727	271511	3350009
内蒙古	14528204	318964	15366871	159516	2316487
辽宁	41125242	1672516	44907336	1393029	3171339
吉林	11549472	586806	13108564	64510	957951
黑龙江	17644451	8373284	18992440	706815	1659953
上海	174864955	28708192	187340985	16726698	11143045
江苏	117089221	9843898	130758027	10000069	7523230
浙江	124707864	10389279	133599961	19740892	9240453
安徽	28646898	2554087	30647704	1043268	2465157
福建	48119518	3403966	51791013	7097443	4227900
江西	10146208	165076	10319823	330608	773791
山东	79636085	5302695	90124886	4205212	5896225
河南	34412620	1115877	36549322	1258908	5467683
湖北	25555545	515909	29273997	509904	2497785
湖南	26305273	432553	23536904	562815	2031294
广东	160503002	17597290	173219459	18347377	12076728
广西	14112294	293422	14829169	299158	1430063
海南	6247302	359936	6571141	171265	489515
重庆	29634897	732042	32638949	1083003	1766238
四川	26638036	1709237	30611281	1127852	3120124
贵州	6303303	280984	6728241	662750	768359
云南	22834383	1518023	23769160	959135	2709883
西藏	417256		499555		76645
陕西	28294337	807049	30119756	624410	1511880
甘肃	17214514	67626	18630477	14394	1633662
青海	1476182	9298	1945042	53298	111277
宁夏	3453522	71869	3594988	19513	355045
新疆	24838800	1115314	24850316	304218	3239928

2-5 各地区大中型批发业企业商品购、销、存情况

单位：万元

地区	商品购进额	进口	商品销售额	出口	期末商品库存额
全国	**2072577246**	**215752607**	**2266315506**	**136045509**	**147526314**
北京	310742358	66169175	336291364	13924077	30559454
天津	121578062	7641982	127132337	2972297	5923018
河北	50749410	442985	55755250	625673	2106554
山西	52196929	406003	56781706	271511	3412455
内蒙古	14775883	165235	15655215	159516	2122655
辽宁	93099846	3158923	98468217	1415304	3895013
吉林	12920078	495306	14343422	64510	734404
黑龙江	26526350	8487799	28041419	706815	2222700
上海	301401612	57350457	326641027	22718191	19916327
江苏	148501160	11713633	170239340	15511751	10011975
浙江	140369650	11618603	158968584	25462926	8712484
安徽	38923694	2802032	43525222	1856534	2391420
福建	62714196	6626763	69449543	8231061	5054665
江西	11336641	37589	15632334	493831	725870
山东	92893374	5915720	107227293	5684085	5540061
河南	38605170	799848	44071553	1255595	5159203
湖北	57960969	3209343	64209258	956512	3082743
湖南	27525036	120049	25536626	563138	1881283
广东	245911152	23330219	258176438	27774067	13394497
广西	17206073	124822	20081101	299158	1509191
海南	6441788	323294	6930026	192468	350914
重庆	34320793	410297	38888070	1083003	2039277
四川	30672944	1276761	36866718	1134669	3862851
贵州	10234639	126583	12057235	662750	1209781
云南	26029215	1349443	29938441	954106	4087813
西藏	322371		402511		38384
陕西	35158794	594847	37959271	682787	1470546
甘肃	18202511	6688	20032532	12269	1564691
青海	2977943		4166136	53298	202667
宁夏	4637333	48345	4609596	19009	394050
新疆	37641272	999864	38237722	304598	3949371

2-6　各地区大中型零售业企业商品购、销、存情况

单位：万元

地　区	商品购进额	进　口	商品销售额	出　口	期末商品库存额
全　国	**503236074**	**15870391**	**584866265**	**184968**	**53256957**
北　京	47073051	850533	52364580	5707	4915498
天　津	13230462	128077	14343132	5534	991562
河　北	12801707	67397	14180165		1438331
山　西	10455931	167039	13896696		1092361
内蒙古	10462248	154005	12339857		1243124
辽　宁	17636636	817406	21773070	6596	2185730
吉　林	6834645	107320	10102389		709619
黑龙江	6988433	23617	8917104		912858
上　海	33806563	2673386	39590149	13728	4352414
江　苏	43230889	1258828	51859978	11032	4298456
浙　江	40537172	2163299	44834285	63542	4275766
安　徽	13701369	142065	15540644		1559789
福　建	15699018	340832	17264822	1293	1590317
江　西	5196235	159643	6204140		491244
山　东	41626318	442604	45981396	19274	3880801
河　南	16725580	323772	18502719	3671	1785545
湖　北	20491380	216974	24134608	620	2185409
湖　南	14264760	312993	19806258	90	1283230
广　东	51170289	3113482	59615210	38984	5418153
广　西	6310717	201984	6962892	44	718882
海　南	3524855	111039	3807071		312931
重　庆	13588678	323922	14984553		1257913
四　川	18441286	682455	24246957	586	2228434
贵　州	4778454	154401	5706089		484459
云　南	9813360	451448	10278971	5287	1134422
西　藏	452277		560207		64643
陕　西	12778039	272586	14219980	6351	1186459
甘　肃	3931343	60937	4367760	2125	400798
青　海	681279	9298	849446		60185
宁　夏	2005506	23524	2029479	504	275944
新　疆	4997595	115527	5601659		521682

2-7 各地区大中型批发和零售业企业年末资产负债

单位：万元

地区	流动资产合计	固定资产原价	累计折旧	资产总计	负债合计	所有者权益合计
全国	**835576339**	**117665607**	**38514666**	**1097987715**	**793931562**	**304356149**
北京	160789789	9849857	3582906	214108878	152125910	61982967
天津	31713534	3097229	994705	39163704	29383604	9780100
河北	19999157	3598073	1107471	25989724	19446105	6543618
山西	21041773	3114941	976792	27935416	21070650	6888246
内蒙古	8071163	1903840	581128	11915726	8243818	3671909
辽宁	22202425	4613766	1546343	31007169	22454158	8553011
吉林	5664235	2095008	594797	8385036	5908105	2476931
黑龙江	11252353	2155669	716592	13980038	11280229	2699809
上海	93333194	9057877	3266752	116439891	84066589	32373303
江苏	68103871	10509815	3258733	86954333	63860269	23094064
浙江	63096591	7781620	2525620	81886200	62044590	19841609
安徽	18396845	2943434	924547	23108914	16775284	6603671
福建	28812807	3229037	1009955	39980241	26176356	13803885
江西	5491696	1522508	435762	7664552	4753125	2911428
山东	41472487	9914936	2871358	56171129	41996596	14174533
河南	14916465	3212589	1034572	20652786	15255879	5396907
湖北	19590409	5358217	1607561	27324340	20167580	7156760
湖南	11139313	3431317	1005954	16830962	10525510	6305452
广东	97806032	11775596	4171554	123316811	91322112	32000689
广西	7470434	1456519	519131	10189361	7217582	2971779
海南	2468862	655721	226787	3445251	1786714	1658537
重庆	12960586	2715388	929524	17514957	12160484	5354473
四川	16878774	3146289	993860	22202049	15329182	6872868
贵州	6497839	1218301	450972	8714908	5625336	3090058
云南	16893883	2817641	1060856	22725813	16049390	6676423
西藏	187781	94761	33255	371119	145143	225976
陕西	10529668	2404427	737257	15316544	10907047	4409498
甘肃	4899571	970557	356808	6324443	3593022	2731421
青海	985986	408838	123202	1510624	911843	598781
宁夏	1757820	456887	105158	2363126	1626591	736533
新疆	11150996	2154949	764754	14493670	11722759	2770910

2-8 各地区大型批发和零售业企业年末资产负债

单位：万元

地区	流动资产合计	固定资产原价	累计折旧	资产总计	负债合计	所有者权益合计
全国	**354500626**	**67390220**	**22819341**	**492457615**	**329563896**	**162917197**
北京	82504775	6527515	2550404	117613852	76420426	41193425
天津	6850000	1960635	644938	9134278	6607169	2527109
河北	8912902	2070486	695164	12523357	8732951	3790406
山西	8512476	1472026	473773	11227505	8488124	2762861
内蒙古	2284432	929975	292340	3480492	2476309	1004183
辽宁	8075396	2778127	923328	11957027	7581006	4376021
吉林	1943166	1052746	280703	3349766	2504420	845346
黑龙江	4539658	1238813	433108	5928145	4435031	1493114
上海	44408766	5378433	2035605	56676615	41601765	15074850
江苏	33122105	6162016	1944815	43791228	29399197	14392030
浙江	18984174	3082529	1108914	25097483	16549981	8547503
安徽	8287524	1544437	504032	10494570	6908634	3585936
福建	8698156	1604268	488554	13540788	7599796	5940991
江西	2674968	1009956	276962	3978787	1986078	1992709
山东	18264208	5349329	1647192	25484999	18416947	7068052
河南	4602071	1409571	515371	6770578	4747016	2023561
湖北	10179349	3519702	1061648	15227110	10649675	4577435
湖南	5036326	1997558	634840	8089965	4382834	3707132
广东	42750096	7517845	2582473	57728857	38292467	19436390
广西	2138549	951989	338217	3564362	1929292	1635071
海南	657797	319242	110103	1017919	491060	526858
重庆	5178126	1699187	618459	7648271	4554008	3094262
四川	6421572	1886129	554378	9475009	5512776	3962233
贵州	3824672	846742	313977	5169776	2944134	2225642
云南	6661685	1695072	686080	9631113	6307655	3323459
西藏	64735	11594	4289	163681	34692	128989
陕西	4250760	1598467	491968	6831873	4622890	2208982
甘肃	723849	325536	135548	1049372	470192	579180
青海	405209	278363	74990	722232	480282	241951
宁夏	641898	212855	41532	883706	540571	343135
新疆	2901226	959077	355636	4204899	3896518	308381

2-9 各地区中型批发和零售业企业年末资产负债

单位：万元

地　区	流动资产合计	固定资产原价	累计折旧	资产总计	负债合计	所有者权益合计
全　国	**481075713**	**50275387**	**15695325**	**605530100**	**464367666**	**141438952**
北　京	78285014	3322342	1032502	96495026	75705484	20789542
天　津	24863534	1136594	349767	30029426	22776435	7252991
河　北	11086255	1527587	412307	13466367	10713154	2753212
山　西	12529297	1642915	503019	16707911	12582526	4125385
内蒙古	5786731	973865	288788	8435234	5767509	2667726
辽　宁	14127029	1835639	623015	19050142	14873152	4176990
吉　林	3721069	1042262	314094	5035270	3403685	1631585
黑龙江	6712695	916856	283484	8051893	6845198	1206695
上　海	48924428	3679444	1231147	59763276	42464824	17298453
江　苏	34981766	4347799	1313918	43163105	34461072	8702034
浙　江	44112417	4699091	1416706	56788717	45494609	11294106
安　徽	10109321	1398997	420515	12614344	9866650	3017735
福　建	20114651	1624769	521401	26439453	18576560	7862894
江　西	2816728	512552	158800	3685765	2767047	918719
山　东	23208279	4565607	1224166	30686130	23579649	7106481
河　南	10314394	1803018	519201	13882208	10508863	3373346
湖　北	9411060	1838515	545913	12097230	9517905	2579325
湖　南	6102987	1433759	371114	8740997	6142676	2598320
广　东	55055936	4257751	1589081	65587954	53029645	12564299
广　西	5331885	504530	180914	6624999	5288290	1336708
海　南	1811065	336479	116684	2427332	1295654	1131679
重　庆	7782460	1016201	311065	9866686	7606476	2260211
四　川	10457202	1260160	439482	12727040	9816406	2910635
贵　州	2673167	371559	136995	3545132	2681202	864416
云　南	10232198	1122569	374776	13094700	9741735	3352964
西　藏	123046	83167	28966	207438	110451	96987
陕　西	6278908	805960	245289	8484671	6284157	2200516
甘　肃	4175722	645021	221260	5275071	3122830	2152241
青　海	580777	130475	48212	788392	431561	356830
宁　夏	1115922	244032	63626	1479420	1086020	393398
新　疆	8249770	1195872	409118	10288771	7826241	2462529

2-10 各地区大中型批发业企业年末资产负债

单位：万元

地　　区	流动资产合计	固定资产原价	累计折旧	资产总计	负债合计	所有者权益合计
全　　国	**663394024**	**62162492**	**21350605**	**840524865**	**607263813**	**233261500**
北　　京	141388274	5797442	2099470	187830394	132804399	55025996
天　　津	28032117	1662298	497752	33492321	25259356	8232965
河　　北	15723622	1923136	632276	19520136	14304875	5215261
山　　西	17143575	1850848	601020	22313547	16685967	5627579
内 蒙 古	4817707	945015	310206	7078134	4489822	2588312
辽　　宁	16026377	1847109	743085	20574142	14878983	5695159
吉　　林	3471482	737750	259822	4423046	2785028	1638018
黑 龙 江	8924234	1037797	359341	10254911	8444935	1809976
上　　海	80537174	4938844	1755131	97758026	70070086	27687941
江　　苏	52499056	5221210	1662707	62891014	46001653	16889360
浙　　江	48679185	4054868	1430075	62142919	46718788	15424132
安　　徽	13613058	1363369	441622	16146189	11807300	4338889
福　　建	23654610	1727250	593960	31932884	21170948	10761936
江　　西	3760875	876410	273577	4965399	3029358	1936041
山　　东	27691379	4961054	1444093	35390617	26151300	9239317
河　　南	10490455	1788487	617829	13725321	10004091	3721230
湖　　北	13697732	2538874	820589	17674700	13118315	4556385
湖　　南	6566286	1250534	389667	8825512	5309763	3515748
广　　东	78547025	7264742	2612886	95988244	73551732	22436513
广　　西	5122017	919637	336652	6950809	4871714	2079095
海　　南	1663518	253765	90152	2216845	966161	1250684
重　　庆	9224480	1501032	529262	12004083	8454284	3549799
四　　川	11393185	1283127	462251	13419782	9202982	4216800
贵　　州	5281601	729426	310927	6420336	3832259	2588525
云　　南	13452730	1847866	766920	17543273	12509527	5033745
西　　藏	112804	17264	5876	217413	66584	150829
陕　　西	6831300	1104056	354944	9670670	7001240	2669430
甘　　肃	3847243	547913	214120	4724316	2395442	2328874
青　　海	754712	295238	81053	1117050	648535	468515
宁　　夏	1003942	262968	52859	1331634	873023	458611
新　　疆	9442269	1613163	600481	11981198	9855363	2125835

2-11 各地区大中型零售业企业年末资产负债

单位：万元

地区	流动资产合计	固定资产原价	累计折旧	资产总计	负债合计	所有者权益合计
全国	**172182316**	**55503115**	**17164061**	**257462850**	**186667749**	**71094650**
北京	19401513	4052415	1483436	26278483	19321512	6956970
天津	3681417	1434932	496953	5671383	4124248	1547135
河北	4275536	1674936	475196	6469588	5141230	1328357
山西	3898197	1264094	375772	5621870	4384683	1260667
内蒙古	3253456	958825	270922	4837593	3753996	1083597
辽宁	6176048	2766657	803258	10433027	7575175	2857852
吉林	2192753	1357258	334975	3961990	3123077	838913
黑龙江	2328119	1117872	357251	3725127	2835294	889833
上海	12796017	4119033	1511621	18681864	13996502	4685361
江苏	15604814	5288606	1596026	24063318	17858615	6204704
浙江	14417405	3726752	1095545	19743279	15325803	4417478
安徽	4783787	1580065	482925	6962725	4967984	2264782
福建	5158198	1501787	415995	8047358	5005408	3041950
江西	1730821	646098	162185	2699153	1723767	975387
山东	13781109	4953882	1427265	20780512	15845297	4935216
河南	4426010	1424102	416743	6927465	5251788	1675677
湖北	5892678	2819343	786972	9649640	7049265	2600375
湖南	4573028	2180783	616287	8005451	5215747	2789704
广东	19259006	4510854	1558668	27328566	17770379	9564176
广西	2348417	536882	182478	3238552	2345868	892683
海南	805345	401956	136635	1228406	820552	407854
重庆	3736106	1214356	400262	5510874	3706200	1804674
四川	5485590	1863162	531608	8782268	6126200	2656068
贵州	1216238	488875	140045	2294571	1793078	501533
云南	3441153	969775	293936	5182540	3539862	1642678
西藏	74978	77496	27380	153706	78559	75147
陕西	3698369	1300371	382312	5645875	3905807	1740068
甘肃	1052329	422644	142688	1600128	1197581	402547
青海	231274	113601	42149	393575	263308	130267
宁夏	753878	193918	52299	1031492	753568	277922
新疆	1708727	541785	164274	2512471	1867396	645075

2-12 各地区大中型批发和零售业企业实收资本及构成

单位：万元

地区	实收资本	国家资本	集体资本	法人资本	个人资本	港澳台资本	外商资本
全国	**148364891**	**37827155**	**3750036**	**53449912**	**30136410**	**8227676**	**14973818**
北京	27512513	2274945	90154	15095244	2889721	1100200	6062246
天津	6657711	2860541	80597	2348016	860277	291763	216516
河北	2908868	443397	166826	1065653	1202327	55	30611
山西	2853641	613532	160097	1435322	612289	29465	2935
内蒙古	1634444	662985	54178	582220	333801		1260
辽宁	4497302	1268737	49923	1012060	1320999	494660	350923
吉林	926713	259782	24192	412834	205279	3455	21171
黑龙江	2757631	354410	119671	1524171	721002	27003	11373
上海	15990926	2498694	137412	4535123	2659923	1989913	4169860
江苏	10717911	2546274	267360	2909406	3280023	930818	784029
浙江	9552186	1716489	423350	3248956	3430022	374164	359205
安徽	2689012	874188	88002	888031	641079	133784	63929
福建	7671467	2397553	140068	2773445	1699524	385038	275841
江西	1229661	600976	51997	318015	232549	12103	14021
山东	5780993	753832	453198	2329444	1829063	176272	239185
河南	2779067	552371	163989	997928	980131	47536	37112
湖北	3919351	1282308	125018	1458873	749709	178890	124553
湖南	3122958	1566696	176770	696871	545579	63182	73861
广东	16362954	6677569	252170	4132108	2268696	1553940	1478472
广西	1635694	595061	40402	687551	279316	29499	3864
海南	745287	177933	31411	323368	72069	50373	90133
重庆	2558915	921296	96662	912919	433346	14071	180622
四川	3741236	1228157	114620	777048	1322967	132998	165446
贵州	836515	420005	9985	226794	157376	13149	9207
云南	2690142	1135778	73064	981229	378387	79095	42590
西藏	169784	151082		16137	2565		
陕西	2396574	844854	198518	754052	380491	71502	147156
甘肃	1861769	1306481	78295	282306	183343	9461	2000
青海	247102	162104	5335	32324	42068	5270	
宁夏	388417	138197	4182	193630	50610		1798
新疆	1528147	540928	72590	498834	371879	30017	13899

2-13 各地区大型批发和零售业企业实收资本及构成

单位：万元

地 区	实收资本	国家资本	集体资本	法人资本	个人资本	港澳台资本	外商资本
全 国	**63267099**	**22049105**	**924318**	**20075505**	**5905313**	**4082728**	**10230121**
北 京	14838498	813051	29392	7395707	962205	552891	5085249
天 津	1564749	607930	9193	726788	67116	95881	57842
河 北	1202671	239162	107575	408803	441429		5701
山 西	636536	250433	27736	262761	88556	7050	
内蒙古	355554	91432	5507	131546	127069		
辽 宁	1539617	872089	20602	343390	130143	61170	112223
吉 林	309733	135353	3526	122486	37758	2022	8588
黑龙江	610073	265749		233891	79666	21445	9322
上 海	7672860	1586887	41988	1869012	694929	1014553	2465486
江 苏	4966344	1784352	64360	1467452	586506	585079	478596
浙 江	2534755	928033	107151	757442	490172	161496	90459
安 徽	1127546	583612	22512	284791	157567	76715	2350
福 建	2783713	961973		1331969	182673	90072	217025
江 西	585923	406512	37178	89053	48785	2828	1566
山 东	1602229	227000	126367	663434	357923	122988	104517
河 南	539929	190206	11768	231859	59865	42180	4051
湖 北	2024276	991294	24684	673988	181948	83705	68656
湖 南	1280509	929957	27973	161078	77533	17601	66368
广 东	9758019	5554979	112142	1245969	731425	996378	1117125
广 西	687421	516291	11187	102813	52768	4362	
海 南	253861	171434		52352		2985	27090
重 庆	1264393	693788	45591	361960	77587		85467
四 川	1393661	993162	5355	115061	109313	75039	95731
贵 州	294283	224696		56801	12277		510
云 南	1484331	806492	4666	573483	40809	35389	23493
西 藏	117823	117223		100	500		
陕 西	983972	560431	19820	266269	19748	24218	93485
甘 肃	157159	96931	27278	27632	3908	1411	
青 海	170537	153106	4018	4793	3350	5270	
宁 夏	157488	96973	1048	59035	432		
新 疆	368636	198574	25701	53787	81353		9221

2-14　各地区中型批发和零售业企业实收资本及构成

单位：万元

地　区	实收资本	国家资本	集体资本	法人资本	个人资本	港澳台资本	外商资本
全　国	**85097792**	**15778050**	**2825718**	**33374407**	**24231097**	**4144948**	**4743697**
北　京	12674016	1461895	60761	7699537	1927518	547309	976997
天　津	5092961	2252610	71404	1621229	793162	195882	158675
河　北	1706198	204235	59251	656850	760898	55	24910
山　西	2217106	363100	132361	1172562	523733	22415	2935
内蒙古	1278890	571553	48671	450674	206732		1260
辽　宁	2957685	396647	29322	668670	1190856	433490	238700
吉　林	616980	124429	20666	290347	167521	1433	12583
黑龙江	2147558	88661	119671	1290280	641337	5558	2051
上　海	8318065	911805	95424	2666110	1964993	975360	1704373
江　苏	5751566	761922	203000	1441955	2693517	345740	305433
浙　江	7017431	788455	316198	2491514	2939850	212668	268746
安　徽	1561466	290577	65490	603240	483512	57069	61579
福　建	4887754	1435579	140068	1441475	1516850	294966	58816
江　西	643738	194464	14819	228962	183764	9275	12455
山　东	4178764	526832	326831	1666009	1471140	53284	134668
河　南	2239138	362166	152221	766068	920266	5356	33061
湖　北	1895075	291012	100334	784886	567761	95185	55897
湖　南	1842449	636739	148797	535794	468046	45581	7493
广　东	6604934	1122589	140028	2886138	1537271	557562	361347
广　西	948273	78771	29215	584738	226547	25137	3864
海　南	491426	6499	31411	271016	72069	47388	63043
重　庆	1294522	227509	51071	550959	355759	14071	95155
四　川	2347576	234996	109266	661987	1213653	57958	69715
贵　州	542232	195310	9985	169994	145099	13149	8697
云　南	1205811	329286	68397	407746	337578	43706	19097
西　藏	51961	33859		16037	2065		
陕　西	1412602	284423	178698	487783	360743	47284	53671
甘　肃	1704610	1209551	51017	254674	179435	8050	2000
青　海	76565	8998	1318	27531	38718		
宁　夏	230929	41224	3134	134595	50178		1798
新　疆	1159511	342354	46889	445047	290526	30017	4678

2-15 各地区大中型批发业企业实收资本及构成

单位：万元

地区	实收资本	国家资本	集体资本	法人资本	个人资本	港澳台资本	外商资本
全国	**103056768**	**29071012**	**2356818**	**37143265**	**19686484**	**4530668**	**10268520**
北京	22726125	2162630	27583	13100951	1694244	860636	4880079
天津	5349679	2618781	74000	1602197	700197	201275	153229
河北	2057322	384135	101204	666684	885417	55	19828
山西	2068908	461867	137372	1122019	325146	21815	688
内蒙古	1054136	592402	36176	253558	172001		
辽宁	2707192	882039	12773	523315	990050	105646	193370
吉林	426666	188272	1863	190573	38458	500	7000
黑龙江	1212222	271025	106410	282144	552627	8	8
上海	12581876	2246619	55594	3628044	2278908	1200798	3171910
江苏	6703049	2288721	185089	1362337	2033098	566725	267079
浙江	6810892	1409212	347389	2182498	2669840	101214	100739
安徽	1533069	583233	49114	501627	370886	1123	27086
福建	5652272	1600648	133610	2087581	1330446	265001	234987
江西	541775	340165	7387	86755	99039	5528	2900
山东	3309239	514157	237931	1337547	1087217	113695	18693
河南	1610784	416656	95985	610285	483942	1524	2393
湖北	2494544	1064156	29287	885555	382919	80768	51860
湖南	1295699	687542	11311	342159	250397	798	3492
广东	11408567	4594890	207894	3025347	1706820	913963	959653
广西	1165955	530360	26958	434798	168292	5548	
海南	405425	11493	28213	212434	34658	46909	71718
重庆	1701171	812918	47157	502844	282026	1880	54347
四川	1227994	440999	92252	430731	251736	1936	10340
贵州	515774	262174	9328	138523	102867	2881	
云南	1780718	787582	46173	727196	212676	6253	838
西藏	115071	109585		4986	500		
陕西	1404221	778991	138138	298580	154498	460	33553
甘肃	1605499	1289557	42929	149936	123026	50	
青海	201802	157611	518	13766	24638	5270	
宁夏	238053	124332	2798	91532	19140		250
新疆	1151069	458260	64382	346763	260777	18407	2480

2-16 各地区大中型零售业企业实收资本及构成

单位：万元

地区	实收资本	国家资本	集体资本	法人资本	个人资本	港澳台资本	外商资本
全国	**45308123**	**8756142**	**1393218**	**16306647**	**10449926**	**3697008**	**4705298**
北京	4786388	112315	62571	1994293	1195477	239564	1182167
天津	1308032	241760	6597	745819	160080	90488	63287
河北	851546	59262	65622	398969	316910		10783
山西	784733	151665	22725	313303	287143	7650	2247
内蒙古	580308	70583	18002	328662	161800		1260
辽宁	1790110	386698	37150	488745	330949	389014	157553
吉林	500047	71510	22329	222261	166821	2955	14171
黑龙江	1545409	83385	13261	1242027	168375	26995	11365
上海	3409050	252075	81818	907079	381015	789115	997950
江苏	4014862	257553	82271	1547069	1246925	364093	516950
浙江	2741294	307277	75961	1066458	760182	272950	258466
安徽	1155943	290955	38888	386404	270193	132661	36843
福建	2019195	796905	6458	685864	369078	120037	40854
江西	687886	260811	44610	231260	133510	6575	11121
山东	2471754	239675	215268	991897	741846	62577	220492
河南	1168283	135715	68004	387643	496189	46012	34719
湖北	1424807	218152	95731	573318	366790	98122	72693
湖南	1827259	879154	165459	354712	295182	62384	70369
广东	4954387	2082678	44275	1106761	561876	639977	518819
广西	469739	64701	13444	252753	111024	23951	3864
海南	339862	166440	3198	110934	37411	3464	18415
重庆	857744	108378	49505	410075	151320	12191	126275
四川	2513242	787158	22368	346317	1071231	131062	155106
贵州	320741	157831	657	88271	54509	10268	9207
云南	909424	348196	26891	254033	165711	72842	41752
西藏	54713	41497		11151	2065		
陕西	992353	65863	60380	455472	225993	71042	113603
甘肃	256270	16924	35366	132370	60317	9411	2000
青海	45300	4493	4817	18558	17430		
宁夏	150364	13865	1384	102098	31470		1548
新疆	377078	82668	8208	152071	111102	11610	11419

2-17 各地区大中型批发和

地 区	主营业务收入	主营业务成本	主营业务税金及附加	主营业务利润	其他业务利润	销售费用
全 国	**2537564446**	**2333862943**	**11560059**	**192141444**	**13151821**	**84570460**
北 京	332330757	306814073	766393	24750291	2501904	12436253
天 津	120832136	114868868	969067	4994201	334153	1943926
河 北	63396439	59538812	297502	3560125	276112	1654899
山 西	65272018	60798592	295442	4177984	338364	1774048
内蒙古	27470887	24101234	226067	3143586	156480	1059504
辽 宁	104693160	99786996	330277	4575887	380942	1895196
吉 林	22063855	20118020	137740	1808095	127744	858092
黑龙江	33990027	31352244	212785	2424998	173968	879251
上 海	330559958	300313736	533407	29712815	2004050	14712801
江 苏	195813192	178973545	775857	16063789	1048204	6640328
浙 江	180184358	168286117	652352	11245889	892629	5377026
安 徽	49286259	44670969	347270	4268020	201889	2312730
福 建	76491452	70636414	374591	5480447	254978	2469340
江 西	19448533	17473139	192521	1782873	66088	721787
山 东	144248480	131342723	803191	12102566	582830	4279310
河 南	55705136	50884318	541039	4279779	275703	1643871
湖 北	76652285	69839051	449896	6363338	361624	2427170
湖 南	40694416	36387230	409780	3897406	178287	1572778
广 东	287797960	265504759	948588	21344614	1469721	9581914
广 西	24244105	22196256	193481	1854368	125170	851834
海 南	9421560	8535776	61259	824525	77354	373622
重 庆	47777758	43034375	391626	4351757	235858	1947673
四 川	54284955	49168199	447411	4669345	407141	1947751
贵 州	16034132	12878519	266942	2888671	76533	734804
云 南	37838043	33775467	258373	3804203	125378	1544412
西 藏	915486	734934	14186	166366	3864	74633
陕 西	46280504	41939372	386178	3954954	241051	1303243
甘 肃	23782667	22512145	97900	1172622	51548	396272
青 海	4362456	3973056	25983	363417	43475	134127
宁 夏	5647501	5150296	41735	455470	32245	217224
新 疆	40043973	38273710	111220	1659043	106536	804642

零售业企业损益及分配

单位：万元

管理费用	财务费用	营业利润	利润总额	应交所得税	应付职工薪酬	应交增值税
43282493	**9395988**	**70639006**	**70420458**	**14902294**	**33505708**	**36588038**
6390846	717993	10300503	12138806	2334689	4965562	3637249
913471	538449	1855887	1989072	532161	714077	1801475
914935	322668	1024806	1011787	266698	742238	771702
954316	288511	1538096	989878	247352	559960	906495
573559	134967	1561163	1230256	166218	392162	888821
1361807	379582	1588656	1372633	322584	970281	1138412
407594	115069	562174	487575	79016	320272	368544
581702	157737	992171	837181	173784	414735	576460
6068771	482293	8151731	8453576	2080882	3879622	3502172
3642377	838526	6330782	5914776	1285977	2478572	2304206
2719831	1089288	3444212	3645454	940050	2396867	1741763
907771	160204	1139595	1194115	263477	809264	1031010
1167569	353618	2064527	2342445	502387	1069494	1007642
398621	61539	653031	631199	146322	357930	351701
2752716	728837	4962566	4600840	821069	1976960	2011827
1228002	251796	1429692	1496900	294846	993787	974260
1353522	302221	2696604	2118083	437548	1047596	1135514
1076165	164168	1302629	1193297	274329	722752	752836
4381853	1109429	8195141	7913352	1438965	3785339	4033509
478523	95072	586888	662427	166402	481650	508485
183319	12518	345305	314820	70538	155346	187409
914911	158513	1609097	1353553	220761	867464	848315
1014678	340389	1759644	1706606	428048	899730	1163493
477665	13847	1749082	1803628	420790	396581	801159
813899	156131	1441104	1575161	376378	674568	812935
35977	1217	60197	47488	1347	32536	25774
751455	141888	1990392	2059944	402032	608467	1969595
240760	77016	529567	520614	62213	199981	322525
74821	8832	191392	171401	19500	76230	60643
92864	27325	146109	125968	30257	98281	152824
408192	166348	436262	517624	95674	417403	799284

2-18 各地区大型批发和

地　区	主营业务收入	主营业务成本	主营业务税金及附加	主营业务利润	其他业务利润	销售费用
全　国	**1174152287**	**1055404585**	**7160231**	**111587471**	**7968240**	**49752805**
北　京	178262636	160680109	466435	17116092	1804043	8928021
天　津	56221512	53917203	101939	2202370	202860	783286
河　北	26836029	24812062	208910	1815057	168171	851373
山　西	30092121	27743536	199193	2149392	218910	796528
内蒙古	12165822	10669524	134525	1361773	85972	486071
辽　宁	64459132	61604690	250392	2604050	203719	947304
吉　林	9399506	8325389	87181	986936	63710	526613
黑龙江	15630841	14153590	120060	1357191	107247	535076
上　海	161042232	140689830	359541	19992861	1262398	10114823
江　苏	80065422	69752101	570682	9742639	660677	4053211
浙　江	61065465	55049030	488715	5527720	433578	2489975
安　徽	23070377	20023039	272235	2775103	109059	1537938
福　建	30234630	27354268	229116	2651246	116756	1215660
江　西	10185467	8693316	166107	1326044	34489	439344
山　东	62995687	57118754	423809	5453124	353640	2215784
河　南	22742221	20207001	356037	2179183	119214	778718
湖　北	49911571	46154456	235524	3521591	247743	1486469
湖　南	19730980	17372575	286596	2071809	109489	759405
广　东	128250201	115381467	617280	12251454	892705	5337955
广　西	10948655	9656164	158814	1133677	57522	403443
海　南	3532052	3114158	50231	367663	52259	183145
重　庆	18367616	16238121	208339	1921156	138907	963726
四　川	26409615	23589633	346903	2473079	222695	1028412
贵　州	9851505	7291370	189983	2370152	15841	446126
云　南	15335340	12704282	212672	2418386	60568	898621
西　藏	431106	325402	6699	99005		47940
陕　西	19681698	17348754	249226	2083718	155155	729312
甘　肃	5515150	4984149	61628	469373	19861	169539
青　海	2541139	2345486	14472	181181	11568	81001
宁　夏	2678707	2436751	22537	219419	4964	114730
新　疆	16497852	15668375	64450	765027	34520	403256

零售业企业损益及分配

单位：万元

管理费用	财务费用	营业利润	利润总额	应交所得税	应付职工薪酬	应交增值税
22745918	**1964934**	**45779625**	**46736824**	**9758551**	**19159718**	**19184307**
4180940	-76154	7992589	9470217	1663112	3226759	2684168
365519	198290	1073989	1078302	265881	369966	493609
452097	80565	598025	667011	130015	419741	398683
512279	103635	987132	743280	192496	313195	436950
243982	39134	683415	609282	91321	215783	463125
727970	136420	1030530	840531	182355	565194	734001
169678	38864	315561	273849	54983	190574	166961
308263	70827	559256	483713	111500	256251	405639
3322491	66726	4996569	5050284	1327736	2275579	1671894
2132706	162754	4398542	4233081	918862	1485319	1403518
1006103	77865	2661624	2651019	603459	1124133	812125
507742	6693	875715	877198	200280	484939	486749
445469	84765	1224141	1296413	261883	476776	471519
250635	11544	643661	621703	128256	229252	204419
1275650	195292	2145751	2050553	410757	1017551	887052
666905	25849	823389	887727	197688	524101	481151
785289	108629	1439822	1418866	295419	677018	565139
605319	16275	834058	839995	205061	426433	441052
2077765	379714	5601491	5584021	940988	2077211	2248492
260287	17801	508708	521224	126004	264988	289207
66016	4614	162566	137035	31465	70035	66558
367038	46512	706882	642792	124010	508993	451583
466870	101290	1101313	1120087	289705	488217	565439
334179	-30305	1635249	1700174	392354	285257	517542
481075	-21517	1123950	1269075	310507	411302	476090
14953	131	35960	21485	285	13765	8489
429021	54543	1027995	1050562	214683	367758	691494
87919	3318	230377	232852	34552	89624	80330
29949	4288	77381	67556	5149	42080	33009
31128	7393	66821	63332	16825	41199	66711
140681	49179	217163	233605	30960	220725	481609

2-19 各地区中型批发和

地　区	主营业务收入	主营业务成本	主营业务税金及附加	主营业务利润	其他业务利润	销售费用
全　国	**1363412159**	**1278458358**	**4399828**	**80553973**	**5183581**	**34817655**
北　京	154068120	146133963	299959	7634199	697860	3508230
天　津	64610624	60951665	867129	2791830	131293	1160640
河　北	36560410	34726750	88591	1745069	107941	803526
山　西	35179897	33055056	96249	2028592	119455	977520
内 蒙 古	15305065	13431710	91542	1781813	70508	573434
辽　宁	40234028	38182306	79886	1971836	177223	947892
吉　林	12664349	11792631	50559	821159	64034	331479
黑 龙 江	18359187	17198653	92725	1067809	66721	344175
上　海	169517725	159623906	173865	9719954	741651	4597977
江　苏	115747769	109221444	205175	6321151	387526	2587117
浙　江	119118892	113237086	163636	5718168	459050	2887051
安　徽	26215882	24647931	75034	1492917	92831	774792
福　建	46256823	43282145	145475	2829203	138222	1253680
江　西	9263066	8779822	26414	456830	31599	282443
山　东	81252793	74223969	379382	6649442	229189	2063526
河　南	32962915	30677318	185002	2100595	156489	865153
湖　北	26740714	23684595	214372	2841747	113881	940702
湖　南	20963436	19014655	123185	1825596	68798	813373
广　东	159547758	150123291	331308	9093157	577015	4243958
广　西	13295451	12540092	34668	720691	67649	448391
海　南	5889508	5421618	11027	456863	25096	190477
重　庆	29410142	26796255	183286	2430601	96951	983947
四　川	27875340	25578566	100508	2196266	184446	919339
贵　州	6182627	5587149	76960	518518	60692	288679
云　南	22502702	21071185	45701	1385818	64811	645791
西　藏	484379	409532	7486	67361	3864	26693
陕　西	26598807	24590618	136952	1871237	85896	573931
甘　肃	18267518	17527997	36272	703249	31687	226733
青　海	1821318	1627570	11511	182237	31907	53126
宁　夏	2968793	2713545	19199	236049	27280	102495
新　疆	23546121	22605335	46770	894016	72017	401386

零售业企业损益及分配

单位：万元

管理费用	财务费用	营业利润	利润总额	应交所得税	应付职工薪酬	应交增值税
20536575	**7431054**	**24859381**	**23683634**	**5143743**	**14345990**	**17403731**
2209906	794146	2307913	2668589	671576	1738803	953080
547952	340158	781898	910770	266280	344110	1307865
462838	242103	426781	344776	136683	322498	373019
442038	184876	550965	246597	54856	246765	469546
329578	95833	877748	620974	74898	176380	425697
633838	243162	558126	532103	140229	405087	404411
237916	76205	246613	213726	24033	129698	201583
273439	86910	432915	353468	62283	158484	170821
2746279	415566	3155161	3403292	753145	1604042	1830277
1509671	675772	1932240	1681695	367116	993253	900687
1713727	1011422	782587	994434	336590	1272733	929637
400029	153512	263880	316917	63197	324325	544262
722100	268853	840386	1046032	240504	592718	536123
147986	49996	9370	9496	18066	128679	147282
1477066	533545	2816816	2550288	410313	959410	1124776
561097	225947	606304	609173	97159	469686	493109
568233	193592	1256782	699217	142129	370578	570375
470846	147894	468571	353303	69268	296319	311784
2304087	729714	2593649	2329329	497976	1708127	1785016
218236	77271	78180	141204	40398	216662	219279
117303	7904	182739	177784	39072	85311	120851
547873	112001	902215	710761	96752	358471	396733
547808	239099	658331	586519	138343	411513	598054
143486	44152	113833	103454	28436	111323	283617
332824	177648	317155	306086	65871	263267	336844
21024	1085	24237	26003	1062	18772	17285
322434	87345	962397	1009382	187349	240709	1278101
152841	73698	299190	287762	27661	110357	242195
44873	4543	114011	103845	14351	34150	27635
61736	19933	79288	62636	13433	57082	86113
267511	117169	219100	284019	64714	196678	317675

2-20 各地区大中型批发业

地 区	主营业务收入	主营业务成本	主营业务税金及附加	主营业务利润	其他业务利润	销售费用
全 国	**2023401335**	**1877876826**	**9317120**	**136207389**	**4802077**	**53694650**
北 京	287386326	267215138	606300	19564888	1440555	8756648
天 津	108598055	103793284	922017	3882754	95483	1195594
河 北	51310850	48606991	246595	2457264	50575	1020309
山 西	52370692	49020272	260191	3090229	220366	1277859
内蒙古	15605775	13362091	192450	2051234	24308	647774
辽 宁	86013348	83348002	236634	2428712	90330	906634
吉 林	13942489	12839684	108059	994746	10269	465552
黑龙江	26633903	24945019	165984	1522900	36678	482388
上 海	295764596	270952855	388436	24423305	948070	11121438
江 苏	150898894	139002876	593860	11302158	234746	4140704
浙 江	141656469	133154647	541098	7960724	301571	3334459
安 徽	35725542	32425963	291984	3007595	55379	1610940
福 建	61292109	57054872	318953	3918284	79253	1516655
江 西	13949404	12556777	166079	1226548	11543	424227
山 东	102856513	94310515	620603	7925395	158347	2454770
河 南	39505535	36181848	448354	2875333	68243	952935
湖 北	56356624	52281617	306164	3768843	72383	1178348
湖 南	22743853	20363041	318747	2062065	21207	585290
广 东	232992096	217919991	758524	14313581	430263	5783125
广 西	18035446	16722196	155039	1158211	27234	468640
海 南	6136559	5592493	51927	492139	23181	208391
重 庆	34771150	31537940	288333	2944877	63491	1164502
四 川	33209452	30153778	348157	2707517	110010	825048
贵 州	11029462	8389997	253133	2386332	29602	496527
云 南	28144680	25161934	230256	2752490	53277	1034596
西 藏	366627	274874	10373	81380	92	48807
陕 西	33988538	31274232	255028	2459278	44458	647076
甘 肃	19524806	18657978	83731	783097	15217	201838
青 海	3511842	3211087	23743	277012	30619	93052
宁 夏	3861689	3565462	33603	262624	10979	113497
新 疆	35218012	33999373	92766	1125873	44348	537028

企业损益及分配

单位：万元

管理费用	财务费用	营业利润	利润总额	应交所得税	应付职工薪酬	应交增值税
27626250	**6424704**	**55190889**	**56331879**	**11901300**	**19473936**	**25825096**
4789666	516971	9460522	10894012	1998628	3426103	2738650
544809	480320	1654966	1800617	481319	372161	1609295
490066	247136	830338	815574	209388	395840	508442
659899	210275	1288026	850309	210745	342599	744945
327750	65503	1056990	853884	130379	161634	331549
554085	228253	1070661	1082427	241810	415837	617571
165521	43600	339784	309785	51613	122340	243264
277409	112002	695179	627988	117423	206105	319648
4402410	367943	7000666	7407318	1773159	2926548	2879583
2138411	558556	4962407	4723548	987032	1301533	1532911
1746171	764427	2880942	3031358	739439	1409262	1215388
555619	97806	817121	870536	205105	456071	827653
820716	260767	1642799	1919475	423302	646847	739529
237657	18646	559889	554599	123679	211136	227975
1478901	420514	3760764	3518455	610682	1002050	1216845
776739	178304	1033344	1128061	218611	507074	672805
721937	185287	1813978	1517116	303531	489495	687403
585571	83264	834242	816097	196803	303252	457118
2908709	835151	5517580	5366653	1085099	2039029	2807708
293883	60508	382695	474087	123251	260527	311687
100065	-4770	227211	229535	47641	80892	102458
597680	104881	1157558	937891	159877	540699	645420
574140	215045	1178296	1179060	290856	394977	617069
385394	-9223	1553299	1640983	404091	296092	501787
560918	92768	1141657	1303296	320716	351329	578745
19668	525	14216	3764	470	14746	9656
387993	67630	1398887	1491097	307518	305773	1572504
167952	57404	391761	408531	46506	110915	263348
46626	5275	164979	145226	15640	51832	41029
46959	15449	89084	78446	19396	50176	130561
262927	144486	271049	352152	57591	281062	672551

2-21 各地区大中型零售业

地区	主营业务收入	主营业务成本	主营业务税金及附加	主营业务利润	其他业务利润	销售费用
全国	**514163110**	**455986117**	**2242939**	**55934054**	**8349745**	**30875810**
北京	44944429	39598935	160093	5185402	1061348	3679604
天津	12234082	11075584	47051	1111447	238670	748332
河北	12085589	10931821	50907	1102861	225537	634590
山西	12901326	11778319	35251	1087756	117998	496190
内蒙古	11865112	10739143	33617	1092352	132172	411730
辽宁	18679812	16438993	93644	2147175	290612	988562
吉林	8121366	7278336	29681	813349	117475	392539
黑龙江	7356124	6407225	46801	902098	137290	396863
上海	34795361	29360881	144970	5289510	1055978	3591363
江苏	44914298	39970669	181998	4761631	813458	2499624
浙江	38527889	35131470	111254	3285165	591058	2042567
安徽	13560717	12245006	55285	1260426	146511	701790
福建	15199343	13581542	55639	1562162	175726	952685
江西	5499129	4916361	26442	556326	54545	297560
山东	41391967	37032207	182588	4177172	424484	1824540
河南	16199601	14702470	92685	1404446	207460	690936
湖北	20295661	17557434	143732	2594495	289241	1248822
湖南	17950563	16024190	91034	1835339	157080	987488
广东	54805864	47584768	190063	7031032	1039456	3798790
广西	6208659	5474060	38442	696157	97937	383194
海南	3285001	2943283	9331	332387	54173	165231
重庆	13006608	11496435	103293	1406880	172367	783170
四川	21075503	19014421	99254	1961828	297131	1122703
贵州	5004671	4488522	13809	502340	46931	238277
云南	9693362	8613533	28117	1051712	72101	509816
西藏	548859	460061	3813	84985	3772	25827
陕西	12291966	10665140	131150	1495676	196593	656166
甘肃	4257862	3854167	14169	389526	36331	194434
青海	850614	761969	2240	86405	12856	41075
宁夏	1785812	1584835	8132	192845	21266	103728
新疆	4825961	4274336	18454	533171	62189	267614

企业损益及分配

单位：万元

管理费用	财务费用	营业利润	利润总额	应交所得税	应付职工薪酬	应交增值税
15656243	**2971285**	**15448117**	**14088578**	**3000995**	**14031772**	**10762942**
1601179	201021	839979	1244792	336061	1539459	898597
368662	58129	200920	188455	50842	341915	192180
424870	75532	194469	196213	57310	346398	263260
294418	78236	250071	139569	36607	217361	161550
245810	69463	504174	376372	35839	230528	557273
807722	151329	517995	290207	80774	554445	520841
242073	71468	222391	177790	27403	197932	125280
304293	45735	296992	209193	56361	208629	256812
1666360	114349	1151063	1046257	307722	953074	622589
1503966	279970	1368374	1191227	298946	1177039	771294
973660	324861	563270	614096	200612	987606	526375
352152	62399	322474	323579	58373	353193	203357
346853	92851	421729	422969	79085	422647	268113
160965	42894	93142	76600	22643	146794	123726
1273815	308324	1201802	1082386	210387	974910	794983
451264	73493	396349	368839	76235	486713	301456
631585	116934	882627	600968	134017	558101	448111
490594	80904	468387	377200	77526	419500	295718
1473144	274277	2677561	2546699	353865	1746311	1225801
184640	34564	204194	188341	43150	221123	196798
83253	17288	118093	85284	22896	74454	84951
317231	53632	451539	415662	60885	326765	202895
440538	125344	581348	527546	137192	504753	546424
92271	23070	195783	162646	16700	100488	299372
252982	63362	299448	271866	55662	323240	234190
16308	692	45981	43724	877	17791	16118
363462	74258	591505	568847	94514	302693	397091
72808	19611	137806	112083	15707	89066	59177
28195	3556	26413	26175	3860	24399	19615
45905	11877	57025	47522	10862	48105	22263
145266	21862	165214	165472	38083	136341	126733

2-22 各地区大中型批发和零售业企业经济效益分析指标

地　区	负债比率 (%)	主营业务毛利率 (%)	人均营业收入 (万元)	费用率 (%)
全　国	**72.3**	**8.0**	**340.7**	**5.4**
北　京	71.1	7.7	573.9	5.8
天　津	75.0	4.9	857.5	2.8
河　北	74.8	6.1	233.2	4.5
山　西	75.4	6.9	375.1	4.4
内蒙古	69.2	12.3	250.0	6.4
辽　宁	72.4	4.7	430.5	3.5
吉　林	70.5	8.8	238.5	6.2
黑龙江	80.7	7.8	291.0	4.7
上　海	72.2	9.1	576.7	6.4
江　苏	73.4	8.6	313.8	5.6
浙　江	75.8	6.6	369.7	5.0
安　徽	72.6	9.4	216.4	6.8
福　建	65.5	7.7	331.5	5.2
江　西	62.0	10.2	172.4	6.0
山　东	74.8	8.9	236.0	5.3
河　南	73.9	8.7	161.7	5.6
湖　北	73.8	8.9	253.1	5.3
湖　南	62.5	10.6	206.2	6.9
广　东	74.1	7.7	344.7	5.2
广　西	70.8	8.4	202.5	5.8
海　南	51.9	9.4	269.7	6.0
重　庆	69.4	9.9	229.9	6.3
四　川	69.0	9.4	254.3	6.0
贵　州	64.5	19.7	210.2	7.6
云　南	70.6	10.7	274.0	6.6
西　藏	39.1	19.7	163.8	12.2
陕　西	71.2	9.4	252.3	4.7
甘　肃	56.8	5.3	406.2	3.0
青　海	60.4	8.9	249.9	4.9
宁　夏	68.8	8.8	205.7	5.9
新　疆	80.9	4.4	445.6	3.4

注：费用率等于销售费用、管理费用、财务费用三项之和除以营业收入合计(下表同)。

2-23 各地区大型批发和零售业企业经济效益分析指标

地　区	负债比率 (%)	主营业务毛利率 (%)	人均营业收入 (万元)	费用率 (%)
全　国	**66.9**	**10.1**	**327.1**	**6.3**
北　京	65.0	9.9	517.9	7.2
天　津	72.3	4.1	871.5	2.4
河　北	69.7	7.5	205.4	5.1
山　西	75.6	7.8	391.7	4.7
内蒙古	71.1	12.3	230.3	6.3
辽　宁	63.4	4.4	493.9	2.8
吉　林	74.8	11.4	205.9	7.7
黑龙江	74.8	9.5	274.8	5.8
上　海	73.4	12.6	470.9	8.3
江　苏	67.1	12.9	236.0	7.9
浙　江	65.9	9.9	293.4	5.8
安　徽	65.8	13.2	226.1	8.8
福　建	56.1	9.5	397.9	5.7
江　西	49.9	14.6	186.9	6.9
山　东	72.3	9.3	239.7	5.8
河　南	70.1	11.1	208.6	6.4
湖　北	69.9	7.5	316.4	4.7
湖　南	54.2	12.0	231.0	7.0
广　东	66.3	10.0	302.8	6.0
广　西	54.1	11.8	227.6	6.2
海　南	48.2	11.8	435.6	7.1
重　庆	59.5	11.6	183.5	7.4
四　川	58.2	10.7	275.7	5.9
贵　州	56.9	26.0	249.8	7.5
云　南	65.5	17.2	231.3	8.7
西　藏	21.2	24.5	229.2	14.6
陕　西	67.7	11.9	217.4	6.1
甘　肃	44.8	9.6	266.4	4.7
青　海	66.5	7.7	292.5	4.5
宁　夏	61.2	9.0	326.6	5.7
新　疆	92.7	5.0	420.8	3.6

2-24 各地区中型批发和零售业企业经济效益分析指标

地 区	负债比率 (%)	主营业务毛利率 (%)	人均营业收入 (万元)	费用率 (%)
全 国	**76.7**	**6.2**	**353.4**	**4.6**
北 京	78.5	5.1	656.4	4.2
天 津	75.8	5.7	845.6	3.2
河 北	79.6	5.0	259.0	4.1
山 西	75.3	6.0	362.6	4.3
内 蒙 古	68.4	12.2	268.3	6.5
辽 宁	78.1	5.1	357.6	4.5
吉 林	67.6	6.9	270.3	5.0
黑 龙 江	85.0	6.3	306.3	3.8
上 海	71.1	5.8	733.2	4.5
江 苏	79.8	5.6	407.0	4.1
浙 江	80.1	4.9	426.2	4.6
安 徽	78.2	6.0	208.5	5.0
福 建	70.3	6.4	298.6	4.8
江 西	75.1	5.2	158.8	5.2
山 东	76.8	8.7	233.2	5.0
河 南	75.7	6.9	140.0	5.0
湖 北	78.7	11.4	184.1	6.3
湖 南	70.3	9.3	187.2	6.8
广 东	80.9	5.9	388.0	4.5
广 西	79.8	5.7	185.6	5.6
海 南	53.4	7.9	219.4	5.3
重 庆	77.1	8.9	273.3	5.5
四 川	77.1	8.2	236.8	6.1
贵 州	75.6	9.6	167.9	7.6
云 南	74.4	6.4	313.8	5.1
西 藏	53.2	15.5	130.9	10.0
陕 西	74.1	7.5	286.3	3.7
甘 肃	59.2	4.0	483.2	2.5
青 海	54.7	10.6	207.3	5.6
宁 夏	73.4	8.6	154.1	6.2
新 疆	76.1	4.0	464.9	3.3

2-25 各地区大中型批发业企业经济效益分析指标

地 区	负债比率 (%)	主营业务毛利率 (%)	人均营业收入 (万元)	费用率 (%)
全 国	**72.2**	**7.2**	**686.2**	**4.3**
北 京	70.7	7.0	1013.9	4.9
天 津	75.4	4.4	1949.8	2.0
河 北	73.3	5.3	488.2	3.4
山 西	74.8	6.4	761.9	3.9
内蒙古	63.4	14.4	509.7	6.7
辽 宁	72.3	3.1	1372.5	2.0
吉 林	63.0	7.9	697.4	4.8
黑龙江	82.4	6.3	671.4	3.3
上 海	71.7	8.4	962.4	5.3
江 苏	73.1	7.9	610.5	4.5
浙 江	75.2	6.0	608.7	4.1
安 徽	73.1	9.2	457.1	6.3
福 建	66.3	6.9	686.9	4.2
江 西	61.0	10.0	306.5	4.9
山 东	73.9	8.3	481.3	4.2
河 南	72.9	8.4	371.8	4.8
湖 北	74.2	7.2	632.5	3.7
湖 南	60.2	10.5	455.6	5.5
广 东	76.6	6.5	628.0	4.1
广 西	70.1	7.3	375.7	4.5
海 南	43.6	8.9	395.2	4.9
重 庆	70.4	9.3	426.3	5.3
四 川	68.6	9.2	497.5	4.8
贵 州	59.7	23.9	277.3	7.8
云 南	71.3	10.6	505.3	5.9
西 藏	30.6	25.0	182.0	18.8
陕 西	72.4	8.0	633.5	3.2
甘 肃	50.7	4.4	972.1	2.2
青 海	58.1	8.6	427.7	4.1
宁 夏	65.6	7.7	474.2	4.5
新 疆	82.3	3.5	667.9	2.7

2-26 各地区大中型零售业企业经济效益分析指标

地　区	负债比率 (%)	主营业务毛利率 (%)	人均营业收入 (万元)	费用率 (%)
全　国	**72.5**	**11.3**	**114.9**	**9.5**
北　京	73.5	11.9	154.2	11.9
天　津	72.7	9.5	145.3	9.5
河　北	79.5	9.5	72.9	9.3
山　西	78.0	8.7	119.8	6.7
内蒙古	77.6	9.5	149.9	6.1
辽　宁	72.6	12.0	104.9	10.2
吉　林	78.8	10.4	113.3	8.5
黑龙江	76.1	12.9	96.0	10.0
上　海	74.9	15.6	132.8	15.1
江　苏	74.2	11.0	119.6	9.4
浙　江	77.6	8.8	151.4	8.5
安　徽	71.4	9.7	90.8	8.1
福　建	62.2	10.6	107.7	9.1
江　西	63.9	10.6	82.0	9.0
山　东	76.3	10.5	104.2	8.1
河　南	75.8	9.2	68.2	7.4
湖　北	73.1	13.5	95.5	9.7
湖　南	65.2	10.7	122.0	8.6
广　东	65.0	13.2	118.8	10.0
广　西	72.4	11.8	87.0	9.6
海　南	66.8	10.4	169.7	8.0
重　庆	67.3	11.6	103.3	8.8
四　川	69.8	9.8	144.1	7.9
贵　州	78.1	10.3	137.1	7.0
云　南	68.3	11.1	117.6	8.4
西　藏	51.1	16.2	153.7	7.7
陕　西	69.2	13.2	95.4	8.8
甘　肃	74.8	9.5	111.6	6.6
青　海	66.9	10.4	92.1	8.5
宁　夏	73.1	11.3	92.7	9.0
新　疆	74.3	11.4	132.2	8.8

2-27 各地区大中型住宿和餐饮业企业基本情况

地区	大中型		大型		中型	
	法人单位数（个）	年末从业人数（人）	法人单位数（个）	年末从业人数（人）	法人单位数（个）	年末从业人数（人）
全国	**6729**	**2457412**	**702**	**917987**	**6027**	**1539425**
北京	715	268376	120	131082	595	137294
天津	116	56936	6	29631	110	27305
河北	163	51383	7	4812	156	46571
山西	162	58572	7	9686	155	48886
内蒙古	99	29178	7	5152	92	24026
辽宁	180	57783	19	20850	161	36933
吉林	40	14127	6	3967	34	10160
黑龙江	56	15515	4	2527	52	12988
上海	488	190146	83	104484	405	85662
江苏	538	195694	44	81372	494	114322
浙江	587	209145	62	83397	525	125748
安徽	149	41382	10	6412	139	34970
福建	219	88074	25	34018	194	54056
江西	81	25425	3	3508	78	21917
山东	420	136554	30	41410	390	95144
河南	169	53650	9	11029	160	42621
湖北	202	73512	17	24280	185	49232
湖南	207	72064	17	17886	190	54178
广东	1021	427031	126	183973	895	243058
广西	86	29620	10	7121	76	22499
海南	116	46867	22	17036	94	29831
重庆	164	65165	14	25056	150	40109
四川	223	81940	20	33387	203	48553
贵州	52	15470	4	3073	48	12397
云南	109	35115	6	6909	103	28206
西藏	8	1786			8	1786
陕西	214	74295	14	18850	200	55445
甘肃	49	14423	3	1541	46	12882
青海	15	4694			15	4694
宁夏	26	5696			26	5696
新疆	55	17794	7	5538	48	12256

2-28 各地区大中型住宿和餐饮业企业经营情况

单位：万元

地 区	营业额	客房收入	餐费收入	商品销售额	其他收入
全 国	**44223107**	**10516744**	**29761045**	**1113482**	**2831836**
北 京	6211245	1291299	4187910	135495	596542
天 津	899360	127804	711853	10445	49258
河 北	710151	206188	435789	17940	50234
山 西	842080	219895	564618	19787	37780
内 蒙 古	495472	139021	312849	16522	27080
辽 宁	1428578	298366	1044144	15070	70998
吉 林	236381	98793	119813	2299	15476
黑 龙 江	255510	98061	135951	13608	7890
上 海	4179662	748961	3153449	36417	240835
江 苏	3375975	660479	2469612	96617	149268
浙 江	3945293	926881	2740565	66909	210937
安 徽	647507	189675	391428	34557	31847
福 建	1567096	354072	1077247	73276	62501
江 西	369788	112170	218657	19601	19361
山 东	2281870	583142	1445605	120246	132876
河 南	820883	257284	449430	38109	76061
湖 北	1209241	287960	832528	27766	60987
湖 南	1213691	363003	745371	30827	74491
广 东	7034587	1619525	4785935	127165	501963
广 西	452702	134550	272551	19014	26587
海 南	869396	502198	291649	10578	64971
重 庆	1103309	200480	807006	32540	63283
四 川	1530246	367917	1036188	34009	92133
贵 州	190412	61930	112238	7481	8762
云 南	544835	193736	283339	22431	45330
西 藏	20849	9034	7958	723	3135
陕 西	1164450	283059	755583	63803	62005
甘 肃	192327	52904	122758	5024	11642
青 海	55812	22900	28142	922	3848
宁 夏	85225	25341	49296	4439	6150
新 疆	289177	80118	171585	9866	27608

2-29 各地区大型住宿和餐饮业企业经营情况

单位：万元

地　区	营业额				
		客房收入	餐费收入	商品销售额	其他收入
全　国	**19076060**	**3583581**	**13940284**	**472593**	**1079602**
北　京	3538575	666890	2437376	87492	346817
天　津	419518	11676	405968	29	1845
河　北	99711	24542	62154	1640	11375
山　西	158150	22598	131804	1054	2694
内蒙古	136433	34505	95868	1148	4912
辽　宁	727603	75839	627034	4898	19832
吉　林	85774	38852	39697	718	6508
黑龙江	60627	27550	30353	1125	1599
上　海	2410135	403425	1851203	27738	127769
江　苏	1321445	133387	1087173	60202	40682
浙　江	1607870	279365	1233790	24044	70672
安　徽	155992	32644	108392	9592	5363
福　建	707946	125348	508627	56668	17303
江　西	74044	4897	68327	703	117
山　东	750157	155815	501111	45064	48167
河　南	170062	35152	118935	5153	10822
湖　北	462331	64339	382841	12796	2355
湖　南	397246	82417	278771	4081	31978
广　东	3368427	723291	2384367	50280	210489
广　西	160186	35999	110872	10788	2527
海　南	449148	292663	120383	6839	29264
重　庆	420551	42668	358662	5426	13796
四　川	736695	134217	556381	12178	33919
贵　州	49147	12417	33580	2148	1003
云　南	112331	34637	67669		10025
西　藏					
陕　西	341816	60529	236528	32620	12140
甘　肃	40740	6450	33171	734	385
青　海					
宁　夏					
新　疆	113403	21471	69249	7438	15245

2-30 各地区中型住宿和餐饮业企业经营情况

单位：万元

地区	营业额	客房收入	餐费收入	商品销售额	其他收入
全国	**25147047**	**6933163**	**15820761**	**640889**	**1752234**
北京	2672670	624409	1750533	48003	249725
天津	479842	116128	305885	10417	47412
河北	610440	181645	373635	16300	38860
山西	683930	197297	432814	18733	35086
内蒙古	359039	104516	216981	15374	22168
辽宁	700975	222527	417110	10172	51166
吉林	150607	59942	80116	1581	8969
黑龙江	194883	70511	105599	12483	6291
上海	1769527	345536	1302246	8679	113067
江苏	2054530	527092	1382438	36414	108586
浙江	2337423	647516	1506775	42866	140266
安徽	491515	157031	283035	24965	26484
福建	859150	228724	568620	16608	45198
江西	295744	107272	150331	18898	19244
山东	1531713	427327	944494	75183	84709
河南	650821	222132	330495	32956	65239
湖北	746910	223621	449687	14970	58632
湖南	816445	280586	466600	26746	42513
广东	3666160	896234	2401568	76885	291473
广西	292515	98551	161679	8226	24060
海南	420248	209535	171267	3739	35707
重庆	682757	157812	448344	27114	49487
四川	793551	233700	479807	21831	58214
贵州	141265	49513	78659	5333	7760
云南	432503	159099	215669	22431	35304
西藏	20849	9034	7958	723	3135
陕西	822635	222531	519055	31184	49866
甘肃	151588	46454	89588	4290	11256
青海	55812	22900	28142	922	3848
宁夏	85225	25341	49296	4439	6150
新疆	175774	58647	102336	2428	12363

2-31 各地区大中型住宿业企业经营情况

单位：万元

地　区	营业额	客房收入	餐费收入	商品销售额	其他收入
全　国	**22180186**	**9577172**	**9575159**	**626351**	**2401504**
北　京	2789693	1263504	924001	86648	515539
天　津	257088	111213	109040	5617	31218
河　北	503511	187343	257788	10608	47772
山　西	371813	154348	180050	9328	28087
内蒙古	278913	110806	134591	11569	21948
辽　宁	645037	289208	278841	12755	64233
吉　林	169106	77429	78488	2096	11092
黑龙江	173947	93432	66544	6876	7095
上　海	1559225	716598	603503	31845	207280
江　苏	1578910	546829	831743	77686	122652
浙　江	2189574	809922	1170831	32959	175863
安　徽	400539	170517	187739	13247	29035
福　建	824920	317131	405482	46636	55671
江　西	219062	106722	85668	7656	19016
山　东	1172383	464139	565315	41124	101805
河　南	529173	233003	209996	28340	57834
湖　北	499558	253047	182429	11904	52178
湖　南	815224	338075	390854	21944	64351
广　东	3531404	1524428	1497349	66076	443551
广　西	319366	131461	146259	16832	24815
海　南	802494	500924	233024	9759	58788
重　庆	423180	172197	186696	10262	54024
四　川	711538	345302	273583	19118	73535
贵　州	120678	58361	51281	3193	7845
云　南	360850	190216	116974	12539	41121
西　藏	18538	9034	5647	723	3135
陕　西	527164	241458	234763	13756	37187
甘　肃	105002	49295	41604	2784	11318
青　海	37052	20515	12453	922	3163
宁　夏	30453	14172	10893	1739	3649
新　疆	214794	76546	101730	9812	26706

2-32 各地区大中型餐饮业企业经营情况

单位：万元

地区	营业额	客房收入	餐费收入	商品销售额	其他收入
全国	**22042921**	**939572**	**20185887**	**487131**	**430331**
北京	3421553	27795	3263908	48847	81003
天津	642272	16592	602813	4828	18039
河北	206640	18845	178001	7332	2462
山西	470267	65547	384569	10459	9692
内蒙古	216559	28215	178259	4953	5132
辽宁	783541	9159	765303	2315	6765
吉林	67275	21364	41325	202	4384
黑龙江	81563	4629	69408	6732	794
上海	2620437	32364	2549946	4572	33555
江苏	1797065	113650	1637869	18930	26616
浙江	1755719	116960	1569734	33951	35074
安徽	246968	19158	203688	21310	2812
福建	742176	36941	671765	26640	6830
江西	150727	5447	132989	11945	345
山东	1109486	119003	880290	79122	31071
河南	291710	24281	239434	9769	18227
湖北	709683	34913	650099	15862	8809
湖南	398468	24928	354517	8882	10140
广东	3503183	95098	3288585	61089	58411
广西	133336	3089	126292	2182	1773
海南	66902	1274	58625	819	6184
重庆	680129	28283	620310	22278	9259
四川	818709	22615	762605	14891	18598
贵州	69733	3570	60958	4289	917
云南	183985	3519	166365	9892	4209
西藏	2311		2311		
陕西	637286	41601	520820	50047	24818
甘肃	87325	3608	81154	2240	323
青海	18760	2385	15689		686
宁夏	54772	11169	38403	2699	2501
新疆	74383	3572	69855	54	902

2-33 各地区大中型住宿和餐饮业企业年末资产负债

单位：万元

地　　区	流动资产合计	固定资产原价	累计折旧	资产总计	负债合计	所有者权益合计
全　　国	**26913327**	**50419343**	**18931241**	**77609427**	**53213187**	**24395173**
北　　京	4042596	7298641	3080642	11665539	8152860	3512680
天　　津	450916	676540	214170	1259426	963753	295674
河　　北	603275	1240926	359697	1738080	1303095	434985
山　　西	487023	822079	282552	1301367	975636	325731
内 蒙 古	381516	685458	195731	1141987	752229	389758
辽　　宁	977734	1746516	718222	2428719	1680678	748041
吉　　林	155867	614781	184473	645458	391191	254267
黑 龙 江	108684	437018	158932	486782	305521	180192
上　　海	1981678	3734423	1680415	5657135	3162178	2494957
江　　苏	1848861	3871978	1426128	6107005	4264421	1842584
浙　　江	3080437	4841989	1568204	8265622	5990723	2274899
安　　徽	495666	816765	223076	1471031	1028201	442831
福　　建	768501	1326732	458562	2283310	1390371	892939
江　　西	241482	388995	135720	709293	463255	246039
山　　东	1226141	2763388	876069	3901817	2645292	1256525
河　　南	622552	935211	355174	1541244	1125378	415866
湖　　北	480846	1219946	434395	1758464	1245779	512685
湖　　南	698389	1629614	534549	2323078	1645258	677819
广　　东	3920798	6813154	2958495	10320640	7173891	3146749
广　　西	237514	809279	315893	946182	591242	354940
海　　南	1028567	1600078	497802	2726844	2018305	708539
重　　庆	687059	849871	327261	1570303	1150823	419480
四　　川	880344	1738084	631007	2638406	1846029	792377
贵　　州	101993	213016	74590	291256	195269	95987
云　　南	451418	969139	394857	1359588	741696	617892
西　　藏	16024	97366	39147	94618	33664	60954
陕　　西	554343	1292812	497216	1780691	1240127	540564
甘　　肃	103814	211227	79814	317265	220331	96934
青　　海	40450	119089	27442	162072	59468	102604
宁　　夏	86879	180096	34273	187954	148368	39586
新　　疆	151960	475132	166733	528251	308155	220095

2-34 各地区大型住宿和餐饮业企业年末资产负债

单位：万元

地　区	流动资产合计	固定资产原价	累计折旧	资产总计	负债合计	所有者权益合计
全　国	**10179894**	**19277197**	**7455214**	**30099537**	**18680060**	**11419481**
北　京	2239974	4209102	1841229	6807151	4417161	2389990
天　津	81795	165107	47785	274983	168786	106197
河　北	118233	212696	56969	311638	209018	102620
山　西	56503	101092	43710	158259	130891	27368
内蒙古	97215	229378	72036	311964	157659	154305
辽　宁	319042	590723	250740	780962	395375	385587
吉　林	49823	235101	69628	245519	89855	155663
黑龙江	17635	48504	25318	56725	29523	27202
上　海	985580	2348998	1092561	3343039	1537030	1806009
江　苏	521403	1096915	358013	1849081	1236716	612365
浙　江	1254331	1803008	541709	3296343	2300061	996283
安　徽	113776	155715	31315	326324	278897	47427
福　建	253682	554698	205149	818954	524387	294568
江　西	12971	25660	9810	44615	36433	8182
山　东	309156	784459	217848	1154938	720845	434094
河　南	152797	146226	71402	285744	182246	103498
湖　北	127613	346358	147142	422233	318341	103892
湖　南	324569	528842	208850	858265	615292	242973
广　东	1506510	3075870	1332257	4445483	2575373	1870109
广　西	69231	318741	112053	318421	175949	142472
海　南	651629	634878	157614	1444656	1054689	389968
重　庆	321771	329125	134635	647012	468850	178162
四　川	240920	541817	157413	844432	548177	296255
贵　州	27722	70367	18906	86755	63187	23569
云　南	114121	242338	70326	316427	102067	214360
西　藏						
陕　西	119704	316765	118370	430564	256789	173776
甘　肃	21278	7132	4495	35051	22932	12119
青　海						
宁　夏						
新　疆	70910	157582	57931	183999	63531	120468

2-35 各地区中型住宿和餐饮业企业年末资产负债

单位：万元

地区	流动资产合计	固定资产原价	累计折旧	资产总计	负债合计	所有者权益合计
全国	**16733433**	**31142146**	**11476027**	**47509890**	**34533127**	**12975692**
北京	1802622	3089539	1239413	4858388	3735699	1122690
天津	369121	511433	166385	984443	794967	189477
河北	485042	1028230	302728	1426442	1094077	332365
山西	430520	720987	238842	1143108	844745	298363
内蒙古	284301	456080	123695	830023	594570	235453
辽宁	658692	1155793	467482	1647757	1285303	362454
吉林	106044	379680	114845	399939	301336	98604
黑龙江	91049	388514	133614	430057	275998	152990
上海	996098	1385425	587854	2314096	1625148	688948
江苏	1327458	2775063	1068115	4257924	3027705	1230219
浙江	1826106	3038981	1026495	4969279	3690662	1278616
安徽	381890	661050	191761	1144707	749304	395404
福建	514819	772034	253413	1464356	865984	598371
江西	228511	363335	125910	664678	426822	237857
山东	916985	1978929	658221	2746879	1924447	822431
河南	469755	788985	283772	1255500	943132	312368
湖北	353233	873588	287253	1336231	927438	408793
湖南	373820	1100772	325699	1464813	1029966	434846
广东	2414288	3737284	1626238	5875157	4598518	1276640
广西	168283	490538	203840	627761	415293	212468
海南	376938	965200	340188	1282188	963616	318571
重庆	365288	520746	192626	923291	681973	241318
四川	639424	1196267	473594	1793974	1297852	496122
贵州	74271	142649	55684	204501	132082	72418
云南	337297	726801	324531	1043161	639629	403532
西藏	16024	97366	39147	94618	33664	60954
陕西	434639	976047	378846	1350127	983338	366788
甘肃	82536	204095	75319	282214	197399	84815
青海	40450	119089	27442	162072	59468	102604
宁夏	86879	180096	34273	187954	148368	39586
新疆	81050	317550	108802	344252	244624	99627

2-36 各地区大中型住宿业企业年末资产负债

单位：万元

地 区	流动资产合计	固定资产原价	累计折旧	资产总计	负债合计	所有者权益合计
全 国	**19060590**	**42875681**	**16387804**	**59879476**	**41112102**	**18767375**
北 京	2744316	6591375	2783247	9185192	6446523	2738667
天 津	251477	492319	156431	805701	651402	154299
河 北	524004	1162209	329692	1579546	1191660	387886
山 西	242938	569877	204699	781592	597018	184574
内蒙古	227340	533069	163735	737858	481341	256517
辽 宁	753778	1476735	631995	1880250	1305183	575066
吉 林	122914	488419	161354	492333	326281	166052
黑龙江	83441	409547	149065	430696	272885	157811
上 海	1146859	3188418	1473635	4119692	2151883	1967810
江 苏	1295603	3254939	1208627	4707734	3270039	1437695
浙 江	2274108	3987689	1352687	6369077	4602459	1766619
安 徽	387628	703872	187278	1223034	845066	377968
福 建	570006	1075222	352757	1801917	1071792	730124
江 西	186797	334979	119383	587994	386741	201254
山 东	795031	2023856	705776	2532721	1615998	916723
河 南	479156	828960	319678	1237330	905861	331469
湖 北	264797	931842	338781	1179621	781821	397800
湖 南	578805	1460964	491307	2017409	1439050	578359
广 东	2979819	5863950	2539266	8279316	5877436	2401881
广 西	204654	781703	305810	870061	548116	321945
海 南	1003881	1574274	487745	2680963	1977578	703386
重 庆	473112	673427	266377	1108497	913185	195312
四 川	484584	1444483	521901	1763764	1282647	481116
贵 州	53718	186634	62921	212813	135142	77671
云 南	366046	877774	367573	1168701	589416	579286
西 藏	14093	97331	39122	92678	32108	60570
陕 西	297679	1038983	390818	1166804	900129	266675
甘 肃	75483	191804	72614	258019	180983	77035
青 海	25429	98962	21929	110473	31812	78661
宁 夏	20516	112490	22887	48029	30020	18009
新 疆	132578	419575	158714	449662	270527	179135

2-37 各地区大中型餐饮业企业年末资产负债

单位：万元

地区	流动资产合计	固定资产原价	累计折旧	资产总计	负债合计	所有者权益合计
全国	**7852737**	**7543662**	**2543437**	**17729951**	**12101085**	**5627797**
北京	1298280	707266	297395	2480347	1706337	774012
天津	199439	184221	57739	453725	312351	141375
河北	79271	78717	30005	158534	111435	47099
山西	244085	252202	77853	519775	378618	141157
内蒙古	154176	152389	31996	404129	270888	133241
辽宁	223956	269781	86227	548469	375495	172975
吉林	32953	126362	23119	153125	64910	88215
黑龙江	25243	27471	9867	56086	32636	22381
上海	834819	546005	206780	1537443	1010295	527147
江苏	553258	617039	217501	1399271	994382	404889
浙江	806329	854300	215517	1896545	1388264	508280
安徽	108038	112893	35798	247997	183135	64863
福建	198495	251510	105805	481393	318579	162815
江西	54685	54016	16337	121299	76514	44785
山东	431110	739532	170293	1369096	1029294	339802
河南	143396	106251	35496	303914	219517	84397
湖北	216049	288104	95614	578843	463958	114885
湖南	119584	168650	43242	305669	206208	99460
广东	940979	949204	419229	2041324	1296455	744868
广西	32860	27576	10083	76121	43126	32995
海南	24686	25804	10057	45881	40727	5153
重庆	213947	176444	60884	461806	237638	224168
四川	395760	293601	109106	874642	563382	311261
贵州	48275	26382	11669	78443	60127	18316
云南	85372	91365	27284	190887	152280	38606
西藏	1931	35	25	1940	1556	384
陕西	256664	253829	106398	613887	339998	273889
甘肃	28331	19423	7200	59246	39348	19899
青海	15021	20127	5513	51599	27656	23943
宁夏	66363	67606	11386	139925	118348	21577
新疆	19382	55557	8019	78589	37628	40960

2-38 各地区大中型住宿和餐饮业企业实收资本及构成

单位：万元

地　区	实收资本	国家资本	集体资本	法人资本	个人资本	港澳台资本	外商资本
全　国	**22705499**	**6175118**	**463218**	**7552964**	**3169213**	**3125305**	**2219681**
北　京	3377073	490989	34153	1702650	307699	570987	270595
天　津	359095	25998	29353	216820	57115	9790	20019
河　北	579332	169422	16370	264461	100033	17351	11695
山　西	281015	37707	13547	131244	88577	8201	1739
内蒙古	314587	61517	3544	129556	55581	53997	10392
辽　宁	687030	166519	4379	189241	70378	185751	70762
吉　林	175833	98833		35325	9250	200	32225
黑龙江	189489	104710	1029	23027	20622	19767	20334
上　海	1982061	1027123	21746	342851	99220	161660	329461
江　苏	1978727	720623	48372	376583	365757	189153	278239
浙　江	1949962	439677	77484	670936	384822	255158	121885
安　徽	332743	71361	5134	91344	140722	22202	1980
福　建	750179	87417	3700	302126	105863	178043	73030
江　西	192856	65223	380	52895	61387	9387	3584
山　东	885988	269907	56617	308500	121630	91582	37752
河　南	437469	127709	4525	128817	95738	77254	3426
湖　北	570300	256422	22267	125733	67671	76374	21833
湖　南	625015	248007	12026	193851	109797	43790	17544
广　东	3153269	583040	39153	883314	282419	852006	513337
广　西	364512	109550	600	54504	44563	127033	28262
海　南	584420	123630	27389	332803	29131	37358	34109
重　庆	365068	38775	10385	177202	60870	27717	50119
四　川	682627	93430	5854	226304	206888	29026	121125
贵　州	96672	33871		50514	11787	500	
云　南	494973	262519	6058	122059	65377	19887	19073
西　藏	48268	43169		4981	118		
陕　西	776003	175860	7946	288209	144887	56665	102436
甘　肃	98715	43705	1602	33194	8532		11682
青　海	93954	43802	8103	1581	28513		11955
宁　夏	45641	23313		7738	14123		467
新　疆	232623	131290	1502	84601	10143	4466	621

2-39 各地区大型住宿和餐饮业企业实收资本及构成

单位：万元

地区	实收资本	国家资本	集体资本	法人资本	个人资本	港澳台资本	外商资本
全国	**7986266**	**2527584**	**45364**	**2357795**	**409062**	**1560855**	**1085606**
北京	1679968	215624	2315	857601	69461	404486	130481
天津	44532			31641	4575		8316
河北	99549	12593		76276	10680		
山西	11835	6896		1870	1330		1739
内蒙古	89367	3241	3366	35775	3675	32968	10342
辽宁	252568	46381		17434	1480	167191	20082
吉林	72353	39053		16100	500		16700
黑龙江	19809			100			19709
上海	1281569	822056	1478	128482	14777	84342	230434
江苏	510646	291942	2100	64884	64852	31580	55288
浙江	625554	157312	11137	174997	72070	177529	32509
安徽	33269			11397	352	21520	
福建	208929	46924		61677	18000	53397	28931
江西	4119			1960		50	2109
山东	190167	61436	7050	44583	5127	60375	11596
河南	80839	33286		11089	455	33939	2070
湖北	177764	105589	13500	11848	8860	23296	14671
湖南	154026	104095	3500	35510	6000	1390	3531
广东	1456433	324563	918	362815	81185	330760	356192
广西	119431	42700			2500	62780	11451
海南	215183	39704		145307	10000	7232	12940
重庆	108364			49078	10720	23564	25002
四川	171739	12009		84295	3905	23490	48040
贵州	12980	6480		5500	1000		
云南	114809	94280		19950			579
西藏							
陕西	150350	40196		34268	14057	20966	40863
甘肃	5355	945		3000			1410
青海							
宁夏							
新疆	94759	20279		70358	3501		621

2-40 各地区中型住宿和餐饮业企业实收资本及构成

单位：万元

地　区	实收资本	国家资本	集体资本	法人资本	个人资本	港澳台资本	外商资本
全　国	**14719233**	**3647534**	**417854**	**5195169**	**2760151**	**1564450**	**1134075**
北　京	1697105	275365	31838	845049	238238	166501	140114
天　津	314563	25998	29353	185179	52540	9790	11703
河　北	479783	156829	16370	188185	89353	17351	11695
山　西	269180	30811	13547	129374	87247	8201	
内蒙古	225220	58276	178	93781	51906	21029	50
辽　宁	434462	120138	4379	171807	68898	18560	50680
吉　林	103480	59780		19225	8750	200	15525
黑龙江	169680	104710	1029	22927	20622	19767	625
上　海	700492	205067	20268	214369	84443	77318	99027
江　苏	1468081	428681	46272	311699	300905	157573	222951
浙　江	1324408	282365	66347	495939	312752	77629	89376
安　徽	299474	71361	5134	79947	140370	682	1980
福　建	541250	40493	3700	240449	87863	124646	44099
江　西	188737	65223	380	50935	61387	9337	1475
山　东	695821	208471	49567	263917	116503	31207	26156
河　南	356630	94423	4525	117728	95283	43315	1356
湖　北	392536	150833	8767	113885	58811	53078	7162
湖　南	470989	143912	8526	158341	103797	42400	14013
广　东	1696836	258477	38235	520499	201234	521246	157145
广　西	245081	66850	600	54504	42063	64253	16811
海　南	369237	83926	27389	187496	19131	30126	21169
重　庆	256704	38775	10385	128124	50150	4153	25117
四　川	510888	81421	5854	142009	202983	5536	73085
贵　州	83692	27391		45014	10787	500	
云　南	380164	168239	6058	102109	65377	19887	18494
西　藏	48268	43169		4981	118		
陕　西	625653	135664	7946	253941	130830	35699	61573
甘　肃	93360	42760	1602	30194	8532		10272
青　海	93954	43802	8103	1581	28513		11955
宁　夏	45641	23313		7738	14123		467
新　疆	137864	111011	1502	14243	6642	4466	

2-41 各地区大中型住宿业企业实收资本及构成

单位：万元

地区	实收资本	国家资本	集体资本	法人资本	个人资本	港澳台资本	外商资本
全国	**18505559**	**5882828**	**376166**	**6071995**	**1924541**	**2636750**	**1613279**
北京	2840886	489543	29863	1534095	98025	498859	190502
天津	288529	25398	27856	193508	23824	9555	8388
河北	542824	169372	16350	245440	82616	17351	11695
山西	179590	33983	12982	78465	46285	7875	
内蒙古	231465	50811	3544	78729	34042	53997	10342
辽宁	615325	163280	4279	174596	47938	179830	45402
吉林	139615	82179		16061	8950	200	32225
黑龙江	167360	104710	500	21057	9732	13726	17635
上海	1569966	976858	20282	268337	52687	99031	152771
江苏	1610465	705785	29420	299622	245651	113699	216288
浙江	1534503	411516	65879	491207	267065	227672	71164
安徽	275498	69517	2234	67471	115245	19718	1313
福建	599561	83744	1102	263004	49150	132539	70022
江西	170278	64923	380	42726	52350	8524	1375
山东	634171	223467	48540	207957	60301	79352	14554
河南	371909	125762	2474	100049	65757	77214	653
湖北	449553	247626	13982	82877	31358	73010	700
湖南	545022	246032	10826	144485	85876	43790	14013
广东	2679477	543118	33658	755129	218354	714841	414377
广西	343698	109550	600	44609	37622	125290	26027
海南	574516	123630	25889	329865	28112	32911	34109
重庆	249114	30252	7860	104279	48453	25664	32606
四川	432627	93228	1240	147852	51542	25851	112914
贵州	82495	30047		46112	5836	500	
云南	473110	260348	6058	115849	54043	18319	18493
西藏	48150	43169		4981			
陕西	478271	166808	7300	99564	78149	32966	93484
甘肃	91941	43705	1602	30795	5567		10272
青海	72306	43802		1481	15068		11955
宁夏	22638	21313		1205	120		
新疆	190697	99352	1467	80589	4823	4466	

2-42 各地区大中型餐饮业企业实收资本及构成

单位：万元

地区	实收资本						
		国家资本	集体资本	法人资本	个人资本	港澳台资本	外商资本
全　国	**4199940**	**292290**	**87052**	**1480969**	**1244672**	**488555**	**606402**
北　京	536187	1446	4291	168555	209674	72128	80093
天　津	70566	600	1497	23312	33291	235	11631
河　北	36508	50	20	19021	17417		
山　西	101425	3724	565	52779	42292	326	1739
内蒙古	83122	10706		50827	21539		50
辽　宁	71705	3239	100	14645	22440	5921	25360
吉　林	36218	16654		19264	300		
黑龙江	22129		529	1970	10890	6041	2699
上　海	412095	50265	1464	74514	46533	62629	176690
江　苏	368262	14838	18952	76961	120106	75454	61951
浙　江	415459	28161	11605	179729	117757	27486	50721
安　徽	57245	1844	2900	23873	25477	2484	667
福　建	150618	3673	2598	39122	56713	45504	3008
江　西	22578	300		10169	9037	863	2209
山　东	251817	46440	8077	100543	61329	12230	23198
河　南	65560	1947	2051	28768	29981	40	2773
湖　北	120747	8796	8285	42856	36313	3364	21133
湖　南	79993	1975	1200	49366	23921		3531
广　东	473792	39922	5495	128185	64065	137165	98960
广　西	20814			9895	6941	1743	2235
海　南	9904		1500	2938	1019	4447	
重　庆	115954	8523	2525	72923	12417	2053	17513
四　川	250000	202	4614	78452	155346	3175	8211
贵　州	14177	3824		4402	5951		
云　南	21863	2171		6210	11334	1568	580
西　藏	118				118		
陕　西	297732	9052	646	188645	66738	23699	8952
甘　肃	6774			2399	2965		1410
青　海	21648		8103	100	13445		
宁　夏	23003	2000		6533	14003		467
新　疆	41926	31938	35	4012	5320		621

2-43 各地区大中型住宿和餐饮业企业损益及分配

单位：万元

地　区	主营业务收入	主营业务成本	主营业务税金及附加	主营业务利润	其他业务利润	销售费用
全　国	**44375239**	**17828861**	**2391510**	**24154868**	**241078**	**12769684**
北　京	6223621	2208536	337937	3677148	32436	1960339
天　津	905338	407558	49218	448562	5324	246982
河　北	700289	305518	38876	355895	1911	211309
山　西	817919	399804	43047	375068	2728	208345
内蒙古	489319	211451	23929	253939	2309	116437
辽　宁	1433110	601470	77101	754539	4044	371979
吉　林	236023	82420	13553	140050	306	59850
黑龙江	255021	91164	17211	146646	467	65312
上　海	4108817	1526865	224326	2357626	22232	1381520
江　苏	3379938	1367125	179562	1833251	-1317	984152
浙　江	4367844	1983906	218647	2165291	46348	1089832
安　徽	639323	266120	34714	338489	6101	183582
福　建	1558980	660560	87906	810514	7560	419053
江　西	369027	144303	19063	205661	838	104418
山　东	2204509	952936	117739	1133834	13864	596777
河　南	805080	347762	39224	418094	9693	222079
湖　北	1200353	547302	63532	589519	3358	333686
湖　南	1199745	485109	63058	651578	6330	277976
广　东	6992661	2734207	400705	3857749	35886	2179108
广　西	453967	163890	24837	265240	5560	141106
海　南	925259	227409	52328	645522	1038	217146
重　庆	1063088	555210	47144	460734	7624	217150
四　川	1520202	558969	82150	879083	7633	451836
贵　州	191418	73403	10558	107457	373	58072
云　南	535444	196053	27683	311708	7460	153971
西　藏	20827	5610	1218	13999	32	8660
陕　西	1154925	451201	61508	642216	8340	336196
甘　肃	192024	83686	10979	97359	630	49056
青　海	55802	15157	3153	37492	59	20958
宁　夏	84685	33313	4159	47213	357	28655
新　疆	290681	140844	16445	133392	1554	74142

2-43 续表

单位：万元

地　区	管理费用	财务费用	营业利润	利润总额	应交所得税	应付职工薪酬
全　国	**8512040**	**1280548**	**1882001**	**1761436**	**590702**	**7239201**
北　京	1302056	161202	306422	303117	102227	1242899
天　津	138360	18279	53220	51587	17045	134312
河　北	165463	30448	-49236	-47590	3108	135266
山　西	145314	33555	-9791	-15634	7945	123984
内蒙古	110880	6973	22024	11152	3512	85459
辽　宁	276297	27310	82975	82284	23786	182217
吉　林	74161	7099	-1199	-34	3944	38338
黑龙江	65613	4427	11757	10296	3703	36333
上　海	763355	78439	177758	195987	59637	623169
江　苏	677074	105966	60278	55767	36885	519385
浙　江	793917	202457	137202	173563	59546	661443
安　徽	123363	28472	10129	10345	7545	109093
福　建	262763	48161	90737	90293	24577	287678
江　西	71342	14474	16295	11866	2947	55702
山　东	413584	66084	71365	69058	29756	327844
河　南	159733	24055	15658	13562	8548	120226
湖　北	207158	38398	14375	12873	10731	166943
湖　南	263491	68426	48318	26601	14615	190483
广　东	1207184	157446	345549	268890	80917	1190204
广　西	107590	13725	8366	5738	6747	81064
海　南	250174	25742	155219	155915	15733	140033
重　庆	153392	30606	67615	45122	11945	142363
四　川	272959	42807	118627	111815	24010	216359
贵　州	42480	4359	2844	3115	2518	40106
云　南	116771	10214	38425	35948	10120	92063
西　藏	4909	125	333	273	48	5289
陕　西	218277	20406	78784	68887	12221	178576
甘　肃	38800	3420	6701	4761	1648	31681
青　海	14647	1530	538	778	131	11066
宁　夏	17733	3613	-2416	897	85	16712
新　疆	53200	2330	3129	4204	4522	52911

2-44 各地区大型住宿和餐饮业企业损益及分配

地区	主营业务收入	主营业务成本	主营业务税金及附加	主营业务利润	其他业务利润	销售费用
全国	**19485008**	**7574333**	**1048774**	**10861901**	**52892**	**5528281**
北京	3546697	1239202	191960	2115535	13886	1078818
天津	418480	189843	23493	205144	701	111692
河北	100666	37655	5621	57390	46	30591
山西	156873	66623	9014	81236	1100	31016
内蒙古	136391	60751	5894	69746		19901
辽宁	727828	305440	39530	382858	186	187600
吉林	86050	28006	4694	53350	54	13976
黑龙江	60627	12259	3389	44979		17647
上海	2358263	837016	130596	1390651	4614	799918
江苏	1326138	519690	68624	737824	-14268	405327
浙江	2047681	1036197	93476	918008	22070	435010
安徽	155851	62954	8594	84303	435	52040
福建	705677	289360	42677	373640	2068	165603
江西	74044	35402	4143	34499		18367
山东	740038	273076	41204	425758	5040	225016
河南	170184	57335	9497	103352	592	53034
湖北	455407	218652	23840	212915	455	139072
湖南	396378	127476	22266	246636	-333	98891
广东	3342732	1268648	188045	1886039	11621	1034593
广西	159588	57894	8254	93440	590	46564
海南	509432	118837	27713	362882	360	84454
重庆	409028	214726	20173	174129	1475	78550
四川	731472	253201	39317	438954	22	209181
贵州	49080	16690	2714	29676	311	15321
云南	117348	36771	5975	74602	-79	36073
西藏						
陕西	349440	129528	19022	200890	1301	118274
甘肃	40740	17659	2348	20733		7981
青海						
宁夏						
新疆	112875	63442	6701	42732	645	13771

2-44 续表

单位：万元

地　区	管理费用	财务费用	营业利润	利润总额	应交所得税	应付职工薪酬
全　国	**3215092**	**477000**	**1762104**	**1755927**	**387625**	**2903009**
北　京	657111	98835	324813	314713	77569	694611
天　津	34296	4239	56694	55991	13766	47416
河　北	23181	6169	-2501	-985	1277	13208
山　西	33980	4953	12389	12453	3888	21916
内蒙古	36453	-1311	14703	15258	922	20715
辽　宁	109691	3812	81905	82300	17593	71490
吉　林	28770	1894	8764	7344	1882	11926
黑龙江	15768	34	11529	11428	1721	7375
上　海	421811	32840	156118	172807	40834	345260
江　苏	192471	28411	102146	105678	24107	168165
浙　江	262536	81106	164718	190617	43275	257275
安　徽	20005	11458	1217	1778	2333	23025
福　建	126020	19623	64808	64565	14599	131920
江　西	8070	2332	5730	5728	2	7941
山　东	131004	17990	56530	57648	13447	95292
河　南	35296	2680	12935	12846	3583	23518
湖　北	55100	14588	5006	10732	6938	57496
湖　南	87324	27765	30667	26453	6011	63418
广　东	530695	55891	286950	239978	50441	523604
广　西	33483	4289	9673	7530	4807	23550
海　南	123566	20442	135859	141308	12716	67837
重　庆	40956	16212	39264	36777	9437	51054
四　川	119656	17478	92604	93206	16825	87817
贵　州	7317	716	6587	6931	1782	7612
云　南	16563	615	21302	20781	5808	15625
西　藏						
陕　西	41897	3590	41749	42131	7274	44621
甘　肃	6516	481	5757	5617	1266	4199
青　海						
宁　夏						
新　疆	15556	-132	14188	14314	3522	15123

2-45 各地区中型住宿和餐饮业企业损益及分配

地区	主营业务收入	主营业务成本	主营业务税金及附加	主营业务利润	其他业务利润	销售费用
全国	**24890231**	**10254528**	**1342736**	**13292967**	**188186**	**7241403**
北京	2676924	969334	145977	1561613	18550	881521
天津	486858	217715	25725	243418	4623	135290
河北	599623	267863	33255	298505	1865	180718
山西	661046	333181	34033	293832	1628	177329
内蒙古	352928	150700	18035	184193	2309	96536
辽宁	705282	296030	37571	371681	3858	184379
吉林	149973	54414	8859	86700	252	45874
黑龙江	194394	78905	13822	101667	467	47665
上海	1750554	689849	93730	966975	17618	581602
江苏	2053800	847435	110938	1095427	12951	578825
浙江	2320163	947709	125171	1247283	24278	654822
安徽	483472	203166	26120	254186	5666	131542
福建	853303	371200	45229	436874	5492	253450
江西	294983	108901	14920	171162	838	86051
山东	1464471	679860	76535	708076	8824	371761
河南	634896	290427	29727	314742	9101	169045
湖北	744946	328650	39692	376604	2903	194614
湖南	803367	357633	40792	404942	6663	179085
广东	3649929	1465559	212660	1971710	24265	1144515
广西	294379	105996	16583	171800	4970	94542
海南	415827	108572	24615	282640	678	132692
重庆	654060	340484	26971	286605	6149	138600
四川	788730	305768	42833	440129	7611	242655
贵州	142338	56713	7844	77781	62	42751
云南	418096	159282	21708	237106	7539	117898
西藏	20827	5610	1218	13999	32	8660
陕西	805485	321673	42486	441326	7039	217922
甘肃	151284	66027	8631	76626	630	41075
青海	55802	15157	3153	37492	59	20958
宁夏	84685	33313	4159	47213	357	28655
新疆	177806	77402	9744	90660	909	60371

2-45 续表

单位：万元

地 区	管理费用	财务费用	营业利润	利润总额	应交所得税	应付职工薪酬
全 国	**5296948**	**803548**	**119897**	**5509**	**203077**	**4336192**
北 京	644945	62367	-18391	-11596	24658	548288
天 津	104064	14040	-3474	-4404	3279	86896
河 北	142282	24279	-46735	-46605	1831	122058
山 西	111334	28602	-22180	-28087	4057	102068
内蒙古	74427	8284	7321	-4106	2590	64744
辽 宁	166606	23498	1070	-16	6193	110727
吉 林	45391	5205	-9963	-7378	2062	26412
黑龙江	49845	4393	228	-1132	1982	28958
上 海	341544	45599	21640	23180	18803	277909
江 苏	484603	77555	-41868	-49911	12778	351220
浙 江	531381	121351	-27516	-17054	16271	404168
安 徽	103358	17014	8912	8567	5212	86068
福 建	136743	28538	25929	25728	9978	155758
江 西	63272	12142	10565	6138	2945	47761
山 东	282580	48094	14835	11410	16309	232552
河 南	124437	21375	2723	716	4965	96708
湖 北	152058	23810	9369	2141	3793	109447
湖 南	176167	40661	17651	148	8604	127065
广 东	676489	101555	58599	28912	30476	666600
广 西	74107	9436	-1307	-1792	1940	57514
海 南	126608	5300	19360	14607	3017	72196
重 庆	112436	14394	28351	8345	2508	91309
四 川	153303	25329	26023	18609	7185	128542
贵 州	35163	3643	-3743	-3816	736	32494
云 南	100208	9599	17123	15167	4312	76438
西 藏	4909	125	333	273	48	5289
陕 西	176380	16816	37035	26756	4947	133955
甘 肃	32284	2939	944	-856	382	27482
青 海	14647	1530	538	778	131	11066
宁 夏	17733	3613	-2416	897	85	16712
新 疆	37644	2462	-11059	-10110	1000	37788

2-46 各地区大中型住宿业企业损益及分配

地　　区	主营业务收入	主营业务成本	主营业务税金及附加	主营业务利润	其他业务利润	销售费用
全　　国	**22534064**	**7491430**	**1213132**	**13829502**	**160433**	**6255292**
北　　京	2801199	741736	151656	1907807	13053	760244
天　　津	255997	98576	14047	143374	1779	67710
河　　北	497690	196336	27825	273529	1850	153210
山　　西	355838	163210	18748	173880	1267	95355
内 蒙 古	275826	109226	14004	152596	1784	72335
辽　　宁	649034	225011	34160	389863	3652	158934
吉　　林	168802	60074	10062	98666	253	50254
黑 龙 江	173460	47987	10481	114992	249	48389
上　　海	1534718	388310	83157	1063251	11435	477406
江　　苏	1586289	587421	83290	915578	10682	419114
浙　　江	2607999	1064082	124176	1419741	34677	647786
安　　徽	392729	146176	21416	225137	5307	112777
福　　建	818590	277031	44261	497298	4783	236770
江　　西	218312	61559	11689	145064	725	67852
山　　东	1152255	449236	62944	640075	11400	311457
河　　南	524704	208974	25164	290566	4049	143002
湖　　北	499157	202429	24407	272321	2275	124192
湖　　南	808402	288737	42941	476724	3249	174512
广　　东	3499059	1073087	207284	2218688	26176	1089356
广　　西	322382	97517	17238	207627	4860	105364
海　　南	858491	197142	47976	613373	985	197152
重　　庆	420020	168275	20436	231309	1588	101643
四　　川	703536	178558	39324	485654	3864	222438
贵　　州	122070	36784	6844	78442	338	40513
云　　南	359159	101673	19110	238376	6065	114222
西　　藏	18516	4427	1087	13002	32	7828
陕　　西	522762	155345	27761	339656	2331	147049
甘　　肃	104708	40056	5976	58676	468	24598
青　　海	37052	6564	2047	28441	46	15539
宁　　夏	30141	11350	1189	17602	59	12514
新　　疆	215167	104541	12432	98194	1152	55777

2-46 续表

单位：万元

地　区	管理费用	财务费用	营业利润	利润总额	应交所得税	应付职工薪酬
全　国	**6250773**	**982680**	**519134**	**490105**	**249138**	**4090599**
北　京	952882	131482	89916	93395	44424	656668
天　津	80590	14788	-16087	-14145	253	49907
河　北	146897	27547	-52100	-50157	1852	104418
山　西	88861	20409	-29860	-31560	1780	62631
内蒙古	78385	2334	1414	-4410	1161	50885
辽　宁	205521	19736	9303	9752	4678	107642
吉　林	53479	5634	-10897	-9589	1550	28539
黑龙江	58094	4004	4497	3768	2714	26594
上　海	501679	54761	43745	54570	26417	263664
江　苏	470622	77391	-45199	-40658	8887	276494
浙　江	595198	163288	55356	76371	31551	408815
安　徽	96031	22411	179	1781	3579	72903
福　建	184601	40325	41121	42961	10767	156213
江　西	60371	12083	5512	1238	2162	36723
山　东	280573	36756	23141	18100	11505	187223
河　南	132117	19670	-6436	-2687	4663	85293
湖　北	133217	20142	-2534	1511	1365	75440
湖　南	222810	59925	22978	8644	8687	134267
广　东	894751	125018	138447	88877	34857	666634
广　西	95523	12845	-1258	-2222	3487	62711
海　南	242275	25206	151445	155874	15648	132009
重　庆	107102	26372	-2950	-2420	4236	69308
四　川	191366	30783	44501	41217	7115	104637
贵　州	32243	2519	3477	3922	1989	26538
云　南	95082	7751	27425	24717	6900	68858
西　藏	4909	125	168	109	30	4844
陕　西	152710	13794	28190	21587	4241	90871
甘　肃	33777	2271	-1515	-2252	92	21752
青　海	10854	752	1401	1428	73	7172
宁　夏	5529	821	-1187	-198	17	6148
新　疆	42724	1737	-3059	581	2458	44798

2-47 各地区大中型餐饮业企业损益及分配

地区	主营业务收入	主营业务成本	主营业务税金及附加	主营业务利润	其他业务利润	销售费用
全国	**21841175**	**10337431**	**1178378**	**10325366**	**80645**	**6514392**
北京	3422422	1466800	186281	1769341	19383	1200095
天津	649341	308982	35171	305188	3545	179272
河北	202599	109182	11051	82366	61	58099
山西	462081	236594	24299	201188	1461	112990
内蒙古	213493	102225	9925	101343	525	44102
辽宁	784076	376459	42941	364676	392	213045
吉林	67221	22346	3491	41384	53	9596
黑龙江	81561	43177	6730	31654	218	16923
上海	2574099	1138555	141169	1294375	10797	904114
江苏	1793649	779704	96272	917673	-11999	565038
浙江	1759845	919824	94471	745550	11671	442046
安徽	246594	119944	13298	113352	794	70805
福建	740390	383529	43645	313216	2777	182283
江西	150715	82744	7374	60597	113	36566
山东	1052254	503700	54795	493759	2464	285320
河南	280376	138788	14060	127528	5644	79077
湖北	701196	344873	39125	317198	1083	209494
湖南	391343	196372	20117	174854	3081	103464
广东	3493602	1661120	193421	1639061	9710	1089752
广西	131585	66373	7599	57613	700	35742
海南	66768	30267	4352	32149	53	19994
重庆	643068	386935	26708	229425	6036	115507
四川	816666	380411	42826	393429	3769	229398
贵州	69348	36619	3714	29015	35	17559
云南	176285	94380	8573	73332	1395	39749
西藏	2311	1183	131	997		832
陕西	632163	295856	33747	302560	6009	189147
甘肃	87316	43630	5003	38683	162	24458
青海	18750	8593	1106	9051	13	5419
宁夏	54544	21963	2970	29611	298	16141
新疆	75514	36303	4013	35198	402	18365

2-47 续表

单位：万元

地　区	管理费用	财务费用	营业利润	利润总额	应交所得税	应付职工薪酬
全　国	**2261267**	**297868**	**1362867**	**1271331**	**341564**	**3148602**
北　京	349174	29720	216506	209722	57803	586231
天　津	57770	3491	69307	65732	16792	84405
河　北	18566	2901	2864	2567	1256	30848
山　西	56453	13146	20069	15926	6165	61353
内蒙古	32495	4639	20610	15562	2351	34574
辽　宁	70776	7574	73672	72532	19108	74575
吉　林	20682	1465	9698	9555	2394	9799
黑龙江	7519	423	7260	6528	989	9739
上　海	261676	23678	134013	141417	33220	359505
江　苏	206452	28575	105477	96425	27998	242891
浙　江	198719	39169	81846	97192	27995	252628
安　徽	27332	6061	9950	8564	3966	36190
福　建	78162	7836	49616	47332	13810	131465
江　西	10971	2391	10783	10628	785	18979
山　东	133011	29328	48224	50958	18251	140621
河　南	27616	4385	22094	16249	3885	34933
湖　北	73941	18256	16909	11362	9366	91503
湖　南	40681	8501	25340	17957	5928	56216
广　东	312433	32428	207102	180013	46060	523570
广　西	12067	880	9624	7960	3260	18353
海　南	7899	536	3774	41	85	8024
重　庆	46290	4234	70565	47542	7709	73055
四　川	81593	12024	74126	70598	16895	111722
贵　州	10237	1840	-633	-807	529	13568
云　南	21689	2463	11000	11231	3220	23205
西　藏			165	164	18	445
陕　西	65567	6612	50594	47300	7980	87705
甘　肃	5023	1149	8216	7013	1556	9929
青　海	3793	778	-863	-650	58	3894
宁　夏	12204	2792	-1229	1095	68	10564
新　疆	10476	593	6188	3623	2064	8113

2-48 各地区大中型住宿和餐饮业企业经济效益分析指标

地　区	负债比率(%)	主营业务毛利率(%)	人均营业收入(万元)	费用率(%)
全　国	**68.6**	**59.8**	**18.2**	**50.4**
北　京	69.9	64.5	23.3	54.7
天　津	76.5	55.0	16.0	44.3
河　北	75.0	56.4	13.7	57.9
山　西	75.0	51.1	14.0	47.2
内蒙古	65.9	56.8	16.9	47.6
辽　宁	69.2	58.0	24.8	47.1
吉　林	60.6	65.1	16.7	59.7
黑龙江	62.8	64.3	16.5	53.0
上　海	55.9	62.8	21.8	53.7
江　苏	69.8	59.6	17.4	52.0
浙　江	72.5	54.6	21.1	47.2
安　徽	69.9	58.4	16.7	48.5
福　建	60.9	57.6	17.8	46.6
江　西	65.3	60.9	14.5	51.4
山　东	67.8	56.8	16.3	48.5
河　南	73.0	56.8	15.1	50.1
湖　北	70.8	54.4	16.5	47.7
湖　南	70.8	59.6	16.8	50.4
广　东	69.5	60.9	16.5	50.4
广　西	62.5	63.9	15.5	57.2
海　南	74.0	75.4	19.8	53.3
重　庆	73.3	47.8	16.5	37.2
四　川	70.0	63.2	18.6	50.2
贵　州	67.0	61.7	12.4	54.5
云　南	54.6	63.4	15.8	50.8
西　藏	35.6	73.1	11.7	65.8
陕　西	69.6	60.9	15.7	49.4
甘　肃	69.4	56.4	13.3	47.5
青　海	36.7	72.8	11.9	66.3
宁　夏	78.9	60.7	14.9	58.8
新　疆	58.3	51.5	16.5	44.2

注：费用率等于销售费用、管理费用、财务费用三项之和除以营业收入合计(下表同)。

2-49 各地区大型住宿和餐饮业企业经济效益分析指标

地 区	负债比率 (%)	主营业务毛利率 (%)	人均营业收入 (万元)	费用率 (%)
全 国	**62.1**	**61.1**	**21.4**	**46.9**
北 京	64.9	65.1	27.2	51.5
天 津	61.4	54.6	14.2	35.8
河 北	67.1	62.6	21.2	58.9
山 西	82.7	57.5	16.2	44.6
内蒙古	50.5	55.5	26.5	40.3
辽 宁	50.6	58.0	34.9	41.4
吉 林	36.6	67.5	21.7	51.8
黑龙江	52.0	79.8	24.0	55.2
上 海	46.0	64.5	22.7	52.8
江 苏	66.9	60.8	16.3	47.1
浙 江	69.8	49.4	24.8	37.6
安 徽	85.5	59.6	31.2	41.8
福 建	64.0	59.0	20.8	44.0
江 西	81.7	52.2	21.1	38.9
山 东	62.4	63.1	18.0	50.2
河 南	63.8	66.3	15.6	52.8
湖 北	75.4	52.0	19.2	44.9
湖 南	71.7	67.8	22.2	54.0
广 东	57.9	62.0	18.4	48.0
广 西	55.3	63.7	22.5	52.5
海 南	73.0	76.7	29.9	44.8
重 庆	72.5	47.5	16.8	32.2
四 川	64.9	65.4	21.9	47.3
贵 州	72.8	66.0	16.1	47.2
云 南	32.3	68.7	17.4	44.2
西 藏				
陕 西	59.6	62.9	18.6	46.7
甘 肃	65.4	56.7	26.4	36.8
青 海				
宁 夏				
新 疆	34.5	43.8	20.7	25.5

2-50 各地区中型住宿和餐饮业企业经济效益分析指标

地　区	负债比率 (%)	主营业务毛利率 (%)	人均营业收入 (万元)	费用率 (%)
全　国	**72.7**	**58.8**	**16.3**	**53.2**
北　京	76.9	63.8	19.7	58.9
天　津	80.8	55.3	18.0	51.7
河　北	76.7	55.3	12.9	57.8
山　西	73.9	49.6	13.6	47.8
内蒙古	71.6	57.3	14.8	50.4
辽　宁	78.0	58.0	19.2	52.9
吉　林	75.3	63.7	14.8	64.2
黑龙江	64.2	59.4	15.0	52.3
上　海	70.2	60.6	20.7	54.7
江　苏	71.1	58.7	18.1	55.1
浙　江	74.3	59.2	18.7	55.6
安　徽	65.5	58.0	14.1	51.2
福　建	59.1	56.5	15.9	48.7
江　西	64.2	63.1	13.5	54.6
山　东	70.1	53.6	15.5	47.6
河　南	75.1	54.3	15.0	49.4
湖　北	69.4	55.9	15.2	49.5
湖　南	70.3	55.5	15.0	48.7
广　东	78.3	59.8	15.1	52.5
广　西	66.2	64.0	13.2	59.8
海　南	75.2	73.9	14.0	63.5
重　庆	73.9	47.9	16.4	40.5
四　川	72.3	61.2	16.4	52.9
贵　州	64.6	60.2	11.5	57.0
云　南	61.3	61.9	15.4	52.6
西　藏	35.6	73.1	11.7	65.8
陕　西	72.8	60.1	14.7	50.5
甘　肃	69.9	56.4	11.8	50.3
青　海	36.7	72.8	11.9	66.3
宁　夏	78.9	60.7	14.9	58.8
新　疆	71.1	56.5	14.6	56.2

2-51 各地区大中型住宿业企业经济效益分析指标

地　区	负债比率(%)	主营业务毛利率(%)	人均营业收入(万元)	费用率(%)
全　国	**68.7**	**66.8**	**18.6**	**59.1**
北　京	70.2	73.5	23.6	65.5
天　津	80.8	61.5	17.7	63.1
河　北	75.4	60.6	13.8	65.5
山　西	76.4	54.1	12.9	57.3
内蒙古	65.2	60.4	16.1	55.1
辽　宁	69.4	65.3	18.9	59.0
吉　林	66.3	64.4	15.6	64.7
黑龙江	63.4	72.3	16.0	63.6
上　海	52.2	74.7	25.3	66.2
江　苏	69.5	63.0	19.9	60.4
浙　江	72.3	59.2	23.8	53.1
安　徽	69.1	62.8	17.3	52.0
福　建	59.5	66.2	18.1	56.0
江　西	65.8	71.8	13.8	64.1
山　东	63.8	61.0	16.7	54.0
河　南	73.2	60.2	14.9	55.7
湖　北	66.3	59.4	17.0	54.3
湖　南	71.3	64.3	16.4	56.2
广　东	71.0	69.3	16.7	59.5
广　西	63.0	69.8	14.9	65.7
海　南	73.8	77.0	20.0	54.1
重　庆	82.4	59.9	17.1	55.9
四　川	72.7	74.6	23.1	62.7
贵　州	63.5	69.9	12.5	61.2
云　南	50.4	71.7	16.0	57.6
西　藏	34.6	76.1	11.3	69.5
陕　西	77.1	70.3	15.2	59.6
甘　肃	70.1	61.7	11.6	57.7
青　海	28.8	82.3	13.2	72.9
宁　夏	62.5	62.3	14.8	62.2
新　疆	60.2	51.4	16.8	46.3

2-52 各地区大中型餐饮业企业经济效益分析指标

地区	负债比率 (%)	主营业务毛利率 (%)	人均营业收入 (万元)	费用率 (%)
全国	**68.3**	**52.7**	**17.8**	**41.4**
北京	68.8	57.1	23.2	45.8
天津	68.8	52.4	15.4	36.9
河北	70.3	46.1	13.3	39.3
山西	72.8	48.8	15.0	39.5
内蒙古	67.0	52.1	17.9	37.9
辽宁	68.5	52.0	33.5	37.1
吉林	42.4	66.8	20.4	47.2
黑龙江	58.2	47.1	17.6	30.4
上海	65.7	55.8	20.1	46.1
江苏	71.1	56.5	15.6	44.5
浙江	73.2	47.7	18.1	38.4
安徽	73.8	51.4	15.8	42.1
福建	66.2	48.2	17.5	36.2
江西	63.1	45.1	15.7	33.1
山东	75.2	52.1	15.8	42.3
河南	72.2	50.5	15.4	39.5
湖北	80.2	50.8	16.2	43.0
湖南	67.5	49.8	17.6	38.5
广东	63.5	52.5	16.2	41.1
广西	56.7	49.6	17.1	36.5
海南	88.8	54.7	17.6	42.5
重庆	51.5	39.8	16.2	25.3
四川	64.4	53.4	16.0	39.4
贵州	76.7	47.2	12.3	42.7
云南	79.8	46.5	15.3	36.1
西藏	80.2	48.8	15.1	36.0
陕西	55.4	53.2	16.1	40.9
甘肃	66.4	50.0	16.3	35.1
青海	53.6	54.2	10.0	53.3
宁夏	84.6	59.7	15.0	56.9
新疆	47.9	51.9	15.6	38.3

行业篇

简要说明：

一、本篇资料主要内容为分行业分地区大中型批发和零售业、住宿和餐饮业企业单位数和从业人员数情况；分行业分地区大中型批发和零售业企业商品购、销、存情况；分行业分地区大中型住宿和餐饮业企业经营情况；分行业分地区大中型批发和零售业、住宿和餐饮业企业主要财务及经济效益分析指标等。

二、行业分类按照《国民经济行业分类》（GB/T 4754-2002）列示，包括批发和零售业、住宿和餐饮业两个门类，批发业、零售业、住宿业、餐饮业四个大类和25个行业中类。

3-1 大中型批发业企业分行业基本情况

地区	批发业		农畜产品批发		食品、饮料及烟草制品批发	
	法人单位数（个）	年末从业人数（人）	法人单位数（个）	年末从业人数（人）	法人单位数（个）	年末从业人数（人）
全　国	**22188**	**2969994**	**943**	**94027**	**2558**	**599741**
北　京	1826	285761	27	3610	163	35067
天　津	688	55764	11	628	51	6022
河　北	574	105350	44	3142	48	13925
山　西	458	71918	11	1633	43	11088
内蒙古	227	30685	31	2691	40	7853
辽　宁	635	62793	31	2317	70	13586
吉　林	162	20036	57	5299	25	5533
黑龙江	248	39889	46	5077	44	11570
上　海	2172	308699	17	1357	173	32652
江　苏	1879	248240	69	4969	157	30585
浙　江	2330	236184	28	2018	194	40134
安　徽	473	78681	29	3134	75	27479
福　建	949	89878	24	1694	112	24503
江　西	210	45640	15	3997	36	15082
山　东	1771	215856	100	7928	219	48751
河　南	747	106544	91	13987	95	33811
湖　北	558	89675	42	5231	100	23230
湖　南	368	50105	25	2092	56	17866
广　东	2859	373164	44	2840	342	71161
广　西	314	48228	10	1152	45	12316
海　南	132	15543	1	20	20	2128
重　庆	633	82238	17	1733	115	16350
四　川	538	67312	19	1784	122	24630
贵　州	160	40249	1	26	30	24179
云　南	363	56239	12	967	58	23733
西　藏	9	2015			4	729
陕　西	253	53783	7	568	31	11569
甘　肃	158	20127	8	411	33	6277
青　海	44	8292			9	1183
宁　夏	67	8179	1	46	10	1907
新　疆	383	52927	125	13676	38	4842

3-1 续表 1

地区	纺织、服装及日用品批发		文化、体育用品及器材批发		医药及医疗器材批发	
	法人单位数（个）	年末从业人数（人）	法人单位数（个）	年末从业人数（人）	法人单位数（个）	年末从业人数（人）
全　国	**2424**	**364317**	**563**	**91324**	**2186**	**296219**
北　京	160	31727	90	16516	167	24246
天　津	34	5190	13	1436	40	5485
河　北	13	2157	1	424	65	9598
山　西	7	1101	5	942	30	4089
内蒙古	5	943	2	378	16	1862
辽　宁	42	3426	8	661	76	6797
吉　林	3	230	4	610	23	2115
黑龙江	12	784	2	265	28	4316
上　海	364	79746	63	8429	133	31037
江　苏	313	49125	43	9210	98	28427
浙　江	595	54469	75	4984	157	17957
安　徽	31	7834	6	607	87	8779
福　建	179	20414	17	1236	67	5896
江　西	11	457	2	126	42	10603
山　东	102	17479	32	6763	127	16116
河　南	28	2385	12	1023	88	10417
湖　北	30	3392	8	5729	101	9323
湖　南	16	2551	11	1723	67	8785
广　东	375	60065	120	20931	327	34007
广　西	13	2139	4	658	36	4086
海　南	7	567	3	553	49	8937
重　庆	20	4167	11	4789	95	11241
四　川	30	3718	6	162	119	12360
贵　州	3	236	7	632	28	3288
云　南	5	541	6	384	45	7033
西　藏					2	1125
陕　西	10	6689	5	471	26	3520
甘　肃	3	512	2	597	18	1853
青　海			1	336	7	511
宁　夏	2	258	1	152	2	99
新　疆	11	2015	3	597	20	2311

3-1 续表 2

地区	矿产品、建材及化工产品批发		机械设备、五金交电及电子产品批发	
	法人单位数（个）	年末从业人数（人）	法人单位数（个）	年末从业人数（人）
全国	**7723**	**829214**	**4669**	**592160**
北京	465	45711	681	121538
天津	326	20378	151	13192
河北	313	37999	81	37564
山西	315	48685	40	3510
内蒙古	109	15188	21	1630
辽宁	234	23434	156	9890
吉林	30	4442	18	1754
黑龙江	74	14860	36	2397
上海	537	45443	656	81691
江苏	723	69997	369	49780
浙江	715	67555	491	44596
安徽	110	15192	101	12290
福建	329	15673	159	15648
江西	59	11014	36	3960
山东	838	80733	272	32471
河南	287	32251	120	10966
湖北	167	29766	92	10251
湖南	126	10617	55	5926
广东	840	85575	618	76983
广西	131	18797	66	8676
海南	27	1150	19	1789
重庆	240	29549	105	12474
四川	144	12136	83	9967
贵州	59	8163	29	3617
云南	169	17775	53	4934
西藏			3	161
陕西	130	25714	42	5037
甘肃	67	7831	24	2310
青海	21	5510	6	752
宁夏	29	4377	17	1088
新疆	109	23699	69	5318

3-1 续表 3

地区	贸易经纪与代理		其他批发	
	法人单位数(个)	年末从业人数(人)	法人单位数(个)	年末从业人数(人)
全国	**335**	**33980**	**787**	**69012**
北京	35	3875	38	3471
天津	10	688	52	2745
河北	3	131	6	410
山西	1	117	6	753
内蒙古			3	140
辽宁	5	1161	13	1521
吉林			2	53
黑龙江	1	64	5	556
上海	113	14880	116	13464
江苏	23	1183	84	4964
浙江	13	477	62	3994
安徽	1	48	33	3318
福建	17	1910	45	2904
江西			9	401
山东	19	1086	62	4529
河南	1	30	25	1674
湖北	4	1961	14	792
湖南	1	28	11	517
广东	77	5951	116	15651
广西	3	107	6	297
海南			6	399
重庆	1	20	29	1915
四川	3	103	12	2452
贵州			3	108
云南	2	112	13	760
西藏				
陕西	1	25	1	190
甘肃			3	336
青海				
宁夏			5	252
新疆	1	23	7	446

3-2 大中型批发业企业分行业商品购、销、存情况

农畜产品批发　　　　单位：万元

地　区	商品购进额	进　口	商品销售额	出　口	期末商品库存额
全　国	**36887200**	**6251621**	**38559357**	**961878**	**10941335**
北　京	6862367	3788699	7505585	25568	994808
天　津	154837	5030	169171		237318
河　北	1532471	94658	1639818		117642
山　西	209907		161020	2496	63596
内蒙古	1463350		1485351	504	168345
辽　宁	875313	46012	975904	64275	96080
吉　林	1795499	323814	1898476	29250	338567
黑龙江	1886807	32820	1978036	8007	486705
上　海	1099211	270616	1137003	129806	411255
江　苏	1428262	30146	1470385	12564	464984
浙　江	814969	180610	894853	169197	154230
安　徽	747293	89145	751868	86690	246450
福　建	645637	76299	707133	50146	231583
江　西	241530		273123		68570
山　东	2763663	180686	2903779	41061	313434
河　南	2416986	630	2372396	13697	3080565
湖　北	1562286		1782298	2478	489376
湖　南	557110	8541	621306	19064	93497
广　东	1683866	113351	1810959	192447	208640
广　西	141480		155655	22766	43945
海　南	12012		11667		345
重　庆	472198	2374	485084	32790	25004
四　川	405607		440435	40975	124884
贵　州	6684		6995		20
云　南	812961	743954	904672	1090	38792
西　藏					
陕　西	77696		91009	17008	29498
甘　肃	125914		118877		21372
青　海					
宁　夏	16742		16164		4397
新　疆	6074543	264239	5790335		2387433

3-2 续表 1

食品、饮料及烟草制品批发　　单位：万元

地　区	商品购进额	进　口	商品销售额	出　口	期末商品库存额
全　国	**166878374**	**3843570**	**208472228**	**4076460**	**19241235**
北　京	13947103	1144114	15281325	222357	2937892
天　津	3244988	269109	3670819	58985	322247
河　北	3292134	8945	4585553	17951	257482
山　西	2974120	2864	3890403	27140	258376
内蒙古	2468672	276	3094951	1115	192714
辽　宁	3377351	19803	4307877	33615	281917
吉　林	1457809		1800027		147493
黑龙江	2944404	16436	3628291	23858	650917
上　海	11021447	711005	13083276	203505	1011951
江　苏	9595392	80278	12790671	249010	931002
浙　江	13936118	95595	17260133	474610	724705
安　徽	5531313	288400	6971004	227450	564727
福　建	9308113	259744	11066642	622735	759058
江　西	2257874		3419740	642	238784
山　东	12354844	145720	15645545	208922	1396546
河　南	5816445	17837	7691811	12957	774055
湖　北	6682792	9886	8203516	50982	321352
湖　南	5559112	438	7149047	51007	478750
广　东	18391543	743051	22421860	1297282	1569871
广　西	2838442	2229	3551416	55811	223273
海　南	1570381		1817424		86923
重　庆	4450832	572	6776042	54893	237323
四　川	6333835	7890	8448642	43449	950119
贵　州	4819029		5806680	70706	777732
云　南	6314214	17375	7841999	47844	2477569
西　藏	259233		296073		33727
陕　西	2594598		3427217		196438
甘　肃	1113304	23	1676312		118992
青　海	626348		735251		15516
宁　夏	365207		502921		37752
新　疆	1431377	1983	1629759	19636	266031

3-2 续表 2

纺织、服装及日用品批发　　单位：万元

地区	商品购进额	进口	商品销售额	出口	期末商品库存额
全　国	**101421765**	**10757069**	**122500496**	**45513498**	**8828972**
北　京	4230611	1156872	4798671	579730	819041
天　津	2607664	104059	3536557	964139	165115
河　北	308924	5820	318831	83785	21160
山　西	84207		116800		19551
内蒙古	202137		201725		1647
辽　宁	888051	25711	1072823	435555	88064
吉　林	42004		51276		12848
黑龙江	654370	53699	757451	465036	23064
上　海	17094741	3091376	21811667	6025631	2381352
江　苏	14437176	2300473	20254704	8031972	1428502
浙　江	21410947	1195151	23571389	13792921	1317134
安　徽	2208545	4589	2929102	652873	184841
福　建	9469395	1075653	10524718	4354920	371787
江　西	155743	1714	208325	166513	5099
山　东	4489319	208239	5586392	1180303	379482
河　南	782226	100340	912962	213914	52548
湖　北	419925	5810	553100	137015	75318
湖　南	396032	3088	455712	103443	46225
广　东	18122591	1346627	20910092	7624397	1135553
广　西	199855	1650	227749	64360	29416
海　南	159718		164645	5493	8507
重　庆	421316	4017	548844	19217	72661
四　川	1120977	32519	1253501	570158	108893
贵　州	44032		44104		5118
云　南	36839		155485		10036
西　藏					
陕　西	1201498		1273152		21724
甘　肃	35208	3261	57155		12543
青　海					
宁　夏	20327	13419	20930	14022	288
新　疆	177386	22983	182635	28104	31454

3-2 续表 3

文化、体育用品及器材批发　　　　单位：万元

地区	商品购进额	进口	商品销售额	出口	期末商品库存额
全国	**27800855**	**1481586**	**30326259**	**1852225**	**4658773**
北京	6603721	141974	7007327	243345	1183228
天津	130030	1802	226228	7103	45236
河北	121330		109639		11692
山西	356930	19110	385488	24059	33656
内蒙古	22884		21858		3820
辽宁	84279	101	98333	6834	22161
吉林	81402		77566		22474
黑龙江	119154		109952		9202
上海	6425805	674307	6668535	76411	744800
江苏	2167836	16373	2337005	170128	429940
浙江	2186914	100113	2342988	470943	289345
安徽	297528		310453	9810	18447
福建	261952	9556	277638	75128	22877
江西	29382		36396		1727
山东	2249595	327	3061311	63812	201151
河南	422563		448070	26763	47823
湖北	746512		690474	239	251013
湖南	337877		383561	22429	55378
广东	3746986	517924	4248169	655220	882201
广西	112302		114611		8423
海南	59238		59525		19962
重庆	202007		283487		126418
四川	134199		141626		10690
贵州	176092		172516		40178
云南	225137		220514		92740
西藏					
陕西	162298		173397		34766
甘肃	118419		103680		19542
青海	14709		15484		4453
宁夏	14282		13967		314
新疆	189495		186461		25118

3-2 续表 4

医药及医疗器材批发 单位：万元

地区	商品购进额	进口	商品销售额	出口	期末商品库存额
全国	**86236685**	**6737119**	**95171004**	**2002070**	**8561251**
北京	8119159	1337623	8882355	192299	1171103
天津	2274274	17726	2469291	94432	147006
河北	3380382	11041	3527847	41832	229842
山西	694611		866930		74000
内蒙古	261871		266627		20414
辽宁	2945470	77312	3167425	42970	241077
吉林	551105	110	601376		54721
黑龙江	760080		844608		59418
上海	11385546	2776102	12740488	261248	1551899
江苏	5560500	517219	6544772	209425	452281
浙江	7484419	568721	8138668	380738	720571
安徽	4639896	52754	5156970	109782	323093
福建	1835073	5086	1981130		138770
江西	1515171		1581552	43141	108394
山东	4826488	44409	5178052	9372	348109
河南	3432719	15475	3592116		264018
湖北	2308102	10335	2485181	14107	274849
湖南	1684706		2143566		196655
广东	10976724	939988	11837586	443102	1066205
广西	637703		678684		46904
海南	712427	108705	870519	913	49594
重庆	3304828	160435	3500794	72526	189528
四川	3296121	68361	3993820	55077	471827
贵州	574139		606183		42614
云南	1700256	18907	1749797	26990	154749
西藏	38570		82220		853
陕西	631579	321	777264	201	78386
甘肃	258811	3404	381658	3917	30338
青海	10500		41087		2647
宁夏	20164		18902		2263
新疆	415293	3085	463538		49127

3-2 续表 5

矿产品、建材及化工产品批发　　单位：万元

地区	商品购进额	进口	商品销售额	出口	期末商品库存额
全国	**1243657438**	**93632701**	**1303402615**	**29046968**	**61419341**
北京	175840880	25677105	177275590	6467789	13212259
天津	95640470	2842374	98316364	1119488	3255041
河北	36279770	265171	39419937	269117	931422
山西	46664290	254190	50028253	177502	2839650
内蒙古	9862558	164959	10059960	132461	1704789
辽宁	79439736	2567073	82373839	338856	2539858
吉林	6888734	119883	7490183	34458	94172
黑龙江	18886203	8185145	19397461	135751	871207
上海	157503324	15718761	160787489	4212582	6526600
江苏	84133902	7154909	91756683	2633691	3437303
浙江	75066565	8297428	82830578	3546178	4277571
安徽	16191896	2100994	18009814	212410	569732
福建	31373325	4389259	33312666	1482224	2376052
江西	5544261	35876	8243456	61766	224949
山东	48965894	3697376	54310741	1263888	1949489
河南	19983166	619376	23039767	839221	505704
湖北	33454177	323043	36735227	128866	1034320
湖南	16933969	61560	12646321	285489	819747
广东	146588155	7866023	146102987	3915040	5735902
广西	11478035	120943	13414071	86538	891449
海南	1385714	214545	1461554	151474	54238
重庆	15466887	133024	16711616	153229	830142
四川	16286023	1126000	18838243	144938	1927970
贵州	3222580	111750	3988933	572830	262430
云南	13287461	334235	15478835	103326	1032705
西藏					
陕西	28556411	554306	30171384	394289	939127
甘肃	15739365		16678775	8353	1232927
青海	2155444		3181190	53298	169551
宁夏	3765122	17720	3552543	4987	292054
新疆	27073121	679674	27788157	116928	880981

3-2 续表 6

机械设备、五金交电及电子产品批发　　　　单位：万元

地区	商品购进额	进口	商品销售额	出口	期末商品库存额
全国	**333015139**	**74907833**	**384537958**	**37571349**	**28678931**
北京	88909686	30775676	109341586	5021423	9013996
天津	11096023	4321468	11934920	404507	1595185
河北	5735266	57254	5986855	164338	532055
山西	676972	6912	774239	8085	82196
内蒙古	454291		476552	18600	30400
辽宁	4587635	366851	5502228	455720	494771
吉林	2090717	51500	2405232	802	60140
黑龙江	875030	138505	906368	74164	97074
上海	79644629	28417406	89735107	8739516	5530993
江苏	26524172	1526713	29971710	3779888	2711096
浙江	16593849	745769	20837583	6221763	1068100
安徽	6593331	266151	6558703	551437	408131
福建	5035283	176572	6255753	377213	907826
江西	1144919		1414313	221769	67168
山东	14928835	1077712	17997604	2810644	701406
河南	5297298	46190	5494186	149043	384914
湖北	3738697	161167	4659235	166834	436597
湖南	1892996	46423	1960601	63477	182980
广东	34089835	6461527	37654870	6768491	2421793
广西	1629485		1752007	23542	260157
海南	1318569	44	1376882	34589	48442
重庆	9553348	109875	10047040	750349	541266
四川	2861223	41607	3421632	256022	238304
贵州	1361999	14833	1401765	19214	79889
云南	1255988	38388	1293446	130383	149838
西藏	24567		24219		3804
陕西	1888475	39450	1995085	239866	167236
甘肃	751921		958964		122615
青海	170942		193122		10499
宁夏	296162	210	305597		51068
新疆	1992999	19631	1900554	119671	278993

3-2 续表 7

贸易经纪与代理　　　　单位：万元

地　区	商品购进额	进　口	商品销售额	出　口	期末商品库存额
全　国	**29246641**	**8956714**	**32869509**	**7418674**	**1958467**
北　京	2329921	847363	2709045	617233	211302
天　津	423412	58729	534439	209727	14629
河　北	13407	97	49611	48650	774
山　西	318967	122927	331923	32229	32726
内蒙古					
辽　宁	604506	55955	623631	37480	115135
吉　林					
黑龙江	27406		41040		9333
上　海	8358069	3550764	10595080	1843455	955996
江　苏	499683	60988	574744	294634	26585
浙　江	253109	26212	282883	271229	5088
安　徽	4809		6083	6083	273
福　建	1136669	78260	1203448	686070	85337
江　西					
山　东	782278	441195	784034	59234	180148
河　南	5380		6330		950
湖　北	8855136	2699101	8929534	455991	162271
湖　南	17536		19741		368
广　东	4548132	822874	5079850	2333397	111896
广　西	36030		40841	20535	1010
海　南					
重　庆	7000		8950		950
四　川	35760	385	36633	16655	789
贵　州					
云　南	924659	191094	938793	437797	39556
西　藏					
陕　西	26891	771	31424	31424	3322
甘　肃					
青　海					
宁　夏					
新　疆	37879		41453	16853	31

3-2 续表 8

其他批发　　单位：万元

地区	商品购进额	进口	商品销售额	出口	期末商品库存额
全国	**47433150**	**9184393**	**50476081**	**7602387**	**3238008**
北京	3898912	1299749	3489880	554334	1015825
天津	6006362	21686	6274549	113914	141241
河北	85725		117160		4486
山西	216925		226650		8704
内蒙古	40121		48191	6837	526
辽宁	297505	104	346157		15951
吉林	12809		19286		3989
黑龙江	372899	61195	378211		15781
上海	8868838	2140120	10082382	1226037	801481
江苏	4154238	26535	4538666	130439	130282
浙江	2622761	409005	2809510	135347	155740
安徽	2709083		2831225		75725
福建	3648749	556334	4120415	582626	161375
江西	447760		455429		11178
山东	1532458	120056	1759836	46849	70296
河南	448388		513915		48626
湖北	193342		170693		37647
湖南	145699		156771	18230	7683
广东	7763319	4518854	8110065	4544691	262436
广西	132741		146068	25608	4614
海南	1223730		1167810		82903
重庆	442377		526213		15983
四川	199199		292186	7395	29376
贵州	30085		30060		1800
云南	1471699	5489	1354900	206676	91828
西藏					
陕西	19349		19339		50
甘肃	59570		57113		6363
青海					
宁夏	139328	16996	178571		5914
新疆	249179	8269	254829	3405	30205

3-3 大中型批发业企业分行业年末资产负债

农畜产品批发　　单位：万元

地　区	流动资产合计	固定资产原价	累计折旧	资产总计	负债合计	所有者权益合计
全　国	**24320869**	**3284020**	**991246**	**34948419**	**26284660**	**8663759**
北　京	5810121	312520	57618	11459247	7715296	3743950
天　津	282997	14436	3101	298859	176954	121905
河　北	603312	95298	23391	727430	615710	111720
山　西	97627	34250	12224	141300	94697	46603
内蒙古	287999	92862	26613	418941	299193	119748
辽　宁	565617	78526	24692	818739	716057	102682
吉　林	1178723	222127	75304	1517667	921513	596154
黑龙江	962400	123881	32514	1105223	952051	153172
上　海	987929	217482	27142	1609090	988871	620219
江　苏	987479	214314	57931	1349275	1091338	257937
浙　江	692617	62651	21788	1055093	878642	176450
安　徽	418435	72109	21405	562972	376143	186829
福　建	423876	64017	17794	510854	402829	108026
江　西	168187	67523	24519	243217	198951	44266
山　东	1450221	195033	52106	1899902	1410671	489231
河　南	2437386	336375	103759	2988388	2560812	427576
湖　北	905880	123972	37146	1064972	895203	169770
湖　南	289254	64050	23584	378001	243085	134916
广　东	603903	80073	29711	740247	577360	162887
广　西	74138	29971	10234	116677	72912	43765
海　南	1052	2		1054	520	533
重　庆	69975	30632	11214	131558	72883	58676
四　川	228592	53422	20559	273515	231675	41841
贵　州	750	97	92	756	300	456
云　南	203432	11653	5201	243381	196049	47332
西　藏						
陕　西	120888	22858	6511	169798	160540	9258
甘　肃	85783	16026	5196	98711	88068	10642
青　海						
宁　夏	5528	1562	795	6294	5235	1060
新　疆	4376769	646300	259105	5017260	4341104	676156

3-3 续表 1

食品、饮料及烟草制品批发　　单位：万元

地　区	流动资产合计	固定资产原价	累计折旧	资产总计	负债合计	所有者权益合计
全　国	**73956399**	**13236363**	**5191612**	**93994652**	**46709084**	**47285568**
北　京	7811872	465206	170090	9091948	6751135	2340814
天　津	1545485	157904	66067	1767727	1059940	707787
河　北	1290264	265658	107048	1560519	460631	1099889
山　西	856966	344075	104918	1235218	347470	887748
内蒙古	715031	245466	79836	964682	357780	606902
辽　宁	1533212	345794	150231	1835489	596263	1239226
吉　林	464671	192758	63744	631063	126110	504953
黑龙江	1405791	322874	101719	1874195	907689	966506
上　海	5048142	560386	248991	6970222	4492628	2477593
江　苏	6393593	889361	298293	7359521	2904313	4455207
浙　江	6408690	847790	331754	7720452	3740592	3979860
安　徽	2757815	337442	127084	3277527	1285843	1991683
福　建	3218731	630988	237919	4872240	1888994	2983246
江　西	985532	315313	112558	1367917	295711	1072207
山　东	3683171	845621	288509	4774466	2353963	2420503
河　南	2254598	563469	238737	2878048	1419409	1458640
湖　北	2644286	615626	243532	3306547	1710738	1595808
湖　南	2156887	643036	240542	2897843	968820	1929023
广　东	6021116	932935	378163	7782348	3984522	3797826
广　西	1394006	262067	114679	1893303	1100747	792555
海　南	385458	93308	36223	492235	122206	370028
重　庆	1728267	482535	213805	2411118	1121134	1289985
四　川	2848159	678735	236751	3639477	1225787	2413690
贵　州	3138653	478237	233436	3665411	1779055	1886356
云　南	4967944	1045034	505907	6648368	4695261	1953107
西　藏	54730	8239	3121	147116	24464	122652
陕　西	787474	293729	102785	1056122	286083	770040
甘　肃	553852	128930	62318	684207	144909	539298
青　海	204856	32703	13981	247266	28881	218385
宁　夏	201127	46866	15142	253066	49716	203350
新　疆	496020	164278	63729	688991	478290	210701

3-3 续表 2

纺织、服装及日用品批发　　　　单位：万元

地　区	流动资产合计	固定资产原价	累计折旧	资产总计	负债合计	所有者权益合计
全　国	**44914118**	**3727418**	**1292124**	**55591213**	**40207002**	**15384210**
北　京	1954077	176595	46835	2428194	1537702	890492
天　津	2339184	43570	14246	2408166	1907722	500444
河　北	74011	6698	3515	85834	64100	21734
山　西	99965	7286	2494	637609	39267	598341
内蒙古	27436	23414	533	50913	38685	12228
辽　宁	524233	45701	15172	1440474	426062	1014412
吉　林	38952	817	471	43018	28479	14539
黑龙江	93144	47486	19418	140993	107187	33806
上　海	8092701	819776	305453	9920906	6682999	3237905
江　苏	8319218	738876	254199	10256688	7572164	2684524
浙　江	8360946	714582	255166	10200934	8041255	2159679
安　徽	710873	89996	28243	881960	923402	-41442
福　建	4400695	161504	49154	5337376	3701214	1636162
江　西	78323	2813	717	84108	72076	12033
山　东	1495851	272692	75923	2172608	1662795	509814
河　南	229446	26412	5480	290871	209810	81061
湖　北	230500	27774	6287	271800	180693	91107
湖　南	161206	12843	4414	183789	103151	80639
广　东	6905104	401025	153987	7816688	6207215	1609472
广　西	77787	3419	2062	99632	74635	24997
海　南	22498	1010	528	23264	19100	4163
重　庆	149850	15383	5835	198701	167986	30715
四　川	310352	16484	6126	332255	245300	86955
贵　州	14945	223	128	15041	13858	1183
云　南	93561	1834	1071	95204	61444	33760
西　藏						
陕　西	40843	57634	31604	86759	50364	36395
甘　肃	15882	4689	1520	19052	11964	7088
青　海						
宁　夏	4548	847	140	8377	6642	1736
新　疆	47987	6035	1403	59999	49731	10268

3-3 续表 3

文化、体育用品及器材批发　　单位：万元

地　区	流动资产合计	固定资产原价	累计折旧	资产总计	负债合计	所有者权益合计
全　国	**13160981**	**1487342**	**463080**	**16602508**	**10998770**	**5603739**
北　京	2908333	290142	88813	3486050	2446266	1039784
天　津	119409	7095	2512	189174	130631	58543
河　北	107431	9910	4095	271370	131825	139545
山　西	169615	24120	6169	204971	158279	46692
内蒙古	24020	25589	6203	51866	22007	29858
辽　宁	67101	16721	7350	81497	54612	26885
吉　林	32583	22971	5809	84325	35797	48529
黑龙江	21365	8671	3174	31128	22706	8422
上　海	2198165	96448	36005	2484452	1811401	673051
江　苏	1499248	157375	67848	2002521	1000502	1002019
浙　江	945823	103434	33703	1283411	837397	446015
安　徽	383775	18067	7838	577076	318558	258517
福　建	116968	20829	6031	148583	100500	48084
江　西	13328	371	186	13544	13045	499
山　东	729260	138395	21477	942491	783173	159318
河　南	149270	65845	15524	216008	139579	76429
湖　北	374005	105348	16564	504375	322384	181990
湖　南	228542	11541	5341	390614	191321	199292
广　东	2277480	203300	84272	2544644	1767307	777338
广　西	32140	5001	2796	69960	27554	42406
海　南	44435	20863	2535	76296	32332	43964
重　庆	169818	12754	2675	182558	138032	44527
四　川	53672	975	411	54292	46265	8027
贵　州	191804	30047	6557	215940	190826	25114
云　南	104062	15125	5559	153604	86873	66730
西　藏						
陕　西	66525	9646	4356	124938	65378	59560
甘　肃	50516	25055	4936	81854	47742	34113
青　海	11426	8771	3778	17372	12862	4510
宁　夏	7066	3256	1332	16918	5240	11678
新　疆	63796	29677	9231	100676	58376	42300

3-3 续表 4

医药及医疗器材批发　　　　单位：万元

地区	流动资产合计	固定资产原价	累计折旧	资产总计	负债合计	所有者权益合计
全国	**37541025**	**2644965**	**903395**	**44014696**	**33609339**	**10405358**
北京	3926512	234631	84965	4922701	3527291	1395410
天津	947038	42718	16492	1049363	805669	243694
河北	960868	50487	16580	1046457	933961	112496
山西	331898	26311	7307	384195	312151	72045
内蒙古	94580	6358	1708	106968	91523	15446
辽宁	1040627	69803	19026	1188496	957235	231261
吉林	404210	16415	6151	425539	369281	56257
黑龙江	270446	10642	4459	282440	235890	46550
上海	6054341	626791	200752	6893229	5184452	1708774
江苏	2654602	192150	60537	3172983	2564443	608540
浙江	2842516	215452	85162	3279715	2572159	707556
安徽	1337815	116351	29354	1487384	1303461	183922
福建	750226	35130	11294	882622	618418	264204
江西	605022	36429	10639	713688	568646	145042
山东	1771425	130443	36852	2018138	1743600	274538
河南	1198787	42005	12918	1313010	1067289	245722
湖北	1388317	87540	27534	1716251	1121301	594950
湖南	759892	55840	16875	912627	711885	200741
广东	4730235	296389	122281	5763161	4230637	1532524
广西	286614	21766	6365	327694	257199	70496
海南	582609	22388	6803	810965	326202	484764
重庆	1312919	89090	36557	1595640	1113162	482478
四川	1600301	79389	31601	1803622	1494742	308879
贵州	278871	19396	7525	328154	268872	59283
云南	672598	55363	25128	762361	537012	225350
西藏	26172	861	65	27082	15316	11766
陕西	319522	18438	7738	346359	313868	32491
甘肃	189329	13835	2928	211785	169208	42577
青海	19711	1493	473	21506	16576	4930
宁夏	6181	780	288	6742	6132	610
新疆	176841	30281	7038	213819	171758	42062

3-3 续表 5

矿产品、建材及化工产品批发 单位：万元

地 区	流动资产合计	固定资产原价	累计折旧	资产总计	负债合计	所有者权益合计
全 国	**285709860**	**29911661**	**9692776**	**379553264**	**285881341**	**93672370**
北 京	56522161	1904235	659244	78172978	56148140	22024837
天 津	16769448	1168350	322634	21172014	15887755	5284259
河 北	10217330	1355260	445757	12143967	9552658	2591310
山 西	15114247	1268764	429324	19061142	15280336	3780806
内蒙古	3431333	537956	190923	5221527	3452558	1768969
辽 宁	9082542	1180577	482168	11386075	9096870	2289206
吉 林	1187836	267953	104692	1535681	1165248	370434
黑龙江	5744271	494343	187406	6318951	5790592	528359
上 海	26309711	1443536	478379	33763309	24138073	9625235
江 苏	18485794	2348297	708674	23276274	18348768	4927506
浙 江	21673199	1641015	541533	29159058	23266870	5892188
安 徽	5457561	615131	191928	6610253	5222608	1387645
福 建	10270936	592743	196907	14762166	10334535	4427631
江 西	1340946	437784	119594	1936240	1357816	578424
山 东	11631426	2827913	824752	15860859	11682894	4177965
河 南	2356688	662896	218381	3945932	2790452	1155480
湖 北	4453896	1476037	453840	6814799	5476493	1338306
湖 南	2214845	412564	84951	3214851	2340752	874099
广 东	34766368	4533522	1551183	45660286	35717563	9942722
广 西	2193124	571901	191465	3317287	2408709	908577
海 南	361106	104572	41319	510668	240005	270664
重 庆	2996386	787495	237036	4408478	3078034	1330444
四 川	5158182	379630	142740	6003530	4867402	1136128
贵 州	1273463	182296	57191	1785273	1227003	558717
云 南	5430557	635972	184784	7335479	5372085	1963393
西 藏						
陕 西	4709012	665705	189236	7052780	5359905	1692875
甘 肃	2307350	336598	132007	2956042	1383477	1572565
青 海	448682	247811	61224	754693	521618	233075
宁 夏	630885	192889	32400	823781	659559	164222
新 疆	3170576	637917	231103	4588892	3712563	876329

3-3 续表 6

机械设备、五金交电及电子产品批发 单位：万元

地区	流动资产合计	固定资产原价	累计折旧	资产总计	负债合计	所有者权益合计
全国	**138576752**	**6190724**	**2269872**	**162987352**	**120334925**	**42652427**
北京	41381832	2021817	867164	53176473	33458583	19717889
天津	5095509	190077	62577	5527286	4540129	987156
河北	2421771	133943	30319	3627477	2498876	1128602
山西	283231	125443	33256	429424	284523	144901
内蒙古	214173	11447	3915	235420	214381	21039
辽宁	2854830	92604	38424	3435527	2725696	709831
吉林	157570	13594	3614	177664	132345	45319
黑龙江	281974	25584	8682	347375	289748	57627
上海	25032573	798162	331170	28312538	20934318	7378220
江苏	13222231	586549	183145	14349614	11658375	2691238
浙江	6968115	413294	138307	8497783	6637088	1860695
安徽	1981067	71782	22921	2127743	1907079	220664
福建	2869905	107761	37400	3263395	2541919	721477
江西	495303	15475	5040	531262	467263	63999
山东	5991538	452279	112718	6591398	5611372	980027
河南	1733224	69563	18946	1886405	1689872	196533
湖北	1216777	47862	16102	1380886	1112718	268168
湖南	721127	42151	11928	801702	726069	75633
广东	16701389	594747	228534	18403679	14526618	3877060
广西	1013115	22877	7829	1072833	887937	184896
海南	217609	6453	1998	232729	189983	42745
重庆	2741832	71767	19194	2995642	2703062	292581
四川	1097096	58067	18799	1188072	1014882	173190
贵州	376510	15687	4731	393873	345230	48643
云南	868454	38110	14981	1083504	790657	292847
西藏	31902	8165	2690	43215	26803	16412
陕西	770907	35879	12628	815344	749463	65881
甘肃	619464	18380	3990	644243	534217	110026
青海	70039	4460	1596	76213	68599	7614
宁夏	108173	9171	2079	121001	100439	20562
新疆	1037512	87574	25195	1217632	966681	250952

3-3 续表 7

贸易经纪与代理　　　　单位：万元

地　区	流动资产合计	固定资产原价	累计折旧	资产总计	负债合计	所有者权益合计
全　国	**29177464**	**646384**	**212034**	**32866928**	**27802699**	**5064230**
北　京	17859932	233831	62415	20355623	17308096	3047527
天　津	156819	10933	3221	182332	153104	29227
河　北	12952	754	610	13501	12120	1381
山　西	107270	15972	3593	130569	98116	32453
内蒙古						
辽　宁	290040	6914	2251	305467	258899	46568
吉　林						
黑龙江	18444	1655	1014	19578	9802	9776
上　海	3286052	126533	52701	3619810	2736261	883550
江　苏	265524	17218	5791	298075	256343	41731
浙　江	143896	4599	1640	176497	134658	41839
安　徽	483	6	2	527	477	50
福　建	479229	54896	17266	669123	451052	218071
江　西						
山　东	505125	37070	12908	614164	531803	82362
河　南	251	350	50	800	270	530
湖　北	2413936	46377	16992	2522367	2222391	299976
湖　南	3173	1464	301	4461	2287	2174
广　东	2952726	79363	28940	3256056	2967456	288601
广　西	15374	1105	317	16225	12414	3811
海　南						
重　庆	1101	1692	380	2413	901	1512
四　川	15573	1460	859	20494	7762	12732
贵　州						
云　南	632013	374	224	636627	618328	18299
西　藏						
陕　西	14302	88	34	14698	13839	859
甘　肃						
青　海						
宁　夏						
新　疆	3249	3730	525	7521	6320	1201

3-3 续表 8

其他批发　　单位：万元

地　区	流动资产合计	固定资产原价	累计折旧	资产总计	负债合计	所有者权益合计
全　国	**16036555**	**1033612**	**334465**	**19965833**	**15435995**	**4529838**
北　京	3213434	158464	62324	4737177	3911884	825292
天　津	776229	27216	6902	897402	597452	299950
河　北	35683	5128	962	43582	34996	8586
山　西	82756	4627	1735	89119	71128	17991
内蒙古	23136	1923	474	27818	13695	14123
辽　宁	68176	10471	3772	82377	47290	35088
吉　林	6937	1117	37	8090	6257	1833
黑龙江	126400	2661	956	135029	129270	5758
上　海	3527559	249729	74537	4184470	3101079	1083391
江　苏	671368	77065	26289	826063	605408	220655
浙　江	643384	52051	21020	769976	610127	159849
安　徽	565235	42487	12847	620748	469729	151019
福　建	1124043	59382	20196	1486524	1131488	355036
江　西	74234	703	324	75422	55851	19571
山　东	433361	61607	18848	516590	371030	145561
河　南	130805	21572	4034	205859	126598	79261
湖　北	70136	8339	2592	92703	76393	16310
湖　南	31359	7045	1732	41624	22394	19231
广　东	3588703	143385	35814	4021132	3573051	448082
广　西	35719	1529	905	37200	29607	7593
海　南	48752	5171	747	69635	35813	33822
重　庆	54332	9683	2568	77974	59092	18881
四　川	81258	14966	4406	104526	69168	35358
贵　州	6604	3442	1268	15889	7116	8773
云　南	480109	44401	24065	584745	151819	432926
西　藏						
陕　西	1827	80	52	3873	1800	2073
甘　肃	25066	4401	1224	28423	15858	12565
青　海						
宁　夏	40435	7599	684	95455	40061	55393
新　疆	69519	7373	3151	86408	70541	15867

3-4 大中型批发业企业分行业实收资本及构成

农畜产品批发　　　　单位：万元

地区	实收资本	国家资本	集体资本	法人资本	个人资本	港澳台资本	外商资本
全　国	**3482801**	**1607737**	**158588**	**990290**	**531765**	**15365**	**179057**
北　京	1082714	659223		242003	10590		170898
天　津	98640	93236		3133	1722		550
河　北	79168	10620	2980	28521	37048		
山　西	23147	8668	110	14369			
内蒙古	43764	19689		6642	17433		
辽　宁	78364	15962	3014	28275	31112		
吉　林	103107	60736	1470	34649	6253		
黑龙江	69093	12900	255	26594	29344		
上　海	277931	160739		115011	710	905	566
江　苏	147327	75002	4696	35582	32047		
浙　江	99032	6371	2170	11640	78851		
安　徽	85314	35553	4269	8127	37366		
福　建	53631	25162		7443	5257	9553	6216
江　西	26093	23675	638	1780			
山　东	211917	19920	35768	127007	28322	73	828
河　南	268473	99175	40051	91125	37898	224	
湖　北	88562	14051	7357	37425	29729		
湖　南	70976	35856	400	9580	25140		
广　东	71512	24331	249	36199	7280	3453	
广　西	23483	12225		2334	8924		
海　南	500			245	255		
重　庆	22663	12899	445	4530	4789		
四　川	19370	17923	1084	283	80		
贵　州	300				300		
云　南	33237	9006	200	5177	18854		
西　藏							
陕　西	13829	2771	10658		400		
甘　肃	9801	2988	5771	56	986		
青　海							
宁　夏	878	878					
新　疆	379977	148179	37002	112563	81076	1158	

3-4 续表 1

食品、饮料及烟草制品批发　　　　单位：万元

地区	实收资本	国家资本	集体资本	法人资本	个人资本	港澳台资本	外商资本
全国	**8641569**	**2515855**	**298045**	**3826475**	**1309695**	**322755**	**368744**
北京	886317	159037	2450	478006	50740	136356	59728
天津	122411	18694	3915	66524	10956	9892	12431
河北	70703	28390	8331	26459	7523		
山西	58879	17423	5966	29139	6352		
内蒙古	105150	22519	3196	68177	11258		
辽宁	595800	38171	50	34509	519683	3386	
吉林	23735	13511	178	6106	3940		
黑龙江	332739	164792	100000	61573	6374		
上海	703244	34451	37069	337427	82462	87501	124336
江苏	238083	113235	4660	32013	82493	4436	1246
浙江	660762	170027	6147	314987	129242	13250	27109
安徽	282721	175939	2411	66763	16478	92	21036
福建	1058644	142897	373	854007	55026	1856	4485
江西	66971	34191	260	19031	12290	1200	
山东	393332	97903	9219	219475	62702		4034
河南	243534	86161	9486	133727	13960	200	
湖北	200169	148243	1391	36449	8881		5205
湖南	197190	107478	3322	61983	23808	20	579
广东	803298	157449	73733	315328	96726	62407	97656
广西	183628	112980	11206	44486	14957		
海南	28076	8493		18331	1202	50	
重庆	229752	45946	2752	161092	19312		650
四川	183256	122579	1313	39311	10054		10000
贵州	127902	75246		36577	16078		
云南	483474	147659		312706	21049	2059	
西藏	109595	104708		4886			
陕西	54316	24525	2904	13590	13296		
甘肃	69551	53157		13478	2866	50	
青海	7849	5574		2275			
宁夏	13668	8238		4080	1100		250
新疆	106825	76241	7716	13979	8890		

3-4 续表 2

纺织、服装及日用品批发 单位：万元

地区	实收资本	国家资本	集体资本	法人资本	个人资本	港澳台资本	外商资本
全国	**7507922**	**666015**	**123375**	**2735633**	**2160654**	**994658**	**827587**
北京	514349	18700		308211	43761	80326	63352
天津	52786	7428	879	31171	8131	2697	2481
河北	12537			4603	7894	40	
山西	529732			505500	2417	21815	
内蒙古	2285			600	1685		
辽宁	195043	82886		35440	72860	721	3136
吉林	4600			2100	2500		
黑龙江	16084			11204	4880		
上海	2197542	62498	6628	622633	618730	248277	638777
江苏	1176627	277172	10930	193601	273307	372577	49041
浙江	1034049	20723	55574	347771	531781	60491	17709
安徽	60736	16016	641	3043	39985		1050
福建	664288	32239	754	241674	271662	83831	34128
江西	8519	2440	530	1259	4290		
山东	244936	12383	20415	127817	58610	25712	
河南	71926	10495	434	14994	46003		
湖北	32931	1000	674	11021	20186		50
湖南	37159	5000	165	12140	19854		
广东	541362	99031	14970	218734	97874	93305	17448
广西	11382			3448	4312	3623	
海南	4108			3050	1058		
重庆	17996	2741	1530	10470	2840		415
四川	26149	5354	6800	4491	8258	1245	
贵州	800			135	665		
云南	3568	3000		468	100		
西藏							
陕西	33260	4914	2000	14928	11418		
甘肃	3831		450	500	2881		
青海							
宁夏	3106			2742	364		
新疆	6232	1995		1885	2352		

3-4 续表 3

文化、体育用品及器材批发　　单位：万元

地　区	实收资本	国家资本	集体资本	法人资本	个人资本	港澳台资本	外商资本
全　国	**2494367**	**1091930**	**66558**	**478471**	**294982**	**208554**	**353872**
北　京	431559	184894	400	165093	48568	18113	14491
天　津	42213	2001	1020	10357	10149	16246	2441
河　北	6742	1930		4812			
山　西	26613	23413		200	3000		
内蒙古	26764		26714	50			
辽　宁	11357	9707		300	1350		
吉　林	16633	15183		250	1200		
黑龙江	2710	2000		710			
上　海	423802	28870	1552	53208	18916	53336	267920
江　苏	365291	271395	1450	5079	35504	8989	42874
浙　江	155586	71633	17429	25026	39067		2431
安　徽	95350	78930		16420			
福　建	35918	5494		9270	20377		776
江　西	700			100	600		
山　东	66456	9885	5577	25708	25286		
河　南	28171	21380	55	2166	4051		518
湖　北	71869	61051		264	2854	3246	4454
湖　南	171930	164225		960	6745		
广　东	339796	67405	6340	72045	72394	108624	12988
广　西	16765			16715	50		
海　南	43620			43520	100		
重　庆	15745	6080	20	9114	531		
四　川	5900	1615		4145	140		
贵　州	22078	14123		7455	500		
云　南	12393		6000	5055	500		838
西　藏							
陕　西	32940	26000			2800		4140
甘　肃	10519	10269			250		
青　海	3070	3070					
宁　夏	7009	7009					
新　疆	4869	4369		450	50		

3-4 续表 4

医药及医疗器材批发　　　　单位：万元

地　区	实收资本	国家资本	集体资本	法人资本	个人资本	港澳台资本	外商资本
全　国	**6384399**	**677442**	**78375**	**2874690**	**2149575**	**220356**	**383962**
北　京	697600	791	2363	551587	65351	18302	59208
天　津	171226	17121	532	119883	12459	11849	9381
河　北	109262	20728	3163	37955	47416		
山　西	52721	3260		25424	24038		
内蒙古	11506	2441		6328	2737		
辽　宁	199774	96683		50859	47094		5137
吉　林	19335	2080	215	8940	8100		
黑龙江	451929		1277	21236	429416		
上　海	1102236	76294	2011	543685	377973	25205	77067
江　苏	432603	67415	18553	91530	150829	28993	75282
浙　江	333046	49186	4111	136378	135104	7766	501
安　徽	140058	6850	15561	51859	65788		
福　建	203547	48763	9612	106136	31036	8000	
江　西	90730	25310	1600	20981	41439		1400
山　东	170373	12454	2240	90709	61939	2863	168
河　南	189655	6212	3185	111188	69070		
湖　北	316198	1940	3651	154433	89366	34682	32125
湖　南	121971	6504	140	58777	56551		
广　东	750051	128648	2475	340514	147612	77999	52803
广　西	55199		1500	13777	39923		
海　南	138505			50437	13531	4536	70000
重　庆	184137	22759	2722	67258	90510		889
四　川	180832	42789	617	77796	59471	160	
贵　州	47018	3841	1188	7601	34389		
云　南	120896	15373	500	77978	27045		
西　藏	600			100	500		
陕　西	27377	10192	160	11907	5120		
甘　肃	26470	480	1000	15839	9151		
青　海	2905			1001	1904		
宁　夏	3288	3000			288		
新　疆	33354	6329		22597	4428		

3-4 续表 5

矿产品、建材及化工产品批发　　　　单位：万元

地　区	实收资本	国家资本	集体资本	法人资本	个人资本	港澳台资本	外商资本
全　国	**52993115**	**20476914**	**1224809**	**18514224**	**9678599**	**1164299**	**1934270**
北　京	10217503	652295	15470	7403143	1053901	263936	828758
天　津	4234586	2449881	12596	1171620	544240	24984	31266
河　北	1290224	320281	18131	526936	405033	15	19828
山　西	1293345	381515	131296	507664	272182		688
内蒙古	847829	547104	6266	163953	130507		
辽　宁	1112117	602411	7831	264295	234745	50	2785
吉　林	237889	96763		128269	12857		
黑龙江	297629	85341	4870	147519	59900		
上　海	4534740	1703919	3553	1255188	843140	177689	551252
江　苏	3399435	1380914	95774	611498	1143420	125497	42331
浙　江	3361171	1029835	184288	833087	1292091	15331	6539
安　徽	680772	254491	7472	288761	130049		
福　建	2804773	1122484	115353	674527	793435	7783	91192
江　西	306891	252075	3360	27195	21262	1500	1500
山　东	1646441	283745	131779	587469	636096	1000	6353
河　南	668255	176585	37939	200274	251083	500	1875
湖　北	1394445	618214	11732	584709	144203	31458	4130
湖　南	621288	352229	5606	167731	92432	378	2912
广　东	6696687	3767808	74506	1321350	782213	442675	308135
广　西	823691	402272	13951	329391	78077		
海　南	146958	3000	1105	88381	10431	42323	1718
重　庆	1041480	700910	36102	160570	138232	1	5664
四　川	706230	232553	81823	262703	129151		
贵　州	288721	161355	8141	74680	41664	2881	
云　南	863002	504049	35603	213071	106500	3780	
西　藏							
陕　西	1198221	705564	122416	239863	103034		27344
甘　肃	1450449	1221963	35708	94272	98506		
青　海	182051	148649	518	10380	17235	5270	
宁　夏	159053	105207	2798	37849	13199		
新　疆	487238	213503	18824	137878	99783	17249	

3-4 续表 6

机械设备、五金交电及电子产品批发　　　　单位：万元

地　区	实收资本	国家资本	集体资本	法人资本	个人资本	港澳台资本	外商资本
全　国	**17032777**	**896172**	**309797**	**5777759**	**2960977**	**1215135**	**5872938**
北　京	7348599	187447	3100	2806946	400308	333087	3617710
天　津	419553	22445	38675	162300	47931	58157	90046
河　北	481611	2054	65546	34798	379213		
山　西	75109	25527		38475	11108		
内蒙古	15851	650		7320	7882		
辽　宁	449611	23718	1388	108050	56107	78036	182312
吉　林	21268			10210	3558	500	7000
黑龙江	29337	3292	8	7308	18713	8	8
上　海	2507511	82436	2786	450217	278817	414585	1278671
江　苏	752225	81832	40162	319235	235310	26104	49583
浙　江	1004592	61287	69598	448725	374263	4376	46343
安　徽	119962	10912	5159	40603	57258	1031	5000
福　建	469976	12799	6669	109534	95486	147297	98190
江　西	33609	1675	298	12160	16649	2828	
山　东	460702	70131	28491	119650	179724	58500	4206
河　南	119440	16528	1899	47414	52999	600	
湖　北	160497	2529	4086	56824	79779	11381	5897
湖　南	67035	14619	1564	29988	20864		
广　东	1788110	223681	33526	606987	413599	73963	436355
广　西	47449	1903	300	23647	19674	1925	
海　南	10066		185	2600	7281		
重　庆	174741	19239	3172	82572	21676	1353	46729
四　川	87131	4321	116	39714	42109	531	340
贵　州	21998	1102		12075	8821		
云　南	159775	9523	3070	110984	35784	414	
西　藏	4877	4877					
陕　西	42255	4102		18293	17331	460	2069
甘　肃	23079	700		14253	8126		
青　海	5927	317		110	5499		
宁　夏	10024			5874	4150		
新　疆	120860	6528		50891	60960		2480

3-4 续表 7

贸易经纪与代理 单位：万元

地　区	实收资本	国家资本	集体资本	法人资本	个人资本	港澳台资本	外商资本
全　国	**2234744**	**527748**	**4424**	**1346113**	**133177**	**43418**	**179865**
北　京	1242912	83223		1091235	4960	10520	52975
天　津	15894	1446		8277	2860	3311	
河　北	1790			500	1290		
山　西	5000				5000		
内蒙古							
辽　宁	36754	12300	490	510		23454	
吉　林							
黑龙江	2700	2700					
上　海	329776	40262	860	131835	27869	4904	124046
江　苏	31865	16970		1835	13060		
浙　江	38915			30518	8290		107
安　徽	50				50		
福　建	114344	84063	850	21734	7696		
江　西							
山　东	31851	5680	255	12940	12526	450	
河　南	55				55		
湖　北	219127	217127		2000			
湖　南	600			300	300		
广　东	136739	42177	1969	43428	45649	780	2736
广　西	2366			1000	1366		
海　南							
重　庆	212	212					
四　川	10871	10664			207		
贵　州							
云　南	11000	10000			1000		
西　藏							
陕　西	924	924					
甘　肃							
青　海							
宁　夏							
新　疆	1000				1000		

3-4 续表 8

其他批发 单位：万元

地区	实收资本	国家资本	集体资本	法人资本	个人资本	港澳台资本	外商资本
全国	**2285074**	**611199**	**92849**	**599610**	**467060**	**346130**	**168226**
北京	304574	217022	3800	54729	16065		12958
天津	192370	6531	16383	28932	61750	74141	4633
河北	5286	133	3053	2100			
山西	4360	2061		1249	1050		
内蒙古	988			488	500		
辽宁	28375	200		1076	27098		
吉林	100			50	50		
黑龙江	10001	1		6000	4000		
上海	505094	57151	1136	118839	30292	188399	109276
江苏	159595	4785	8863	71965	67129	130	6722
浙江	123739	150	8072	34365	81152		
安徽	68106	4542	13602	26050	23912		
福建	247152	126746		63255	50470	6680	
江西	8261	800	700	4250	2511		
山东	83232	2057	4188	26772	22013	25097	3105
河南	21275	120	2936	9396	8823		
湖北	10748		396	2431	7921		
湖南	7550	1632	115	700	4703	400	
广东	281012	84360	126	70764	43474	50757	31532
广西	1992	982			1010		
海南	33594		26924	5870	800		
重庆	14446	2131	415	7237	4137	526	1
四川	8256	3200	500	2288	2268		
贵州	6957	6507			450		
云南	93374	88973	800	1757	1844		
西藏							
陕西	1100				1100		
甘肃	11800			11540	260		
青海							
宁夏	41027			40987	40		
新疆	10714	1116	840	6520	2238		

3-5 大中型批发业企业分行业损益及分配

农畜产品批发

地　区	主营业务收入	主营业务成本	主营业务税金及附加	主营业务利润	其他业务利润	销售费用
全　国	**36498524**	**33977694**	**98691**	**2422139**	**135634**	**849402**
北　京	6715872	6401095	2942	311835	27158	136036
天　津	161605	164892	102	-3389	913	6865
河　北	1574704	1481209	394	93101	2574	52550
山　西	169593	121694	105	47794	71	3647
内蒙古	1495150	1274944	7034	213172	1109	17856
辽　宁	921403	858594	1363	61446	15403	36430
吉　林	1908763	1713411	326	195026	1645	134615
黑龙江	1891652	1769955	7943	113754	21088	38934
上　海	1116376	1065552	1097	49727	7324	24027
江　苏	1464776	1373409	4120	87247	11724	25580
浙　江	832512	789288	373	42851	965	20937
安　徽	732459	666718	404	65337	1230	27119
福　建	689426	643914	755	44757	1028	14678
江　西	261480	250407	64	11009	3735	7661
山　东	2736476	2458624	8355	269497	4775	65122
河　南	2308749	2067119	28120	213510	3496	47576
湖　北	1718306	1569831	19958	128517	6257	32503
湖　南	579387	499599	5564	74224	1636	21585
广　东	1718206	1647835	800	69571	880	27335
广　西	146567	137146	19	9402	712	4901
海　南	10412	10601	43	-232		
重　庆	391834	376523	700	14611	1336	5622
四　川	432275	410970	534	20771	2451	4250
贵　州	6271	5890	3	378	7	
云　南	824075	800704	712	22659	1121	13193
西　藏						
陕　西	88828	83179	422	5227	764	1448
甘　肃	113205	110154	11	3040	297	1201
青　海						
宁　夏	16212	15821		391		204
新　疆	5471951	5208618	6428	256905	15935	77528

单位：万元

管理费用	财务费用	营业利润	利润总额	应交所得税	应付职工薪酬	应交增值税
650108	**689676**	**591663**	**733947**	**93638**	**347262**	**177616**
150391	181901	21859	119965	13081	79037	72408
4176	7874	-21401	882	148	2509	643
18891	32036	-6538	7001	3890	8632	1741
3629	1848	38747	5462	143	1842	50
11593	11243	173583	30772	767	7014	2232
15628	26257	-492	-9	885	7664	912
25332	25007	5027	18496	3510	16654	25550
25630	29535	43617	61435	7770	15932	-2486
26112	23586	42087	69701	16025	13460	1134
33628	20701	18769	24416	3915	15820	2532
20332	19934	-16948	-2321	1190	10041	2156
17798	8363	13973	18795	1610	8917	2071
12332	13222	5109	21132	4767	7430	8481
10392	2433	-4693	1113	72	7295	69
41770	37432	142139	141083	15893	19958	14109
48536	81712	37899	95922	4106	24065	8183
25319	28358	47365	17133	3889	14239	2969
23855	11642	20617	8491	494	7892	3411
23986	7994	15530	30330	2961	14100	4989
4989	2109	-1741	1256	171	2434	1034
72		-304	45	11	21	434
5311	2695	2319	5136	498	3751	4653
9434	8514	1196	-2104	144	4675	1840
351	22	13	14	3	59	21
7225	6896	-3534	-1833	244	2566	893
2484	1538	521	822	307	1410	577
1488	2096	-1368	-661		906	64
153	10	24	24		151	
79272	94718	18287	61447	7144	48789	16948

3-5 续表 1

食品、饮料及烟草制品批发

地　区	主营业务收入	主营业务成本	主营业务税金及附加	主营业务利润	其他业务利润	销售费用
全　国	**184215265**	**145556480**	**5725127**	**32933658**	**437350**	**8533047**
北　京	11981489	10459019	110145	1412325	74127	894574
天　津	3551066	3043981	73252	433833	2956	105297
河　北	4059736	3139629	189278	730829	11575	159951
山　西	3441097	2642213	163628	635256	2967	84553
内 蒙 古	2898078	2166311	136925	594842	10275	85546
辽　宁	3817129	3027206	168442	621481	3438	89231
吉　林	1702577	1253053	93840	355684	403	63095
黑 龙 江	3441754	2762511	116269	562974	3501	103023
上　海	11245834	9392184	111279	1742371	66666	1029809
江　苏	11440747	8706639	362184	2371924	18628	504603
浙　江	15043947	12167144	431550	2445253	59036	579662
安　徽	6302713	4947650	215778	1139285	6058	299054
福　建	9701324	8334141	210918	1156265	10880	297900
江　西	3031703	2204568	151113	676022	2751	114729
山　东	13121269	10003464	408027	2709778	24701	602229
河　南	6951776	5251264	338874	1361638	11458	269824
湖　北	7568655	5865278	228187	1475190	18559	404325
湖　南	6412609	4894078	275828	1242703	4912	252170
广　东	20086164	16443347	505647	3137170	49732	941921
广　西	3220099	2593330	133414	493355	8925	102773
海　南	1567850	1354087	45058	168705	721	20320
重　庆	5890720	4723281	209156	958283	9286	179457
四　川	7641398	5737878	316911	1586609	7356	304466
贵　州	5296799	3090171	182211	2024417	5528	305961
云　南	7389497	5549662	208803	1631032	6507	483720
西　藏	260389	206173	9529	44687	23	5002
陕　西	3060785	2315755	148980	596050	5164	129328
甘　肃	1550125	1158186	74829	317110	2896	57642
青　海	664099	571131	20460	72508	239	6183
宁　夏	430727	316267	22904	91556	4571	11693
新　疆	1443112	1236881	61708	144523	3513	45009

单位：万元

管理费用	财务费用	营业利润	利润总额	应交所得税	应付职工薪酬	应交增值税
6997441	**79756**	**18366163**	**18641305**	**4388197**	**4929129**	**5791026**
242373	29947	454304	605627	112566	282167	183706
75394	10778	244708	241309	57955	55139	83596
199909	-5896	375957	349046	119005	158654	145793
151373	3011	399012	363136	93643	79307	130413
145158	4241	369993	342111	77480	63302	99936
138825	-5309	402276	406072	97300	97355	115660
92930	1945	198019	197853	39813	60681	63384
117089	20864	328042	284680	65677	80841	94705
355998	21412	488264	609851	125667	262650	170734
310967	-23618	1691319	1667553	419444	222837	409728
400056	2719	1560747	1607850	389999	399668	426537
227592	-30607	662729	672047	161387	167261	218419
286680	17294	635882	682065	149584	207900	214318
134180	-7130	439771	443743	95876	105099	103068
542995	25778	1566617	1390995	283662	346276	453915
453670	13342	636846	669122	156371	288516	274698
351799	-4466	753838	681298	165014	152269	258196
370229	2897	624988	656626	172094	175861	248842
571065	28198	1754843	1735041	365745	402528	527874
156891	11688	246258	268582	69693	131006	144946
45524	-3939	119368	121084	26412	39539	35350
271991	6801	513851	490991	82140	257233	106146
337263	11646	942521	920984	242736	205848	297660
304165	-32641	1452649	1547060	391683	234981	384387
349974	-28913	839475	1006148	268086	186024	340158
17622	149	21936	711	111	8041	2898
159165	3239	312108	333110	83202	109808	120765
83380	-5048	186743	187054	40550	57284	69811
18271	-1677	52396	52089	12464	13175	16411
22052	-391	62971	63451	13729	23849	20517
62863	13443	27734	44020	9112	54034	28456

3-5 续表 2

纺织、服装及日用品批发

地 区	主营业务收入	主营业务成本	主营业务税金及附加	主营业务利润	其他业务利润	销售费用
全 国	**111349523**	**96235812**	**287665**	**14826046**	**460267**	**7544918**
北 京	4152444	3475824	11714	664906	36586	388811
天 津	3185197	2600497	2381	582319	3943	110887
河 北	283103	263211	369	19523	1010	11732
山 西	110933	87379	452	23102	39	7074
内蒙古	200504	154903	5328	40273	550	6657
辽 宁	1040314	959658	969	79687	4265	44127
吉 林	50347	44408	274	5665	598	7052
黑龙江	733924	618234	831	114859	3308	15669
上 海	19806153	14945850	40775	4819528	173076	2993290
江 苏	18544838	16120548	44992	2379298	27351	899376
浙 江	22457570	20829569	18552	1609449	70678	808662
安 徽	2575967	1969763	11173	595031	16568	577691
福 建	9825388	8858235	40725	926428	8101	376446
江 西	205827	188025	108	17694	57	11200
山 东	5001507	4574507	28850	398150	16936	150531
河 南	813060	767487	1156	44417	2393	35661
湖 北	493405	445222	808	47375	2311	26464
湖 南	428807	355619	1247	71941	614	30472
广 东	17895028	15904784	45331	1944913	81656	846414
广 西	207201	181968	388	24845	1007	14649
海 南	142567	137797	146	4624	-1	3844
重 庆	410905	325582	8418	76905	2350	32533
四 川	1202428	1117615	1317	83496	3773	55308
贵 州	41975	39984	48	1943	-46	738
云 南	153142	78483	1259	73400	14	47559
西 藏						
陕 西	1147872	978539	19482	149851	2848	28626
甘 肃	53617	47274	101	6242	21	1805
青 海						
宁 夏	19649	18424	80	1145	307	2002
新 疆	165852	146424	388	19040	-44	9642

单位：万元

管理费用	财务费用	营业利润	利润总额	应交所得税	应付职工薪酬	应交增值税
3230311	**314394**	**4586974**	**4474762**	**1032815**	**1993678**	**1784544**
154121	19534	156152	160417	37197	163299	85439
36027	4536	299424	316903	110180	23285	113398
6063	406	2234	2637	653	5814	2561
5516	1142	9208	9789	2597	3429	6208
11493	2139	20534	20534	450	3271	307
31826	8521	235630	232680	47408	15881	4487
2095	610	-3493	-1313	287	2165	2103
17815	19993	64690	63667	9692	1547	26664
879292	-11750	1150542	1084214	291271	578387	465404
771819	87424	795771	778001	181446	274781	271603
384231	110910	423383	386258	94109	310723	137102
79209	2270	-43457	-53818	5175	85112	104810
162248	7911	428439	433511	81004	103482	107197
1954	126	4468	641	306	1556	4063
100594	24390	150506	175339	17010	71391	34359
8388	3890	613	20280	2762	4868	6824
11983	3845	7494	7243	2188	10938	3573
13030	2129	26670	24889	3180	13440	12008
478671	17480	686231	639699	119558	257443	313060
4589	1284	5330	5766	1221	5032	2879
416	173	190	203	34	1207	622
12790	2195	32745	32443	8654	10502	14932
24494	2372	3989	4941	2341	14169	8080
526	353	280	280	63	375	363
1895	136	23686	23686	3582	3204	11872
21086	1007	101993	102000	9571	19135	42553
2515	472	1470	1518	370	1567	854
991	156	-1697	-1612	37	168	239
4634	741	3953	3968	471	7509	981

3-5 续表 3

文化、体育用品及器材批发

地　区	主营业务收入	主营业务成本	主营业务税金及附加	主营业务利润	其他业务利润	销售费用
全　国	**26375776**	**23867078**	**64763**	**2443935**	**103623**	**1139794**
北　京	6166435	5464366	16188	685881	27796	342365
天　津	199193	164535	676	33982	1276	30881
河　北	109639	99996	74	9569	1335	2789
山　西	281837	260097	506	21234	666	10247
内蒙古	18606	14368	37	4201	898	1732
辽　宁	86757	77073	223	9461	3317	6884
吉　林	61211	52592	156	8463	3702	3071
黑龙江	83532	64503	6264	12765	52	1477
上　海	5754052	5351885	14248	387919	29824	168897
江　苏	2007532	1765056	3273	239203	2527	101030
浙　江	2126290	2013873	2198	110219	9037	53882
安　徽	218084	194284	423	23377	2252	10176
福　建	248084	222926	592	24566	593	8181
江　西	31108	29360	26	1722		872
山　东	2627131	2491124	4059	131948	873	49315
河　南	388075	358149	711	29215	3255	10149
湖　北	588786	486478	1285	101023	370	40002
湖　南	339506	306550	769	32187	83	11926
广　东	3791845	3366533	9032	416280	8867	202809
广　西	103752	92006	233	11513	722	4997
海　南	47143	41984	201	4958	307	2472
重　庆	301267	231487	1900	67880	733	35625
四　川	126911	122707	151	4053	575	1580
贵　州	127818	113670	203	13945	1575	6484
云　南	148318	131371	666	16281	741	9137
西　藏						
陕　西	151777	138108	190	13479	764	8044
甘　肃	82385	73640	157	8588	248	3629
青　海	15484	10979	100	4405	797	2633
宁　夏	13967	12124	12	1831	15	523
新　疆	129252	115257	212	13783	424	7984

单位：万元

管理费用	财务费用	营业利润	利润总额	应交所得税	应付职工薪酬	应交增值税
629636	**89940**	**761644**	**787202**	**158713**	**514320**	**358158**
160742	19778	184867	198678	50635	132270	111790
10753	4194	-752	1011	4533	8089	7566
6923	371	1172	1839		1368	576
7873	503	3505	3724	930	1231	2302
4171	123	-946	-773	27	1603	136
4117	746	1024	1089	41	3010	793
7547	211	3745	3732	644	1471	2829
2706	-121	8755	8733	6	1083	627
106072	29111	138500	144934	34413	62034	66027
56755	6910	97550	99377	12771	51691	17408
36624	3551	38331	36924	5568	25816	9379
5593	-3754	14030	14099	223	4304	1895
7900	1800	7277	7984	177	6225	1420
692	359	-201	-204	4	291	130
27346	9879	40877	34978	3423	21417	9949
10604	1223	10162	6997	1664	5658	3800
27644	197	33160	33274	5113	28189	5634
13832	-2337	7976	7937	20	9356	5021
91568	15857	127421	135063	32159	102374	90063
2758	-686	5067	4810	26	1757	1416
1899	-223	1235	1237	207	688	635
7007	590	25656	26901	3439	23489	5450
2225	469	284	301	171	1225	568
4872	825	3362	3586	126	3329	1618
4046	847	4517	4542	514	2467	5433
5131	-81	1123	1067	385	2821	1637
5320	-295	182	129		2135	1141
2681	-43	-64	250	54	2539	710
1034	-5	294	433		99	110
3201	-59	3535	4552	1440	6292	2095

3-5 续表 4

医药及医疗器材批发

地区	主营业务收入	主营业务成本	主营业务税金及附加	主营业务利润	其他业务利润	销售费用
全国	**85698700**	**77740445**	**166411**	**7791844**	**356428**	**4255514**
北京	7695813	6775394	14318	906101	77992	561056
天津	2173076	2023249	3580	146247	2450	55241
河北	3181371	3092905	2834	85632	2394	35029
山西	812137	688281	1204	122652	1517	33281
内蒙古	244177	216928	741	26508	190	10984
辽宁	2737371	2532277	5450	199644	3306	86785
吉林	573711	509144	2286	62281	505	39630
黑龙江	836721	720426	2565	113730	1238	57969
上海	13266847	11444032	25850	1796965	81033	978835
江苏	5788349	4848102	24950	915297	16235	668035
浙江	7109660	6550484	11489	547687	19059	262726
安徽	4417360	4282945	3208	131207	2568	68301
福建	1692736	1600641	2226	89869	5069	32031
江西	1467425	1322548	2747	142130	1869	98944
山东	4385489	4064448	7949	313092	6958	154207
河南	3213926	3082750	3627	127549	2173	41802
湖北	2178545	2026256	4107	148182	11395	57257
湖南	1905468	1786070	5075	114323	7603	52748
广东	10217165	9228599	22518	966048	60466	556236
广西	607126	562884	1129	43113	5334	19162
海南	800667	644151	3602	152914	19754	77473
重庆	3107113	2936674	3393	167046	12054	72626
四川	3592180	3401777	4813	185590	5616	81107
贵州	527986	489605	1159	37222	1762	17900
云南	1554328	1428634	2400	123294	1565	57868
西藏	82220	41833	811	39576		40773
陕西	694559	663406	1111	30042	1709	16618
甘肃	381210	356145	607	24458	300	7624
青海	37746	32839	76	4831	3319	1520
宁夏	16171	15233	11	927		358
新疆	400050	371785	579	27686	995	11389

单位：万元

管理费用	财务费用	营业利润	利润总额	应交所得税	应付职工薪酬	应交增值税
1763989	**371681**	**1960072**	**1842899**	**403347**	**1514604**	**1260748**
207953	25150	216092	234544	52806	280886	120257
40101	13487	45041	46567	8863	29208	41474
23825	14528	14537	16001	4444	19033	13890
13033	2571	74910	5649	1581	13370	7164
4674	837	10067	8904	348	5910	11466
53397	18916	45147	37616	11996	25247	59264
8670	1558	12688	8713	2954	5299	13730
18162	749	39189	24083	2698	10827	17500
457158	23002	423184	441746	103373	269613	196526
125511	43655	109620	92923	23867	185169	141235
133367	36496	199242	201278	44130	104169	72874
42464	6276	16275	14957	3818	22281	47215
26915	11511	28609	27370	7074	24057	14068
18435	6668	20069	19635	4787	35687	18882
72773	19799	71793	71715	13941	48033	52039
33495	14526	38052	39470	9128	25644	35289
36700	23887	74329	58669	6394	26184	24537
31335	4414	33371	27601	2815	24343	21289
205246	59061	246353	241393	55504	180170	187985
17600	3956	7188	5352	880	9466	8171
31160	-3006	69567	66736	13623	25072	37606
53473	16487	44539	54988	7119	37548	32183
44818	10450	52285	33095	7554	43890	35983
12286	4056	2610	3145	1726	8559	6362
25490	6661	40821	31588	5703	27949	22213
684	-1	-1901	1823	285	5771	6744
9061	2773	3440	3842	1222	7998	3839
5833	1809	9599	9508	2623	4342	3524
1454	166	5010	5007	20	766	677
283	61	221	220	56	330	105
8634	1181	8126	8763	2016	7785	6660

3-5 续表 5

矿产品、建材及化工产品批发

地　　区	主营业务收入	主营业务成本	主营业务税金及附加	主营业务利润	其他业务利润	销售费用
全　　国	**1163200903**	**1119829525**	**1402243**	**41969135**	**1231133**	**14635123**
北　　京	152330653	148765766	185939	3378948	156276	1316187
天　　津	85987923	84288548	48394	1650981	52790	364539
河　　北	36619211	35378538	44609	1196064	16388	581896
山　　西	46308986	44047044	89929	2172013	208173	1098222
内 蒙 古	10243602	9093920	40494	1109188	6338	496798
辽　　宁	71370496	70240331	44137	1086028	45507	489582
吉　　林	7236529	7025610	10556	200363	2661	75741
黑 龙 江	18359776	17823093	29892	506791	5005	208878
上　　海	142730172	135551318	80057	7098797	147886	1208474
江　　苏	80068692	76700034	102117	3266541	44386	1035299
浙　　江	72106503	70074033	41649	1990821	97512	915603
安　　徽	12991645	12455927	17102	518616	16170	241034
福　　建	28890780	27696771	49059	1144950	23825	520730
江　　西	7240337	6931876	7823	300638	1237	138052
山　　东	57048245	53848285	104708	3095252	47535	971367
河　　南	20473993	19621316	50591	802086	17563	308387
湖　　北	31945761	30458017	41152	1446592	26186	453280
湖　　南	11166866	10772533	24167	370166	4010	135179
广　　东	131505024	126493750	103854	4907420	123467	1783127
广　　西	12025448	11576875	16307	432266	4737	242945
海　　南	1334798	1281092	1009	52697	1663	21581
重　　庆	15434535	14331012	49527	1053996	21368	420789
四　　川	16903268	16326536	17832	558900	31021	232302
贵　　州	3759441	3457782	67651	234008	18533	114311
云　　南	14479347	13876400	13282	589665	33495	263775
西　　藏						
陕　　西	27021794	25366372	82193	1573229	28983	406103
甘　　肃	16430749	16042486	7348	380915	10476	108503
青　　海	2602102	2414539	2884	184679	25433	75778
宁　　夏	2929013	2793317	8107	127589	3380	80769
新　　疆	25655216	25096406	19877	538933	9132	325894

单位：万元

管理费用	财务费用	营业利润	利润总额	应交所得税	应付职工薪酬	应交增值税
7007435	**4432841**	**16763885**	**16407108**	**3030820**	**5037287**	**9701708**
947691	491522	2531112	2647277	330543	674244	461651
219853	390438	743103	752030	205361	132927	493636
182939	168727	370543	317981	63005	161859	314163
456087	196788	754596	454331	109334	232293	576635
138020	45941	457580	428280	48404	71950	212185
224748	138687	282437	295370	60091	208664	365994
15041	14449	111777	70550	1930	25480	132246
71677	36746	195755	177784	28239	86559	163637
870198	300650	1997566	2218779	455246	519571	913010
478321	368421	1410380	1219236	230631	253274	379678
468141	488524	498814	593758	149978	301025	295061
85969	95357	109602	116049	16024	94845	134167
172114	165654	404952	608326	147730	175025	263142
53395	15050	93781	68913	19932	43408	50586
494560	245931	1432548	1364737	219975	337387	488892
171803	57423	282653	222723	33642	113407	284337
195861	106713	719087	664182	110210	200180	295316
93357	61788	85133	59061	13299	47329	139289
834505	553356	1911623	1849378	396167	549916	719592
75198	39199	83053	149802	43427	81627	131385
10913	2152	21829	24552	5142	5880	7552
150858	61932	439489	229428	37861	149478	337496
107367	112763	143317	131119	23902	74749	179899
48981	16288	82956	74707	6620	33939	93616
112768	94583	156273	152453	30211	89192	125759
165856	58831	966397	1036765	209912	146486	1379063
57203	57081	186439	202804	2025	38229	45654
21575	5759	106872	86421	2833	33424	22971
12279	13802	15311	2921	2402	21446	103898
70157	28288	168907	187394	26743	133494	591204

3-5 续表 6

机械设备、五金交电及电子产品批发

地　　区	主营业务收入	主营业务成本	主营业务税金及附加	主营业务利润	其他业务利润	销售费用
全　　国	**341877316**	**311433835**	**1343793**	**29099688**	**1782226**	**14577280**
北　　京	91371478	79871936	222241	11277301	928829	4843312
天　　津	10713989	9062229	787327	864433	27888	439703
河　　北	5316354	5021730	6408	288216	14573	170459
山　　西	708538	667306	3070	38162	3241	25986
内 蒙 古	452189	401829	873	49487	4947	24772
辽　　宁	5125653	4788593	11867	325193	14741	141225
吉　　林	2391428	2226044	590	164794	756	141820
黑 龙 江	891995	809553	1196	81246	1771	39179
上　　海	82849416	76177769	86304	6585343	369903	3614606
江　　苏	27083638	25202840	30634	1850164	110883	858700
浙　　江	19179007	18012590	19235	1147182	40877	660489
安　　徽	6011062	5550095	7705	453262	10328	366947
福　　建	5353602	4994104	8050	351448	23046	175891
江　　西	1308197	1224029	1376	82792	1733	50858
山　　东	15642958	14777503	36222	829233	48514	378460
河　　南	4899533	4613933	20870	264730	26241	226020
湖　　北	4059206	3695921	6668	356617	4891	138895
湖　　南	1750459	1603411	3935	143113	2338	76924
广　　东	35035401	32534110	61806	2439485	89031	1244872
广　　西	1553040	1418088	2288	132664	5467	73098
海　　南	1192444	1092467	1699	98278	715	82172
重　　庆	8737836	8138227	10323	589286	9607	411941
四　　川	2985654	2740328	3933	241393	9393	132096
贵　　州	1241477	1167287	1700	72490	2207	50037
云　　南	1207251	1107715	1872	97664	8554	54444
西　　藏	24018	26868	32	-2882	69	3031
陕　　西	1772161	1684593	1665	85903	4227	53334
甘　　肃	858486	817919	645	39922	909	20382
青　　海	192411	181599	224	10588	832	6938
宁　　夏	278265	253297	475	24493	2592	16071
新　　疆	1690170	1569921	2562	117687	13122	54621

单位：万元

管理费用	财务费用	营业利润	利润总额	应交所得税	应付职工薪酬	应交增值税
6280816	**79054**	**10328571**	**11398663**	**2341909**	**4410331**	**5242179**
2708087	-323694	5130663	6107748	1215335	1668999	1616623
122967	34608	293752	378140	84223	101607	746371
47996	36339	47426	120988	17712	38541	28948
14665	2914	-1599	-2388	584	7714	11668
9382	1257	19023	16947	985	7158	2566
74470	28106	93769	93378	21098	50497	52404
13684	-179	10305	9933	2424	10446	3244
21984	3224	18240	9813	2943	6970	11118
1320141	5404	2188612	2232400	597134	939641	782041
319037	35554	754713	741901	95426	274681	144570
280376	69554	188455	195912	51054	238384	106706
61930	8476	29286	30606	7787	46829	80400
111863	15825	77142	79972	21115	93240	55060
16852	-1679	18477	16646	1478	16517	9626
163035	38805	306817	292033	45781	135607	112590
44763	1152	17204	63242	10289	42006	39016
38639	5696	179401	61406	14215	39865	70232
35989	2595	30437	26373	4223	23398	24144
581702	74327	670496	620123	88051	443647	900360
29473	2108	35082	36359	7248	27368	19978
8938	-553	7406	7613	2083	7456	18821
91067	12624	87585	90403	19712	55083	119768
37602	11144	39876	65541	8203	41906	74183
12209	1010	11633	12386	3685	14397	14744
35746	5933	15581	22193	5767	28209	14164
1362	377	-5819	1231	74	934	14
24510	327	12079	12273	2673	17538	20740
11679	1151	7527	6977	618	5826	142030
2646	1071	766	1460	270	1928	260
7031	641	3342	4451	335	3412	2788
30993	4940	40895	42603	9384	20529	17006

3-5 续表 7

贸易经纪与代理

地区	主营业务收入	主营业务成本	主营业务税金及附加	主营业务利润	其他业务利润	销售费用
全国	**31513720**	**29161866**	**63898**	**2287956**	**182451**	**1144094**
北京	3663700	3009414	32128	622158	101014	151927
天津	477824	447721	397	29706	1728	13029
河北	48314	44891	2	3421	11	3041
山西	331923	318967	732	12224	50	6732
内蒙古						
辽宁	630215	607898	129	22188	354	7977
吉林						
黑龙江	41040	38594	43	2403	714	944
上海	9806250	8696797	13608	1095845	56129	699003
江苏	568271	537585	333	30353	2323	14030
浙江	285203	271629	116	13458	849	8636
安徽	5337	5097		240		175
福建	1138804	1056369	2618	79817	5714	37449
江西						
山东	772983	700104	4665	68214	2765	31923
河南	5876	5448	53	375		87
湖北	7637498	7586692	3247	47559	2414	15717
湖南	19741	17201	237	2303		822
广东	4879594	4736438	4076	139080	7419	57009
广西	40841	35853	1048	3940		2845
海南						
重庆	8950	7699	43	1208		913
四川	35413	33826	51	1536	866	1314
贵州						
云南	1043067	935032	357	107678	46	86816
西藏						
陕西	31424	27778	4	3642		3345
甘肃						
青海						
宁夏						
新疆	41453	40834	11	608	56	359

单位：万元

管理费用	财务费用	营业利润	利润总额	应交所得税	应付职工薪酬	应交增值税
455159	**81082**	**1082396**	**1121722**	**275135**	**339275**	**323804**
132870	37024	649144	665078	156279	99309	16050
12502	945	4957	5081	1388	7310	1883
446	63	-118	-116		369	12
3128	1246	1176	2150	79	468	
4582	9895	609	1090	630	3698	252
999	-32	1195	1142	293	512	69
168397	-20384	324454	337203	98739	151069	183964
12487	1101	6130	7543	1227	6318	-965
3411	1131	1130	1432	382	5380	64
67	10	-12	-6		97	5
16150	2585	30519	33859	7914	9997	15774
13350	11914	14317	15523	3955	3789	7104
49	6	233	233	30	50	5
31064	17319	-1912	-4025	-4118	15842	24007
97	85	1300	1297		85	100
49768	10974	41495	47618	6647	32125	20734
344	518	234	-29	56	349	794
70	30	195	195		37	43
743	99	416	499	51	685	1341
4052	6460	7011	7205	1580	1628	52525
410	-124	11	3	3	97	43
176	218	-89	-1252		60	

3-5 续表 8

其他批发

地　区	主营业务收入	主营业务成本	主营业务税金及附加	主营业务利润	其他业务利润	销售费用
全　国	**42671609**	**40074090**	**164529**	**2432990**	**112964**	**1015478**
北　京	3308442	2992325	10686	305431	10778	122381
天　津	2148183	1997632	5908	144643	1539	69153
河　北	118419	84883	2627	30909	714	2862
山　西	205648	187290	565	17793	3642	8116
内蒙古	53469	38888	1019	13562		3431
辽　宁	284010	256373	4055	23582		4393
吉　林	17922	15423	32	2467		530
黑龙江	353510	338151	981	14378		16315
上　海	9189497	8327469	15219	846809	16229	404498
江　苏	3932050	3748665	21258	162127	689	34051
浙　江	2515776	2446037	15936	53803	3558	23863
安　徽	2470915	2353485	36192	81238	204	20442
福　建	3751966	3647771	4009	100186	998	53349
江　西	403327	405964	2821	-5458	162	1912
山　东	1520456	1392458	17770	110228	5290	51616
河　南	450548	414384	4353	31811	1664	13429
湖　北	166464	147923	753	17788		9906
湖　南	141010	127980	1924	11106	10	3464
广　东	7863670	7564594	5460	293616	8746	123403
广　西	131372	124046	213	7113	331	3270
海　南	1040679	1030313	169	10197	24	530
重　庆	487991	467455	4873	15663	6758	4997
四　川	289925	262140	2614	25171	48960	12625
贵　州	27695	25609	159	1927	37	1095
云　南	1345656	1253932	905	90819	1234	18085
西　藏						
陕　西	19339	16503	980	1856		230
甘　肃	55030	52173	34	2823	71	1053
青　海						
宁　夏	157685	140978	2013	14694	113	1877
新　疆	220957	213248	1002	6707	1214	4603

单位：万元

管理费用	财务费用	营业利润	利润总额	应交所得税	应付职工薪酬	应交增值税
611356	**286278**	**749521**	**924271**	**176726**	**388050**	**1185312**
85437	35809	116329	154679	30186	45892	70729
23036	13460	46133	58693	8669	12088	120728
3075	562	25125	198	680	1571	758
4594	254	8471	8456	1855	2946	10506
3259	-276	7155	7109	1918	1428	2720
6492	2436	10261	15140	2361	3821	17805
222		1716	1822	51	144	179
1348	1044	-4304	-3347	105	1836	7816
219042	-3089	247459	268490	51292	130124	100744
29886	18407	78155	92599	18305	16962	167123
19634	31610	-12212	10268	3028	14057	165510
34998	11414	14694	57809	9081	26425	238671
24516	24965	24870	25256	3937	19491	60068
1757	2819	-11783	4112	1223	1284	41551
22478	6586	35150	32052	7042	18193	43888
5431	5029	9682	10073	620	2859	20654
2928	3739	1215	-2065	627	1790	2938
3849	51	3751	3823	678	1549	3016
72198	67905	63589	68008	18307	56725	43051
2041	334	2223	2189	528	1489	1084
1143	626	7921	8067	129	1030	1438
5114	1528	11179	7406	454	3579	24749
10195	57588	-5587	24685	5755	7829	17516
2005	866	-204	-195	184	455	676
19721	166	57828	57314	5030	10090	5729
290	120	1216	1216	243	480	3288
533	138	1170	1202	320	627	271
3136	1174	8620	8558	2837	719	2905
2998	1016	-301	656	1283	2571	9201

3-6 大中型批发业企业分行业经济效益分析指标

农畜产品批发

地　区	负债比率 (%)	主营业务毛利率 (%)	人均营业收入 (万元)	费用率 (%)
全　国	**75.2**	**6.9**	**390.9**	**6.0**
北　京	67.3	4.7	1869.9	6.9
天　津	59.2	-2.0	258.6	11.6
河　北	84.6	5.9	501.9	6.6
山　西	67.0	28.2	103.9	5.4
内蒙古	71.4	14.7	555.9	2.7
辽　宁	87.5	6.8	402.3	8.4
吉　林	60.7	10.2	360.9	9.7
黑龙江	86.1	6.4	396.7	4.7
上　海	61.5	4.6	835.7	6.5
江　苏	80.9	6.2	296.8	5.4
浙　江	83.3	5.2	413.1	7.3
安　徽	66.8	9.0	234.0	7.3
福　建	78.9	6.6	407.4	5.8
江　西	81.8	4.2	65.6	7.8
山　东	74.2	10.2	345.6	5.3
河　南	85.7	10.5	165.1	7.7
湖　北	84.1	8.6	328.9	5.0
湖　南	64.3	13.8	277.0	9.9
广　东	78.0	4.1	609.2	3.4
广　西	62.5	6.4	127.3	8.2
海　南	49.3	-1.8	520.6	0.7
重　庆	55.4	3.9	227.9	3.4
四　川	84.7	4.9	243.4	5.1
贵　州	39.7	6.1	241.5	5.9
云　南	80.6	2.8	853.3	3.3
西　藏				
陕　西	94.5	6.4	156.4	6.2
甘　肃	89.2	2.7	275.9	4.2
青　海				
宁　夏	83.2	2.4	352.4	2.3
新　疆	86.5	4.8	401.6	4.6

注：费用率等于销售费用、管理费用、财务费用三项之和除以营业收入合计(下表同)。

3-6 续表 1

食品、饮料及烟草制品批发

地　区	负债比率(%)	主营业务毛利率(%)	人均营业收入(万元)	费用率(%)
全　国	**49.7**	**21.0**	**311.0**	**8.4**
北　京	74.3	12.7	344.5	9.7
天　津	60.0	14.3	590.3	5.4
河　北	29.5	22.7	291.9	8.7
山　西	28.1	23.2	374.3	5.8
内蒙古	37.1	25.3	369.5	8.1
辽　宁	32.5	20.7	281.3	5.8
吉　林	20.0	26.4	308.1	9.3
黑龙江	48.4	19.7	297.6	7.0
上　海	64.5	16.5	348.3	12.4
江　苏	39.5	23.9	375.6	6.9
浙　江	48.5	19.1	378.5	6.5
安　徽	39.2	21.5	231.6	7.8
福　建	38.8	14.1	407.4	6.0
江　西	21.6	27.3	202.2	7.9
山　东	49.3	23.8	269.8	8.9
河　南	49.3	24.5	206.4	10.6
湖　北	51.7	22.5	328.5	9.8
湖　南	33.4	23.7	362.0	9.7
广　东	51.2	18.1	284.4	7.6
广　西	58.1	19.5	262.1	8.4
海　南	24.8	13.6	737.3	3.9
重　庆	46.5	19.8	365.1	7.7
四　川	33.7	24.9	314.6	8.4
贵　州	48.5	41.7	223.2	10.7
云　南	70.6	24.9	319.1	10.6
西　藏	16.6	20.8	357.2	8.7
陕　西	27.1	24.3	265.1	9.5
甘　肃	21.2	25.3	247.5	8.8
青　海	11.7	14.0	562.5	3.4
宁　夏	19.6	26.6	226.1	7.7
新　疆	69.4	14.3	299.9	8.4

3-6 续表 2

纺织、服装及日用品批发

地　区	负债比率(%)	主营业务毛利率(%)	人均营业收入(万元)	费用率(%)
全　国	**72.3**	**13.6**	**308.4**	**9.9**
北　京	63.3	16.3	133.8	13.3
天　津	79.2	18.4	614.8	4.7
河　北	74.7	7.0	131.3	6.4
山　西	6.2	21.2	100.8	12.4
内蒙古	76.0	22.7	212.9	10.1
辽　宁	29.6	7.8	321.1	7.7
吉　林	66.2	11.8	222.9	19.0
黑龙江	76.0	15.8	936.8	7.3
上　海	67.4	24.5	250.1	19.4
江　苏	73.8	13.1	379.7	9.4
浙　江	78.8	7.2	415.8	5.8
安　徽	104.7	23.5	333.4	25.2
福　建	69.3	9.8	484.9	5.5
江　西	85.7	8.6	450.5	6.5
山　东	76.5	8.5	298.4	5.3
河　南	72.1	5.6	340.9	5.9
湖　北	66.5	9.8	145.5	8.6
湖　南	56.1	17.1	168.4	10.6
广　东	79.4	11.1	299.5	7.5
广　西	74.9	12.2	97.1	9.9
海　南	82.1	3.3	251.6	3.1
重　庆	84.5	20.8	98.7	11.6
四　川	73.8	7.1	323.9	6.8
贵　州	92.1	4.7	177.9	3.9
云　南	64.5	48.8	283.1	32.4
西　藏				
陕　西	58.1	14.8	171.8	4.4
甘　肃	62.8	11.8	104.7	8.9
青　海				
宁　夏	79.3	6.2	77.9	15.7
新　疆	82.9	11.7	82.3	9.1

3-6 续表 3

文化、体育用品及器材批发

地　区	负债比率(%)	主营业务毛利率(%)	人均营业收入(万元)	费用率(%)
全　国	**66.2**	**9.5**	**291.0**	**7.0**
北　京	70.2	11.4	376.4	8.4
天　津	69.1	17.4	139.9	22.8
河　北	48.6	8.8	262.2	9.1
山　西	77.2	7.7	300.1	6.6
内蒙古	42.4	22.8	55.2	28.9
辽　宁	67.0	11.2	134.6	13.2
吉　林	42.5	14.1	125.9	14.1
黑龙江	72.9	22.8	315.2	4.9
上　海	72.9	7.0	685.1	5.3
江　苏	50.0	12.1	218.8	8.2
浙　江	65.2	5.3	433.0	4.4
安　徽	55.2	10.9	364.2	5.4
福　建	67.6	10.1	201.0	7.2
江　西	96.3	5.6	246.9	6.2
山　东	83.1	5.2	389.3	3.3
河　南	64.6	7.7	382.6	5.6
湖　北	63.9	17.4	102.9	11.5
湖　南	49.0	9.7	197.2	6.9
广　东	69.5	11.2	183.3	8.1
广　西	39.4	11.3	159.2	6.7
海　南	42.4	10.9	85.3	8.8
重　庆	75.6	23.2	63.1	14.3
四　川	85.2	3.3	785.6	3.4
贵　州	88.4	11.1	206.1	9.4
云　南	56.6	11.4	389.1	9.4
西　藏				
陕　西	52.3	9.0	324.4	8.6
甘　肃	58.3	10.6	138.4	10.5
青　海	74.0	29.1	48.6	32.3
宁　夏	31.0	13.2	91.9	11.1
新　疆	58.0	10.8	218.0	8.5

3-6 续表 4

医药及医疗器材批发

地　区	负债比率 (%)	主营业务毛利率 (%)	人均营业收入 (万元)	费用率 (%)
全　国	**76.4**	**9.3**	**291.5**	**7.4**
北　京	71.7	12.0	321.1	10.2
天　津	76.8	6.9	396.6	5.0
河　北	89.2	2.8	331.5	2.3
山　西	81.2	15.3	199.1	6.0
内蒙古	85.6	11.2	131.2	6.8
辽　宁	80.5	7.5	403.1	5.8
吉　林	86.8	11.3	271.3	8.7
黑龙江	83.5	13.9	193.9	9.2
上　海	75.2	13.7	433.6	10.8
江　苏	80.8	16.2	203.9	14.4
浙　江	78.4	7.9	399.1	6.0
安　徽	87.6	3.0	511.7	2.6
福　建	70.1	5.4	287.8	4.2
江　西	79.7	9.9	138.8	8.4
山　东	86.4	7.3	272.5	5.6
河　南	81.3	4.1	308.7	2.8
湖　北	65.3	7.0	243.1	5.2
湖　南	78.0	6.3	218.1	4.6
广　东	73.4	9.7	302.2	8.0
广　西	78.5	7.3	152.2	6.5
海　南	40.2	19.5	89.6	13.2
重　庆	69.8	5.5	278.0	4.6
四　川	82.9	5.3	291.0	3.8
贵　州	81.9	7.3	160.8	6.5
云　南	70.4	8.1	221.9	5.8
西　藏	56.6	49.1	73.1	50.4
陕　西	90.6	4.5	197.8	4.1
甘　肃	79.9	6.6	205.7	4.0
青　海	77.1	13.0	73.9	8.3
宁　夏	91.0	5.8	163.3	4.3
新　疆	80.3	7.1	175.7	5.2

3-6 续表 5

矿产品、建材及化工产品批发

地 区	负债比率 (%)	主营业务毛利率 (%)	人均营业收入 (万元)	费用率 (%)
全 国	**75.3**	**3.7**	**1411.2**	**2.2**
北 京	71.8	2.3	3346.6	1.8
天 津	75.0	2.0	4223.7	1.1
河 北	78.7	3.4	966.5	2.5
山 西	80.2	4.9	986.1	3.6
内蒙古	66.1	11.2	675.9	6.6
辽 宁	79.9	1.6	3048.0	1.2
吉 林	75.9	2.9	1630.8	1.5
黑龙江	91.6	2.9	1237.1	1.7
上 海	71.5	5.0	3145.0	1.7
江 苏	78.8	4.2	1148.7	2.3
浙 江	79.8	2.8	1090.9	2.5
安 徽	79.0	4.1	858.5	3.2
福 建	70.0	4.1	1845.5	3.0
江 西	70.1	4.3	658.6	2.8
山 东	73.7	5.6	715.7	3.0
河 南	70.7	4.2	635.6	2.6
湖 北	80.4	4.7	1079.1	2.4
湖 南	72.8	3.5	1052.6	2.6
广 东	78.2	3.8	1542.7	2.4
广 西	72.6	3.7	642.7	3.0
海 南	47.0	4.0	1161.8	2.6
重 庆	69.8	7.1	527.3	4.1
四 川	81.1	3.4	1405.2	2.7
贵 州	68.7	8.0	463.4	4.7
云 南	73.2	4.2	818.5	3.2
西 藏				
陕 西	76.0	6.1	1053.4	2.3
甘 肃	46.8	2.4	2102.6	1.4
青 海	69.1	7.2	478.1	3.9
宁 夏	80.1	4.6	672.0	3.6
新 疆	80.9	2.2	1085.7	1.6

3-6 续表 6

机械设备、五金交电及电子产品批发

地　区	负债比率 (%)	主营业务毛利率 (%)	人均营业收入 (万元)	费用率 (%)
全　国	**73.8**	**8.9**	**582.1**	**6.1**
北　京	62.9	12.6	761.7	7.8
天　津	82.1	15.4	814.5	5.6
河　北	68.9	5.5	141.8	4.8
山　西	66.3	5.8	205.5	6.0
内蒙古	91.1	11.1	279.8	7.8
辽　宁	79.3	6.6	521.7	4.7
吉　林	74.5	6.9	1364.1	6.5
黑龙江	83.4	9.2	372.4	7.2
上　海	73.9	8.1	1021.3	5.9
江　苏	81.2	6.9	546.7	4.5
浙　江	78.1	6.1	431.8	5.2
安　徽	89.6	7.7	489.9	7.3
福　建	77.9	6.7	344.8	5.6
江　西	88.0	6.4	330.5	5.0
山　东	85.1	5.5	482.9	3.7
河　南	89.6	5.8	451.5	5.5
湖　北	80.6	8.9	398.9	4.5
湖　南	90.6	8.4	296.8	6.6
广　东	78.9	7.1	461.3	5.4
广　西	82.8	8.7	179.4	6.7
海　南	81.6	8.4	668.7	7.6
重　庆	90.2	6.9	703.1	5.9
四　川	85.4	8.2	300.6	6.0
贵　州	87.7	6.0	344.5	5.1
云　南	73.0	8.2	246.8	7.9
西　藏	62.0	-11.9	149.6	19.8
陕　西	91.9	4.9	353.7	4.4
甘　肃	82.9	4.7	371.9	3.9
青　海	90.0	5.6	257.0	5.5
宁　夏	83.0	9.0	258.6	8.4
新　疆	79.4	7.1	321.0	5.3

3-6 续表 7

贸易经纪与代理

地　区	负债比率 (%)	主营业务毛利率 (%)	人均营业收入 (万元)	费用率 (%)
全　国	**84.6**	**7.5**	**932.8**	**5.3**
北　京	85.0	17.9	972.2	8.5
天　津	84.0	6.3	697.5	5.5
河　北	89.8	7.1	368.8	7.3
山　西	75.1	3.9	2836.9	3.3
内蒙古				
辽　宁	84.8	3.5	543.1	3.6
吉　林				
黑龙江	50.1	6.0	652.4	4.6
上　海	75.6	11.3	662.3	8.6
江　苏	86.0	5.4	482.1	4.8
浙　江	76.3	4.8	599.7	4.6
安　徽	90.5	4.5	111.2	4.7
福　建	67.4	7.2	599.1	4.9
江　西				
山　东	86.6	9.4	714.9	7.4
河　南	33.8	7.3	195.9	2.4
湖　北	88.1	0.7	3897.8	0.8
湖　南	51.3	12.9	705.0	5.1
广　东	91.1	2.9	821.1	2.4
广　西	76.5	12.2	381.7	9.1
海　南				
重　庆	37.3	14.0	447.5	11.3
四　川	37.9	4.5	350.0	6.0
贵　州				
云　南	97.1	10.4	9313.1	9.3
西　藏				
陕　西	94.2	11.6	1257.0	11.6
甘　肃				
青　海				
宁　夏				
新　疆	84.0	1.5	1805.3	1.8

3-6 续表 8

其他批发

地　区	负债比率 (%)	主营业务毛利率 (%)	人均营业收入 (万元)	费用率 (%)
全　国	**77.3**	**6.1**	**619.6**	**4.5**
北　京	82.6	9.6	960.4	7.3
天　津	66.6	7.0	783.1	4.9
河　北	80.3	28.3	290.7	5.5
山　西	79.8	8.9	278.1	6.2
内蒙古	49.2	27.3	381.9	12.0
辽　宁	57.4	9.7	186.7	4.7
吉　林	77.3	13.9	338.2	4.2
黑龙江	95.7	4.3	635.8	5.3
上　海	74.1	9.4	684.0	6.7
江　苏	73.3	4.7	792.5	2.1
浙　江	79.2	2.8	630.6	3.0
安　徽	75.7	4.8	745.1	2.7
福　建	76.1	2.8	1292.9	2.7
江　西	74.1	-0.7	1005.8	1.6
山　东	71.8	8.4	336.5	5.3
河　南	61.5	8.0	269.6	5.3
湖　北	82.4	11.1	210.2	10.0
湖　南	53.8	9.2	272.7	5.2
广　东	88.9	3.8	503.3	3.3
广　西	79.6	5.6	444.0	4.3
海　南	51.4	1.0	2608.2	0.2
重　庆	75.8	4.2	258.3	2.4
四　川	66.2	9.6	118.3	27.7
贵　州	44.8	7.5	256.8	14.3
云　南	26.0	6.8	1771.4	2.8
西　藏				
陕　西	46.5	14.7	101.8	3.3
甘　肃	55.8	5.2	164.7	3.1
青　海				
宁　夏	42.0	10.6	626.2	3.9
新　疆	81.6	3.5	498.4	3.9

3-7 大中型零售业企业分行业基本情况

地区	零售业		综合零售		食品、饮料及烟草制品专门零售	
	法人单位数（个）	年末从业人数（人）	法人单位数（个）	年末从业人数（人）	法人单位数（个）	年末从业人数（人）
全国	**20787**	**4542455**	**6536**	**2230632**	**823**	**156737**
北京	1012	299546	172	125743	43	13343
天津	326	85538	89	39339	14	3556
河北	743	167662	284	108467	7	569
山西	584	109011	168	42305	23	3522
内蒙古	376	79619	86	25584	8	867
辽宁	642	181648	214	107887	20	3393
吉林	312	73458	102	42018	13	1463
黑龙江	331	77834	124	39471	5	543
上海	771	268256	182	138027	47	10946
江苏	1742	379212	520	208182	85	9658
浙江	1424	258451	316	107835	41	7955
安徽	781	150822	357	91466	28	4499
福建	774	142738	246	61058	41	10101
江西	341	67721	135	35577	5	2152
山东	2062	401715	696	224597	82	12375
河南	1503	239582	602	126739	64	8568
湖北	873	215916	303	122746	73	13163
湖南	756	148464	308	74949	25	3280
广东	1881	468104	442	174330	56	9447
广西	452	72311	157	35470	10	3154
海南	130	19515	33	5660	4	321
重庆	447	127544	91	53452	25	19638
四川	738	148423	279	75961	25	2910
贵州	213	36900	67	13104	4	251
云南	431	83195	131	28689	37	5286
西藏	23	3602	5	1093	3	327
陕西	559	130691	250	75431	18	3063
甘肃	210	38666	82	18718	13	1728
青海	43	9352	11	4564		
宁夏	109	19435	28	9266	3	606
新疆	198	37524	56	12904	1	53

3-7 续表 1

地区	纺织、服装及日用品专门零售		文化、体育用品及器材专门零售		医药及医疗器材专门零售	
	法人单位数（个）	年末从业人数（人）	法人单位数（个）	年末从业人数（人）	法人单位数（个）	年末从业人数（人）
全国	**1249**	**307034**	**903**	**144759**	**1531**	**304482**
北京	124	38379	73	14020	68	11098
天津	28	5273	13	2902	13	2877
河北	38	7848	17	3602	43	7434
山西	53	9189	19	2871	30	5543
内蒙古	25	7451	13	1409	27	3168
辽宁	54	7314	28	4768	60	16798
吉林	31	4260	17	1957	15	3551
黑龙江	24	7271	14	4098	42	9900
上海	97	38765	45	12791	55	14083
江苏	57	8822	90	10968	145	24705
浙江	72	20146	65	7608	110	16752
安徽	32	5822	25	2960	62	10907
福建	44	12669	16	1803	44	5923
江西	11	2515	5	3799	31	6676
山东	88	12690	93	10936	142	25966
河南	91	11702	112	11924	127	19509
湖北	55	15028	32	4640	71	10952
湖南	28	6881	30	2534	56	14151
广东	129	47769	71	19113	102	27789
广西	9	1481	21	2007	38	8281
海南	5	1126	5	346	3	1216
重庆	31	6261	14	4462	52	8631
四川	36	8878	11	1138	42	6846
贵州	13	1832	5	648	23	4404
云南	8	1777	25	4487	34	16365
西藏			1	80		
陕西	38	9929	20	3632	32	8793
甘肃	7	1119	7	788	24	5104
青海	3	1189	1	166	6	1168
宁夏	4	784	1	199	13	1790
新疆	14	2864	14	2103	21	4102

3-7 续表 2

地区	汽车、摩托车、燃料及零配件专门零售		家用电器及电子产品专门零售	
	法人单位数(个)	年末从业人数(人)	法人单位数(个)	年末从业人数(人)
全 国	**7084**	**881259**	**1677**	**354404**
北 京	355	50240	77	25397
天 津	126	23189	23	5734
河 北	264	26269	69	11018
山 西	214	33927	40	5437
内蒙古	167	29322	32	5242
辽 宁	200	26681	43	12345
吉 林	102	15448	27	4342
黑龙江	77	7899	38	7939
上 海	270	27071	27	15576
江 苏	649	66499	124	40593
浙 江	675	73706	119	21602
安 徽	194	22673	56	7499
福 建	271	31993	67	13165
江 西	92	9022	52	6717
山 东	623	61870	185	27118
河 南	343	38150	100	16452
湖 北	233	29730	68	13273
湖 南	220	33326	61	7887
广 东	807	117484	164	56087
广 西	154	14589	52	5673
海 南	55	7369	17	2910
重 庆	149	18432	46	9591
四 川	244	37434	78	10909
贵 州	81	13664	17	2820
云 南	157	20830	26	4065
西 藏	12	1910	2	192
陕 西	146	17911	32	8009
甘 肃	62	9083	10	1713
青 海	17	1635	3	444
宁 夏	47	4793	10	1608
新 疆	78	9110	12	3047

3-7 续表 3

地　区	五金、家具及室内装修材料专门零售		无店铺及其他零售	
	法人单位数（个）	年末从业人数（人）	法人单位数（个）	年末从业人数（人）
全　国	**547**	**88631**	**437**	**74517**
北　京	45	7886	55	13440
天　津	9	1638	11	1030
河　北	12	1136	9	1319
山　西	15	2297	22	3920
内 蒙 古	11	5689	7	887
辽　宁	14	1562	9	900
吉　林	1	124	4	295
黑 龙 江	5	653	2	60
上　海	28	5558	20	5439
江　苏	43	4494	29	5291
浙　江	12	1050	14	1797
安　徽	21	4149	6	847
福　建	21	2664	24	3362
江　西	9	959	1	304
山　东	101	19691	52	6472
河　南	47	4170	17	2368
湖　北	27	3373	11	3011
湖　南	11	1651	17	3805
广　东	35	4975	75	11110
广　西			11	1656
海　南	5	327	3	240
重　庆	29	4680	10	2397
四　川	14	2110	9	2237
贵　州			3	177
云　南	8	1092	5	604
西　藏				
陕　西	20	3201	3	722
甘　肃	2	156	3	257
青　海			2	186
宁　夏	1	89	2	300
新　疆	1	3257	1	84

3-8 大中型零售业企业分行业商品购、销、存情况

综合零售　　　　单位：万元

地区	商品购进额	进口	商品销售额	出口	期末商品库存额
全国	**148715374**	**1172669**	**181077331**	**68084**	**16675619**
北京	13451733	173713	15796953		1374037
天津	2898643		3397188		278600
河北	5838884	6	6850398		569101
山西	1633064	956	1773907		170779
内蒙古	1270309	880	1515772		113783
辽宁	5566946	111009	8465602	6596	1016852
吉林	1612528		4095237		287318
黑龙江	2077629	1842	3691187		163248
上海	12701303	452535	15540596		1211873
江苏	14326963	232	19759748	10948	1590281
浙江	8775871	2260	10415898	48193	994386
安徽	5130974	262	5761288		792686
福建	3606478	208	4275647	1202	347647
江西	1570236	32206	1846179		141146
山东	18184134	29151	19819028		1778406
河南	4561908	9172	5258034	842	631542
湖北	8796208		9927983		1181623
湖南	4381472	3	4700828		522686
广东	13535090	336310	14937094		1238809
广西	1827254	1362	2224956	44	182625
海南	418905	1934	433120		57637
重庆	3746013		4321350		273943
四川	4145828	2296	6307753		731589
贵州	707018	114	730932		78738
云南	1580766		1988786	258	198313
西藏	65199		37358		34235
陕西	3689760	1591	4081601		402123
甘肃	765060		976190		112519
青海	240585		295875		17704
宁夏	721443	1942	663142		108165
新疆	887170	12685	1187702		73226

3-8 续表 1

食品、饮料及烟草制品专门零售 单位：万元

地区	商品购进额	进口	商品销售额	出口	期末商品库存额
全国	**10502475**	**102076**	**12321459**	**11715**	**1311794**
北京	373327	72	542099		85783
天津	102256		140710		8876
河北	28432		28946		10992
山西	104044		138419		15099
内蒙古	61518		65214		3300
辽宁	78013	60	119522		14859
吉林	206044		192808		33981
黑龙江	6333		9291		1769
上海	2834680	722	3433869		140085
江苏	541150	909	698942		64515
浙江	326838		432054		45337
安徽	222561		245609		12309
福建	654785		645886	90	104277
江西	106365		118837		5609
山东	888441		1042182	8280	46396
河南	352087		383591		35519
湖北	1140045	12	1339260	620	91551
湖南	159179		192074		30557
广东	404946	98807	585749		83230
广西	37256	1493	55218		5062
海南	12590	2	13948		3932
重庆	1239402		1050575		261364
四川	148468		170225		20939
贵州	12462		12247		3586
云南	225020		248945	96	95132
西藏	30037		59268		7501
陕西	97211		220642		56620
甘肃	85373		110478	2125	17602
青海					
宁夏	18674		17306	504	3965
新疆	4939		7546		2048

3-8 续表 2

纺织、服装及日用品专门零售　　单位：万元

地　区	商品购进额	进　口	商品销售额	出　口	期末商品库存额
全　国	**15563417**	**865580**	**20089317**	**13668**	**3600006**
北　京	1586712	137306	2543588	51	482000
天　津	128162	2638	188890		66872
河　北	229448	4144	300439		41154
山　西	364523		483947		65065
内蒙古	267194		355653		13248
辽　宁	576141	12500	683378		110833
吉　林	216251		371464		17009
黑龙江	162020		185384		32168
上　海	2679000	497139	4232651	9081	869145
江　苏	543575	19675	694777		71662
浙　江	1302605	51409	1345701	1047	397853
安　徽	197692	280	234681		62101
福　建	345453		367334		66996
江　西	76339		74191		29305
山　东	642969	18799	788273	884	76121
河　南	477471	3783	510365	2093	63961
湖　北	532238		564632		138724
湖　南	291466	100	342855	90	61702
广　东	2137559	42018	2809534	421	558153
广　西	67124		68628		20701
海　南	92935	74131	117564		27812
重　庆	427874		453944		53132
四　川	482877	1658	534635		88756
贵　州	225581		234586		19008
云　南	138749		143724		43223
西　藏					
陕　西	1096534		1142924		95288
甘　肃	16886		22679		4482
青　海	21610		23036		3296
宁　夏	13257		17091		6488
新　疆	223174		252770		13751

3-8 续表 3

文化、体育用品及器材专门零售　　　　单位：万元

地　区	商品购进额	进　口	商品销售额	出　口	期末商品库存额
全　国	**11130425**	**761081**	**12032805**	**14734**	**3246810**
北　京	1500920	213454	1615572	5104	484195
天　津	129046		131037		53795
河　北	143816		161956		36071
山　西	226381		226436		57390
内蒙古	53833		50628		16501
辽　宁	179588		212839		54173
吉　林	67457		72532		20429
黑龙江	99766		186892		67925
上　海	1795408	536750	2254893	1863	704875
江　苏	770881	9160	834325		269431
浙　江	760721	1596	720664		238643
安　徽	216262		231486		35238
福　建	462580	116	476012		73917
江　西	485841		496305		34629
山　东	898433		883147	7755	167672
河　南	304159		318200		56440
湖　北	268989		284059		61602
湖　南	177694		179626		32419
广　东	637272	6	738760	12	211058
广　西	91464		90512		26205
海　南	9605		13087		3423
重　庆	426749		425045		44358
四　川	593659		563467		210026
贵　州	20924		22441		7506
云　南	385443		395009		139793
西　藏	8954		9918		4251
陕　西	221089		243178		71689
甘　肃	30931		28951		6794
青　海	1811		2133		322
宁　夏	9819		9278		3024
新　疆	150932		154419		53019

3-8 续表 4

医药及医疗器材专门零售　　　　单位：万元

地　区	商品购进额	进　口	商品销售额	出　口	期末商品库存额
全　国	**21113287**	**119594**	**23348270**	**670**	**2607705**
北　京	2317425	72877	2497845		246874
天　津	321354		334174		25247
河　北	302555		336943		58036
山　西	347192		379472		51237
内蒙古	92959		96871		18864
辽　宁	573854	1100	643537		74011
吉　林	86838		114462		22341
黑龙江	823130		920113		121106
上　海	640722	20873	702727		154869
江　苏	3483702	1261	3860597	84	309152
浙　江	1442937	5	1536994		205848
安　徽	1305747	56	1384777		88198
福　建	438296	238	482715		39645
江　西	445181		468398		47023
山　东	1745912	3	2019638		208937
河　南	637962	583	675395		84256
湖　北	821736	785	991317		77255
湖　南	1055538	2922	1178710		111842
广　东	1179784	7890	1349907		177975
广　西	812101	385	875945		90153
海　南	31888		29838		6124
重　庆	393260		509544		37431
四　川	189581		241473	586	37659
贵　州	107071	475	114071		27406
云　南	314712		358289		40110
西　藏					
陕　西	212093		222596		34322
甘　肃	112620		106954		33969
青　海	25579		40245		7279
宁　夏	200207	9807	218940		23568
新　疆	651351	333	655786		146969

3-8 续表 5

汽车、摩托车、燃料及零配件专门零售　　　　单位：万元

地　区	商品购进额	进　口	商品销售额	出　口	期末商品库存额
全　国	**239660984**	**12243732**	**272232009**	**57061**	**20724813**
北　京	19197353	184353	20092759		1503763
天　津	8655026	122269	9089301	5161	487106
河　北	5414976	63247	5587168		596842
山　西	7076473	166084	9976563		626871
内蒙古	8044152	153125	9330787		1008146
辽　宁	9391848	692737	10202035		816644
吉　林	4209471	107320	4805285		296524
黑龙江	2996508	21774	3044239		426207
上　海	8771214	1155805	8872876	2704	869914
江　苏	17502187	1227590	19351407		1582080
浙　江	24884625	2083825	27166217	14302	2141888
安　徽	5416776	141467	6195805		442288
福　建	7883797	334968	8537700		742768
江　西	1946858	127437	2492550		172988
山　东	14739297	394651	16252523	523	1184288
河　南	8877672	308783	9718177	36	763809
湖　北	6778463	216176	7909153		468224
湖　南	7099276	309968	11807916		465155
广　东	27581124	2435178	32776340	34336	2472049
广　西	2829945	198743	2929267		315070
海　南	2744590	34972	2943983		184215
重　庆	4704058	323922	5173733		441140
四　川	10789431	678501	13926315		913197
贵　州	3439572	150715	4297661		326427
云　南	6292468	185806	6339668		466057
西　藏	331437		438198		16152
陕　西	5397150	239795	5937094		443086
甘　肃	2811999	60937	2924366		212312
青　海	359984	9298	429842		21403
宁　夏	833893	11776	885605		111804
新　疆	2659364	102509	2797477		206399

3-8 续表 6

家用电器及电子产品专门零售　　　　　　单位：万元

地　区	商品购进额	进　口	商品销售额	出　口	期末商品库存额
全　国	**40803511**	**309689**	**44574618**	**16157**	**3799874**
北　京	5694879	8869	5879645	108	452827
天　津	879331		877804		58446
河　北	758806		822210		115693
山　西	353007		504316		56511
内蒙古	464093		596033		56759
辽　宁	1050565		1173716		78582
吉　林	396356		415455		27279
黑龙江	768417		826275		88874
上　海	2949259		3011087		245782
江　苏	4805710		5303177		336972
浙　江	2611183	24205	2733915		234709
安　徽	935687		1109129		110384
福　建	1493948		1545789		133770
江　西	415160		536012		51219
山　东	2901260		3222853		240981
河　南	1228851	1050	1266541	550	126132
湖　北	1536087		1675730		124419
湖　南	669531		809396		39972
广　东	4493564	9923	4999193	4215	580285
广　西	457041		496521		55344
海　南	195958		233469		26108
重　庆	1041198		1333183		98817
四　川	1763422		2047062		186688
贵　州	259074		287360		21287
云　南	738654	265643	641031	4934	139990
西　藏	16649		15465		2504
陕　西	1277983		1429544	6351	63021
甘　肃	81443		165508		8409
青　海	11470		40786		1084
宁　夏	199182		207239		17861
新　疆	355744		369175		19169

3-8 续表 7

五金、家具及室内装修材料专门零售　　单位：万元

地　区	商品购进额	进　口	商品销售额	出　口	期末商品库存额
全　国	**7652162**	**66317**	**9478043**	**1106**	**638877**
北　京	828191	23986	1050095		86794
天　津	89502		115074		7092
河　北	39155		38356		6544
山　西	196947		201567		10563
内蒙古	136250		198323		8929
辽　宁	80772		120077		16943
吉　林	1173		1124		50
黑龙江	52026		50883		10499
上　海	354144	3154	517023	77	47424
江　苏	572951		716209		33108
浙　江	40431		68923		10658
安　徽	223623		311459		15423
福　建	478299		580587		42075
江　西	121491		147240		4438
山　东	961820		1109781	880	136087
河　南	193953	400	273488	150	17530
湖　北	331790		407737		25757
湖　南	94121		124603		10943
广　东	277908	7577	378627		53127
广　西					
海　南	8462		8556		2177
重　庆	1557462		1653713		43805
四　川	95486		200496		11170
贵　州					
云　南	102876		127071		10219
西　藏					
陕　西	745141	31200	893152		19652
甘　肃	3013		7872		650
青　海					
宁　夏	3230		3263		123
新　疆	61946		172748		7102

3-8 续表 8

无店铺及其他零售　　　　单位：万元

地　区	商品购进额	进　口	商品销售额	出　口	期末商品库存额
全　国	**8094441**	**229654**	**9712415**	**1772**	**651459**
北　京	2122511	35903	2346025	444	199225
天　津	27143	3169	68956	373	5528
河　北	45636		53750		3900
山　西	154300		212070		38847
内蒙古	71939		130576		3594
辽　宁	138910		152364		2834
吉　林	38528		34024		4689
黑龙江	2605		2841		1063
上　海	1080833	6407	1024427	4	108447
江　苏	683772		640796		41255
浙　江	391961		413920		6445
安　徽	52048		66410		1163
福　建	335384	5303	353153		39222
江　西	28764		24429		4888
山　东	664052		843971	952	41914
河　南	91517		98929		6356
湖　北	285824		1034737		16254
湖　南	336483		470250		7955
广　东	923042	175774	1040006		43466
广　西	188534		221847		23723
海　南	9922		13508		1503
重　庆	52663		63466		3925
四　川	232534		255531		28412
贵　州	6753	3097	6791		503
云　南	34671		36447		1583
西　藏					
陕　西	41078		49250		659
甘　肃	24019		24762		4062
青　海	20240		17529		9097
宁　夏	5801		7617		947
新　疆	2975		4037		

3-9 大中型零售业企业分行业年末资产负债

综合零售　　　　单位：万元

地　区	流动资产合计	固定资产原价	累计折旧	资产总计	负债合计	所有者权益合计
全　国	**60795193**	**28008005**	**8855859**	**100182990**	**73874564**	**26314455**
北　京	6135401	1922555	724661	9608412	6368096	3240316
天　津	1450006	721232	234617	2314055	1911002	403052
河　北	1874581	1094995	308181	3215150	2635869	579281
山　西	885662	353389	104910	1286315	1115750	170564
内蒙古	693996	201566	55462	1000698	765979	234719
辽　宁	2779080	1743811	512046	5518817	4048121	1470696
吉　林	965956	816469	169558	2080248	1598332	481916
黑龙江	952956	761012	259006	1725146	1276442	448703
上　海	4542387	2502304	960605	8171611	6186882	1984729
江　苏	6398329	3150718	1016082	10706055	8017717	2688338
浙　江	5042019	1811963	539730	7443565	5853715	1589849
安　徽	1801775	870947	263023	2902858	2101844	801014
福　建	1360371	468203	136587	2402790	1480831	921960
江　西	561418	338826	86550	947651	667447	280204
山　东	6075463	2920861	844261	10014288	7594288	2419999
河　南	1167832	659863	190473	2401389	1935426	465963
湖　北	2537937	1642320	482629	4637607	3381022	1256585
湖　南	1876448	1014556	292133	3187974	2273748	914226
广　东	6082726	1588824	591366	8269654	5967894	2307751
广　西	671784	283229	99168	1092537	756535	336002
海　南	199199	124281	35761	317447	263975	53472
重　庆	1316394	588969	226250	2067837	1418634	649203
四　川	1874154	769383	206247	2990314	2154538	835776
贵　州	243294	134532	31293	399332	327216	72155
云　南	818479	316207	91960	1217533	824050	393483
西　藏	14842	3190	1009	18573	13196	5377
陕　西	1353666	629815	195964	2303976	1600474	703502
甘　肃	416532	232519	84245	690583	487126	203457
青　海	94016	53649	20308	159144	106578	52566
宁　夏	202190	98126	24112	356696	209214	147481
新　疆	406304	189697	67664	734740	532624	202116

3-9 续表 1

食品、饮料及烟草制品专门零售　　　　单位：万元

地　区	流动资产合计	固定资产原价	累计折旧	资产总计	负债合计	所有者权益合计
全　国	**3778870**	**1179351**	**342956**	**5526625**	**3510280**	**2016345**
北　京	294004	111044	36705	422818	206635	216184
天　津	40134	23629	7732	82759	29415	53344
河　北	30521	3530	1165	36774	30515	6259
山　西	38942	30440	11154	77012	68031	8981
内蒙古	20087	14961	5325	56074	18761	37313
辽　宁	35015	21764	6198	58582	36023	22559
吉　林	54647	18192	4909	90475	42021	48454
黑龙江	3205	8112	2396	9995	5691	4304
上　海	879823	81901	33969	973054	880877	92177
江　苏	209350	77752	22334	302181	167704	134477
浙　江	171112	51559	17310	240431	132072	108359
安　徽	65457	19126	7301	86837	64549	22287
福　建	197528	51730	11980	272506	131678	140828
江　西	40901	18422	3834	70222	20751	49471
山　东	236357	149655	31832	404766	276110	128655
河　南	69342	43591	14650	126752	85363	41389
湖　北	266934	72357	14840	365339	203670	161669
湖　南	110747	26013	3329	167435	99067	68369
广　东	354485	50969	18974	495046	198508	296538
广　西	17283	2516	1394	20690	16812	3878
海　南	7010	3448	229	10238	8819	1420
重　庆	148640	81714	25401	255557	102633	152924
四　川	78671	18656	7874	251448	221785	29664
贵　州	6051	1909	842	7637	6260	1378
云　南	102506	50545	17305	164809	80543	84266
西　藏	13461	5549	2270	19262	12026	7236
陕　西	231484	125398	27886	365652	292174	73478
甘　肃	41175	10286	2333	69427	54540	14886
青　海						
宁　夏	10819	3427	1186	16528	12065	4463
新　疆	3180	1160	299	6321	5182	1140

3-9 续表 2

纺织、服装及日用品专门零售　　单位：万元

地　区	流动资产合计	固定资产原价	累计折旧	资产总计	负债合计	所有者权益合计
全　国	**8434737**	**1923559**	**602489**	**11454713**	**8453143**	**3001570**
北　京	982941	169538	54706	1281699	1129217	152482
天　津	120135	38675	11745	165296	110499	54797
河　北	116624	97907	26785	247547	194333	53214
山　西	203166	80086	21127	318593	289478	29115
内蒙古	86971	39904	24731	146652	132583	14070
辽　宁	200947	66903	20857	325068	245496	79572
吉　林	94638	110051	23339	238179	213203	24976
黑龙江	40439	62600	14521	97047	57249	39798
上　海	1942104	399624	166167	2459126	1809923	649203
江　苏	240749	83240	16294	385238	272513	112725
浙　江	934067	186101	34530	1245329	887260	358069
安　徽	160164	53582	16305	270180	86202	183978
福　建	189685	11288	4185	208789	156273	52516
江　西	32880	4675	1544	47976	32566	15410
山　东	156680	51383	14162	222101	168572	53529
河　南	110036	27416	9965	153798	144950	8848
湖　北	360544	34664	10448	414594	360404	54190
湖　南	73934	35437	4066	117921	77249	40672
广　东	1536415	104377	39670	1845483	1175667	669816
广　西	30276	2725	1586	34615	35424	-809
海　南	73252	4387	1033	84939	41343	43596
重　庆	98711	19208	7716	136356	111748	24608
四　川	158214	33468	10852	226298	155038	71260
贵　州	144519	36368	9605	191170	163512	27658
云　南	108774	4201	1753	117396	74652	42744
西　藏						
陕　西	124776	110517	40197	282646	166741	115905
甘　肃	16125	3805	452	22440	13274	9166
青　海	5414	12101	3633	23752	16231	7520
宁　夏	12101	1843	484	14160	10204	3957
新　疆	79455	37485	10036	130328	121344	8984

3-9 续表 3

文化、体育用品及器材专门零售　　　　单位：万元

地　区	流动资产合计	固定资产原价	累计折旧	资产总计	负债合计	所有者权益合计
全　国	**6157528**	**2329551**	**810781**	**9162766**	**5449227**	**3713540**
北　京	956796	162327	60814	1284419	858223	426195
天　津	102404	30696	9059	128790	84472	44319
河　北	151103	65637	19291	250372	129569	120803
山　西	88424	35809	12698	143503	82814	60689
内蒙古	56454	12010	3815	72981	57522	15458
辽　宁	106163	60296	20591	174601	135295	39306
吉　林	35109	22186	7617	55139	37532	17607
黑龙江	115067	24607	9150	135349	64974	70376
上　海	1082771	264363	95817	1364476	935084	429392
江　苏	492928	159803	73130	652762	451826	200936
浙　江	439153	211758	46900	737026	456098	280928
安　徽	87612	46503	17690	139802	45623	94179
福　建	227497	99660	44846	341301	133691	207609
江　西	180838	76565	13589	369479	80826	288653
山　东	323312	138733	49191	484653	307846	176808
河　南	141396	92377	29290	255031	122879	132152
湖　北	108350	112800	21415	280965	146862	134103
湖　南	83132	42702	15479	139720	62323	77397
广　东	476762	263309	117370	743826	454849	288977
广　西	40246	49838	15454	100863	58043	42821
海　南	19793	12563	2758	36556	39703	-3147
重　庆	273171	66243	24772	425077	242058	183019
四　川	62764	10881	3726	73468	61593	11875
贵　州	21562	5968	2680	35819	24162	11657
云　南	237171	132571	54059	360225	171173	189052
西　藏	3328	3260	931	5845	3337	2508
陕　西	127588	44825	12192	168903	105540	63363
甘　肃	20465	17378	5092	33005	21023	11982
青　海	3502	3664	2635	5185	4004	1181
宁　夏	4252	6636	1541	10232	5435	4798
新　疆	88419	53585	17193	153396	64851	88546

3-9 续表 4

医药及医疗器材专门零售　　单位：万元

地　区	流动资产合计	固定资产原价	累计折旧	资产总计	负债合计	所有者权益合计
全　国	**9440641**	**1202723**	**418113**	**11814186**	**8932515**	**2881671**
北　京	1223909	108462	32697	1766979	1297166	469813
天　津	135113	6520	3007	140232	125181	15052
河　北	137054	18512	6765	187121	146821	40300
山　西	146132	14087	6284	170058	141217	28841
内蒙古	48122	9113	3212	57003	43150	13852
辽　宁	227822	37288	16422	276892	224645	52247
吉　林	70857	15536	5172	92422	50921	41501
黑龙江	299554	66024	16810	357313	296662	60651
上　海	206476	57214	26630	289834	161246	128587
江　苏	1364943	136077	49267	1561226	1262598	298628
浙　江	580707	75029	30598	661037	526193	134844
安　徽	502404	62046	18271	580228	481799	98429
福　建	151940	31145	9645	203021	140295	62727
江　西	178110	42598	11432	229339	193126	36213
山　东	891652	159042	54039	1116875	852980	263895
河　南	201686	45829	11876	410165	177257	232908
湖　北	521835	50286	17822	638432	501818	136614
湖　南	505673	43477	12765	610402	472597	137805
广　东	546683	53036	22391	639090	500953	138137
广　西	391199	24011	10583	448712	356642	92070
海　南	9250	704	241	14547	9004	5543
重　庆	130596	32769	12487	164046	116972	47075
四　川	84415	20188	6721	122838	96622	26216
贵　州	67122	6531	2903	76352	65356	10997
云　南	185942	17895	9444	251278	152580	98698
西　藏						
陕　西	100229	14592	4861	119141	103387	15755
甘　肃	46511	11300	3352	64463	54447	10016
青　海	26761	2659	1094	36295	22194	14101
宁　夏	88334	14159	3286	109540	86931	22609
新　疆	369611	26596	8040	419305	271755	147549

3-9 续表 5

汽车、摩托车、燃料及零配件专门零售　　　　单位：万元

地　区	流动资产合计	固定资产原价	累计折旧	资产总计	负债合计	所有者权益合计
全　国	**60592405**	**16149681**	**4913279**	**88225744**	**63336633**	**24912591**
北　京	4806570	1256349	462196	6225600	4534517	1691084
天　津	1450331	551766	191604	2372674	1510291	862383
河　北	1647078	319294	93066	2120088	1695073	425015
山　西	2081171	591359	188673	2978574	2217293	784761
内蒙古	1993892	596664	156624	3027837	2463440	564397
辽　宁	2292192	610655	170883	3248084	2231229	1016855
吉　林	823377	334895	116358	1203531	1031192	172339
黑龙江	655380	132329	43392	1063346	865246	198100
上　海	2209015	315975	110669	2760366	2032933	727433
江　苏	4498332	1056081	289141	6228919	4840602	1388318
浙　江	6165741	1188984	363779	8023282	6395293	1627989
安　徽	1721931	417319	120008	2382691	1737167	645525
福　建	2199335	629639	166845	3412765	2117472	1295293
江　西	516252	132549	38525	753568	531987	221581
山　东	4469311	986865	299206	6209413	4984861	1224552
河　南	2212156	439452	133853	2866938	2227194	639744
湖　北	1390346	590343	176733	2153070	1606408	546662
湖　南	1649456	937170	268749	3263566	1990456	1273110
广　东	7706544	2133620	658190	12281314	7038042	5243271
广　西	882382	141659	43326	1164453	839550	324903
海　南	413481	242891	94063	663534	381939	281595
重　庆	1278735	261721	63464	1764658	1279743	484915
四　川	2504487	885635	260791	4206312	2787944	1418368
贵　州	630683	299063	91052	1471069	1125137	345932
云　南	1750679	393103	108599	2764593	2022781	741812
西　藏	38572	65384	23123	105109	46584	58525
陕　西	1303368	232747	56252	1745805	1289621	456184
甘　肃	405818	130483	43325	519873	399677	120196
青　海	77546	32628	9857	127201	91117	36085
宁　夏	309361	57276	16197	382826	311098	71729
新　疆	508885	185787	54739	734685	710748	23938

3-9 续表 6

家用电器及电子产品专门零售　　单位：万元

地　区	流动资产合计	固定资产原价	累计折旧	资产总计	负债合计	所有者权益合计
全　国	**17172382**	**2064373**	**490757**	**21924614**	**16606274**	**5318340**
北　京	3619201	82247	22230	3962958	3407529	555429
天　津	304352	40071	27671	348210	268550	79660
河　北	265952	31639	6807	324906	254195	70711
山　西	192799	33074	4705	236369	196414	39955
内蒙古	205108	33539	4608	249661	183712	65949
辽　宁	487610	72627	8454	650634	509019	141616
吉　林	137990	36624	7085	188309	145560	42749
黑龙江	251879	53005	8917	319575	258800	60776
上　海	1508219	107605	15565	1762392	1280431	481961
江　苏	1885771	415117	80649	3409475	2264100	1145375
浙　江	991380	137868	39658	1220842	963414	257429
安　徽	346639	21880	6193	427953	334600	93353
福　建	556646	45971	8174	696367	565111	131256
江　西	189447	21392	4892	228741	165448	63293
山　东	921800	259890	82959	1205594	939906	265688
河　南	398815	36903	10455	486065	392047	94018
湖　北	535131	197009	37444	838972	590569	248403
湖　南	140843	39549	7708	329249	144651	184598
广　东	2117920	102420	37678	2374579	1906676	467903
广　西	211058	10137	3091	241124	196025	45099
海　南	71319	12354	1928	84857	67675	17183
重　庆	306221	62909	12308	400865	263061	137805
四　川	577506	72270	14507	707846	498366	209480
贵　州	101306	3901	1371	111000	80119	30881
云　南	199494	33367	3335	244143	177702	66441
西　藏	4776	114	47	4918	3416	1502
陕　西	336444	85490	24962	456024	221892	234133
甘　肃	80342	2782	1061	161480	139419	22062
青　海	10781	2963	2698	16067	11729	4338
宁　夏	121294	5012	1881	130133	111394	18740
新　疆	94340	4647	1716	105305	64747	40558

3-9 续表 7

五金、家具及室内装修材料专门零售　　　　单位：万元

地　区	流动资产合计	固定资产原价	累计折旧	资产总计	负债合计	所有者权益合计
全　国	**2627350**	**1487440**	**395796**	**4426088**	**2931085**	**1765045**
北　京	445528	148431	56389	601773	479676	122096
天　津	48098	13271	8202	77391	69519	7872
河　北	29948	16009	4226	45341	31311	14030
山　西	70066	17048	5542	107822	38592	69230
内蒙古	120009	43674	14233	157688	38881	118806
辽　宁	29704	93973	11518	138323	129901	8423
吉　林	254			382	202	180
黑龙江	6145	9361	2801	13297	7213	6084
上　海	157870	261543	67536	465489	329913	135577
江　苏	212251	140645	35767	397852	257215	140637
浙　江	37708	27402	9352	62648	33755	28893
安　徽	82762	84503	32527	143602	100505	313138
福　建	134221	34755	6543	200742	147707	53035
江　西	16750	10958	1804	34315	21721	12594
山　东	392290	181695	26517	646363	357369	288994
河　南	63413	33265	6997	107315	66330	40985
湖　北	136969	45470	12198	182684	148659	34025
湖　南	31380	17890	1765	51160	34054	17106
广　东	159680	80002	31107	239040	200143	38897
广　西						
海　南	4890	217	74	5071	3931	1140
重　庆	138177	92175	24314	242349	146531	95818
四　川	26589	27651	10259	61244	58110	3134
贵　州						
云　南	14940	11058	4190	23039	8555	14484
西　藏						
陕　西	102310	53555	18568	183067	112084	70983
甘　肃	10363	7037	1336	17868	14296	3571
青　海						
宁　夏	2597	1780	706	3883	3872	11
新　疆	152436	34072	1328	216343	91042	125301

3-9 续表 8

无店铺及其他零售　　单位：万元

地　区	流动资产合计	固定资产原价	累计折旧	资产总计	负债合计	所有者权益合计
全　国	**3183211**	**1158432**	**334033**	**4745124**	**3574030**	**1171094**
北　京	937165	91464	33040	1123827	1040454	83373
天　津	30845	9071	3318	41976	15321	26655
河　北	22675	27414	8911	42289	23544	18744
山　西	191836	108803	20680	303624	235093	68531
内蒙古	28816	7394	2915	69000	49968	19032
辽　宁	17516	59339	36288	42025	15446	26578
吉　林	9925	3306	938	13306	4114	9192
黑龙江	3495	823	259	4059	3017	1042
上　海	267352	128506	34665	435519	379214	56304
江　苏	302162	69172	13362	419613	324341	95272
浙　江	55518	36089	13689	109122	78003	31119
安　徽	15042	4158	1607	28576	15695	12881
福　建	140976	129396	27190	309078	132352	176726
江　西	14225	112	16	17863	9897	7967
山　东	314244	105759	25099	476460	363364	113096
河　南	61334	45407	9186	120011	100342	19669
湖　北	34632	74093	13445	137976	109853	28123
湖　南	101415	23990	10293	138023	61602	76421
广　东	277791	134299	41921	440534	327648	112887
广　西	104190	22769	7876	135558	86838	48720
海　南	7151	1111	549	11217	4164	7053
重　庆	45462	8650	3548	54129	24821	29308
四　川	118789	25031	10631	142500	92205	50295
贵　州	1702	605	300	2193	1317	877
云　南	23170	10829	3292	39525	27827	11698
西　藏						
陕　西	18504	3433	1431	20661	13894	6766
甘　肃	14999	7055	1492	20990	13780	7211
青　海	13256	5938	1924	25931	11455	14476
宁　夏	2929	5661	2907	7492	3357	4135
新　疆	6097	8757	3261	12048	5104	6944

3-10 大中型零售业企业分行业实收资本及构成

综合零售　　　　　　　　　　　　　　　　　　　　单位：万元

地　区	实收资本						
		国家资本	集体资本	法人资本	个人资本	港澳台资本	外商资本
全　国	**14373929**	**1072633**	**706318**	**5223081**	**2875447**	**1850788**	**2645663**
北　京	1442162	83615	32786	682566	159917	116275	367003
天　津	392566	14429	3534	198837	70837	78786	26143
河　北	396592	26306	56140	158425	150021		5701
山　西	144030	5042	7695	66591	62952		1750
内蒙古	127770	1445	4910	92930	28484		
辽　宁	854602	46818	20028	287250	135432	308862	56212
吉　林	189345	22592	18283	66902	71707	2022	7838
黑龙江	283195	15454	7344	142404	86224	22445	9322
上　海	1459891	173877	6101	399828	88922	217733	573430
江　苏	1423343	26047	43784	421845	403531	204852	323284
浙　江	906942	23783	48264	341220	212764	97506	183405
安　徽	468708	84040	25898	143434	106323	76552	32462
福　建	452430	17695	3231	271446	85851	38649	35559
江　西	170367	2100	38568	73965	46705	2359	6670
山　东	1081395	58333	134077	457829	221534	27143	182480
河　南	360561	11612	41380	98814	143119	44147	21487
湖　北	565888	54997	73141	154296	171347	52483	59625
湖　南	419098	46936	33527	116148	109120	44397	68969
广　东	1348592	185681	19771	263379	123898	394101	361763
广　西	139965	13583	9769	67717	44125	4772	
海　南	52107			23076	8840	1776	18415
重　庆	302268	22148	431	122524	29615	6086	121464
四　川	454390	50374	5010	100835	123266	83898	91008
贵　州	49751	4226		22537	14572	1220	7197
云　南	191022	1187	15170	97199	40042	4000	33425
西　藏	4191	600		1526	2065		
陕　西	395761	42705	10782	206392	81737	14314	39831
甘　肃	135352	120	33514	65007	33300	1411	2000
青　海	11766		4818	3160	3788		
宁　夏	58572	4617	204	50935	2815		
新　疆	91308	32270	8159	24063	12596	5000	9221

3-10 续表 1

食品、饮料及烟草制品专门零售　　单位：万元

地区	实收资本	国家资本	集体资本	法人资本	个人资本	港澳台资本	外商资本
全国	**865098**	**145127**	**85374**	**283293**	**267727**	**71885**	**11807**
北京	97240	1621	106	57499	27288	2016	8709
天津	22844	10073	1003	2728	6282	2758	
河北	5318		118		5200		
山西	14549	9927	1698	1135	1789		
内蒙古	1719	188		1144	388		
辽宁	16023	1373	2038	7368	5245		
吉林	21905	200		8605	13100		
黑龙江	1222	845		35	342		
上海	49659	2779	922	10005	9738	24849	1367
江苏	53400	697	4476	10813	34306	3108	
浙江	42516	6561	982	24385	10082		505
安徽	13686	3549	830	4873	4335		100
福建	57362	7680	520	13546	21959	13062	596
江西	36245			35155	1090		
山东	68943	3356	3040	32646	27961	1941	
河南	14582	4987	478	6450	2667		
湖北	66520	17928	6816	13571	20608	7216	381
湖南	34446	3359	5031	13395	12661		
广东	72376	42674	520	10070	7494	11618	
广西	2584	1068		580	936		
海南	866	266			600		
重庆	81691	1514	43664	6662	29851		
四川	10182	952	320	4967	3944		
贵州	1608	648		500	460		
云南	42016	14204	2102	7420	14007	4133	150
西藏	4481	4454		27			
陕西	23168	1078	10503	6305	4096	1185	
甘肃	5988	2337	207	3260	300		
青海							
宁夏	1228	78		150	1000		
新疆	731	731					

3-10 续表 2

纺织、服装及日用品专门零售　　　　单位：万元

地　区	实收资本	国家资本	集体资本	法人资本	个人资本	港澳台资本	外商资本
全　国	**2374422**	**82826**	**32079**	**688413**	**439621**	**586730**	**544752**
北　京	313196		1605	39179	21306	65216	185889
天　津	48482	260	50	22559	3209	200	22205
河　北	37874		1885	10534	24405		1050
山　西	46576	659	207	20939	24171	600	
内蒙古	20688		5000	11060	4629		
辽　宁	93007	2191	2676	9819	34307	39373	4641
吉　林	59257		250	49465	8609	933	
黑龙江	16662	58	137	7973	7244	1250	
上　海	499384	5343		69732	29708	133204	261397
江　苏	110629	6888	5251	24240	34988	37863	1400
浙　江	244028			83617	65980	84431	10000
安　徽	73069		800	8110	8020	56109	30
福　建	37018	720		9050	19040	8208	
江　西	15182			12947	1235	1000	
山　东	36989	473	1677	15126	19674	40	
河　南	24471	1832	5068	8402	9048	120	
湖　北	52699	1024	432	18208	5066	27206	763
湖　南	31724	392	1399	16328	11305	2300	
广　东	318265	60080	388	86188	59426	65019	47165
广　西	3507	576		1400	480	1051	
海　南	33463			33463			
重　庆	17299			7416	4289	5594	
四　川	63391	630	4928	5018	16592	28250	7974
贵　州	15863			11507	2229	878	1250
云　南	31435			1700	2050	27685	
西　藏							
陕　西	97049	1700	89	90987	3283	200	790
甘　肃	3669		237	2722	710		
青　海	7350			5350	2000		
宁　夏	2801			100	2701		
新　疆	19396			5277	13919		200

3-10 续表 3

文化、体育用品及器材专门零售 单位：万元

地　区	实收资本	国家资本	集体资本	法人资本	个人资本	港澳台资本	外商资本
全　国	**1908604**	**755211**	**17473**	**481375**	**275611**	**283640**	**95295**
北　京	193694	9189	638	87801	42144	4552	49370
天　津	19904	13958	200	1800	3946		
河　北	18943	11650	500	1725	5068		
山　西	24840	842	857	5683	17459		
内蒙古	12635	226		10950	1459		
辽　宁	27046	13432	198	3442	5031		4943
吉　林	7692	3569		3641	482		
黑龙江	11233	2621	2850	5392	370		
上　海	325126	8556	1000	49707	39637	197543	28683
江　苏	68268	24557		6309	32401		5000
浙　江	84610	16750		44204	23156		500
安　徽	39577	18645	1825	18817	290		
福　建	151442	84877	570	51290	14705		
江　西	204789	189200		1250	14339		
山　东	67068	17397	210	21493	27910		58
河　南	49523	36153	100	4462	8808		
湖　北	104248	37963	25	63720	2491	25	25
湖　南	72884	62045		7638	3200		
广　东	221510	139346	314	6993	10782	59001	5074
广　西	22801	7931		13660	1210		
海　南	9188	500	3198	5188	302		
重　庆	37387	12600	1352	20405	2520	510	
四　川	7265	836	1367	3273	1789		
贵　州	13022	5832			100	7090	
云　南	50827	8167	1269	29292	10456		1643
西　藏	2066	2066					
陕　西	30787	9577	1000	2292	3000	14918	
甘　肃	4365	1029		2086	1250		
青　海	1100			1078	22		
宁　夏	4000	4000					
新　疆	20768	11699		7785	1284		

3-10 续表 4

医药及医疗器材专门零售　　　　单位：万元

地　区	实收资本	国家资本	集体资本	法人资本	个人资本	港澳台资本	外商资本
全　国	**2713780**	**274636**	**48843**	**1715739**	**598222**	**37392**	**38948**
北　京	195758	1166	45	143335	27379	333	23500
天　津	7823			6502	1321		
河　北	34896	1647	1269	14555	17424		
山　西	24407	12754	150	4063	7440		
内蒙古	9025		690	3717	4618		
辽　宁	46708	8189		23344	15169	6	
吉　林	32363		866	5984	25513		
黑龙江	1042058	20	2758	1023634	15646		
上　海	67823	12302	857	29487	24077	1100	
江　苏	172512	68832	2888	50817	49975		
浙　江	83325	23504	5377	23655	30473	316	
安　徽	72813	17418	2380	31200	21815		
福　建	42397	18704	309	8338	13471	1575	
江　西	34305	19561		11509	3235		
山　东	106857	9439	8899	33409	40351		14758
河　南	215620	18101	12064	39210	146244		
湖　北	98196	11311	3384	41978	40963	430	130
湖　南	80797	4825		39484	23404	13085	
广　东	72503	16459	4873	37365	13807		
广　西	61239	11157		13131	22352	14599	
海　南	4828			3248	1580		
重　庆	29941	10899	265	8885	9892		
四　川	14961	168	1092	5766	7935		
贵　州	9038	1750		3748	3031		510
云　南	56056	4000	415	34382	11358	5900	
西　藏							
陕　西	25290	1822	184	15744	7540		
甘　肃	11035	248	27	6043	4717		
青　海	4476			1200	3276		
宁　夏	19031	180		17030	1821		
新　疆	37701	180	50	34974	2397	50	50

3-10 续表 5

汽车、摩托车、燃料及零配件专门零售　　　　单位：万元

地　区	实收资本	国家资本	集体资本	法人资本	个人资本	港澳台资本	外商资本
全　国	**16665155**	**6137778**	**237326**	**5398314**	**3946666**	**545695**	**399377**
北　京	1709535	14425	6040	762915	813918	48164	64074
天　津	739219	202428	1810	483548	38919	5732	6782
河　北	278704	6415	3582	175107	89568		4032
山　西	434846	115584	11258	175185	132819		
内蒙古	314306	68373	6888	173906	63878		1260
辽　宁	607814	314200	8335	103695	116270	40772	24542
吉　林	164055	45148	2430	80388	29755		6333
黑龙江	158078	63708	11	48747	42312	3300	
上　海	513946	28998	32002	209355	89907	114319	39366
江　苏	979237	90951	16729	244102	530000	32822	64634
浙　江	1123668	226156	14265	405595	351472	87260	38920
安　徽	393922	163340	4992	126574	99016		
福　建	1003390	613617	620	224087	156422	8545	100
江　西	163023	44147	6042	61588	45802	993	4451
山　东	780053	121809	51383	301763	270185	27412	7501
河　南	405176	48237	6099	187759	155379	1745	5957
湖　北	339178	75885	9225	155567	89581	1456	7463
湖　南	959490	751336	5054	105055	97163	882	
广　东	2522312	1632226	14838	495440	272534	93617	13658
广　西	201715	23433	3275	133551	34061	3530	3864
海　南	219501	164833		33879	19102	1688	
重　庆	284094	58213	3680	166838	50551		4811
四　川	1018937	704380	9051	176886	84704	18915	25001
贵　州	216791	145272	656	42300	27653	660	250
云　南	510030	320511	2762	76165	79069	31123	400
西　藏	42475	34377		8098			
陕　西	297443	5164	14041	100984	96572	8200	72482
甘　肃	81337	12591	1080	44327	15340	8000	
青　海	14748	4033		5770	4945		
宁　夏	49237	300	1180	26197	20012		1548
新　疆	138898	37688		62945	29757	6560	1948

3-10 续表 6

家用电器及电子产品专门零售 单位：万元

地区	实收资本	国家资本	集体资本	法人资本	个人资本	港澳台资本	外商资本
全国	**4114008**	**37371**	**199339**	**1895264**	**1532804**	**204105**	**245125**
北京	242772		2050	137869	41402		61451
天津	29041	612		18213	7204	3012	
河北	52809	4227	50	26558	21973		
山西	23930			12061	11869		
内蒙古	36921	350	450	21068	15054		
辽宁	89552	180	3875	49498	13433		22566
吉林	23601		500	6276	16825		
黑龙江	29428	680	160	11668	14877		2043
上海	308371	3000	40936	60794	85875	85854	31913
江苏	1052767	5008	3098	752429	110451	78227	103555
浙江	186226		90	126413	59723		
安徽	63378	3603		41670	13854		4250
福建	98519	2500	1198	60495	30528		3799
江西	46094	600		25778	17494	2223	
山东	155323	5533	3521	68874	72395		5000
河南	56975	6302	1791	31550	14832		2500
湖北	121228	1779	148	99014	20120	83	83
湖南	160812	574	120447	19384	19608	800	
广东	195607	50		139905	48007	1681	5964
广西	26563		280	20590	5693		
海南	14169			10280	3889		
重庆	57686	705		46600	10381		
四川	876022	500	600	45183	829740		
贵州	14077			7680	6397		
云南	14224			7106	5118		2000
西藏	1500			1500			
陕西	87811	608	20145	18639	16193	32225	
甘肃	8925			8225	700		
青海	3860	460		1000	2400		
宁夏	10306			7186	3120		
新疆	25511	101		11761	13649		

3-10 续表 7

五金、家具及室内装修材料专门零售　　单位：万元

地区	实收资本	国家资本	集体资本	法人资本	个人资本	港澳台资本	外商资本
全国	**1041170**	**35512**	**31613**	**319293**	**337195**	**29084**	**288473**
北京	161418	1300		60814	21693	205	77405
天津	32127			10106	17021		5000
河北	7402	838	1578	2245	2741		
山西	33743		73	16050	17123		497
内蒙古	44215			2295	41920		
辽宁	50270	15		2520	3085		44650
吉林	80				80		
黑龙江	2833			1473	1360		
上海	137585	5050		55540	9439	12581	54974
江苏	100183	20087	5545	17878	30974	7222	18477
浙江	36559		5783	250	4452	937	25136
安徽	20915		2164	6077	12674		
福建	37747			17379	20112		256
江西	7677			4067	3610		
山东	90014	563	9150	42341	31823	1408	4729
河南	23041	2274	300	6614	13853		
湖北	41711	361	2560	22245	13023		3522
湖南	12498	2674		2754	7070		
广东	72237		110	15032	15295	6731	35068
广西							
海南	1139				1139		
重庆	29890	2300	114	16015	11461		
四川	17975			2200	1651		14124
贵州							
云南	7728		301	770	2523		4134
西藏							
陕西	30886	50	3637	14128	12571		500
甘肃	3300		300		3000		
青海							
宁夏	500			500			
新疆	37500				37500		

3-10 续表 8

无店铺及其他零售　　　　　　　　　　　　　　　　　　　　　　　　单位：万元

地　区	实收资本	国家资本	集体资本	法人资本	个人资本	港澳台资本	外商资本
全　国	**1251956**	**215048**	**34853**	**301875**	**176634**	**87689**	**435857**
北　京	430614	1000	19302	22315	40431	2800	344766
天　津	16027			1527	11343		3158
河　北	19008	8178	500	9820	510		
山　西	37812	6858	788	11596	11521	7050	
内蒙古	13028		65	11593	1370		
辽　宁	5088	300		1809	2978		
吉　林	1750			1000	750		
黑龙江	701			701			
上　海	47268	12168		22633	3712	1933	6822
江　苏	54522	14485	500	18636	20301		600
浙　江	33421	10521	1200	17120	2080	2500	
安　徽	9875	359		5650	3866		
福　建	138890	51112	10	30234	6991	50000	544
江　西	10204	5204		5000			
山　东	85113	22773	3310	18417	30014	4634	5966
河　南	18335	6217	723	4381	2239		4774
湖　北	35140	16905		4719	3592	9224	700
湖　南	55511	7012		34526	11652	920	1400
广　东	130985	6165	3463	52389	10634	8208	50127
广　西	11365	6953	120	2125	2166		
海　南	4600	840		1800	1960		
重　庆	17489			14729	2760		
四　川	50119	29319		2190	1610		17000
贵　州	591	103			68	420	
云　南	6086	127	4872		1087		
西　藏							
陕　西	4160	3160			1000		
甘　肃	2300	600		700	1000		
青　海	2000			1000	1000		
宁　夏	4690	4690					
新　疆	5266			5266			

3-11 大中型零售业企业分行业损益及分配

综合零售 单位：万元

地区	主营业务收入	主营业务成本	主营业务税金及附加	主营业务利润	其他业务利润	销售费用
全国	**152992004**	**130871760**	**1114436**	**21005808**	**5690540**	**13790283**
北京	13404496	11394633	90484	1919379	715923	1495607
天津	2942611	2521965	20200	400446	178850	362281
河北	5053900	4460638	39072	554190	175313	370866
山西	1628190	1426504	10125	191561	63719	129777
内蒙古	1428328	1254651	10794	162883	40746	65431
辽宁	6979044	5954712	67192	957140	226042	476880
吉林	2523529	2143318	19582	360629	87677	172288
黑龙江	2712492	2275474	26456	410562	93341	208369
上海	13371638	11205993	68226	2097419	762045	1659324
江苏	16946557	14576836	118841	2250880	576111	1315461
浙江	8792239	7607969	58150	1126120	394684	882353
安徽	4901456	4306550	28793	566113	114714	384486
福建	3728638	3136169	22651	569818	88980	445001
江西	1632174	1403825	13328	215021	34545	129330
山东	17448998	15339840	89028	2020130	329212	1008880
河南	4267831	3711020	45845	510966	151882	270738
湖北	7371793	6208215	57943	1105635	235260	665286
湖南	4519818	3789707	41623	688488	114134	389415
广东	13117323	11040348	84647	1992328	619143	1523548
广西	1901509	1591315	27744	282450	69930	189916
海南	389584	318391	4048	67145	18440	45220
重庆	3782189	3228976	29389	523824	104307	377280
四川	5494613	4704536	64623	725454	213166	487043
贵州	637148	528663	5545	102940	24160	68092
云南	1704113	1416957	10232	276924	33885	139975
西藏	36733	29961	171	6601	2542	2918
陕西	3553013	2984549	34979	533485	141582	307710
甘肃	908637	775137	8110	125390	26398	72697
青海	272702	237590	1228	33884	10886	18845
宁夏	522074	436668	5392	80014	6534	51218
新疆	1018637	860652	10000	147985	36391	74047

单位：万元

管理费用	财务费用	营业利润	利润总额	应交所得税	应付职工薪酬	应交增值税
6909965	**903350**	**5536792**	**5140466**	**1335132**	**5955874**	**3671852**
613348	53705	517419	537589	147997	619570	323178
184750	21204	35016	38935	18310	154677	86785
244894	26953	85790	93200	31601	199680	122548
75476	18049	28987	19915	5090	59309	51156
66275	16484	56383	52719	10372	51478	80132
525191	77057	131639	124174	41393	315428	155925
122116	33050	120594	91691	14462	81734	37770
168603	19203	113008	90633	29042	103917	62614
677006	31240	653619	506807	125544	382584	283973
786246	77462	686227	583185	160016	612451	393234
374308	73277	207678	246567	78489	383956	195833
199198	24602	103327	108867	29389	182727	84012
100605	27178	99798	130206	26123	149350	89123
46794	17625	37636	31548	9690	52561	46247
668546	134898	547875	497128	116877	529126	301007
206898	16722	166810	150926	32769	239419	97874
327765	44870	301671	236287	56183	319712	215621
222835	24908	195245	168264	37458	175325	107667
458689	36560	643529	656656	177260	558045	368682
78754	12637	70449	63387	13630	96774	85715
21534	8767	10064	5134	2893	12838	12414
136512	10999	102230	109615	24992	123445	69677
188631	44034	222950	208578	73557	199449	153734
31254	5610	22143	19800	3829	25689	23946
82918	9567	80379	80783	16343	70798	41283
4360	136	1729	1639	153	2647	863
161791	22415	185296	179318	28500	148120	111169
37882	7182	33599	27830	7836	34892	20625
13123	1346	11492	12593	1554	11373	7519
16165	1959	21609	23562	4773	18676	11474
67497	3651	42602	42932	9009	40123	30051

3-11 续表 1

食品、饮料及烟草制品专门零售

地　　区	主营业务收入	主营业务成本	主营业务税金及附加	主营业务利润	其他业务利润	销售费用
全　　国	**10862425**	**8988941**	**100320**	**1773164**	**132874**	**775766**
北　　京	555230	386087	3597	165546	12057	95969
天　　津	123255	84195	967	38093	1129	14185
河　　北	26276	23040	111	3125	434	1533
山　　西	142464	120300	1808	20356	1036	6645
内 蒙 古	65214	55623	193	9398	15	2985
辽　　宁	102340	87945	377	14018	779	6407
吉　　林	181800	150599	558	30643	1094	6556
黑 龙 江	8098	6174	120	1804	101	865
上　　海	2913457	2682650	6550	224257	45956	74246
江　　苏	615020	490038	3981	121001	3977	46889
浙　　江	370280	307722	1133	61425	10021	41021
安　　徽	231916	207115	1070	23731	1290	11184
福　　建	579369	481406	10871	87092	1499	38004
江　　西	102773	81187	812	20774	1348	6326
山　　东	799074	690871	5785	102418	2744	35821
河　　南	366237	320545	3673	42019	2442	16574
湖　　北	1176243	837462	39662	299119	4269	128025
湖　　南	170583	138221	1494	30868	1166	11857
广　　东	571277	406746	4468	160063	16312	59473
广　　西	55186	38865	356	15965	327	13705
海　　南	14968	13179	12	1777		651
重　　庆	904834	756459	3757	144618	19776	95761
四　　川	165932	122105	1673	42154	405	15657
贵　　州	11047	9759	13	1275		627
云　　南	236744	192762	1145	42837	2862	11772
西　　藏	50272	41949	2597	5726	212	1409
陕　　西	199665	157976	3180	38509	687	17823
甘　　肃	104682	82066	350	22266	847	12563
青　　海						
宁　　夏	10646	9080	9	1557	92	988
新　　疆	7546	6819		727		247

单位：万元

管理费用	财务费用	营业利润	利润总额	应交所得税	应付职工薪酬	应交增值税
435371	**52330**	**654997**	**624645**	**136874**	**400814**	**234127**
27484	764	53333	54120	13866	53516	28825
13885	164	13827	13966	2789	13490	8713
1241	644	161	253	15	885	542
6745	1679	6296	2254	369	3810	3315
2249	116	4083	4045	809	2203	7168
6986	398	1006	738	417	7774	2770
15960	962	7923	7374	1060	5609	706
1614	161	-734	203	11	843	242
111712	1926	80963	86460	23412	36294	22351
24088	5601	49452	46084	11525	27329	18384
17730	2118	10578	14245	4212	24677	7707
6519	1342	5974	6043	1266	9063	2774
14782	2089	33793	33336	5319	20231	19457
4149	1087	10309	10810	2146	3214	5111
25993	8703	34629	37564	7377	24170	19628
15669	2347	9866	13865	2711	13494	4279
42437	5433	127449	95003	21532	27269	27010
11132	2303	8311	7223	1329	7264	2313
31379	-715	95171	95809	20426	33033	13549
1883	135	558	615	340	6727	2873
922	110	94	94	21	636	103
18314	2583	47724	47016	6455	40475	12142
4406	404	22093	18129	3738	7109	7534
570	74	4	124	15	410	91
8363	2549	23086	20806	4166	13720	2380
3494	17	1019	1003	121	1760	3940
10273	8181	2919	3114	346	9952	8176
4425	627	5469	4309	1080	4546	2123
696	309	-344	55		1166	-79
274	219	-13	-13		148	

3-11 续表 2

纺织、服装及日用品专门零售

地区	主营业务收入	主营业务成本	主营业务税金及附加	主营业务利润	其他业务利润	销售费用
全国	**17580589**	**12817208**	**146620**	**4616761**	**276484**	**2802861**
北京	2131032	1507776	11250	612006	42522	532262
天津	171347	120561	795	49991	2364	39009
河北	268089	203110	2975	62004	9859	37309
山西	440302	377683	3805	58814	18908	34101
内蒙古	366278	285666	4909	75703	8344	9571
辽宁	603494	516871	2796	83827	9447	62446
吉林	353326	304582	2938	45806	3236	16589
黑龙江	176119	141055	3630	31434	7420	13073
上海	3631502	2176510	22276	1432716	65889	815794
江苏	618972	514897	3474	100601	19467	70281
浙江	1154504	864502	7017	282985	14023	184804
安徽	218297	172883	1726	43688	2423	20341
福建	326967	250010	2088	74869	3146	43731
江西	66689	53940	786	11963	586	10030
山东	577124	485320	8990	82814	8849	30353
河南	428389	359579	6878	61932	3470	24738
湖北	511064	378425	3502	129137	1363	75786
湖南	304249	250612	3864	49773	2874	31400
广东	2591869	1741646	18295	831928	17083	510603
广西	58798	45933	286	12579	161	13797
海南	112937	68051	1573	43313	857	10685
重庆	400638	331294	2159	67185	4158	31971
四川	467753	371496	3778	92479	5193	53906
贵州	196297	160520	1571	34206	9079	19669
云南	129736	103788	375	25573	-3	18657
西藏						
陕西	1021744	821914	22872	176958	6243	59576
甘肃	17761	14251	160	3350	796	1248
青海	15233	11848	59	3326	116	2390
宁夏	15361	11897	70	3394	1061	2105
新疆	204719	170591	1723	32405	7551	26637

单位：万元

管理费用	财务费用	营业利润	利润总额	应交所得税	应付职工薪酬	应交增值税
1271458	**118411**	**746510**	**692490**	**212395**	**963495**	**566569**
171432	8067	-57618	-57344	16979	153469	92000
13164	1402	-1604	-2208	1305	15610	10820
23035	6470	5525	4098	573	11489	7188
27840	8025	7466	-1385	907	13178	8029
41086	949	32483	32425	443	19885	4822
34331	5072	-8251	-8383	1810	19131	11827
13944	5930	12027	3588	1049	9272	2291
10144	1198	14449	13433	737	12598	2274
430315	6161	246283	253758	83492	208016	98287
26206	6908	17294	12684	4859	24364	16407
70405	22441	15299	16572	13368	65174	37072
10274	1192	14300	13102	1303	13280	12473
17498	2472	11981	12329	3335	20935	8664
2402	633	-502	-901	214	4355	1825
24246	3561	33377	19741	3070	24165	6869
21799	2260	16589	15676	3587	21067	9484
21820	1952	28942	21426	6509	26415	12183
12915	1267	7263	3499	275	16916	4707
182431	17455	192184	182160	30422	191795	145556
2182	68	-2807	-2417	72	2766	3664
7208	427	25857	26033	5514	5762	5333
25961	2195	11216	10854	2324	14517	5796
24332	2819	16520	16289	3631	21644	12354
6393	67	17156	17686	3942	5869	6571
3870	1259	1783	1927	434	4463	1397
29413	4102	90107	88201	19833	22965	32521
2122	158	618	618	131	2141	583
3595	381	-2924	-2924	7	2392	397
1167	125	1058	1058	162	1198	215
9929	3395	442	897	2111	8665	4958

3-11 续表 3

文化、体育用品及器材专门零售

地　区	主营业务收入	主营业务成本	主营业务税金及附加	主营业务利润	其他业务利润	销售费用
全　国	**10233105**	**8001763**	**93205**	**2138137**	**144075**	**1084721**
北　京	1470032	1170630	7084	292318	25517	175516
天　津	117534	92448	1245	23841	4072	14855
河　北	134550	100814	608	33128	1568	9348
山　西	204780	174800	2659	27321	1648	14565
内蒙古	51246	40034	636	10576	465	4455
辽　宁	188190	153614	3248	31328	4873	15392
吉　林	64978	50806	231	13941	1475	5526
黑龙江	183169	138232	1053	43884	3917	24030
上　海	2006583	1525890	25251	455442	21659	339250
江　苏	717651	544016	8122	165513	10330	78463
浙　江	614452	493395	9322	111735	7361	58682
安　徽	194205	147131	770	46304	1518	18691
福　建	269194	208534	3654	57006	4883	28538
江　西	455100	357390	1956	95754	2912	24290
山　东	783486	666593	6494	110399	8466	36773
河　南	287001	223160	2251	61590	6345	24806
湖　北	259226	174067	2994	82165	2427	20447
湖　南	165633	122348	836	42449	744	16297
广　东	793599	663472	3824	126303	17588	62538
广　西	81361	59570	1254	20537	2562	8091
海　南	10930	7063	114	3753	433	1998
重　庆	307304	239228	1401	66675	2129	21204
四　川	102529	84630	1980	15919	791	9269
贵　州	19517	15294	121	4102	1067	2413
云　南	367378	260251	3624	103503	4478	29170
西　藏	7057	6259	14	784		522
陕　西	208667	166851	657	41159	1873	17939
甘　肃	25757	19491	518	5748	503	2459
青　海	2133	1622	28	483	225	287
宁　夏	7432	5211	32	2189	96	1073
新　疆	132435	88920	1226	42289	2151	17836

单位：万元

管理费用	财务费用	营业利润	利润总额	应交所得税	应付职工薪酬	应交增值税
718153	**55546**	**455774**	**564405**	**75483**	**693256**	**236666**
100523	3182	41189	51119	14232	105302	22312
9583	733	3269	4163	1772	11889	1889
22179	40	4713	6187	10	10970	3180
7498	1665	5442	5448	1180	8719	3464
5230	810	545	269	47	2806	194
19248	3399	-1809	-603	1467	14950	5078
8138	356	1301	1473	156	5222	1768
11118	714	11938	11390	2742	8142	2855
97869	8664	32167	34987	10986	78802	38540
52791	1892	43519	41859	5496	50756	18055
35364	9154	15727	16380	3381	39748	12400
14213	-913	16373	15201	57	14358	4804
23364	887	12499	12148	4712	23603	7916
38737	554	37077	34419	256	23253	9143
48875	6054	26105	26993	6160	43278	16608
31847	678	9484	8911	579	24592	8847
16362	3239	44439	16180	3028	9916	15017
18746	750	7471	7024	107	12208	2328
59652	2338	20715	143879	2897	115638	12726
13568	407	964	1907	122	8276	2206
1704	2536	-2088	-2128	123	795	594
10794	331	59157	65478	209	16437	8665
4098	1869	1449	1470	390	4100	7609
2964	386	-599	-571	63	1778	955
31409	6146	41300	39500	8653	31290	17200
395	-7	-126	-126	17	196	16
18116	-212	7191	5142	1655	10618	4464
3554	46	192	274		2540	653
368	42	10	10	2	318	148
925	-1	288	306	-61	1432	315
8923	-192	15873	15719	5049	11325	6717

3-11 续表 4

医药及医疗器材专门零售

地 区	主营业务收入	主营业务成本	主营业务税金及附加	主营业务利润	其他业务利润	销售费用
全 国	**20550556**	**17921030**	**68256**	**2561270**	**114919**	**1334586**
北 京	2142256	1932822	3407	206027	15548	104142
天 津	284188	255693	575	27920	1056	11706
河 北	312289	275752	609	35928	806	17797
山 西	324593	284251	659	39683	911	21264
内蒙古	95490	78238	439	16813	261	8742
辽 宁	554957	444189	4101	106667	3153	70526
吉 林	104191	79180	404	24607	1009	11050
黑龙江	703455	614417	2484	86554	908	23389
上 海	648213	521377	2442	124394	12375	75642
江 苏	3315432	3034027	5660	275745	17054	131686
浙 江	1359294	1194344	2926	162024	8880	85372
安 徽	1219461	1133977	2139	83345	2207	44489
福 建	423807	379355	1247	43205	2873	21713
江 西	398525	354953	792	42780	1449	23947
山 东	1807249	1524783	9398	273068	3242	108036
河 南	632503	557278	6954	68271	912	32968
湖 北	927985	813358	2419	112208	5432	43199
湖 南	1052871	894344	5279	153248	4953	87731
广 东	1152302	926517	4532	221253	20755	158197
广 西	773155	693285	2420	77450	2483	33575
海 南	22944	16559	43	6342	-5	4113
重 庆	467248	398925	2121	66202	1925	34641
四 川	220813	175121	1169	44523	1356	27831
贵 州	101774	79119	391	22264	59	14333
云 南	405363	290055	2033	113275	1120	80194
西 藏						
陕 西	197350	167434	668	29248	1049	16477
甘 肃	106881	81322	1325	24234	191	15590
青 海	37403	32367	86	4950	2	2973
宁 夏	191085	174187	304	16594	368	8167
新 疆	567482	513806	1232	52444	2588	15099

单位：万元

管理费用	财务费用	营业利润	利润总额	应交所得税	应付职工薪酬	应交增值税
706532	**138825**	**505662**	**476771**	**104606**	**868000**	**395909**
57070	31194	37041	41274	10885	69311	36891
4425	1968	10870	10713	2047	6991	3945
14853	2306	1777	1380	644	14232	5781
13345	1948	4030	3572	944	12501	8369
5775	638	1962	1790	587	6406	2294
26394	1924	11004	11320	2268	39779	10112
7256	1284	5991	4423	1365	7922	3366
44802	3906	15263	16309	4841	32096	15651
44031	1418	16929	19398	4357	41442	17970
78156	20371	62040	56049	13526	82268	46699
47404	9140	28662	30093	8280	59314	21878
25377	5111	10629	10480	2563	24859	17788
9949	1948	12775	12746	1552	17385	9901
13428	2677	3666	2539	700	15377	4960
76583	12111	78580	68071	11423	44971	44043
17044	1737	16626	15345	1482	32226	11705
28003	8840	37261	36730	4529	23604	15132
30906	5913	34637	27019	4811	34145	18976
45004	5775	33251	26409	7497	89116	34620
19836	6082	20118	19911	5693	24974	14988
1479	277	468	628	120	1701	4730
20728	2666	9906	6768	1652	20405	5638
15762	1576	711	462	871	18094	7184
5423	668	1896	1970	474	7096	2852
17437	2251	14301	16353	2970	103058	14415
12112	-395	2450	3638	676	11801	3715
5122	881	2778	1304	170	9870	2761
1517	33	428	500	438	1891	740
5123	725	2855	3197	960	6536	1599
12190	3854	26758	26382	6283	8630	7205

3-11 续表 5

汽车、摩托车、燃料及零配件专门零售

地　区	主营业务收入	主营业务成本	主营业务税金及附加	主营业务利润	其他业务利润	销售费用
全　国	**245733624**	**228013164**	**373096**	**17347364**	**942425**	**6930104**
北　京	17481596	16271293	22773	1187530	114961	563949
天　津	7634684	7172752	10089	451843	20423	223122
河　北	5391499	5058917	4718	327864	18113	138645
山　西	9273761	8629357	10230	634174	10765	238587
内蒙古	8967515	8269994	13413	684108	69536	262312
辽　宁	8989167	8355602	10799	622766	15536	241424
吉　林	4462301	4163388	4663	294250	12875	151284
黑龙江	2822555	2613366	9162	200027	3767	87377
上　海	8071211	7492111	7573	571527	33757	209041
江　苏	16940017	15752015	18630	1169372	86864	458429
浙　江	23412598	22118303	24880	1269415	93189	560263
安　徽	5579801	5239584	6544	333673	10904	139714
福　建	7580144	7068669	9603	501872	46780	241704
江　西	2209165	2099563	5208	104394	5529	58066
山　东	15389854	14290133	27619	1072102	17862	389279
河　南	8792931	8272606	15756	504569	15253	226485
湖　北	7277674	6654065	19220	604389	3480	187468
湖　南	10484750	9781727	20295	682728	12264	333239
广　东	30680494	27629443	53547	2997504	184015	915199
广　西	2703258	2489495	4403	209360	14746	83088
海　南	2505074	2319862	2826	182386	31067	82661
重　庆	4702189	4364121	5533	332535	15827	117825
四　川	12399518	11553218	17708	828592	45026	390043
贵　州	3775429	3461453	5291	308685	6351	114409
云　南	6097154	5678429	7960	410765	19330	182778
西　藏	441197	369326	1020	70851	433	20116
陕　西	4978597	4610389	25857	342351	17150	132019
甘　肃	2925575	2736358	2816	186401	3068	75415
青　海	469386	431219	591	37576	609	13159
宁　夏	845654	776601	1770	67283	8782	25503
新　疆	2448878	2289807	2599	156472	4165	67500

单位：万元

管理费用	财务费用	营业利润	利润总额	应交所得税	应付职工薪酬	应交增值税
3911754	**1477141**	**6023505**	**5182863**	**860377**	**3579864**	**4551182**
355204	84951	306489	316677	90189	309435	267558
110605	29638	107897	109572	20121	110152	67348
91282	33965	82083	77724	21714	83033	96729
128730	39419	154805	78354	24495	96249	46933
92067	44822	354079	255766	20575	122772	449855
138300	54216	204204	173663	29685	124278	309585
59543	27207	68213	62902	8232	79400	72540
49075	17736	49246	48410	14107	31580	157296
179730	45041	183003	221188	47669	109378	131815
333489	159867	306218	269681	62386	237667	197195
356683	190380	271063	272272	85826	328179	213071
67582	24835	111456	111721	16708	76009	60346
122173	50199	195612	169042	28809	135490	103015
38936	17135	-3427	-11247	7674	32001	48530
299435	109922	289334	260406	37789	196715	310481
113213	43181	140725	132771	27872	112138	141438
119393	45488	255538	118138	26154	97569	128791
152035	41894	170234	130409	31857	134232	134947
507933	187151	1588539	1379546	94935	479197	520888
51188	14852	87333	83740	18630	57763	74074
42729	4371	81055	52881	13575	44662	56471
63309	27502	144763	129516	17949	76657	60755
152636	67415	269758	232966	42543	201349	260528
38205	15297	147232	115997	7031	53084	259789
90103	41661	115091	88413	18658	80179	116479
7317	508	43395	41243	582	12549	11228
79871	30223	116749	108205	23919	64397	143734
14389	9978	89000	72910	2700	29955	29133
8831	1522	14671	14454	1611	7016	9303
15780	7183	27655	14721	4091	13879	5550
31987	9588	51494	50821	12290	42901	65781

3-11 续表 6

家用电器及电子产品专门零售

地　区	主营业务收入	主营业务成本	主营业务税金及附加	主营业务利润	其他业务利润	销售费用
全　国	**39342915**	**34999359**	**142787**	**4200769**	**879106**	**2836976**
北　京	5038144	4562917	10435	464792	110700	350747
天　津	801021	729892	1919	69210	29210	63218
河　北	803152	725241	2049	75862	11882	51409
山　西	470969	421200	1387	48382	13894	30905
内蒙古	564152	479106	1244	83802	12369	41590
辽　宁	999614	711647	3518	284449	26683	88585
吉　林	396095	355287	1062	39746	10105	27020
黑龙江	698758	578129	2841	117788	27589	38276
上　海	2719016	2483523	6213	229280	63593	239718
江　苏	4534893	3991040	14929	528924	85502	331015
浙　江	2373304	2140675	6759	225870	60652	196700
安　徽	865715	778381	2198	85136	12328	65329
福　建	1369572	1255026	2691	111855	25398	85665
江　西	483650	431350	1864	50436	7859	35808
山　东	2869176	2583123	15337	270716	44568	143980
河　南	1091921	985927	5922	100072	26535	80597
湖　北	1486044	1305991	6435	173618	30790	85284
湖　南	716592	631614	3483	81495	17547	57407
广　东	4641348	4132457	14633	494258	141361	421098
广　西	437174	386909	1056	49209	7439	28092
海　南	207384	184026	617	22741	3260	17214
重　庆	1114797	1004336	4269	106192	22696	71561
四　川	1843756	1676288	5287	162181	29307	103481
贵　州	255556	228365	765	26426	6215	18115
云　南	591723	525752	2004	63967	10019	41260
西　藏	13599	12566	11	1022	585	863
陕　西	1306690	1120111	21812	164767	24615	76395
甘　肃	133359	117371	703	15285	4123	11291
青　海	38050	33607	106	4337	587	2313
宁　夏	182648	162294	513	19841	4161	12923
新　疆	295045	265208	725	29112	7534	19120

单位：万元

管理费用	财务费用	营业利润	利润总额	应交所得税	应付职工薪酬	应交增值税
1030384	**111328**	**1130099**	**1080386**	**184727**	**1031990**	**652484**
143327	-135	82034	441270	26365	116530	62820
22590	1463	11149	11306	3617	17498	8832
20466	4239	11613	8406	1142	19033	25266
14757	2513	14121	12265	1927	10253	30254
16192	3105	35284	9990	1683	13848	8475
32051	3588	186923	-1246	2776	25447	19456
14810	2592	5228	5226	1054	8157	6609
17586	2443	86742	21724	4873	17826	15398
57116	7688	-12044	-23389	7284	43899	5417
149612	-824	162503	143290	34176	113882	62089
61227	17178	11438	14084	6017	77085	32795
14241	3126	16281	16951	4372	21865	14523
28343	5459	17805	15008	4811	35030	19251
10882	2622	8824	9869	1773	13080	5870
69102	14059	88207	74676	10544	57641	69106
29769	2615	13602	14451	3434	31361	22888
56266	5039	57825	51752	11411	37665	23901
18563	1757	21226	12118	948	17839	11260
110668	18816	84560	45430	14920	218478	80753
10059	1245	17802	11231	1988	14608	6995
6891	760	1066	1051	332	6758	4724
17573	2052	37634	17153	2226	19392	14566
32213	4609	51334	52626	11968	36188	34005
6934	947	6666	6353	1182	6192	5085
15448	-1012	18291	18888	3724	15749	39167
741	38	-35	-35	5	640	70
35185	2759	75048	71991	13993	21862	12316
3579	503	4036	3218	3386	3597	1829
495	142	1974	1510	241	847	1104
5124	1296	4658	4769	908	3666	2816
8574	647	8305	8451	1650	6078	4849

3-11 续表 7

五金、家具及室内装修材料专门零售

地　区	主营业务收入	主营业务成本	主营业务税金及附加	主营业务利润	其他业务利润	销售费用
全　国	**7822252**	**6295074**	**156185**	**1370993**	**93499**	**615166**
北　京	690291	490296	6546	193449	21645	143482
天　津	93292	70010	942	22340	949	16145
河　北	43059	35707	375	6977	4777	3010
山　西	207099	168798	3339	34962	111	1516
内蒙古	197281	158244	1709	37328	115	9592
辽　宁	125944	101676	890	23378	4099	12746
吉　林	1124	1063	3	58		
黑龙江	49264	38697	1052	9515	157	904
上　海	411919	304881	4295	102743	19951	75897
江　苏	637230	536900	6743	93587	6846	32324
浙　江	61571	46744	419	14408	1763	11332
安　徽	288610	208939	11779	67892	881	9216
福　建	510963	447459	2101	61403	1200	25037
江　西	130911	119385	1565	9961	319	3919
山　东	880342	722505	15956	141881	6957	41881
河　南	235834	191782	4808	39244	486	10539
湖　北	329889	279257	10090	40542	3658	17111
湖　南	94578	73115	2001	19462	2882	11599
广　东	339068	249091	3196	86781	11430	65761
广　西						
海　南	8461	7115	16	1330		905
重　庆	1266484	1119884	54000	92600	1471	30954
四　川	154034	122443	2117	29474	1267	17308
贵　州						
云　南	121244	113521	463	7260	396	3379
西　藏						
陕　西	785838	604748	20818	160272	1730	22731
甘　肃	6093	3652	106	2335	30	914
青　海						
宁　夏	4182	3263	18	901		315
新　疆	147648	75902	840	70906	380	46651

单位：万元

管理费用	财务费用	营业利润	利润总额	应交所得税	应付职工薪酬	应交增值税
335892	**83755**	**438350**	**403061**	**52865**	**255385**	**208624**
42460	11121	28281	27407	11341	46904	13456
6727	1579	-1161	-1234	96	9190	2659
3641	708	4396	4568	1145	2158	1090
6976	1087	24936	14926	98	3217	553
14325	1843	11683	11672	756	9290	2421
18759	5617	-9645	-11693	601	4534	2952
52		5	5		34	50
1285	374	7110	7121	9	1526	429
35012	11107	1482	6008	3026	23000	12170
31214	7705	36028	35705	5621	11813	10812
3586	615	695	924	374	3546	1950
12809	2823	43925	40415	2166	8830	5045
18969	3219	15382	15369	2589	7039	4756
4915	641	805	803	190	2130	1002
33970	10858	62197	61943	7595	37708	13465
10611	2773	15814	14164	3337	7638	3228
10640	1671	14779	11102	307	5551	3833
3979	118	6547	5392	379	3492	1137
26115	3865	1556	-839	1491	19102	9805
328	51	46	47	21	503	114
22238	4597	36266	26464	4725	13558	24929
8140	2998	2927	3016	50	3067	4670
982	378	3215	2529	189	2702	1422
11783	7150	111713	107860	5187	9847	79300
724	172	554	47	12	548	136
333	142	112	112	28	264	190
5319	542	18702	19232	1533	18195	7051

3-11 续表 8

无店铺及其他零售

地　　区	主营业务收入	主营业务成本	主营业务税金及附加	主营业务利润	其他业务利润	销售费用
全　　国	**9045641**	**8077818**	**48035**	**919788**	**75823**	**705347**
北　　京	2031354	1882480	4517	144357	2476	217931
天　　津	66150	28068	10319	27763	617	3812
河　　北	52776	48602	391	3783	2786	4673
山　　西	209169	175428	1238	32503	7007	18830
内 蒙 古	129608	117587	281	11740	322	7053
辽　　宁	137064	112738	724	23602		14156
吉　　林	34024	30114	240	3670	5	2225
黑 龙 江	2216	1683	4	529	89	581
上　　海	1021823	967947	2147	51729	30754	102452
江　　苏	588527	530902	1618	56007	7307	35077
浙　　江	389648	357817	649	31182	486	22041
安　　徽	61256	50446	265	10545	245	8341
福　　建	410689	354915	733	55041	966	23292
江　　西	20142	14769	131	5242		5844
山　　东	836663	729040	3981	103642	2584	29536
河　　南	96954	80574	598	15782	136	3491
湖　　北	955744	906595	1469	47680	2562	26216
湖　　南	441489	342502	12159	86828	516	48542
广　　东	918585	795049	2922	120614	11769	82373
广　　西	198219	168688	924	28607	287	12931
海　　南	12718	9037	82	3599	120	1783
重　　庆	60925	53213	665	7047	78	1974
四　　川	226556	204585	918	21053	622	18165
贵　　州	7903	5350	113	2440		620
云　　南	39910	32018	282	7610	15	2632
西　　藏						
陕　　西	40404	31170	307	8927	1666	5497
甘　　肃	29117	24518	82	4517	376	2257
青　　海	15708	13717	142	1849	432	1107
宁　　夏	6731	5634	26	1071	173	1437
新　　疆	3572	2632	109	831	1429	479

单位：万元

管理费用	财务费用	营业利润	利润总额	应交所得税	应付职工薪酬	应交增值税
336734	**30600**	**-43571**	**-76508**	**38536**	**283095**	**245528**
90332	8172	-168188	-167317	4207	65422	51558
2934	-23	21658	3243	785	2418	1187
3279	207	-1589	395	466	4918	936
13051	3852	3989	4221	1598	10125	9477
2610	697	7673	7698	569	1840	1912
6463	59	2924	2238	358	3125	3137
254	87	1108	1108	24	582	181
66		-30	-30		101	52
33570	1106	-51337	-58960	1954	29659	12066
22164	989	5093	2692	1341	16508	8419
6953	558	2129	2959	665	5927	3669
1940	280	210	800	549	2203	1593
11171	-601	22084	22786	1834	13585	6030
723	-79	-1245	-1241		824	1037
27067	8159	41498	35864	9552	17137	13776
4415	1180	6834	2731	464	4778	1712
8899	404	14724	14350	4366	10400	6624
19483	1995	17454	16254	363	18079	12383
51273	3034	18056	17648	4019	41908	39223
7170	-861	9777	9966	2675	9236	6284
459	-13	1532	1546	298	800	469
1801	707	2643	2798	354	1879	727
10320	-382	-6395	-5990	443	13753	58807
529	22	1286	1287	164	372	83
2452	563	2002	2667	526	1281	448
4917	35	32	1379	406	3133	1697
1012	64	1559	1576	392	977	1335
265	92	762	33	8	561	404
592	139	-865	-259		1289	184
571	159	1051	1051	158	276	121

3-12 大中型零售业企业分行业经济效益分析指标

综合零售

地区	负债比率(%)	主营业务毛利率(%)	人均营业收入(万元)	费用率(%)
全国	**73.7**	**14.5**	**70.6**	**13.7**
北京	66.3	15.0	112.7	15.3
天津	82.6	14.3	78.4	18.4
河北	82.0	11.7	47.5	12.5
山西	86.7	12.4	39.6	13.3
内蒙古	76.5	12.2	56.9	10.2
辽宁	73.4	14.7	67.4	14.8
吉林	76.8	15.1	63.9	12.2
黑龙江	74.0	16.1	70.6	14.2
上海	75.7	16.2	100.8	17.0
江苏	74.9	14.0	82.6	12.7
浙江	78.6	13.5	84.7	14.6
安徽	72.4	12.1	54.7	12.2
福建	61.6	15.9	62.4	15.0
江西	70.4	14.0	46.5	11.7
山东	75.8	12.1	79.2	10.2
河南	80.6	13.0	34.4	11.4
湖北	72.9	15.8	61.6	13.7
湖南	71.3	16.2	61.2	13.9
广东	72.2	15.8	77.0	15.0
广西	69.2	16.3	55.0	14.4
海南	83.2	18.3	71.0	18.8
重庆	68.6	14.6	72.6	13.5
四川	72.1	14.4	75.0	12.6
贵州	81.9	17.0	50.4	15.9
云南	67.7	16.9	60.2	13.5
西藏	71.0	18.4	36.3	18.7
陕西	69.5	16.0	48.1	13.5
甘肃	70.5	14.7	49.7	12.7
青海	67.0	12.9	62.0	11.8
宁夏	58.7	16.4	56.7	13.2
新疆	72.5	15.5	85.0	13.2

注：费用率等于销售费用、管理费用、财务费用三项之和除以营业收入合计(下表同)。

3-12 续表 1

食品、饮料及烟草制品专门零售

地区	负债比率(%)	主营业务毛利率(%)	人均营业收入(万元)	费用率(%)
全国	**63.5**	**17.2**	**70.3**	**11.5**
北京	48.9	30.5	42.6	21.8
天津	35.5	31.7	34.9	22.8
河北	83.0	12.3	46.2	13.0
山西	88.3	15.6	40.6	10.5
内蒙古	33.5	14.7	75.2	8.2
辽宁	61.5	14.1	30.4	13.3
吉林	46.4	17.2	124.3	12.9
黑龙江	56.9	23.8	14.9	32.6
上海	90.5	7.9	270.6	6.3
江苏	55.5	20.3	64.1	12.4
浙江	54.9	16.9	47.2	16.2
安徽	74.3	10.7	51.7	8.2
福建	48.3	16.9	57.5	9.4
江西	29.6	21.0	48.8	11.0
山东	68.2	13.5	64.9	8.8
河南	67.3	12.5	43.1	9.4
湖北	55.7	28.8	89.6	14.9
湖南	59.2	19.0	52.3	14.8
广东	40.1	28.8	63.5	15.0
广西	81.3	29.6	17.6	28.3
海南	86.1	12.0	46.6	11.2
重庆	40.2	16.4	47.1	12.6
四川	88.2	26.4	57.5	12.2
贵州	82.0	11.7	44.0	11.5
云南	48.9	18.6	46.3	9.3
西藏	62.4	16.6	153.8	9.8
陕西	79.9	20.9	66.8	17.7
甘肃	78.6	21.6	61.1	16.7
青海				
宁夏	73.0	14.7	17.6	18.7
新疆	82.0	9.6	142.4	9.8

3-12 续表 2

纺织、服装及日用品专门零售

地　区	负债比率 (%)	主营业务毛利率 (%)	人均营业收入 (万元)	费用率 (%)
全　国	**73.8**	**27.1**	**58.3**	**23.4**
北　京	88.1	29.2	56.9	32.6
天　津	66.8	29.6	32.7	31.0
河　北	78.5	24.2	34.4	24.7
山　西	90.9	14.2	53.1	14.3
内蒙古	90.4	22.0	49.6	14.0
辽　宁	75.5	14.4	82.9	16.8
吉　林	89.5	13.8	83.1	10.3
黑龙江	59.0	19.9	25.2	13.3
上　海	73.6	40.1	94.8	34.1
江　苏	70.7	16.8	70.3	16.7
浙　江	71.2	25.1	58.5	23.6
安　徽	31.9	20.8	37.8	14.5
福　建	74.8	23.5	26.2	19.2
江　西	67.9	19.1	26.8	19.4
山　东	75.9	15.9	45.6	10.1
河　南	94.2	16.1	37.3	11.2
湖　北	86.9	26.0	34.0	19.5
湖　南	65.5	17.6	51.1	13.0
广　东	63.7	32.8	54.7	27.2
广　西	102.3	21.9	39.7	27.3
海　南	48.7	39.7	101.1	16.1
重　庆	82.0	17.3	64.8	14.8
四　川	68.5	20.6	53.0	17.2
贵　州	85.5	18.2	112.5	12.7
云　南	63.6	20.0	73.0	18.3
西　藏				
陕　西	59.0	19.6	104.3	9.0
甘　肃	59.2	19.8	16.6	19.0
青　海	68.3	22.2	12.8	41.8
宁　夏	72.1	22.6	20.9	20.7
新　疆	93.1	16.7	75.0	18.6

3-12 续表 3

文化、体育用品及器材专门零售

地　区	负债比率 (%)	主营业务毛利率 (%)	人均营业收入 (万元)	费用率 (%)
全　国	**59.5**	**21.8**	**71.9**	**17.9**
北　京	66.8	20.4	107.0	18.6
天　津	65.6	21.3	41.3	21.0
河　北	51.8	25.1	38.2	22.9
山　西	57.7	14.6	72.6	11.4
内蒙古	78.8	21.9	36.4	20.5
辽　宁	77.5	18.4	40.4	19.7
吉　林	68.1	21.8	35.5	20.2
黑龙江	48.0	24.5	44.8	19.6
上　海	68.5	24.0	158.4	22.0
江　苏	69.2	24.2	66.4	18.3
浙　江	61.9	19.7	82.1	16.5
安　徽	32.6	24.2	66.9	16.1
福　建	39.2	22.5	151.8	19.3
江　西	21.9	21.5	120.9	13.8
山　东	63.5	14.9	72.8	11.5
河　南	48.2	22.2	24.8	19.4
湖　北	52.3	32.9	59.6	14.5
湖　南	44.6	26.1	65.9	21.4
广　东	61.1	16.4	42.2	15.5
广　西	57.5	26.8	41.9	26.2
海　南	108.6	35.4	32.9	54.8
重　庆	56.9	22.2	69.0	10.5
四　川	83.8	17.5	90.9	14.7
贵　州	67.5	21.6	31.7	28.1
云　南	47.5	29.2	82.7	18.0
西　藏	57.1	11.3	88.2	12.9
陕　西	62.5	20.0	60.4	16.3
甘　肃	63.7	24.3	33.0	23.3
青　海	77.2	24.0	12.8	32.7
宁　夏	53.1	29.9	37.3	26.9
新　疆	42.3	32.9	64.3	19.6

3-12 续表 4

医药及医疗器材专门零售

地　区	负债比率 (%)	主营业务毛利率 (%)	人均营业收入 (万元)	费用率 (%)
全　国	**75.6**	**12.8**	**67.8**	**10.6**
北　京	73.4	9.8	194.7	8.9
天　津	89.3	10.0	99.2	6.3
河　北	78.5	11.7	42.2	11.2
山　西	83.0	12.4	58.7	11.2
内蒙古	75.7	18.1	30.2	15.9
辽　宁	81.1	20.0	33.8	17.4
吉　林	55.1	24.0	29.6	18.6
黑龙江	83.0	12.7	71.1	10.2
上　海	55.6	19.6	46.9	18.3
江　苏	80.9	8.5	134.5	6.9
浙　江	79.6	12.1	81.8	10.4
安　徽	83.0	7.0	112.0	6.1
福　建	69.1	10.5	72.1	7.9
江　西	84.2	10.9	59.9	10.0
山　东	76.4	15.6	69.7	10.9
河　南	43.2	11.9	32.5	8.2
湖　北	78.6	12.4	84.9	8.6
湖　南	77.4	15.1	74.6	11.8
广　东	78.4	19.6	41.8	18.0
广　西	79.5	10.3	93.6	7.7
海　南	61.9	27.8	18.9	25.6
重　庆	71.3	14.6	54.5	12.3
四　川	78.7	20.7	32.4	20.4
贵　州	85.6	22.3	23.2	20.0
云　南	60.7	28.4	25.0	24.4
西　藏				
陕　西	86.8	15.2	22.6	14.2
甘　肃	84.5	23.9	21.0	20.1
青　海	61.1	13.5	32.0	12.1
宁　夏	79.4	8.8	106.9	7.3
新　疆	64.8	9.5	139.0	5.5

3-12 续表 5

汽车、摩托车、燃料及零配件专门零售

地 区	负债比率 (%)	主营业务毛利率 (%)	人均营业收入 (万元)	费用率 (%)
全 国	**71.8**	**7.2**	**280.4**	**5.0**
北 京	72.8	6.9	351.1	5.7
天 津	63.7	6.1	329.9	4.7
河 北	80.0	6.2	206.1	4.9
山 西	74.4	6.9	274.6	4.4
内蒙古	81.4	7.8	306.7	4.4
辽 宁	68.7	7.0	338.1	4.8
吉 林	85.7	6.7	290.1	5.3
黑龙江	81.4	7.4	359.4	5.4
上 海	73.6	7.2	299.4	5.4
江 苏	77.7	7.0	256.0	5.6
浙 江	79.7	5.5	319.6	4.7
安 徽	72.9	6.1	246.7	4.2
福 建	62.0	6.7	238.5	5.4
江 西	70.6	5.0	245.9	5.1
山 东	80.3	7.1	249.2	5.2
河 南	77.7	5.9	230.8	4.3
湖 北	74.6	8.6	247.7	4.8
湖 南	61.0	6.7	315.6	5.0
广 东	57.3	9.9	263.3	5.2
广 西	72.1	7.9	186.4	5.5
海 南	57.6	7.4	341.5	5.2
重 庆	72.5	7.2	256.1	4.4
四 川	66.3	6.8	332.8	4.9
贵 州	76.5	8.3	277.2	4.4
云 南	73.2	6.9	295.0	5.1
西 藏	44.3	16.3	231.7	6.3
陕 西	73.9	7.4	279.9	4.8
甘 肃	76.9	6.5	325.5	3.4
青 海	71.6	8.1	287.3	5.0
宁 夏	81.3	8.2	177.6	5.7
新 疆	96.7	6.5	271.7	4.4

3-12 续表 6

家用电器及电子产品专门零售

地　区	负债比率 (%)	主营业务毛利率 (%)	人均营业收入 (万元)	费用率 (%)
全　国	**75.7**	**11.0**	**113.5**	**9.9**
北　京	86.0	9.4	204.1	9.5
天　津	77.1	8.9	145.0	10.5
河　北	78.2	9.7	73.6	9.4
山　西	83.1	10.6	89.4	9.9
内蒙古	73.6	15.1	110.2	10.5
辽　宁	78.2	28.8	83.3	12.1
吉　林	77.3	10.3	94.5	10.8
黑龙江	81.0	17.3	90.6	8.1
上　海	72.7	8.7	179.1	10.9
江　苏	66.4	12.0	113.5	10.4
浙　江	78.9	9.8	112.9	11.3
安　徽	78.2	10.1	116.8	9.4
福　建	81.2	8.4	105.6	8.6
江　西	72.3	10.8	74.5	9.9
山　东	78.0	10.0	107.1	7.8
河　南	80.7	9.7	67.8	10.1
湖　北	70.4	12.1	113.5	9.7
湖　南	43.9	11.9	92.2	10.7
广　东	80.3	11.0	85.3	11.5
广　西	81.3	11.5	79.1	8.8
海　南	79.8	11.3	71.7	11.9
重　庆	65.6	9.9	118.6	8.0
四　川	70.4	9.1	173.0	7.4
贵　州	72.2	10.6	92.5	10.0
云　南	72.8	11.1	146.2	9.4
西　藏	69.5	7.6	73.7	11.6
陕　西	48.7	14.3	166.0	8.6
甘　肃	86.3	12.0	80.3	11.2
青　海	73.0	11.7	87.0	7.6
宁　夏	85.6	11.1	116.7	10.3
新　疆	61.5	10.1	100.3	9.3

3-12 续表 7

五金、家具及室内装修材料专门零售

地　　区	负债比率 (%)	主营业务毛利率 (%)	人均营业收入 (万元)	费用率 (%)
全　　国	**66.2**	**19.5**	**89.4**	**13.1**
北　　京	79.7	29.0	90.5	27.6
天　　津	89.8	25.0	58.2	25.7
河　　北	69.1	17.1	42.2	15.3
山　　西	35.8	18.5	90.7	4.6
内 蒙 古	24.7	19.8	34.7	13.1
辽　　宁	93.9	19.3	81.8	29.1
吉　　林	52.9	5.4	9.1	4.6
黑 龙 江	54.2	21.4	75.5	5.2
上　　海	70.9	26.0	78.1	28.1
江　　苏	64.7	15.7	143.5	11.0
浙　　江	53.9	24.1	61.3	24.2
安　　徽	70.0	27.6	71.3	8.4
福　　建	73.6	12.4	191.8	9.2
江　　西	63.3	8.8	136.7	7.2
山　　东	55.3	17.9	45.0	9.8
河　　南	61.8	18.7	58.3	9.8
湖　　北	81.4	15.3	98.2	8.9
湖　　南	66.6	22.7	58.1	16.4
广　　东	83.7	26.5	69.7	27.6
广　　西				
海　　南	77.5	15.9	25.9	15.2
重　　庆	60.5	11.6	270.9	4.6
四　　川	94.9	20.5	73.1	18.4
贵　　州				
云　　南	37.1	6.4	111.0	3.9
西　　藏				
陕　　西	61.2	23.0	245.6	5.3
甘　　肃	80.0	40.1	39.1	29.7
青　　海				
宁　　夏	99.7	22.0	47.0	18.9
新　　疆	42.1	48.6	45.5	35.4

3-12 续表 8

无店铺及其他零售

地　区	负债比率 (%)	主营业务毛利率 (%)	人均营业收入 (万元)	费用率 (%)
全　国	**75.3**	**10.7**	**123.3**	**11.7**
北　京	92.6	7.3	153.9	15.3
天　津	36.5	57.6	65.5	10.0
河　北	55.7	7.9	43.2	14.3
山　西	77.4	16.1	53.4	17.1
内蒙古	72.4	9.3	146.3	8.0
辽　宁	36.8	17.7	152.3	15.1
吉　林	30.9	11.5	115.3	7.5
黑龙江	74.3	24.1	36.9	29.2
上　海	87.1	5.3	193.0	13.1
江　苏	77.3	9.8	112.5	9.8
浙　江	71.5	8.2	218.5	7.5
安　徽	54.9	17.6	72.7	17.1
福　建	42.8	13.6	122.9	8.2
江　西	55.4	26.7	67.2	31.8
山　东	76.3	12.9	133.8	7.5
河　南	83.6	16.9	41.1	9.3
湖　北	79.6	5.1	319.7	3.7
湖　南	44.6	22.4	116.0	15.9
广　东	74.4	13.4	84.3	14.6
广　西	64.1	14.9	120.3	9.7
海　南	37.1	28.9	54.2	17.2
重　庆	45.9	12.7	25.4	7.4
四　川	64.7	9.7	101.6	12.4
贵　州	60.1	32.3	45.3	14.6
云　南	70.4	19.8	66.6	14.0
西　藏				
陕　西	67.2	22.9	58.3	24.8
甘　肃	65.7	15.8	113.3	11.4
青　海	44.2	12.7	84.5	9.3
宁　夏	44.8	16.3	23.0	31.4
新　疆	42.4	26.3	79.8	18.0

3-13 大中型住宿业企业分行业基本情况

地区	住宿业		旅游饭店	
	法人单位数(个)	年末从业人数(人)	法人单位数(个)	年末从业人数(人)
全国	**3782**	**1224925**	**3395**	**1122381**
北京	356	119600	305	107491
天津	54	14627	41	10813
河北	116	36174	97	29382
山西	83	27787	67	23899
内蒙古	56	17227	46	14509
辽宁	116	34369	113	33559
吉林	32	10836	31	10473
黑龙江	37	10879	32	10105
上海	192	61715	156	52044
江苏	283	80218	269	77765
浙江	369	111384	346	103858
安徽	93	25694	85	24064
福建	137	45600	124	42509
江西	54	15847	48	13634
山东	230	69656	204	62375
河南	119	35439	98	30445
湖北	104	30117	91	27158
湖南	144	49590	132	47036
广东	531	211779	486	196965
广西	65	21807	62	21424
海南	97	43053	97	43053
重庆	79	24568	71	22735
四川	124	30682	112	28332
贵州	34	9814	32	9283
云南	79	23518	70	21958
西藏	7	1633	7	1633
陕西	103	34523	90	30827
甘肃	28	9051	27	8894
青海	9	2828	9	2828
宁夏	9	2051	7	1667
新疆	42	12859	40	11663

3-13 续表

地 区	一般旅馆		其他住宿服务	
	法人单位数(个)	年末从业人数（人）	法人单位数(个)	年末从业人数(人)
全 国	**329**	**87442**	**58**	**15102**
北 京	47	11148	4	961
天 津	8	2310	5	1504
河 北	15	4996	4	1796
山 西	12	2890	4	998
内蒙古	10	2718		
辽 宁	3	810		
吉 林			1	363
黑龙江	5	774		
上 海	26	7150	10	2521
江 苏	11	1971	3	482
浙 江	21	6658	2	868
安 徽	7	1415	1	215
福 建	9	2017	4	1074
江 西	5	2000	1	213
山 东	25	7050	1	231
河 南	20	4884	1	110
湖 北	13	2959		
湖 南	12	2554		
广 东	38	12761	7	2053
广 西	2	256	1	127
海 南				
重 庆	6	1572	2	261
四 川	7	1605	5	745
贵 州	2	531		
云 南	9	1560		
西 藏				
陕 西	11	3116	2	580
甘 肃	1	157		
青 海				
宁 夏	2	384		
新 疆	2	1196		

3-14 大中型住宿业企业分行业经营情况

旅游饭店 单位：万元

地区	营业额	客房收入	餐费收入	商品销售额	其他收入
全国	**20420514**	**8654319**	**8964127**	**588352**	**2213715**
北京	2551649	1117883	872831	80215	480720
天津	205138	86992	87011	5136	25999
河北	412714	155912	211341	7316	38145
山西	320481	128826	159170	7928	24557
内蒙古	245018	94394	120480	9890	20254
辽宁	632053	283207	274404	11982	62460
吉林	162984	75996	73799	2096	11092
黑龙江	154366	78537	61858	6876	7095
上海	1323794	598621	529800	31253	164121
江苏	1537788	525549	814433	77622	120184
浙江	2063105	744371	1114407	32808	171519
安徽	372065	158199	175190	11404	27272
福建	776962	296666	380387	46302	53607
江西	193306	90803	78018	6187	18297
山东	1078560	415187	529532	37771	96070
河南	427687	177967	172225	26378	51118
湖北	445426	226137	163386	9933	45970
湖南	772079	319249	371457	19287	62086
广东	3284755	1363828	1440862	62573	417491
广西	309633	126785	144991	16796	21061
海南	802494	500924	233024	9759	58788
重庆	373478	159948	165912	8668	38949
四川	668818	321821	258833	17347	70817
贵州	115348	55164	49469	3137	7578
云南	332414	170172	111300	11497	39445
西藏	18538	9034	5647	723	3135
陕西	476039	221274	210241	12617	31906
甘肃	102725	48504	40151	2784	11286
青海	37052	20515	12453	922	3163
宁夏	25862	12520	8336	1358	3649
新疆	198183	69337	93176	9787	25884

3-14 续表 1

一般旅馆　　　　单位：万元

地　区	营业额	客房收入	餐费收入	商品销售额	其他收入
全　国	**1517647**	**806232**	**519280**	**33361**	**158774**
北　京	224997	139951	47670	5949	31427
天　津	31145	15330	12586	418	2812
河　北	67806	24229	35284	1525	6768
山　西	37892	16790	19143	510	1449
内蒙古	33896	16412	14111	1679	1694
辽　宁	12983	6001	4437	772	1773
吉　林					
黑龙江	19581	14895	4686		
上　海	169642	75938	51836	560	41309
江　苏	32577	15789	14565		2222
浙　江	117146	61425	51359	150	4213
安　徽	25324	11124	10991	1784	1425
福　建	35757	15991	18510	314	943
江　西	23676	15006	6731	1457	481
山　东	91233	47919	34265	3353	5695
河　南	98352	53651	36540	1628	6534
湖　北	54132	26910	19043	1971	6208
湖　南	43144	18826	19396	2657	2265
广　东	223852	148199	49187	3232	23233
广　西	5500	4273	1143	26	59
海　南					
重　庆	41315	10306	17485	1526	11999
四　川	30583	17829	9471	1499	1784
贵　州	5331	3197	1811	56	267
云　南	28436	20044	5674	1042	1676
西　藏					
陕　西	39869	16544	20793	846	1685
甘　肃	2276	792	1453		32
青　海					
宁　夏	4591	1652	2557	381	
新　疆	16610	7209	8555	25	822

3-14 续表 2

其他住宿服务 单位：万元

地　区	营业额	客房收入	餐费收入	商品销售额	其他收入
全　国	**242026**	**116622**	**91752**	**4637**	**29016**
北　京	13046	5670	3500	484	3393
天　津	20805	8891	9443	63	2407
河　北	22991	7202	11163	1767	2859
山　西	13440	8732	1737	890	2081
内蒙古					
辽　宁					
吉　林	6122	1433	4689		
黑龙江					
上　海	65789	42039	21868	32	1850
江　苏	8546	5491	2744	65	246
浙　江	9323	4126	5065		132
安　徽	3149	1194	1558	59	338
福　建	12201	4475	6586	19	1122
江　西	2080	913	918	12	237
山　东	2591	1033	1518		40
河　南	3135	1386	1232	334	183
湖　北					
湖　南					
广　东	22797	12400	7300	270	2827
广　西	4232	403	125	9	3695
海　南					
重　庆	8387	1943	3299	69	3077
四　川	12137	5652	5279	271	935
贵　州					
云　南					
西　藏					
陕　西	11256	3640	3728	293	3595
甘　肃					
青　海					
宁　夏					
新　疆					

3-15 大中型住宿业企业分行业年末资产负债

旅游饭店 单位：万元

地 区	流动资产合计	固定资产原价	累计折旧	资产总计	负债合计	所有者权益合计
全 国	**17700846**	**40775004**	**15780018**	**55827780**	**38318091**	**17509689**
北 京	2420131	6204589	2680944	8197524	5880130	2317394
天 津	223929	396788	125090	696046	573560	122486
河 北	402812	983164	291045	1287947	966381	321566
山 西	220338	515204	191171	681698	536659	145039
内蒙古	190344	462674	140802	639242	401235	238007
辽 宁	737112	1455875	631719	1833850	1263833	570018
吉 林	122195	488228	161245	491532	324268	167264
黑龙江	77296	399685	148741	414554	266922	147632
上 海	984691	3010904	1410091	3628448	1790811	1837637
江 苏	1269797	3202562	1195597	4621185	3198445	1422740
浙 江	2174701	3888815	1334990	6055275	4345392	1709883
安 徽	374932	650041	177779	1162945	808073	354871
福 建	544662	1042659	340952	1734520	1015989	718531
江 西	161505	313898	117457	512956	338018	174937
山 东	730301	1896740	666843	2322046	1447991	874054
河 南	417526	721475	291643	1041101	756460	284641
湖 北	235599	883038	318220	1100959	738309	362650
湖 南	568866	1429783	484441	1979867	1412288	567579
广 东	2806894	5560065	2422265	7816871	5582822	2234050
广 西	199142	779549	304338	863017	545867	317150
海 南	1003881	1574274	487745	2680963	1977578	703386
重 庆	441520	631595	253732	1034307	855650	178657
四 川	463670	1354905	493716	1678127	1221603	456524
贵 州	50919	180010	60909	204417	131887	72530
云 南	356099	849755	359476	1127992	553893	574099
西 藏	14093	97331	39122	92678	32108	60570
陕 西	260814	984827	376386	1072668	847859	224809
甘 肃	74821	191530	72588	257086	180050	77035
青 海	25429	98962	21929	110473	31812	78661
宁 夏	19093	107581	20640	43462	26941	16521
新 疆	127734	418501	158404	444029	265262	178767

3-15 续表 1

一般旅店 单位：万元

地区	流动资产合计	固定资产原价	累计折旧	资产总计	负债合计	所有者权益合计
全国	**1221064**	**1734709**	**515390**	**3538351**	**2394946**	**1143405**
北京	316738	341974	95155	925064	502368	422695
天津	19703	49998	15610	65675	37356	28319
河北	100313	88819	17888	191162	126901	64261
山西	19214	34566	9893	77907	40875	37031
内蒙古	36996	70395	22933	98616	80106	18510
辽宁	16666	20860	276	46400	41351	5049
吉林						
黑龙江	6145	9862	324	16142	5963	10179
上海	129772	145252	56742	417387	322167	95220
江苏	22055	51367	12685	78760	59102	19658
浙江	95151	91383	16837	290047	234517	55531
安徽	12259	43031	7447	50904	28307	22597
福建	16882	11220	5504	37518	31346	6173
江西	21706	20214	1850	69538	48360	21178
山东	63077	126139	38934	208044	165338	42707
河南	60705	107305	27997	194626	148247	46379
湖北	29198	48804	20561	78662	43512	35149
湖南	9939	31180	6867	37542	26762	10780
广东	159307	275062	105612	414968	259707	155261
广西	1432	534	433	1607	759	848
海南						
重庆	29895	38007	12313	68674	52881	15793
四川	16390	58241	17237	60386	53712	6674
贵州	2799	6623	2012	8396	3255	5141
云南	9946	28019	8098	40710	35523	5187
西藏						
陕西	17848	29598	9602	48485	37255	11229
甘肃	662	273	26	933	933	
青海						
宁夏	1423	4909	2247	4567	3079	1488
新疆	4844	1075	310	5633	5264	368

3-15 续表 2

其他住宿服务　　单位：万元

地　区	流动资产合计	固定资产原价	累计折旧	资产总计	负债合计	所有者权益合计
全　国	**138680**	**365967**	**92396**	**513345**	**399065**	**114280**
北　京	7448	44813	7149	62605	64027	-1421
天　津	7845	45534	15731	43980	40487	3494
河　北	20880	90225	20759	100438	98378	2059
山　西	3386	20107	3635	21987	19484	2503
内蒙古						
辽　宁						
吉　林	719	191	109	801	2013	-1212
黑龙江						
上　海	32396	32264	6803	73858	38906	34952
江　苏	3752	1010	345	7790	12492	-4703
浙　江	4256	7491	861	23756	22550	1206
安　徽	438	10800	2052	9186	8686	500
福　建	8463	21344	6302	29878	24457	5421
江　西	3585	866	76	5501	363	5138
山　东	1653	977		2631	2669	-39
河　南	926	180	38	1602	1154	449
湖　北						
湖　南						
广　东	13617	28824	11389	47478	34908	12570
广　西	4079	1620	1040	5437	1490	3947
海　南						
重　庆	1697	3825	332	5517	4655	862
四　川	4525	31337	10947	25250	7332	17918
贵　州						
云　南						
西　藏						
陕　西	19017	24559	4830	45651	15015	30636
甘　肃						
青　海						
宁　夏						
新　疆						

3-16 大中型住宿业企业分行业实收资本及构成

旅游饭店 单位：万元

地区	实收资本	国家资本	集体资本	法人资本	个人资本	港澳台资本	外商资本
全国	**17385476**	**5739401**	**346126**	**5520635**	**1704996**	**2568144**	**1506175**
北京	2517866	463859	29363	1261885	85056	488222	189482
天津	242879	4215	22000	184998	13724	9555	8388
河北	432715	165997	16137	210209	23521	16851	
山西	143044	31264	12982	54242	36682	7875	
内蒙古	212892	50239	3544	65881	28889	53997	10342
辽宁	613978	162132	4279	174396	47938	179830	45402
吉林	139615	82179		16061	8950	200	32225
黑龙江	162718	101585	500	19541	9732	13726	17635
上海	1479580	971585	7205	215894	45915	94285	144696
江苏	1592213	702578	27720	292822	239106	113699	216288
浙江	1465123	411516	63879	458978	232415	227173	71163
安徽	261121	66517	2234	60583	110757	19718	1313
福建	585355	82578	1102	256519	46833	128300	70022
江西	144487	52233	380	36946	45030	8524	1375
山东	602535	205451	46138	202867	54173	79352	14554
河南	329677	112097	2414	86779	60693	67694	
湖北	428632	243634	11750	73809	28730	70010	700
湖南	533426	245195	10489	142473	77517	43740	14013
广东	2507958	529874	33275	732559	193907	689627	328717
广西	343040	109550	600	44451	37122	125290	26027
海南	574516	123630	25889	329865	28112	32911	34109
重庆	237875	29552	6760	95089	48203	25664	32606
四川	418356	88538	1060	138651	51342	25851	112914
贵州	77510	30047		41426	5536	500	
云南	469009	260348	6058	112461	53331	18319	18493
西藏	48150	43169		4981			
陕西	444702	162508	7300	92339	66306	22766	93484
甘肃	91942	43705	1602	30795	5567		10272
青海	72306	43802		1481	15068		11955
宁夏	21959	20773		1066	120		
新疆	190296	99052	1467	80589	4723	4466	

3-16 续表 1

一般旅店 单位：万元

地 区	实收资本	国家资本	集体资本	法人资本	个人资本	港澳台资本	外商资本
全 国	**985263**	**128272**	**27890**	**497292**	**190228**	**47412**	**94169**
北 京	318719	25685		269860	11517	10637	1020
天 津	31492	9126	5856	6510	10000		
河 北	73914	3375	213	16731	53595		
山 西	28486	2719		23324	2443		
内蒙古	18574	573		12849	5153		
辽 宁	1348	1148		200			
吉 林							
黑龙江	4641	3125		1516			
上 海	79118	4172	11578	45923	4623	4746	8076
江 苏	17152	3208	1650	6800	5495		
浙 江	66379		2000	29229	34650	500	
安 徽	13877	3000		6389	4488		
福 建	4203	1166		1985	952	100	
江 西	20590	12690		580	7320		
山 东	30635	18016	2402	4089	6128		
河 南	42077	13509	60	13271	5064	9520	653
湖 北	20920	3992	2233	9068	2628	3000	
湖 南	11595	837	336	2013	8359	50	
广 东	154484	13244	283	16970	20709	18859	84420
广 西	550			50	500		
海 南							
重 庆	11150	700	1100	9100	250		
四 川	12230	2849	180	9201			
贵 州	4985			4685	300		
云 南	4100			3388	712		
西 藏							
陕 西	12967	4300		3425	5243		
甘 肃							
青 海							
宁 夏	678	540		138			
新 疆	400	300			100		

3-16 续表 2

其他住宿服务　　　　单位：万元

地　区	实收资本	国家资本	集体资本	法人资本	个人资本	港澳台资本	外商资本
全　国	**134820**	**15155**	**2150**	**54068**	**29318**	**21194**	**12935**
北　京	4303		500	2350	1453		
天　津	14157	12057		2000	100		
河　北	36195			18500	5500	500	11695
山　西	8060			900	7160		
内蒙古							
辽　宁							
吉　林							
黑龙江							
上　海	11270	1100	1500	6520	2150		
江　苏	1100		50		1050		
浙　江	3000			3000			
安　徽	500			500			
福　建	10003			4500	1365	4138	
江　西	5200			5200			
山　东	1000			1000			
河　南	156	156					
湖　北							
湖　南							
广　东	17035		100	5600	3740	6356	1240
广　西	108			108			
海　南							
重　庆	90			90			
四　川	2041	1841			200		
贵　州							
云　南							
西　藏							
陕　西	20600			3800	6600	10200	
甘　肃							
青　海							
宁　夏							
新　疆							

3-17 大中型住宿业企业分行业损益及分配

旅游饭店 单位：万元

地 区	主营业务收入	主营业务成本	主营业务税金及附加	主营业务利润	其他业务利润	销售费用
全 国	**20788905**	**6857287**	**1120244**	**12811374**	**144570**	**5762685**
北 京	2558109	669126	138429	1750554	11717	684631
天 津	203580	83536	11259	108785	695	45944
河 北	409447	157891	22848	228708	1728	135222
山 西	303885	138998	16138	148749	1105	81403
内蒙古	241930	96361	12559	133010	1784	62223
辽 宁	636051	214626	33927	387498	3599	158228
吉 林	162680	55468	9676	97536	253	49636
黑龙江	153884	41657	8681	103546	246	42772
上 海	1299554	339393	70290	889871	10592	414530
江 苏	1545243	571565	81163	892515	10600	406922
浙 江	2482175	1030487	117277	1334411	33806	598486
安 徽	364255	133942	19855	210458	5249	106504
福 建	771281	263376	41674	466231	3965	221743
江 西	192635	50633	10318	131684	724	62351
山 东	1062216	411026	58461	592729	11184	288727
河 南	426972	159516	22007	245449	1723	121325
湖 北	445339	179443	21711	244185	1898	108002
湖 南	767927	268890	40723	458314	2673	166357
广 东	3257998	977108	192461	2088429	20231	1018527
广 西	312735	95973	16704	200058	4811	102500
海 南	858491	197142	47976	613373	985	197152
重 庆	370694	138366	18525	213803	1369	95707
四 川	660616	165576	36878	458162	3863	206195
贵 州	116740	35683	6537	74520	338	38056
云 南	330684	88889	17654	224141	5812	105923
西 藏	18516	4427	1087	13002	32	7828
陕 西	471673	140734	25097	305842	1871	131967
甘 肃	102440	39339	5849	57252	460	23495
青 海	37052	6564	2047	28441	46	15539
宁 夏	25551	9252	933	15366	59	10855
新 疆	198554	92301	11503	94750	1156	53940

单位：万元

管理费用	财务费用	营业利润	利润总额	应交所得税	应付职工薪酬
5810798	**925214**	**457283**	**445681**	**225586**	**3808069**
877327	121427	75466	77603	40978	608889
67518	14330	-16480	-15123	104	39253
119006	25214	-48821	-45750	1691	85146
78082	19153	-29173	-30036	1362	54259
69424	1644	1590	-2908	1128	46406
203954	19604	9288	10169	4421	105563
52947	5632	-10875	-9566	1550	28346
54608	3809	2346	2997	1921	25124
413353	47952	27506	35187	19338	224711
457401	75311	-40855	-35702	8651	269063
565857	155971	55113	75432	30704	389123
90584	21274	-1702	-59	3169	68826
170980	38823	39392	41191	9927	146173
55966	9657	4463	1459	2004	32719
261862	33864	19934	14422	10710	171625
117522	16967	-14671	-10289	4025	74892
125169	17905	-4537	110	1189	69707
217425	59120	18255	7642	8480	128775
841211	117873	132753	89209	32097	629964
93781	12793	-4217	-2222	539	61640
242275	25206	151445	155874	15648	132009
97684	25331	-4281	-3522	4145	66377
180073	28864	46464	43193	7017	98227
31208	2460	3105	3541	1972	25413
90788	7349	25948	23694	6182	65265
4909	125	168	109	30	4844
138487	12375	24639	19445	3968	80785
33624	2272	-1688	-2426	92	21501
10854	752	1401	1428	73	7172
4990	569	-975	2	17	5297
41932	1586	-3718	579	2458	40976

3-17 续表 1

一般旅店

地区	主营业务收入	主营业务成本	主营业务税金及附加	主营业务利润	其他业务利润	销售费用
全国	**1503823**	**557310**	**79921**	**866592**	**14945**	**427934**
北京	230044	68596	12580	148868	1133	71762
天津	31145	6842	1743	22560	909	15698
河北	65135	31115	3665	30355	122	14549
山西	38700	17505	2127	19068	162	10150
内蒙古	33896	12864	1445	19587		10112
辽宁	12983	10384	233	2366	53	706
吉林						
黑龙江	19576	6329	1800	11447	3	5617
上海	169648	34397	9277	125974	472	47109
江苏	32494	13650	1760	17084	94	9984
浙江	116539	31481	6385	78673	847	44166
安徽	25324	10906	1409	13009	58	5830
福建	35635	9358	1872	24405	715	11080
江西	23597	10361	1255	11981	1	4937
山东	87460	37418	4372	45670	216	21795
河南	94598	47202	3063	44333	2327	21615
湖北	53818	22987	2695	28136	377	16190
湖南	40475	19848	2218	18409	576	8156
广东	218254	90680	13438	114136	5945	62518
广西	5500	1068	307	4125	2	2116
海南						
重庆	41109	25021	1416	14672	220	4510
四川	30784	8706	1750	20328		12209
贵州	5331	1101	307	3923		2457
云南	28475	12784	1456	14235	252	8299
西藏						
陕西	39834	11654	2036	26144	457	11771
甘肃	2268	717	127	1424	8	1103
青海						
宁夏	4591	2097	257	2237		1659
新疆	16613	12240	929	3444	-4	1837

单位：万元

管理费用	财务费用	营业利润	利润总额	应交所得税	应付职工薪酬
361019	**48795**	**61690**	**46111**	**17641**	**240569**
71474	7364	16489	17831	3411	45081
7634	132	20	22	147	6264
15857	829	-761	-1901	104	14902
7397	528	1153	1072	415	6482
8960	690	-176	-1503	33	4480
1567	131	15	-417	257	2079
3487	194	2151	771	793	1470
66415	5754	7195	9511	4306	28295
6127	1939	-867	-1371	216	6140
27061	7082	1212	1883	822	17219
5027	1011	1200	1159	410	3538
10787	763	2484	2519	712	8292
3528	2414	1103	-159	158	3757
18364	2888	2817	3288	684	15108
14554	2693	7565	6931	425	10242
8048	2237	2003	1401	176	5733
5386	804	4723	1002	207	5492
44395	6500	7671	1473	2635	30759
1429	50	534		534	809
8437	1013	932	912	91	2585
7872	1672	-1426	-1440	98	4235
1035	59	372	381	17	1126
4295	402	1477	1024	718	3592
10400	1246	3185	1747	273	7965
153	-1	174	174		252
539	252	-213	-201		851
793	151	659	2	1	3822

3-17 续表 2

其他住宿服务

地区	主营业务收入	主营业务成本	主营业务税金及附加	主营业务利润	其他业务利润	销售费用
全国	**241336**	**76833**	**12967**	**151536**	**918**	**64673**
北京	13046	4016	647	8383	204	3852
天津	21274	8199	1044	12031	176	6068
河北	23108	7331	1313	14464		3439
山西	13253	6706	484	6063		3802
内蒙古						
辽宁						
吉林	6122	4606	386	1130		618
黑龙江						
上海	65516	14520	3590	47406	371	15767
江苏	8553	2207	367	5979	-11	2209
浙江	9285	2114	514	6657	25	5135
安徽	3149	1328	152	1669		443
福建	11673	4296	715	6662	103	3948
江西	2080	565	116	1399		564
山东	2579	792	112	1675		935
河南	3135	2257	94	784		63
湖北						
湖南						
广东	22808	5300	1385	16123		8312
广西	4146	476	228	3442	47	748
海南						
重庆	8218	4888	495	2835		1427
四川	12137	4275	696	7166		4034
贵州						
云南						
西藏						
陕西	11256	2957	628	7671	3	3311
甘肃						
青海						
宁夏						
新疆						

单位：万元

管理费用	财务费用	营业利润	利润总额	应交所得税	应付职工薪酬
78955	**8671**	**161**	**-1687**	**5911**	**41960**
4081	2693	-2039	-2039	36	2698
5439	327	373	957	2	4390
12034	1506	-2519	-2506	57	4371
3382	729	-1839	-2596	2	1889
533	2	-23	-23		193
21910	1055	9044	9872	2775	10659
7095	141	-3477	-3585	21	1291
2279	234	-968	-944	26	2472
420	126	681	681		540
2834	739	-755	-749	128	1748
877	11	-54	-62		248
347	4	390	391	111	490
41	10	671	671	213	158
9145	645	-1978	-1805	125	5911
313	3	2425		2414	262
981	28	399	190		345
3421	247	-537	-536		2174
3824	173	366	396		2121

3-18 大中型住宿业企业分行业经济效益分析指标

旅游饭店

地　　区	负债比率(%)	主营业务毛利率(%)	人均营业收入(万元)	费用率(%)
全　　国	**68.6**	**67.0**	**18.8**	**59.4**
北　　京	71.7	73.8	23.9	65.5
天　　津	82.4	59.0	18.9	62.4
河　　北	75.0	61.4	14.0	67.9
山　　西	78.7	54.3	12.7	58.6
内 蒙 古	62.8	60.2	16.8	54.6
辽　　宁	68.9	66.3	19.0	59.9
吉　　林	66.0	65.9	15.6	66.4
黑 龙 江	64.4	72.9	15.3	65.7
上　　海	49.4	73.9	25.5	66.1
江　　苏	69.2	63.0	20.0	60.3
浙　　江	71.8	58.5	24.3	52.3
安　　徽	69.5	63.2	17.3	52.5
福　　建	58.6	65.9	18.3	55.6
江　　西	65.9	73.7	14.2	66.2
山　　东	62.4	61.3	17.2	54.5
河　　南	72.7	62.6	14.2	59.3
湖　　北	67.1	59.7	16.8	54.9
湖　　南	71.3	65.0	16.4	57.4
广　　东	71.4	70.0	16.7	60.0
广　　西	63.3	69.3	14.7	66.3
海　　南	73.8	77.0	20.0	54.1
重　　庆	82.7	62.7	16.3	58.9
四　　川	72.8	74.9	23.5	62.3
贵　　州	64.5	69.4	12.7	60.9
云　　南	49.1	73.1	15.8	58.7
西　　藏	34.6	76.1	11.3	69.5
陕　　西	79.0	70.2	15.4	59.6
甘　　肃	70.0	61.6	11.6	57.8
青　　海	28.8	82.3	13.2	72.9
宁　　夏	62.0	63.8	15.4	63.8
新　　疆	59.7	53.5	17.1	48.8

注：费用率等于销售费用、管理费用、财务费用三项之和除以营业收入合计(下表同)。

3-18 续表 1

一般旅店

地区	负债比率 (%)	主营业务毛利率 (%)	人均营业收入 (万元)	费用率 (%)
全国	**67.7**	**62.9**	**17.4**	**55.2**
北京	54.3	70.2	20.8	65.0
天津	56.9	78.0	13.9	72.9
河北	66.4	52.2	13.1	47.8
山西	52.5	54.8	13.5	46.5
内蒙古	81.2	62.0	12.5	58.3
辽宁	89.1	20.0	16.0	18.5
吉林				
黑龙江	36.9	67.7	25.3	47.5
上海	77.2	79.7	23.8	70.0
江苏	75.0	58.0	16.5	55.5
浙江	80.9	73.0	17.7	66.5
安徽	55.6	56.9	17.9	46.9
福建	83.5	73.7	17.9	62.5
江西	69.5	56.1	11.8	46.1
山东	79.5	57.2	12.4	49.1
河南	76.2	50.1	19.4	41.0
湖北	55.3	57.3	18.2	49.2
湖南	71.3	51.0	16.0	35.1
广东	62.6	58.5	17.6	50.5
广西	47.2	80.6	21.5	65.4
海南				
重庆	77.0	39.1	26.2	34.0
四川	88.9	71.7	19.2	70.6
贵州	38.8	79.3	10.0	66.6
云南	87.3	55.1	18.4	45.3
西藏				
陕西	76.8	70.7	12.9	58.0
甘肃	100.0	68.4	14.5	55.1
青海				
宁夏	67.4	54.3	12.0	53.4
新疆	93.4	26.3	13.9	16.7

3-18 续表 2

其他住宿服务

地　区	负债比率(%)	主营业务毛利率(%)	人均营业收入(万元)	费用率(%)
全　国	**77.7**	**68.2**	**16.1**	**62.5**
北　京	102.3	69.2	13.8	80.2
天　津	92.1	61.5	14.3	55.2
河　北	97.9	68.3	12.9	73.5
山　西	88.6	49.4	13.8	57.4
内蒙古				
辽　宁				
吉　林	251.3	24.8	16.9	18.8
黑龙江				
上　海	52.7	77.8	26.3	58.4
江　苏	160.4	74.2	17.7	110.4
浙　江	94.9	77.2	10.7	82.0
安　徽	94.6	57.8	14.6	31.4
福　建	81.9	63.2	11.5	61.1
江　西	6.6	72.8	9.8	69.8
山　东	101.4	69.3	11.2	49.9
河　南	72.0	28.0	28.5	3.6
湖　北				
湖　南				
广　东	73.5	76.8	11.1	79.4
广　西	27.4	88.5	33.3	25.1
海　南				
重　庆	84.4	40.5	31.5	29.6
四　川	29.0	64.8	16.3	63.5
贵　州				
云　南				
西　藏				
陕　西	32.9	73.7	19.4	64.9
甘　肃				
青　海				
宁　夏				
新　疆				

3-19　大中型餐饮业企业分行业基本情况

地　区	餐饮业		正餐服务	
	法人单位数（个）	年末从业人数（人）	法人单位数（个）	年末从业人数（人）
全　国	**2947**	**1232487**	**2644**	**756345**
北　京	359	148776	313	104294
天　津	62	42309	52	12300
河　北	47	15209	47	15209
山　西	79	30785	77	25055
内蒙古	43	11951	41	11641
辽　宁	64	23414	51	10447
吉　林	8	3291	8	3291
黑龙江	19	4636	18	3866
上　海	296	128431	257	76199
江　苏	255	115476	224	50022
浙　江	218	97761	197	54049
安　徽	56	15688	49	13131
福　建	82	42474	71	29460
江　西	27	9578	25	6831
山　东	190	66898	179	46554
河　南	50	18211	48	12827
湖　北	98	43395	88	31019
湖　南	63	22474	59	16355
广　东	490	215252	431	106256
广　西	21	7813	18	5350
海　南	19	3814	18	3542
重　庆	85	40597	75	32955
四　川	99	51258	92	25149
贵　州	18	5656	18	5656
云　南	30	11597	27	6661
西　藏	1	153	1	153
陕　西	111	39772	106	34950
甘　肃	21	5372	20	4821
青　海	6	1866	6	1866
宁　夏	17	3645	17	3645
新　疆	13	4935	11	2791

3-19 续表

地区	快餐服务		饮料及冷饮服务		其他餐饮服务	
	法人单位数（个）	年末从业人数（人）	法人单位数（个）	年末从业人数（人）	法人单位数（个）	年末从业人数（人）
全　国	**193**	**410805**	**17**	**11538**	**93**	**53799**
北　京	34	38285	5	2188	7	4009
天　津	6	28820			4	1189
河　北						
山　西	1	5572			1	158
内蒙古	1	160	1	150		
辽　宁	10	12566	2	241	1	160
吉　林						
黑龙江	1	770				
上　海	18	36880	4	4419	17	10933
江　苏	16	58086	1	2523	14	4845
浙　江	12	41807	1	128	8	1777
安　徽	6	2357			1	200
福　建	10	12666			1	348
江　西	1	2575			1	172
山　东	9	19874	1	136	1	334
河　南	1	5278			1	106
湖　北	6	11321			4	1055
湖　南	3	5759			1	360
广　东	34	96138	2	1753	23	11105
广　西	3	2463				
海　南	1	272				
重　庆	6	6568			4	1074
四　川	4	10585			3	15524
贵　州						
云　南	2	4486			1	450
西　藏						
陕　西	5	4822				
甘　肃	1	551				
青　海						
宁　夏						
新　疆	2	2144				

3-20 大中型餐饮业企业分行业经营情况

正餐服务　　　　单位：万元

地　区	营业额	客房收入	餐费收入	商品销售额	其他收入
全　国	**13944297**	**916225**	**12208996**	**444728**	**374347**
北　京	2281779	27795	2165852	32376	55756
天　津	217213	12089	187594	3227	14303
河　北	206640	18845	178001	7332	2462
山　西	393932	63562	310219	10459	9692
内蒙古	206021	28215	174121	1743	1942
辽　宁	254029	9159	236652	1472	6746
吉　林	67275	21364	41325	202	4384
黑龙江	70324	4629	58169	6732	794
上　海	1693516	25262	1633522	4522	30210
江　苏	922061	111755	771323	12474	26510
浙　江	1214218	115524	1039945	27264	31485
安　徽	191306	19158	148026	21310	2812
福　建	477168	36941	406756	26640	6830
江　西	92451	5447	74714	11945	345
山　东	817029	118971	590463	77471	30126
河　南	230473	24281	178335	9629	18227
湖　北	464482	32663	408552	15862	7405
湖　南	256767	24928	213887	7910	10043
广　东	1877697	95098	1670307	57444	54849
广　西	73109	3089	66065	2182	1773
海　南	61376	1274	53100	819	6184
重　庆	541258	24871	488419	21767	6201
四　川	403221	22615	347214	14891	18502
贵　州	69733	3570	60958	4289	917
云　南	125958	3519	110086	9726	2627
西　藏	2311		2311		
陕　西	559971	40867	449838	50047	19219
甘　肃	61364	3608	55193	2240	323
青　海	18760	2385	15689		686
宁　夏	54772	11169	38403	2699	2501
新　疆	38083	3572	33963	54	494

3-20 续表 1

快餐服务　　单位：万元

地　区	营业额	客房收入	餐费收入	商品销售额	其他收入
全　国	**6962486**	**3679**	**6930374**	**7162**	**21271**
北　京	1009710		993610	5127	10973
天　津	402537		401480	1057	
河　北					
山　西	73999		73999		
内蒙古	3138		3138		
辽　宁	519988		519969		18
吉　林					
黑龙江	11239		11239		
上　海	608584		608441		143
江　苏	772480		772480		
浙　江	505002	672	501499	813	2019
安　徽	52344		52344		
福　建	255876		255876		
江　西	52304		52304		
山　东	276918	32	275940		946
河　南	59113		59113		
湖　北	227450		227443		8
湖　南	136726		136726		
广　东	1427029		1425974		1055
广　西	60227		60227		
海　南	5526		5526		
重　庆	120403	2242	118157		5
四　川	192210		192114		96
贵　州					
云　南	50106		49940	166	
西　藏					
陕　西	77315	734	70982		5599
甘　肃	25961		25961		
青　海					
宁　夏					
新　疆	36301		35892		409

3-20 续表 2

饮料及冷饮服务　　　　单位：万元

地　区	营业额	客房收入	餐费收入	商品销售额	其他收入
全　国	**294721**		**271803**	**15733**	**7185**
北　京	70042		55026	11021	3995
天　津					
河　北					
山　西					
内蒙古	7400		1000	3210	3190
辽　宁	6093		5251	842	
吉　林					
黑龙江					
上　海	128720		128720		
江　苏	25750		25750		
浙　江	3056		2842	214	
安　徽					
福　建					
江　西					
山　东	3550		3105	446	
河　南					
湖　北					
湖　南					
广　东	50110		50110		
广　西					
海　南					
重　庆					
四　川					
贵　州					
云　南					
西　藏					
陕　西					
甘　肃					
青　海					
宁　夏					
新　疆					

3-20 续表 3

其他餐饮服务

单位：万元

地区	营业额	客房收入	餐费收入	商品销售额	其他收入
全　国	**841418**	**19668**	**774713**	**19508**	**27528**
北　京	60022		49420	324	10278
天　津	22522	4502	13739	545	3736
河　北					
山　西	2337	1985	351		
内蒙古					
辽　宁	3432		3432		
吉　林					
黑龙江					
上　海	189617	7102	179263	50	3202
江　苏	76773	1895	68316	6457	105
浙　江	33442	764	25449	5659	1570
安　徽	3318		3318		
福　建	9133		9133		
江　西	5971		5971		
山　东	11989		10783	1206	
河　南	2124		1985	139	
湖　北	17751	2250	14104		1396
湖　南	4974		3905	973	97
广　东	148347		142195	3645	2507
广　西					
海　南					
重　庆	18468	1170	13734	511	3053
四　川	223278		223278		
贵　州					
云　南	7921		6339		1582
西　藏					
陕　西					
甘　肃					
青　海					
宁　夏					
新　疆					

3-21 大中型餐饮业企业分行业年末资产负债

正餐服务

单位：万元

地 区	流动资产合计	固定资产原价	累计折旧	资产总计	负债合计	所有者权益合计
全 国	**6388479**	**5915552**	**1819026**	**14007194**	**9951797**	**4054328**
北 京	1073882	497554	196785	1969784	1390517	579267
天 津	144947	103180	22043	281363	222858	58505
河 北	79271	78718	30005	158534	111435	47099
山 西	230157	252201	77854	490164	369115	121049
内蒙古	152908	149911	31848	400382	270161	130221
辽 宁	137086	189599	45942	327805	248509	79296
吉 林	32953	126361	23119	153125	64910	88215
黑龙江	24187	23521	7985	50064	27809	21186
上 海	620858	356748	105901	1114751	708520	406231
江 苏	439865	460944	150917	1050909	786419	264489
浙 江	703035	739342	168770	1646706	1216432	430275
安 徽	93569	101235	30329	220379	163955	56424
福 建	166710	195172	81362	360274	237468	122806
江 西	50898	45380	12383	103185	70094	33091
山 东	399060	675776	144333	1228007	929673	298334
河 南	138658	92687	30951	277300	204549	72751
湖 北	173128	238312	74150	452290	371096	81194
湖 南	106632	136212	33899	250901	173948	76953
广 东	644037	606552	260326	1284557	936776	347781
广 西	22178	17443	4966	51197	32429	18768
海 南	22666	24207	9257	43029	39626	3403
重 庆	149633	106035	41362	314489	171128	143361
四 川	318846	218762	82140	695511	479057	216454
贵 州	48275	26382	11669	78443	60127	18316
云 南	75762	70493	18608	162372	139561	22811
西 藏	1931	35	25	1941	1557	384
陕 西	225431	228162	92658	543030	311772	231258
甘 肃	21350	19423	7200	47947	36223	11724
青 海	15021	20127	5513	51599	27656	23943
宁 夏	66363	67607	11386	139925	118348	21577
新 疆	9183	47471	5341	57233	30068	27165

3-21 续表 1

快餐服务　　单位：万元

地　区	流动资产合计	固定资产原价	累计折旧	资产总计	负债合计	所有者权益合计
全　国	**1054417**	**1386053**	**624862**	**3024921**	**1851385**	**1173536**
北　京	190566	181087	85974	458430	281407	177024
天　津	44405	72879	31205	157167	82035	75132
河　北						
山　西	13025			28388	8430	19959
内蒙古	1098	378	148	1477	727	750
辽　宁	82374	76785	38703	212615	125931	86684
吉　林						
黑龙江	1056	3950	1882	6022	4827	1195
上　海	85500	117747	62643	213232	197411	15821
江　苏	97254	132077	60055	298294	198639	99654
浙　江	82048	104555	41696	217456	156940	60516
安　徽	13127	9668	5417	24286	19108	5178
福　建	27204	52448	23008	111773	77377	34396
江　西	3692	8358	3904	17789	6344	11445
山　东	30812	61986	25318	138132	98452	39679
河　南	3442	11476	3990	23672	14111	9561
湖　北	17502	45521	19604	87639	72351	15288
湖　南	10572	29367	9342	49318	30661	18658
广　东	205781	305750	141973	625907	301177	324730
广　西	10682	10133	5118	24925	10698	14227
海　南	2020	1597	800	2852	1101	1751
重　庆	57919	53468	17073	117405	50631	66774
四　川	24884	53878	23197	86231	64271	21960
贵　州						
云　南	1039	19191	7396	18401	9847	8554
西　藏						
陕　西	31234	25667	13740	70857	28226	42631
甘　肃	6982			11299	3125	8174
青　海						
宁　夏						
新　疆	10199	8086	2678	21356	7561	13796

3-21 续表 2

饮料及冷饮服务 单位：万元

地 区	流动资产合计	固定资产原价	累计折旧	资产总计	负债合计	所有者权益合计
全 国	**83263**	**53825**	**22654**	**145334**	**48451**	**96883**
北 京	23599	22222	11187	36882	16630	20252
天 津						
河 北						
山 西						
内蒙古	170	2100		2270		2270
辽 宁	2240	2366	1206	3580	827	2753
吉 林						
黑龙江						
上 海	35548	2469	1257	56129	29466	26663
江 苏	3875	13195	2938	17550	-9351	26901
浙 江	877	514	370	1024	317	707
安 徽						
福 建						
江 西						
山 东	767	1584	589	1986	748	1238
河 南						
湖 北						
湖 南						
广 东	16187	9375	5107	25913	9814	16099
广 西						
海 南						
重 庆						
四 川						
贵 州						
云 南						
西 藏						
陕 西						
甘 肃						
青 海						
宁 夏						
新 疆						

3-21 续表 3

其他餐饮服务 单位：万元

地 区	流动资产合计	固定资产原价	累计折旧	资产总计	负债合计	所有者权益合计
全 国	**326576**	**188232**	**76895**	**552502**	**249452**	**303050**
北 京	10233	6401	3447	15251	17781	-2530
天 津	10087	8161	4492	15196	7458	7737
河 北						
山 西	903			1223	1073	150
内蒙古						
辽 宁	2256	1030	377	4469	227	4242
吉 林						
黑龙江						
上 海	92913	69040	36980	153332	74898	78434
江 苏	12263	10824	3591	32519	18675	13844
浙 江	20369	9889	4681	31357	14575	16782
安 徽	1343	1990	52	3333	72	3261
福 建	4581	3890	1435	9346	3733	5613
江 西	96	278	49	325	76	249
山 东	470	186	54	972	421	551
河 南	1296	2088	556	2942	857	2085
湖 北	25419	4271	1860	38915	20511	18403
湖 南	2379	3071		5450	1600	3850
广 东	74974	27527	11824	104947	48688	56259
广 西						
海 南						
重 庆	6395	16942	2449	29912	15880	14033
四 川	52029	20961	3768	92900	20053	72846
贵 州						
云 南	8571	1682	1280	10113	2873	7241
西 藏						
陕 西						
甘 肃						
青 海						
宁 夏						
新 疆						

3-22 大中型餐饮业企业分行业实收资本及构成

正餐服务　　单位：万元

地　区	实收资本	国家资本	集体资本	法人资本	个人资本	港澳台资本	外商资本
全　国	**3335898**	**251027**	**80519**	**1261640**	**1202303**	**324086**	**216324**
北　京	435100	1200	3211	151649	201986	40119	36935
天　津	48972	600	230	14905	33232		5
河　北	36508	50	20	19021	17417		
山　西	99536	3574	565	52778	42293	326	
内蒙古	80802	10706		50827	19269		
辽　宁	37771	239	100	12897	22440	280	1815
吉　林	36217	16653		19264	300		
黑龙江	19647		529	1970	10890	6041	217
上　海	245603	21471	1464	57928	44665	40379	79696
江　苏	294794	14838	18951	65588	110801	71803	12813
浙　江	367616	27845	11005	154142	114501	23768	36355
安　徽	52669	1844	2900	23157	24768		
福　建	119722	3673	2597	32146	52313	28993	
江　西	20418	300		10169	8986	863	100
山　东	232852	46440	8078	96258	60579	9896	11601
河　南	61787	152	2050	26791	29981	40	2773
湖　北	95427	8796	8285	36131	35935	3365	2915
湖　南	72311	1975	135	47725	22476		
广　东	284738	37077	5496	81559	58488	88742	13376
广　西	16806			9895	6911		
海　南	9566		1500	2938	1019	4109	
重　庆	45204	6323	5	18237	12417		8222
四　川	227095	202	4614	65752	155346	686	495
贵　州	14177	3824		4403	5950		
云　南	17292	255		4135	11334	1568	
西　藏	118				118		
陕　西	275646	9053	646	188645	65657	3108	8538
甘　肃	5364			2399	2965		
青　海	21648		8103	100	13445		
宁　夏	23003	2000		6533	14003		467
新　疆	37490	31938	35	3698	1819		

3-22 续表 1

快餐服务 单位：万元

地区	实收资本	国家资本	集体资本	法人资本	个人资本	港澳台资本	外商资本
全国	**638175**	**6006**	**1680**	**169052**	**25602**	**110292**	**325543**
北京	82068	156	1080	14744	5890	22852	37346
天津	18674			6773	40	235	11626
河北							
山西	1739						1739
内蒙古	50						50
辽宁	27362			1747		2070	23545
吉林							
黑龙江	2482						2482
上海	92102	5150		3126	200	10913	72713
江苏	43115			10638	5512	2286	24679
浙江	39710		600	22668	2075		14367
安徽	4376			716	510	2484	666
福建	29685			6358	4401	15918	3008
江西	2109						2109
山东	17648			4286	250	1516	11596
河南	1738			1738			
湖北	18521				303		18218
湖南	3831			90	210		3531
广东	148925	700		44164	1600	26856	75605
广西	4008				30	1743	2235
海南	337					337	
重庆	58907			49616			9291
四川	10206					2490	7716
贵州							
云南	2654			2075			579
西藏							
陕西	22086				1081	20591	414
甘肃	1410						1410
青海							
宁夏							
新疆	4436			314	3501		621

3-22 续表 2

饮料及冷饮服务　　单位：万元

地区	实收资本	国家资本	集体资本	法人资本	个人资本	港澳台资本	外商资本
全国	**65209**	**245**		**2224**	**2850**	**27628**	**32262**
北京	10757			1500	100	9157	
天津							
河北							
山西							
内蒙古	2270				2270		
辽宁	3570					3570	
吉林							
黑龙江							
上海	11516			724	480	2265	8047
江苏	24215						24215
浙江	245	245					
安徽							
福建							
江西							
山东	818					818	
河南							
湖北							
湖南							
广东	11818					11818	
广西							
海南							
重庆							
四川							
贵州							
云南							
西藏							
陕西							
甘肃							
青海							
宁夏							
新疆							

3-22 续表 3

其他餐饮服务　　　　单位：万元

地区	实收资本	国家资本	集体资本	法人资本	个人资本	港澳台资本	外商资本
全　国	**160659**	**35012**	**4853**	**48054**	**13918**	**26549**	**32273**
北　京	8266	90		664	1699		5813
天　津	2923		1268	1635	20		
河　北							
山　西	150	150					
内蒙古							
辽　宁	3000	3000					
吉　林							
黑龙江							
上　海	62875	23644		12737	1188	9072	16234
江　苏	6139			735	3793	1365	246
浙　江	7888	71		2919	1181	3717	
安　徽	200				200		
福　建	1211			618		593	
江　西	51				51		
山　东	500				500		
河　南	2034	1795		239			
湖　北	6800			6725	75		
湖　南	3850		1065	1550	1235		
广　东	28313	2145		2463	3976	9748	9981
广　西							
海　南							
重　庆	11843	2200	2520	5070		2053	
四　川	12700			12700			
贵　州							
云　南	1917	1917					
西　藏							
陕　西							
甘　肃							
青　海							
宁　夏							
新　疆							

3-23 大中型餐饮业企业分行业损益及分配

正餐服务　　　　单位：万元

地　区	主营业务收入	主营业务成本	主营业务税金及附加	主营业务利润
全　国	**13767123**	**6660074**	**740901**	**6366148**
北　京	2299113	995751	125726	1177636
天　津	224977	112462	11763	100752
河　北	202599	109181	11051	82367
山　西	385747	201138	19994	164615
内蒙古	207154	99167	8800	99187
辽　宁	254700	138722	13291	102687
吉　林	67222	22345	3490	41387
黑龙江	70322	38952	6112	25258
上　海	1649941	736717	91052	822172
江　苏	916667	428037	49875	438755
浙　江	1212967	648634	64793	499540
安　徽	190921	92641	10439	87841
福　建	475383	248390	30289	196704
江　西	92440	52224	4060	36156
山　东	759890	359735	39159	360996
河　南	219139	108400	10747	99992
湖　北	462462	238919	25863	197680
湖　南	251123	128631	12421	110071
广　东	1864563	903928	103563	857072
广　西	71437	39341	4283	27813
海　南	61243	28359	4046	28838
重　庆	504640	297237	19498	187905
四　川	401275	181671	21840	197764
贵　州	69348	36619	3714	29015
云　南	115306	64259	5536	45511
西　藏	2311	1184	130	997
陕　西	560375	264497	29764	266114
甘　肃	61355	32050	3546	25759
青　海	18750	8593	1106	9051
宁　夏	54544	21964	2970	29610
新　疆	39213	20326	1981	16906

3-23 续表 1

正餐服务

地　　区	其他业务利润	销售费用	管理费用	财务费用
全　　国	**64493**	**3886957**	**1635312**	**276448**
北　　京	10496	780087	261432	29821
天　　津	920	59990	24485	3576
河　　北	61	58099	18565	2900
山　　西	1461	95643	51438	13272
内 蒙 古	525	43149	32300	4635
辽　　宁	78	55410	30402	7130
吉　　林	54	9595	20682	1465
黑 龙 江	218	11796	7094	288
上　　海	7921	557734	176221	19498
江　　苏	4718	260030	141213	24097
浙　　江	8444	292879	156487	35005
安　　徽	746	51549	25359	5166
福　　建	2109	99920	61260	6526
江　　西	113	22792	7038	2371
山　　东	2454	197976	111961	28033
河　　南	5644	63188	22640	4122
湖　　北	880	129655	53282	16595
湖　　南	3081	62088	31470	7234
广　　东	6865	530259	191892	34174
广　　西	551	18802	7676	761
海　　南	53	19063	6299	523
重　　庆	3317	97837	34619	3357
四　　川	213	117141	46279	9700
贵　　州	35	17559	10237	1840
云　　南	1358	25038	16760	2557
西　　藏		832		1
陕　　西	1444	159371	61441	6305
甘　　肃	163	18655	3248	1306
青　　海	13	5419	3793	778
宁　　夏	298	16141	12204	2792
新　　疆	260	9264	7535	622

单位：万元

营业利润	利润总额	应交所得税	应付职工薪酬
660910	**574164**	**172503**	**2062681**
123504	121554	40222	409979
14993	11890	3064	36081
2864	2567	1256	30848
5733	1660	2881	53531
19608	14828	2167	33935
9822	8358	3292	25508
9698	9555	2394	9799
6552	5889	800	8503
92045	89881	20197	213423
18280	9732	7315	142115
28285	43845	13935	162997
6515	6407	3176	28646
33024	31112	9406	96922
4069	3915	719	12868
25342	25324	11218	106712
15686	9968	2329	28054
-448	-4602	4984	67786
12412	5500	2753	36963
101081	81029	21242	281543
1124	-48	1170	11046
3007	-143	85	7250
56354	33685	4016	62438
24987	20910	4988	59464
-633	-807	529	13568
2687	2938	1349	15292
165	165	18	445
43791	39991	6165	77504
2712	1571	290	8684
-864	-650	58	3894
-1229	1095	68	10564
-254	-2951	419	6323

3-23 续表 2

快餐服务

地　区	主营业务收入	主营业务成本	主营业务税金及附加	主营业务利润	其他业务利润	销售费用
全　国	**6935756**	**3165932**	**381540**	**3388284**	**9068**	**2276048**
北　京	994275	414051	54586	525638	8694	376608
天　津	401911	184529	22295	195087	2625	115185
河　北						
山　西	73999	33822	4212	35965		16881
内蒙古	3138	1139	165	1834		924
辽　宁	520396	234423	29344	256629	315	154857
吉　林						
黑龙江	11239	4225	618	6396		5127
上　海	606847	292785	33474	280588	163	216551
江　苏	774730	303778	41089	429863	-16997	269452
浙　江	502925	243245	28214	231466	2286	142226
安　徽	52355	25379	2759	24217	48	19256
福　建	255876	128375	13167	114334	669	82024
江　西	52304	25398	2926	23980		13767
山　东	276886	132438	14854	129594	10	85714
河　南	59113	28918	3312	26883		15792
湖　北	220983	99889	12224	108870	7	73034
湖　南	135246	63717	7402	64127		41376
广　东	1428515	657794	79386	691335	165	503544
广　西	60148	27032	3315	29801	149	16939
海　南	5526	1908	306	3312		931
重　庆	120079	79729	6716	33634	2674	14999
四　川	192114	100178	10799	81137	3554	51716
贵　州						
云　南	53102	24267	2906	25929		14465
西　藏						
陕　西	71788	31358	3983	36447	4564	29776
甘　肃	25961	11580	1457	12924		5803
青　海						
宁　夏						
新　疆	36301	15977	2032	18292	142	9102

单位：万元

管理费用	财务费用	营业利润	利润总额	应交所得税	应付职工薪酬
508125	**17226**	**594508**	**585614**	**145513**	**921047**
73494	-201	84519	80036	15428	153746
29394	-128	52996	52326	13430	43255
4993	-170	14261	14191	3284	7537
180		730	734	184	279
39404	427	62254	62586	15584	48240
425	135	708	640	189	1237
51086	3917	9191	12828	5834	100696
60787	3921	78426	78070	19121	91802
37628	3747	50054	49684	13091	82625
1940	896	2174	2126	791	6788
16020	1313	15655	15285	4180	32653
3734	13	6466	6466		5757
20189	1279	22221	25587	7025	33004
4889	189	6013	5886	1476	6562
18571	1517	15557	14551	4019	21214
9011	901	12840	12457	3173	17633
95636	-2514	94318	86544	22075	209755
4391	119	8501	8008	2091	7308
1600	13	768	184		775
8157	834	12508	12166	3693	7466
14226	804	17758	18117	4306	24050
3529	93	7841	7818	1816	5431
4127	307	6803	7309	1815	10201
1775	-157	5503	5443	1266	1244
2940	-29	6442	6573	1645	1790

3-23 续表 3

饮料及冷饮服务

地　区	主营业务收入	主营业务成本	主营业务税金及附加	主营业务利润	其他业务利润	销售费用
全　国	**289028**	**79034**	**15472**	**194522**	**93**	**136399**
北　京	70109	19355	3426	47327	7	31868
天　津						
河　北						
山　西						
内蒙古	3200	1920	960	320		29
辽　宁	6047	1590	272	4185		2777
吉　林						
黑龙江						
上　海	127297	33769	6458	87071	86	60352
江　苏	25750	6489	1444	17817		15011
浙　江	3025	921	159	1945		961
安　徽						
福　建						
江　西						
山　东	3490	937	174	2379		1630
河　南						
湖　北						
湖　南						
广　东	50110	14053	2579	33478		23771
广　西						
海　南						
重　庆						
四　川						
贵　州						
云　南						
西　藏						
陕　西						
甘　肃						
青　海						
宁　夏						
新　疆						

单位：万元

管理费用	财务费用	营业利润	利润总额	应交所得税	应付职工薪酬
18072	**166**	**39955**	**41304**	**8831**	**36733**
5911	-87	9620	9343	2120	9814
15	4	272			360
312	21	1075	1059	99	693
7971	-43	18877	20569	5070	18831
	94	2713	2687		954
791	28	165	163	41	807
115	17	616	2		363
2957	132	6617	7481	1501	4911

3-23 续表 4

其他餐饮服务

地　区	主营业务收入	主营业务成本	主营业务税金及附加	主营业务利润	其他业务利润	销售费用
全　国	**849269**	**432392**	**40463**	**376414**	**6992**	**214988**
北　京	58926	37644	2546	18736	184	11533
天　津	22452	11991	1114	9347	1	4098
河　北						
山　西	2337	1636	93	608		467
内蒙古						
辽　宁	2933	1725	33	1175		
吉　林						
黑龙江						
上　海	190014	75284	10186	104544	2627	69477
江　苏	76503	41401	3864	31238	280	20546
浙　江	40928	27024	1305	12599	941	5982
安　徽	3318	1924	100	1294		
福　建	9133	6764	189	2180		339
江　西	5971	5122	388	461		8
山　东	11989	10591	607	791		
河　南	2124	1471	2	651		97
湖　北	17751	6065	1038	10648	195	6806
湖　南	4974	4025	295	654		
广　东	150413	85344	7893	57176	2680	32178
广　西						
海　南						
重　庆	18349	9968	495	7886	45	2671
四　川	223278	98563	10187	114528	2	60541
贵　州						
云　南	7877	5854	131	1892	37	246
西　藏						
陕　西						
甘　肃						
青　海						
宁　夏						
新　疆						

单位：万元

管理费用	财务费用	营业利润	利润总额	应交所得税	应付职工薪酬
99758	**4028**	**67494**	**70249**	**14718**	**128141**
8338	186	-1136	-1211	33	12693
3890	42	1319	1516	298	5069
22	43	75	75		285
658	-4	521	530	133	134
26399	307	13901	18140	2119	26555
4451	463	6058	5937	1563	8019
3813	390	3343	3500	929	6200
33		1261	32		756
882	-3	937	935	224	1891
200	7	247	247	66	354
746	-1	45	45	8	542
87	73	395	395	80	318
2088	144	1800	1414	363	2503
200	367	88		2	1620
21949	638	5087	4960	1244	27361
3514	44	1703	1692		3152
21089	1521	31381	31571	7602	28208
1400	-188	472	474	55	2482

3-24 大中型餐饮业企业分行业经济效益分析指标

正餐服务

地　区	负债比率 (%)	主营业务毛利率 (%)	人均营业收入 (万元)	费用率 (%)
全　国	**71.0**	**51.6**	**18.3**	**41.9**
北　京	70.6	56.7	22.2	46.4
天　津	79.2	50.0	18.5	38.8
河　北	70.3	46.1	13.3	39.3
山　西	75.3	47.9	15.4	41.5
内蒙古	67.5	52.1	17.9	38.5
辽　宁	75.8	45.5	24.5	36.4
吉　林	42.4	66.8	20.4	47.2
黑龙江	55.5	44.6	18.3	27.2
上　海	63.6	55.3	21.7	45.5
江　苏	74.8	53.3	18.4	46.2
浙　江	73.9	46.5	22.6	39.6
安　徽	74.4	51.5	14.6	42.8
福　建	65.9	47.7	16.2	35.2
江　西	67.9	43.5	13.6	34.8
山　东	75.7	52.7	16.4	44.2
河　南	73.8	50.5	17.1	40.9
湖　北	82.0	48.3	14.9	43.1
湖　南	69.3	48.8	15.6	39.4
广　东	72.9	51.5	17.5	40.8
广　西	63.3	44.9	13.6	37.4
海　南	92.1	53.7	17.3	42.1
重　庆	54.4	41.1	15.7	26.2
四　川	68.9	54.7	16.0	43.1
贵　州	76.7	47.2	12.3	42.7
云　南	86.0	44.3	17.4	38.3
西　藏	80.2	48.8	15.1	36.0
陕　西	57.4	52.8	16.1	40.5
甘　肃	75.5	47.8	12.7	37.8
青　海	53.6	54.2	10.0	53.3
宁　夏	84.6	59.7	15.0	56.9
新　疆	52.5	48.2	14.1	44.1

注：费用率等于销售费用、管理费用、财务费用三项之和除以营业收入合计(下表同)。

3-24 续表 1

快餐服务

地　　区	负债比率(%)	主营业务毛利率(%)	人均营业收入(万元)	费用率(%)
全　　国	**61.2**	**54.4**	**17.0**	**40.2**
北　　京	61.4	58.4	26.3	44.7
天　　津	52.2	54.1	13.9	35.9
河　　北				
山　　西	29.7	54.3	13.3	29.3
内 蒙 古	49.2	63.7	19.6	35.2
辽　　宁	59.2	55.0	41.4	37.4
吉　　林				
黑 龙 江	80.2	62.4	14.6	50.6
上　　海	92.6	51.8	16.5	44.7
江　　苏	66.6	60.8	13.4	43.1
浙　　江	72.2	51.6	12.1	36.3
安　　徽	78.7	51.5	22.2	42.2
福　　建	69.2	49.8	20.2	38.8
江　　西	35.7	51.4	20.3	33.5
山　　东	71.3	52.2	13.9	38.7
河　　南	59.6	51.1	11.2	35.3
湖　　北	82.6	54.8	19.5	42.1
湖　　南	62.2	52.9	23.5	37.9
广　　东	48.1	54.0	14.9	41.6
广　　西	42.9	55.1	24.6	35.4
海　　南	38.6	65.5	20.3	46.0
重　　庆	43.1	33.6	18.3	20.0
四　　川	74.5	47.9	18.3	34.4
贵　　州				
云　　南	53.5	54.3	11.8	34.1
西　　藏				
陕　　西	39.8	56.3	16.0	44.2
甘　　肃	27.7	55.4	47.1	28.6
青　　海				
宁　　夏				
新　　疆	35.4	56.0	17.5	32.1

3-24 续表 2

饮料及冷饮服务

地　　区	负债比率 (%)	主营业务毛利率 (%)	人均营业收入 (万元)	费用率 (%)
全　　国	**33.3**	**72.7**	**25.1**	**53.5**
北　　京	45.1	72.4	32.0	53.8
天　　津				
河　　北				
山　　西				
内 蒙 古		40.0	21.3	1.5
辽　　宁	23.1	73.7	25.1	51.4
吉　　林				
黑 龙 江				
上　　海	52.5	73.5	28.8	53.6
江　　苏	-53.3	74.8	10.2	58.7
浙　　江	31.0	69.6	23.6	58.8
安　　徽				
福　　建				
江　　西				
山　　东	37.7	73.2	25.7	50.5
河　　南				
湖　　北				
湖　　南				
广　　东	37.9	72.0	28.6	53.6
广　　西				
海　　南				
重　　庆				
四　　川				
贵　　州				
云　　南				
西　　藏				
陕　　西				
甘　　肃				
青　　海				
宁　　夏				
新　　疆				

3-24 续表 3

其他餐饮服务

地　区	负债比率(%)	主营业务毛利率(%)	人均营业收入(万元)	费用率(%)
全　国	**45.1**	**49.1**	**15.9**	**37.3**
北　京	116.6	36.1	14.7	33.9
天　津	49.1	46.6	18.9	35.7
河　北				
山　西	87.7	30.0	14.8	22.8
内蒙古				
辽　宁	5.1	41.2	18.3	22.3
吉　林				
黑龙江				
上　海	48.8	60.4	17.7	49.8
江　苏	57.4	45.9	15.8	33.2
浙　江	46.5	34.0	23.7	24.2
安　徽	2.2	42.0	16.6	1.0
福　建	39.9	25.9	26.2	13.3
江　西	23.4	14.2	34.7	3.6
山　东	43.3	11.7	35.9	6.2
河　南	29.1	30.7	20.0	12.1
湖　北	52.7	65.8	16.8	50.9
湖　南	29.4	19.1	13.8	11.4
广　东	46.4	43.3	13.7	36.1
广　西				
海　南				
重　庆	53.1	45.7	17.2	33.7
四　川	21.6	55.9	14.4	37.2
贵　州				
云　南	28.4	25.7	17.6	18.4
西　藏				
陕　西				
甘　肃				
青　海				
宁　夏				
新　疆				

企业篇

简要说明:

一、本篇资料主要内容为大型批发业、零售业、住宿业和餐饮业企业名称、所属行业和所在地等。

二、本篇资料来源于批发和零售业、住宿和餐饮业企业上报的2011年统计年报。

4-1 大型批发业企业名单

企业名称	所属行业	企业所在地
中国石油天然气股份有限公司东北销售分公司	石油及制品批发	辽宁省沈阳市
中国石化销售有限公司华北分公司	石油及制品批发	天津市南开区
中国石化销售有限公司华东分公司	石油及制品批发	上海市长宁区
中国石化销售有限公司华南分公司	石油及制品批发	广东省广州市
中国石化销售有限公司华中分公司	石油及制品批发	湖北省武汉市
上海上汽大众汽车销售有限公司	汽车、摩托车及零配件批发	上海市嘉定区
中国石油化工股份有限公司江苏石油分公司	石油及制品批发	江苏省南京市
宝马(中国)汽车贸易有限公司	汽车、摩托车及零配件批发	北京市朝阳区
一汽丰田汽车销售有限公司	汽车、摩托车及零配件批发	北京市海淀区
梅赛德斯－奔驰(中国)汽车销售有限公司	汽车、摩托车及零配件批发	北京市朝阳区
中国石油天然气股份有限公司西北销售新疆分公司	石油及制品批发	新疆维吾尔自治区乌鲁木齐市
厦门建发股份有限公司	金属及金属矿批发	福建省厦门市
中国航空油料有限责任公司	石油及制品批发	北京市海淀区
苏宁电器股份有限公司南京采购中心	家用电器批发	江苏省南京市
武钢集团国际经济贸易总公司	贸易经纪与代理	湖北省武汉市
中国石油化工股份化工销售华南分公司	其他化工产品批发	广东省广州市
中国石化燃料油销售有限公司	石油及制品批发	北京市朝阳区
中国中煤能源股份有限公司	煤炭及制品批发	北京市朝阳区
神华销售集团有限公司	煤炭及制品批发	北京市东城区
中国石油天然气股份有限公司华南销售分公司	石油及制品批发	广东省广州市
上海三星半导体有限公司	家用电器批发	上海市长宁区
苹果电脑贸易(上海)有限公司	计算机、软件及辅助设备批发	上海市静安区
中国石油化工股份有限公司湖北石油分公司	石油及制品批发	湖北省武汉市
中国进口汽车贸易有限公司	汽车、摩托车及零配件批发	北京市海淀区
鞍钢集团国际经济贸易公司	金属及金属矿批发	辽宁省鞍山市
中国石油化工股份有限公司上海石油分公司	石油及制品批发	上海市黄浦区
中钢钢铁有限公司	金属及金属矿批发	北京市海淀区
中国矿产有限责任公司	金属及金属矿批发	北京市海淀区
中石化森美(福建)石油有限公司	石油及制品批发	福建省福州市
开滦集团国际物流有限责任公司	煤炭及制品批发	河北省唐山市
诺基亚(中国)投资有限公司	通讯及广播电视设备批发	北京市大兴区
丰田汽车(中国)投资有限公司	汽车、摩托车及零配件批发	北京市朝阳区
浙江物产金属集团有限公司	金属及金属矿批发	浙江省杭州市
索尼(中国)有限公司	家用电器批发	北京市朝阳区
安徽省徽商金属股份有限公司	金属及金属矿批发	安徽省合肥市
青岛海尔零部件采购有限公司	金属及金属矿批发	山东省青岛市
中国石油天然气股份有限公司江苏销售分公司	石油及制品批发	江苏省南京市
佳能(中国)有限公司	家用电器批发	北京市东城区
松日数码发展(深圳)有限公司	其他未列明的批发	广东省深圳市
江苏苏美达集团公司	其他机械设备及电子产品批发	江苏省南京市
广东省石油企业集团南方石油化工有限公司	石油及制品批发	广东省广州市
中石油昆仑燃气有限公司	石油及制品批发	北京市朝阳区
捷豹路虎汽车贸易(上海)有限公司	汽车、摩托车及零配件批发	上海市浦东新区
天津天钢国际贸易有限公司	金属及金属矿批发	天津市东丽区

4-1 续表 1

企业名称	所属行业	企业所在地
五矿有色金属股份有限公司	金属及金属矿批发	北京市海淀区
中国首钢国际贸易工程公司	金属及金属矿批发	北京市海淀区
宝钢资源有限公司	金属及金属矿批发	上海市浦东新区
中国铁路物资股份有限公司	金属及金属矿批发	北京市丰台区
中化化肥有限公司	化肥批发	北京市西城区
中化国际(控股)股份有限公司	其他化工产品批发	上海市浦东新区
天津正弘顺工贸科技有限公司	金属及金属矿批发	天津市东丽区
中国石油天然气股份有限公司东北销售大庆分公司	石油及制品批发	黑龙江省大庆市
南方建材股份有限公司	建材批发	湖南省长沙市
福建中烟工业公司	烟草制品批发	福建省厦门市
中国石油天然气股份有限公司湖北销售分公司	石油及制品批发	湖北省武汉市
松下电器(中国)有限公司	家用电器批发	北京市朝阳区
保定长城汽车销售有限公司	汽车、摩托车及零配件批发	河北省保定市
中国烟草总公司重庆市公司	烟草制品批发	重庆市江北区
天音通信有限公司	通讯及广播电视设备批发	广东省深圳市
山西潞安煤炭经销有限责任公司	煤炭及制品批发	山西省长治市
远大物产集团有限公司	石油及制品批发	浙江省宁波市
中粮食品营销有限公司	米、面制品及食用油批发	北京市东城区
中国铁路物资北京有限公司	金属及金属矿批发	北京市西城区
保时捷(中国)汽车销售有限公司	汽车、摩托车及零配件批发	上海市浦东新区
比亚迪汽车销售有限公司	汽车、摩托车及零配件批发	广东省深圳市
北京普天太力通信科技有限公司	通讯及广播电视设备批发	北京市海淀区
西门子(中国)有限公司	通讯及广播电视设备批发	北京市朝阳区
天津兴天地实业发展有限公司	金属及金属矿批发	天津市东丽区
厦门国贸集团股份有限公司	金属及金属矿批发	福建省厦门市
中国石油天然气股份有限公司重庆销售分公司	石油及制品批发	重庆市渝中区
山西焦煤集团国际贸易有限责任公司	煤炭及制品批发	山西省太原市
中国石油化工股份有限公司广东石油分公司	石油及制品批发	广东省广州市
上海汽车进出口有限公司	汽车、摩托车及零配件批发	上海市浦东新区
中国铁路物资沈阳有限公司	金属及金属矿批发	辽宁省沈阳市
攀钢集团国际经济贸易有限公司	金属及金属矿批发	四川省成都市
中油碧辟石油有限公司	石油及制品批发	广东省广州市
中国铁路物资上海有限公司	金属及金属矿批发	上海市闸北区
中国石油天然气股份有限公司北京销售分公司	石油及制品批发	北京市朝阳区
南京华能南方实业开发股份有限公司	金属及金属矿批发	江苏省南京市
山西省国新能源发展集团有限公司	煤炭及制品批发	山西省太原市
上海医药集团股份有限公司	西药批发	上海市长宁区
浙江物产国际贸易有限公司	金属及金属矿批发	浙江省杭州市
浙江吉利控股集团汽车销售有限公司	汽车、摩托车及零配件批发	浙江省杭州市
中油东北销售大港分公司	石油及制品批发	天津市滨海新区
中国神华能源股份有限公司煤炭销售中心	煤炭及制品批发	北京市海淀区
杭州宏盛食品饮料营销有限公司	饮料及茶叶批发	浙江省杭州市
贵州茅台酒销售有限公司	饮料及茶叶批发	贵州省遵义市
施耐德电气(中国)有限公司	其他机械设备及电子产品批发	北京市朝阳区

4-1 续表 2

企业名称	所属行业	企业所在地
中邮普泰通信服务股份有限公司	通讯及广播电视设备批发	北京市西城区
一汽马自达汽车销售有限公司	汽车、摩托车及零配件批发	吉林省长春市
中国石油化工股份有限公司深圳石油分公司	石油及制品批发	广东省深圳市
中国石油天然气股份有限公司上海销售分公司	石油及制品批发	上海市浦东新区
中国石油天然气股份有限公司华南化工销售分公司	其他化工产品批发	广东省广州市
北新建材集团有限公司	建材批发	北京市海淀区
佳通轮胎(中国)投资有限公司	汽车、摩托车及零配件批发	上海市长宁区
中化物产股份有限公司	其他化工产品批发	北京市东城区
英迈(中国)投资有限公司	计算机、软件及辅助设备批发	上海市徐汇区
中国铁路物资武汉公司	贸易经纪与代理	湖北省武汉市
华硕电脑(上海)有限公司	计算机、软件及辅助设备批发	上海市闵行区
日产(中国)投资有限公司	汽车、摩托车及零配件批发	北京市朝阳区
小松(中国)投资有限公司	其他机械设备及电子产品批发	上海市浦东新区
中国石油化工股份有限公司浙江杭州石油分公司	石油及制品批发	浙江省杭州市
中石化长江燃料有限公司	石油及制品批发	湖北省武汉市
江苏国泰国际集团有限公司	服装批发	江苏省苏州市
山东晨鸣纸业销售有限公司	文具用品批发	山东省潍坊市
中国铁路物资天津有限公司	金属及金属矿批发	天津市河东区
联合利华服务(合肥)有限公司	化妆品及卫生用品批发	安徽省合肥市
中国石油技术开发公司	其他机械设备及电子产品批发	北京市西城区
浙江前程石化有限公司	其他化工产品批发	浙江省宁波市
乐金电子(中国)有限公司	家用电器批发	北京市朝阳区
现代汽车(中国)投资有限公司	汽车、摩托车及零配件批发	北京市朝阳区
海尔电器销售(合肥)有限公司	家用电器批发	安徽省合肥市
耐克体育(中国)有限公司	鞋帽批发	江苏省苏州市
国药控股股份有限公司	西药批发	上海市黄浦区
松下电器机电(中国)有限公司	其他机械设备及电子产品批发	上海市浦东新区
郑州煤电物资供销有限公司	建材批发	河南省郑州市
上海伊藤忠商事有限公司	其他化工产品批发	上海市浦东新区
中国石油化工股份有限公司浙江宁波石油分公司	石油及制品批发	浙江省宁波市
上海云峰(集团)有限公司	煤炭及制品批发	上海市闵行区
翰林汇信息产业股份有限公司	计算机、软件及辅助设备批发	北京市海淀区
中国铁路物资成都有限公司	金属及金属矿批发	四川省成都市
中国石油化工股份有限公司陕西石油分公司	石油及制品批发	陕西省西安市
山西煤炭运销集团吕梁有限公司	煤炭及制品批发	山西省吕梁市
沃尔沃汽车销售(上海)有限公司	贸易经纪与代理	上海市嘉定区
四川省烟草公司成都市公司	烟草制品批发	四川省成都市
中国烟草总公司北京市公司	烟草制品批发	北京市通州区
江苏苏酒实业股份有限公司	饮料及茶叶批发	江苏省宿迁市
夏普商贸(中国)有限公司	其他机械设备及电子产品批发	上海市黄浦区
浙江省烟草公司杭州市公司(杭州市烟草专卖局)	烟草制品批发	浙江省杭州市
广州医药有限公司	西药批发	广东省广州市
中国石油天然气股份有限公司化工与销售西南分公司	其他化工产品批发	四川省成都市
博西家用电器(中国)有限公司	家用电器批发	江苏省南京市

4-1 续表 3

企业名称	所属行业	企业所在地
中国石油化工股份有限公司云南昆明石油分公司	石油及制品批发	云南省昆明市官渡区
三菱商事(上海)有限公司	其他化工产品批发	上海市浦东新区
中国石油化工股份有限公司浙江石油分公司	石油及制品批发	浙江省杭州市上城区
中国铁路物资西安公司	石油及制品批发	陕西省西安市新城区
中国石油天然气股份有限公司青海销售公司	石油及制品批发	青海省西宁市城北区
上海老庙黄金有限公司老庙黄金银楼	首饰、工艺品及收藏品批发	上海市黄浦区
欧莱雅(中国)有限公司	化妆品及卫生用品批发	上海市静安区
中国石油化工股份有限公司广东佛山石油分公司	石油及制品批发	广东省佛山市禅城区
中国铁路物资哈尔滨公司	石油及制品批发	黑龙江省哈尔滨市南岗区
欧尚(中国)投资有限公司	其他未列明的批发	上海市杨浦区
北京红牛饮料销售有限公司	饮料及茶叶批发	北京市朝阳区
中基宁波集团股份有限公司	金属及金属矿批发	浙江省宁波市鄞州区
安徽华源医药股份有限公司	西药批发	安徽省阜阳市太和县
云南省烟草公司曲靖市公司	烟草制品批发	云南省曲靖市麒麟区
大金(中国)投资有限公司	家用电器批发	北京市东城区
浙江省烟草公司宁波市公司	烟草制品批发	浙江省宁波市江东区
佳杰科技(上海)有限公司	计算机、软件及辅助设备批发	上海市长宁区
武汉白沙洲冷链物流有限责任公司	肉、禽、蛋及水产品批发	湖北省武汉市洪山区
榆林神华能源有限责任公司	煤炭及制品批发	陕西省榆林市榆阳区
中国石油化工股份有限公司重庆石油分公司	石油及制品批发	重庆市渝中区
北京金隅水泥经贸有限公司	建材批发	北京市房山区
日立建机(上海)有限公司	其他机械设备及电子产品批发	上海市浦东新区
河北省唐山市滦通商贸有限公司	煤炭及制品批发	河北省唐山市古冶区
联想(深圳)电子有限公司	计算机、软件及辅助设备批发	广东省深圳市南山区
深圳中电投资股份有限公司	其他机械设备及电子产品批发	广东省深圳市福田区
江苏大明金属制品有限公司	金属及金属矿批发	江苏省无锡市锡山区
完美(中国)日用品有限公司生产经营部	其他食品批发	广东省中山市中山市直
郑州日产汽车销售有限公司	其他机械设备及电子产品批发	河南省郑州市中牟县
中国石油天然气股份有限公司陕西西安销售分公司	石油及制品批发	陕西省西安市莲湖区
中国烟草总公司深圳市公司	烟草制品批发	广东省深圳市福田区
瑞表企业管理(上海)有限公司	其他日用品批发	上海市徐汇区
中国石油化工股份有限公司山东潍坊分公司	石油及制品批发	山东省潍坊市奎文区
广州白马服装贸易有限公司	服装批发	广东省广州市越秀区
庞大汽贸集团股份有限公司	汽车、摩托车及零配件批发	河北省唐山市滦县
浙江省烟草公司温州市公司	烟草制品批发	浙江省温州市鹿城区
浙江物产燃料集团有限公司	煤炭及制品批发	浙江省杭州市上城区
北京首钢新钢联科贸有限公司	金属及金属矿批发	北京市丰台区
中国石油化工股份有限公司河南郑州石油分公司	石油及制品批发	河南省郑州市管城回族区
广州立白企业集团有限公司	厨房、卫生间用具及日用杂货批发	广东省广州市荔湾区
广东烟草广州市有限公司	烟草制品批发	广东省广州市天河区
上海电力燃料有限公司	煤炭及制品批发	上海市黄浦区
海南一汽海马汽车销售有限公司	汽车、摩托车及零配件批发	海南省海口市龙华区
阿迪达斯体育(中国)有限公司	服装批发	江苏省苏州市平江区
中国石油化工股份有限公司浙江金华分公司	石油及制品批发	浙江省金华市婺城区

4-1 续表 4

企业名称	所属行业	企业所在地
华南蓝天油料有限公司	石油及制品批发	广东省广州市
山西省煤炭运销集团朔州有限公司	煤炭及制品批发	山西省朔州市
海信科龙电器股份有限公司青岛分公司	家用电器批发	山东省青岛市
黑龙江倍丰农业生产资料集团有限公司	化肥批发	黑龙江省哈尔滨市
山西建邦集团有限公司	金属及金属矿批发	山西省临汾市
浙江娃哈哈食品饮料营销有限公司	饮料及茶叶批发	浙江省丽水市
卡特彼勒(中国)投资有限公司	其他机械设备及电子产品批发	北京市朝阳区
中化塑料有限公司	其他化工产品批发	北京市西城区
湖北省烟草公司武汉市公司	烟草制品批发	湖北省武汉市
上海神州数码有限公司	计算机、软件及辅助设备批发	上海市长宁区
龙工(中国)机械销售有限公司	其他机械设备及电子产品批发	福建省龙岩市
新汶矿业集团物资供销有限责任公司	其他机械设备及电子产品批发	山东省泰安市
三井物产(上海)贸易有限公司	其他化工产品批发	上海市浦东新区
中国石油化工股份有限公司山东青岛石油分公司	石油及制品批发	山东省青岛市
华东医药股份有限公司	西药批发	浙江省杭州市
天津一汽汽车销售有限公司	汽车、摩托车及零配件批发	天津市河西区
中国石油化工股份有限公司河北唐山石油分公司	石油及制品批发	河北省唐山市
丰田通商(上海)有限公司	其他机械设备及电子产品批发	上海市浦东新区
中国石油化工股份有限公司河北石家庄石油分公司	石油及制品批发	河北省石家庄市
重庆东风渝安汽车销售有限公司	汽车、摩托车及零配件批发	重庆市沙坪坝区
北京科园信海医药经营有限公司	中药材及中成药批发	北京市丰台区
中国石油化工股份有限公司广西南宁石油分公司	石油及制品批发	广西壮族自治区南宁市
上海亚一金店有限公司	首饰、工艺品及收藏品批发	上海市黄浦区
江苏省南京市烟草专卖局公司	烟草制品批发	江苏省南京市
江苏省烟草公司苏州市公司	烟草制品批发	江苏省苏州市
宏图三胞高科技术有限公司	计算机、软件及辅助设备批发	江苏省南京市
厦门信达股份有限公司	其他未列明的批发	福建省厦门市
扬子江药业集团江苏扬子江医药经营有限公司	中药材及中成药批发	江苏省泰州市
山东济宁烟草有限公司	烟草制品批发	山东省济宁市
国药控股广州有限公司	西药批发	广东省广州市
纳爱斯丽水销售有限公司	化妆品及卫生用品批发	浙江省丽水市
中国烟草总公司天津市公司	烟草制品批发	天津市和平区
云南省烟草公司昆明市公司	烟草制品批发	云南省昆明市
青岛海达瑞采购服务有限公司	其他机械设备及电子产品批发	山东省青岛市
中国石油化工股份有限公司浙江嘉兴石油分公司	石油及制品批发	浙江省嘉兴市
中国再生资源开发有限公司	再生物资回收与批发	北京市西城区
中石化四川销售有限公司	石油及制品批发	四川省成都市
重庆医药(集团)股份有限公司	西药批发	重庆市渝中区
佳电(上海)管理有限公司	计算机、软件及辅助设备批发	上海市长宁区
浙江英特药业有限责任公司	西药批发	浙江省杭州市
国药控股分销中心有限公司	西药批发	上海市浦东新区
山西煤炭运销集团吕梁柳林有限公司	煤炭及制品批发	山西省吕梁市
河南省烟草公司郑州市公司	烟草制品批发	河南省郑州市
湖南大唐燃料开发有限责任公司	煤炭及制品批发	湖南省长沙市

4-1 续表 5

企业名称	所属行业	企业所在地
陕西省烟草公司西安分公司	烟草制品批发	陕西省西安市
浙江省烟草公司台州市公司	烟草制品批发	浙江省台州市
中山市物资集团有限公司	金属及金属矿批发	广东省中山市
湖南省烟草公司长沙市公司	烟草制品批发	湖南省长沙市
保乐力加(中国)贸易有限公司	饮料及茶叶批发	上海市黄浦区
米其林(中国)投资有限公司	汽车、摩托车及零配件批发	上海市长宁区
阿斯利康(无锡)贸易有限公司	西药批发	江苏省无锡市
江苏开元股份有限公司	纺织品、针织品及原料批发	江苏省南京市
上海韩泰轮胎销售有限公司	汽车、摩托车及零配件批发	上海市徐汇区
青岛烟草有限公司	烟草制品批发	山东省青岛市
北京派普科技集团有限公司	通讯及广播电视设备批发	北京市海淀区
湖南九华钢材物流股份有限公司	金属及金属矿批发	湖南省湘潭市
云南省医药有限公司	西药批发	云南省昆明市
丰田通商(天津)有限公司	汽车、摩托车及零配件批发	天津市和平区
中国植物油公司	米、面制品及食用油批发	北京市西城区
国药集团药业股份有限公司	西药批发	北京市东城区
中国石油化工股份有限公司山东济南石油分公司	石油及制品批发	山东省济南市
青岛海尔国际贸易有限公司	其他机械设备及电子产品批发	山东省青岛市
中国石油化工股份有限公司山东烟台石油分公司	石油及制品批发	山东省烟台市
深圳市华富洋供应链有限公司	其他机械设备及电子产品批发	广东省深圳市
尼康映像仪器销售(中国)有限公司	其他未列明的批发	上海市黄浦区
上海永裕医药有限公司	西药批发	上海市松江区
乐仁堂医药集团股份有限公司	西药批发	河北省石家庄市
国药控股天津有限公司	西药批发	天津市和平区
上海博世力士乐液压及自动化有限公司	其他未列明的批发	上海市浦东新区
深圳市爱施德股份有限公司	通讯及广播电视设备批发	广东省深圳市
河南诚信格力电器市场营销有限公司	家用电器批发	河南省郑州市
深圳市年富实业发展有限公司	通讯及广播电视设备批发	广东省深圳市
山东济南烟草有限公司	烟草制品批发	山东省济南市
中国石油化工股份有限公司青海石油分公司	石油及制品批发	青海省西宁市
诺基亚西门子通信技术(北京)有限公司	通讯及广播电视设备批发	北京市东城区
辽宁省烟草公司沈阳市公司	烟草制品批发	辽宁省沈阳市
广州万力轮胎商贸有限公司	汽车、摩托车及零配件批发	广东省广州市
贵州省烟草公司遵义市公司	烟草制品批发	贵州省遵义市
昆山润华商业有限公司广州黄埔分公司	服装批发	广东省广州市
浙江省烟草公司金华市公司	烟草制品批发	浙江省金华市
江苏高速公路石油发展有限公司	石油及制品批发	江苏省南京市
广东省纺织品进出口股份有限公司	纺织品、针织品及原料批发	广东省广州市
北京龙禹石油化工有限公司	石油及制品批发	北京市平谷区
中国石油化工股份有限公司江西赣州石油分公司	石油及制品批发	江西省赣州市
江西煤炭销售运输有限责任公司	煤炭及制品批发	江西省南昌市
道恩集团有限公司	其他化工产品批发	山东省烟台市
联想(上海)有限公司	计算机、软件及辅助设备批发	上海市浦东新区
中油黑龙江农垦石油有限公司	石油及制品批发	黑龙江省哈尔滨市

4-1 续表 6

企业名称	所属行业	企业所在地
江苏省烟草公司无锡市公司	烟草制品批发	江苏省无锡市
武汉艾德蒙科技股份有限公司	计算机、软件及辅助设备批发	湖北省武汉市
徐州工程机械集团进出口有限公司	其他机械设备及电子产品批发	江苏省徐州市
陕西省煤炭运销(集团)有限责任公司	煤炭及制品批发	陕西省西安市
中建材国际贸易有限公司	建材批发	北京市海淀区
山东烟台烟草有限公司	烟草制品批发	山东省烟台市
四川陆地石油销售有限责任公司	石油及制品批发	四川省德阳市
厦门安踏贸易有限公司	鞋帽批发	福建省厦门市
浙江超威动力能源有限公司	其他机械设备及电子产品批发	浙江省湖州市
中国有色金属建设股份有限公司	金属及金属矿批发	北京市朝阳区
杜邦贸易(上海)有限公司	贸易经纪与代理	上海市浦东新区
中国烟草总公司大连市公司	烟草制品批发	辽宁省大连市
中国石油化工股份有限公司安徽合肥石油分公司	石油及制品批发	安徽省合肥市
江苏开元国际集团轻工业品进出口股份有限公司	纺织品、针织品及原料批发	江苏省南京市
郑州煤炭工业(集团)正运煤炭销售有限公司	煤炭及制品批发	河南省郑州市
中国石油化工股份有限公司润滑油分公司	石油及制品批发	北京市海淀区
山西煤炭运销集团长治襄垣有限公司	煤炭及制品批发	山西省长治市
中国石油化工股份有限公司山东淄博石油公司	石油及制品批发	山东省淄博市
江苏苏豪国际集团股份有限公司	纺织品、针织品及原料批发	江苏省南京市
广东烟草东莞市有限公司	烟草制品批发	广东省东莞市
临清市泰润轴承有限公司	其他机械设备及电子产品批发	山东省聊城市
浙江省烟草公司绍兴市分公司	烟草制品批发	浙江省绍兴市
迁安市九江煤炭储运有限公司	煤炭及制品批发	河北省唐山市
安徽省技术进出口股份有限公司	其他机械设备及电子产品批发	安徽省合肥市
浙江省烟草公司嘉兴市公司	烟草制品批发	浙江省嘉兴市
河南省烟草公司南阳市公司	烟草制品批发	河南省南阳市
九州通医药集团股份有限公司	西药批发	湖北省武汉市
四川省烟草公司凉山州公司	烟草制品批发	四川省凉山彝族自治州
ABB(中国)有限公司上海分公司	其他机械设备及电子产品批发	上海市黄浦区
华润雪花啤酒(中国)有限公司	饮料及茶叶批发	北京市东城区
江苏金翔石油化工有限公司	石油及制品批发	江苏省南京市
烟台张裕葡萄酿酒销售有限公司	饮料及茶叶批发	山东省烟台市
福建省烟草公司福州市公司	烟草制品批发	福建省福州市
李宁(中国)体育用品有限公司	体育用品批发	北京市通州区
路易达孚(北京)贸易有限责任公司	谷物、豆及薯类批发	北京市朝阳区
中石化中海船舶燃料供应有限公司	石油及制品批发	广东省广州市
农夫山泉股份有限公司	饮料及茶叶批发	浙江省杭州市
上海浦东海澜之家服饰有限公司	服装批发	上海市浦东新区
山东鲁花集团商贸有限公司	米、面制品及食用油批发	山东省烟台市
东方国际集团上海市对外贸易有限公司	其他未列明的批发	上海市长宁区
中国石油化工股份有限公司江西南昌石油分公司	石油及制品批发	江西省南昌市
安徽省烟草公司合肥市公司	烟草制品批发	安徽省合肥市
酩悦轩尼诗帝亚吉欧洋酒(上海)有限公司	饮料及茶叶批发	上海市静安区
贵州省烟草公司贵阳市公司	烟草制品批发	贵州省贵阳市

4-1 续表 7

企业名称	所属行业	企业所在地
洛阳长兴农业机械有限公司	农业机械批发	河南省洛阳市
黑龙江省烟草公司哈尔滨市公司	烟草制品批发	黑龙江省哈尔滨市
重庆华轻商业公司	家用电器批发	重庆市渝中区
中国石油化工股份有限公司浙江绍兴石油分公司	石油及制品批发	浙江省绍兴市
埃克森美孚(中国)投资有限公司	石油及制品批发	上海市徐汇区
江苏省烟草公司南通市公司	烟草制品批发	江苏省南通市
中国石油天然气股份有限公司辽宁营口销售分公司	石油及制品批发	辽宁省营口市
中国石油天然气股份有限公司黑龙江大庆销售分公司	石油及制品批发	黑龙江省大庆市
山西煤炭运销集团长治市长治县有限公司	煤炭及制品批发	山西省长治市
山西煤炭运销集团阳泉盂县有限公司	煤炭及制品批发	山西省阳泉市
中国重汽集团进出口有限公司	汽车、摩托车及零配件批发	山东省济南市
中粮国际(北京)有限公司	米、面制品及食用油批发	北京市东城区
国药控股北京有限公司	中药材及中成药批发	北京市东城区
天津市大桥集团电焊条供销有限公司	金属及金属矿批发	天津市西青区
厦门特步投资有限公司	服装批发	福建省厦门市
云南省烟草公司大理州公司	烟草制品批发	云南省大理白族自治州
诸城福田汽车科技开发有限公司	汽车、摩托车及零配件批发	山东省潍坊市
山东省农业生产资料有限责任公司	化肥批发	山东省济南市
中国石油天然汽股份有限公司内蒙古赤峰销售分公司	石油及制品批发	内蒙古自治区赤峰市
联想(成都)有限公司	计算机、软件及辅助设备批发	四川省成都市
东风裕隆汽车销售有限公司	汽车、摩托车及零配件批发	湖北省武汉市
云南省烟草公司红河州公司	烟草制品批发	云南省红河哈尼族彝族自治州
中国石油化工股份有限公司广西柳州石油分公司	石油及制品批发	广西壮族自治区柳州市
宁波市慈溪进出口股份有限公司	其他机械设备及电子产品批发	浙江省宁波市
浙江高速石油发展有限公司	石油及制品批发	浙江省杭州市
中国石油天然气股份有限公司陕西延安销售分公司	石油及制品批发	陕西省延安市
北大荒鑫亚经贸有限公司	谷物、豆及薯类批发	黑龙江省哈尔滨市
陕西丹尼尔市场股份有限公司	服装批发	陕西省西安市
中国石油天然气股份有限公司辽宁鞍山销售分公司	石油及制品批发	辽宁省鞍山市
江苏波司登营销有限公司	服装批发	江苏省苏州市
云南省烟草公司楚雄分公司	烟草制品批发	云南省楚雄彝族自治州
村田电子贸易(上海)有限公司	其他机械设备及电子产品批发	上海市闸北区
吉林省烟草公司长春市公司	烟草制品批发	吉林省长春市
中国石化股份有限公司曲靖石油分公司	石油及制品批发	云南省曲靖市
杭叉集团股份有限公司	其他机械设备及电子产品批发	浙江省杭州市
深圳市中金岭南有色金属股份有限公司	金属及金属矿批发	广东省深圳市
山西煤炭运销集团阳泉有限公司	煤炭及制品批发	山西省阳泉市
河北省烟草公司石家庄市公司	烟草制品批发	河北省石家庄市
中国石油天然气股份有限公司河南郑州销售分公司	石油及制品批发	河南省郑州市
深圳空港陆地石油化工有限公司	石油及制品批发	广东省深圳市
中国石油化工股份有限公司河南南阳石油分公司	石油及制品批发	河南省南阳市
中国石油天然气股份有限公司陕西榆林销售分公司	石油及制品批发	陕西省榆林市
贵州前进轮胎销售有限公司	汽车、摩托车及零配件批发	贵州省贵阳市
泰科电子(上海)有限公司	其他机械设备及电子产品批发	上海市浦东新区

4-1 续表 8

企业名称	所属行业	企业所在地
浙江中大集团股份有限公司	纺织品、针织品及原料批发	浙江省杭州市
广东烟草佛山市有限公司责任公司	烟草制品批发	广东省佛山市
中航技进出口有限责任公司	其他机械设备及电子产品批发	北京市大兴区
云南省烟草公司昭通市公司	烟草制品批发	云南省昭通市
国药控股沈阳有限公司	西药批发	辽宁省沈阳市
中国石油化工股份有限公司山东石油分公司	石油及制品批发	山东省济南市
东芝电子(上海)有限公司	家用电器批发	上海市静安区
杭州娃哈哈启力食品集团有限公司	饮料及茶叶批发	浙江省杭州市
苏州国信集团	纺织品、针织品及原料批发	江苏省苏州市
中国石油化工股份有限公司广东清远石油分公司	石油及制品批发	广东省清远市
云南省烟草公司玉溪市公司	烟草制品批发	云南省玉溪市
山东聊城鲁西化工销售有限公司	化肥批发	山东省聊城市
河北省烟草公司保定市公司	烟草制品批发	河北省保定市
安徽江淮汽车股份有限公司多功能车营销分公司	汽车、摩托车及零配件批发	安徽省合肥市
陕西丹尼尔康复路大卖场有限公司	服装批发	陕西省西安市
山东科瑞石油装备有限公司	其他机械设备及电子产品批发	山东省东营市
中钢设备有限公司	其他机械设备及电子产品批发	北京市海淀区
阿特拉斯?科普柯(上海)贸易有限公司	其他机械设备及电子产品批发	上海市浦东新区
上海老庙黄金有限公司	首饰、工艺品及收藏品批发	上海市黄浦区
中国石油化工股份有限公司山东济宁石油分公司	石油及制品批发	山东省济宁市
中国石油化工股份有限公司贵州贵阳分公司	石油及制品批发	贵州省贵阳市
中国石油化工股份有限公司广东韶关石油分公司	石油及制品批发	广东省韶关市
山西省烟草公司太原市公司	烟草制品批发	山西省太原市
福州闽台茶业有限公司	饮料及茶叶批发	福建省福州市
广州市金宝服饰有限公司	服装批发	广东省广州市
资生堂(中国)投资有限公司	化妆品及卫生用品批发	上海市浦东新区
中国石油天然气股份有限公司陕西宝鸡销售分公司	石油及制品批发	陕西省宝鸡市
山西煤炭运销集团临汾蒲县有限公司	煤炭及制品批发	山西省临汾市
中国石油天然气股份有限公司西北销售兰州分公司	石油及制品批发	甘肃省兰州市
中国石油化工股份有限公司广西桂林石油分公司	石油及制品批发	广西壮族自治区桂林市
江苏汇鸿国际集团土产进出口股份有限公司	建材批发	江苏省南京市
湖南省烟草公司衡阳市公司	烟草制品批发	湖南省衡阳市
中国石油天然气股份有限公司内蒙古呼和浩特市分公司	石油及制品批发	内蒙古自治区呼和浩特市
青岛海信国际营销股份有限公司	家用电器批发	山东省青岛市
佳能(中国)有限公司广州分公司	计算机、软件及辅助设备批发	广东省广州市
宝钢金属有限公司	金属及金属矿批发	上海市宝山区
丸红(上海)有限公司	金属及金属矿批发	上海市浦东新区
广西壮族自治区烟草公司南宁市公司	烟草制品批发	广西壮族自治区南宁市
河南省烟草公司洛阳市公司	烟草制品批发	河南省洛阳市
江苏省烟草公司常州市公司	烟草制品批发	江苏省常州市
中国石油天然气股份有限公司河南销售分公司	石油及制品批发	河南省郑州市
江苏省烟草公司盐城分公司	烟草制品批发	江苏省盐城市
威斯特(北京)机械设备有限公司	其他机械设备及电子产品批发	北京市大兴区
中铁物资集团有限公司	金属及金属矿批发	北京市海淀区

4-1 续表 9

企业名称	所属行业	企业所在地
浙江省烟草公司湖州市公司	烟草制品批发	浙江省湖州市
中国石油化工股份有限公司河北邢台石油分公司	石油及制品批发	河北省邢台市
成都西部医药经营有限公司	西药批发	四川省成都市
重庆明辉格力电器销售有限公司	家用电器批发	重庆市九龙坡区
山东格力电器市场营销有限公司	家用电器批发	山东省济南市
山东盛世欣兴格力贸易有限公司	家用电器批发	山东省济南市
河南省烟草公司商丘市公司	烟草制品批发	河南省商丘市
江苏省烟草公司徐州公司	烟草制品批发	江苏省徐州市
青岛日日顺乐家贸易有限公司	其他日用品批发	山东省青岛市
中粮集团有限公司	谷物、豆及薯类批发	北京市东城区
明尼苏达矿业制造(上海)国际贸易有限公司	其他化工产品批发	上海市长宁区
中国石油天然气股份有限公司浙江宁波销售分公司	石油及制品批发	浙江省宁波市
众业达电气股份有限公司	其他机械设备及电子产品批发	广东省汕头市
华润水泥投资有限公司	建材批发	广东省深圳市
南京纺织品进出口股份有限公司	纺织品、针织品及原料批发	江苏省南京市
中国石油天然气股份有限公司渭南销售分公司	石油及制品批发	陕西省渭南市
华润山东医药有限公司	西药批发	山东省济南市
吉林亚泰集团水泥销售有限公司	建材批发	吉林省长春市
山西煤炭运销集团临汾古县有限公司	煤炭及制品批发	山西省临汾市
湖南省烟草公司邵阳市公司	烟草制品批发	湖南省邵阳市
浙江新大集团有限公司	服装批发	浙江省杭州市
天津医药集团太平医药有限公司	西药批发	天津市和平区
宁夏灵武宝塔大古储运有限公司	石油及制品批发	宁夏回族自治区银川市
中国北方工业公司	其他未列明的批发	北京市西城区
福建省烟草公司三明市公司	烟草制品批发	福建省三明市
中国石油化工股份有限公司河北保定石油分公司	石油及制品批发	河北省保定市
中国石化山东泰山石油股份有限公司	石油及制品批发	山东省泰安市
湖南省烟草公司岳阳市公司	烟草制品批发	湖南省岳阳市
山东菏泽烟草有限公司	烟草制品批发	山东省菏泽市
中国石油化工股份有限公司大理分公司	石油及制品批发	云南省大理白族自治州
山东瑞康医药股份有限公司	西药批发	山东省烟台市
松下电工(中国)有限公司	五金、交电批发	北京市朝阳区
中国石油天然气股份有限公司新疆阿克苏销售分公司	石油及制品批发	新疆维吾尔自治区阿克苏地区
广州纺织品进出口集团有限公司	服装批发	广东省广州市
湖北银丰实业集团有限责任公司	棉、麻批发	湖北省武汉市
三菱电机自动化(上海)有限公司	其他机械设备及电子产品批发	上海市浦东新区
广东天禾农资股份有限公司	化肥批发	广东省广州市
中国石油化工股份公司江西吉安分公司	石油及制品批发	江西省吉安市
中国石油化工股份有限公司山东菏泽石油分公司	石油及制品批发	山东省菏泽市
中国石油天然气股份有限公司新疆库尔勒销售分公司	石油及制品批发	新疆维吾尔自治区巴音郭楞蒙古自治州
安徽盛世欣兴格力贸易有限公司	家用电器批发	安徽省合肥市
河北省烟草公司唐山市公司	烟草制品批发	河北省唐山市
中国石油化工股份有限公司河北邯郸石油分公司	石油及制品批发	河北省邯郸市
江西省烟草公司南昌市公司	烟草制品批发	江西省南昌市

4-1 续表 10

企业名称	所属行业	企业所在地
亚马逊卓越有限公司	图书批发	北京市朝阳区
舍弗勒贸易(上海)有限公司	其他未列明的批发	上海市嘉定区
上海新宇钟表集团有限公司	其他日用品批发	上海市黄浦区
中铁物资集团东北有限公司	金属及金属矿批发	辽宁省沈阳市
中国石油化工股份有限公司江西宜春石油分公司	石油及制品批发	江西省宜春市
中铁物资集团西南有限公司	金属及金属矿批发	四川省成都市
江苏省烟草公司扬州市公司	烟草制品批发	江苏省扬州市
深圳市青岛啤酒华南营销有限公司	饮料及茶叶批发	广东省深圳市
内蒙古明华能源集团有限公司	煤炭及制品批发	内蒙古自治区包头市
山西省焦炭集团有限责任公司	煤炭及制品批发	山西省太原市
莫仕商贸(上海)有限公司	其他机械设备及电子产品批发	上海市浦东新区
江苏省烟草公司泰州市公司	烟草制品批发	江苏省泰州市
北京旭阳宏业化工有限公司	煤炭及制品批发	北京市丰台区
湖南省烟草公司郴州市公司	烟草制品批发	湖南省郴州市
浙江福士达集团有限公司	服装批发	浙江省杭州市
中国石油化工股份有限公司山东德州石油分公司	石油及制品批发	山东省德州市
中国石油化工股份有限公司陕西西安石油分公司	石油及制品批发	陕西省西安市
中国石油天然气股份有限公司吉林省吉林市销售分公司	石油及制品批发	吉林省吉林市
北大荒粮食物流股份有限公司	米、面制品及食用油批发	黑龙江省哈尔滨市
广州人和新天地贸易有限公司	服装批发	广东省广州市
海南省烟草公司海口公司	烟草制品批发	海南省海口市
中国石油化工股份有限公司河北沧州石油分公司	石油及制品批发	河北省沧州市
江西省烟草公司赣州市公司	烟草制品批发	江西省赣州市
浙江省医药工业有限公司	西药批发	浙江省杭州市
福建省烟草公司厦门烟草分公司	烟草制品批发	福建省厦门市
中国机械进出口(集团)有限公司	贸易经纪与代理	北京市西城区
松下电器机电(深圳)有限公司	其他机械设备及电子产品批发	广东省深圳市
中国石化销售有限公司西北宁夏分公司	石油及制品批发	宁夏回族自治区银川市
四川科伦医药贸易有限公司	西药批发	四川省成都市
中国石油化工股份有限公司浙江舟山石油分公司	石油及制品批发	浙江省舟山市
广东烟草湛江市有限公司	烟草制品批发	广东省湛江市
中国石油天然气股份有限公司宁夏银川销售公司	石油及制品批发	宁夏回族自治区银川市
湖南省烟草公司常德市公司	烟草制品批发	湖南省常德市
中国石油化工股份有限公司广西梧州石油分公司	石油及制品批发	广西壮族自治区梧州市
罗氏诊断产品(上海)有限公司	医疗用品及器材批发	上海市徐汇区
江阴市长江钢管有限公司	金属及金属矿批发	江苏省无锡市
江西省烟草公司上饶市公司	烟草制品批发	江西省上饶市
云南省烟草公司保山市公司	烟草制品批发	云南省保山市
中国石油化工股份有限公司河北承德石油分公司	石油及制品批发	河北省承德市
湖南省烟草公司永州市公司	烟草制品批发	湖南省永州市
周生生中国商业有限公司	首饰、工艺品及收藏品批发	广东省广州市
湖南省烟草公司株洲分公司	烟草制品批发	湖南省株洲市
新疆兵团棉麻公司	棉、麻批发	新疆维吾尔自治区乌鲁木齐市
河南省烟草公司信阳分公司	烟草制品批发	河南省信阳市

4-1 续表 11

企业名称	所属行业	企业所在地
斯凯孚(中国)销售有限公司	其他机械设备及电子产品批发	上海市黄浦区
中油股份陕西咸阳销售分公司	石油及制品批发	陕西省咸阳市
中国石油天然气股份有限公司辽宁抚顺销售分公司	石油及制品批发	辽宁省抚顺市
河南中油高速公路油品股份有限公司	石油及制品批发	河南省郑州市
中国石油化工股份有限公司湖北襄樊石油分公司	石油及制品批发	湖北省襄樊市
李宁(北京)体育用品商业有限公司	体育用品批发	北京市通州区
山西省煤炭运销总公司晋城分公司高平市公司	煤炭及制品批发	山西省晋城市
湖北省烟草公司恩施州公司	烟草制品批发	湖北省恩施土家族苗族自治州
中国石油天燃汽股份有限公司黑龙江齐齐哈尔销售分公司	石油及制品批发	黑龙江省齐齐哈尔市
湖南格力电器销售有限公司	家用电器批发	湖南省长沙市
广州神州数码有限公司	计算机、软件及辅助设备批发	广东省广州市
中国联合石油有限责任公司	石油及制品批发	北京市西城区
中国石油化工股份有限公司浙江衢州石油分公司	石油及制品批发	浙江省衢州市
北京市糖业烟酒公司	饮料及茶叶批发	北京市东城区
上海住友商事有限公司	金属及金属矿批发	上海市浦东新区
中国石油化工股份有限公司河北廊坊石油分公司	石油及制品批发	河北省廊坊市
福建闽侯永辉商业有限公司	贸易经纪与代理	福建省福州市
上海雅马哈建设摩托车销售有限公司	汽车、摩托车及零配件批发	上海市徐汇区
中国石油天然股份有限公司新疆喀什销售分公司	石油及制品批发	新疆维吾尔自治区喀什地区
山西煤炭运销集团临汾尧都有限公司	煤炭及制品批发	山西省临汾市
中国航空技术北京有限公司	其他机械设备及电子产品批发	北京市大兴区
中捷通信有限公司	通讯及广播电视设备批发	广东省广州市
广州市长晟实业发展有限公司	服装批发	广东省广州市
云南省烟草公司普洱市公司	烟草制品批发	云南省普洱市
深圳市三九医药贸易有限公司	中药材及中成药批发	广东省深圳市
秦皇岛中油华奥销售有限公司	石油及制品批发	河北省秦皇岛市
浙江省粮油食品进出口股份有限公司	米、面制品及食用油批发	浙江省杭州市
中国石油天然气股份有限公司辽宁盘锦销售分公司	石油及制品批发	辽宁省盘锦市
福建省烟草公司南平市公司	烟草制品批发	福建省南平市
山东淄博烟草有限公司	烟草制品批发	山东省淄博市
山东泰安烟草有限公司	烟草制品批发	山东省泰安市
湖南省烟草公司益阳分公司	烟草制品批发	湖南省益阳市
中国石油天然气股份有限公司甘肃酒泉销售分公司	石油及制品批发	甘肃省酒泉市
河南省烟草公司许昌分公司	烟草制品批发	河南省许昌市
湖北劲牌保健酒业有限公司	饮料及茶叶批发	湖北省黄石市
湖北省烟草公司黄冈市公司	烟草制品批发	湖北省黄冈市
东芝电脑网络(上海)有限公司	计算机、软件及辅助设备批发	上海市浦东新区
中国石油化工股份有限公司广西百色石油分公司	石油及制品批发	广西壮族自治区百色市
深圳市金立通信设备有限公司	通讯及广播电视设备批发	广东省深圳市
中国石油化工股份有限公司河南三门峡石油分公司	石油及制品批发	河南省三门峡市
安徽省烟草公司六安市公司	烟草制品批发	安徽省六安市
广西壮族自治区烟草公司桂林市公司	烟草制品批发	广西壮族自治区桂林市
安徽烟草公司阜阳市公司	烟草制品批发	安徽省阜阳市
雅培贸易(上海)有限公司	其他食品批发	上海市浦东新区

4-1 续表 12

企业名称	所属行业	企业所在地
北京九州通医药有限公司	西药批发	北京市大兴区
中国石油天然气股份有限公司吉林松原销售分公司	石油及制品批发	吉林省松原市
浙江省医药保健品进出口有限责任公司	西药批发	浙江省杭州市
中国石油化工股份有限公司云南玉溪石油分公司	石油及制品批发	云南省玉溪市
中国石油天然气股份有限公司河北石家庄销售分公司	石油及制品批发	河北省石家庄市
戴姆勒东北亚零部件贸易服务有限公司	汽车、摩托车及零配件批发	北京市朝阳区
山西省烟草公司运城市公司	烟草制品批发	山西省运城市
四川省烟草公司绵阳市公司	烟草制品批发	四川省绵阳市
中国石油天然气股份有限公司河北保定销售分公司	石油及制品批发	河北省保定市
河南省烟草公司周口市公司	烟草制品批发	河南省周口市
陕西省汽车工业贸易总公司	汽车、摩托车及零配件批发	陕西省西安市
山西省烟草公司临汾市公司	烟草制品批发	山西省临汾市
利星行机械(昆山)有限公司	其他机械设备及电子产品批发	江苏省苏州市
连云港中油石油销售有限公司	石油及制品批发	江苏省连云港市
锦湖(中国)轮胎销售有限公司	汽车、摩托车及零配件批发	上海市嘉定区
中国石油天然气股份有限公司内蒙古巴彦淖尔分公司	石油及制品批发	内蒙古自治区巴彦淖尔市
内蒙古自治区烟草公司呼和浩特市分公司	烟草制品批发	内蒙古自治区呼和浩特市
深圳伟仕宏业电子有限公司	其他机械设备及电子产品批发	广东省深圳市
中国石油天然气股份有限公司新疆哈密销售分公司	石油及制品批发	新疆维吾尔自治区哈密地区
江苏省烟草公司镇江市公司	烟草制品批发	江苏省镇江市
中国石油化工山东日照石油公司	石油及制品批发	山东省日照市
中国石油天然气股份有限公司广西南宁销售分公司	石油及制品批发	广西壮族自治区南宁市
广东烟草梅州市有限公司	烟草制品批发	广东省梅州市
中国石油化工股份有限公司山东聊城石油分公司	石油及制品批发	山东省聊城市
山东德州烟草有限公司	烟草制品批发	山东省德州市
浙江省土产畜产进出口集团有限公司	服装批发	浙江省杭州市
新时代健康产业(集团)有限公司	其他食品批发	北京市朝阳区
贵州省烟草公司毕节地区分公司	烟草制品批发	贵州省毕节市
江苏恒瑞医药销售有限公司	西药批发	江苏省连云港市
中国石油化工股份有限公司广西玉林石油分公司	石油及制品批发	广西壮族自治区玉林市
派克汉尼汾流体传动产品(上海)有限公司	五金、交电批发	上海市浦东新区
浙江省纺织品进出口集团有限公司	纺织品、针织品及原料批发	浙江省杭州市
上海浦星贸易有限公司	其他食品批发	上海市松江区
江苏凤凰出版传媒股份有限公司	图书批发	江苏省南京市
广州尚岑服饰有限公司	服装批发	广东省广州市
北京周大福珠宝金行有限公司	首饰、工艺品及收藏品批发	北京市东城区
江西省烟草公司九江分公司	烟草制品批发	江西省九江市
内蒙古自治区烟草公司包头市公司	烟草制品批发	内蒙古自治区包头市
中国石油化工股份有限公司内蒙古石油分公司	石油及制品批发	内蒙古自治区呼和浩特市
中国石油化工股份有限公司河北张家口石油分公司	石油及制品批发	河北省张家口市
广东省肇庆土产进出口公司	米、面制品及食用油批发	广东省肇庆市
江阴海澜之家供应链管理有限公司	纺织品、针织品及原料批发	江苏省无锡市
内盟古铁鑫煤化有限公司	煤炭及制品批发	内蒙古自治区包头市
中国石油天然气股份有限公司辽宁葫芦岛销售分公司	石油及制品批发	辽宁省葫芦岛市

4-1 续表 13

企业名称	所属行业	企业所在地
丹佛斯(上海)自动控制有限公司	其他机械设备及电子产品批发	上海市徐汇区
江西省烟草公司宜春市公司(江西省宜春市烟草专卖局)	烟草制品批发	江西省宜春市
中国石油天然气股份有限公司辽宁朝阳销售分公司	石油及制品批发	辽宁省朝阳市
金都招远黄金珠宝首饰城有限公司	首饰、工艺品及收藏品批发	山东省烟台市
厦门七匹狼服装营销有限公司	服装批发	福建省厦门市
四川省烟草公司宜宾市公司	烟草制品批发	四川省宜宾市
中国石油化工股份有限公司山东枣庄石油分公司	石油及制品批发	山东省枣庄市
黑龙江北大荒集团农业生产资料有限公司	化肥批发	黑龙江省哈尔滨市
赛默飞世尔科技(中国)有限公司	其他机械设备及电子产品批发	上海市浦东新区
中国石油化工股份有限公司广东阳江分公司	石油及制品批发	广东省阳江市
江苏苏美达五金工具有限公司	其他机械设备及电子产品批发	江苏省南京市
河南省烟草公司新乡市公司	烟草制品批发	河南省新乡市
河北省烟草公司沧州市公司	烟草制品批发	河北省沧州市
九禾股份有限公司	化肥批发	重庆市九龙坡区
河南省烟草公司平顶山分公司	烟草制品批发	河南省平顶山市
安徽省烟草公司安庆市公司	烟草制品批发	安徽省安庆市
山东枣庄烟草有限公司	烟草制品批发	山东省枣庄市
中国石油天然气股份有限公司新疆昌吉销售分公司	石油及制品批发	新疆维吾尔自治区昌吉回族自治州
超威半导体产品(中国)有限公司	通讯及广播电视设备批发	北京市海淀区
新疆农资(集团)有限责任公司	化肥批发	新疆维吾尔自治区乌鲁木齐市
甘肃省烟草公司兰州市公司	烟草制品批发	甘肃省兰州市
中国石油化工股份有限公司新疆阿克苏石油分公司	石油及制品批发	新疆维吾尔自治区阿克苏地区
上海三凯进出口有限公司	其他未列明的批发	上海市浦东新区
陕西省烟草公司榆林市公司	烟草制品批发	陕西省榆林市
中国石油天然气股份有限公司安徽合肥销售分公司	石油及制品批发	安徽省合肥市
永立建机(中国)有限公司	其他机械设备及电子产品批发	天津市滨海新区
广东烟草揭阳市有限公司	烟草制品批发	广东省揭阳市
新疆维吾尔自治区烟草公司乌鲁木齐分公司	烟草制品批发	新疆维吾尔自治区乌鲁木齐市
上海新联纺进出口有限公司	服装批发	上海市长宁区
吉林省烟草公司吉林市公司	烟草制品批发	吉林省吉林市
中国石油化工有限公司湖北十堰石油分公司	石油及制品批发	湖北省十堰市
河北省烟草公司邯郸市公司	烟草制品批发	河北省邯郸市
河南九州通医药有限公司	西药批发	河南省郑州市
浙江东方集团股份有限公司	服装批发	浙江省杭州市
苏州恒润进出口有限公司	服装批发	江苏省苏州市
中国石油化工股份有限公司河南平顶山石油分公司	石油及制品批发	河南省平顶山市
广州天马国际时装贸易有限公司	服装批发	广东省广州市
中油宁夏石嘴山销售分公司	石油及制品批发	宁夏回族自治区石嘴山市
中国石油天然气股份有限公司四川德阳销售分公司	石油及制品批发	四川省德阳市
中国石油化工股份有限公司山西朔州石油分公司	石油及制品批发	山西省朔州市
陕西省烟草公司渭南市公司	烟草制品批发	陕西省渭南市
贵州贵铁物流有限公司	煤炭及制品批发	贵州省贵阳市
湖北省烟草公司襄阳市公司	烟草制品批发	湖北省襄樊市
广东九州通医药有限公司	西药批发	广东省中山市

4-1 续表 14

企业名称	所属行业	企业所在地
东陶(中国)有限公司	厨房、卫生间用具及日用杂货批发	北京市朝阳区
中国石油化工股份有限公司江西上饶石油分公司	石油及制品批发	江西省上饶市
广东烟草江门市有限公司	烟草制品批发	广东省江门市
中石化股份有限公司湖北荆州石油分公司	石油及制品批发	湖北省荆州市
中国石油天然气股份有限公司山东烟台销售分公司	石油及制品批发	山东省烟台市
上海宝钢工贸有限公司	金属及金属矿批发	上海市宝山区
四川省烟草公司泸州市公司	烟草制品批发	四川省泸州市
中国石油天然气股份有限公司辽宁辽阳销售分公司	石油及制品批发	辽宁省辽阳市
广东烟草惠州市有限责任公司	烟草制品批发	广东省惠州市
中国石油化工股份有限公司河南安阳石油分公司	石油及制品批发	河南省安阳市
中国石油化工股份有限公司江西抚州石油分公司	石油及制品批发	江西省抚州市
湖北省农业生产资料集团有限公司	化肥批发	湖北省武汉市
内蒙古自治区烟草公司鄂尔多斯市公司	烟草制品批发	内蒙古自治区鄂尔多斯市
广东烟草韶关市有限公司	烟草制品批发	广东省韶关市
贵州省烟草公司黔南州公司	烟草制品批发	贵州省黔南布依族苗族自治州
深圳市燃气集团股份有限公司	石油及制品批发	广东省深圳市
亳州古井销售有限公司	其他食品批发	安徽省亳州市
衢州市烟草专卖局	烟草制品批发	浙江省衢州市
江苏省食品集团有限公司	肉、禽、蛋及水产品批发	江苏省南京市
涟水今世缘酒业销售有限公司	饮料及茶叶批发	江苏省淮安市
山西省烟草公司大同市公司	烟草制品批发	山西省大同市
中国石油天然气股份有限公司浙江杭州销售分公司	石油及制品批发	浙江省杭州市
中国石油化工股份有限公司驻马店分公司	石油及制品批发	河南省驻马店市
湖北省烟草公司孝感市公司	烟草制品批发	湖北省孝感市
施耐德电气(中国)投资有限公司广州分公司	五金、交电批发	广东省广州市
湖北省新华书店(集团)有限公司	图书批发	湖北省武汉市
北京酷人通讯科技有限公司	通讯及广播电视设备批发	北京市朝阳区
陕西省烟草公司咸阳市公司	烟草制品批发	陕西省咸阳市
河南省烟草公司驻马店市公司	烟草制品批发	河南省驻马店市
联强国际贸易(中国)有限公司	计算机、软件及辅助设备批发	上海市长宁区
中国石油化工股份有限公司广西河池石油分公司	石油及制品批发	广西壮族自治区河池市
中国石油化工股份有限公司河北衡水石油分公司	石油及制品批发	河北省衡水市
广东烟草茂名市有限责任公司	烟草制品批发	广东省茂名市
中国石油天然气股份有限公司辽宁阜新销售分公司	石油及制品批发	辽宁省阜新市
中国石油天然气股份有限公司山东菏泽销售分公司	石油及制品批发	山东省菏泽市
广东省外贸开发公司	贸易经纪与代理	广东省广州市
四川省烟草公司南充市公司	烟草制品批发	四川省南充市
安徽省烟草公司滁州市公司	烟草制品批发	安徽省滁州市
辽宁省烟草公司鞍山市公司	烟草制品批发	辽宁省鞍山市
四川省医药有限公司	西药批发	四川省成都市
青岛福兴祥商品配送有限公司	米、面制品及食用油批发	山东省青岛市
长沙双鹤医药有限责任公司	中药材及中成药批发	湖南省长沙市
上海九州通医药有限公司	中药材及中成药批发	上海市普陀区
雅马哈发动机商贸(上海)有限公司	汽车、摩托车及零配件批发	上海市闵行区

4-1　续表 15

企业名称	所属行业	企业所在地
浙江省再生资源集团有限公司	再生物资回收与批发	浙江省杭州市
广东省中山食品水产进出口集团有限公司	肉、禽、蛋及水产品批发	广东省中山市
中国石油天然气股份有限公司新疆伊犁销售分公司	石油及制品批发	新疆维吾尔自治区伊犁哈萨克自治州
河南省烟草公司安阳市公司	烟草制品批发	河南省安阳市
北京中科三环高技术股份有限公司	金属及金属矿批发	北京市海淀区
河南省烟草公司三门峡市公司	烟草制品批发	河南省三门峡市
广东烟草汕头市有限责任公司	烟草制品批发	广东省汕头市
中国石油化工股份有限公司安徽滁州石油分公司	石油及制品批发	安徽省滁州市
中国免税品(集团)有限责任公司	烟草制品批发	北京市东城区
山西省烟草公司晋中市公司	烟草制品批发	山西省晋中市
浙江省新华书店集团有限公司	图书批发	浙江省杭州市
中国石油化工股份有限公司安徽阜阳石油分公司	石油及制品批发	安徽省阜阳市
福建省烟草公司莆田市公司	烟草制品批发	福建省莆田市
深圳酷动数码有限公司	计算机、软件及辅助设备批发	广东省深圳市
中国石油天然气股份有限公司湖北黄冈销售分公司	石油及制品批发	湖北省黄冈市
南京蓝燕石化储运实业有限公司	石油及制品批发	江苏省南京市
中国石油天然气股份有限公司四川宜宾销售分公司	石油及制品批发	四川省宜宾市
本田技研工业(中国)投资有限公司	汽车、摩托车及零配件批发	北京市朝阳区
广东烟草肇庆市有限责任公司	烟草制品批发	广东省肇庆市
中国石油天然气股份有限公司重庆永川销售分公司	石油及制品批发	重庆市永川区
山东东方誉源现代农业集团有限责任公司	化肥批发	山东省潍坊市
欧姆龙自动化(中国)有限公司	其他机械设备及电子产品批发	上海市浦东新区
中国石油天然气股份有限公司甘肃平凉销售分公司	石油及制品批发	甘肃省平凉市
中国石化国际事业有限公司	其他机械设备及电子产品批发	北京市朝阳区
周大福珠宝金行(苏州)有限公司	首饰、工艺品及收藏品批发	江苏省苏州市
国药控股北京华鸿有限公司	西药批发	北京市东城区
福建省烟草公司宁德市公司	烟草制品批发	福建省宁德市
广州市振戎燃气连锁经营有限公司	石油及制品批发	广东省广州市
新疆同益投资有限公司	石油及制品批发	新疆维吾尔自治区克拉玛依市
中国石油天然气股份有限公司甘肃庆阳销售分公司	石油及制品批发	甘肃省庆阳市
贵州省烟草公司铜仁分公司	烟草制品批发	贵州省铜仁市
青岛益佳国际贸易集团有限公司	服装批发	山东省青岛市
山西省烟草公司吕梁市公司	烟草制品批发	山西省吕梁市
山西煤炭运销集团吕梁中阳有限公司	煤炭及制品批发	山西省吕梁市
云南省烟草公司临沧市公司	烟草制品批发	云南省临沧市
宁波慈星纺织机械销售有限公司	其他机械设备及电子产品批发	浙江省宁波市
山西煤炭运销集团吕梁孝义有限公司	煤炭及制品批发	山西省吕梁市
美敦力(上海)管理有限公司	医疗用品及器材批发	上海市浦东新区
诸城雷沃科技有限公司	汽车、摩托车及零配件批发	山东省潍坊市
中远佐敦船舶涂料(青岛)有限公司	其他未列明的批发	山东省青岛市
中国石油化工股份有限公司云南楚雄石油分公司	石油及制品批发	云南省楚雄彝族自治州
香奈儿(中国)贸易有限公司	化妆品及卫生用品批发	上海市浦东新区
河南省烟草公司开封市公司	烟草制品批发	河南省开封市
中国航油集团云南石油有限公司	石油及制品批发	云南省昆明市

4-1 续表 16

企业名称	所属行业	企业所在地
广东烟草清远市有限公司	烟草制品批发	广东省清远市
湖北省烟草公司宜昌市公司	烟草制品批发	湖北省宜昌市
富士施乐实业发展(上海)有限公司	其他机械设备及电子产品批发	上海市浦东新区
中山格兰仕家用电器销售有限公司	家用电器批发	广东省中山市
湖南省烟草公司湘西自治州公司	饮料及茶叶批发	湖南省湘西土家族苗族自治州
河北省烟草公司邢台市公司	烟草制品批发	河北省邢台市
中国石油化工股份有限公司广西钦州石油分公司	石油及制品批发	广西壮族自治区钦州市
中国石油化工股份有限公司广西贵港石油分公司	石油及制品批发	广西壮族自治区贵港市
山西省烟草公司长治市公司	烟草制品批发	山西省长治市
中化宁波(集团)有限公司	其他化工产品批发	浙江省宁波市
陕西新兴格力电器销售有限公司	家用电器批发	陕西省西安市
沈阳铁道金属物资有限公司	金属及金属矿批发	辽宁省沈阳市
江苏金一文化发展有限公司	首饰、工艺品及收藏品批发	江苏省无锡市
广州国盈医药有限公司	西药批发	广东省广州市
中国石油化工股份有限公司湖北荆门石油分公司	石油及制品批发	湖北省荆门市
中国石油化工股份有限公司贵州黔东南石油分公司	石油及制品批发	贵州省黔东南苗族侗族自治州
江西省烟草公司抚州市公司	烟草制品批发	江西省抚州市
山东滨州烟草有限公司	烟草制品批发	山东省滨州市
山东鲁南蔬菜产业有限公司	果品、蔬菜批发	山东省临沂市
李锦记中国销售有限公司	盐及调味品批发	广东省广州市
广东烟草河源市有限责任公司	烟草制品批发	广东省河源市
北京同仁堂健康药品经营有限公司	中药材及中成药批发	北京市朝阳区
中国石油化工股份有限公司河南焦作石油分公司	石油及制品批发	河南省焦作市
联强国际贸易(中国)有限公司广州分公司	计算机、软件及辅助设备批发	广东省广州市
中国石油化工股份有限公司贵州黔南石油分公司	石油及制品批发	贵州省黔南布依族苗族自治州
上海五金矿产进出口公司	金属及金属矿批发	上海市闸北区
四川省烟草公司德阳市公司	烟草制品批发	四川省德阳市
江苏省烟草公司淮安市公司	烟草制品批发	江苏省淮安市
重庆桐君阁股份有限公司	中药材及中成药批发	重庆市渝中区
中国石油天然气股份有限公司黑龙江鸡西销售分公司	石油及制品批发	黑龙江省鸡西市
西双版纳中化橡胶有限公司	其他化工产品批发	云南省西双版纳傣族自治州
和记黄埔(中国)商贸有限公司	化妆品及卫生用品批发	广东省广州市
中国石油天然气股份有限公司黑龙江佳木斯销售分公司	石油及制品批发	黑龙江省佳木斯市
烟台市农业生产资料总公司	化肥批发	山东省烟台市
山西煤炭运销集团吕梁交口有限公司	煤炭及制品批发	山西省吕梁市
唐山市冀东物贸集团有限责任公司	汽车、摩托车及零配件批发	河北省唐山市
中国石油四川广元销售分公司	石油及制品批发	四川省广元市
湖南省烟草公司怀化市公司	烟草制品批发	湖南省怀化市
贵州省黔西南州烟草公司	烟草制品批发	贵州省黔西南布依族苗族自治州
广东烟草汕尾市有限公司	烟草制品批发	广东省汕尾市
常熟市交电家电有限责任公司	家用电器批发	江苏省苏州市
金佰利(中国)有限公司	其他日用品批发	上海市黄浦区
上海丝绸集团股份有限公司	服装批发	上海市徐汇区
广西壮族自治区烟草公司柳州市公司	烟草制品批发	广西壮族自治区柳州市

4-1 续表 17

企业名称	所属行业	企业所在地
中国石油化工股份有限公司河南许昌石油分公司	石油及制品批发	河南省许昌市
广东烟草中山市有限责任公司	烟草制品批发	广东省中山市
东北制药集团公司供销公司	西药批发	辽宁省沈阳市
中国石油化工股份有限公司安徽蚌埠石油分公司	石油及制品批发	安徽省蚌埠市
中国石油天然气股份有限公司山东济南销售分公司	石油及制品批发	山东省济南市
广东省轻工进出口股份有限公司	其他未列明的批发	广东省广州市
温州金州集团有限公司	鞋帽批发	浙江省温州市
贵州省烟草公司六盘水市公司	烟草制品批发	贵州省六盘水市
厦门夏商农产品集团有限公司	果品、蔬菜批发	福建省厦门市
中铁二局集团物资有限公司	建材批发	四川省成都市
广东省机械进出口股份有限公司	其他机械设备及电子产品批发	广东省广州市
天津天士力医药营销集团有限公司	中药材及中成药批发	天津市北辰区
山西省烟草公司忻州市分公司	烟草制品批发	山西省忻州市
中国航空技术广州有限公司	其他机械设备及电子产品批发	广东省广州市
山西新华书店集团有限公司	图书批发	山西省太原市
安徽省烟草公司宿州分公司	烟草制品批发	安徽省宿州市
三星爱商(天津)国际物流有限公司	贸易经纪与代理	天津市河西区
国药控股(郑州)九瑞股份有限公司	中药材及中成药批发	河南省郑州市
中国石油天然气股份有限公司广西柳州销售分公司	石油及制品批发	广西壮族自治区柳州市
中国石油天然气股份有限公司甘肃武威销售分公司	石油及制品批发	甘肃省武威市
中国石油天然气股份有限公司广西销售分公司	石油及制品批发	广西壮族自治区南宁市
路威酩轩香水化妆品(上海)有限公司	贸易经纪与代理	上海市浦东新区
湖北新兴格力电器销售有限公司	家用电器批发	湖北省武汉市
肇庆市盛林再生资源有限公司	再生物资回收与批发	广东省肇庆市
广东烟草潮州市有限责任公司	烟草制品批发	广东省潮州市
中国电子器材总公司	其他机械设备及电子产品批发	北京市海淀区
杰尼亚贸易(上海)有限公司	服装批发	上海市浦东新区
江西省烟草公司吉安市公司	烟草制品批发	江西省吉安市
贵州省烟草公司黔东南分公司	烟草制品批发	贵州省黔东南苗族侗族自治州
深圳市启悦光电有限公司	家用电器批发	广东省深圳市
深圳市华孚进出口有限公司	纺织品、针织品及原料批发	广东省深圳市
中国水利电力物资有限公司	金属及金属矿批发	北京市西城区
山西煤炭运销集团临汾乡宁有限公司	煤炭及制品批发	山西省临汾市
特易购企业管理(上海)有限公司嘉善分公司	其他食品批发	浙江省嘉兴市
湖南省新华书店有限责任公司	图书批发	湖南省长沙市
云南省烟草公司丽江市公司	烟草制品批发	云南省丽江市
中国石油天然气股份有限公司福建福州销售分公司	石油及制品批发	福建省福州市
陕西省烟草公司宝鸡市分公司	烟草制品批发	陕西省宝鸡市
洽洽食品股份有限公司	其他食品批发	安徽省合肥市
上海中燃船舶燃料有限公司	石油及制品批发	上海市虹口区
江苏舜天国际集团机械进出口股份有限公司	其他机械设备及电子产品批发	江苏省南京市
上海诺华贸易有限公司	医疗用品及器材批发	上海市浦东新区
重庆龙禹石油有限公司	石油及制品批发	重庆市渝北区
广西辉煌交通石化有限公司	石油及制品批发	广西壮族自治区南宁市

4-1 续表 18

企业名称	所属行业	企业所在地
黑龙江省烟草公司齐齐哈尔分公司	烟草制品批发	黑龙江省齐齐哈尔市
汉沽管区中油石油销售有限公司	石油及制品批发	河北省唐山市
通用美康医药有限公司	中药材及中成药批发	北京市东城区
中国石油天然气股份有限公司河北唐山销售分公司	石油及制品批发	河北省唐山市
中国石油化工股份有限公司重庆三峡石油分公司	石油及制品批发	重庆市万州区
南通熔烨仓储有限公司	金属及金属矿批发	江苏省南通市
中国石油天然气股份有限公司山东潍坊销售分公司	石油及制品批发	山东省潍坊市
福建省龙岩烟草分公司	烟草制品批发	福建省龙岩市
山东九州通医药有限公司	西药批发	山东省济南市
苏州市苏创集团有限公司	石油及制品批发	江苏省苏州市
浙江百诚集团股份有限公司	家用电器批发	浙江省杭州市
海阳市胶东水产品批发市场	其他食品批发	山东省烟台市
索尼爱立信移动通信产品(中国)有限公司	通讯及广播电视设备批发	北京市朝阳区
中国石油天然气股份有限公司陕西汉中销售分公司	石油及制品批发	陕西省汉中市
陕西省烟草公司安康市公司	烟草制品批发	陕西省安康市
百威中国销售有限公司广州分公司	饮料及茶叶批发	广东省广州市
松下电器(中国)有限公司广州分公司	家用电器批发	广东省广州市
江苏省苏盐连锁有限公司	盐及调味品批发	江苏省南京市
北京朝批商贸股份有限公司	米、面制品及食用油批发	北京市朝阳区
安徽省烟草公司宣城市公司	烟草制品批发	安徽省宣城市
中铁大桥局集团武汉物资有限责任公司	金属及金属矿批发	湖北省武汉市
广西格力空调销售有限责任公司	其他机械设备及电子产品批发	广西壮族自治区南宁市
安徽省烟草公司巢湖市公司	烟草制品批发	安徽省合肥市
中国石油化工股份有限公司湖北黄冈石油分公司	石油及制品批发	湖北省黄冈市
河北德泽龙医药有限公司	西药批发	河北省石家庄市
玉柴重工(天津)有限公司	其他机械设备及电子产品批发	天津市武清区
哈药集团三精医药商贸有限公司	西药批发	黑龙江省哈尔滨市
深圳一致药业股份有限公司	西药批发	广东省深圳市
广州中山医医药有限公司	西药批发	广东省广州市
成都神州数码有限公司	计算机、软件及辅助设备批发	四川省成都市
山东威海烟草有限公司	烟草制品批发	山东省威海市
中国石油化工股份有限公司新疆石油分公司	石油及制品批发	新疆维吾尔自治区乌鲁木齐市
中国石油物资公司	金属及金属矿批发	北京市西城区
中国石油天然气股份有限公司山东枣庄销售分公司	石油及制品批发	山东省枣庄市
华润河南医药有限公司	医疗用品及器材批发	河南省郑州市
中石化安徽宣城石油分公司	石油及制品批发	安徽省宣城市
浙江省邮电器材公司	通讯及广播电视设备批发	浙江省杭州市
江苏省烟草公司连云港市公司	烟草制品批发	江苏省连云港市
沾化王尔庄海产品有限公司	肉、禽、蛋及水产品批发	山东省滨州市
山西煤炭运销集团长治武乡有限公司	煤炭及制品批发	山西省长治市
徐州淮海药业有限公司	西药批发	江苏省徐州市
西藏自治区烟草公司	烟草制品批发	西藏自治区拉萨市
山东齐鲁万和医药营销有限公司	医疗用品及器材批发	山东省济南市
北京福田国际贸易有限公司	汽车、摩托车及零配件批发	北京市昌平区

4-1 续表 19

企业名称	所属行业	企业所在地
安徽省烟草公司亳州市公司	其他未列明的批发	安徽省亳州市
第一汽车大连保税区口岸通商中心	汽车、摩托车及零配件批发	辽宁省大连市
上海胜华电缆(集团)有限公司	五金、交电批发	上海市浦东新区
茂名市天源商贸发展有限公司	石油及制品批发	广东省茂名市
宁波宁兴国贸实业有限公司	五金、交电批发	浙江省宁波市
湖南省烟草公司张家界市公司	烟草制品批发	湖南省张家界市
北京中邮普泰移动通信设备有限责任公司	通讯及广播电视设备批发	北京市丰台区
安徽省烟草公司芜湖市公司	烟草制品批发	安徽省芜湖市
安徽迎驾酒业销售有限公司	饮料及茶叶批发	安徽省六安市
广东烟草珠海市有限公司	烟草制品批发	广东省珠海市
安徽省烟草公司蚌埠市公司	烟草制品批发	安徽省蚌埠市
福建图图儿童用品有限责任公司	鞋帽批发	福建省泉州市
中国仪器进出口(集团)公司	贸易经纪与代理	北京市西城区
南京华东医药有限责任公司	西药批发	江苏省南京市
中国石油天然气股份有限公司黑龙江牡丹江销售分公司	石油及制品批发	黑龙江省牡丹江市
济南药业集团有限责任公司	中药材及中成药批发	山东省济南市
福建七匹狼实业股份有限公司	服装批发	福建省泉州市
中国石油天然气股份有限公司新疆吐鲁番销售	石油及制品批发	新疆维吾尔自治区吐鲁番地区
中国石油化工股份有限公司湖北咸宁石油分公司	石油及制品批发	湖北省咸宁市
新龙药业集团有限公司	西药批发	湖北省武汉市
青岛传承国际商贸有限公司	鞋帽批发	山东省青岛市
安徽轻工国际贸易有限公司	其他日用品批发	安徽省合肥市
安徽百大电器连锁有限公司	家用电器批发	安徽省合肥市
中国石油化工股份有限公司湖北恩施分公司	石油及制品批发	湖北省恩施土家族苗族自治州
江西四特酒营销有限责任公司	其他食品批发	江西省宜春市
中国石油天然气股份有限公司新疆阿勒泰销售分公司	石油及制品批发	新疆维吾尔自治区阿勒泰地区
贵州省烟草公司安顺分公司	烟草制品批发	贵州省安顺市
陕西省烟草公司汉中市公司	烟草制品批发	陕西省汉中市
山东新华书店集团有限公司	图书批发	山东省济南市
中国石油天然气股份有限公司甘肃张掖销售分公司	石油及制品批发	甘肃省张掖市
百威(中国)销售有限公司	饮料及茶叶批发	湖北省武汉市
四川省烟草公司乐山分公司	烟草制品批发	四川省乐山市
山西煤炭运销集团临汾洪洞有限公司	煤炭及制品批发	山西省临汾市
广西壮族自治区烟草公司百色市公司	烟草制品批发	广西壮族自治区百色市
浙江龙华农业开发有限公司	果品、蔬菜批发	浙江省丽水市
杭州巨星科技股份有限公司	五金、交电批发	浙江省杭州市
四川省烟草公司眉山分公司	烟草制品批发	四川省眉山市
三星中国投资有限公司广州分公司	家用电器批发	广东省广州市
周大福珠宝金行(武汉)有限公司	首饰、工艺品及收藏品批发	湖北省武汉市
伊藤忠纤维贸易(中国)有限公司	纺织品、针织品及原料批发	上海市长宁区
青岛福兴祥物流股份有限公司	纺织品、针织品及原料批发	山东省青岛市
罗克韦尔自动化(中国)有限公司	五金、交电批发	上海市浦东新区
安徽省阜阳市康泰药业有限责任公司	西药批发	安徽省阜阳市
上海卡帕体育用品有限公司	服装批发	上海市浦东新区

4-1 续表 20

企业名称	所属行业	企业所在地
广东烟草普宁市有限责任公司	烟草制品批发	广东省揭阳市
枝江吉星商贸有限公司	其他食品批发	湖北省宜昌市
安徽省烟草公司淮南市公司	烟草制品批发	安徽省淮南市
中国石油化工股份有限公司安徽巢湖石油分公司	石油及制品批发	安徽省合肥市
保定银祥棉业有限公司	棉、麻批发	河北省保定市
奥林巴斯(北京)销售服务有限公司	医疗用品及器材批发	北京市朝阳区
西安西电国际工程有限责任公司	金属及金属矿批发	陕西省西安市
华致酒业有限公司	饮料及茶叶批发	云南省迪庆藏族自治州
新乡市红旗区洪门镇钢材市场	金属及金属矿批发	河南省新乡市
渤海石油物资供应有限责任公司	石油及制品批发	天津市滨海新区
中国石油天然气股份有限公司绥化分公司	石油及制品批发	黑龙江省绥化市
黑龙江省烟草公司绥化市公司	烟草制品批发	黑龙江省绥化市
河南省新华书店	图书批发	河南省郑州市
中国石油化工股份有限公司江西景德镇石油分公司	石油及制品批发	江西省景德镇市
中国石油化工股份有限公司河南开封石油分公司	石油及制品批发	河南省开封市
黑龙江省烟草公司大庆分公司	烟草制品批发	黑龙江省大庆市
重庆市油脂公司	米、面制品及食用油批发	重庆市渝中区
中国石油天然气股份有限公司江西南昌销售分公司	石油及制品批发	江西省南昌市
长治市明华煤业有限公司	煤炭及制品批发	山西省长治市
中国电子进出口总公司	贸易经纪与代理	北京市海淀区
山西煤炭运销集团阳泉郊区有限公司	煤炭及制品批发	山西省阳泉市
西安大明宫建材家居有限公司	建材批发	陕西省西安市
北京现代摩比斯汽车配件有限公司	汽车、摩托车及零配件批发	北京市顺义区
山特维克工具商贸(上海)有限公司	贸易经纪与代理	上海市闵行区
广州壳牌石油化工有限公司	石油及制品批发	广东省广州市
河南省烟草公司焦作市公司	烟草制品批发	河南省焦作市
晋城市阳城公路煤炭销售有限公司	煤炭及制品批发	山西省晋城市
广州采芝林药业有限公司	中药材及中成药批发	广东省广州市
联新能源发展有限公司	石油及制品批发	广东省广州市
北京恒通华泰汽车销售有限公司	汽车、摩托车及零配件批发	北京市朝阳区
江西汇仁集团医药科研营销有限公司	中药材及中成药批发	江西省南昌市
通用电气医疗系统贸易发展(上海)有限公司	医疗用品及器材批发	上海市浦东新区
维维乳业有限公司销售分公司	饮料及茶叶批发	江苏省徐州市
北京骏马机械有限公司	其他机械设备及电子产品批发	北京市海淀区
新疆九州通医药有限公司	西药批发	新疆维吾尔自治区乌鲁木齐市
宁波方太营销有限公司	家用电器批发	浙江省宁波市
中国石油天然气股份有限公司陕西安康销售分公司	石油及制品批发	陕西省安康市
四川省烟草公司广元市公司	烟草制品批发	四川省广元市
中国石油化工股份有限公司河南漯河石油分公司	石油及制品批发	河南省漯河市
中国石油天然气股份有限公司广西玉林销售分公司	石油及制品批发	广西壮族自治区玉林市
江苏省烟草公司宿迁市公司	烟草制品批发	江苏省宿迁市
福州华闽进出口有限公司	贸易经纪与代理	福建省福州市
江苏先声药业有限公司	西药批发	江苏省南京市
杭州市轻工工艺纺织品进出口有限公司	服装批发	浙江省杭州市

4-1　续表 21

企业名称	所属行业	企业所在地
深圳市怡化电脑有限公司	计算机、软件及辅助设备批发	广东省深圳市
湖南大旺食品有限公司长沙分公司	其他食品批发	湖南省长沙市
中国石油天然气股份有限公司宁夏高速公路销售分公司	石油及制品批发	宁夏回族自治区银川市
中国石油天然气股份有限公司青海格尔木销售分公司	石油及制品批发	青海省海西蒙古族藏族自治州
内蒙古自治区烟草公司赤峰市公司	烟草制品批发	内蒙古自治区赤峰市
中国石油天然气股份有限公司浙江舟山销售分公司	石油及制品批发	浙江省舟山市
河北省烟草公司廊坊市公司	烟草制品批发	河北省廊坊市
中国石油天然气股份有限公司安徽滁州销售分公司	石油及制品批发	安徽省滁州市
厦门青岛啤酒东南营销有限公司	饮料及茶叶批发	福建省厦门市
江苏苏食肉品有限公司	肉、禽、蛋及水产品批发	江苏省南京市
上海森马服饰有限公司	服装批发	上海市闵行区
山西煤炭运销集团晋中寿阳有限公司	煤炭及制品批发	山西省晋中市
深圳市华成峰实业有限公司	其他机械设备及电子产品批发	广东省深圳市
中国石油天然气股份有限公司山东淄博销售分公司	石油及制品批发	山东省淄博市
辽宁省烟草公司锦州市公司	烟草制品批发	辽宁省锦州市
四川省烟草公司资阳分公司	烟草制品批发	四川省资阳市
中国石油天然气股份有限公司河北沧州销售分公司	石油及制品批发	河北省沧州市
深圳市天音通信发展有限公司南京分公司	通讯及广播电视设备批发	江苏省南京市
青海省烟草公司西宁市公司	烟草制品批发	青海省西宁市
中国石油化工股份有限公司周口分公司	石油及制品批发	河南省周口市
中国石油天然气股份有限公司重庆江南销售分公司	石油及制品批发	重庆市南岸区
中建材国际装备有限公司	建材批发	北京市海淀区
库尔勒利华棉业有限责任公司	棉、麻批发	新疆维吾尔自治区巴音郭楞蒙古自治州
广东周大福珠宝金行有限公司	首饰、工艺品及收藏品批发	广东省广州市
中国出国人员服务总公司	其他机械设备及电子产品批发	北京市朝阳区
京瓷(天津)商贸有限公司	其他机械设备及电子产品批发	天津市河西区
河北省烟草公司秦皇岛市公司	烟草制品批发	河北省秦皇岛市
碧迪医疗器械(上海)有限公司	医疗用品及器材批发	上海市浦东新区
中国石油天然气股份有限公司黑龙江双鸭山销售分公司	石油及制品批发	黑龙江省双鸭山市
科勒(中国)投资有限公司	厨房、卫生间用具及日用杂货批发	上海市闸北区
湖南省轻工盐业集团有限责任公司	盐及调味品批发	湖南省长沙市
大金(中国)投资有限公司广州分公司	其他机械设备及电子产品批发	广东省广州市
内蒙古自治区烟草公司乌兰察布市公司	烟草制品批发	内蒙古自治区乌兰察布市
保利科技有限公司	贸易经纪与代理	北京市东城区
重庆市盐业总公司	盐及调味品批发	重庆市渝北区
无限极(中国)有限公司广州分公司	化妆品及卫生用品批发	广东省广州市
北京市京新龙医药销售有限公司	西药批发	北京市朝阳区
深圳市粮食集团有限公司	米、面制品及食用油批发	广东省深圳市
宁夏回族自治区烟草公司银川市公司	烟草制品批发	宁夏回族自治区银川市
上海烟草集团浦东烟草糖酒有限公司	烟草制品批发	上海市浦东新区
北京双鹤药业经营有限责任公司	西药批发	北京市东城区
山东东营烟草有限公司	烟草制品批发	山东省东营市
中国石油天然气股份有限公司河北秦皇岛销售分公司	石油及制品批发	河北省秦皇岛市
新疆兵团农业生产资料供应公司	化肥批发	新疆维吾尔自治区乌鲁木齐市

4-1 续表 22

企业名称	所属行业	企业所在地
宁夏驰创贸易有限责任公司	煤炭及制品批发	宁夏回族自治区银川市
绮丽集团有限责任公司	服装批发	山东省青岛市
维达商贸有限公司	化妆品及卫生用品批发	广东省江门市
中化工油气销售有限公司	石油及制品批发	山东省济南市
广东烟草潮阳有限责任公司潮阳分公司	烟草制品批发	广东省汕头市
中国石油化工股份有限公司江西新余石油分公司	石油及制品批发	江西省新余市
礼来国际贸易(上海)有限公司	贸易经纪与代理	上海市黄浦区
江苏舜天股份有限公司	服装批发	江苏省南京市
海南省烟草公司三亚公司	烟草制品批发	海南省三亚市
广州盛世欣兴格力贸易有限公司	家用电器批发	广东省广州市
雅马哈乐器音响(中国)投资有限公司	其他文化用品批发	上海市静安区
中国石油天然气股份有限公司新疆克拉玛依销售分公司	石油及制品批发	新疆维吾尔自治区克拉玛依市
江西江中医药贸易有限责任公司	中药材及中成药批发	江西省南昌市
辽宁恒力工程机械有限公司	汽车、摩托车及零配件批发	辽宁省沈阳市
福建格力电器销售有限公司	家用电器批发	福建省福州市
南昌海达瑞工贸有限公司	家用电器批发	江西省南昌市
中国石油化工股份有限公司安徽池州石油分公司	石油及制品批发	安徽省池州市
深圳市东方嘉盛供应链股份有限公司	贸易经纪与代理	广东省深圳市
重庆美的制冷产品销售有限公司	家用电器批发	重庆市渝中区
格兰富水泵(上海)有限公司	其他机械设备及电子产品批发	上海市浦东新区
陕西西铁钢铁炉料有限责任公司	煤炭及制品批发	陕西省西安市
甘肃省烟草公司天水分公司	烟草制品批发	甘肃省天水市
中国石油天然气股份有限公司河南周口销售分公司	石油及制品批发	河南省周口市
辽宁省烟草公司营口市分公司	烟草制品批发	辽宁省营口市
黑龙江省农业机械有限责任公司	农业机械批发	黑龙江省哈尔滨市
芜湖美的日用家电销售有限公司	家用电器批发	安徽省芜湖市
南京神州数码有限公司	计算机、软件及辅助设备批发	江苏省南京市
中国石化销售有限公司西北甘肃分公司	石油及制品批发	甘肃省兰州市
中国石油天然气股份有限公司重庆江北销售分公司	石油及制品批发	重庆市江北区
重机(中国)投资有限公司	其他机械设备及电子产品批发	上海市嘉定区
广西壮族自治区烟草公司玉林市公司	烟草制品批发	广西壮族自治区玉林市
亚什兰(中国)投资有限公司	其他化工产品批发	上海市徐汇区
中国石油化工股份有限公司江西萍乡石油分公司	石油及制品批发	江西省萍乡市
卡西欧电子(深圳)有限公司	其他机械设备及电子产品批发	广东省深圳市
柯尼卡美能达办公系统(中国)有限公司	其他机械设备及电子产品批发	上海市黄浦区
安徽省服装进出口股份有限公司	服装批发	安徽省合肥市
陕西西凤酒营销有限公司	饮料及茶叶批发	陕西省宝鸡市
河南省医药有限公司	中药材及中成药批发	河南省郑州市
上海飞科实业有限公司	家用电器批发	上海市松江区
河北省烟草公司衡水市公司	烟草制品批发	河北省衡水市
浙江中捷环洲供应链集团股份有限公司	金属及金属矿批发	浙江省台州市
北京北汽陆驰汽车销售有限公司	汽车、摩托车及零配件批发	北京市顺义区
梅特勒-托利多(常州)称重系统设备有限公司	其他机械设备及电子产品批发	江苏省常州市
山西省烟草公司晋城市公司	烟草制品批发	山西省晋城市

4-1 续表 23

企业名称	所属行业	企业所在地
中国石油天然气股份有限公司湖北襄樊销售分公司	石油及制品批发	湖北省襄樊市
江西江铃进出口有限责任公司	汽车、摩托车及零配件批发	江西省南昌市
中国石油化工股份有限公司广东揭阳石油分公司	石油及制品批发	广东省揭阳市
晋城市沁水公路煤炭销售有限公司	煤炭及制品批发	山西省晋城市
利群集团股份有限公司	其他日用品批发	山东省青岛市
河南省烟草公司濮阳市公司	烟草制品批发	河南省濮阳市
内蒙古自治区烟草公司通辽分公司	烟草制品批发	内蒙古自治区通辽市
陕西东大石油化工有限公司	石油及制品批发	陕西省西安市
重庆中钢物资有限公司	非金属矿及制品批发	重庆市长寿区
山东瑞中医药有限公司	西药批发	山东省济宁市
山东瑞中医药销售公司	中药材及中成药批发	山东省济宁市
东莞市糖酒集团美宜佳便利店有限公司	糕点、糖果及糖批发	广东省东莞市
中国石油天然气股分有限公司黑龙江七台河销售分公司	石油及制品批发	黑龙江省七台河市
国药控股福建有限公司	西药批发	福建省厦门市
农夫山泉(淳安坪山)有限公司	饮料及茶叶批发	浙江省杭州市
湖北省烟草公司黄石市公司	烟草制品批发	湖北省黄石市
山东福田雷沃重工国际贸易有限公司	农业机械批发	山东省潍坊市
四川省烟草公司广安分公司	烟草制品批发	四川省广安市
上海南浦食品公司浦东分公司	其他食品批发	上海市松江区
北京小松工程机械有限公司	其他机械设备及电子产品批发	北京市通州区
中国石油天然气股份有限公司陕西商洛销售分公司	石油及制品批发	陕西省商洛市
新泰市青龙路市场服务有限公司	其他农畜产品批发	山东省泰安市
广西壮族自治区烟草公司河池市公司	烟草制品批发	广西壮族自治区河池市
晋城市泽州公路煤炭销售有限公司	煤炭及制品批发	山西省晋城市
四川省烟草公司自贡市公司	烟草制品批发	四川省自贡市
辽宁省烟草公司铁岭市公司	烟草制品批发	辽宁省铁岭市
上海烟草集团黄浦烟草糖酒有限公司	烟草制品批发	上海市黄浦区
浙江嘉信医药股份有限公司	中药材及中成药批发	浙江省嘉兴市
中国石油天然气股份有限公司四川甘孜销售分公司	石油及制品批发	四川省甘孜藏族自治州
河南省烟草公司漯河市公司	烟草制品批发	河南省漯河市
海马汽车销售有限公司	汽车、摩托车及零配件批发	河南省郑州市
天津天宝汽车销售服务有限公司	汽车、摩托车及零配件批发	天津市河西区
海南省烟草公司琼海公司	烟草制品批发	海南省琼海市
雅诗兰黛(上海)商贸有限公司	化妆品及卫生用品批发	上海市闵行区
江西仁和药业有限公司	中药材及中成药批发	江西省宜春市
四川省烟草公司内江分公司	烟草制品批发	四川省内江市
中国石油化工股份有限公司马鞍山市石油分公司	石油及制品批发	安徽省马鞍山市
中国石油化工股份有限公司广西北海石油分公司	石油及制品批发	广西壮族自治区北海市
博世贸易(上海)有限公司	汽车、摩托车及零配件批发	上海市长宁区
四川省烟草公司攀枝花市公司	烟草制品批发	四川省攀枝花市
山东银座配送有限公司	米、面制品及食用油批发	山东省济南市
中国石油天然气股份有限公司四川雅安销售分公司	石油及制品批发	四川省雅安市
中国石油天然气股份有限公司广东惠州销售分公司	石油及制品批发	广东省惠州市
浙江珍诚医药在线股份有限公司	西药批发	浙江省杭州市

4-1 续表 24

企业名称	所属行业	企业所在地
东莞市东糖集团有限公司	糕点、糖果及糖批发	广东省东莞市
北京中油公交石油销售有限公司	石油及制品批发	北京市通州区
陕西省烟草公司商洛市公司	烟草制品批发	陕西省商洛市
内蒙古河套酒业集团销售有限责任公司	饮料及茶叶批发	内蒙古自治区巴彦淖尔市
中国石油天然气股份有限公司固原销售分公司	石油及制品批发	宁夏回族自治区固原市
杭州中油石油天然气销售有限公司	石油及制品批发	浙江省杭州市
中国石油天然气股份有限公司广东东莞销售分公司	石油及制品批发	广东省东莞市
浙江凯喜雅国际股份有限公司	纺织品、针织品及原料批发	浙江省杭州市
北京讯宜创新电子有限公司	计算机、软件及辅助设备批发	北京市海淀区
默克雪兰诺有限公司	西药批发	北京市顺义区
贵州水城煤电物资供销有限公司	其他机械设备及电子产品批发	贵州省六盘水市
宁波博洋服饰有限公司	服装批发	浙江省宁波市
广东烟草阳江市有限责任公司	烟草制品批发	广东省阳江市
话机世界数码连锁集团股份有限公司	通讯及广播电视设备批发	浙江省杭州市
山东康惠医药有限公司	西药批发	山东省潍坊市
山西煤炭运销集团晋中灵石有限公司	煤炭及制品批发	山西省晋中市
中国石油天然气股份有限公司广西钦州销售分公司	石油及制品批发	广西壮族自治区钦州市
烟台市供销石油公司	石油及制品批发	山东省烟台市
四川成都美的制冷产品销售有限公司	家用电器批发	四川省成都市
上海市粮食储运公司	谷物、豆及薯类批发	上海市浦东新区
重庆科渝药品经营有限公司	西药批发	重庆市南岸区
山东南菜园蔬菜食品有限公司	果品、蔬菜批发	山东省临沂市
修正药业集团营销有限公司	中药材及中成药批发	吉林省通化市
山东省万事达物资有限公司	金属及金属矿批发	山东省滨州市
广州铁路物资公司	金属及金属矿批发	广东省广州市
中国船舶燃料广州有限公司	石油及制品批发	广东省广州市
明基电通有限公司	计算机、软件及辅助设备批发	上海市长宁区
山东永弘工程设备有限公司	其他机械设备及电子产品批发	山东省烟台市
中国石油天然气股份有限公司黑龙江尚志销售分公司	石油及制品批发	黑龙江省哈尔滨市
上海百红商业贸易有限公司	化妆品及卫生用品批发	上海市闸北区
中国石油天然气股份有限公司河南许昌销售分公司	石油及制品批发	河南省许昌市
大昌洋行(上海)有限公司	西药批发	上海市浦东新区
美卓矿机(天津)国际贸易有限公司	其他机械设备及电子产品批发	天津市滨海新区
上海恩德斯豪斯自动化设备有限公司	其他未列明的批发	上海市闵行区
浙江医药股份有限公司	西药批发	浙江省杭州市
中国石油天然气股份有限公司广西桂林销售分公司	石油及制品批发	广西壮族自治区桂林市
明一世代(福建)贸易有限公司	米、面制品及食用油批发	福建省福州市
环球控股集团有限公司	五金、交电批发	浙江省宁波市
中国石油天然气股份有限公司河北邯郸销售分公司	石油及制品批发	河北省邯郸市
山特维克矿山工程机械贸易(上海)有限公司	其他机械设备及电子产品批发	上海市闸北区
安徽省烟草公司马鞍山市公司	烟草制品批发	安徽省马鞍山市
汕头市创美药业有限公司	中药材及中成药批发	广东省汕头市
理光(中国)投资有限公司	其他机械设备及电子产品批发	上海市黄浦区
同济堂医药有限公司	西药批发	湖北省武汉市

4-1 续表 25

企业名称	所属行业	企业所在地
黑龙江省烟草公司佳木斯分公司	烟草制品批发	黑龙江省佳木斯市
中国石油天然气股份有限公司陕西铜川销售分公司	石油及制品批发	陕西省铜川市
中国石油天然气股份有限公司河南平顶山销售分公司	石油及制品批发	河南省平顶山市
吉林省烟草公司延边州公司	烟草制品批发	吉林省延边朝鲜族自治州
中国烟草总公司辽宁葫芦岛分公司	烟草制品批发	辽宁省葫芦岛市
上海中集汽车销售服务有限公司	汽车、摩托车及零配件批发	上海市宝山区
中国船舶燃料大连有限公司	石油及制品批发	辽宁省大连市
东北制药集团销售有限公司	西药批发	辽宁省沈阳市
辽宁省烟草公司朝阳市公司	烟草制品批发	辽宁省朝阳市
中国石油天然气股份有限公司新疆和田销售分公司	石油及制品批发	新疆维吾尔自治区和田地区
辽宁省烟草公司抚顺市公司	烟草制品批发	辽宁省抚顺市
吉林省烟草公司通化公司	烟草制品批发	吉林省通化市
广西壮族自治区烟草公司梧州市公司	烟草制品批发	广西壮族自治区梧州市
北京伊藤忠华糖综合加工有限公司	化妆品及卫生用品批发	北京市东城区
内蒙古烟草公司巴彦淖尔市分公司	烟草制品批发	内蒙古自治区巴彦淖尔市
新疆维吾尔自治区新华书店	图书批发	新疆维吾尔自治区乌鲁木齐市
广西壮族自治区烟草公司贵港市公司	烟草制品批发	广西壮族自治区贵港市
福州民天实业有限公司	果品、蔬菜批发	福建省福州市
北京首创轮胎有限责任公司	汽车、摩托车及零配件批发	北京市海淀区
江西省烟草公司萍乡市公司	烟草制品批发	江西省萍乡市
重庆九州通医药有限公司	西药批发	重庆市南岸区
中国海外经济合作总公司	贸易经纪与代理	北京市西城区
台州上药医药有限公司	西药批发	浙江省台州市
天津市正泰实业总公司	家用电器批发	天津市河北区
吉粮集团公主岭金玉收储有限责任公司	谷物、豆及薯类批发	吉林省四平市
好孩子(中国)商贸有限公司	其他日用品批发	江苏省苏州市
四川领跑体育用品有限公司	服装批发	四川省成都市
中国石油天然气股份有限公司河北张家口销售分公司	石油及制品批发	河北省张家口市
内蒙古西蒙煤炭有限责任公司	煤炭及制品批发	内蒙古自治区呼和浩特市
葵花药业集团药业有限公司	中药材及中成药批发	黑龙江省哈尔滨市
西门子医学诊断产品(上海)有限公司	医疗用品及器材批发	上海市浦东新区
浙江震元股份有限公司	中药材及中成药批发	浙江省绍兴市
山西统配煤矿综合经营总公司	煤炭及制品批发	山西省太原市
四川省烟草公司巴中分公司	烟草制品批发	四川省巴中市
国药集团西北医药有限公司	西药批发	陕西省西安市
九牧王股份有限公司厦门分公司	服装批发	福建省厦门市
施华洛世奇(上海)贸易有限公司	首饰、工艺品及收藏品批发	上海市黄浦区
山西煤炭运销集团晋中和顺有限公司	煤炭及制品批发	山西省晋中市
景德镇市烟草公司	烟草制品批发	江西省景德镇市
阿法拉伐(上海)技术有限公司	其他机械设备及电子产品批发	上海市黄浦区
内蒙古呼铁伊东储运股份有限公司	煤炭及制品批发	内蒙古自治区包头市
珠海方正印刷电路板发展有限公司	其他机械设备及电子产品批发	广东省珠海市
佛山市顺德区越大化工贸易有限公司	其他化工产品批发	广东省佛山市
重庆海尔家电销售有限公司济宁分公司	家用电器批发	山东省济宁市

4-1 续表 26

企业名称	所属行业	企业所在地
广西壮族自治区烟草公司钦州市公司	烟草制品批发	广西壮族自治区钦州市
安徽商之都股份有限公司	服装批发	安徽省合肥市
云南丰瑞油脂有限公司	米、面制品及食用油批发	云南省昆明市
新疆兵团农四师供销合作联合社	化肥批发	新疆维吾尔自治区伊犁哈萨克自治州
黑龙江省烟草公司牡丹江分公司	烟草制品批发	黑龙江省牡丹江市
中石化江西鹰潭石油分公司	石油及制品批发	江西省鹰潭市
湖北省烟草公司随州市公司	烟草制品批发	湖北省随州市
宁波狮丹努进出口有限公司	服装批发	浙江省宁波市
中国集邮总公司	首饰、工艺品及收藏品批发	北京市东城区
河南小松工程机械有限公司	其他机械设备及电子产品批发	河南省郑州市
广东烟草云浮市有限责任公司	烟草制品批发	广东省云浮市
贵州茅台酒厂(集团)习酒有限责任公司	饮料及茶叶批发	贵州省遵义市
四川省烟草公司遂宁市公司	烟草制品批发	四川省遂宁市
郑州铁路华东实业总公司	煤炭及制品批发	河南省郑州市
北京中青旅创格科技有限公司	计算机、软件及辅助设备批发	北京市海淀区
山西煤炭运销集团阳泉平定有限公司	煤炭及制品批发	山西省阳泉市
昌吉回族自治州粮油购销(集团)有限责任公司	谷物、豆及薯类批发	新疆维吾尔自治区昌吉回族自治州
重庆海松机械有限公司	其他机械设备及电子产品批发	重庆市北碚区
中国石油天然气股份有限公司河北衡水销售分公司	石油及制品批发	河北省衡水市
上海烟草集团虹口烟草糖酒有限公司	烟草制品批发	上海市虹口区
丽珠医药集团股份有限公司	西药批发	广东省珠海市
青岛百洋医药科技有限公司	医疗用品及器材批发	山东省青岛市
中国石油化工股份有限公司湖北随州石油分公司	石油及制品批发	湖北省随州市
中国农业机械华北集团有限公司	汽车、摩托车及零配件批发	天津市和平区
中国石油天然气股份有限公司广西百色销售分公司	石油及制品批发	广西壮族自治区百色市
深圳市光汇石油化工股份有限公司	石油及制品批发	广东省深圳市
博宇金属股份有限公司	金属及金属矿批发	辽宁省沈阳市
天津市蓟州蔬菜批发市场管理服务有限公司	果品、蔬菜批发	天津市县蓟县
厦门信和达电子有限公司	其他机械设备及电子产品批发	福建省厦门市
中国石油天然气股份有限公司浙江嘉兴销售分公司	石油及制品批发	浙江省嘉兴市
安徽省烟草公司池州市公司	烟草制品批发	安徽省池州市
中国航空技术国际控股有限公司	其他机械设备及电子产品批发	北京市朝阳区
杭州九阳生活电器有限公司	家用电器批发	浙江省杭州市
深圳市齐普生信息科技有限公司	计算机、软件及辅助设备批发	广东省深圳市
福建九州通医药有限公司	西药批发	福建省福州市
西宁中油燃气有限责任公司	石油及制品批发	青海省西宁市
武汉市南浦食品有限责任公司	其他食品批发	湖北省武汉市
山西焦煤集团中源物贸有限责任公司	煤炭及制品批发	山西省太原市
江苏亚邦医药物流中心有限公司	西药批发	江苏省常州市
哈森商贸(中国)有限公司	鞋帽批发	江苏省苏州市
天津空港国际汽车园发展有限公司	汽车、摩托车及零配件批发	天津市东丽区
中国石油化工股份有限公司安徽淮北石油分公司	石油及制品批发	安徽省淮北市
中国石油天然气股份有限公司河北廊坊销售分公司	石油及制品批发	河北省廊坊市
厦门美的制冷产品销售有限公司	家用电器批发	福建省厦门市

4-1 续表 27

企业名称	所属行业	企业所在地
广州市粮食集团有限责任公司	米、面制品及食用油批发	广东省广州市
安徽省烟草公司黄山市公司	烟草制品批发	安徽省黄山市
江西九州通药业有限公司	西药批发	江西省南昌市
中国石油天然气股份有限公司云南大理销售分公司	石油及制品批发	云南省大理白族自治州
广西壮族自治区烟草公司北海市公司	烟草制品批发	广西壮族自治区北海市
中国石油化工股份有限公司安徽铜陵石油分公司	石油及制品批发	安徽省铜陵市
遂溪县供销合作联社	化肥批发	广东省湛江市
上海第一食品连锁发展有限公司	其他食品批发	上海市黄浦区
山西省烟草公司朔州市公司	烟草制品批发	山西省朔州市
费列罗贸易(上海)有限公司	糕点、糖果及糖批发	上海市浦东新区
甘肃仕通汽车销售有限公司	汽车、摩托车及零配件批发	甘肃省兰州市
先进装配系统有限公司	其他机械设备及电子产品批发	上海市浦东新区
江苏万邦医药营销有限公司	中药材及中成药批发	江苏省徐州市
施耐德电气信息技术(中国)有限公司	其他机械设备及电子产品批发	上海市普陀区
河北爱普医药药材有限公司	西药批发	河北省石家庄市
宁波三江食品加工配送有限公司	其他食品批发	浙江省宁波市
深圳市天音通信发展有限公司广州分公司	通讯及广播电视设备批发	广东省广州市
汇信进出口股份有限公司	其他日用品批发	浙江省嘉兴市
昆山利通天然气有限公司	石油及制品批发	江苏省苏州市
国药控股山西有限公司	西药批发	山西省太原市
文安县天运商贸有限公司	其他化工产品批发	河北省廊坊市
中国石油天然气股份有限公司山东聊城销售分公司	石油及制品批发	山东省聊城市
上海福然德部件加工有限公司	金属及金属矿批发	上海市宝山区
深圳市东华通贸易发展有限公司	其他食品批发	广东省深圳市
湖南达嘉维康医药有限公司	西药批发	湖南省长沙市
乌海市铁鑫煤化有限责任公司	煤炭及制品批发	内蒙古自治区乌海市
中国石油天然气股份有限公司重庆销售江北分公司渝北经营部	石油及制品批发	重庆市渝北区
银基贸易发展(深圳)有限公司	饮料及茶叶批发	广东省深圳市
上海蒙牛乳业有限公司	其他食品批发	上海市黄浦区
深圳市鑫荣懋实业发展有限公司	果品、蔬菜批发	广东省深圳市
爱茉莉太平洋贸易有限公司	化妆品及卫生用品批发	上海市嘉定区
保定市保北医药药材有限责任公司	西药批发	河北省保定市
珠海格力电器销售有限公司	家用电器批发	广东省珠海市
广西壮族自治区烟草公司贺州市公司	烟草制品批发	广西壮族自治区贺州市
新疆亚欧大陆桥煤炭运销有限责任公司	煤炭及制品批发	新疆维吾尔自治区乌鲁木齐市
绵阳市酒鑫鑫商贸有限公司	饮料及茶叶批发	四川省绵阳市
内蒙古自治区烟草公司呼伦贝尔市公司	烟草制品批发	内蒙古自治区呼伦贝尔市
中石油天然气股份有限公司黑龙江鹤岗分公司	石油及制品批发	黑龙江省鹤岗市
吉林省烟草公司松原市分公司	烟草制品批发	吉林省松原市
国药控股徐州有限公司	中药材及中成药批发	江苏省徐州市
浙江省工艺品进出口有限公司	首饰、工艺品及收藏品批发	浙江省杭州市
中国烟草总公司重庆市公司彭水分公司	烟草制品批发	重庆市彭水苗族土家族自治县
中国石油天燃气股份有限公司黑龙江肇东销售分公司	石油及制品批发	黑龙江省绥化市
岛津企业管理(中国)有限公司	医疗用品及器材批发	上海市长宁区

4-1 续表 28

企业名称	所属行业	企业所在地
辽宁省烟草公司丹东市公司	烟草制品批发	辽宁省丹东市
华润辽宁医药有限公司	西药批发	辽宁省沈阳市
衡水老白干营销有限公司	饮料及茶叶批发	河北省衡水市
辽宁省烟草公司辽阳市公司	烟草制品批发	辽宁省辽阳市
南京医药(淮安)天颐有限公司	中药材及中成药批发	江苏省淮安市
东营金田小商品市场发展有限公司	纺织品、针织品及原料批发	山东省东营市
金利来(中国)有限公司广州分公司	服装批发	广东省广州市
中国石油天然气股份有限公司安徽宣城销售分公司	石油及制品批发	安徽省宣城市
河北旭跃实业集团有限公司	煤炭及制品批发	河北省石家庄市
新世纪控股集团有限公司	五金、交电批发	浙江省台州市
云南白药集团医药电子商务有限公司	化妆品及卫生用品批发	云南省昆明市
河南圣光医药物流有限公司	西药批发	河南省平顶山市
四川华星天然气有限责任公司	石油及制品批发	四川省成都市
甘肃省烟草公司陇南市公司	烟草制品批发	甘肃省陇南市
上海斐讯数据通信技术有限公司	通讯及广播电视设备批发	上海市松江区
上海金枫酒业股份有限公司	其他食品批发	上海市浦东新区
阿尔派电子(中国)有限公司	汽车、摩托车及零配件批发	北京市朝阳区
海南省烟草公司儋州公司	烟草制品批发	海南省儋州市
四川省古蔺县仙潭销售有限公司	饮料及茶叶批发	四川省泸州市
甘肃省烟草公司庆阳市公司	烟草制品批发	甘肃省庆阳市
山东新华医药贸易有限公司	西药批发	山东省淄博市
许昌天润实业有限公司	建材批发	河南省许昌市
重庆市长安跨越车辆营销有限公司	汽车、摩托车及零配件批发	重庆市江北区
江苏文峰电器有限公司	家用电器批发	江苏省南通市
中国石油天然气股份有限公司广西梧州销售分公司	石油及制品批发	广西壮族自治区梧州市
中国石油化工股份有限公司广东粤东石油分公司	石油及制品批发	广东省汕头市
上海烟草集团嘉定烟草糖酒有限公司	烟草制品批发	上海市嘉定区
中国石油化工股份有限公司青海格尔木石油分公司	石油及制品批发	青海省海西蒙古族藏族自治州
北京蒙牛宏达乳制品有限责任公司	其他食品批发	北京市丰台区
中国石化销售有限公司西北新疆喀什分公司	石油及制品批发	新疆维吾尔自治区喀什地区
上海江隆进出口有限公司	纺织品、针织品及原料批发	上海市虹口区
劲霸男装(上海)有限公司	服装批发	上海市普陀区
鸿星尔克(厦门)投资管理有限公司	纺织品、针织品及原料批发	福建省厦门市
山东银座电器有限责任公司	家用电器批发	山东省济南市
中国石油化工股份有限公司河南鹤壁石油分公司	石油及制品批发	河南省鹤壁市
中国石油化工股份有限公司广西崇左石油分公司	石油及制品批发	广西壮族自治区崇左市
贝克曼库尔特商贸(中国)有限公司	医疗用品及器材批发	上海市浦东新区
石家庄天远建设机械有限公司	其他机械设备及电子产品批发	河北省石家庄市
中国船舶燃料青岛有限公司	石油及制品批发	山东省青岛市
裕程(昆山)体育用品有限公司	鞋帽批发	江苏省苏州市
福建朝阳钢材市场有限公司	金属及金属矿批发	福建省漳州市
上海市机械设备成套(集团)有限公司	其他机械设备及电子产品批发	上海市普陀区
湖北立旺食品有限公司武汉分公司	其他食品批发	湖北省武汉市
健良(上海)贸易有限公司	其他机械设备及电子产品批发	上海市浦东新区

4-1　续表 29

企业名称	所属行业	企业所在地
福建天福茗茶销售有限公司	谷物、豆及薯类批发	福建省厦门市
湖南时代阳光医药有限公司	西药批发	湖南省长沙市
深圳深岩燃气有限公司	石油及制品批发	广东省深圳市
中石化湖北宜昌石油分公司	石油及制品批发	湖北省宜昌市
高邦集团有限公司	服装批发	浙江省温州市
利惠商业(上海)有限公司	服装批发	上海市静安区
呼和浩特市朝晖商贸有限责任公司	糕点、糖果及糖批发	内蒙古自治区呼和浩特市
山东荣庆物流有限公司	果品、蔬菜批发	山东省临沂市
合肥旺旺食品有限公司合肥分公司	其他食品批发	安徽省合肥市
浙江雅莹时装销售有限公司	服装批发	浙江省嘉兴市
江苏华晓医药物流有限公司	西药批发	江苏省盐城市
厦门三峡国际贸易有限公司	家用电器批发	福建省厦门市
北京美的制冷产品销售有限公司	家用电器批发	北京市门头沟区
安徽省烟草公司淮北市公司	烟草制品批发	安徽省淮北市
中国烟草总公司黑龙江省鸡西分公司	烟草制品批发	黑龙江省鸡西市
湖南酒鬼酒销售有限公司	其他食品批发	湖南省湘西土家族苗族自治州
甘肃省烟草公司定西分公司	烟草制品批发	甘肃省定西市
黑龙江省烟草公司牡丹江烟叶公司	烟草制品批发	黑龙江省牡丹江市
济南TCL电器销售有限公司	家用电器批发	山东省济南市
新疆兵团农七师供销合作总公司	棉、麻批发	新疆维吾尔自治区伊犁哈萨克自治州
新疆维吾尔自治区巴音郭楞蒙古自治州烟草公司	烟草制品批发	新疆维吾尔自治区巴音郭楞蒙古自治州
广州大旺食品有限公司广州分公司	糕点、糖果及糖批发	广东省广州市
华东医药宁波有限公司	中药材及中成药批发	浙江省宁波市
南通开发区炜赋对外贸易有限公司	服装批发	江苏省南通市
常熟市汇邦新材料有限公司	其他化工产品批发	江苏省苏州市
江苏省苏南盐业有限公司	盐及调味品批发	江苏省苏州市
彪马(上海)商贸有限公司	服装批发	上海市黄浦区
福达(中国)投资有限公司	盐及调味品批发	广东省广州市
上海克瑞特服饰有限公司	服装批发	上海市浦东新区
驻马店中油销售有限公司	石油及制品批发	河南省驻马店市
中国石油天然气股份有限公司吉林辽源销售分公司	石油及制品批发	吉林省辽源市
中国石油天然气股份有限公司河南南阳销售分公司	石油及制品批发	河南省南阳市
广东大地通讯连锁服务有限公司	通讯及广播电视设备批发	广东省东莞市
罗技(北京)贸易有限公司	计算机、软件及辅助设备批发	北京市朝阳区
河南威佳汽车贸易有限公司	石油及制品批发	河南省郑州市
河北省新华书店	图书批发	河北省石家庄市
广东烟草汕尾市有限公司陆丰分公司	烟草制品批发	广东省汕尾市
上海烟草集团闵行烟草糖酒有限公司	烟草制品批发	上海市闵行区
厦门新五菱汽车销售有限公司	汽车、摩托车及零配件批发	福建省厦门市
上海罗捷斯迪电子有限公司	通讯及广播电视设备批发	上海市浦东新区
北京四通工控技术有限公司	其他机械设备及电子产品批发	北京市海淀区
广西壮族自治区烟草公司来宾市公司	烟草制品批发	广西壮族自治区来宾市
武汉千里马工程机械有限公司	其他机械设备及电子产品批发	湖北省武汉市
中国石油天然气股份有限公司广西河池销售分公司	石油及制品批发	广西壮族自治区河池市

4-1 续表 30

企业名称	所属行业	企业所在地
新疆维吾尔自治区昌吉回族自治州烟草公司	烟草制品批发	新疆维吾尔自治区昌吉回族自治州
上海建发酒业有限公司	其他日用品批发	上海市浦东新区
上海三枪(集团)有限公司	纺织品、针织品及原料批发	上海市黄浦区
洛阳铁路运通集团实业发展公司	煤炭及制品批发	河南省洛阳市
南京TCL电器销售有限公司	家用电器批发	江苏省南京市
襄垣县五阳新世纪有限责任公司	煤炭及制品批发	山西省长治市
德利多富信息系统(上海)有限公司	计算机、软件及辅助设备批发	上海市浦东新区
江苏通灵翠钻有限公司	首饰、工艺品及收藏品批发	江苏省南京市
昆明铁路磷业工贸有限公司	化肥批发	云南省昆明市
辽宁省烟草公司阜新市公司	烟草制品批发	辽宁省阜新市
广东新明珠陶瓷集团有限公司	建材批发	广东省佛山市
朝阳昊天有色金属有限公司	金属及金属矿批发	辽宁省朝阳市
中国石油天然气股份有限公司甘肃临夏销售分公司	石油及制品批发	甘肃省临夏回族自治州
贵州省新华书店	图书批发	贵州省贵阳市
合肥曼迪新药业有限责任公司	西药批发	安徽省合肥市
宁乡县联发商贸有限公司	糕点、糖果及糖批发	湖南省长沙市
东方国际创业股份有限公司	服装批发	上海市长宁区
陕西新华发行集团有限责任公司	图书批发	陕西省西安市
福建小松工程机械有限公司	其他机械设备及电子产品批发	福建省福州市
山东莱芜烟草有限公司	烟草制品批发	山东省莱芜市
圣犹达医疗用品(上海)有限公司	医疗用品及器材批发	上海市徐汇区
杭州五丰联合肉类有限公司	肉、禽、蛋及水产品批发	浙江省杭州市
周大福珠宝金行(重庆)有限公司	首饰、工艺品及收藏品批发	重庆市涪陵区
芜湖奇瑞汽车备件有限公司	汽车、摩托车及零配件批发	安徽省芜湖市
广东烟草南雄市有限公司	烟草制品批发	广东省韶关市
四川金利医药贸易有限公司	西药批发	四川省成都市
湖南双舟医药有限责任公司	西药批发	湖南省长沙市
云南东骏药业有限公司	西药批发	云南省昆明市
广州红牛维他命饮料有限公司	饮料及茶叶批发	广东省广州市
重庆新日日顺家电销售有限公司福州分公司	家用电器批发	福建省福州市
大昌华嘉商业(中国)有限公司	西药批发	上海市浦东新区
辽宁烟草公司本溪分公司	烟草制品批发	辽宁省本溪市
深圳市康哲药业有限公司	西药批发	广东省深圳市
重庆建设销售有限责任公司	汽车、摩托车及零配件批发	重庆市九龙坡区
浙江仙居制药销售有限公司	西药批发	浙江省台州市
淄博矿业集团济北矿区铁路运销处	煤炭及制品批发	山东省济宁市
杭州杭丝时装进出口有限公司	服装批发	浙江省杭州市
成都市蓉锦医药贸易有限公司	中药材及中成药批发	四川省成都市
上海麦考林信息科技有限公司	计算机、软件及辅助设备批发	上海市徐汇区
乌鲁木齐铁路局实业开发总公司	石油及制品批发	新疆维吾尔自治区乌鲁木齐市
合肥湘元工程机械有限公司	其他机械设备及电子产品批发	安徽省合肥市
先正达(中国)投资有限公司	农药批发	北京市东城区
江苏金太阳纺织科技有限公司	纺织品、针织品及原料批发	江苏省南通市
新疆维吾尔自治区喀什地区烟草公司	烟草制品批发	新疆维吾尔自治区喀什地区

4-1 续表 31

企业名称	所属行业	企业所在地
上海蝶翠诗商业有限公司	贸易经纪与代理	上海市黄浦区
米思米(中国)精密机械贸易有限公司	五金、交电批发	上海市奉贤区
深圳市休明盛世商贸有限责任公司	饮料及茶叶批发	广东省深圳市
大连金嘉物资回收有限公司	再生物资回收与批发	辽宁省大连市
哈森集团世一堂百川医药商贸有限公司	西药批发	河南省商丘市
东方表行(中国)贸易有限公司	其他日用品批发	上海市黄浦区
常熟市波司登进出口有限公司	服装批发	江苏省苏州市
包头市万方煤炭销售有限公司	煤炭及制品批发	内蒙古自治区包头市
中山榄菊销售有限公司	其他日用品批发	广东省中山市
中国石油湖北十堰销售分公司	石油及制品批发	湖北省十堰市
肯纳飞硕金属(上海)有限公司	贸易经纪与代理	上海市浦东新区
武汉中南工程机械设备有限责任公司	其他机械设备及电子产品批发	湖北省武汉市
山东永弘机械销售有限公司	其他机械设备及电子产品批发	山东省烟台市
广东海华实业投资有限公司	鞋帽批发	广东省广州市
山东龙大商贸有限公司	米、面制品及食用油批发	山东省聊城市
浙江农华优质农副产品配送中心有限公司	肉、禽、蛋及水产品批发	浙江省杭州市
山西煤炭运销集团太原古交有限公司	煤炭及制品批发	山西省太原市
芜湖美的制冷产品销售有限公司	家用电器批发	安徽省芜湖市
上海市东电力物资有限公司	其他机械设备及电子产品批发	上海市浦东新区
济南天业工程机械有限公司	其他机械设备及电子产品批发	山东省济南市
北京新华书店首都发行所有限公司	图书批发	北京市通州区
新疆烟草公司伊犁州分公司	烟草制品批发	新疆维吾尔自治区伊犁哈萨克自治州
哈尔滨珍宝医药贸易有限公司	中药材及中成药批发	黑龙江省哈尔滨市
湖南中移鼎讯通信有限公司	通讯及广播电视设备批发	湖南省长沙市
广东烟草潮州市有限责任公司潮安分公司	烟草制品批发	广东省潮州市
中化上海有限公司	其他化工产品批发	上海市黄浦区
广州市鲲跃体育用品有限公司	服装批发	广东省广州市
山西亚宝医药经销有限公司	中药材及中成药批发	山西省运城市
杭州红牛饮料有限公司	饮料及茶叶批发	浙江省杭州市
山东晨曦集团有限公司	其他化工产品批发	山东省日照市
国药集团化学试剂有限公司	其他化工产品批发	上海市黄浦区
北京曲美馨家商业有限公司	其他日用品批发	北京市顺义区
上海汽车工业销售有限公司	汽车、摩托车及零配件批发	上海市徐汇区
沃得精机销售有限公司	其他未列明的批发	江苏省镇江市
江西省烟草公司新余市公司	烟草制品批发	江西省新余市
广州钢铁企业集团有限公司	金属及金属矿批发	广东省广州市
广东新华发行集团股份有限公司	图书批发	广东省广州市
新疆维吾尔自治区阿克苏地区烟草公司	烟草制品批发	新疆维吾尔自治区阿克苏地区
辽宁九州通医药有限公司	西药批发	辽宁省沈阳市
中国石油天然气股份有限公司黑龙江伊春经销分公司	石油及制品批发	黑龙江省伊春市
宁波浙东美的空调销售有限公司	家用电器批发	浙江省宁波市
中国石油天然气山东日照销售分公司	石油及制品批发	山东省日照市
杭州中艺实业有限公司	其他日用品批发	浙江省杭州市
广州TCL电器销售有限公司	家用电器批发	广东省广州市

4-1 续表 32

企业名称	所属行业	企业所在地
四川本草堂药业有限公司	西药批发	四川省成都市
中国石油天然气股份有限公司湖北咸宁销售分公司	石油及制品批发	湖北省咸宁市
重庆万友经济发展有限公司	汽车、摩托车及零配件批发	重庆市渝中区
绍兴县华通医药有限公司	西药批发	浙江省绍兴市
浙江印象实业股份有限公司	服装批发	浙江省杭州市
新疆兵团农三师农业生产资料公司	化肥批发	新疆维吾尔自治区喀什地区
上海烟草集团南汇烟草糖酒有限公司	烟草制品批发	上海市浦东新区
重庆新日日顺家电销售有限公司广州分公司	家用电器批发	广东省广州市
北京鑫方盛五金交电有限公司	五金、交电批发	北京市大兴区
辽宁一汽贸易有限公司	汽车、摩托车及零配件批发	辽宁省沈阳市
江西省烟草公司鹰潭市公司	烟草制品批发	江西省鹰潭市
上海烟草集团杨浦烟草糖酒有限公司	烟草制品批发	上海市杨浦区
山西煤炭运销集团晋中昔阳有限公司	煤炭及制品批发	山西省晋中市
嘉顿食品贸易(中国)有限公司	糕点、糖果及糖批发	广东省东莞市
河南省烟草公司鹤壁市公司	烟草制品批发	河南省鹤壁市
中国石油化工股份有限公司陕西汉中石油分公司	石油及制品批发	陕西省汉中市
中国石油天然气股份有限公司楚雄销售分公司	石油及制品批发	云南省楚雄彝族自治州
广西新华书店集团有限公司	图书批发	广西壮族自治区南宁市
江苏阳光东升进出口有限公司	服装批发	江苏省南京市
江苏明珠家用设备集成有限公司	家用电器批发	江苏省苏州市
湖北盐业集团有限公司	盐及调味品批发	湖北省武汉市
中国石油化工股份有限公司河南济源分公司	石油及制品批发	河南省济源市
中储发展股份有限公司衡阳分公司	金属及金属矿批发	湖南省衡阳市
TCL家用电器(惠州)有限公司	家用电器批发	广东省惠州市
西安金康茶文化传播有限公司	饮料及茶叶批发	陕西省西安市
中国石油天然气股份有限公司河南新乡销售分公司	石油及制品批发	河南省新乡市
中国石油化工股份有限公司广东潮州石油分公司	石油及制品批发	广东省潮州市
恒得利服装有限公司	服装批发	广东省江门市
太古资源(上海)商贸有限公司	服装批发	上海市徐汇区
广东省中山食品进出口有限公司	肉、禽、蛋及水产品批发	广东省中山市
杭州梯西爱尔(TCL)电器销售有限公司	家用电器批发	浙江省杭州市
青岛海信电器股份有限公司长沙经营分公司	家用电器批发	湖南省长沙市
重庆市烟草公司奉节分公司	烟草制品批发	重庆市县奉节县
广州市新力实业有限公司	其他机械设备及电子产品批发	广东省广州市
达能益力贸易(深圳)有限公司	饮料及茶叶批发	广东省深圳市
河南千里马工程机械有限公司	其他机械设备及电子产品批发	河南省郑州市
中国电子器材深圳有限公司	其他机械设备及电子产品批发	广东省深圳市
巴楚县鑫鹏棉业有限责任公司	棉、麻批发	新疆维吾尔自治区喀什地区
衢州医药有限公司	西药批发	浙江省衢州市
天津港物资供应有限责任公司	建材批发	天津市滨海新区
中国船舶燃料供应秦皇岛公司	石油及制品批发	河北省秦皇岛市
基恩士国际贸易(上海)有限公司	其他机械设备及电子产品批发	上海市浦东新区
湖北省金属材料总公司	金属及金属矿批发	湖北省武汉市
中国石油天然气股份有限公司河北承德销售分公司	石油及制品批发	河北省承德市

4-1　续表 33

企业名称	所属行业	企业所在地
洛阳丹尼斯量贩有限公司	肉、禽、蛋及水产品批发	河南省洛阳市
湖北省烟草公司仙桃市公司	烟草制品批发	湖北省仙桃市
深圳创维RGB电子有限公司江苏分公司	家用电器批发	江苏省南京市
泰科医疗器材国际贸易(上海)有限公司	医疗用品及器材批发	上海市徐汇区
贵州康心药业有限公司	西药批发	贵州省贵阳市
马克华菲(上海)商业有限公司	服装批发	上海市徐汇区
湖南中旺工程机械设备有限公司	其他机械设备及电子产品批发	湖南省长沙市
中国石油天然气股份有限公司新疆塔城销售公司	石油及制品批发	新疆维吾尔自治区塔城地区
高州市食品企业集团公司	肉、禽、蛋及水产品批发	广东省茂名市
青岛海信电器股份有限公司合肥经营分公司	家用电器批发	安徽省合肥市
重庆市凯福珠宝金行有限公司	首饰、工艺品及收藏品批发	重庆市涪陵区
辽宁省烟草公司盘锦市公司(专卖局)	烟草制品批发	辽宁省盘锦市
中国石油天然气股份有限公司河北销售瑞州分公司	石油及制品批发	辽宁省葫芦岛市
勃林格殷格翰国际贸易上海有限公司	西药批发	上海市静安区
潞安五阳广源实业公司	金属及金属矿批发	山西省长治市
蔻驰贸易(上海)有限公司	其他日用品批发	上海市静安区
大同煤矿集团朔州矿业公司金沙滩煤炭集运站	煤炭及制品批发	山西省朔州市
中国石油化工股份有限公司内蒙古赤峰石油分公司	石油及制品批发	内蒙古自治区赤峰市
云南凯捷实业有限公司	煤炭及制品批发	云南省昆明市
国药控股重庆有限公司	西药批发	重庆市南岸区
浙江万达食品商贸有限公司	米、面制品及食用油批发	浙江省金华市
一重集团大连国际科技贸易有限公司	其他机械设备及电子产品批发	辽宁省大连市
常州老三集团进出口有限公司	服装批发	江苏省常州市
河南省烟草公司邓州市公司	烟草制品批发	河南省南阳市
万州烟草分公司	烟草制品批发	重庆市万州区
中国药材公司	中药材及中成药批发	北京市海淀区
珠海市燃气集团有限公司	石油及制品批发	广东省珠海市
上海复星药业有限公司	中药材及中成药批发	上海市普陀区
潍坊美的制冷产品销售有限公司	家用电器批发	山东省潍坊市
安富利电子(上海)有限公司	其他机械设备及电子产品批发	上海市浦东新区
青岛黄海制药经营有限公司	西药批发	山东省青岛市
四川省吉峰长城工程机械有限公司	其他机械设备及电子产品批发	四川省成都市
上海烟草集团崇明烟草糖酒有限公司	烟草制品批发	上海市崇明县
镇江九泰投资咨询有限责任公司	其他未列明的批发	江苏省镇江市
上海烟草集团松江烟草糖酒有限公司	烟草制品批发	上海市松江区
江苏银海农佳乐国际棉花仓储交易有限公司	纺织品、针织品及原料批发	江苏省盐城市
海南四环医药有限公司	西药批发	海南省儋州市
河南沃通建筑设备有限公司	其他机械设备及电子产品批发	河南省郑州市
新疆中石化基钰化工销售有限公司	石油及制品批发	新疆维吾尔自治区乌鲁木齐市
国药控股台州有限公司	西药批发	浙江省台州市
温州美特斯邦威服饰有限公司	服装批发	浙江省温州市
菲拉格慕时装贸易(上海)有限公司	服装批发	上海市静安区
江苏省农垦米业有限公司	谷物、豆及薯类批发	江苏省南京市
邯郸交通运输集团汽车贸易服务有限公司	汽车、摩托车及零配件批发	河北省邯郸市

4-1 续表 34

企业名称	所属行业	企业所在地
上海烟草集团宝山烟草糖酒有限公司	烟草制品批发	上海市宝山区
奥林巴斯(上海)映像销售有限公司	家用电器批发	上海市徐汇区
忻州药业(集团)有限公司	西药批发	山西省忻州市
江西仁翔药业有限公司	西药批发	江西省宜春市
江苏澳洋医药物流有限公司	中药材及中成药批发	江苏省苏州市
广西小松工程机械设备有限责任公司	其他机械设备及电子产品批发	广西壮族自治区南宁市
大自然地板(中国)有限公司	建材批发	广东省佛山市
新秀丽国际贸易(宁波)有限公司	其他日用品批发	浙江省宁波市
兰州强生医药有限责任公司	西药批发	甘肃省兰州市
昆明船舶设备集团有限公司	其他机械设备及电子产品批发	云南省昆明市
广东东鹏陶瓷股份有限公司	建材批发	广东省佛山市
中国石化销售有限公司西北宝鸡分公司	石油及制品批发	陕西省宝鸡市
广西壮族自治区烟草公司防城港市公司	烟草制品批发	广西壮族自治区防城港市
广州市盛世长运商贸连锁有限公司	服装批发	广东省广州市
内蒙古伊利实业集团股份有限公司天津分公司	其他食品批发	天津市河东区
贵州省医药(集团)有限责任公司	西药批发	贵州省贵阳市
广东温氏食品集团有限公司勒竹分公司	肉、禽、蛋及水产品批发	广东省云浮市
江苏春兰电子商务有限公司	家用电器批发	江苏省泰州市
上海烟草集团奉贤烟草糖酒有限公司	烟草制品批发	上海市奉贤区
重庆昊华再生资源回收有限公司	金属及金属矿批发	重庆市长寿区
中国石油天然气股份有限公司安徽蚌埠销售分公司	石油及制品批发	安徽省蚌埠市
山东滨州鲁滨首饰有限公司	首饰、工艺品及收藏品批发	山东省滨州市
北京恒信玺利珠宝股份有限公司	首饰、工艺品及收藏品批发	北京市朝阳区
无锡美的电器销售有限公司	家用电器批发	江苏省无锡市
三星电子(北京)技术服务有限公司	家用电器批发	北京市朝阳区
广州大参林药业有限公司	中药材及中成药批发	广东省广州市
四川省烟草公司阿坝州公司	烟草制品批发	四川省阿坝藏族羌族自治州
上海烟草集团青浦烟草糖酒有限公司	烟草制品批发	上海市青浦区
上海乐扣乐扣贸易有限公司	厨房、卫生间用具及日用杂货批发	上海市闵行区
杭州萧山医药有限公司	西药批发	浙江省杭州市
上海六和勤强食品有限公司	肉、禽、蛋及水产品批发	上海市长宁区
广东粤松工程机械有限公司	其他机械设备及电子产品批发	广东省广州市
成都科讯药业有限公司	西药批发	四川省成都市
新疆星沃机械工程有限公司	汽车、摩托车及零配件批发	新疆维吾尔自治区乌鲁木齐市
贵州美的制冷产品销售有限公司	家用电器批发	贵州省贵阳市
新乡美的制冷产品销售有限公司	家用电器批发	河南省新乡市
新疆棉花产业(集团)涉车棉业有限责任公司	棉、麻批发	新疆维吾尔自治区喀什地区
大连环嘉集团有限公司	再生物资回收与批发	辽宁省大连市
山东北药远东医药有限公司	西药批发	山东省潍坊市
成都TCL电器销售有限公司	家用电器批发	四川省成都市
大同煤矿集团朔州矿业公司南窑出口煤站	煤炭及制品批发	山西省朔州市
郑州湘元三一工程机械有限公司	其他机械设备及电子产品批发	河南省郑州市
东莞美的制冷设备销售有限公司	家用电器批发	广东省东莞市
山东登海先锋种业有限公司	种子、饲料批发	山东省烟台市

4-1 续表 35

企业名称	所属行业	企业所在地
哈尔滨华利机械设备有限公司	其他机械设备及电子产品批发	黑龙江省哈尔滨市
北京一商美洁商业有限公司	化妆品及卫生用品批发	北京市丰台区
滁州市金达石油有限公司	石油及制品批发	安徽省滁州市
上海青岛啤酒华东销售有限公司	其他食品批发	上海市宝山区
信宜市粤信肉类食品有限公司	肉、禽、蛋及水产品批发	广东省茂名市
四川同创工程机械有限公司	其他机械设备及电子产品批发	四川省成都市
辽宁天士力医药有限公司	中药材及中成药批发	辽宁省沈阳市
海格曼商贸(上海)有限公司	通讯及广播电视设备批发	上海市浦东新区
山东康诺盛世医药有限公司	西药批发	山东省烟台市
中国石油化工股份有限公司云南德宏石油分公司	石油及制品批发	云南省德宏傣族景颇族自治州
中国石油天然气股份有限公司新疆博州销售分公司	石油及制品批发	新疆维吾尔自治区博尔塔拉蒙古自治州
浙江荣盛控股集团有限公司	其他化工产品批发	浙江省杭州市
日立电梯中国有限公司杭州有限公司	其他机械设备及电子产品批发	浙江省杭州市
广州和氏壁化工材料有限公司	其他化工产品批发	广东省广州市
北京同仁堂商业投资集团有限公司	中药材及中成药批发	北京市西城区
上海烟草集团金山烟草糖酒有限公司	烟草制品批发	上海市金山区
宁夏回族自治区烟草公司吴忠市公司	烟草制品批发	宁夏回族自治区吴忠市
中国中石油天然气股份有限公司重庆万州销售分公司	石油及制品批发	重庆市万州区
浙江香蕉实业有限公司	服装批发	浙江省杭州市
呼和浩特市恒昌商贸有限责任公司	服装批发	内蒙古自治区呼和浩特市
北京市西南郊食品冷冻厂	肉、禽、蛋及水产品批发	北京市丰台区
青岛巴龙集团有限公司	纺织品、针织品及原料批发	山东省青岛市
安徽阜阳医药集团有限公司	西药批发	安徽省阜阳市
福建美的制冷产品销售有限公司	家用电器批发	福建省福州市
浙江省建设机械集团有限公司	其他机械设备及电子产品批发	浙江省杭州市
山东潍坊烟草有限公司诸城分公司	烟草制品批发	山东省潍坊市
新疆小松工程机械有限公司	汽车、摩托车及零配件批发	新疆维吾尔自治区乌鲁木齐市
北京紫竹医药经营有限公司	西药批发	北京市海淀区
广东雄峰特殊钢有限公司	金属及金属矿批发	广东省佛山市
合肥TCL电器销售有限公司	家用电器批发	安徽省合肥市
天津罗升企业有限公司	其他机械设备及电子产品批发	天津市东丽区
晋城市陵川公路煤炭销售有限公司	煤炭及制品批发	山西省晋城市
山西三一晋湘工程机械有限公司	其他未列明的批发	山西省太原市
美克美家家具连锁有限公司天津配送中心	其他日用品批发	天津市滨海新区
山西煤炭运销集团大同南郊有限公司	煤炭及制品批发	山西省大同市
上海信谊联合医药药材有限公司	中药材及中成药批发	上海市闸北区
国运集团有限公司	汽车、摩托车及零配件批发	山东省青岛市
上海烟草集团普陀烟草糖酒有限公司	烟草制品批发	上海市普陀区
大连良运集团有限公司	谷物、豆及薯类批发	辽宁省大连市
长沙TCL电器销售有限公司	家用电器批发	湖南省长沙市
浙江国商实业股份有限公司	家用电器批发	浙江省台州市
天津裕华经济贸易总公司	其他化工产品批发	天津市和平区
北京一商宇洁商贸有限公司	厨房、卫生间用具及日用杂货批发	北京市东城区
广西百祥石油有限公司	石油及制品批发	广西壮族自治区南宁市

4-1 续表 36

企业名称	所属行业	企业所在地
江西九州医药有限公司	西药批发	江西省宜春市
中国石油天然气股份有限公司湖北恩施销售分公司	石油及制品批发	湖北省恩施土家族苗族自治州
六安市裕园义乌小商品市场服务有限公司	服装批发	安徽省六安市
山西康美徕医药有限公司	西药批发	山西省太原市
林肯电气管理(上海)有限公司	金属及金属矿批发	上海市宝山区
吉林省北方医药有限责任公司	西药批发	吉林省长春市
芜湖华立工程机械有限责任公司	汽车、摩托车及零配件批发	安徽省芜湖市
西安新西北双鹤医药有限责任公司	中药材及中成药批发	陕西省西安市
四川省绵阳药业集团公司	西药批发	四川省绵阳市
深圳市江波龙电子有限公司	计算机、软件及辅助设备批发	广东省深圳市
上海五天实业有限公司	厨房、卫生间用具及日用杂货批发	上海市青浦区
德华兔宝宝销售有限公司	建材批发	浙江省湖州市
穆勒电气(上海)有限公司	其他机械设备及电子产品批发	上海市长宁区
武汉长江沙鸥植物油有限公司	米、面制品及食用油批发	湖北省武汉市
江苏大众医药连锁有限公司	西药批发	江苏省无锡市
成都泰立电信商场连锁有限公司	通讯及广播电视设备批发	四川省成都市
云南小松工程机械有限公司	其他机械设备及电子产品批发	云南省昆明市
上海联亚商业有限公司	服装批发	上海市浦东新区
史泰博(上海)有限公司	文具用品批发	上海市长宁区
贵州宁铁南昆物流有限责任公司	煤炭及制品批发	贵州省黔西南布依族苗族自治州
贵州小松工程机械有限公司	其他机械设备及电子产品批发	贵州省贵阳市
广西太华医药有限公司	西药批发	广西壮族自治区南宁市
江苏新晨医药有限公司	西药批发	江苏省连云港市
布勒(无锡)商业有限公司	其他机械设备及电子产品批发	江苏省无锡市
北京碧生源商贸有限公司	其他食品批发	北京市房山区
深圳创维-RGB电子有限公司江西分公司	家用电器批发	江西省宜春市
青岛啤酒(徐州)淮海营销有限公司	饮料及茶叶批发	江苏省徐州市
承德聚鑫贸易有限责任公司	饮料及茶叶批发	河北省承德市
中国石油天然气股份有限公司湖北荆门销售分公司	石油及制品批发	湖北省荆门市
友讯电子设备(上海)有限公司	计算机、软件及辅助设备批发	上海市长宁区
广州九州通医药有限公司	中药材及中成药批发	广东省广州市
内蒙古日强建筑机械有限责任公司	其他机械设备及电子产品批发	内蒙古自治区呼和浩特市
鹿邑县真源办事处供销社	谷物、豆及薯类批发	河南省周口市
吉林省烟草公司白山市公司	烟草制品批发	吉林省白山市
云南迅捷通讯有限公司	通讯及广播电视设备批发	云南省昆明市
上海睿盈贸易有限公司	鞋帽批发	上海市黄浦区
微优商贸(深圳)有限公司	计算机、软件及辅助设备批发	广东省深圳市
史赛克(北京)医疗器械有限公司	医疗用品及器材批发	北京市东城区
广州食品企业集团有限公司	肉、禽、蛋及水产品批发	广东省广州市
北京恒城实业发展公司	化妆品及卫生用品批发	北京市朝阳区
四会市大地资源再生有限公司	再生物资回收与批发	广东省肇庆市
黑龙江省新华书店	图书批发	黑龙江省哈尔滨市
中国烟草总公司重庆市公司涪陵分公司	烟草制品批发	重庆市涪陵区
中盐天津市长芦盐业有限公司	盐及调味品批发	天津市和平区

4-1 续表 37

企业名称	所属行业	企业所在地
安徽省百川商贸发展有限公司	饮料及茶叶批发	安徽省合肥市
山西省煤炭运销集团晋昌源煤炭经营有限公司	煤炭及制品批发	山西省太原市
标致雪铁龙(中国)汽车贸易有限公司	汽车、摩托车及零配件批发	北京市朝阳区
重庆长圣医药有限公司	西药批发	重庆市南岸区
花王(上海)产品服务有限公司	其他日用品批发	上海市黄浦区
上海童涵春堂药业连锁经营有限公司	中药材及中成药批发	上海市黄浦区
安徽小松工程机械有限公司	其他机械设备及电子产品批发	安徽省合肥市
广州市森大贸易有限公司	其他未列明的批发	广东省广州市
甘肃省烟草公司武威市公司	烟草制品批发	甘肃省武威市
广东格兰仕电器销售有限公司	家用电器批发	广东省中山市
安富利物流(深圳)有限公司	其他机械设备及电子产品批发	广东省深圳市
中铁十五局集团物资有限公司	石油及制品批发	河南省洛阳市
北京赛科昌盛医药有限责任公司	西药批发	北京市朝阳区
江苏省大华种业集团有限公司	种子、饲料批发	江苏省南京市
爱尔康(中国)眼科产品有限公司	医疗用品及器材批发	北京市朝阳区
重庆市再生资源物流有限公司	再生物资回收与批发	重庆市渝中区
湖南天士力民生药业有限公司	中药材及中成药批发	湖南省湘潭市
上海东纺日化销售有限公司	化妆品及卫生用品批发	上海市普陀区
潮州市中凯华丰能源连锁配送有限公司	石油及制品批发	广东省潮州市
中国石油天然气股份有限公司广西贵港销售分公司	石油及制品批发	广西壮族自治区贵港市
重庆新日日顺家电销售有限公司天津分公司	家用电器批发	天津市北辰区
山西煤炭运销集团晋中平遥有限公司	煤炭及制品批发	山西省晋中市
傲胜(中国)商业有限公司	家用电器批发	上海市浦东新区
广东温氏食品集团有限公司车岗分公司	肉、禽、蛋及水产品批发	广东省云浮市
上海天成企业发展有限公司	饮料及茶叶批发	上海市松江区
东莞市荣兴纸业有限公司	其他未列明的批发	广东省东莞市
广州市万绿达集团有限公司	再生物资回收与批发	广东省广州市
成都龙翔通讯有限责任公司	通讯及广播电视设备批发	四川省成都市
仪征怡华商贸发展有限公司	其他化工产品批发	江苏省扬州市
成都金松营销有限公司	家用电器批发	四川省成都市
茂名市实业发展集团公司	其他化工产品批发	广东省茂名市
中山市万荣营销有限公司	化妆品及卫生用品批发	广东省中山市
广东华农温氏畜牧股份有限公司	肉、禽、蛋及水产品批发	广东省云浮市
陕西百嘉贸易服务有限公司	化妆品及卫生用品批发	陕西省西安市
广西顶佳计算机信息有限公司	计算机、软件及辅助设备批发	广西壮族自治区南宁市
东莞市澳洁贸易有限公司	厨房、卫生间用具及日用杂货批发	广东省东莞市
宁波萌恒进出口有限公司	化妆品及卫生用品批发	浙江省宁波市
滔搏体育(上海)有限公司	鞋帽批发	上海市长宁区
中国石油天然气股份有限公司广东阳江销售分公司	石油及制品批发	广东省阳江市
盐城亚邦医药有限公司	西药批发	江苏省盐城市
石家庄桥西糖烟酒食品股份有限公司	饮料及茶叶批发	河北省石家庄市
武汉友谊副食品商业有限责任公司	其他农畜产品批发	湖北省武汉市
武汉小松工程机械有限责任公司	其他机械设备及电子产品批发	湖北省武汉市
温州市南亚粮油食品有限公司	米、面制品及食用油批发	浙江省温州市

4-1 续表 38

企业名称	所属行业	企业所在地
广西平安堂药业有限责任公司	西药批发	广西壮族自治区玉林市
苏州鲁特轻纺有限公司	服装批发	江苏省苏州市
诸城金顺粮油购销有限公司	米、面制品及食用油批发	山东省潍坊市
浙江不老神食品有限公司	肉、禽、蛋及水产品批发	浙江省衢州市
帝亚吉欧洋酒贸易(上海)有限公司	饮料及茶叶批发	上海市静安区
上海三联集团钟表眼镜照相器材批发中心	其他日用品批发	上海市黄浦区
美标(中国)有限公司	厨房、卫生间用具及日用杂货批发	上海市徐汇区
广西新胜利农业生产资料有限责任公司	化肥批发	广西壮族自治区南宁市
广西鼎华商业股份有限公司	糕点、糖果及糖批发	广西壮族自治区南宁市
宝鸡天健医药有限公司	西药批发	陕西省宝鸡市
山东潍坊烟草有限公司青州分公司	烟草制品批发	山东省潍坊市
重庆德佳食品(集团)销售公司	牲畜批发	重庆市合川区
深圳市瑞霖医药有限公司	西药批发	广东省深圳市
威海金蚂蚁集团有限公司	五金、交电批发	山东省威海市
杭州新花海商贸有限公司	化妆品及卫生用品批发	浙江省杭州市
保定银河棉业有限公司	棉、麻批发	河北省保定市
珠海市华海鹏城酒业有限公司	饮料及茶叶批发	广东省珠海市
郑州经济技术开发区自备车运输贸易有限公司	煤炭及制品批发	河南省郑州市
山东潍坊烟草有限公司高密分公司	烟草制品批发	山东省潍坊市
喜利得(中国)商贸有限公司	五金、交电批发	上海市徐汇区
合肥丰乐种业股份有限公司	种子、饲料批发	安徽省合肥市
福建五丰大商场有限公司	其他日用品批发	福建省福州市
北京二商集团有限责任公司	肉、禽、蛋及水产品批发	北京市西城区
广西桂北美的制冷产品销售有限公司	家用电器批发	广西壮族自治区柳州市
湖北中建工程机械有限责任公司	其他机械设备及电子产品批发	湖北省武汉市
泰戈特(北京)工程技术有限公司	其他机械设备及电子产品批发	北京市朝阳区
贵州安宇机电设备有限公司	其他机械设备及电子产品批发	贵州省贵阳市
渠县人民市场开发服务有限公司	肉、禽、蛋及水产品批发	四川省达州市
山西汇丰兴业焦煤集团有限公司	煤炭及制品批发	山西省吕梁市
潍坊烟草有限公司安丘分公司	烟草制品批发	山东省潍坊市
中国烟草总公司重庆市公司巫山分公司	烟草制品批发	重庆市巫山县
陇南市金徽酒业销售有限公司	饮料及茶叶批发	甘肃省陇南市
阿瓦提县棉麻公司	棉、麻批发	新疆维吾尔自治区阿克苏地区
山东福胶药业有限公司	中药材及中成药批发	山东省济南市
成都天味商贸有限公司	其他食品批发	四川省成都市
合肥统一企业有限公司合肥销售部	饮料及茶叶批发	安徽省合肥市
北京法雅商贸有限责任公司	服装批发	北京市西城区
青岛海信电器股份有限公司临沂经营分公司	家用电器批发	山东省临沂市
浙江康恩贝医药销售有限公司	中药材及中成药批发	浙江省杭州市
杭州珀莱雅贸易有限公司	化妆品及卫生用品批发	浙江省杭州市
库柏电气(上海)有限公司	贸易经纪与代理	上海市浦东新区
陕西省烟草公司铜川市公司	烟草制品批发	陕西省铜川市
湖南多喜爱纺织科技有限公司	纺织品、针织品及原料批发	湖南省长沙市
吉林小松工程机械有限公司	其他机械设备及电子产品批发	吉林省长春市

4-1 续表 39

企业名称	所属行业	企业所在地
中国石油天然气股份有限公司河南开封销售分公司	石油及制品批发	河南省开封市
山东景芝酒厂销售总公司	饮料及茶叶批发	山东省潍坊市
江西五洲医药营销有限公司	西药批发	江西省宜春市
新疆军企工程机械(集团)有限责任公司	其他机械设备及电子产品批发	新疆维吾尔自治区乌鲁木齐市
广州市运通四方实业有限公司	汽车、摩托车及零配件批发	广东省广州市
重庆粮食集团铜梁县粮食有限责任公司	谷物、豆及薯类批发	重庆市县铜梁县
河北恒祥医药集团有限公司	西药批发	河北省邢台市
上海烟草集团卢湾烟草糖酒有限公司	烟草制品批发	上海市黄浦区
健康元药业集团股份有限公司	西药批发	广东省深圳市
迈盛悦合体育用品有限公司	服装批发	北京市东城区
上海雷允上药业西区有限公司	西药批发	上海市静安区
广东温氏食品集团有限公司稔村分公司	肉、禽、蛋及水产品批发	广东省云浮市
重庆医药销售有限公司	西药批发	重庆市南岸区
北京鼎力兴商贸有限责任公司	饮料及茶叶批发	北京市朝阳区
深圳市昊天林实业有限公司	其他机械设备及电子产品批发	广东省深圳市
蔡司光学仪器(上海)国际贸易有限公司	医疗用品及器材批发	上海市浦东新区
浙江新大商贸有限公司	五金、交电批发	浙江省杭州市
乐金生活健康贸易(上海)有限公司	化妆品及卫生用品批发	上海市徐汇区
青岛瑞尚贸易发展有限公司	服装批发	山东省青岛市
四川省烟草公司甘孜分公司	烟草制品批发	四川省甘孜藏族自治州
中国石油天然气股份有限公司广东韶关销售分公司	石油及制品批发	广东省韶关市
南京普迪建材实业集团有限公司	建材批发	江苏省南京市
上海合力叉车有限公司	其他机械设备及电子产品批发	上海市虹口区
北京青岛啤酒北方销售有限公司	饮料及茶叶批发	北京市密云县
上海烟草集团闸北烟草糖酒有限公司	烟草制品批发	上海市闸北区
无锡天鹏集团有限公司	肉、禽、蛋及水产品批发	江苏省无锡市
爱步贸易(上海)有限公司	鞋帽批发	上海市浦东新区
苏州工业园区新宇世家钟表有限公司	其他日用品批发	江苏省苏州市
北京建贸新科建材有限公司	建材批发	北京市朝阳区
广州市万荣商贸有限公司	贸易经纪与代理	广东省广州市
金华市医药有限公司	西药批发	浙江省金华市
山东山推工程机械成套设备有限公司	其他机械设备及电子产品批发	山东省济宁市
梦田服装(上海)有限公司	服装批发	上海市浦东新区
榆林市煤炭出口集团有限责任公司	煤炭及制品批发	陕西省榆林市
泰华施贸易(上海)有限公司	其他化工产品批发	上海市浦东新区
江苏柯菲平医药有限公司	中药材及中成药批发	江苏省南京市
深圳市源兴果品有限公司	果品、蔬菜批发	广东省深圳市
江苏恩华和润医药有限公司	中药材及中成药批发	江苏省徐州市
杭州山松工程机械销售有限公司	其他机械设备及电子产品批发	浙江省杭州市
东莞市东孚商贸有限公司	化妆品及卫生用品批发	广东省东莞市
东芝医疗系统(中国)有限公司	医疗用品及器材批发	北京市朝阳区
中国石油天然气股份有限公司黑龙江大兴安岭销售分公司	石油及制品批发	黑龙江省大兴安岭地区
温州木材集团公司	建材批发	浙江省温州市
洛阳市鼎信御安药业有限公司	西药批发	河南省洛阳市

4-1 续表 40

企业名称	所属行业	企业所在地
深圳创维-RGB电子有限公司广州分公司	家用电器批发	广东省广州市
深圳市金活医药有限公司	中药材及中成药批发	广东省深圳市
甘肃省烟草公司临夏回族自治州公司	烟草制品批发	甘肃省临夏回族自治州
云南东昌医药股份有限公司	西药批发	云南省昆明市
北京大恒创新技术有限公司	计算机、软件及辅助设备批发	北京市海淀区
上海农夫山泉饮用水有限公司	饮料及茶叶批发	上海市浦东新区
深圳市朵唯志远科技有限公司	其他机械设备及电子产品批发	广东省深圳市
深圳市联建光电股份有限公司	其他机械设备及电子产品批发	广东省深圳市
广东一力医药有限公司	中药材及中成药批发	广东省肇庆市
沧州天元医药有限公司	西药批发	河北省沧州市
浙江宝瑞医药有限公司	西药批发	浙江省宁波市
广东省农业生产资料总公司	化肥批发	广东省广州市
成都德仁堂药业有限公司	中药材及中成药批发	四川省成都市
泉州市七匹狼体育用品有限公司	服装批发	福建省泉州市
厦门福闽源服装贸易有限公司	服装批发	福建省厦门市
德清德欣时装贸易有限公司	服装批发	浙江省湖州市
吴中医药销售有限公司	中药材及中成药批发	江苏省苏州市
甘肃省烟草公司张掖分公司	烟草制品批发	甘肃省张掖市
北京卓瑞兴业珠宝贸易有限公司	首饰、工艺品及收藏品批发	北京市朝阳区
武汉TCL电器销售有限公司	家用电器批发	湖北省武汉市
湖南旺旺食品有限公司上海分公司	其他食品批发	上海市闵行区
湖南康尔佳医药有限公司	西药批发	湖南省长沙市
深圳世强电讯有限公司	其他机械设备及电子产品批发	广东省深圳市
山东金田小商品市场发展有限公司	厨房、卫生间用具及日用杂货批发	山东省威海市
五华县食品公司	肉、禽、蛋及水产品批发	广东省梅州市
保定通达医药药材经营有限责任公司	西药批发	河北省保定市
天津市美的制冷产品销售有限公司	家用电器批发	天津市河东区
山东新方集团股份有限公司	煤炭及制品批发	山东省潍坊市
安徽省宣城市医药有限公司	西药批发	安徽省宣城市
大同市新荣区公路煤炭交易市场	煤炭及制品批发	山西省大同市
深圳荷花商贸有限公司	服装批发	广东省深圳市
合肥亿帆医药经营有限公司	西药批发	安徽省合肥市
中国烟草总公司重庆市公司黔江分公司	烟草制品批发	重庆市黔江区
湖南常德鼎城德源医药有限公司	西药批发	湖南省常德市
浙江金冠实业发展有限公司	服装批发	浙江省杭州市
广东省农业机械总公司	其他机械设备及电子产品批发	广东省广州市
浙江吉奥汽车销售有限公司	汽车、摩托车及零配件批发	浙江省台州市
山西百圆裤业连锁经营股份有限公司	服装批发	山西省太原市
中国石油化工股份有限公司陕西渭南石油公司	石油及制品批发	陕西省渭南市
上海曼伦商贸有限公司	医疗用品及器材批发	上海市徐汇区
苍山县北方物流有限公司	果品、蔬菜批发	山东省临沂市
中国石油重庆销售江南分公司巴南公司	石油及制品批发	重庆市巴南区
亚欧大陆桥国际商运股份有限公司	金属及金属矿批发	江苏省连云港市
中国石油天然气股份有限公司江西宜春销售分公司	石油及制品批发	江西省宜春市

4-1 续表 41

企业名称	所属行业	企业所在地
北京市尧舜建材供应站	建材批发	北京市丰台区
上海雷允上北区药业股份有限公司	中药材及中成药批发	上海市虹口区
浙江英诺法医药有限公司	中药材及中成药批发	浙江省金华市
南阳市烟草公司内乡县分公司	烟草制品批发	河南省南阳市
深圳创维-RGB电子有限公司云南分公司	家用电器批发	云南省昆明市
韶关市宜达燃料开发有限公司	煤炭及制品批发	广东省韶关市
广东省广弘食品集团有限公司	肉、禽、蛋及水产品批发	广东省广州市
天津市石化管件有限公司	金属及金属矿批发	天津市滨海新区
华歌尔(中国)时装有限公司	服装批发	北京市经济技术开发区
大同煤矿集团大同煤炭运销旧高山集运有限公司	煤炭及制品批发	山西省大同市
南阳市烟草公司方城县分公司	烟草制品批发	河南省南阳市
福建诺奇股份有限公司	服装批发	福建省泉州市
金红叶纸业(苏州工业园区)有限公司南京分公司	文具用品批发	江苏省南京市
广西南方黑芝麻食品销售有限公司	米、面制品及食用油批发	广西壮族自治区玉林市
杭州祖名食品有限公司	其他食品批发	浙江省杭州市
蓝带啤酒销售有限公司	其他食品批发	广东省肇庆市
岳阳巴陵经贸有限公司	金属及金属矿批发	湖南省岳阳市
武汉蒙牛乳业有限公司	饮料及茶叶批发	湖北省武汉市
江苏华地企业集团有限公司	服装批发	江苏省无锡市
大同煤矿集团朔州矿业公司马邑煤炭集运站	煤炭及制品批发	山西省朔州市
温岭市食品总公司	肉、禽、蛋及水产品批发	浙江省台州市
新兴县温氏食品联营有限公司	肉、禽、蛋及水产品批发	广东省云浮市
北京润美康医药有限公司	西药批发	北京市顺义区
上海信谊医药有限公司	中药材及中成药批发	上海市闸北区
天津天服三悦服装有限责任公司	服装批发	天津市西青区
湖南金霞粮食产业有限公司	米、面制品及食用油批发	湖南省长沙市
深圳市安新源贸易有限公司	化妆品及卫生用品批发	广东省深圳市
漯河市烟草公司临颍县分公司	烟草制品批发	河南省漯河市
无锡汇全物流有限公司	厨房、卫生间用具及日用杂货批发	江苏省无锡市
重庆天利实业有限公司	米、面制品及食用油批发	重庆市渝中区
黑龙江省北大荒集团建三江种业有限公司	种子、饲料批发	黑龙江省佳木斯市
宁波市北仑食品有限责任公司	肉、禽、蛋及水产品批发	浙江省宁波市
深圳市金帝营销有限公司	糕点、糖果及糖批发	广东省深圳市
宜兴市药业有限公司	西药批发	江苏省无锡市
北京全聚德仿膳食品有限责任公司	肉、禽、蛋及水产品批发	北京市大兴区
西藏天圣药业有限公司	西药批发	西藏自治区拉萨市
东莞华港国际贸易有限公司	其他未列明的批发	广东省东莞市
好时食品国际贸易(上海)有限公司	糕点、糖果及糖批发	上海市浦东新区
贵州松宇机械设备有限公司	其他机械设备及电子产品批发	贵州省贵阳市
渠县龙溪综合批发市场	果品、蔬菜批发	四川省达州市
南昌TCL电器销售有限公司	家用电器批发	江西省南昌市
库车县棉麻公司	棉、麻批发	新疆维吾尔自治区阿克苏地区
深圳出版发行集团公司	图书批发	广东省深圳市
朔州市朔城区刘家口煤炭集运站	煤炭及制品批发	山西省朔州市

4-1 续表 42

企业名称	所属行业	企业所在地
利邦(上海)服装贸易有限公司	服装批发	上海市闵行区
洛阳铁路运通集团煤炭运销公司	煤炭及制品批发	河南省洛阳市
扬州顶津食品有限公司南京分公司	饮料及茶叶批发	江苏省南京市
上海仁达药品经营有限公司	中药材及中成药批发	上海市徐汇区
天津TCL电器销售有限公司	五金、交电批发	天津市河西区
武汉光明乳业销售有限公司	饮料及茶叶批发	湖北省武汉市
海南快克药业有限公司	西药批发	海南省海口市
重庆TCL电器销售有限公司	家用电器批发	重庆市九龙坡区
中国烟草总公司重庆市公司酉阳分公司	烟草制品批发	重庆市酉阳土家族苗族自治县
福州TCL电器销售有限公司	家用电器批发	福建省福州市
上海慧桥电气自动化有限公司	其他机械设备及电子产品批发	上海市徐汇区
深圳创维-RGB电子有限公司福建分公司	家用电器批发	福建省厦门市
丽珂贸易(沈阳)有限公司	贸易经纪与代理	辽宁省沈阳市
深圳创维-RGB电子有限公司山西分公司	家用电器批发	山西省太原市
山东潍坊烟草有限公司临朐分公司	烟草制品批发	山东省潍坊市
山西煤炭运销集团大同有限公司	煤炭及制品批发	山西省大同市
佛山市三水燃气有限公司	石油及制品批发	广东省佛山市
洛阳美的制冷产品销售有限公司	家用电器批发	河南省洛阳市
山东大陆企业集团有限公司	金属及金属矿批发	山东省临沂市
唐山海永商贸有限公司	家用电器批发	河北省唐山市
烟台华河机械有限公司	其他机械设备及电子产品批发	山东省烟台市
赣榆县粮食购销公司	谷物、豆及薯类批发	江苏省连云港市
山东德州扒鸡集团有限公司	肉、禽、蛋及水产品批发	山东省德州市
国药控股龙岩有限公司	西药批发	福建省龙岩市
河南省烟草公司镇平县公司	烟草制品批发	河南省南阳市
新疆库尔勒华力运销公司	石油及制品批发	新疆维吾尔自治区巴音郭楞蒙古自治州
云南大唐红河电力燃料有限公司	煤炭及制品批发	云南省红河哈尼族彝族自治州
北京爱慕服饰销售有限公司	服装批发	北京市朝阳区
北京金色农华种业科技有限公司	种子、饲料批发	北京市海淀区
武汉泰天工程机械有限公司	其他机械设备及电子产品批发	湖北省武汉市
宁夏烟草公司固原分公司	烟草制品批发	宁夏回族自治区固原市
江苏民星茧丝绸股份有限公司	其他农畜产品批发	江苏省盐城市
上海欧祺亚羊绒服饰有限公司	服装批发	上海市静安区
重庆东银壳牌石化有限公司	石油及制品批发	重庆市渝北区
广西洁宝纸业有限公司	化妆品及卫生用品批发	广西壮族自治区柳州市
北京吉元盛宝国际贸易有限公司	服装批发	北京市西城区
中盐上海市盐业公司	盐及调味品批发	上海市黄浦区
北京明诚技术开发有限公司	其他机械设备及电子产品批发	北京市石景山区
中粮酒业有限公司	饮料及茶叶批发	北京市东城区
深圳臻乔时装有限公司	服装批发	广东省深圳市
上海三问国际贸易有限公司	纺织品、针织品及原料批发	上海市浦东新区
西安TCL电器销售有限公司	家用电器批发	陕西省西安市
广西松宇机电设备有限公司	其他机械设备及电子产品批发	广西壮族自治区南宁市
深圳市燕加隆实业发展有限公司	建材批发	广东省深圳市

4-1 续表 43

企业名称	所属行业	企业所在地
宁波华孚进出口有限公司	化妆品及卫生用品批发	浙江省宁波市鄞州区
佛山市南海大沣实业有限公司	鞋帽批发	广东省佛山市南海区
英联马利(北京)食品销售有限公司	盐及调味品批发	北京市海淀区
平泉山庄老酒经营有限公司	饮料及茶叶批发	河北省承德市平泉县
美津浓(中国)体育用品有限公司	服装批发	上海市静安区
上海洋帆实业有限公司	其他未列明的批发	上海市闵行区
江苏亚邦药业集团股份有限公司	中药材及中成药批发	江苏省常州市金坛市
倍乐生商贸(中国)有限公司	报刊批发	上海市徐汇区
宁波英特药业有限公司	西药批发	浙江省宁波市慈溪市
石家庄力源工程机械有限公司	其他机械设备及电子产品批发	河北省石家庄市长安区
深圳市赛威特实业有限公司	计算机、软件及辅助设备批发	广东省深圳市福田区
河北龙隆医药有限公司	西药批发	河北省保定市雄县
佳丽宝化妆品(中国)有限公司	化妆品及卫生用品批发	上海市静安区
中国石油天然气股份有限公司广东清远销售分公司	石油及制品批发	广东省清远市清城区
怀仁县南窑煤业有限责任公司	煤炭及制品批发	山西省朔州市怀仁县
海南神威药业有限公司	中药材及中成药批发	海南省儋州市
成都华裕玻璃制造有限公司	其他未列明的批发	四川省成都市龙泉驿区
德州银龙集团有限公司	棉、麻批发	山东省德州市德城区
安徽高炉酒类销售有限公司	饮料及茶叶批发	安徽省亳州市涡阳县
深圳市维真化妆品有限公司	化妆品及卫生用品批发	广东省深圳市福田区
厦门万里石股份有限公司	其他未列明的批发	福建省厦门市思明区
济南柳工永安机械设备有限公司	其他机械设备及电子产品批发	山东省济南市历下区
安丘市永安实业总公司	建材批发	山东省潍坊市安丘市
赤峰雷蒙药品经销有限责任公司	西药批发	内蒙古自治区赤峰市红山区
安徽皖南烟叶有限责任公司	烟草制品批发	安徽省宣城市宣州区
新疆棉花产业(集团)麦盖提棉业有限责任公司	棉、麻批发	新疆维吾尔自治区喀什地区
广州市长越贸易有限公司	服装批发	广东省广州市越秀区
深圳市磊科实业有限公司	贸易经纪与代理	广东省深圳市南山区
恒源祥(集团)有限公司	纺织品、针织品及原料批发	上海市黄浦区
威能(北京)供暖设备有限公司	其他机械设备及电子产品批发	北京市朝阳区
安徽南亚工程机械有限公司	其他机械设备及电子产品批发	安徽省合肥市瑶海区
方城县鸿发商贸集团有限公司	煤炭及制品批发	河南省南阳市方城县
城固县小河桥蔬菜瓜果批发市场	果品、蔬菜批发	陕西省汉中市城固县
浙江欧诗漫集团销售有限公司	化妆品及卫生用品批发	浙江省湖州市德清县
富源县供销合作社联合社	化肥批发	云南省曲靖市富源县
精河县精棉棉业有限责任公司	棉、麻批发	新疆维吾尔自治区博尔塔拉蒙古自治州
南阳市烟草公司唐河县分公司	烟草制品批发	河南省南阳市唐河县
雷州市食品总公司	肉、禽、蛋及水产品批发	广东省湛江市雷州市
河南省烟草公司济源市公司	烟草制品批发	河南省济源市
深圳市金永励实业发展有限公司	化妆品及卫生用品批发	广东省深圳市福田区
中国烟草总公司重庆市公司巫溪分公司	烟草制品批发	重庆市县巫溪县
宜昌宏信商贸有限责任公司	饮料及茶叶批发	湖北省宜昌市夷陵区
大同煤矿集团煤炭运销忻州阳方口集运站有限公司	煤炭及制品批发	山西省忻州市宁武县
苏州航天信息有限公司	计算机、软件及辅助设备批发	江苏省苏州市平江区

4-1　续表 44

企业名称	所属行业	企业所在地
深圳市TCL电器销售有限公司	其他机械设备及电子产品批发	广东省深圳市
吉林省东良粮食集团有限公司	谷物、豆及薯类批发	吉林省四平市
嘉兴立华畜禽有限公司	牲畜批发	浙江省嘉兴市
广东省罗定市食品企业集团公司	肉、禽、蛋及水产品批发	广东省云浮市
江西省轩辕春秋实业有限公司	其他机械设备及电子产品批发	江西省南昌市
中铁四局集团物资工贸有限公司	建材批发	安徽省合肥市
南阳市烟草公司社旗县分公司	烟草制品批发	河南省南阳市
天津市天车物资开发有限公司	煤炭及制品批发	天津市河北区
上海文峰千家惠超市发展有限公司	其他食品批发	上海市浦东新区
新乡洪门建筑材料市场管理委员会	建材批发	河南省新乡市
史丹利五金工具(上海)有限公司	五金、交电批发	上海市浦东新区
四川国光农资有限公司	化肥批发	四川省资阳市
本溪明山国家粮食储备库	米、面制品及食用油批发	辽宁省本溪市
深圳市沙头角商业外贸有限公司	谷物、豆及薯类批发	广东省深圳市
宁夏银铁平汝实业有限公司	煤炭及制品批发	宁夏回族自治区石嘴山市
青海物产物资配送有限责任公司	建材批发	青海省西宁市
中铁信息计算机工程有限责任公司	计算机、软件及辅助设备批发	北京市海淀区
利永(上海)时装商贸有限公司	服装批发	上海市闵行区
邯郸市龙安达贸易有限公司	建材批发	河北省邯郸市
成都中顺纸业有限公司	化妆品及卫生用品批发	四川省成都市
台山市长江食品有限公司	肉、禽、蛋及水产品批发	广东省江门市
丰田纺织(中国)有限公司	汽车、摩托车及零配件批发	上海市浦东新区
盖璞(上海)商业有限公司	服装批发	上海市静安区
安徽省石油化工集团有限责任公司	其他化工产品批发	安徽省合肥市
浙江新安物流有限公司	煤炭及制品批发	浙江省杭州市
成都美特斯邦威服饰有限责任公司	服装批发	四川省成都市
河北东之杰运动产业发展有限公司	鞋帽批发	河北省石家庄市
上海益忠天惠实业有限公司	五金、交电批发	上海市松江区
青州市黄楼弘秀花卉发展有限公司	其他农畜产品批发	山东省潍坊市
西藏泰达厚生医药有限公司	西药批发	西藏自治区拉萨市
山东家家悦生鲜配送有限公司	肉、禽、蛋及水产品批发	山东省威海市
北流市食品公司	肉、禽、蛋及水产品批发	广西壮族自治区玉林市
天津市文光集团有限公司	五金、交电批发	天津市河东区
天津市恒大实业公司	烟草制品批发	天津市河东区
云南金六福酒业有限公司	饮料及茶叶批发	云南省迪庆藏族自治州
湖北银海棉业有限责任公司	棉、麻批发	湖北省潜江市
唐山美的空调销售有限公司	家用电器批发	河北省唐山市
上海华普汽车销售有限公司	其他机械设备及电子产品批发	上海市金山区
云南红塔烟叶物资有限责任公司	其他农畜产品批发	云南省玉溪市
新疆亚欧大陆桥农产品运销有限责任公司	棉、麻批发	新疆维吾尔自治区乌鲁木齐市
中国精密机械进出口总公司	贸易经纪与代理	北京市海淀区

4-2 大型零售业企业名单

企业名称	所属行业	企业所在地
中国石油化工股份有限公司北京石油分公司	机动车燃料零售	北京市东城区
中国石油化工股份有限公司天津石油分公司	机动车燃料零售	天津市南开区
上海大润发有限公司	粮油零售	上海市闸北区
中国石油化工股份有限公司广东广州石油分公司	机动车燃料零售	广东省广州市
武汉武商集团股份有限公司	百货零售	湖北省武汉市
苏果超市有限公司	超级市场零售	江苏省南京市
长春欧亚集团股份有限公司	百货零售	吉林省长春市
中国石油天然气股份有限公司天津销售分公司	机动车燃料零售	天津市河东区
北国商城股份有限公司	百货零售	河北省石家庄市
中百控股集团股份有限公司	超级市场零售	湖北省武汉市
昆山润华商业有限公司	超级市场零售	江苏省苏州市
北京京东世纪信息技术有限公司	计算机、软件及辅助设备零售	北京市大兴区
中国石化销售有限公司四川分公司	机动车燃料零售	四川省成都市
锦江麦德龙现购自运有限公司	超级市场零售	上海市普陀区
广东物资集团汽车贸易公司	汽车零售	广东省广州市
重庆商社新世纪百货有限公司	百货零售	重庆市江北区
中国石油化工股份有限公司辽宁石油分公司	机动车燃料零售	辽宁省沈阳市
农工商超市(集团)有限公司	超级市场零售	上海市普陀区
淄博商厦股份有限公司	百货零售	山东省淄博市
华润万家有限公司	超级市场零售	广东省深圳市
江苏乐天玛特商业有限公司	超级市场零售	江苏省南通市
山东银座商城股份有限公司	百货零售	山东省济南市
中国石油天然气股份有限公司辽宁沈阳销售分公司	机动车燃料零售	辽宁省沈阳市
中国石油化工股份有限公司海南石油分公司	机动车燃料零售	海南省海口市
北京菜市口百货股份有限公司	百货零售	北京市西城区
北京医药股份有限公司	药品零售	北京市东城区
上海世纪联华超市发展有限公司	超级市场零售	上海市普陀区
武汉中商集团股份有限公司	百货零售	湖北省武汉市
山东潍坊百货集团股份有限公司	百货零售	山东省潍坊市
中石化壳牌(江苏)石油销售有限公司	机动车燃料零售	江苏省苏州市
重庆百货大楼股份有限公司	百货零售	重庆市渝中区
天虹商场股份有限公司	百货零售	广东省深圳市
中国石油化工股份有限公司浙江温州石油分公司	机动车燃料零售	浙江省温州市
中国石油化工股份有限公司湖北武汉分公司	机动车燃料零售	湖北省武汉市
江苏五星电器有限公司	家用电器零售	江苏省南京市
中国石油化工股份有限公司浙江台州石油分公司	机动车燃料零售	浙江省台州市
山东家家悦集团有限公司	超级市场零售	山东省威海市
中国石油天然气股份有限公司内蒙古鄂尔多斯销售分公司	机动车燃料零售	内蒙古自治区鄂尔多斯市
杭州联华华商集团有限公司	超级市场零售	浙江省杭州市
中国石油化工股份有限公司福建石油分公司	机动车燃料零售	福建省福州市
中国石油天然气股份有限公司吉林长春分公司	机动车燃料零售	吉林省长春市
中国石油天然气股份有限公司湖北武汉销售分公司	生活用燃料零售	湖北省武汉市
北京京东世纪贸易有限公司	邮购及电子销售	北京市海淀区
北京苏宁电器有限公司	家用电器零售	北京市通州区
中国石油天然气股份有限公司黑龙江哈尔滨销售分公司	机动车燃料零售	黑龙江省哈尔滨市
国美电器有限公司	家用电器零售	北京市朝阳区
中国石油天然气股份有限公司云南昆明销售分公司	机动车燃料零售	云南省昆明市
江苏无锡商业大厦集团有限公司	百货零售	江苏省无锡市
联华超市股份有限公司	超级市场零售	上海市普陀区
中国石油天然气股份有限公司四川成都销售分公司	机动车燃料零售	四川省成都市

4-2 续表 1

企业名称	所属行业	企业所在地
陕西西部国际车城有限公司	汽车零售	陕西省西安市
北京市大中家用电器连锁销售有限公司	家用电器零售	北京市石景山区
北京华联综合超市股份有限公司	超级市场零售	北京市西城区
路易威登(中国)商业销售有限公司	其他日用品零售	上海市静安区
大商股份有限公司	百货零售	辽宁省大连市
重庆永辉超市有限公司	其他食品零售	重庆市江北区
哈药集团医药有限公司	药品零售	黑龙江省哈尔滨市
北京燕莎友谊商城有限公司	百货零售	北京市朝阳区
广州市国美电器有限公司	家用电器零售	广东省广州市
中石化碧辟(浙江)石油有限公司宁波分公司	机动车燃料零售	浙江省宁波市
重庆铠恩国际家居名都经营有限公司	家具零售	重庆市巴南区
中国石油化工股份有限公司浙江湖州石油分公司	机动车燃料零售	浙江省湖州市
上海联家超市有限公司	超级市场零售	上海市普陀区
上海苏宁电器有限公司	家用电器零售	上海市长宁区
唐山百货大楼集团有限责任公司	百货零售	河北省唐山市
中国石油化工股份有限公司湖南长沙石油分公司	机动车燃料零售	湖南省长沙市
北京家乐福商业有限公司	超级市场零售	北京市丰台区
永乐(中国)电器销售有限公司	家用电器零售	上海市普陀区
苏宁电器股份有限公司	家用电器零售	江苏省南京市
北京物美商业集团股份有限公司	超级市场零售	北京市石景山区
中油碧辟石油有限公司广州分公司	机动车燃料零售	广东省广州市
济南人民大润发商业有限公司	超级市场零售	山东省济南市
上海圆迈贸易有限公司	邮购及电子销售	上海市嘉定区
郑州丹尼斯百货有限公司	百货零售	河南省郑州市
中国石油化工股份有限公司广东惠州石油分公司	机动车燃料零售	广东省惠州市
中国石油化工股份有限公司山西太原石油分公司	机动车燃料零售	山西省太原市
沃尔玛深国投百货有限公司	百货零售	广东省深圳市
壳牌华北石油集团有限公司	机动车燃料零售	天津市河西区
山东远通汽车贸易集团有限公司	汽车零售	山东省临沂市
中国石油化工股份有限公司湖南株洲石油公司	机动车燃料零售	湖南省株洲市
历峰商业有限公司	珠宝首饰零售	上海市浦东新区
永辉超市股份有限公司福建福州鼓楼分公司	超级市场零售	福建省福州市
山东海王银河医药有限公司	药品零售	山东省潍坊市
上海易初莲花连锁超市有限公司	超级市场零售	上海市浦东新区
陕西西北轻工批发市场经营管理有限公司	家用电器零售	陕西省西安市
中国石油化工股份有限公司湛江石油分公司	机动车燃料零售	广东省湛江市
华联新光百货(北京)有限公司	百货零售	北京市朝阳区
山西大昌汽车集团有限公司	汽车零售	山西省太原市
武汉工贸有限公司	家用电器零售	湖北省武汉市
中国石油天然气股份有限公司内蒙古呼伦贝尔销售分公司	机动车燃料零售	内蒙古自治区呼伦贝尔市
中国石油化工股份有限公司广东茂名石油分公司	机动车燃料零售	广东省茂名市
山东新星集团有限公司	百货零售	山东省淄博市
中国石油天然气股份有限公司新疆乌鲁木齐销售公司	机动车燃料零售	新疆维吾尔自治区乌鲁木齐市
济南华联商厦集团股份有限公司	百货零售	山东省济南市
湖南友谊阿波罗商业股份有限公司	百货零售	湖南省长沙市
成都红旗连锁有限公司	百货零售	四川省成都市
天津一商友谊股份有限公司	百货零售	天津市河西区
中国石油化工股份有限公司广东江门石油分公司	机动车燃料零售	广东省江门市
上海国美电器有限公司	其他综合零售	上海市普陀区
三江购物俱乐部股份有限公司	超级市场零售	浙江省宁波市

4-2 续表 2

企业名称	所属行业	企业所在地
北京京客隆商业集团股份有限公司	超级市场零售	北京市朝阳区
广州屈臣氏个人用品商店有限公司	超级市场零售	广东省广州市
中国石油化工股份有限公司山西吕梁石油分公司	机动车燃料零售	山西省吕梁市
深圳茂业商厦有限公司	百货零售	广东省深圳市
中海油销售深圳有限公司	机动车燃料零售	广东省深圳市
北京世纪卓越信息技术有限公司	邮购及电子销售	北京市朝阳区
中国石化湖南衡阳分公司	机动车燃料零售	湖南省衡阳市
中国石油天然气股份有限公司甘肃兰州销售分公司	机动车燃料零售	甘肃省兰州市
苹果电子产品商贸(北京)有限公司	计算机、软件及辅助设备零售	北京市东城区
中国石油化工股份有限公司山西临汾石油分公司	机动车燃料零售	山西省临汾市
广州友谊集团股份有限公司	百货零售	广东省广州市
中国石油天然气股份有限公司山东青岛销售分公司	机动车燃料零售	山东省青岛市
广州市广百股份有限公司	百货零售	广东省广州市
北京物美综合超市有限公司	超级市场零售	北京市大兴区
中国石油天然气股份有限公司内蒙古锡林郭勒销售分公司	机动车燃料零售	内蒙古自治区锡林郭勒盟
百盛商业发展有限公司	百货零售	北京市西城区
中国石油化工股份有限公司贵州遵义石油分公司	机动车燃料零售	贵州省遵义市
成都伊藤洋华堂有限公司	百货零售	四川省成都市
北京翠微大厦股份有限公司	百货零售	北京市海淀区
中国石油化工股份有限公司广东中山石油分公司	机动车燃料零售	广东省中山市
中国石油化工股份有限公司河南洛阳石油分公司	机动车燃料零售	河南省洛阳市
中石化工股份有限公司广东肇庆石油分公司	机动车燃料零售	广东省肇庆市
中国石油化工股份有限公司山西晋中石油分公司	机动车燃料零售	山西省晋中市
中国石油天然气股份有限公司海南销售分公司	机动车燃料零售	海南省海口市
郑州海永蓝工贸有限公司	汽车零售	河南省郑州市
三环集团公司	汽车零售	湖北省武汉市
新华文轩出版传媒股份有限公司	图书零售	四川省成都市
中国石油天然气股份有限公司内蒙古包头销售分公司	机动车燃料零售	内蒙古自治区包头市
山东德州百货大楼(集团)有限责任公司	百货零售	山东省德州市
中国石油化工股份有限公司湖南岳阳石油分公司	机动车燃料零售	湖南省岳阳市
中国石油天然气股份有限公司辽宁锦州销售分公司	机动车燃料零售	辽宁省锦州市
中国石油天然气股份有限公司湖南长沙销售分公司	机动车燃料零售	湖南省长沙市
中国石油化工股份有限公司湖南郴州石油分公司	机动车燃料零售	湖南省郴州市
江苏明都汽车集团有限公司	汽车零售	江苏省常州市
江西新华发行集团有限公司	图书零售	江西省南昌市
重庆渝宁苏宁电器有限公司	家用电器零售	重庆市渝中区
中国石油天然气股份有限公司内蒙古通辽销售分公司	机动车燃料零售	内蒙古自治区通辽市
广东新协力集团有限公司	汽车零售	广东省佛山市
合肥百货大楼集团股份有限公司	百货零售	安徽省合肥市
中兴-沈阳商业大厦(集团)股份有限公司	百货零售	辽宁省沈阳市
国药集团新疆新特药业有限公司	药品零售	新疆维吾尔自治区乌鲁木齐市
天津国美电器有限公司	家用电器零售	天津市南开区
西安大明宫购物广场有限责任公司	家具零售	陕西省西安市
广东合诚集团有限公司	汽车零售	广东省佛山市
四川苏宁电器有限公司	家用电器零售	四川省成都市
新疆友好集团股份有限公司	百货零售	新疆维吾尔自治区乌鲁木齐市
广东苏宁电器有限公司	家用电器零售	广东省广州市
成都国美电器有限公司	家用电器零售	四川省成都市
深圳市人人乐商业有限公司	超级市场零售	广东省深圳市
长沙通程实业(集团)有限公司	百货零售	湖南省长沙市

4-2 续表 3

企业名称	所属行业	企业所在地
中国石油天然气股份有限公司广东广州销售分公司	机动车燃料零售	广东省广州市
上海第一八佰伴有限公司	百货零售	上海市浦东新区
中国石油天然气股份有限公司贵州贵阳销售分公司	机动车燃料零售	贵州省贵阳市
北京沃尔玛百货有限公司	超级市场零售	北京市石景山区
南京医药药事服务有限公司	药品零售	江苏省南京市
中国石油化工股份有限公司忻州石油分公司	机动车燃料零售	山西省忻州市
南京医药合肥天星有限公司	药品零售	安徽省合肥市
重庆新华书店集团公司	图书零售	重庆市渝中区
华润苏州礼安医药有限公司	药品零售	江苏省苏州市
陕西华润万家生活超市有限公司	超级市场零售	陕西省西安市
金鹰国际商贸集团(中国)有限公司	百货零售	江苏省南京市
深圳市苏宁电器有限公司	家用电器零售	广东省深圳市
中国石油天然气股份有限公司浙江台州销售分公司	机动车燃料零售	浙江省台州市
北京美廉美连锁商业有限公司	超级市场零售	北京市海淀区
中域电讯连锁集团股份有限公司	通信设备零售	广东省东莞市
湖北高路油站经营有限责任公司	机动车燃料零售	湖北省武汉市
中国石油天然气股份有限公司湖南销售郴州分公司	机动车燃料零售	湖南省郴州市
迅销(中国)商贸有限公司	服装零售	上海市徐汇区
山东全福元商业集团有限责任公司	百货零售	山东省潍坊市
华联集团吉买盛购物中心有限公司	超级市场零售	上海市闸北区
中国石油化工股份有限公司六盘水石油分公司	机动车燃料零售	贵州省六盘水市
西安市人人乐超市有限公司	超级市场零售	陕西省西安市
中国石油化工股份有限公司山西运城石油分公司	机动车燃料零售	山西省运城市
中石化碧辟(浙江)石油有限公司绍兴分公司	机动车燃料零售	浙江省绍兴市
宁波医药股份有限公司	药品零售	浙江省宁波市
成都王府井百货有限公司	百货零售	四川省成都市
中国石油化工股份有限公司内蒙古鄂尔多斯石油分公司	机动车燃料零售	内蒙古自治区鄂尔多斯市
中国石油化工股份有限公司湖南怀化石油分公司	机动车燃料零售	湖南省怀化市
润华集团股份有限公司	汽车零售	山东省济南市
中国石油化工股份有限公司广东梅州石油分公司	机动车燃料零售	广东省梅州市
大连国际商贸大厦有限公司	百货零售	辽宁省大连市
中国石油化工股份有限公司广东河源石油分公司	机动车燃料零售	广东省河源市
广东吉之岛天贸百货有限公司	百货零售	广东省广州市
中国石油化工股份有限公司山西长治石油分公司	机动车燃料零售	山西省长治市
中国石油化工股份有限公司河南信阳石油分公司	机动车燃料零售	河南省信阳市
福建新华发行(集团)有限公司	图书零售	福建省福州市
中国石油天然气股份有限公司四川岷江销售分公司	机动车燃料零售	四川省成都市
中石化绵阳石化销售有限公司	机动车燃料零售	四川省绵阳市
中国石油化工股份有限公司九江石油分公司	机动车燃料零售	江西省九江市
中国石油天然气股份有限公司辽宁丹东销售分公司	机动车燃料零售	辽宁省丹东市
长春卓展时代广场百货有限公司	百货零售	吉林省长春市
广州百佳超级市场有限公司	超级市场零售	广东省广州市
中油辽宁铁岭销售分公司	机动车燃料零售	辽宁省铁岭市
中国石油天然气股份有限公司辽宁本溪分公司	机动车燃料零售	辽宁省本溪市
中国石油天然气股份有限公司吉林延边销售分公司	机动车燃料零售	吉林省延边朝鲜族自治州
华润万家生活超市(广州)有限公司	超级市场零售	广东省广州市
中国石油化工股份有限公司山东滨州石油分公司	机动车燃料零售	山东省滨州市
天津华润万家生活超市有限公司	超级市场零售	天津市东丽区
中国石油化工股份有限公司广东珠海石油分公司	机动车燃料零售	广东省珠海市
中国石油化工股份有限公司山西大同石油分公司	机动车燃料零售	山西省大同市

4-2 续表 4

企业名称	所属行业	企业所在地
延长壳牌(四川)石油有限公司	机动车燃料零售	四川省成都市
西安市国美电器有限公司	家用电器零售	陕西省西安市
银川新华百货商店股份有限公司	百货零售	宁夏回族自治区银川市
中国石油天然气股份有限公司内蒙古乌海销售分公司	机动车燃料零售	内蒙古自治区乌海市
中国石油化工股份有限公司湖南邵阳石油分公司	机动车燃料零售	湖南省邵阳市
西安开元商城有限公司	百货零售	陕西省西安市
南京中央商场股份有限公司	百货零售	江苏省南京市
浙江银泰百货有限公司	百货零售	浙江省杭州市
长春伊通河石油经销有限公司	机动车燃料零售	吉林省长春市
ＢＨＧ(北京)百货有限公司	其他日用品零售	北京市西城区
沈阳兴隆大家庭购物中心有限公司	百货零售	辽宁省沈阳市
日上免税行(上海)有限公司	百货零售	上海市浦东新区
上海百联集团股份有限公司	百货零售	上海市黄浦区
黑龙江远大购物中心有限公司	百货零售	黑龙江省哈尔滨市
中国石油化工股份有限公司内蒙古包头石油分公司	机动车燃料零售	内蒙古自治区包头市
包头宁鹿石油有限公司	机动车燃料零售	内蒙古自治区包头市
浙江康达汽车工贸有限公司	汽车零售	浙江省杭州市
中国石油化工股份有限公司河南商丘分公司	机动车燃料零售	河南省商丘市
广州天河城百货有限公司	服装零售	广东省广州市
中国石油天然气股份有限公司吉林四平销售分公司	机动车燃料零售	吉林省四平市
快乐购物有限责任公司	邮购及电子销售	湖南省长沙市
广西柳州医药股份有限公司	药品零售	广西壮族自治区柳州市
芜湖中油石油有限公司	机动车燃料零售	安徽省芜湖市
浙江海越股份有限公司	机动车燃料零售	浙江省绍兴市
中国石油化工股份有限公司湖南永州石油分公司	机动车燃料零售	湖南省永州市
广州易初莲花连锁超市有限公司	超级市场零售	广东省广州市
中山市壹加壹商业连锁有限公司	百货零售	广东省中山市
中国石油化工股份有限公司湖南常德石油分公司	机动车燃料零售	湖南省常德市
中化道达尔燃油有限公司	机动车燃料零售	北京市海淀区
重庆国美电器有限公司	家用电器零售	重庆市沙坪坝区
陕西华东置业发展有限公司	服装零售	陕西省西安市
中国石油化工股份有限公司六安石油分公司	机动车燃料零售	安徽省六安市
中国石油化工股份有限公司山东威海石油分公司	机动车燃料零售	山东省威海市
中国石油化工股份有限公司安徽宿州石油分公司	机动车燃料零售	安徽省宿州市
中国石油化工股份有限公司贵州黔西南州石油分公司	机动车燃料零售	贵州省黔西南布依族苗族自治州
河北保百集团有限公司	百货零售	河北省保定市
内蒙古民族商场有限责任公司	百货零售	内蒙古自治区呼和浩特市
天津天宁苏宁电器有限公司	家用电器零售	天津市和平区
中国石油化工股份有限公司浙江丽水石油分公司	机动车燃料零售	浙江省丽水市
中国石油天然气股份有限公司四川攀枝花销售分公司	机动车燃料零售	四川省攀枝花市
青岛永旺东泰商业有限公司	百货零售	山东省青岛市
四会市东城街道经济实业发展总公司	珠宝首饰零售	广东省肇庆市
中国石油天然气股份有限公司甘肃天水销售分公司	机动车燃料零售	甘肃省天水市
罗欣医药集团有限公司	药品零售	山东省临沂市
中国石油天然气公司泸州销售分公司	机动车燃料零售	四川省泸州市
中国石油天燃气股份有限公司内蒙古乌兰察布销售公司	机动车燃料零售	内蒙古自治区乌兰察布市
北京王府井百货(集团)股份有限公司	百货零售	北京市东城区
山西双鹤药业有限公司	药品零售	山西省太原市
青岛维客集团股份有限公司	百货零售	山东省青岛市
中国石油天然气股份有限公司四川乐山销售分公司	机动车燃料零售	四川省乐山市

4-2 续表 5

企业名称	所属行业	企业所在地
云南沃尔玛百货有限公司	超级市场零售	云南省昆明市
华糖洋华堂商业有限公司	百货零售	北京市朝阳区
深圳市国美电器有限公司	家用电器零售	广东省深圳市
陕西延长壳牌石油有限公司	机动车燃料零售	陕西省西安市
中国石油天燃气股份有限公司内蒙兴安石油销售分公司	机动车燃料零售	内蒙古自治区兴安盟
中国石油化工股份有限公司湖南娄底石油分公司	机动车燃料零售	湖南省娄底市
广州友谊班尼路服饰有限公司	服装零售	广东省广州市
芜湖亚夏汽车股份有限公司	汽车零售	安徽省芜湖市
中国石油天然汽股份有限公司四川绵阳销售分公司	机动车燃料零售	四川省绵阳市
南通文峰大世界连锁发展股份有限公司	百货零售	江苏省南通市
北京超市发连锁股份有限公司	超级市场零售	北京市海淀区
上海黄金公司	珠宝首饰零售	上海市黄浦区
中化道达尔油品有限公司	机动车燃料零售	上海市浦东新区
江西南华医药有限公司	药品零售	江西省南昌市
中国石油天然气股份有限公司四川南充销售分公司	机动车燃料零售	四川省南充市
武汉屈臣氏个人用品商店有限公司	百货零售	湖北省武汉市
中国石油化工股份有限公司贵州毕节石油分公司	机动车燃料零售	贵州省毕节市
中国石油天然气股份有限公司山西太原销售分公司	机动车燃料零售	山西省太原市
苏州人民商场股份有限公司	百货零售	江苏省苏州市
辽宁卓展时代广场百货有限公司	百货零售	辽宁省沈阳市
凡客诚品(北京)科技有限公司	服装零售	北京市丰台区
沈阳家乐福商业有限公司	超级市场零售	辽宁省沈阳市
中国石油天然气股份有限公司广东肇庆分公司	机动车燃料零售	广东省肇庆市
苹果贸易(上海)有限公司	通信设备零售	上海市浦东新区
石家庄人民商场股份有限公司	百货零售	河北省石家庄市
南京朗驰集团有限公司	汽车零售	江苏省南京市
北京当当网信息技术有限公司	图书零售	北京市东城区
南宁百货大楼股份有限公司	百货零售	广西壮族自治区南宁市
中国石油化工股份有限责任公司云南红河石油分公司	机动车燃料零售	云南省红河哈尼族彝族自治州
北京国泰平安百货有限公司	百货零售	北京市顺义区
泉州新华都购物广场有限公司	其他综合零售	福建省泉州市
沈阳国美电器有限公司	家用电器零售	辽宁省沈阳市
天津天时力医药有限公司	药品零售	天津市河北区
中国石油天燃气股份有限公司吉林白城销售分公司	机动车燃料零售	吉林省白城市
中国石油天然气股份有限公司四川凉山销售分公司	机动车燃料零售	四川省凉山彝族自治州西昌市
中国石油化工股份有限公司山西晋城石油分公司	机动车燃料零售	山西省晋城市
中国石油天然气股份有限公司浙江绍兴销售分公司	机动车燃料零售	浙江省绍兴市
南京宁星汽车维修服务有限公司	汽车零售	江苏省南京市
青岛北方国贸大厦集团股份有限公司	百货零售	山东省青岛市
成商集团股份有限公司	百货零售	四川省成都市
中国石油天然气股份有限公司河南洛阳销售分公司	机动车燃料零售	河南省洛阳市
海恩斯莫里斯(上海)商业有限公司	服装零售	上海市黄浦区
苏州欧尚超市有限公司	超级市场零售	江苏省苏州市
华润万家生活超市(浙江)有限公司	超级市场零售	浙江省杭州市
国药控股江苏有限公司	药品零售	江苏省扬州市
常州药业股份有限公司	药品零售	江苏省常州市
徐州金鹰国际实业有限公司	百货零售	江苏省徐州市
中国石油重庆销售涪陵分公司	机动车燃料零售	重庆市涪陵区
杭州东星行汽车维修有限公司	汽车零售	浙江省杭州市
烟台市家家悦超市有限公司	超级市场零售	山东省烟台市

4-2 续表 6

企业名称	所属行业	企业所在地
湖南平和堂实业有限公司	百货零售	湖南省长沙市
南昌百货大楼股份有限公司	百货零售	江西省南昌市
中国石油化工股份有限公司湖南湘潭石油分公司	机动车燃料零售	湖南省湘潭市
山西诺维兰集团有限公司	汽车零售	山西省运城市
浙江华润慈客隆超市有限公司	超级市场零售	浙江省宁波市
国兴汽车服务中心	汽车零售	北京市西城区
温州华能汽车集团有限公司	汽车零售	浙江省温州市
苏州函数集团有限责任公司	百货零售	江苏省苏州市
北京易喜新世界百货有限公司	百货零售	北京市东城区
杭州解百集团股份有限公司	百货零售	浙江省杭州市
南京新街口百货商店股份有限公司	百货零售	江苏省南京市
中国石油天然气股份有限公司甘肃定西销售分公司	机动车燃料零售	甘肃省定西市
上海久光百货有限公司	百货零售	上海市静安区
北京中友百货有限责任公司	百货零售	北京市西城区
浙江国美电器有限公司	家用电器零售	浙江省杭州市
中海石油炼化惠州销售有限责任公司	机动车燃料零售	广东省惠州市
中国石油天然气股份有限公司四川达州销售分公司	机动车燃料零售	四川省达州市
浙江世纪联华超市有限公司	超级市场零售	浙江省杭州市
日上免税行(中国)有限公司	百货零售	北京市顺义区
大商集团郑州新玛特购物广场有限公司	百货零售	河南省郑州市
上海新世界股份有限公司	百货零售	上海市黄浦区
佛山市顺德区乐从供销集团有限公司	超级市场零售	广东省佛山市
中国石油化工股份有限公司云南昭通石油分公司	机动车燃料零售	云南省昭通市
浙江人本超市有限公司	超级市场零售	浙江省温州市
中国石油化工股份有限公司山西阳泉石油分公司	机动车燃料零售	山西省阳泉市
宁波市北仑加贝购物俱乐部(普通合伙)	超级市场零售	浙江省宁波市
青岛利客来商贸集团股份有限公司	百货零售	山东省青岛市
中国石油天然气股份有限公司甘肃陇南销售分公司	机动车燃料零售	甘肃省陇南市
甘肃中油交通油品有限公司	机动车燃料零售	甘肃省兰州市
中国石油甘肃白银销售分公司	机动车燃料零售	甘肃省白银市
中国石油化工股份有限公司广东云浮石油分公司	机动车燃料零售	广东省云浮市
江苏苏宁易购电子商务有限公司	邮购及电子销售	江苏省南京市
上海易迅电子商务发展有限公司	百货零售	上海市宝山区
北京保利星徽汽车销售服务有限公司	汽车零售	北京市朝阳区
中国石油天然气股份有限公司浙江温州销售分公司	机动车燃料零售	浙江省温州市
三联商社股份有限公司	家用电器零售	山东省济南市
黑龙江黑天鹅家电有限公司	家用电器零售	黑龙江省哈尔滨市
天津金元宝商厦集团有限公司	百货零售	天津市滨海新区
成都家乐福超市有限公司	超级市场零售	四川省成都市
中国石油化工股份有限公司贵州安顺石油分公司	机动车燃料零售	贵州省安顺市
上海家得利超市有限公司	超级市场零售	上海市徐汇区
深圳市顺电连锁股份有限公司	家用电器零售	广东省深圳市
上海橡果网络技术发展有限公司	百货零售	上海市徐汇区
昆山商厦股份有限公司	百货零售	江苏省苏州市
上海老凤祥银楼有限公司	珠宝首饰零售	上海市黄浦区
中国石油天然气股份有限公司安徽六安销售分公司	机动车燃料零售	安徽省六安市
飒拉商业(上海)有限公司	服装零售	上海市长宁区
扬州金鹰国际实业有限公司	百货零售	江苏省扬州市
山西美特好连锁超市股份有限公司	超级市场零售	山西省太原市
上海永乐通讯设备有限公司	家用电器零售	上海市普陀区

4-2 续表 7

企业名称	所属行业	企业所在地
大商集团抚顺百货大楼有限公司	百货零售	辽宁省抚顺市
北京物美大卖场商业管理有限公司	超级市场零售	北京市大兴区
江苏省医药公司	药品零售	江苏省南京市
山东九州商业集团有限公司	百货零售	山东省临沂市
枣庄贵诚集团购物中心有限公司	百货零售	山东省枣庄市
中国石油天然气股份有限公司福建厦门销售分公司	机动车燃料零售	福建省厦门市
德基广场有限公司	服装零售	江苏省南京市
哈尔滨中央红集团股份有限公司	百货零售	黑龙江省哈尔滨市
步步高商业连锁股份有限公司	超级市场零售	湖南省湘潭市
上海宝诚汽车销售服务有限公司	汽车零售	上海市浦东新区
上海益实多电子商务有限公司	邮购及电子销售	上海市浦东新区
云南强林石化有限公司	机动车燃料零售	云南省昆明市
烟台市振华百货集团股份有限公司振华商厦	百货零售	山东省烟台市
中国石油天然气股份有限公司山东泰安销售分公司	机动车燃料零售	山东省泰安市
肥城银宝食品销售公司	肉、禽、蛋及水产品零售	山东省泰安市
中国石油天然气股份有限公司内蒙古阿拉善销售分公司	机动车燃料零售	内蒙古自治区阿拉善盟
武汉苏宁电器有限公司	家用电器零售	湖北省武汉市
北京宝泽行汽车销售服务有限公司	汽车零售	北京市丰台区
中国石油天然气股份有限公司泉州销售分公司	机动车燃料零售	福建省泉州市
大商集团大庆新玛特购物休闲广场有限公司	百货零售	黑龙江省大庆市
无锡悦家商业有限公司	超级市场零售	江苏省无锡市
陕西苏宁电器有限责任公司	家用电器零售	陕西省西安市
上海可的便利店有限公司	其他综合零售	上海市普陀区
中国石油化工股份有限公司安徽淮南石油分公司	机动车燃料零售	安徽省淮南市
中石化湖南益阳石油分公司	机动车燃料零售	湖南省益阳市
国药控股南宁有限公司	药品零售	广西壮族自治区南宁市
中国石油化工股份有限公司贵州铜仁分公司	机动车燃料零售	贵州省铜仁市
天津之星汽车维修服务有限公司	汽车零售	天津市东丽区
四川华星名仕汽车销售服务有限公司	汽车零售	四川省成都市
安徽国生电器有限责任公司	家用电器零售	安徽省合肥市
捷成(中国)贸易有限公司	汽车零售	北京市东城区
沃尔玛深国投百货有限公司福州山姆会员商店	超级市场零售	福建省福州市
中国石油天然气股份有限公司山西销售大同分公司	机动车燃料零售	山西省大同市
荆门市东方百货大厦	超级市场零售	湖北省荆门市
江苏好享购物有限公司	邮购及电子销售	江苏省南京市
普拉达时装商业(上海)有限公司	服装零售	上海市静安区
河南永乐生活电器有限公司	家用电器零售	河南省郑州市
深圳市亨吉利世界名表中心有限公司	钟表、眼镜零售	广东省深圳市
宜兴新苏南商厦有限责任公司	百货零售	江苏省无锡市
中国石油化工股份有限公司河南濮阳石油分公司	机动车燃料零售	河南省濮阳市
迪卡侬(上海)体育用品有限公司	体育用品零售	上海市浦东新区
广州市唯品会信息科技有限公司	服装零售	广东省广州市
北京当代商城有限责任公司	百货零售	北京市海淀区
上海永达汽车浦东销售服务有限公司	汽车零售	上海市浦东新区
成都京东世纪贸易有限公司	邮购及电子销售	四川省成都市
中国石油天然气股份有限公司山西销售忻州分公司	机动车燃料零售	山西省忻州市
大连国美电器有限公司	家用电器零售	辽宁省大连市
国药控股常州有限公司	药品零售	江苏省常州市
中国石油天然气股份有限公司山西销售侯马分公司	机动车燃料零售	山西省临汾市
武汉国美电器有限公司	家用电器零售	湖北省武汉市

4-2 续表 8

企业名称	所属行业	企业所在地
河南省国美电器有限公司	家用电器零售	河南省郑州市
中国石油化工股份有限公司湖北黄石石油分公司	机动车燃料零售	湖北省黄石市
北京王府井百货集团双安商场有限责任公司	百货零售	北京市海淀区
新疆国美电器有限公司	家用电器零售	新疆维吾尔自治区乌鲁木齐市
大商集团大庆百货大楼有限公司	百货零售	黑龙江省大庆市
中国石油天然气股份有限公司山东德州销售分公司	机动车燃料零售	山东省德州市
东方商厦有限公司	百货零售	上海市徐汇区
公主岭温州商城贸易有限公司	百货零售	吉林省四平市
浙江苏宁电器有限公司	家用电器零售	浙江省杭州市
天津物美未来商贸发展有限公司	超级市场零售	天津市南开区
上海欧尚超市有限公司	超级市场零售	上海市杨浦区
大商集团沈阳新玛特购物休闲广场有限公司	百货零售	辽宁省沈阳市
上海好德便利有限公司	其他综合零售	上海市普陀区
广东龙粤通信设备集团有限公司	通信设备零售	广东省广州市
广东粤宝汽车销售服务有限公司	汽车零售	广东省广州市
福建同春药业股份有限公司	药品零售	福建省福州市
株洲百货股份有限公司	百货零售	湖南省株洲市
上海太平洋百货有限公司	百货零售	上海市徐汇区
广东仁孚怡邦汽车销售服务有限公司	汽车零售	广东省广州市
中国石油天然气股份有限公司河南商丘销售分公司	机动车燃料零售	河南省商丘市
内蒙古高速石油销售有限公司	机动车燃料零售	内蒙古自治区呼和浩特市
雄风集团有限公司	家用电器零售	浙江省绍兴市
中国石油天然气股份有限公司河北邢台销售分公司	机动车燃料零售	河北省邢台市
中国石油化工股份有限公司重庆涪陵石油分公司	机动车燃料零售	重庆市涪陵区
新蛋贸易(中国)有限公司	计算机、软件及辅助设备零售	上海市嘉定区
华润万家(苏州)超市有限公司	超级市场零售	江苏省苏州市
大庆市庆客隆连锁商贸有限公司	超级市场零售	黑龙江省大庆市
中石化碧辟(浙江)石油有限公司杭州分公司	机动车燃料零售	浙江省杭州市
常州百货大楼股份有限公司	百货零售	江苏省常州市
青岛国美电器有限公司	家用电器零售	山东省青岛市
中国石油天然气股份有限公司四川资阳销售分公司	机动车燃料零售	四川省资阳市
大商集团哈尔滨新一百购物广场有限公司	百货零售	黑龙江省哈尔滨市
安徽商之都股份有限公司合肥旗舰店	百货零售	安徽省合肥市
世纪金花股份有限公司	百货零售	陕西省西安市
深圳市仁孚特力汽车服务有限公司	汽车零售	广东省深圳市
安徽省医药(集团)股份有限公司	药品零售	安徽省合肥市
无锡八佰伴商贸中心有限公司	百货零售	江苏省无锡市
中国石油天然气股份有限公司吉林白山销售分公司	机动车燃料零售	吉林省白山市
北京鑫海韵通商业大楼	百货零售	北京市顺义区
北京赛特百货有限公司	百货零售	北京市朝阳区
云南万友汽车销售服务有限公司	汽车零配件零售	云南省昆明市
辽宁兴隆百货集团有限公司	百货零售	辽宁省盘锦市
广东君奥汽车贸易有限公司	汽车零售	广东省广州市
北京波士通达汽车销售服务有限公司	汽车零售	北京市朝阳区
中国石油化工股份有限公司云南文山石油分公司	机动车燃料零售	云南省文山壮族苗族自治州
西安爱家超市有限公司	超级市场零售	陕西省西安市
利群集团青岛利群商厦有限公司	百货零售	山东省青岛市
江苏万帮明都汽车有限公司	汽车零售	江苏省常州市
北京屈臣氏个人用品连锁商店有限公司	超级市场零售	北京市朝阳区
西安民生集团股份有限公司	百货零售	陕西省西安市

4-2　续表 9

企业名称	所属行业	企业所在地
昆明云顺和商业发展有限公司	百货零售	云南省昆明市
北京首商集团股份有限公司	百货零售	北京市西城区
中国石油天然气股份有限公司云南红河销售分公司	机动车燃料零售	云南省红河哈尼族彝族自治州
大连大商投资管理有限公司	百货零售	辽宁省大连市
大商集团阜新新玛特购物广场有限公司	百货零售	辽宁省阜新市
北京德奥达汽车销售有限公司	汽车零售	北京市朝阳区
北京百得利汽车贸易有限公司	汽车零售	北京市经济技术开发区
湖南家润多超市有限公司	超级市场零售	湖南省长沙市
美克美家家具连锁有限公司	家具零售	新疆维吾尔自治区乌鲁木齐市
群光实业(武汉)有限公司	百货零售	湖北省武汉市
新一佳超市有限公司	百货零售	广东省深圳市
烟台振华量贩超市有限公司	百货零售	山东省烟台市
北京博瑞祥云汽车销售服务有限公司	汽车零售	北京市朝阳区
浙江奥通汽车有限公司	汽车零售	浙江省杭州市
广州市龙星行汽车销售服务有限公司	汽车零售	广东省广州市
丝芙兰(上海)化妆品销售有限公司	化妆品及卫生用品零售	上海市黄浦区
上海宝信汽车销售服务有限公司	汽车零售	上海市闵行区
乐天超市有限公司	超级市场零售	北京市朝阳区
江西洪客隆百货投资有限公司	百货零售	江西省南昌市
上海汇之星汽车维修服务有限公司	汽车零售	上海市浦东新区
北京欧尚超市有限公司	超级市场零售	北京市海淀区
安徽百大合家福连锁超市股份有限公司	超级市场零售	安徽省合肥市
国金黄金集团有限公司	珠宝首饰零售	北京市平谷区
东莞东风南方汽车销售服务有限公司	汽车零售	广东省东莞市
沃尔玛华东百货有限公司	超级市场零售	上海市浦东新区
浙江宏图三胞科技发展有限公司	计算机、软件及辅助设备零售	浙江省杭州市
中国石油天然气股份有限公司黑龙江实华销售公司	机动车燃料零售	黑龙江省哈尔滨市
中国石油天然气股份有限公司湖北宜昌销售分公司	机动车燃料零售	湖北省宜昌市
成都三和汽车服务有限公司	汽车零售	四川省成都市
北京百得利之星汽车销售有限公司	汽车零售	北京市海淀区
陕西凯达投资集团有限责任公司	服装零售	陕西省西安市
武汉汉福超市有限公司	超级市场零售	湖北省武汉市
昆明家乐福超市有限公司	超级市场零售	云南省昆明市
浙江华联商厦有限公司	百货零售	浙江省宁波市
北京庄胜崇光百货商场	百货零售	北京市西城区
中国石油化工股份有限公司云南保山石油分公司	机动车燃料零售	云南省保山市
延吉百货大楼股份有限公司	百货零售	吉林省延边朝鲜族自治州
上海易买得超市有限公司	超级市场零售	上海市宝山区
北京盈之宝汽车销售服务有限公司	汽车零售	北京市朝阳区
北京城乡贸易中心股份有限公司	百货零售	北京市海淀区
深圳市宝骏汽车销售服务有限公司	汽车零售	广东省深圳市
镇江市八佰伴商场有限公司	百货零售	江苏省镇江市
秦皇岛渤海物流控股股份有限公司	百货零售	河北省秦皇岛市
飒拉商业(北京)有限公司	服装零售	北京市朝阳区
广州市好又多百货商业广场有限公司	百货零售	广东省广州市
陕西省军区军人服务社	百货零售	陕西省西安市
上海宜家家居有限公司	家具零售	上海市徐汇区
北京惠买在线网络科技有限公司	邮购及电子销售	北京市经济技术开发区
大连友谊(集团)股份有限公司	百货零售	辽宁省大连市
中国石油股份有限公司遵义销售分公司	机动车燃料零售	贵州省遵义市

4-2 续表 10

企业名称	所属行业	企业所在地
青岛海信东海商贸有限公司	百货零售	山东省青岛市
江苏宏信商贸股份有限公司	百货零售	江苏省扬州市
成都万友经济开发总公司	汽车零售	四川省成都市
江阴华地百货有限公司	百货零售	江苏省无锡市
云南易初明通工程机械维修有限公司	其他电子产品零售	云南省昆明市
中国石油天然气股份有限公司西藏销售分公司拉萨公司	机动车燃料零售	西藏自治区拉萨市
北京英龙华辰科技有限公司	计算机、软件及辅助设备零售	北京市昌平区
北京永辉超市有限公司	超级市场零售	北京市石景山区
济南国美电器有限公司	家用电器零售	山东省济南市
苏州泰华商城有限公司	百货零售	江苏省苏州市
江苏鹏润国美电器有限公司	家用电器零售	江苏省南京市
福州国美电器有限公司	家用电器零售	福建省福州市
北京宜家家居有限公司	家具零售	北京市朝阳区
大商集团本溪商业大厦有限公司	百货零售	辽宁省本溪市
成都青羊区仁和春天百货有限公司	百货零售	四川省成都市
江阴市全顺汽车有限公司	汽车零售	江苏省无锡市
上海宏图三胞电脑发展有限公司	计算机、软件及辅助设备零售	上海市杨浦区
中国石油天然气股份有限公司四川眉山销售分公司	机动车燃料零售	四川省眉山市
北京君太太平洋百货有限公司	百货零售	北京市西城区
深圳市百佳华百货有限公司	百货零售	广东省深圳市
廊坊市商业明珠大厦	百货零售	河北省廊坊市
中国石油化工股份有限公司山东莱芜石油分公司	机动车燃料零售	山东省莱芜市
杭州天天物美商业有限公司	超级市场零售	浙江省杭州市
成都仁和春天百货有限公司	百货零售	四川省成都市
重庆重客隆超市连锁有限责任公司	超级市场零售	重庆市渝中区
无锡山禾集团医药物流股份有限公司	药品零售	江苏省无锡市
重庆商社电器有限公司	家用电器零售	重庆市渝中区
无锡德尔汽车有限公司	汽车零售	江苏省无锡市
山西华宇商业发展股份有限公司	百货零售	山西省太原市
上海屈臣氏日用品有限公司	超级市场零售	上海市徐汇区
山东赛菲尔珠宝首饰有限公司	珠宝首饰零售	山东省潍坊市
中国石油天然气股份有限公司山东济宁销售分公司	机动车燃料零售	山东省济宁市
北京市上品商业发展有限责任公司	服装零售	北京市东城区
深圳岁宝百货有限公司	百货零售	广东省深圳市
江苏新合作常客隆连锁超市有限公司	超级市场零售	江苏省苏州市
山东省聊城市百货大楼有限责任公司	百货零售	山东省聊城市
广州锦龙汽车发展有限公司	汽车零售	广东省广州市
中国石油天然气股份有限公司安徽宿州销售分公司	机动车燃料零售	安徽省宿州市
江苏中央新亚百货股份有限公司	百货零售	江苏省淮安市
中国石油天然气股份有限公司福建省漳州销售分公司	机动车燃料零售	福建省漳州市
福中集团有限公司	计算机、软件及辅助设备零售	江苏省南京市
南昌洪城大厦股份有限公司	百货零售	江西省南昌市
上海拉夏贝尔服饰有限公司	服装零售	上海市徐汇区
中国石油天然气股份有限公司四川广安销售分公司	机动车燃料零售	四川省广安市
广州家广超市有限公司	超级市场零售	广东省广州市
苏州市石路国际商城有限责任公司	百货零售	江苏省苏州市
安利(中国)日用品有限公司北京分公司	其他综合零售	北京市东城区
长沙王府井百货有限责任公司	百货零售	湖南省长沙市
合肥鼓楼商厦有限责任公司	百货零售	安徽省合肥市
中国石化销售有限公司川渝攀枝花分公司	机动车燃料零售	四川省攀枝花市

4-2 续表 11

企业名称	所属行业	企业所在地
银川市新华百货连锁超市有限公司	超级市场零售	宁夏回族自治区银川市
北京京宝行汽车销售服务有限公司	汽车零售	北京市海淀区
福建新华都综合百货有限公司	百货零售	福建省福州市
唐山市金客隆超市有限公司	超级市场零售	河北省唐山市
永旺华南商业有限公司	百货零售	广东省深圳市
江阴市盛达汽车销售服务有限公司	汽车零售	江苏省无锡市
广东中奥汽车销售服务有限公司	汽车零售	广东省广州市
上海福满家便利有限公司	其他综合零售	上海市静安区
上海德宝汽车服务有限公司	汽车零售	上海市闵行区
东莞市时尚电器有限公司	家用电器零售	广东省东莞市
北京华冠商贸有限公司	超级市场零售	北京市房山区
百大集团股份有限公司	百货零售	浙江省杭州市
中国石油天然气股份有限公司四川内江销售分公司	机动车燃料零售	四川省内江市
绍兴大通商城股份有限公司	百货零售	浙江省绍兴市
成都市人人乐商业有限公司	百货零售	四川省成都市
上海伍缘现代杂货有限公司	超级市场零售	上海市普陀区
中国石油化工股份公司安徽黄山石油分公司	机动车燃料零售	安徽省黄山市
宁波浙国美电器有限公司	家用电器零售	浙江省宁波市
湖南新一佳商业投资有限公司	超级市场零售	湖南省长沙市
辽宁尊荣汽车贸易有限公司	汽车零售	辽宁省沈阳市
北京贵友大厦有限公司	百货零售	北京市朝阳区
哈尔滨家乐福超市有限公司	超级市场零售	黑龙江省哈尔滨市
浙江上百贸易有限公司	超级市场零售	浙江省绍兴市
北京百得利汽车进出口集团有限公司	汽车零售	北京市大兴区
广西玉柴机器专卖发展有限公司	其他未列明的零售	广西壮族自治区玉林市
十堰市新合作超市有限公司	超级市场零售	湖北省十堰市
广西南宁梦之岛百货有限公司	百货零售	广西壮族自治区南宁市
珠海市免税企业集团有限公司	百货零售	广东省珠海市
中油碧辟石油有限公司江门分公司	机动车燃料零售	广东省江门市
南京药业股份有限公司	药品零售	江苏省南京市
北京三元石油有限公司	机动车燃料零售	北京市大兴区
中国石油天然气股份有限公司巢湖销售分公司	机动车燃料零售	安徽省合肥市
东莞市嘉荣超市有限公司	超级市场零售	广东省东莞市
北京奥吉通汽车销售有限公司	汽车零售	北京市朝阳区
北京当当科文电子商务有限公司	音像制品及电子出版物零售	北京市东城区
安徽五星电器有限公司	家用电器零售	安徽省合肥市
沈阳苏宁电器有限公司	家用电器零售	辽宁省沈阳市
无锡市新纪元汽车贸易集团有限公司	汽车零售	江苏省无锡市
苏州苏宁电器有限公司	家用电器零售	江苏省苏州市
宜昌国贸大厦集团有限公司	百货零售	湖北省宜昌市
深圳市南方腾星汽车销售服务有限公司	汽车零配件零售	广东省深圳市
深圳市奥德汽车贸易有限公司	汽车零售	广东省深圳市
苏州利星汽车服务有限公司	汽车零售	江苏省苏州市
黄冈市黄商贸易股份有限公司	百货零售	湖北省黄冈市
镇江百盛商城有限公司	百货零售	江苏省镇江市
宝商集团宝鸡商业经营管理有限责任公司	超级市场零售	陕西省宝鸡市
麦凯乐(青岛)百货总店有限公司	百货零售	山东省青岛市
陕西新丰泰汽车有限公司	汽车零售	陕西省西安市
北京亚之杰汽车贸易有限责任公司	汽车零售	北京市丰台区
辽宁成大方圆医药连锁有限公司	药品零售	辽宁省沈阳市

4-2 续表 12

企业名称	所属行业	企业所在地
深圳东风南方汽车销售服务有限公司	汽车零售	广东省深圳市
东莞市天虹商场有限公司	百货零售	广东省东莞市
北京首都机场商贸有限公司	超级市场零售	北京市顺义区
中石化长江燃料有限公司武汉分公司	机动车燃料零售	湖北省武汉市
苏州悦家超市有限公司	超级市场零售	江苏省苏州市
浙江三江购物有限公司	超级市场零售	浙江省杭州市
合肥悦家商业有限公司	超级市场零售	安徽省合肥市
济宁美的制冷产品销售有限公司	家用电器零售	山东省济宁市
中国石油天然气股份有限公司重庆渝中销售分公司	机动车燃料零售	重庆市九龙坡区
深圳家乐福商业有限公司	超级市场零售	广东省深圳市
山西国美电器有限公司	家用电器零售	山西省太原市
天津海信广场有限公司	百货零售	天津市和平区
中国石油天然气股份有限公司广东江门销售分公司	机动车燃料零售	广东省江门市
江苏华润万家超市有限公司	超级市场零售	江苏省苏州市
太原王府井百货有限责任公司	百货零售	山西省太原市
北京易初莲花连锁超市有限公司	超级市场零售	北京市朝阳区
上海索电数码科技有限公司	计算机、软件及辅助设备零售	上海市徐汇区
浙江星普五星电器有限公司	家用电器零售	浙江省杭州市
上海新华传媒连锁有限公司	图书零售	上海市黄浦区
宝盛道吉(北京)贸易有限公司	服装零售	北京市东城区
河北保定时代商厦有限公司	百货零售	河北省保定市
山东龙口市博商购物广场	百货零售	山东省烟台市
厦门永乐思文家电有限公司	家用电器零售	福建省厦门市
百朗商贸(深圳)有限公司	鞋帽零售	广东省深圳市
成都建国汽车贸易有限公司	汽车零售	四川省成都市
北京中润发汽车销售有限公司	汽车零售	北京市丰台区
中国石油天然气股份有限公司川南销售分公司	机动车燃料零售	四川省自贡市
佛山市珅宝汽车销售服务有限公司	汽车零售	广东省佛山市
宁波太平鸟时尚女装有限公司	服装零售	浙江省宁波市
宁波欧尚超市有限公司	超级市场零售	浙江省宁波市
中国石油天然气股份有限公司山西晋中销售分公司	机动车燃料零售	山西省晋中市
中国石油天然气股份有限公司四川巴中销售分公司	机动车燃料零售	四川省巴中市
包头百货大楼股份有限公司	百货零售	内蒙古自治区包头市
内蒙古紫维汽车(集团)有限公司	汽车零售	内蒙古自治区呼和浩特市
山东统一银座商业有限公司	超级市场零售	山东省济南市
青岛鲁宁苏宁电器有限公司	家用电器零售	山东省青岛市
哈尔滨申格体育连锁有限公司	体育用品零售	黑龙江省哈尔滨市
安徽亚夏实业股份有限公司	汽车零售	安徽省宣城市
中油碧辟石油有限公司深圳分公司	其他未列明的零售	广东省深圳市
昆山双鹤医药有限责任公司	药品零售	江苏省苏州市
长春华阳汽贸有限公司	汽车零售	吉林省长春市
上海古今内衣有限公司	服装零售	上海市黄浦区
深圳市海王星辰医药有限公司	药品零售	广东省深圳市
浙江美承数码科技集团有限公司	计算机、软件及辅助设备零售	浙江省杭州市
天津市津工超市有限责任公司	超级市场零售	天津市东丽区
连云港康缘医药商业有限公司	药品零售	江苏省连云港市
大连沃尔玛百货有限公司	超级市场零售	辽宁省大连市
北京崇德商贸有限公司	鞋帽零售	北京市西城区
中国石油化工股份有限公司安徽亳州石油分公司	机动车燃料零售	安徽省亳州市
银川新华百货东桥电器有限公司	家用电器零售	宁夏回族自治区银川市

4-2 续表 13

企业名称	所属行业	企业所在地
兰州民百(集团)股份有限公司	百货零售	甘肃省兰州市
中国石油天然气股份有限公司安徽阜阳销售分公司	机动车燃料零售	安徽省阜阳市
中国石油天然气股份有限公司贵州毕节销售分公司	机动车燃料零售	贵州省毕节市
南京大洋百货有限公司	百货零售	江苏省南京市
云南鸿翔一心堂药业(集团)股份有限公司	药品零售	云南省昆明市
北京之星汽车服务有限公司	汽车零售	北京市大兴区
云南英茂商务有限公司	汽车零售	云南省昆明市
好美家装潢建材有限公司	其他室内装修材料零售	上海市黄浦区
无锡德星汽车维修服务有限公司	汽车零售	江苏省无锡市
江苏苏盛商贸有限公司	烟草制品零售	江苏省南京市
福建苏宁电器有限公司	家用电器零售	福建省福州市
福建东百集团股份有限公司	百货零售	福建省福州市
苏州鹏润国美电器有限公司	家用电器零售	江苏省苏州市
中国图书进出口(集团)总公司	报刊零售	北京市朝阳区
佛山市苏宁电器有限公司	家用电器零售	广东省佛山市
北京迪信通电子通信技术有限公司	通信设备零售	北京市海淀区
内蒙古海亮商贸有限公司	服装零售	内蒙古自治区呼和浩特市
上海虹桥药业有限公司	药品零售	上海市闵行区
天津市人人乐商业有限公司	超级市场零售	天津市南开区
第一汽车(苏州)服务贸易有限公司	汽车零售	江苏省苏州市
济宁九龙家电有限公司	家用电器零售	山东省济宁市
厦门市天虹商场有限公司	百货零售	福建省厦门市
中国石油天然气股份有限公司湖南常德销售分公司	机动车燃料零售	湖南省常德市
中国石油天然气股份有限公司山西长治销售分公司	机动车燃料零售	山西省长治市
淄博东泰集团有限公司	百货零售	山东省淄博市
深圳市利联太阳百货有限公司	百货零售	广东省深圳市
中油碧辟石油有限公司中山分公司	机动车燃料零售	广东省中山市
山东苏宁电器有限公司	家用电器零售	山东省济南市
昆明百货大楼商业有限公司	百货零售	云南省昆明市
克丽丝汀迪奥商业(上海)有限公司	其他日用品零售	上海市静安区
上海凡德汽车销售服务有限公司	汽车零售	上海市浦东新区
临沂佳轮汽车销售服务有限公司	汽车零售	山东省临沂市
北京运通博奥汽车销售服务有限公司	汽车零售	北京市大兴区
深圳市国有免税商品(集团)有限公司	烟草制品零售	广东省深圳市
上海联华快客便利有限公司	其他综合零售	上海市虹口区
常州宝尊汽车销售服务有限公司	汽车零售	江苏省常州市
湖南苏宁电器有限公司	家用电器零售	湖南省长沙市
深圳市增特汽车贸易有限公司	汽车零售	广东省深圳市
华润万家生活超市(珠海)有限公司	百货零售	广东省珠海市
赤壁市赤壁商城物业管理中心	果品、蔬菜零售	湖北省咸宁市
中国石化股份有限公司广东汕尾石油分公司	机动车燃料零售	广东省汕尾市
天津浩众汽车贸易服务有限公司	汽车零售	天津市东丽区
哈尔滨松雷股份有限公司	百货零售	黑龙江省哈尔滨市
临沂医药集团有限公司	药品零售	山东省临沂市
上海美承高科技有限公司	计算机、软件及辅助设备零售	上海市徐汇区
许昌市胖东来商贸集团有限公司	百货零售	河南省许昌市
大连中星汽车有限公司	汽车零售	辽宁省大连市
滨州银座商城有限公司	百货零售	山东省滨州市
雅芳(中国)有限公司	化妆品及卫生用品零售	广东省广州市
福州麦多万嘉超市有限公司	粮油零售	福建省福州市

4-2 续表 14

企业名称	所属行业	企业所在地
联盛商业连锁股份有限公司	百货零售	江西省九江市
北京寰宇恒通汽车有限公司	汽车零售	北京市海淀区
内蒙古维多利商业(集团)有限公司	百货零售	内蒙古自治区呼和浩特市
浙江易川体育用品连锁有限公司	服装零售	浙江省金华市
安徽华夏商场(集团)有限公司	百货零售	安徽省宿州市
湖南邵阳中油销售有限公司	机动车燃料零售	湖南省邵阳市
西安金鹰国际购物中心有限公司	百货零售	陕西省西安市
常熟市新合作常客隆购物广场有限公司	超级市场零售	江苏省苏州市
湖州市浙北大厦有限责任公司	百货零售	浙江省湖州市
山东鲁百百货大楼集团有限公司	百货零售	山东省东营市
徐州中央百大股分有限公司	百货零售	江苏省徐州市
上海新欧尚超市有限公司	超级市场零售	上海市杨浦区
泸州汇通百货股份有限公司	百货零售	四川省泸州市
深圳岁宝连锁商业发展有限公司	百货零售	广东省深圳市
中国石油天然气股份有限公司湖北孝感销售分公司	机动车燃料零售	湖北省孝感市
深圳汇洁集团股份有限公司	服装零售	广东省深圳市
沈阳铁西百货大楼有限公司	百货零售	辽宁省沈阳市
贵阳星力百货集团有限公司	百货零售	贵州省贵阳市
宣城亚通汽车销售服务有限公司	汽车零售	安徽省宣城市
苏州宏图三胞科技发展有限公司	家用电器零售	江苏省苏州市
邯郸新世纪商业广场股份有限公司	服装零售	河北省邯郸市
上海汇金百货有限公司	百货零售	上海市徐汇区
中油碧辟石油有限公司惠州分公司	机动车燃料零售	广东省惠州市
江苏省中油泰富石油集团有限公司	机动车燃料零售	江苏省苏州市
淄博银座商城有限责任公司	百货零售	山东省淄博市
东营银座商城有限公司	百货零售	山东省东营市
重庆和平药房连锁有限责任公司	药品零售	重庆市渝中区
西宁王府井百货有限责任公司	超级市场零售	青海省西宁市
杭州银西百货有限公司	百货零售	浙江省杭州市
盐城商业大厦有限公司	百货零售	江苏省盐城市
天津华润超级市场有限公司	超级市场零售	天津市和平区
湖北富迪实业有限公司	超级市场零售	湖北省仙桃市
南京白下苏宁电器有限公司	家用电器零售	江苏省南京市
广州市国美电器有限公司佛山分公司	家用电器零售	广东省佛山市
中国石油天然气股份有限公司山西销售晋城分公司	机动车燃料零售	山西省晋城市
上海迪亚零售有限公司	其他综合零售	上海市浦东新区
西安航天龙腾丰田汽车销售服务有限公司	汽车零售	陕西省西安市
泰安银座商城有限公司	百货零售	山东省泰安市
南通苏宁电器有限公司	家用电器零售	江苏省南通市
吉林省华之诚汽车销售服务有限公司	汽车零售	吉林省长春市
安庆华联购物广场有限责任公司	百货零售	安徽省安庆市
安徽省阜阳商厦股份有限公司	百货零售	安徽省阜阳市
天津港保税区捷丰国际贸易有限公司	汽车零售	天津市河西区
桂林微笑堂实业发展有限公司	百货零售	广西壮族自治区桂林市
北京市顺义国泰商业大厦	百货零售	北京市顺义区
常州市五星电器有限公司	家用电器零售	江苏省常州市
辽宁奥通汽车销售服务有限公司	汽车零售	辽宁省沈阳市
中国石油化工股份有限公司湖北高速公路油站管理分公司	机动车燃料零售	湖北省武汉市
芜湖华亿国际购物中心有限责任公司	百货零售	安徽省芜湖市
昆明国美电器有限公司	家用电器零售	云南省昆明市

4-2 续表 15

企业名称	所属行业	企业所在地
云南苏宁电器有限公司	家用电器零售	云南省昆明市
陕西通达果汁集团股份有限公司	饮料及茶叶零售	陕西省西安市
浙江恩泽医药有限公司	药品零售	浙江省台州市
威海长江糖酒有限公司	超级市场零售	山东省威海市
山东奥德隆集团有限公司	百货零售	山东省淄博市
大连沈大苏宁电器有限公司	家用电器零售	辽宁省大连市
上海良友金伴便利连锁有限公司	其他综合零售	上海市徐汇区
重庆家乐福商业有限公司	百货零售	重庆市渝中区
无锡市苏宁电器有限公司	家用电器零售	江苏省无锡市
宁波甬宁苏宁电器有限公司	家用电器零售	浙江省宁波市
中国石油湖南销售衡阳分公司	机动车燃料零售	湖南省衡阳市
南通文峰电器销售有限公司	家用电器零售	江苏省南通市
烟台振华购物中心有限公司	百货零售	山东省烟台市
中免集团三亚市内免税店有限公司	化妆品及卫生用品零售	海南省三亚市
哈尔滨秋林集团股份有限公司	百货零售	黑龙江省哈尔滨市
银泰百货宁波海曙有限公司	服装零售	浙江省宁波市
抚顺市裕民商城有限公司	百货零售	辽宁省抚顺市
中国石油天然气股份有限公司湖南怀化销售分公司	机动车燃料零售	湖南省怀化市
广州长润汽车销售有限公司	汽车零售	广东省广州市
南昌市天虹商场有限公司	百货零售	江西省南昌市
中国石油天然气股份有限公司湖南益阳销售分公司	机动车燃料零售	湖南省益阳市
徐州苏宁电器有限公司	家用电器零售	江苏省徐州市
北京市亨得利瑞士钟表有限责任公司	钟表、眼镜零售	北京市东城区
哈尔滨市联强商业发展有限公司	超级市场零售	黑龙江省哈尔滨市
上海置地广场商厦有限公司	百货零售	上海市黄浦区
特易购商业(辽宁)有限公司	百货零售	辽宁省沈阳市
广东赛壹便利店有限公司	超级市场零售	广东省广州市
辽宁惠华汽车集团有限公司	汽车零售	辽宁省沈阳市
广州仁孚汽车销售服务有限公司	汽车零售	广东省广州市
广东乘用汽车销售有限公司	汽车零售	广东省广州市
天津劝业场(集团)股份有限公司	百货零售	天津市和平区
重庆远东百货有限公司	百货零售	重庆市江北区
湖南国美电器有限公司	家用电器零售	湖南省长沙市
石家庄东方城市广场有限公司	百货零售	河北省石家庄市
内蒙古维多利商业管理有限公司	百货零售	内蒙古自治区呼和浩特市
中国石油天然气股份有限公司云南保山销售公司	机动车燃料零售	云南省保山市
广东鸿粤汽车销售集团有限公司	汽车零售	广东省广州市
昆明金美百货有限公司	百货零售	云南省昆明市
海宁市华联大厦有限公司	百货零售	浙江省嘉兴市
北京物美京北大世界商贸有限公司	百货零售	北京市怀柔区
广东骏和通信设备连锁销售有限公司	通信设备零售	广东省广州市
中国石油天然气股份有限公司云南玉溪销售分公司	机动车燃料零售	云南省玉溪市
大商集团锦州百货大楼有限公司	百货零售	辽宁省锦州市
武汉武商集团十堰市人民商场有限公司	超级市场零售	湖北省十堰市
德颐购(上海)商贸有限公司	家用电器零售	上海市黄浦区
鞍山天兴百盛购物中心有限公司	百货零售	辽宁省鞍山市
泉州鹏润国美电器有限公司	家用电器零售	福建省泉州市
大商集团(郑州)商贸有限公司	服装零售	河南省郑州市
大商集团鸡西新玛特购物广场有限公司	百货零售	黑龙江省鸡西市
深圳市深燃石油气有限公司	其他未列明的零售	广东省深圳市

4-2 续表 16

企业名称	所属行业	企业所在地
新疆汇嘉时代百货股份有限公司	百货零售	新疆维吾尔自治区乌鲁木齐市
武汉市汉商集团股份有限公司	百货零售	湖北省武汉市
上海九海百盛广场有限公司	百货零售	上海市黄浦区
华润万家生活超市(中山)有限公司	超级市场零售	广东省中山市
昆明七彩云南实业股份有限公司	珠宝首饰零售	云南省昆明市
包头市华银机械设备有限公司	汽车零配件零售	内蒙古自治区包头市
北京卜蜂莲花连锁超市有限公司	超级市场零售	北京市朝阳区
深圳市华熙汽车销售服务有限公司	汽车零售	广东省深圳市
北京蓝岛大厦有限责任公司	百货零售	北京市朝阳区
青岛利群百货股份有限公司	百货零售	山东省青岛市
常州金太阳至尊家电有限公司	家用电器零售	江苏省常州市
天津伊势丹有限公司	百货零售	天津市和平区
新疆友好百盛商业发展有限公司	百货零售	新疆维吾尔自治区乌鲁木齐市
南京宏图三胞企业发展有限公司	计算机、软件及辅助设备零售	江苏省南京市
长沙步步高商业连锁有限责任公司	超级市场零售	湖南省长沙市
中国石油天然气股份有限公司青海海东分公司	机动车燃料零售	青海省海东地区
浙江东兴商厦股份有限公司	超级市场零售	浙江省嘉兴市
鞋柜商贸有限公司	鞋帽零售	上海市青浦区
包头王府井百货有限责任公司	百货零售	内蒙古自治区包头市
安徽永辉超市有限公司	超级市场零售	安徽省合肥市
库巴科技(北京)有限公司	邮购及电子销售	北京市石景山区
中国石油天燃气股份有限公司福建龙岩销售分公司	机动车燃料零售	福建省龙岩市
福建华夏汽车城发展有限公司	汽车零售	福建省福州市
新泰银座商城有限公司	百货零售	山东省泰安市
万宝龙商业(中国)有限公司	文具用品零售	上海市静安区
中国汽车贸易西南公司	汽车零售	四川省成都市
北京中复电讯设备有限责任公司	通信设备零售	北京市朝阳区
上海汇姿百货有限公司	百货零售	上海市杨浦区
河南大张实业有限公司	超级市场零售	河南省洛阳市
好易购家庭购物有限公司	邮购及电子销售	浙江省杭州市
嘉兴市戴梦得购物中心有限公司	百货零售	浙江省嘉兴市
胜利油田胜大超市	超级市场零售	山东省东营市
四川省互惠商业责任有限公司	超级市场零售	四川省成都市
广西钜荣汽车销售服务有限公司	汽车零售	广西壮族自治区南宁市
洛阳王府井百货有限责任公司	百货零售	河南省洛阳市
北京运通博世汽车销售服务有限公司	汽车零售	北京市经济技术开发区
泰州第一百货商店股份有限公司	百货零售	江苏省泰州市
安徽安迪汽车有限公司	汽车零售	安徽省合肥市
东方家园家居建材商业有限公司	其他室内装修材料零售	北京市丰台区
贵阳东方苏宁电器有限公司	家用电器零售	贵州省贵阳市
广州王府井百货大楼有限责任公司	百货零售	广东省广州市
广东大参林连锁药店有限公司	药品零售	广东省广州市
广州广保丰田汽车销售服务有限公司	汽车零售	广东省广州市
湖北金城大厦(集团)实业公司	百货零售	湖北省荆门市
深圳市大兴丰田汽车销售有限公司	汽车零售	广东省深圳市
沃尔玛深国投百货有限公司厦门世贸分店	百货零售	福建省厦门市
南京欧尚超市有限公司	超级市场零售	江苏省南京市
山东金宇商贸有限公司	其他室内装修材料零售	山东省济宁市
吉林省华生交电集团有限公司	家用电器零售	吉林省四平市
大商集团牡丹江新玛特购物广场有限公司	百货零售	黑龙江省牡丹江市

4-2 续表 17

企业名称	所属行业	企业所在地
沧州市华北商厦有限公司	百货零售	河北省沧州市
沈阳新世界百货有限公司	百货零售	辽宁省沈阳市
北京宏图三胞科技发展有限公司	计算机、软件及辅助设备零售	北京市西城区
盐城金鹰国际购物中心有限公司	百货零售	江苏省盐城市
湖北省十堰市寿康永乐有限公司	超级市场零售	湖北省十堰市
南宁柏联百盛商业有限公司	百货零售	广西壮族自治区南宁市
辽宁和兴大众汽车销售服务有限公司	汽车零售	辽宁省沈阳市
大连大商集团有限公司大庆让胡路商场	百货零售	黑龙江省大庆市
尊荣亿方集团有限公司	汽车零售	辽宁省大连市
茂名市明湖百货有限公司	超级市场零售	广东省茂名市
新泰青云购物中心有限公司	百货零售	山东省泰安市
南京商厦股份有限公司	百货零售	江苏省南京市
合肥百盛逍遥广场有限公司	百货零售	安徽省合肥市
宜兴市华地百货有限公司	百货零售	江苏省无锡市
淮北市新惠康商贸有限公司	超级市场零售	安徽省淮北市
深圳市深长实业股份有限公司	机动车燃料零售	广东省深圳市
绍兴市国商大厦有限责任公司	百货零售	浙江省绍兴市
北京广丰通田汽车贸易有限公司	汽车零售	北京市朝阳区
浙江汇德隆实业集团有限公司	家用电器零售	浙江省杭州市
日照日百商业有限公司	百货零售	山东省日照市
四川申蓉圣飞汽车销售服务有限公司	汽车零售	四川省成都市
重庆市新大兴实业(集团)有限公司	超级市场零售	重庆市涪陵区
丝芙兰(北京)化妆品销售有限公司	化妆品及卫生用品零售	北京市朝阳区
欧亚集团沈阳联营有限公司	百货零售	辽宁省沈阳市
江西鹏润国美电器有限公司	家用电器零售	江西省南昌市
葫芦岛市百货大楼	百货零售	辽宁省葫芦岛市
深圳市国美电器有限公司东莞市分公司	家用电器零售	广东省东莞市
北京博瑞祥驰汽车销售服务有限公司	汽车零售	北京市朝阳区
天津泰达易买得超市有限公司	超级市场零售	天津市南开区
安徽苏宁电器有限公司	家用电器零售	安徽省合肥市
吉林省华宇集团四平仁兴商厦有限公司	服装零售	吉林省四平市
常州泰富百货集团有限责任公司	百货零售	江苏省常州市
北京王府井百货集团长安商场有限责任公司	百货零售	北京市西城区
南京悦家超市有限公司	超级市场零售	江苏省南京市
浙江曼卡龙珠宝股份有限公司	珠宝首饰零售	浙江省杭州市
厦门福厦苏宁电器有限公司	家用电器零售	福建省厦门市
广州沃尔玛百货有限公司	超级市场零售	广东省广州市
大连家乐福商业有限公司	超级市场零售	辽宁省大连市
上海捷强烟草糖酒(集团)连锁有限公司	超级市场零售	上海市虹口区
江阴市广吉汽车经销有限公司	汽车零售	江苏省无锡市
成都舞东风连锁超市有限责任公司	超级市场零售	四川省成都市
深圳市宝安大兴丰田汽车销售服务有限公司	汽车零售	广东省深圳市
大商集团牡丹江百货大楼有限公司	百货零售	黑龙江省牡丹江市
芜湖南京新百大厦有限公司	百货零售	安徽省芜湖市
上海三联(集团)有限公司	钟表、眼镜零售	上海市黄浦区
上海铂利德钻石有限公司	珠宝首饰零售	上海市闸北区
浙江凯虹集团有限公司	百货零售	浙江省舟山市
成都美美力诚百货有限公司	服装零售	四川省成都市
徐州医药股份有限公司	药品零售	江苏省徐州市
江苏盐阜人民商场有限公司	百货零售	江苏省盐城市

4-2 续表 18

企业名称	所属行业	企业所在地
龙口市第一百货商店有限责任公司	百货零售	山东省烟台市
山西铜锣湾国际购物中心有限公司	服装零售	山西省太原市
南宁国美电器有限公司	家用电器零售	广西壮族自治区南宁市
保定商场股份有限公司	百货零售	河北省保定市
辽中商业大厦有限公司	百货零售	辽宁省沈阳市
中国石油天然气股份有限公司广东茂名销售分公司	机动车燃料零售	广东省茂名市
甘肃华润万家生活超市有限公司	百货零售	甘肃省兰州市
俊思(上海)商业有限公司	服装零售	上海市徐汇区
北京同仁堂连锁药店有限责任公司	药品零售	北京市西城区
湖北新世纪购物中心股份有限公司	百货零售	湖北省随州市
北京天超仓储超市有限责任公司	超级市场零售	北京市东城区
常州苏宁电器有限公司	家用电器零售	江苏省常州市
大连锦辉购物广场有限责任公司	百货零售	辽宁省大连市
东莞沃尔玛百货有限公司	超级市场零售	广东省东莞市
东莞市苏宁电器有限公司	家用电器零售	广东省东莞市
无锡欧尚超市有限公司	超级市场零售	江苏省无锡市
常州新世纪商城有限公司	百货零售	江苏省常州市
阿尔弗雷德登喜路(上海)贸易有限公司	服装零售	上海市黄浦区
厦门国美电器有限公司	家用电器零售	福建省厦门市
日照凌云工贸有限公司	家用电器零售	山东省日照市
泰州金鹰商贸易有限公司	百货零售	江苏省泰州市
大商集团佳木斯百货大楼	百货零售	黑龙江省佳木斯市
浙江江南大厦股份有限公司	百货零售	浙江省嘉兴市
西安兴正元购物中心有限公司	百货零售	陕西省西安市
广西联华超市股份有限公司	超级市场零售	广西壮族自治区柳州市
北京首航国力商贸有限公司	超级市场零售	北京市丰台区
珠海市泰锋电业有限公司	家用电器零售	广东省珠海市
山西省太原唐久超市有限公司	其他综合零售	山西省太原市
安徽省徽商红府连锁超市有限责任公司	超级市场零售	安徽省合肥市
中国石油天然气股份有限公司浙江湖州销售分公司	机动车燃料零售	浙江省湖州市
上海城隍珠宝有限公司	珠宝首饰零售	上海市黄浦区
沈阳兴隆大天地购物中心有限公司	百货零售	辽宁省沈阳市
河南苏宁电器有限公司	家用电器零售	河南省郑州市
大连国际商贸大厦有限公司哈尔滨麦凯乐百货总店	百货零售	黑龙江省哈尔滨市
山东宏图三胞科技发展有限公司	计算机、软件及辅助设备零售	山东省济南市
江西煌上煌集团食品有限公司	肉、禽、蛋及水产品零售	江西省南昌市
北京金象复星医药股份有限公司	药品零售	北京市西城区
苏州润瑞商业有限公司	超级市场零售	江苏省苏州市
沈阳商业城股份有限公司	百货零售	辽宁省沈阳市
丹阳市华帝百货有限公司	百货零售	江苏省镇江市
曙光信息产业(北京)有限公司	计算机、软件及辅助设备零售	北京市海淀区
天津捷通汽车销售有限公司	汽车零售	天津市西青区
深圳市富迅通贸易有限公司	家用电器零售	广东省深圳市
赣州国光实业有限公司	超级市场零售	江西省赣州市
河北保龙仓家乐福商业有限公司	超级市场零售	河北省石家庄市
厦门富山诚达百货商业广场有限公司	超级市场零售	福建省厦门市
中原百货集团股份有限公司	百货零售	天津市和平区
广州摩登百货股份有限公司	百货零售	广东省广州市
哈尔滨苏宁电器有限公司	家用电器零售	黑龙江省哈尔滨市
广派商业(上海)有限公司	服装零售	上海市浦东新区

4-2 续表 19

企业名称	所属行业	企业所在地
中山市信和商业连锁有限公司	超级市场零售	广东省中山市
杭州外海家友超市有限公司	超级市场零售	浙江省杭州市
上海又一城购物中心有限公司	百货零售	上海市杨浦区
杭州联华华商集团拱墅世纪联华超市有限公司	超级市场零售	浙江省杭州市
保定北国商城有限责任公司	百货零售	河北省保定市
成都讯捷通讯连锁有限公司	通信设备零售	四川省成都市
北京甘家口大厦有限责任公司	百货零售	北京市海淀区
西亚和美商业股份有限公司	超级市场零售	河南省信阳市
北京方庄丰田汽车销售服务有限公司	汽车零售	北京市丰台区
云南中驰汽车销售服务有限公司	汽车零售	云南省昆明市
咸阳世纪金花商贸有限公司	超级市场零售	陕西省咸阳市
无锡三阳百盛广场有限公司	百货零售	江苏省无锡市
广州市宏丽有限公司	超级市场零售	广东省广州市
浙江供销超市有限公司	超级市场零售	浙江省绍兴市
中国石油天然气股份有限公司河南信阳销售分公司	机动车燃料零售	河南省信阳市
衢州东方商厦有限公司	百货零售	浙江省衢州市
上海虹桥友谊商城有限公司	百货零售	上海市长宁区
内蒙古呼伦贝尔市友谊有限责任公司	百货零售	内蒙古自治区呼伦贝尔市
合肥宝利丰汽车销售服务有限公司	汽车零售	安徽省合肥市
心连心集团有限公司	超级市场零售	湖南省湘潭市
甘肃国美电器有限公司	家用电器零售	甘肃省兰州市
临沂银座商城有限公司	百货零售	山东省临沂市
中国石油化工股份有限公司吉林市石油分公司	机动车燃料零售	吉林省吉林市
河北华北石油商业有限公司	百货零售	河北省沧州市
大商集团鞍山商业投资有限公司	百货零售	辽宁省鞍山市
北京金一文化发展股份有限公司	工艺美术品及收藏品零售	北京市西城区
成都大商投资有限公司	百货零售	四川省成都市
永安百货有限公司	百货零售	上海市黄浦区
南宁市人人乐商业有限公司	超级市场零售	广西壮族自治区南宁市
鄂尔多斯市蒙凯汽车销售集团有限公司	汽车零售	内蒙古自治区鄂尔多斯市
邯郸市阳光三联电器有限公司	家用电器零售	河北省邯郸市
华润超级市场有限公司	超级市场零售	北京市朝阳区
江苏百润商品配送中心有限公司	超级市场零售	江苏省苏州市
海口家乐福商业有限公司	超级市场零售	海南省海口市
沈阳荟华楼黄金珠宝首饰有限公司	珠宝首饰零售	辽宁省沈阳市
江苏汇银电器连锁有限公司	家用电器零售	江苏省扬州市
广东益华百货有限公司	百货零售	广东省中山市
深圳市领跑体育用品有限公司	服装零售	广东省深圳市
中国石化销售有限公司西北临河分公司	机动车燃料零售	内蒙古自治区巴彦淖尔市
山东省桓台县供销合作社联合社	百货零售	山东省淄博市
北京稻香村食品有限责任公司	糕点、面包零售	北京市东城区
沃尔玛(北京)商业零售有限公司	超级市场零售	北京市朝阳区
柳州工贸大厦股份有限公司	百货零售	广西壮族自治区柳州市
重庆东风南方汽车销售服务有限公司	汽车零售	重庆市九龙坡区
西雅衣家(中国)商业有限公司	服装零售	上海市长宁区
青岛第一百盛有限公司	百货零售	山东省青岛市
海南大润发商业有限公司	超级市场零售	海南省海口市
唐山华盛超市有限公司	超级市场零售	河北省唐山市
广西南城百货股份有限公司	超级市场零售	广西壮族自治区南宁市
沃尔玛(广东)商业零售有限公司	超级市场零售	广东省广州市

4-2 续表 20

企业名称	所属行业	企业所在地
成都好又多百货商业广场有限公司	超级市场零售	四川省成都市
成都欧尚超市有限公司	超级市场零售	四川省成都市
西安双鹤医药股份有限公司	药品零售	陕西省西安市
宁波新江厦连锁超市有限公司	超级市场零售	浙江省宁波市
乐宾百货(天津)有限公司	百货零售	天津市和平区
柳州市百货股份有限公司	百货零售	广西壮族自治区柳州市
北京天竺之星汽车综合服务有限公司	汽车零售	北京市顺义区
东营市商业大厦有限责任公司	百货零售	山东省东营市
柒一拾壹(北京)有限公司	其他综合零售	北京市东城区
佛山怡和仁孚汽车服务有限公司	汽车零售	广东省佛山市
佳木斯新玛特购物广场	百货零售	黑龙江省佳木斯市
北京京北美廉美超市有限公司	超级市场零售	北京市昌平区
贵阳通源丰田汽车销售服务有限公司	汽车零售	贵州省贵阳市
中山市创世纪汽车有限公司	汽车零售	广东省中山市
大商集团沈阳铁西新玛特购物休闲广场有限公司	百货零售	辽宁省沈阳市
青岛润华汽车销售服务有限公司	汽车零售	山东省青岛市
江西苏宁电器有限公司	家用电器零售	江西省南昌市
合肥市迪迈医药有限公司	药品零售	安徽省合肥市
北京味多美食品有限责任公司	糕点、面包零售	北京市西城区
山西苏宁电器有限公司	家用电器零售	山西省太原市
东莞市东部丰田汽车销售服务有限公司	汽车零售	广东省东莞市
昆山润华商业有限公司镇江分公司	超级市场零售	江苏省镇江市
邹城市百货大楼有限责任公司	百货零售	山东省济宁市
福州家乐福商业有限公司	超级市场零售	福建省福州市
深圳市龙浩天地商贸发展有限公司	鞋帽零售	广东省深圳市
宝格丽商业(上海)有限公司	珠宝首饰零售	上海市静安区
杭州联华生鲜超市有限公司	超级市场零售	浙江省杭州市
淄博特信百货商城有限公司	百货零售	山东省淄博市
泉州市中闽百汇购物有限公司	超级市场零售	福建省泉州市
上海松江燃气有限公司	生活用燃料零售	上海市松江区
安徽华联商厦有限责任公司	百货零售	安徽省淮南市
邳州市工贸大厦	超级市场零售	江苏省徐州市
上海梅龙镇伊势丹百货有限公司	百货零售	上海市静安区
江苏雅家乐集团有限公司	超级市场零售	江苏省盐城市
思创数码科技股份有限公司	计算机、软件及辅助设备零售	江西省南昌市
杭州欧尚超市有限公司	超级市场零售	浙江省杭州市
湖北宏发农产品经营有限公司	肉、禽、蛋及水产品零售	湖北省襄樊市
沃尔玛深国投百货有限公司哈尔滨中山路分店	超级市场零售	黑龙江省哈尔滨市
昆山润华商业有限公司上海松江分公司	超级市场零售	上海市松江区
青岛屈臣氏个人用品商店有限公司	超级市场零售	山东省青岛市
连云港东方远通汽车销售服务有限公司	汽车零售	江苏省连云港市
哈尔滨卓展时代广场百货有限公司	百货零售	黑龙江省哈尔滨市
唯品会(中国)有限公司	体育用品零售	广东省广州市
深圳市深业丰田汽车销售服务有限公司	汽车零售	广东省深圳市
上海天宝龙凤金银珠宝有限公司	珠宝首饰零售	上海市黄浦区
益阳恒康药业有限公司	药品零售	湖南省益阳市
贵州国美电器有限公司	家用电器零售	贵州省贵阳市
淮安苏宁电器有限责任公司	家用电器零售	江苏省淮安市
无锡国美电器有限公司	家用电器零售	江苏省无锡市
大商集团锦州百货大楼有限公司千盛购物广场	百货零售	辽宁省锦州市

4-2 续表 21

企业名称	所属行业	企业所在地
秦皇岛兴龙广缘商业连锁有限公司	百货零售	河北省秦皇岛市
上海第一医药股份有限公司(母公司)	药品零售	上海市黄浦区
北京国美包头电器有限公司	家用电器零售	内蒙古自治区包头市
新疆好家乡超市有限公司	超级市场零售	新疆维吾尔自治区乌鲁木齐市
赤峰利丰汽车行有限公司	汽车零售	内蒙古自治区赤峰市
天津劝业家乐福超市有限公司	超级市场零售	天津市南开区
青岛家乐福商业有限公司	超级市场零售	山东省青岛市
晋城市华洋亚飞汽车连锁销售有限公司	汽车零售	山西省晋城市
铁岭兴隆百货有限公司	百货零售	辽宁省铁岭市
朝阳兴隆大家庭购物中心有限公司	百货零售	辽宁省朝阳市
北京旺市百利商业有限公司	超级市场零售	北京市朝阳区
长沙东之杰运动产业发展有限公司	服装零售	湖南省长沙市
沃尔玛(湖北)商业零售有限公司	超级市场零售	湖北省武汉市
大商集团沈阳新玛特购物休闲广场有限公司千盛百货购物中心	百货零售	辽宁省沈阳市
山西宏艺首饰股份有限公司	珠宝首饰零售	山西省太原市
苏州润德商业有限公司	超级市场零售	江苏省苏州市
东莞家乐福商业有限公司	超级市场零售	广东省东莞市
北京华普联合商业投资有限公司	超级市场零售	北京市朝阳区
扬州润良商业有限公司	超级市场零售	江苏省扬州市
无锡天润发超市有限公司	超级市场零售	江苏省无锡市
深圳市国美电器有限公司惠州分公司	家用电器零售	广东省惠州市
福建省米兰春天量贩有限公司	超级市场零售	福建省龙岩市
兰州西太华工贸集团股份有限公司	百货零售	甘肃省兰州市
海球(广州)商业有限公司	服装零售	广东省广州市
新乡市胖东来百货有限公司	百货零售	河南省新乡市
合肥百货大楼集团蚌埠百货大楼有限责任公司	百货零售	安徽省蚌埠市
上海长发购物中心有限公司	超级市场零售	上海市闵行区
辽宁宜佳电视购物有限公司	邮购及电子销售	辽宁省沈阳市
上海锐力运动用品有限公司	体育用品零售	上海市黄浦区
焦作新亚商厦有限责任公司	百货零售	河南省焦作市
上虞市医药有限责任公司	药品零售	浙江省绍兴市
重庆大都会购物中心有限公司	百货零售	重庆市渝中区
河北国美电器有限公司	家用电器零售	河北省石家庄市
北京庆洋汽车服务有限公司	汽车零售	北京市丰台区
中油碧辟石油有限公司湛江分公司	机动车燃料零售	广东省湛江市
深圳乐荣超市有限公司	超级市场零售	广东省深圳市
徐州市国美家用电器有限公司	家用电器零售	江苏省徐州市
久光百货(苏州)有限公司	百货零售	江苏省苏州市
陕西民生家乐商业连锁有限责任公司	超级市场零售	陕西省西安市
安徽国美电器有限公司	家用电器零售	安徽省合肥市
蚌埠市华运超市有限责任公司	超级市场零售	安徽省蚌埠市
武汉市滔搏商贸有限公司	服装零售	湖北省武汉市
龙口市城关供销合作社	百货零售	山东省烟台市
深圳市易天移动数码连锁有限公司	通信设备零售	广东省深圳市
北京新世界利莹百货有限公司	百货零售	北京市朝阳区
上海市浦东商场股份有限公司	百货零售	上海市浦东新区
徐州国美电器有限公司	家用电器零售	江苏省徐州市
宁波新江厦股份有限公司	百货零售	浙江省宁波市
上海七宝乐购购物中心有限公司	超级市场零售	上海市闵行区
南通新城集团有限公司	汽车零售	江苏省南通市

4-2 续表 22

企业名称	所属行业	企业所在地
佛山市顺德合诚丰田汽车销售服务有限公司	汽车零售	广东省佛山市
深圳市国美电器有限公司中山分公司	家用电器零售	广东省中山市
惠州市天虹商场有限公司	百货零售	广东省惠州市
沈阳市领跑体育用品有限公司	服装零售	辽宁省沈阳市
银座集团股份有限公司菏泽银座商城	百货零售	山东省菏泽市
兖州新合作百意商贸有限公司	百货零售	山东省济宁市
山东莱州市百货大楼有限公司	超级市场零售	山东省烟台市
重庆日日顺家电有限责任公司内蒙古分公司	家用电器零售	内蒙古自治区呼和浩特市
新疆苏宁电器有限公司	家用电器零售	新疆维吾尔自治区乌鲁木齐市
本溪华联商厦有限公司	百货零售	辽宁省本溪市
无锡天惠超市股份有限公司	超级市场零售	江苏省无锡市
菏泽牡丹医药有限责任公司	药品零售	山东省菏泽市
北京市复兴商业城有限公司	百货零售	北京市西城区
嵊州市国商大厦有限公司	百货零售	浙江省绍兴市
沃尔玛深国投百货有限公司武汉中山大道分店	超级市场零售	湖北省武汉市
苏果超市(淮南)有限公司	超级市场零售	安徽省淮南市
常州关河大润发商业有限公司	超级市场零售	江苏省常州市
东莞市嘉祥通讯有限公司	通信设备零售	广东省东莞市
广州市新大新有限公司	百货零售	广东省广州市
大商集团七台河新玛特购物广场有限公司	百货零售	黑龙江省七台河市
浙江福泰隆连锁超市有限公司	粮油零售	浙江省金华市
北京丽家丽婴婴童用品有限公司	其他综合零售	北京市大兴区
广州摩拉贸易有限公司	邮购及电子销售	广东省广州市
泰州苏宁电器有限公司	家用电器零售	江苏省泰州市
芜湖双鹤医药有限责任公司	药品零售	安徽省芜湖市
湖南益丰大药房医药连锁有限公司(总部)	药品零售	湖南省常德市
东莞喜威液化石油气有限公司	生活用燃料零售	广东省东莞市
大商集团股份有限公司大庆新东风购物广场	百货零售	黑龙江省大庆市
长春苏宁电器有限公司	家用电器零售	吉林省长春市
湖北博通电器有限公司	家用电器零售	湖北省潜江市
深圳市奇建贸易有限公司	汽车零售	广东省深圳市
特易购商业(上海)有限公司	超级市场零售	上海市普陀区
北京兴宇班尼路服装服饰有限公司	服装零售	北京市东城区
江苏国美永乐家用电器有限公司	家用电器零售	江苏省无锡市
荣宝斋	工艺美术品及收藏品零售	北京市西城区
青岛阳光百货股份有限公司	百货零售	山东省青岛市
乐山市大众汽车贸易有限公司	汽车零售	四川省乐山市
辽宁华润万家生活超市有限公司	超级市场零售	辽宁省沈阳市
佛山骏安丰田汽车销售服务有限公司	汽车零售	广东省佛山市
上海徐家汇商城股份有限公司	百货零售	上海市徐汇区
沈阳大东兴隆百货有限公司	百货零售	辽宁省沈阳市
北京乐天银泰百货有限公司	百货零售	北京市东城区
武汉京东世纪贸易有限公司	邮购及电子销售	湖北省武汉市
广州百佳超级市场有限公司深圳分公司	超级市场零售	广东省深圳市
合肥五里庙装饰城有限公司	其他室内装修材料零售	安徽省合肥市
温州苏宁电器有限公司	家用电器零售	浙江省温州市
上海长江口商城股份有限公司	百货零售	上海市宝山区
东莞市国贸超级市场有限公司	超级市场零售	广东省东莞市
中山苏宁电器有限公司	家用电器零售	广东省中山市
湖州浙北大厦家电有限公司	家用电器零售	浙江省湖州市

4-2 续表 23

企业名称	所属行业	企业所在地
大石桥市兴隆百货有限公司	百货零售	辽宁省营口市
新疆家乐福超市有限公司	超级市场零售	新疆维吾尔自治区乌鲁木齐市
东莞市励骏实业有限公司	鞋帽零售	广东省东莞市
河南思达连锁商业有限公司	超级市场零售	河南省郑州市
北京顺天府商贸有限公司	超级市场零售	北京市丰台区
江苏中亚糖酒有限公司	烟草制品零售	江苏省扬州市
永旺商业有限公司	百货零售	北京市昌平区
重庆安福汽车营销有限公司	汽车零售	重庆市渝北区
溧阳市华地百货有限公司	百货零售	江苏省常州市
安徽省庐江安德利贸易中心有限公司	百货零售	安徽省合肥市
重庆市龙水五金产业投资有限公司	五金零售	重庆市大足区
张家港市保意电器有限公司	家用电器零售	江苏省苏州市
深圳市卡尔丹顿服饰有限公司	服装零售	广东省深圳市
广州市田美润福商业有限公司	百货零售	广东省广州市
北京美惠万家商业有限公司	百货零售	北京市西城区
宁波太平鸟风尚男装有限公司	服装零售	浙江省宁波市
山西吉隆斯商贸股份有限公司	百货零售	山西省晋中市
重庆鑫源汽车有限公司	汽车零售	重庆市九龙坡区
大商集团铁岭新玛特有限公司	百货零售	辽宁省铁岭市
北京创益佳家乐福商业有限公司	超级市场零售	北京市朝阳区
营口经济技术开发区商业大厦有限公司	百货零售	辽宁省营口市
陕西渭南燕兴实业有限公司	汽车零售	陕西省渭南市
青岛国货汇海丽达购物中心有限公司	百货零售	山东省青岛市
乐购特易购商业(北京)有限公司	百货零售	北京市顺义区
上海梅林正广和便利连锁有限公司	其他综合零售	上海市杨浦区
深圳宜家家居有限公司	家具零售	广东省深圳市
郸城县城关供销社	其他综合零售	河南省周口市
杭州物美大卖场商业有限公司	超级市场零售	浙江省杭州市
昆山润华商业有限公司上海南汇分公司	百货零售	上海市浦东新区
盘锦兴隆大厦二百有限公司	百货零售	辽宁省盘锦市
绥化市华辰商都	百货零售	黑龙江省绥化市
山西中汽贸联汽车销售有限公司	汽车零售	山西省太原市
吴江市润泰商业有限公司	超级市场零售	江苏省苏州市
江苏博特新材料有限公司	涂料零售	江苏省南京市
合肥百货大楼集团铜陵合百商厦有限责任公司	百货零售	安徽省铜陵市
昆山红星美凯龙全球家居有限公司	家具零售	江苏省苏州市
开元商城宝鸡有限公司	百货零售	陕西省宝鸡市
山东五星电器有限公司	家用电器零售	山东省青岛市
沈阳乐购超市有限公司	超级市场零售	辽宁省沈阳市
青岛新华书店有限责任公司	图书零售	山东省青岛市
安徽省台客隆连锁超市有限责任公司	超级市场零售	安徽省宣城市
深圳百安居装饰建材有限公司	家具零售	广东省深圳市
扬州苏宁电器有限公司	家用电器零售	江苏省扬州市
甘肃苏宁电器有限公司	家用电器零售	甘肃省兰州市
上海东昌汽车服务有限公司	汽车零售	上海市浦东新区
香溢融通控股集团股份有限公司	百货零售	浙江省宁波市
郑州市易初莲花连锁超市有限公司	超级市场零售	河南省郑州市
北京翠微家园超市连锁经营有限责任公司	超级市场零售	北京市海淀区
佛山市顺德区乐从供销集团顺客隆商场有限公司	超级市场零售	广东省佛山市
章丘市供销社	百货零售	山东省济南市

4-2 续表 24

企业名称	所属行业	企业所在地
内蒙古润宇装饰城市场有限公司	家具零售	内蒙古自治区呼和浩特市
北京乐友达康科技有限公司	邮购及电子销售	北京市朝阳区
北海和安贸易有限责任公司	百货零售	广西壮族自治区北海市
保定市惠友万家福超级市场有限公司	超级市场零售	河北省保定市
绵阳市家福来电器有限公司	家用电器零售	四川省绵阳市
湖南梅尼超市股份有限公司	百货零售	湖南省张家界市
老百姓大药房连锁有限公司	药品零售	湖南省长沙市
群光大陆实业(成都)有限公司	百货零售	四川省成都市
大商集团抚顺新玛特有限公司	超级市场零售	辽宁省抚顺市
南通通润发超市有限公司	超级市场零售	江苏省南通市
泰州医药有限公司	药品零售	江苏省泰州市
特易购商业(广东)有限公司	百货零售	广东省广州市
上海奉贤大润发商贸有限公司	超级市场零售	上海市奉贤区
上海华氏大药房有限公司	药品零售	上海市虹口区
徐州悦家商业有限公司	超级市场零售	江苏省徐州市
厦门新华都购物广场有限公司	超级市场零售	福建省厦门市
南通八佰伴商贸股份有限公司	百货零售	江苏省南通市
重庆市东轮实业有限责任公司	汽车零售	重庆市黔江区
宁波家乐福商业有限公司	超级市场零售	浙江省宁波市
三明新华都购物广场有限公司	超级市场零售	福建省三明市
云南健之佳连锁健康药房有限公司	药品零售	云南省昆明市
江苏大统华购物中心有限公司	超级市场零售	江苏省无锡市
江苏省盐城药业有限公司	药品零售	江苏省盐城市
山西省芮城县供销合作社联合社	其他综合零售	山西省运城市
山东省德州泰康药业有限公司	药品零售	山东省德州市
东营振华百货发展有限公司	百货零售	山东省东营市
巢湖安德利购物中心有限公司	百货零售	安徽省合肥市
北京图书大厦有限责任公司	图书零售	北京市西城区
辉县市金穗粮油有限责任公司	粮油零售	河南省新乡市
内蒙古金汇金旺角服装批发有限公司	服装零售	内蒙古自治区呼和浩特市
济南漱玉平民大药房有限公司	药品零售	山东省济南市
广州市风日汽车贸易有限公司	汽车零售	广东省广州市
昆山润华商业有限公司上海闵行分公司	超级市场零售	上海市闵行区
广州宜家家居有限公司	家具零售	广东省广州市
长沙家乐福超市有限责任公司	超级市场零售	湖南省长沙市
西安易初莲花连锁超市有限公司	超级市场零售	陕西省西安市
赤峰海达电器有限责任公司	家用电器零售	内蒙古自治区赤峰市
上海赫基服饰贸易有限公司	服装零售	上海市徐汇区
淮南新欣医药有限公司	药品零售	安徽省淮南市
济南人民商场集团有限公司	百货零售	山东省济南市
大连好又多百货商业广场有限公司	超级市场零售	辽宁省大连市
许昌市胖东来(集团)华豫电器有限公司	家用电器零售	河南省许昌市
湖北银泰仙桃商城大厦有限公司	百货零售	湖北省仙桃市
台州市三和连锁超市有限公司	超级市场零售	浙江省台州市
广州晶东贸易有限公司	邮购及电子销售	广东省广州市
中视购物有限公司	邮购及电子销售	北京市海淀区
武汉鲁巷广场购物中心	百货零售	湖北省武汉市
漳州新华都百货有限责任公司	超级市场零售	福建省漳州市
北京首创森美汽车贸易有限公司	汽车零售	北京市丰台区
南京金鹰天地购物中心有限公司	服装零售	江苏省南京市

4-2 续表 25

企业名称	所属行业	企业所在地
温州崇高百货有限公司	服装零售	浙江省温州市
湖北世纪愿景商贸有限公司	其他食品零售	湖北省武汉市
上海九百购物中心有限公司	百货零售	上海市宝山区
镇江苏宁电器有限公司	家用电器零售	江苏省镇江市
盐城苏宁电器有限公司	家用电器零售	江苏省盐城市
永旺(中国)商业有限公司佛山东方广场分公司	超级市场零售	广东省佛山市
湖北孝感电器集团有限公司	家用电器零售	湖北省孝感市
吉林省吉刚汽车贸易有限公司	汽车零售	吉林省长春市
石家庄苏宁电器有限公司	家用电器零售	河北省石家庄市
南海桂城丰田汽车销售服务有限公司	汽车零售	广东省佛山市
东莞市天和商贸有限公司	百货零售	广东省东莞市
广西苏宁电器有限公司	家用电器零售	广西壮族自治区南宁市
云南玉溪百信商贸集团有限公司	超级市场零售	云南省玉溪市
托德斯(上海)商贸有限公司	服装零售	上海市静安区
博马努瓦服饰商贸(上海)有限公司	服装零售	上海市长宁区
江阴华联商厦有限公司	百货零售	江苏省无锡市
耀达集团有限公司	百货零售	浙江省台州市
重庆八达电子工程有限公司	计算机、软件及辅助设备零售	重庆市九龙坡区
秦皇岛市家惠商贸有限公司	超级市场零售	河北省秦皇岛市
邹城九龙贵和购物广场有限公司	百货零售	山东省济宁市
新化县明园阳光购物中心	纺织品及针织品零售	湖南省娄底市
四川省达州商业集团有限公司	百货零售	四川省达州市
深圳市鹏峰投资发展有限公司	汽车零售	广东省深圳市
上海海文班尼路服饰有限公司	服装零售	上海市虹口区
浙江雄城商贸股份有限公司	百货零售	浙江省绍兴市
王一实业集团衡阳香江百货有限公司	百货零售	湖南省衡阳市
无锡宏图三胞科技发展有限公司	计算机、软件及辅助设备零售	江苏省无锡市
沈阳大润发商业有限公司	超级市场零售	辽宁省沈阳市
山西山姆士超市有限公司	超级市场零售	山西省太原市
日照银座购物广场有限公司	百货零售	山东省日照市
台州华联超市有限公司	超级市场零售	浙江省台州市
苏果超市(淮安)有限公司	超级市场零售	江苏省淮安市
苏果超市马鞍山有限公司	超级市场零售	安徽省马鞍山市
北京市昌平新世纪商城	百货零售	北京市昌平区
北京运通博裕丰田汽车销售服务有限公司	汽车零售	北京市大兴区
西安秋林商贸有限责任公司	百货零售	陕西省西安市
徐州百大超市有限公司	超级市场零售	江苏省徐州市
重庆中百仓储超市有限公司	超级市场零售	重庆市渝北区
中国石油天然气股份有限公司广东梅州销售分公司	机动车燃料零售	广东省梅州市
北京波士山汽车销售服务有限公司	汽车零售	北京市朝阳区
郑州悦家商业有限公司北环店	超级市场零售	河南省郑州市
中山市华润万家便利超市有限公司	超级市场零售	广东省中山市
北京联通鼎盛汽车销售服务有限公司	汽车零售	北京市朝阳区
吉林大药房药业股份有限公司	药品零售	吉林省长春市
江苏新合作惠客隆连锁超市有限公司	超级市场零售	江苏省徐州市
如皋文峰大世界有限公司	百货零售	江苏省南通市
六安市家园大市场服务有限公司	其他室内装修材料零售	安徽省六安市
郑州正道花园百货股份有限公司	百货零售	河南省郑州市
黑龙江省东方新天地商厦有限责任公司	服装零售	黑龙江省佳木斯市
湖北良品铺子食品有限公司	其他食品零售	湖北省武汉市

4-2 续表 26

企业名称	所属行业	企业所在地
厦门银祥食品有限公司	肉、禽、蛋及水产品零售	福建省厦门市
山田电机(沈阳)商业有限公司	家用电器零售	辽宁省沈阳市
镇江欧尚超市有限公司	超级市场零售	江苏省镇江市
厦门润瑞商业有限公司	超级市场零售	福建省厦门市
北海大润发商业有限公司	超级市场零售	广西壮族自治区北海市
怀化步步高商业连锁有限责任公司	超级市场零售	湖南省怀化市
徐州市华美商厦有限公司	百货零售	江苏省徐州市
内蒙古维多利新城商业管理有限公司	服装零售	内蒙古自治区呼和浩特市
陕西班尼路服饰有限公司	服装零售	陕西省西安市
张家港市新百信超市连锁经营有限公司	超级市场零售	江苏省苏州市
房县供销合作社联合社	其他食品零售	湖北省十堰市
张家港市第一人民商场有限责任公司	百货零售	江苏省苏州市
西宁大十字百货商店有限公司	百货零售	青海省西宁市
昆山润华商业有限公司瑞安分公司	超级市场零售	浙江省温州市
吉林省金叶烟草有限责任公司	烟草制品零售	吉林省长春市
上海美特斯邦威服饰销售有限公司	服装零售	上海市黄浦区
北京京烟卷烟零售连锁有限公司	烟草制品零售	北京市朝阳区
扬州丰祥商业有限公司(万家福商城)	百货零售	江苏省扬州市
四川雅安博娟超市连锁有限公司	超级市场零售	四川省雅安市
深圳市风神华瑞汽车贸易有限公司	汽车零售	广东省深圳市
连云港家得福商贸有限公司	超级市场零售	江苏省连云港市
太原轻型汽车总厂	汽车零售	山西省太原市
北京华联综合超市股份有限公司呼和浩特分公司	超级市场零售	内蒙古自治区呼和浩特市
广州市番禺沙园集团有限公司	家用电器零售	广东省广州市
广州市东山百货大楼股份有限公司	百货零售	广东省广州市
山东圣豪商业有限公司	超级市场零售	山东省滨州市
无锡爱莲连锁超市有限公司	家用电器零售	江苏省无锡市
漯河双汇商业连锁有限公司	肉、禽、蛋及水产品零售	河南省漯河市
厦门永辉商业有限公司	超级市场零售	福建省厦门市
永城市煤电控股集团先帅百货有限责任公司	百货零售	河南省商丘市
扬州宏图三胞科技发展有限公司	计算机、软件及辅助设备零售	江苏省扬州市
内蒙古诚信数码大厦有限责任公司	计算机、软件及辅助设备零售	内蒙古自治区呼和浩特市
河南张仲景大药房股份有限公司	药品零售	河南省郑州市
深圳市梅林天虹实业有限公司	百货零售	广东省深圳市
广州市国美电器有限公司海南分公司	家用电器零售	海南省海口市
广州宝元贸易有限公司	服装零售	广东省广州市
四川哦哦超市连锁管理有限公司	超级市场零售	四川省成都市
玉林金城商厦有限责任公司	百货零售	广西壮族自治区玉林市
邯郸武安新世纪商业广场有限公司	百货零售	河北省邯郸市
青岛海信营销有限公司临沂分公司	家用电器零售	山东省临沂市
沈阳沃尔玛百货有限公司	超级市场零售	辽宁省沈阳市
上海浦东好又多超市有限公司	超级市场零售	上海市浦东新区
北京市勤和汽车销售有限公司	汽车零售	北京市朝阳区
南京宜家家居有限公司	家具零售	江苏省南京市
吉林市国美电器有限公司	家用电器零售	吉林省吉林市
秦皇岛天洋电器有限公司	家用电器零售	河北省秦皇岛市
广东万宁连锁商业有限公司	其他综合零售	广东省广州市
平湖大润发商业有限公司	超级市场零售	浙江省嘉兴市
潍坊广潍汽车销售服务有限公司	汽车零售	山东省潍坊市
泉州苏宁电器有限公司	家用电器零售	福建省泉州市

4-2 续表 27

企业名称	所属行业	企业所在地
辽宁真维斯服饰有限公司	服装零售	辽宁省沈阳市
江苏明都超市有限公司	超级市场零售	江苏省常州市
舟山市民生商厦有限责任公司	超级市场零售	浙江省舟山市
成都市青羊区红旗连锁有限公司	超级市场零售	四川省成都市
河南万宝股份有限公司	家用电器零售	河南省开封市
湖北省东安工贸有限公司	汽车零售	湖北省武汉市
山东金都百货股份有限公司	超级市场零售	山东省烟台市
宁波市家家乐食品有限责任公司	超级市场零售	浙江省宁波市
天津市新中国现代文化用品有限责任公司	珠宝首饰零售	天津市和平区
苍山县天运发展总公司	服装零售	山东省临沂市
江门市益华百货有限公司	百货零售	广东省江门市
阜阳市国贸商城投资股份有限公司	百货零售	安徽省阜阳市
北京迪亚商业有限公司	超级市场零售	北京市朝阳区
广州购书中心有限公司	图书零售	广东省广州市
蓬溪县南门口综合农贸市场有限公司	其他综合零售	四川省遂宁市
信阳亚兴集团有限责任公司	超级市场零售	河南省信阳市
大连天河百盛购物中心有限公司	百货零售	辽宁省大连市
安徽天洋集团蚌埠天洋交电有限公司	家用电器零售	安徽省蚌埠市
丽水市百货大楼有限公司	百货零售	浙江省丽水市
无锡当当网信息技术有限公司	图书零售	江苏省无锡市
江苏圆周电子商务有限公司	邮购及电子销售	江苏省宿迁市
陕西乐家电视购物有限责任公司	邮购及电子销售	陕西省西安市
鄂尔多斯市每天百货都市有限责任公司	百货零售	内蒙古自治区鄂尔多斯市
青岛润泰事业有限公司马鞍山分公司	超级市场零售	安徽省马鞍山市
成都市滔博商贸有限公司	鞋帽零售	四川省成都市
长治市飞路汽车贸易有限公司	汽车零售	山西省长治市
佛山市兴华商场有限公司	百货零售	广东省佛山市
北京张一元茶叶有限责任公司	饮料及茶叶零售	北京市西城区
利群集团莱州购物广场有限公司	超级市场零售	山东省烟台市
佛山市顺德区港华燃气有限公司	生活用燃料零售	广东省佛山市
云南立锐体育用品有限公司	服装零售	云南省昆明市
广西南宁梦之岛购物中心(有限公司)	百货零售	广西壮族自治区南宁市
天津滨江商厦有限公司	百货零售	天津市和平区
抚顺中兴时代广场商业有限公司	百货零售	辽宁省抚顺市
宁波太平洋百货集团有限公司	百货零售	浙江省宁波市
哈尔滨新世界百货商场有限公司	百货零售	黑龙江省哈尔滨市
沃尔玛深国投百货有限公司天津和平路分店	超级市场零售	天津市和平区
张家口市帝达购物广场有限公司	百货零售	河北省张家口市
山东金孚隆股份有限公司	超级市场零售	山东省潍坊市
黄骅信誉楼百货集团有限公司黄骅信誉楼商厦	超级市场零售	河北省沧州市
包头市金荣装饰建材城有限责任公司	其他室内装修材料零售	内蒙古自治区包头市
呼和浩特市王府井百货有限公司	百货零售	内蒙古自治区呼和浩特市
北京东南得利卡汽车贸易有限公司	汽车零售	北京市丰台区
南京中商金润发龙江超市有限公司	超级市场零售	江苏省南京市
西安宝秦贸易有限公司	体育用品零售	陕西省西安市
延安百货大楼(集团)有限公司	百货零售	陕西省延安市
昆山润华商业有限公司溧阳分公司	超级市场零售	江苏省常州市
上海金瑶贸易发展有限公司	服装零售	上海市黄浦区
北京威联德骨科技术有限公司	医疗用品及器材零售	北京市海淀区
天津劝宝超市有限责任公司	超级市场零售	天津市宝坻区

4-2 续表 28

企业名称	所属行业	企业所在地
创和捷商贸(北京)有限公司	服装零售	北京市朝阳区
辽宁百盛新药特药连锁有限公司	药品零售	辽宁省沈阳市
成都伊斯丹百货有限公司	百货零售	四川省成都市
西安市新华书店	图书零售	陕西省西安市
诸城百盛商场有限责任公司	百货零售	山东省潍坊市
北京华润万家生活超市有限公司	超级市场零售	北京市丰台区
北京燃气用户服务有限公司	家用电器零售	北京市朝阳区
吉林省中东新天地购物公园有限公司	服装零售	吉林省长春市
桂林市南城百货有限公司	超级市场零售	广西壮族自治区桂林市
天津市大港滨城商贸有限责任公司	超级市场零售	天津市滨海新区
成都市锦江区红旗连锁有限公司	超级市场零售	四川省成都市
上海五菱汽车销售有限公司	汽车零售	上海市浦东新区
江苏隆力奇生物科技股份有限公司常熟经销部	化妆品及卫生用品零售	江苏省苏州市
福州大洋百货有限公司	百货零售	福建省福州市
泰兴润泰商业有限公司	超级市场零售	江苏省泰州市
江西青龙集团商厦有限公司	超级市场零售	江西省宜春市
天津时尚新世界购物广场有限公司	百货零售	天津市南开区
苏州天虹商场有限公司	百货零售	江苏省苏州市
吉林省白山方大商贸有限公司	超级市场零售	吉林省白山市
合肥百大集团蚌埠合家福百大超市有限责任公司	超级市场零售	安徽省蚌埠市
大连海王星辰医药有限公司	药品零售	辽宁省大连市
本溪溪林商贸有限公司	计算机、软件及辅助设备零售	辽宁省本溪市
汕头苏宁电器有限公司	家用电器零售	广东省汕头市
北京首联超市有限公司	超级市场零售	北京市石景山区
莆田永辉超市有限公司	超级市场零售	福建省莆田市
浙江晋安家电有限公司	家用电器零售	浙江省杭州市
武汉王府井百货有限责任公司	百货零售	湖北省武汉市
上海百安居建材超市有限公司	超级市场零售	上海市浦东新区
新乡市胖东来生活广场有限公司	超级市场零售	河南省新乡市
阜阳华联超市有限公司	超级市场零售	安徽省阜阳市
营口兴隆百货有限公司	超级市场零售	辽宁省营口市
成都欧尚超市有限公司高新店	超级市场零售	四川省成都市
佛山市顺德区大润发商业有限公司	超级市场零售	广东省佛山市
上海汇雅百货有限公司	百货零售	上海市浦东新区
昆山润华商业有限公司中山分公司	超级市场零售	广东省中山市
天津市捷兴汽车商贸有限公司	汽车零售	天津市滨海新区
北京北辰超市连锁有限公司	超级市场零售	北京市朝阳区
北京百安居装饰建材有限公司	家具零售	北京市朝阳区
深圳宜和股份有限公司	邮购及电子销售	广东省深圳市
海亮百货有限公司	服装零售	内蒙古自治区呼和浩特市
山东天成恒信科技大厦	计算机、软件及辅助设备零售	山东省东营市
嘉兴麦宝科技信息有限公司	其他日用品零售	浙江省嘉兴市
青岛润泰事业有限公司	超级市场零售	山东省青岛市
宝鸡人民商场股份有限公司	百货零售	陕西省宝鸡市
北京华联精品超市有限公司	超级市场零售	北京市西城区
淄博富尔玛家具广场有限公司	家具零售	山东省淄博市
唐山荣川实业集团有限公司	汽车零售	河北省唐山市
浙江滔搏体育用品有限公司	服装零售	浙江省杭州市
荣县金桥供销集团有限公司	其他日用品零售	四川省自贡市
阜新兴隆百货有限公司	百货零售	辽宁省阜新市

4-2 续表 29

企业名称	所属行业	企业所在地
牡丹江广汇经贸股份有限公司	家用电器零售	黑龙江省牡丹江市
江苏太平洋汽车集团有限公司	汽车零售	江苏省南通市
三星法绅贸易(上海)有限公司	服装零售	上海市长宁区
安徽宏图三胞科技发展有限公司	计算机、软件及辅助设备零售	安徽省合肥市
南京新华书店有限责任公司	图书零售	江苏省南京市
合肥新华书店有限公司	图书零售	安徽省合肥市
江西黄庆仁栈华氏大药房有限公司	药品零售	江西省南昌市
南通通州润泰商业有限公司	超级市场零售	江苏省南通市
云南美好家园商贸有限公司	百货零售	云南省昆明市
吉林国美电器有限公司	家用电器零售	吉林省长春市
统杰法宝(北京)超市有限公司	超级市场零售	北京市朝阳区
上海闵行华漕大润发商贸有限公司	超级市场零售	上海市闵行区
辽宁亿家商业集团有限公司	超级市场零售	辽宁省鞍山市
长春国商百货有限公司	百货零售	吉林省长春市
大同市华林有限责任公司	百货零售	山西省大同市
上海震旦办公自动化销售有限公司	其他文化用品零售	上海市浦东新区
陵县粮食购销中心	粮油零售	山东省德州市
吉林省威宝恒客隆仓储百货有限公司	超级市场零售	吉林省长春市
芜湖世纪联华发展有限公司	超级市场零售	安徽省芜湖市
邯郸市阳光超市有限公司	超级市场零售	河北省邯郸市
南京中央金城仓储超市有限责任公司	超级市场零售	江苏省南京市
广州市广百新一城商贸有限公司	百货零售	广东省广州市
惠州市人人乐商业有限公司	百货零售	广东省惠州市
深圳市海雅商业股份有限公司	百货零售	广东省深圳市
北京美特斯邦威服饰有限公司	服装零售	北京市西城区
淮安金鹰国际购物中心有限公司	百货零售	江苏省淮安市
焦作市百货大楼有限责任公司	百货零售	河南省焦作市
兰州良志实业集团有限责任公司	汽车零售	甘肃省兰州市
唐山家万佳超市有限公司	超级市场零售	河北省唐山市
南京利之星汽车咨询服务有限公司	汽车零售	江苏省南京市
泰安凌云经贸有限公司	百货零售	山东省泰安市
天津滨江购物中心	百货零售	天津市和平区
浙北大厦超市有限公司	超级市场零售	浙江省湖州市
广州康诚商业有限公司	超级市场零售	广东省广州市
河南华润万家生活超市有限公司	超级市场零售	河南省郑州市
唐山华润万家生活超市有限公司	超级市场零售	河北省唐山市
山东威海百货大楼集团股份有限公司	百货零售	山东省威海市
龙岩新华都辉业购物广场有限公司	超级市场零售	福建省龙岩市
襄樊鼓楼商场股份有限公司	其他综合零售	湖北省襄樊市
昆山润华商业有限公司中山小榄分公司	百货零售	广东省中山市
兴安盟利丰恒泰汽车销售有限责任公司	汽车零售	内蒙古自治区兴安盟
湖南涌鑫石油集团有限公司	机动车燃料零售	湖南省长沙市
嘉兴苏宁电器有限公司	家用电器零售	浙江省嘉兴市
安徽省蚌埠市绿十字医药连锁有限公司	药品零售	安徽省蚌埠市
沈阳于洪乐购生活购物有限公司	超级市场零售	辽宁省沈阳市
天津家福商业有限公司	超级市场零售	天津市南开区
家得宝(天津)商业有限公司	其他室内装修材料零售	天津市北辰区
肇庆市大润发商业发展有限公司	超级市场零售	广东省肇庆市
沈阳宜家家居有限公司	家具零售	辽宁省沈阳市
如皋市大润发商业有限公司	超级市场零售	江苏省南通市

4-2 续表 30

企业名称	所属行业	企业所在地
靖江供销社(集团)总公司	其他综合零售	江苏省泰州市
新百丽鞋业(深圳)有限公司	鞋帽零售	湖北省武汉市
苏果超市(宿迁)有限公司	超级市场零售	江苏省宿迁市
福州好又多百货有限公司	超级市场零售	福建省福州市
如东文峰大世界有限公司	百货零售	江苏省南通市
成都市成华区红旗连锁有限公司	超级市场零售	四川省成都市
黄骅信誉楼百货集团有限公司泊头信誉楼商厦	百货零售	河北省沧州市
宿迁润良商业有限公司	超级市场零售	江苏省宿迁市
青岛润泰事业有限公司东莞大朗分公司	超级市场零售	广东省东莞市
广州市金佳信通信产品发展有限公司	通信设备零售	广东省广州市
西安迅捷通讯有限公司	通信设备零售	陕西省西安市
四川省汇星实业(集团)有限公司	百货零售	四川省绵阳市
北京天虹商业管理有限公司	百货零售	北京市西城区
佛山市好又多怡东百货商业有限公司	超级市场零售	广东省佛山市
绍兴市千客隆超市有限公司	超级市场零售	浙江省绍兴市
利信达商业(中国)有限公司	服装零售	广东省广州市
苏州浒关润华商业有限公司	超级市场零售	江苏省苏州市
桂林西麦营销有限公司	饮料及茶叶零售	广西壮族自治区桂林市
吉安市国光实业有限公司	超级市场零售	江西省吉安市
桂林百货大楼股份有限公司	百货零售	广西壮族自治区桂林市
珠海众大利物资车业有限公司	汽车零售	广东省珠海市
鄂尔多斯市唐老鸭商贸连锁销售集团有限责任公司	其他综合零售	内蒙古自治区鄂尔多斯市
邳州市棉麻公司	超级市场零售	江苏省徐州市
河北家乐园大洋百货有限责任公司	百货零售	河北省邢台市
南通宏图三胞电脑科技发展有限公司	计算机、软件及辅助设备零售	江苏省南通市
天津市桂发祥十八街麻花总店有限公司	其他食品零售	天津市河西区
安徽滔搏体育用品有限公司	服装零售	安徽省合肥市
日照市新世纪商厦有限公司	服装零售	山东省日照市
广西利客隆超市有限公司	超级市场零售	广西壮族自治区南宁市
奉化大润发商业有限公司	超级市场零售	浙江省宁波市
福建泉州市华远电讯有限公司	通信设备零售	福建省泉州市
镇江新世纪商厦有限责任公司	家用电器零售	江苏省镇江市
启东文峰大世界有限公司	百货零售	江苏省南通市
昆明新华书店连锁有限公司	图书零售	云南省昆明市
深圳市鹏峰汽车有限公司	汽车零售	广东省深圳市
郧西县供销合作社联合社	百货零售	湖北省十堰市
莆田市新华都万家惠购物广场有限公司	超级市场零售	福建省莆田市
长沙市人人乐商业有限公司	百货零售	湖南省长沙市
天津塘沽乐购生活购物有限公司	超级市场零售	天津市滨海新区
张家港市国际购物中心有限责任公司	百货零售	江苏省苏州市
浙江老百姓大药房连锁有限公司	药品零售	浙江省杭州市
河南九头崖集团平顶山商业连锁有限公司	超级市场零售	河南省平顶山市
淮南大润发商业有限公司	超级市场零售	安徽省淮南市
北京金象大药房医药连锁有限责任公司	药品零售	北京市西城区
新疆丹璐时尚百货有限公司	服装零售	新疆维吾尔自治区乌鲁木齐市
临汾万佳福仓储超市有限公司	超级市场零售	山西省临汾市
南平永辉超市有限公司	超级市场零售	福建省南平市
海南望海国际商业广场有限公司	百货零售	海南省海口市
广州卡奴迪路服饰股份有限公司	服装零售	广东省广州市
广州安骅汽车贸易有限公司	汽车零售	广东省广州市

4-2 续表 31

企业名称	所属行业	企业所在地
扬中市通达商业总公司	百货零售	江苏省镇江市
北京市天达汽车修理有限公司	汽车零售	北京市丰台区
鞍山国美电器有限公司	家用电器零售	辽宁省鞍山市
上海康仁乐购超市贸易有限公司	超级市场零售	上海市普陀区
吉林市润泰商业有限公司	超级市场零售	吉林省吉林市
连卡佛百货商贸(北京)有限公司	服装零售	北京市西城区
苏州宝带润泰商业有限公司	超级市场零售	江苏省苏州市
衡水百货大楼(集团)股份有限公司	百货零售	河北省衡水市
沃尔玛深国投百货有限公司泉州江滨北路分店	百货零售	福建省泉州市
浙江越王珠宝有限公司	珠宝首饰零售	浙江省绍兴市
湖南佳惠百货有限责任公司	超级市场零售	湖南省怀化市
淄博圣隆润发商业有限公司	超级市场零售	山东省淄博市
广州市国美电器有限公司茂名分公司	家用电器零售	广东省茂名市
黄骅信誉楼百货集团有限公司青县信誉楼商厦	百货零售	河北省沧州市
普罗旺斯欧舒丹贸易(上海)有限公司	化妆品及卫生用品零售	上海市静安区
连云港润良商贸有限公司	超级市场零售	江苏省连云港市
抚顺浙商国际商贸有限公司	百货零售	辽宁省抚顺市
山西天美新天地购物中心有限公司	服装零售	山西省太原市
青岛润泰佳木斯大润发超市	超级市场零售	黑龙江省佳木斯市
四川宜宾叙府旅游开发有限公司	百货零售	四川省宜宾市
上海新颖百货有限公司	百货零售	上海市宝山区
武汉新华书店股份有限公司	图书零售	湖北省武汉市
安徽天洋新世纪购物中心(集团)有限公司	百货零售	安徽省蚌埠市
湖北省十堰市五堰商场股份有限公司	百货零售	湖北省十堰市
河南富豪表行有限公司	钟表、眼镜零售	河南省郑州市
常州市信特超市有限公司	超级市场零售	江苏省常州市
广州市南蓤汽车销售服务集团有限公司	汽车零售	广东省广州市
南京中商金润发鼓楼购物中心有限公司	超级市场零售	江苏省南京市
北京华联综合超市股份有限公司青海第一分公司	超级市场零售	青海省西宁市
唐山润良商贸有限公司	超级市场零售	河北省唐山市
唐山鹏润国美电器有限公司	家用电器零售	河北省唐山市
沃尔玛深国投百货有限公司岳阳巴陵中路分店	超级市场零售	湖南省岳阳市
北京吴裕泰茶业股份有限公司	饮料及茶叶零售	北京市东城区
贵州一树连锁药业有限公司	药品零售	贵州省贵阳市
常州怀德大润发商业有限公司	超级市场零售	江苏省常州市
温州鹏润国美电器有限公司	家用电器零售	浙江省温州市
驻马店市乐山商场实业有限公司	百货零售	河南省驻马店市
盘锦兴隆大厦三百有限公司	百货零售	辽宁省盘锦市
庆云县信誉商厦有限公司	百货零售	山东省德州市
上海彩姿百货有限公司	百货零售	上海市闵行区
衡水吉美超市有限责任公司	超级市场零售	河北省衡水市
上海复美益星大药房连锁有限公司	药品零售	上海市普陀区
南京苏宁房地产开发有限公司苏宁环球购物中心	百货零售	江苏省南京市
深圳市一致医药连锁有限公司	药品零售	广东省深圳市
吉林市大润发超市有限公司	超级市场零售	吉林省吉林市
河北家乐园购物广场有限责任公司	百货零售	河北省邢台市
襄阳市好邻居连锁超市有限公司	超级市场零售	湖北省襄樊市
中国石油天然气股份有限公司广东河源销售分公司	机动车燃料零售	广东省河源市
深圳市岁孚服装有限公司	服装零售	广东省深圳市
武汉中邮时代电讯科技有限公司	通信设备零售	湖北省武汉市

4-2 续表 32

企业名称	所属行业	企业所在地
苏果超市(滁州)有限公司	超级市场零售	安徽省滁州市
彩盈商贸(上海)有限公司	服装零售	上海市浦东新区
河北国讯汇方通讯器材有限公司	通信设备零售	河北省石家庄市
重庆市黔江区武陵山家居市场有限责任公司	家具零售	重庆市黔江区
大商集团锦州市新玛特购物有限公司	百货零售	辽宁省锦州市
广东大参林连锁药店有限公司茂名公司	药品零售	广东省茂名市
内蒙古维多利超市连锁有限公司	超级市场零售	内蒙古自治区呼和浩特市
大连旅顺供销大厦有限公司	百货零售	辽宁省大连市
北京立思辰新技术有限公司	其他文化用品零售	北京市海淀区
广州市百安居装饰建材有限公司	其他室内装修材料零售	广东省广州市
溧阳大统华购物中心有限公司	超级市场零售	江苏省常州市
大连联华快客中山便利商业有限公司	其他综合零售	辽宁省大连市
漳州鹏润国美电器有限公司	家用电器零售	福建省漳州市
南通国美电器有限公司	家用电器零售	江苏省南通市
南阳市万德隆商贸有限责任公司	百货零售	河南省南阳市
凌海电力商城有限责任公司	百货零售	辽宁省锦州市
江阴国际购物中心有限公司	百货零售	江苏省无锡市
北京玉蜓桥物美商贸有限公司	超级市场零售	北京市丰台区
青岛春阳大润发商业有限公司	百货零售	山东省青岛市
济南市新华书店	图书零售	山东省济南市
厦门市中闽百汇商业有限公司	百货零售	福建省厦门市
佛山市顺德区北滘供销社	其他综合零售	广东省佛山市
沈阳国大天益堂药房连锁有限公司	药品零售	辽宁省沈阳市
淮北大润发商贸有限公司	超级市场零售	安徽省淮北市
银座集团德州商城有限公司	百货零售	山东省德州市
厦门市中博贸易有限公司	通信设备零售	福建省厦门市
珠海经济特区国营外币免税商场有限责任公司	百货零售	广东省珠海市
重庆梦工场乳制品连锁有限公司	饮料及茶叶零售	重庆市江北区
昆山润华商业有限公司潮州分公司	百货零售	广东省潮州市
重庆百货大楼股份有限公司泸州商场	百货零售	四川省泸州市
昆山润福商贸有限公司济南天桥分公司	超级市场零售	山东省济南市
上海米源饮料有限公司	饮料及茶叶零售	上海市浦东新区
北京人天书店有限公司	图书零售	北京市丰台区
苏果超市(溧水)有限公司	超级市场零售	江苏省南京市
苏果超市(仪征)有限公司	超级市场零售	江苏省扬州市
美心食品(广州)有限公司	糕点、面包零售	广东省广州市
绵阳兴达好又多商贸有限公司	超级市场零售	四川省绵阳市
唐山唐宁苏宁电器有限公司	家用电器零售	河北省唐山市
山东乐拍商业有限公司	邮购及电子销售	山东省济南市
惠州苏宁电器有限公司	家用电器零售	广东省惠州市
北京北方新兴长安铃木汽车销售服务有限责任公司	汽车零售	北京市丰台区
江西宏图三胞科技发展有限公司	计算机、软件及辅助设备零售	江西省南昌市
黑龙江泰华医药集团有限公司	药品零售	黑龙江省绥化市
建湖县大润发有限公司	超级市场零售	江苏省盐城市
锦州大润发商业有限公司	超级市场零售	辽宁省锦州市
沃尔玛陕西百货有限公司	超级市场零售	陕西省西安市
秦皇岛秦宁苏宁电器有限公司	家用电器零售	河北省秦皇岛市
上海三林大润发商贸有限公司	超级市场零售	上海市浦东新区
哈尔滨润富商业有限公司	百货零售	黑龙江省哈尔滨市
哈尔滨大润发商业有限公司	超级市场零售	黑龙江省哈尔滨市

4-2 续表 33

企业名称	所属行业	企业所在地
广州市好又多新港百货商业有限公司	超级市场零售	广东省广州市
柳州润平商业有限公司	超级市场零售	广西壮族自治区柳州市
湖北鑫园商贸有限公司	百货零售	湖北省潜江市
广东有道汽车有限公司	汽车零售	广东省广州市
广西华润万家生活超市有限公司	百货零售	广西壮族自治区南宁市
湖北真维斯服饰有限公司	服装零售	湖北省武汉市
合肥迪信通通信技术有限公司	通信设备零售	安徽省合肥市
苏果超市(合肥)有限公司	超级市场零售	安徽省合肥市
芜湖苏宁电器有限公司	家用电器零售	安徽省芜湖市
诸暨大润发商业有限公司	超级市场零售	浙江省绍兴市
上海嘉定大润发商贸有限公司	超级市场零售	上海市嘉定区
大同世纪北方电器有限责任公司	家用电器零售	山西省大同市
沈阳润泰商业有限公司	超级市场零售	辽宁省沈阳市
山西博源超市有限公司	超级市场零售	山西省长治市
重庆商社新世纪百货连锁经营有限公司南充商都	超级市场零售	四川省南充市
山东省临沂市新华书店	图书零售	山东省临沂市
西安美特斯邦威服饰有限责任公司	服装零售	陕西省西安市
韶关市大润发商业有限公司	超级市场零售	广东省韶关市
常熟华联商厦有限责任公司	百货零售	江苏省苏州市
常州长虹大润发商业有限公司	超级市场零售	江苏省常州市
昆山泰莲超市有限公司	超级市场零售	江苏省苏州市
广州市人人乐商业有限公司	超级市场零售	广东省广州市
定远县供销商业总公司	百货零售	安徽省滁州市
汕头市易初莲花连锁超市有限公司	超级市场零售	广东省汕头市
洛阳永乐生活电器有限公司	家用电器零售	河南省洛阳市
慈溪大润发商贸有限公司	超级市场零售	浙江省宁波市
上海嘉定乐购生活购物有限公司	超级市场零售	上海市嘉定区
武汉马应龙大药房连锁有限公司	药品零售	湖北省武汉市
武汉南洋大华商贸中心	烟草制品零售	湖北省武汉市
河北衡水爱特购物中心有限责任公司	百货零售	河北省衡水市
重庆桐君阁大药房连锁有限责任公司	药品零售	重庆市渝中区
上海新光光学仪器有限公司	家用电器零售	上海市黄浦区
江苏海王星辰健康药房连锁有限公司	药品零售	江苏省苏州市
江苏弘惠医药有限公司	药品零售	江苏省南京市
北京金泰开元汽车销售服务有限公司	汽车零售	北京市丰台区
广州城建开发宏城连锁超级市场有限公司	超级市场零售	广东省广州市
浙江久加久食品饮料连锁有限公司	饮料及茶叶零售	浙江省杭州市
连云港苏宁电器有限公司	家用电器零售	江苏省连云港市
银座集团股份有限公司莱芜银座商城	超级市场零售	山东省莱芜市
北京资和信百货商场有限公司	百货零售	北京市丰台区
广西老百姓大药房连锁有限公司	药品零售	广西壮族自治区南宁市
福建宝闽体育用品有限公司	服装零售	福建省福州市
上海保德威服饰有限公司	服装零售	上海市普陀区
湖南步步高连锁超市益阳有限公司	超级市场零售	湖南省益阳市
北京李宁体育用品销售有限公司	服装零售	北京市东城区
中山市优越城百货管理有限公司	百货零售	广东省中山市
上海添宝百货有限公司	百货零售	上海市闵行区
惠州市丽日购物广场有限公司	百货零售	广东省惠州市
鞍山泰纳隆超市有限公司	超级市场零售	辽宁省鞍山市
青岛家佳源(城阳)购物中心有限公司	百货零售	山东省青岛市

4-2　续表 34

企业名称	所属行业	企业所在地
江苏国力通信设备有限公司	通信设备零售	江苏省无锡市
云南白药大药房有限公司	药品零售	云南省昆明市
湖州老大房超市有限公司	超级市场零售	浙江省湖州市
天津远百百货有限公司	百货零售	天津市南开区
南京市江宁区土产棉麻有限公司	超级市场零售	江苏省南京市
滕州银座商城有限公司	百货零售	山东省枣庄市
深圳市有荣配销有限公司	超级市场零售	广东省深圳市
广州市润平商业有限公司	百货零售	广东省广州市
厦门家乐福商业有限公司	超级市场零售	福建省厦门市
石家庄市新华书店有限责任公司	图书零售	河北省石家庄市
正定城关供销合作社	百货零售	河北省石家庄市
北京奥索克体育用品有限公司	服装零售	北京市朝阳区
齐齐哈尔百货大楼股份有限公司	服装零售	黑龙江省齐齐哈尔市
海门文峰大世界有限公司	百货零售	江苏省南通市
漳州大润发商业有限公司	超级市场零售	福建省漳州市
青岛润泰事业有限公司保定大润发分公司	超级市场零售	河北省保定市
山东世纪泰华集团有限公司	百货零售	山东省潍坊市
购宝乐商业(湖南)有限公司	超级市场零售	湖南省长沙市
常州市武进乐购生活购物有限公司	超级市场零售	江苏省常州市
苏果超市(姜堰)有限公司	超级市场零售	江苏省泰州市
北京京客隆(廊坊)有限公司	超级市场零售	河北省廊坊市
黑龙江比优特商贸有限责任公司	超级市场零售	黑龙江省鹤岗市
白山市合兴实业股份有限公司	百货零售	吉林省白山市
南京市太平商场	百货零售	江苏省南京市
大连乐购生活购物有限公司	超级市场零售	辽宁省大连市
肇庆市苏宁电器有限公司	家用电器零售	广东省肇庆市
上海闵行大润发商贸有限公司	超级市场零售	上海市闵行区
深圳市好又多量贩百货有限公司	超级市场零售	广东省深圳市
金坛大统华购物中心有限公司	超级市场零售	江苏省常州市
新民兴隆百货有限公司	百货零售	辽宁省沈阳市
天津市鹏峰汽车贸易有限公司	汽车零售	天津市河西区
上海喜士多便利连锁有限公司	其他综合零售	上海市闸北区
敢创国际商贸(深圳)有限公司	家用电器零售	广东省深圳市
湖北雅斯连锁商业有限公司	超级市场零售	湖北省宜昌市
上海颐盛商贸有限公司	服装零售	上海市徐汇区
湖南真维斯服饰有限公司	服装零售	湖南省长沙市
晋城市长江实业有限公司	汽车零售	山西省晋城市
济宁银座购物广场有限责任公司	百货零售	山东省济宁市
南京四方建设实业有限公司	百货零售	江苏省南京市
成都九龙贸易连锁有限责任公司	超级市场零售	四川省成都市
通州文峰大世界有限公司	百货零售	江苏省南通市
杭州世纪联华超市富阳百大连锁有限公司	超级市场零售	浙江省杭州市
江西省绿滋肴实业有限公司	其他食品零售	江西省南昌市
心连心集团江西萍乡超市有限公司	超级市场零售	江西省萍乡市
北京港佳好邻居连锁便利店有限责任公司	其他综合零售	北京市西城区
甘肃东方百佳商贸有限公司	超级市场零售	甘肃省庆阳市
上海捷强烟草糖酒(集团)有限公司(昆山)配销中心	超级市场零售	江苏省苏州市
北京京房美廉美超市有限公司	超级市场零售	北京市房山区
每克拉美(北京)钻石商场有限公司	工艺美术品及收藏品零售	北京市朝阳区
嘉兴欧尚超市有限公司南湖店	超级市场零售	浙江省嘉兴市

4-2 续表 35

企业名称	所属行业	企业所在地
昆山润华商业有限公司牡丹江分公司	超级市场零售	黑龙江省牡丹江市
淄川东大小商品城	文具用品零售	山东省淄博市
贵州永辉超市有限公司	超级市场零售	贵州省贵阳市
长春百货大楼集团股份有限公司	百货零售	吉林省长春市
永银收藏品有限责任公司	工艺美术品及收藏品零售	江苏省南京市
沧州市同天购物中心有限公司	百货零售	河北省沧州市
天津迎宾超市商贸有限公司	超级市场零售	天津市滨海新区
沃尔玛深国投百货有限公司芜湖中山北路分店	超级市场零售	安徽省芜湖市
菲仕乐贸易(上海)有限公司	其他日用品零售	上海市徐汇区
淄博广电天网视讯有限公司	通信设备零售	山东省淄博市
红珏高级时装有限公司	服装零售	广东省深圳市
常德大润发商业有限公司	超级市场零售	湖南省常德市
新乡市平原商场有限公司	百货零售	河南省新乡市
浙江杭州市新华书店有限公司	图书零售	浙江省杭州市
朝阳商业城有限公司	百货零售	辽宁省朝阳市
江苏先声连锁店有限公司	药品零售	江苏省南京市
承德宽广超市集团有限公司	超级市场零售	河北省承德市
北京北方福瑞汽车销售服务有限公司	汽车零售	北京市海淀区
北京亿客隆连锁超市有限责任公司	超级市场零售	北京市丰台区
厦门华润燃气有限公司	生活用燃料零售	福建省厦门市
北京乐语金飞鸿通讯设备有限公司	通信设备零售	北京市海淀区
天津老百姓大药房连锁有限公司	药品零售	天津市河东区
大同市华林新天地商贸有限责任公司	服装零售	山西省大同市
北京奥士凯物美商业有限公司	其他食品零售	北京市东城区
衡阳步步高商业连锁有限责任公司	超级市场零售	湖南省衡阳市
咸阳华润万家生活超市有限公司	超级市场零售	陕西省咸阳市
包头苏宁电器有限公司	家用电器零售	内蒙古自治区包头市
綦江县万家福超市有限责任公司	超级市场零售	重庆市綦江区
苏果超市(扬州)有限公司	超级市场零售	江苏省扬州市
镇江家世界万方连锁超市有限责任公司	超级市场零售	江苏省镇江市
山东十八乐超市有限公司莱芜店	超级市场零售	山东省莱芜市
镇江扬中商城	百货零售	江苏省镇江市
桐庐大润发商业有限公司	超级市场零售	浙江省杭州市
广东吉之岛天贸百货有限公司中山君悦分公司	超级市场零售	广东省中山市
北京乐淘文化发展有限公司	鞋帽零售	北京市丰台区
上海匯鎣百貨有限公司	百货零售	上海市浦东新区
新疆宏景通讯有限公司	通信设备零售	新疆维吾尔自治区乌鲁木齐市
福州沃尔玛百货有限公司	超级市场零售	福建省福州市
安徽家家购物股份有限公司	邮购及电子销售	安徽省合肥市
黄山工商城有限责任公司	其他综合零售	安徽省黄山市
吉林省东丰万隆商贸有限责任公司	超级市场零售	吉林省辽源市
合肥清溪大润发商业有限公司	超级市场零售	安徽省合肥市
宁波乐购生活购物有限公司	超级市场零售	浙江省宁波市
北京居然之家家居建材超市有限公司	超级市场零售	北京市海淀区
常州欧尚超市有限公司五星店	超级市场零售	江苏省常州市
重庆好又多百货商业有限公司	超级市场零售	重庆市南岸区
深圳市华峰汽车有限公司	汽车零售	广东省深圳市
永安永辉超市有限公司	超级市场零售	福建省三明市
成都华联商厦有限责任公司	百货零售	四川省成都市
北京英硕力新柏科技有限公司	医疗用品及器材零售	北京市海淀区

4-2 续表 36

企业名称	所属行业	企业所在地
南京大有汽车贸易有限公司	汽车零售	江苏省南京市
河北家兴商贸有限公司	百货零售	河北省保定市
邵阳步步高连锁超市有限责任公司	百货零售	湖南省邵阳市
沈阳东北大药房连锁店	药品零售	辽宁省沈阳市
河源市源城好万家电器有限公司	家用电器零售	广东省河源市
沃尔玛深国投百货有限公司娄底春园分店	百货零售	湖南省娄底市
天津开发区乐购生活购物有限公司	超级市场零售	天津市滨海新区
山田电机(天津)商贸有限公司南京路分公司	家用电器零售	天津市和平区
东台苏中大厦股份有限公司	百货零售	江苏省盐城市
广州市国美电器有限公司江门分公司	家用电器零售	广东省江门市
南京仙林金鹰购物中心有限公司	百货零售	江苏省南京市
苏州市恒孚首饰集团有限公司	珠宝首饰零售	江苏省苏州市
广州金叶连锁有限公司	烟草制品零售	广东省广州市
贵州宏宇汽车贸易有限公司	汽车零售	贵州省贵阳市
营口三星电器有限责任公司	家用电器零售	辽宁省营口市
佛山市南海区华南通商贸发展有限公司	百货零售	广东省佛山市
石家庄新兴药房连锁有限公司	药品零售	河北省石家庄市
广州市好又多芳村百货商业有限公司	百货零售	广东省广州市
萧县联华超市	百货零售	安徽省宿州市
南昌西湖大润发商业有限公司	超级市场零售	江西省南昌市
郑州丹尼斯生活广场有限公司济源分公司	百货零售	河南省济源市
广西华联综合超市有限公司	超级市场零售	广西壮族自治区南宁市
佛山市庆宏隆汽车销售服务有限公司	汽车零售	广东省佛山市
莒南县天添乐超市有限公司	百货零售	山东省临沂市
湖北孝商股份有限公司	百货零售	湖北省孝感市
柳州桂中大药房连锁有限责任公司	药品零售	广西壮族自治区柳州市
苏果超市(高邮)有限公司	超级市场零售	江苏省扬州市
上海国大药房连锁有限公司	药品零售	上海市闸北区
广东胜佳超市有限公司	百货零售	广东省广州市
佛山市雄峰骏程汽车服务有限公司	汽车零售	广东省佛山市
盐城世纪联华超市有限公司	超级市场零售	江苏省盐城市
成都屈臣氏个人用品商店有限公司	化妆品及卫生用品零售	四川省成都市
海盐大润发商业有限公司	超级市场零售	浙江省嘉兴市
陕西天锐汽车销售服务有限公司	汽车零售	陕西省西安市
镇江林宁苏果连锁超市有限公司	超级市场零售	江苏省镇江市
北京门城物美商城有限公司	超级市场零售	北京市门头沟区
佛山市顺德合丰汽车销售服务有限公司	汽车零售	广东省佛山市
北京物美鼓楼商贸有限责任公司	超级市场零售	北京市密云县
九江市派拉蒙百货有限公司	超级市场零售	江西省九江市
新百丽鞋业(深圳)有限公司长沙分公司	鞋帽零售	湖南省长沙市
淄博中润新玛特有限公司	超级市场零售	山东省淄博市
台州欧尚超市有限公司	超级市场零售	浙江省台州市
北京新世界千姿百货有限公司	百货零售	北京市顺义区
重庆市黔江区依蝶商贸有限公司	百货零售	重庆市黔江区
哈尔滨好又多百货商业广场有限公司	百货零售	黑龙江省哈尔滨市
厦门永辉民生超市有限公司	超级市场零售	福建省厦门市
西安世纪金花宜品生活用品有限公司	超级市场零售	陕西省西安市
利群集团胶州购物广场	百货零售	山东省青岛市
上海申铁信息工程有限公司	计算机、软件及辅助设备零售	上海市闸北区
山东泰山新合作商贸连锁有限公司	百货零售	山东省泰安市

4-2 续表 37

企业名称	所属行业	企业所在地
盖州市兴隆大家庭购物中心有限公司	超级市场零售	辽宁省营口市
佛山市南海润良商业有限公司	超级市场零售	广东省佛山市
河北美食林商贸集团有限公司	超级市场零售	河北省邯郸市
安徽欧尚超市有限公司	超级市场零售	安徽省芜湖市
河北华润万家生活超市有限公司	超级市场零售	河北省石家庄市
长兴县第一百货商店有限责任公司	百货零售	浙江省湖州市
常州市公园乐购生活购物有限公司	超级市场零售	江苏省常州市
杭州联华华商集团临安联华购物广场有限公司	超级市场零售	浙江省杭州市
马鞍山市苏宁电器有限公司	家用电器零售	安徽省马鞍山市
常熟市大润发超市有限公司	超级市场零售	江苏省苏州市
甘肃国芳综合超市有限公司	百货零售	甘肃省兰州市
南京锐创体育用品有限公司	体育用品零售	江苏省南京市
永三商贸(上海)有限公司	服装零售	上海市黄浦区
重庆美特斯邦威服饰有限责任公司	服装零售	重庆市渝中区
长沙市天虹百货有限公司	百货零售	湖南省长沙市
杭州胡庆余堂国药号有限公司	药品零售	浙江省杭州市
永康市华联商厦	百货零售	浙江省金华市
海南苏宁电器有限公司	家用电器零售	海南省海口市
苏果超市(南通)有限公司	超级市场零售	江苏省南通市
沈阳市苏家屯大润发商业有限公司	超级市场零售	辽宁省沈阳市
利童反斗城(上海)商贸有限公司	其他文化用品零售	上海市闵行区
兰州大润发商业有限公司	百货零售	甘肃省兰州市
达县美好农贸有限责任公司	肉、禽、蛋及水产品零售	四川省达州市
河北国大连锁商业有限公司	其他综合零售	河北省石家庄市
泰州文峰千家惠购物中心有限公司	百货零售	江苏省泰州市
锦州站前华联购物中心有限责任公司	超级市场零售	辽宁省锦州市
大连旺达连锁有限公司	其他综合零售	辽宁省大连市
沃尔玛深国投百货有限公司廊坊朝阳分店	超级市场零售	河北省廊坊市
肥城市盛世佳和购物广场	超级市场零售	山东省泰安市
江苏益丰大药房有限公司	药品零售	江苏省南京市
昆明雄达商贸有限责任公司	饮料及茶叶零售	云南省昆明市
云南省曲靖市吉玛特百货有限公司	超级市场零售	云南省曲靖市
杭州百江液化气有限公司	生活用燃料零售	浙江省杭州市
沃尔玛深国投百货有限公司长沙黄兴南路分店	超级市场零售	湖南省长沙市
苏果超市(连云港)有限公司	超级市场零售	江苏省连云港市
大商集团营口新玛特购物广场有限公司	百货零售	辽宁省营口市
山西华联综合超市有限公司	超级市场零售	山西省太原市
广州市海王星辰医药连锁有限公司	药品零售	广东省广州市
广东吉之岛天贸百货有限公司珠海扬名广场分公司	百货零售	广东省珠海市
上海恭汇贸易有限公司	其他综合零售	上海市徐汇区
长沙路口物资供销有限公司	百货零售	湖南省长沙市
江苏苏捷商贸有限公司	烟草制品零售	江苏省南京市
沃尔玛深国投百货有限公司佛山桂城分店	百货零售	广东省佛山市
恩施中百连锁仓储超市有限公司	百货零售	湖北省恩施土家族苗族自治州
上海闸北南区大润发商贸有限公司	超级市场零售	上海市闸北区
南平市好当家商贸有限公司	超级市场零售	福建省南平市
广州健民医药连锁有限公司	药品零售	广东省广州市
上海城市超市有限公司	超级市场零售	上海市静安区
马鞍山医药有限公司	药品零售	安徽省马鞍山市
滁州新华书店有限公司	图书零售	安徽省滁州市

4-2 续表 38

企业名称	所属行业	企业所在地
嘉兴市嘉润商业有限责任公司	超级市场零售	浙江省嘉兴市
江门市蓬江区大昌超市有限公司	超级市场零售	广东省江门市
重庆名豪实业集团百货有限公司	百货零售	重庆市永川区
特易购商业(安徽)有限公司	超级市场零售	安徽省合肥市
上海广亚百货商业有限公司	超级市场零售	上海市宝山区
湖北美尔雅销售有限公司	服装零售	湖北省黄石市
广东东明股份有限公司	超级市场零售	广东省韶关市
浙江当家人便利店连锁有限公司	其他综合零售	浙江省温州市
苏果超市(句容)有限公司	超级市场零售	江苏省镇江市
温州诚宏百货有限公司	超级市场零售	浙江省温州市
北京乐友达康商贸有限公司	其他日用品零售	北京市通州区
武汉新金珠宝首饰有限公司	珠宝首饰零售	湖北省武汉市
上海余天成药业连锁有限公司	药品零售	上海市松江区
苏州来伊份食品有限公司	其他食品零售	江苏省苏州市
广州市新华书店集团有限公司	图书零售	广东省广州市
浙江震元医药连锁有限公司	药品零售	浙江省绍兴市
上海汇金六百超市有限公司	超级市场零售	上海市徐汇区
北京市好利来食品有限公司	糕点、面包零售	北京市朝阳区
沭阳县润泰商业有限公司	超级市场零售	江苏省宿迁市
扬州国美电器有限公司	家用电器零售	江苏省扬州市
宜昌北山商业连锁有限责任公司	超级市场零售	湖北省宜昌市
兰州国芳百盛虹盛百货有限公司	百货零售	甘肃省兰州市
江西东之杰运动产业发展有限公司	服装零售	江西省南昌市
武汉班尼路商贸有限公司	服装零售	湖北省武汉市
长春远方实业集团有限公司	超级市场零售	吉林省长春市
镇江市恺源商贸有限责任公司	超级市场零售	江苏省镇江市
上海南汇乐购生活购物有限公司	超级市场零售	上海市浦东新区
山东临朐华兴商场有限公司	百货零售	山东省潍坊市
上海金山乐购生活购物有限公司	超级市场零售	上海市金山区
濮阳市百姓量贩有限公司	超级市场零售	河南省濮阳市
苏州市礼安医药连锁总店有限公司	药品零售	江苏省苏州市
浙江超锐实业有限公司	服装零售	浙江省杭州市
浙江大唐电子通信有限公司	通信设备零售	浙江省台州市
济宁大润发商业有限公司	百货零售	山东省济宁市
广州市好又多黄花岗百货有限公司	百货零售	广东省广州市
无锡茂业百货有限公司	百货零售	江苏省无锡市
青岛即墨振华大润发商业有限公司	超级市场零售	山东省青岛市
湖南千金金沙大药房零售连锁有限公司	药品零售	湖南省长沙市
厦门市越千阳发展有限公司	服装零售	福建省厦门市
辽宁国大一致药店连锁有限公司	药品零售	辽宁省沈阳市
新泰齐云商场有限公司	百货零售	山东省泰安市
自贡市家和超市有限责任公司	超级市场零售	四川省自贡市
长沙润良商业有限公司	超级市场零售	湖南省长沙市
深圳市安迅汽车贸易有限公司	汽车零售	广东省深圳市
咸阳人人乐商业有限公司	超级市场零售	陕西省咸阳市
淄博齐鲁商业有限公司	百货零售	山东省淄博市
江苏商联超市有限公司	超级市场零售	江苏省淮安市
邯郸市康德超级市场有限公司	百货零售	河北省邯郸市
陕西老百姓大药房连锁有限公司	药品零售	陕西省西安市
乐友(中国)超市连锁有限公司	其他日用品零售	北京市通州区

4-2 续表 39

企业名称	所属行业	企业所在地
深圳市国惠康实业发展有限公司	超级市场零售	广东省深圳市
广西通用商贸有限公司	超级市场零售	广西壮族自治区玉林市
上海格兰仕电器销售有限公司	家用电器零售	上海市普陀区
合肥腾瑞体育用品有限公司	服装零售	安徽省合肥市
苏果超市高淳有限公司	超级市场零售	江苏省南京市
杭州海王星辰健康药房有限公司	药品零售	浙江省杭州市
东莞润德商业有限公司	超级市场零售	广东省东莞市
淄博信誉楼百货有限公司	百货零售	山东省淄博市
青岛润泰事业有限公司临沂分公司	超级市场零售	山东省临沂市
山东省桓台县联华超市有限公司	超级市场零售	山东省淄博市
杭州九洲大药房连锁有限公司	药品零售	浙江省杭州市
沈阳铁西乐购生活购物有限公司	超级市场零售	辽宁省沈阳市
沃尔玛深国投百货有限公司惠州演达路分店	超级市场零售	广东省惠州市
陕西华盛兴勇商贸有限公司	超级市场零售	陕西省汉中市
威海润华商业有限公司	百货零售	山东省威海市
惠州市辉达东本实业有限公司	汽车零售	广东省惠州市
威海苏宁电器有限公司	家用电器零售	山东省威海市
安徽海鑫药业有限公司	药品零售	安徽省亳州市
石家庄市怀特国际商城有限公司	百货零售	河北省石家庄市
江西风尚家庭购物有限公司	邮购及电子销售	江西省南昌市
合肥百维食品饮料有限责任公司	烟草制品零售	安徽省合肥市
深圳市大润发商业有限公司	超级市场零售	广东省深圳市
潍坊百货大楼股份有限公司	百货零售	山东省潍坊市
广州市光之彩天幕城商贸有限公司	家用电器零售	广东省广州市
北京亿派创新科技发展有限公司	通信设备零售	北京市门头沟区
浙江来伊份食品有限公司	其他食品零售	浙江省杭州市
天津市大桥道糕点食品有限公司	糕点、面包零售	天津市河东区
甘肃众友医药连锁有限公司	药品零售	甘肃省兰州市
沙洋万利家居建材城	家具零售	湖北省荆门市
武汉市丽红商业有限公司	其他综合零售	湖北省武汉市
上海养和堂药业连锁经营有限公司	药品零售	上海市浦东新区
苏州可的便利店有限公司	其他综合零售	江苏省苏州市
建德大润发商业有限公司	超级市场零售	浙江省杭州市
北京益生康健电子商务有限公司	邮购及电子销售	北京市海淀区
珠海市珠光丰田汽车销售服务有限公司	汽车零售	广东省珠海市
四川自贡大商投资有限公司	百货零售	四川省自贡市
沈丘县北郊供销社	百货零售	河南省周口市
安徽省易和汽车服务有限公司	汽车零售	安徽省合肥市
四川省宜宾市燕君贸易连锁有限责任公司	家用电器零售	四川省宜宾市
浙江天天好大药房连锁有限公司	药品零售	浙江省杭州市
黑龙江博瑞商业发展有限公司	百货零售	黑龙江省哈尔滨市
安徽天正商务有限公司	超级市场零售	安徽省滁州市
上海康交乐购超市有限公司	超级市场零售	上海市长宁区
常州欧尚超市有限公司	超级市场零售	江苏省常州市
天津市蓟县家乐商贸有限公司	超级市场零售	天津市县蓟县
甘肃新乐连锁超市有限责任公司	超级市场零售	甘肃省张掖市
上海真北乐购生活购物有限公司	超级市场零售	上海市普陀区
临沂市沂蒙路百货大楼	百货零售	山东省临沂市
大同市华润燃气有限公司	生活用燃料零售	山西省大同市
中山市利得汽车销售服务有限公司	汽车零售	广东省中山市

4-2 续表 40

企业名称	所属行业	企业所在地
沃尔玛(辽宁)百货有限公司	超级市场零售	辽宁省沈阳市
中山市古镇益华百货有限公司	百货零售	广东省中山市
济宁市中央百货有限责任公司	百货零售	山东省济宁市
文登市恒源商贸有限公司	百货零售	山东省威海市
上海松江乐购生活购物有限公司	超级市场零售	上海市松江区
大连新玛特世达购物广场有限公司	百货零售	辽宁省大连市
福建连冠食品有限公司	果品、蔬菜零售	福建省龙岩市
重庆雄风百货广场有限公司	百货零售	重庆市北碚区
沈阳沈河乐购超市有限公司	超级市场零售	辽宁省沈阳市
上海红星美凯龙全球家居市场经营管理有限公司	家具零售	上海市浦东新区
天津百货大楼集团有限公司	百货零售	天津市和平区
江苏孩子王实业有限公司	百货零售	江苏省南京市
湖北顺泰商贸有限公司	超级市场零售	湖北省随州市
内蒙古赤峰奔腾实业(集团)有限公司	家用电器零售	内蒙古自治区赤峰市
佛山市顺德区金百惠贸易有限公司	超级市场零售	广东省佛山市
北京市源烽世纪商贸有限责任公司	服装零售	北京市丰台区
荆州大润发商业有限公司	超级市场零售	湖北省荆州市
天津大富班尼路服饰有限公司	服装零售	天津市和平区
嘉善东方大厦	超级市场零售	浙江省嘉兴市
安庆市世纪华联超市有限公司	百货零售	安徽省安庆市
云南楚雄鹿城大厦实业有限责任公司	百货零售	云南省楚雄彝族自治州
阳泉北国商城有限责任公司	服装零售	山西省阳泉市
张家港大润发商业有限公司	超级市场零售	江苏省苏州市
清远城市广场益华百货有限公司	百货零售	广东省清远市
定州市时代广场商贸有限责任公司	百货零售	河北省保定市
常州欧尚超市有限公司兰陵店	超级市场零售	江苏省常州市
宝鸡华通商厦有限责任公司	百货零售	陕西省宝鸡市
真维斯服饰(广东)有限公司	服装零售	广东省惠州市
大丰润泰商业有限公司	超级市场零售	江苏省盐城市
浙江真维斯服饰有限公司	服装零售	浙江省杭州市
安徽百姓缘大药房连锁有限公司	药品零售	安徽省合肥市
佛山市顺燃喜威燃气有限公司	生活用燃料零售	广东省佛山市
广东华南通商贸发展有限公司汕头金平分公司	百货零售	广东省汕头市
鄂尔多斯市宏丰商贸有限责任公司	饮料及茶叶零售	内蒙古自治区鄂尔多斯市
东台大润发商业有限公司	超级市场零售	江苏省盐城市
嘉兴市秀洲新区商业有限责任公司	超级市场零售	浙江省嘉兴市
青海宁食集团有限公司	其他综合零售	青海省西宁市
松原大润发商业有限公司	超级市场零售	吉林省松原市
沃尔玛(大连)商业零售有限公司	超级市场零售	辽宁省大连市
大庆市香榭丽购物中心	百货零售	黑龙江省大庆市
湖北航天信息技术有限公司	计算机、软件及辅助设备零售	湖北省武汉市
南通欧尚超市有限公司	超级市场零售	江苏省南通市
晋江润德商业有限公司	超级市场零售	福建省泉州市
上海嘉定乐购生活购物有限公司顺德分公司	超级市场零售	广东省佛山市
南川区风之彩商贸有限公司	超级市场零售	重庆市南川区
邹平供销大厦集团有限公司	百货零售	山东省滨州市
上海华德美居超市有限公司	其他室内装修材料零售	上海市浦东新区
晋城市凤展购物广场有限公司	超级市场零售	山西省晋城市
枣庄市森博家具有限公司	家具零售	山东省枣庄市
山西田森超市集团有限公司	超级市场零售	山西省晋中市

4-2 续表 41

企业名称	所属行业	企业所在地
深圳市八马茶业连锁有限公司	饮料及茶叶零售	广东省深圳市
宁波联华超市有限公司	超级市场零售	浙江省宁波市
芜湖大润发商贸有限公司	超级市场零售	安徽省芜湖市
永旺中国商业有限公司顺德分公司	超级市场零售	广东省佛山市
保定市亚太通讯器材有限公司	通信设备零售	河北省保定市
兴化润泰商业有限公司	超级市场零售	江苏省泰州市
邯郸市峰峰冀南商城	百货零售	河北省邯郸市
天津市海达家乐超市有限公司	超级市场零售	天津市武清区
西安大润发超市有限公司	百货零售	陕西省西安市
青海百货有限责任公司	百货零售	青海省西宁市
易门县龙泉市场开发有限公司	其他综合零售	云南省玉溪市
佳木斯广江同源家居有限公司	家用电器零售	黑龙江省佳木斯市
河间市信发商厦有限责任公司	百货零售	河北省沧州市
池州百汇广场经营管理有限公司	其他室内装修材料零售	安徽省池州市
广东海航乐万家连锁超市有限公司	超级市场零售	广东省梅州市
石家庄信誉楼百货有限公司	百货零售	河北省石家庄市
郑州迪信通电子通信技术有限公司	通信设备零售	河南省郑州市
广东天天商业有限公司	超级市场零售	广东省佛山市
安徽省东港工贸有限公司	其他未列明的零售	安徽省亳州市
上海益丰大药房连锁有限公司	药品零售	上海市黄浦区
新乡市百货大楼有限责任公司	百货零售	河南省新乡市
天津津南区华润万家超级市场有限公司	超级市场零售	天津市津南区
永旺华南商业有限公司吉之岛惠州东平店	百货零售	广东省惠州市
金华市江浙苏宁家用电器有限公司	家用电器零售	浙江省金华市
贵州新讯捷通讯有限公司	通信设备零售	贵州省贵阳市
兰州惠仁堂药业有限公司	药品零售	甘肃省兰州市
佛山市南海润瑞商业有限公司	超级市场零售	广东省佛山市
韶关市苏宁电器有限公司	家用电器零售	广东省韶关市
齐齐哈尔润泰商业有限公司	超级市场零售	黑龙江省齐齐哈尔市
佛山市顺德区大参林药业有限公司	药品零售	广东省佛山市
榆树市新新小镇现代生活馆有限公司	其他综合零售	吉林省长春市
广州喜市多便利连锁有限公司	其他综合零售	广东省广州市
广东吉之岛天贸百货有限公司佛山保利水城分公司	超级市场零售	广东省佛山市
佛山市顺联国际购物中心有限公司	百货零售	广东省佛山市
广东华南通商贸发展有限公司	超级市场零售	广东省佛山市
天津易初莲花连锁超市有限公司	超级市场零售	天津市河西区
江西省万宜经贸有限公司	百货零售	江西省九江市
北京七彩云南商贸有限公司	珠宝首饰零售	北京市西城区
柳州五菱新事业发展有限责任公司	汽车零售	广西壮族自治区柳州市
西安百福乐好又多商贸公司	超级市场零售	陕西省西安市
淄博盈华置业有限公司惠仟佳购物广场	百货零售	山东省淄博市
深圳市邮政局	报刊零售	广东省深圳市
深圳市恒波商业连锁股份有限公司	通信设备零售	广东省深圳市
深圳市公明天虹商场有限公司	百货零售	广东省深圳市
河北惠友商业连锁发展有限公司	超级市场零售	河北省保定市
张家口中美电器有限公司	家用电器零售	河北省张家口市
天津市人人乐商业有限公司开发区购物广场	超级市场零售	天津市滨海新区
中国石油天然气股份有限公司四川遂宁销售分公司	机动车燃料零售	四川省遂宁市
重庆诚泰通信连锁有限公司	通信设备零售	重庆市渝中区
信阳市文新茶叶有限公司	饮料及茶叶零售	河南省信阳市

4-2 续表 42

企业名称	所属行业	企业所在地
上海雷允上药品连锁经营有限公司	药品零售	上海市虹口区
重庆市人人乐商业有限公司	超级市场零售	重庆市沙坪坝区
贵阳国贸时代购物中心有限公司	百货零售	贵州省贵阳市
大连宜家家居有限公司	其他室内装修材料零售	辽宁省大连市
济阳方正家具市场	家具零售	山东省济南市
北京市北奔汽车修理厂	汽车零售	北京市丰台区
十堰市新合作京华超市有限公司	超级市场零售	湖北省十堰市
子洲县万家乐超市	超级市场零售	陕西省榆林市
上海申瑞家具有限公司	家具零售	上海市徐汇区
武穴市食品公司	肉、禽、蛋及水产品零售	湖北省黄冈市
成都屈臣经济发展有限公司	超级市场零售	四川省成都市

4-3 大型住宿业企业名单

企业名称	所属行业	企业所在地
中国国际贸易中心有限公司	旅游饭店	北京市朝阳区
上海浦东新区香格里拉酒店有限公司	旅游饭店	上海市浦东新区
金陵饭店股份有限公司	旅游饭店	江苏省南京市
王府饭店有限公司	旅游饭店	北京市东城区
七天酒店深圳有限公司	一般旅馆	广东省广州市
北京九华山庄集团股份有限公司	旅游饭店	北京市昌平区
广州市长隆酒店有限公司	旅游饭店	广东省广州市
广州花园酒店	旅游饭店	广东省广州市
北京燕莎中心有限公司	旅游饭店	北京市朝阳区
香格里拉大酒店(广州琶洲)有限公司	旅游饭店	广东省广州市
金茂(三亚)旅业有限公司	旅游饭店	海南省三亚市
厦门磐基大酒店有限公司	旅游饭店	福建省厦门市
金茂(三亚)旅业有限公司金茂三亚丽思卡尔顿酒店	旅游饭店	海南省三亚市
北京香格里拉饭店有限公司	旅游饭店	北京市海淀区
香格里拉大酒店(成都)有限公司	旅游饭店	四川省成都市
北京昆仑饭店有限公司	旅游饭店	北京市朝阳区
华润(深圳)有限公司君悦酒店	旅游饭店	广东省深圳市
中国大酒店	旅游饭店	广东省广州市
北京富华金宝中心有限公司	旅游饭店	北京市东城区
深圳华侨城大酒店有限公司	旅游饭店	广东省深圳市
北京世纪金源大饭店有限责任公司	旅游饭店	北京市海淀区
青岛香格里拉大饭店有限公司	旅游饭店	山东省青岛市
城市名人城市酒店管理(中国)股份有限公司	旅游饭店	四川省成都市
香格里拉大酒店(深圳福田)有限公司	旅游饭店	广东省深圳市
北京市北京饭店	旅游饭店	北京市东城区
港中旅(珠海)海洋温泉有限公司	旅游饭店	广东省珠海市
三亚天域实业有限公司	旅游饭店	海南省三亚市
北京友谊宾馆	旅游饭店	北京市海淀区
静安希尔顿饭店(上海)	旅游饭店	上海市静安区
金茂(三亚)度假酒店有限公司	旅游饭店	海南省三亚市
杭州华溥实业有限公司	旅游饭店	浙江省杭州市
上海明天广场有限公司金威万豪酒店	旅游饭店	上海市黄浦区
白天鹅宾馆	旅游饭店	广东省广州市
中国职工之家	旅游饭店	北京市西城区
佛山宾馆有限公司	旅游饭店	广东省佛山市
广州富力恒盛置业发展有限公司富力丽思卡尔顿酒店分公司	旅游饭店	广东省广州市
三亚盈湾酒店有限公司	旅游饭店	海南省三亚市
北京国际饭店	旅游饭店	北京市东城区
成都世纪城新国际会展中心有限公司世纪天堂洲际大饭店	旅游饭店	四川省成都市
花园饭店(上海)	旅游饭店	上海市黄浦区
龙口市南山宾馆有限公司	旅游饭店	山东省烟台市
锦江之星旅馆有限公司	一般旅馆	上海市闵行区
北京温都水城旅游饭店管理有限公司	旅游饭店	北京市昌平区
湖南运达酒店管理有限公司	旅游饭店	湖南省长沙市
大连香格里拉酒店有限公司	旅游饭店	辽宁省大连市
浙江开元酒店投资管理集团有限公司杭州开元名都大酒店	旅游饭店	浙江省杭州市
上海国际会议中心有限公司	旅游饭店	上海市浦东新区
上海王宝和大酒店有限公司	旅游饭店	上海市黄浦区
七天四季酒店(广州)有限公司	旅游饭店	广东省广州市
华天酒店集团股份有限公司	旅游饭店	湖南省长沙市
山东大厦	旅游饭店	山东省济南市

4-3 续表 1

企业名称	所属行业	企业所在地
香格里拉大酒店(西安)有限公司	旅游饭店	陕西省西安市
香格里拉大酒店(温州)有限公司	旅游饭店	浙江省温州市
成都市向阳凯宾斯基饭店有限公司	旅游饭店	四川省成都市
四川九寨天堂国际会议度假中心有限公司	旅游饭店	四川省阿坝藏族羌族自治州
大连富丽华大酒店	旅游饭店	辽宁省大连市
广州市东方宾馆股份有限公司	旅游饭店	广东省广州市
上虞国际大酒店有限公司	旅游饭店	浙江省绍兴市
福州香格里拉酒店有限公司	旅游饭店	福建省福州市
北京国际俱乐部有限公司	旅游饭店	北京市朝阳区
北京亮马河大厦有限公司	旅游饭店	北京市朝阳区
上海西郊宾馆	旅游饭店	上海市长宁区
湖南华雅国际大酒店有限公司	旅游饭店	湖南省长沙市
三亚红树林旅业有限公司	旅游饭店	海南省三亚市
广州市城建天誉房地产开发有限公司威斯汀酒店	旅游饭店	广东省广州市
广州富力鼎盛置业发展有限公司富力君悦大酒店分公司	旅游饭店	广东省广州市
三亚家化旅业有限公司	旅游饭店	海南省三亚市
七天快捷酒店管理(北京)有限公司	一般旅馆	北京市东城区
北京市蟹岛绿色生态农庄有限公司	旅游饭店	北京市朝阳区
四川锦江宾馆	旅游饭店	四川省成都市
香格里拉大酒店(宁波)有限公司	旅游饭店	浙江省宁波市
星河实业(深圳)有限公司星河丽思卡尔顿酒店	旅游饭店	广东省深圳市
上海太平洋大饭店有限公司	旅游饭店	上海市长宁区
宁波华侨饭店有限公司	旅游饭店	浙江省宁波市
宁波东港波特曼大酒店有限公司	旅游饭店	浙江省宁波市
昆明世纪金源大饭店有限公司	旅游饭店	云南省昆明市
陕西人民大厦有限公司	旅游饭店	陕西省西安市
杭州黄龙饭店有限公司	旅游饭店	浙江省杭州市
东莞市塘厦三正半山酒店有限公司	旅游饭店	广东省东莞市
惠州市康帝国际酒店有限公司	旅游饭店	广东省惠州市
浙江世贸君澜大饭店	旅游饭店	浙江省杭州市
上海锦江饭店有限公司	旅游饭店	上海市黄浦区
江门市逸豪酒店有限公司	旅游饭店	广东省江门市
无锡汉爵投资有限公司	旅游饭店	江苏省无锡市
东莞市会展国际大酒店	旅游饭店	广东省东莞市
北京市西苑饭店	旅游饭店	北京市海淀区
温州王朝大酒店有限公司	旅游饭店	浙江省温州市
哈尔滨香格里拉大饭店有限公司	旅游饭店	黑龙江省哈尔滨市
北京汉华国际饭店有限公司	旅游饭店	北京市东城区
深圳市大中华喜来登酒店有限公司	旅游饭店	广东省深圳市
无锡湖滨饭店有限公司	旅游饭店	江苏省无锡市
济南舜耕山庄	旅游饭店	山东省济南市
重庆世纪金源时代大饭店有限公司	旅游饭店	重庆市江北区
上海上实南洋大酒店有限公司	旅游饭店	上海市静安区
丽都饭店有限公司	旅游饭店	北京市朝阳区
新疆银都酒店有限责任公司	旅游饭店	新疆维吾尔自治区乌鲁木齐市
深圳香格里拉大酒店有限公司	旅游饭店	广东省深圳市
广东新白云宾馆有限公司	旅游饭店	广东省广州市
深圳维也纳酒店有限公司	旅游饭店	广东省深圳市
北京香江财富酒店有限公司	旅游饭店	北京市朝阳区
苏州工业园区金鸡湖大酒店有限公司	旅游饭店	江苏省苏州市
长春香格里拉大酒店有限公司	旅游饭店	吉林省长春市

4-3 续表 2

企业名称	所属行业	企业所在地
宁波南苑集团股份有限公司	旅游饭店	浙江省宁波市
北京新世纪饭店有限公司	旅游饭店	北京市海淀区
成都世纪城新国际会展中心有限公司假日酒店	旅游饭店	四川省成都市
厦门和平里酒店有限公司	旅游饭店	福建省厦门市
东方艺术大厦有限公司	旅游饭店	北京市朝阳区
上海长峰酒店管理有限公司	旅游饭店	上海市长宁区
上海光大会展中心有限公司	旅游饭店	上海市徐汇区
北京春晖园文化娱乐有限责任公司	旅游饭店	北京市顺义区
沈阳丽都商务有限公司沈阳丽都喜来登饭店	旅游饭店	辽宁省沈阳市
桔子酒店管理(中国)有限公司	旅游饭店	北京市海淀区
三亚国光豪生度假酒店有限公司	旅游饭店	海南省三亚市
深圳威尼斯酒店	旅游饭店	广东省深圳市
辽宁瑞心酒店集团有限责任公司	旅游饭店	辽宁省沈阳市
厦门国际大酒店有限公司	旅游饭店	福建省厦门市
杭州香格里拉饭店有限公司	旅游饭店	浙江省杭州市
常州富都大酒店有限公司	旅游饭店	江苏省常州市
湖南国际金融大厦有限公司(潇湘华天大酒店)	旅游饭店	湖南省长沙市
北京香港马会会所有限公司	旅游饭店	北京市东城区
厦门海悦山庄酒店有限公司	旅游饭店	福建省厦门市
衡阳四海神龙实业有限公司神龙大酒店	旅游饭店	湖南省衡阳市
北京市长富宫中心有限责任公司	旅游饭店	北京市朝阳区
湖南芙蓉国酒店管理有限公司	旅游饭店	湖南省长沙市
广州市九龙湖旅游娱乐开发有限公司	旅游饭店	广东省广州市
江苏省会议中心有限公司(钟山宾馆)	旅游饭店	江苏省南京市
上海扬子江大酒店有限公司	旅游饭店	上海市长宁区
安徽元一大酒店有限公司	旅游饭店	安徽省合肥市
上海锦江汤臣大酒店有限公司	旅游饭店	上海市浦东新区
新疆鸿福人饭店有限责任公司	旅游饭店	新疆维吾尔自治区乌鲁木齐市
重庆市金科大酒店有限公司	旅游饭店	重庆市渝北区
北京市长城饭店公司	旅游饭店	北京市朝阳区
广东亚洲国际大酒店	旅游饭店	广东省广州市
东莞市松山湖酒店有限公司	旅游饭店	广东省东莞市
上海虹桥迎宾馆	旅游饭店	上海市长宁区
中山市京华世纪酒店有限公司	旅游饭店	广东省中山市
玖玖旅馆管理股份有限公司	一般旅馆	浙江省温州市
北京嘉里大酒店有限公司	旅游饭店	北京市朝阳区
东莞市蒂豪花园酒店有限公司	旅游饭店	广东省东莞市
郑州裕达国贸酒店有限公司	旅游饭店	河南省郑州市
贵阳世纪金源大饭店管理有限责任公司	旅游饭店	贵州省贵阳市
北京天伦饭店有限公司	旅游饭店	北京市东城区
河北世纪大饭店有限公司	旅游饭店	河北省石家庄市
芜湖汉爵阳明大酒店有限公司	旅游饭店	安徽省芜湖市
长沙通程国际广场置业发展有限公司	旅游饭店	湖南省长沙市
上海元一酒店有限公司	一般旅馆	上海市闵行区
青岛府新大厦	旅游饭店	山东省青岛市
青岛海景花园大酒店	旅游饭店	山东省青岛市
北京金融街国际酒店有限公司	旅游饭店	北京市西城区
如家和美酒店管理(北京)有限公司	一般旅馆	北京市西城区
内蒙古东达酒店有限公司锦江国际大酒店	旅游饭店	内蒙古自治区呼和浩特市
上海紫泰酒店管理有限公司	旅游饭店	上海市长宁区
苏州中茵皇冠假日酒店有限公司	旅游饭店	江苏省苏州市

4-3 续表 3

企业名称	所属行业	企业所在地
上海东郊宾馆有限公司	旅游饭店	上海市浦东新区
内蒙古饭店有限责任公司	旅游饭店	内蒙古自治区呼和浩特市
海南新佳和实业有限公司三亚分公司	旅游饭店	海南省三亚市
上海华亭宾馆有限公司	旅游饭店	上海市徐汇区
赛特集团有限公司	旅游饭店	北京市朝阳区
港澳中心有限公司	旅游饭店	北京市东城区
金茂深圳酒店投资有限公司金茂深圳万豪酒店	旅游饭店	广东省深圳市
长江轮船海外旅游总公司(武汉)	旅游饭店	湖北省武汉市
上海斯格威大酒店有限公司	旅游饭店	上海市黄浦区
上海锦沧文华大酒店有限公司	旅游饭店	上海市静安区
苏州新城花园酒店有限公司	旅游饭店	江苏省苏州市
温州华侨饭店	旅游饭店	浙江省温州市
浙江金马饭店有限公司	旅游饭店	浙江省杭州市
海南骏豪旅游发展有限公司	旅游饭店	海南省海口市
重庆君豪大饭店有限责任公司	旅游饭店	重庆市江北区
北京金隅凤山温泉度假村有限公司	旅游饭店	北京市昌平区
成都建工集团旅游有限公司青城国际酒店	旅游饭店	四川省成都市
泉州酒店	旅游饭店	福建省泉州市
青岛奥海投资发展有限公司海尔洲际酒店	旅游饭店	山东省青岛市
上海新世界丽笙大酒店有限公司	其他住宿服务	上海市黄浦区
东莞市嘉华酒店有限公司	旅游饭店	广东省东莞市
香格里拉国际饭店管理有限公司	旅游饭店	湖北省武汉市
杭钢(厦门)酒店有限公司	旅游饭店	福建省厦门市
南京国际大酒店有限公司所属南京维景国际大酒店	旅游饭店	江苏省南京市
上海虹桥宾馆有限公司	旅游饭店	上海市长宁区
三亚海韵度假酒店有限公司	旅游饭店	海南省三亚市
首都大酒店	旅游饭店	北京市东城区
三亚华宇旅业有限公司	旅游饭店	海南省三亚市
北京华侨大厦有限公司	旅游饭店	北京市东城区
江门市名冠金凯悦大酒店有限公司	一般旅馆	广东省江门市
重庆天来酒店有限公司	旅游饭店	重庆市渝北区
河北宾馆有限公司	旅游饭店	河北省石家庄市
保利(佛山)酒店有限公司	旅游饭店	广东省佛山市
徐州开元名都大酒店有限公司	旅游饭店	江苏省徐州市
长沙世纪金源大饭店有限公司	旅游饭店	湖南省长沙市
厦门悦华酒店	旅游饭店	福建省厦门市
香格里拉大酒店(呼和浩特)有限公司	旅游饭店	内蒙古自治区呼和浩特市
上海东锦江大酒店有限公司	旅游饭店	上海市浦东新区
上海海仑宾馆有限公司	旅游饭店	上海市黄浦区
北京云南大厦酒店有限公司	旅游饭店	北京市朝阳区
上海市上海宾馆有限公司	旅游饭店	上海市静安区
宁波开元名都大酒店有限公司	旅游饭店	浙江省宁波市
湛江康益广场娱乐有限公司	旅游饭店	广东省湛江市
济南海尔绿城置业有限公司喜来登酒店	旅游饭店	山东省济南市
深圳圣廷苑酒店有限公司	旅游饭店	广东省深圳市
上海松江开元名都大酒店有限公司	其他住宿服务	上海市松江区
辽宁大厦	旅游饭店	辽宁省沈阳市
北京燕京饭店有限责任公司	旅游饭店	北京市西城区
北京首都旅游国际酒店集团有限公司	一般旅馆	北京市东城区
北京贵宾楼饭店有限公司	旅游饭店	北京市东城区
杭州之江饭店	旅游饭店	浙江省杭州市

4-3 续表 4

企业名称	所属行业	企业所在地
泉州悦华酒店有限公司	旅游饭店	福建省泉州市
上海和平饭店有限公司	旅游饭店	上海市黄浦区
北京市京伦饭店有限责任公司	旅游饭店	北京市朝阳区
珠海度假村酒店有限公司	旅游饭店	广东省珠海市
深圳市华侨城城市客栈有限公司	一般旅馆	广东省深圳市
宁波太平洋大酒店有限公司	旅游饭店	浙江省宁波市
深圳好日子酒店有限公司	旅游饭店	广东省深圳市
南京玄武饭店有限责任公司	旅游饭店	江苏省南京市
北京亚洲大酒店有限公司	旅游饭店	北京市东城区
上海南新雅大酒店有限公司	旅游饭店	上海市黄浦区
广州大厦有限公司	一般旅馆	广东省广州市
青岛颐中国际大酒店有限公司	旅游饭店	山东省青岛市
上海建国宾馆有限公司	旅游饭店	上海市徐汇区
深圳恒丰海悦国际酒店有限公司	旅游饭店	广东省深圳市
广西红林大酒店有限公司	旅游饭店	广西壮族自治区南宁市
哈尔滨万达商业投资有限公司万达索菲特大酒店	旅游饭店	黑龙江省哈尔滨市
广东省机场管理集团公司白云机场铂尔曼大酒店	旅游饭店	广东省广州市
上海新发展圣淘沙大酒店有限公司	旅游饭店	上海市奉贤区
广西南宁饭店	旅游饭店	广西壮族自治区南宁市
杭州国际会议中心有限公司	旅游饭店	浙江省杭州市
浙江萧山宾馆股份有限公司	旅游饭店	浙江省杭州市
中国妇女活动中心	旅游饭店	北京市东城区
北京龙熙温泉度假酒店有限公司	旅游饭店	北京市大兴区
北京新侨饭店有限公司	旅游饭店	北京市东城区
北京歌华开元大酒店有限公司	旅游饭店	北京市朝阳区
梅地亚电视中心有限公司	旅游饭店	北京市海淀区
三亚海宇旅业投资有限公司	旅游饭店	海南省三亚市
河北建投能源投资股份有限公司国际大厦酒店	旅游饭店	河北省石家庄市
加福投资(深圳)有限公司福朋喜来登酒店	旅游饭店	广东省深圳市
肇庆市奥威斯酒店有限公司	旅游饭店	广东省肇庆市
河南中州旅游股份有限公司	旅游饭店	河南省郑州市
锦绣天地酒店管理有限公司	旅游饭店	浙江省杭州市
北京裕龙国际酒店	旅游饭店	北京市海淀区
沈阳北方航空扬子实业有限公司	旅游饭店	辽宁省沈阳市
江阴国际大酒店有限公司	旅游饭店	江苏省无锡市
四川富豪首座酒店管理有限公司	一般旅馆	四川省成都市
赤山集团有限公司赤山大酒店	旅游饭店	山东省威海市
上海国际贵都大饭店有限公司	旅游饭店	上海市静安区
香格里拉大酒店包头有限公司	旅游饭店	内蒙古自治区包头市
上虞雷迪森万锦大酒店有限公司	旅游饭店	浙江省绍兴市
福州西湖大酒店	旅游饭店	福建省福州市
三亚湘投瑞达置业有限公司三亚湘投银泰度假酒店	旅游饭店	海南省三亚市
沈阳盛贸饭店有限公司	旅游饭店	辽宁省沈阳市
广州凯旋华美达大酒店	旅游饭店	广东省广州市
南京中心大酒店有限公司	旅游饭店	江苏省南京市
北京市建国饭店公司	旅游饭店	北京市朝阳区
东莞市宏远酒店有限公司	旅游饭店	广东省东莞市
香格里拉大酒店(桂林)有限公司	旅游饭店	广西壮族自治区桂林市
上海紫金山大酒店	旅游饭店	上海市浦东新区
北京光明饭店有限公司	旅游饭店	北京市朝阳区
上海国际网球中心酒店管理有限公司	旅游饭店	上海市徐汇区

4-3 续表 5

企业名称	所属行业	企业所在地
大同市云冈宾馆有限责任公司	旅游饭店	山西省大同市
昆明翠湖宾馆有限公司	旅游饭店	云南省昆明市
上海银河宾馆有限公司	旅游饭店	上海市长宁区
张家港华芳金陵国际酒店有限公司	旅游饭店	江苏省苏州市
长沙明城国际大酒店有限责任公司	旅游饭店	湖南省长沙市
三亚鹿回头旅游区开发有限公司三亚半山半岛洲际度假酒店	旅游饭店	海南省三亚市
石家庄世贸广场酒店有限公司	旅游饭店	河北省石家庄市
广西沃顿国际大酒店有限公司	旅游饭店	广西壮族自治区南宁市
厦门京闽中心酒店	旅游饭店	福建省厦门市
宝钢集团宝山宾馆	旅游饭店	上海市宝山区
新疆机场集团天缘酒店管理有限责任公司	一般旅馆	新疆维吾尔自治区乌鲁木齐市
山东银座旅游集团有限公司	旅游饭店	山东省济南市
增城市碧桂园凤凰城酒店有限公司	旅游饭店	广东省广州市
北京欣燕都酒店连锁有限公司	旅游饭店	北京市西城区
长沙神农酒店管理有限公司	旅游饭店	湖南省长沙市
南京国际会议大酒店	旅游饭店	江苏省南京市
株洲市华天大酒店有限责任公司	旅游饭店	湖南省株洲市
上海悦华大酒店	旅游饭店	上海市奉贤区
上海世茂庄园置业有限公司世茂余山艾美酒店	旅游饭店	上海市松江区
广州科学城企业家创业服务中心有限公司	旅游饭店	广东省广州市
上海兴国宾馆	旅游饭店	上海市长宁区
大连长江广场有限公司日航饭店	旅游饭店	辽宁省大连市
广州流花宾馆集团股份有限公司	旅游饭店	广东省广州市
柳州饭店	旅游饭店	广西壮族自治区柳州市
陕西宾馆	旅游饭店	陕西省西安市
甘肃宁卧庄宾馆	旅游饭店	甘肃省兰州市
安徽省世纪金源大饭店管理有限公司	旅游饭店	安徽省合肥市
营口红运酒店管理有限公司红运大饭店	旅游饭店	辽宁省营口市
台州耀达国际酒店有限公司	旅游饭店	浙江省台州市
广州市星河湾酒店有限公司	旅游饭店	广东省广州市
慈溪市杭州湾大酒店有限公司	旅游饭店	浙江省宁波市
厦门东方酒店有限公司	旅游饭店	福建省厦门市
龙门县南昆山温泉旅游大观园有限公司	旅游饭店	广东省惠州市
桂林漓江大瀑布饭店有限责任公司	旅游饭店	广西壮族自治区桂林市
保利大厦有限公司	旅游饭店	北京市东城区
银星宾馆	旅游饭店	上海市长宁区
包头海德酒店有限公司	旅游饭店	内蒙古自治区包头市
河南雅高国际饭店有限公司	旅游饭店	河南省郑州市
南京黄马实业有限公司	旅游饭店	江苏省南京市
天津滨海泰达酒店开发有限公司	旅游饭店	天津市滨海新区
上海天禧嘉福璞缇客酒店有限公司	一般旅馆	上海市闵行区
南京古南都饭店有限公司	旅游饭店	江苏省南京市
江苏天目湖宾馆有限公司	旅游饭店	江苏省常州市
荣峰国际饭店	旅游饭店	山东省泰安市
上海古象大酒店有限公司	旅游饭店	上海市黄浦区
苍南国际大酒店有限公司	一般旅馆	浙江省温州市
云南红河投资有限公司酒店分公司	旅游饭店	云南省红河哈尼族彝族自治州
深圳市五洲宾馆有限责任公司	旅游饭店	广东省深圳市
义乌市锦都酒店有限公司	旅游饭店	浙江省金华市
东莞市长安国际酒店有限公司	旅游饭店	广东省东莞市
华能海南实业有限公司海口喜来登温泉度假酒店	旅游饭店	海南省海口市

4-3 续表 6

企业名称	所属行业	企业所在地
重庆皇石大酒店有限公司	旅游饭店	重庆市渝中区
杭州第一世界大酒店有限公司	旅游饭店	浙江省杭州市
哈尔滨华旗饭店有限公司	旅游饭店	黑龙江省哈尔滨市
浙江开元酒店管理有限公司诸暨耀江开元名都大酒店	一般旅馆	浙江省绍兴市
三亚亚龙湾开发股份有限公司亚龙湾凯莱仙人掌度假酒店	旅游饭店	海南省三亚市
东莞市龙泉国际大酒店	旅游饭店	广东省东莞市
新疆边疆宾馆	旅游饭店	新疆维吾尔自治区乌鲁木齐市
武汉华美达光谷大酒店	旅游饭店	湖北省武汉市
东莞市昌明实业有限公司喜来登酒店	旅游饭店	广东省东莞市
广东大厦	旅游饭店	广东省广州市
东莞御景湾酒店	旅游饭店	广东省东莞市
深圳阳光酒店	旅游饭店	广东省深圳市
河南大河锦江饭店有限责任公司	旅游饭店	河南省郑州市
湛江市霞山区金辉煌酒店	旅游饭店	广东省湛江市
海南海居旅业有限公司石梅湾艾美度假酒店	旅游饭店	海南省万宁市
中山香格里拉大酒店有限公司	旅游饭店	广东省中山市
北京高鹏天成投资管理有限公司	旅游饭店	北京市海淀区
盘古氏国际大酒店有限责任公司	旅游饭店	北京市朝阳区
湖南圣爵菲斯投资有限公司	旅游饭店	湖南省长沙市
长春金安大饭店有限公司	旅游饭店	吉林省长春市
北京和平宾馆有限公司	旅游饭店	北京市东城区
漳州宾馆	旅游饭店	福建省漳州市
内蒙古新城宾馆旅游业集团有限责任公司	旅游饭店	内蒙古自治区呼和浩特市
宁波开元大酒店有限公司	旅游饭店	浙江省宁波市
重庆洲际酒店投资有限公司	旅游饭店	重庆市渝中区
汕头帝豪酒店有限公司	旅游饭店	广东省汕头市
江西嘉莱特和平国际酒店有限公司	旅游饭店	江西省南昌市
杭州太虚湖假日酒店有限公司	旅游饭店	浙江省杭州市
武汉扬子江游船有限公司	旅游饭店	湖北省武汉市
北京凯迪克格兰云天大酒店有限公司	旅游饭店	北京市朝阳区
东莞市凯景酒店有限公司	旅游饭店	广东省东莞市
深圳骏豪酒店有限公司	旅游饭店	广东省深圳市
青岛黄岛蓝海大饭店有限公司	旅游饭店	山东省青岛市
湖南富丽华大酒店	旅游饭店	湖南省长沙市
北京京都信苑饭店有限公司	旅游饭店	北京市海淀区
平湖圣雷克大酒店有限责任公司	旅游饭店	浙江省嘉兴市
北京西郊宾馆有限责任公司	旅游饭店	北京市海淀区
文津国际酒店管理(北京)有限公司	旅游饭店	北京市海淀区
浙江宾馆有限责任公司	旅游饭店	浙江省杭州市
青岛黄海饭店	旅游饭店	山东省青岛市
广州三寓宾馆	旅游饭店	广东省广州市
绵阳绵州酒店有限公司	旅游饭店	四川省绵阳市
贵州饭店有限责任公司	旅游饭店	贵州省贵阳市
山西迎泽宾馆	旅游饭店	山西省太原市
武汉市七天酒店管理有限公司	旅游饭店	湖北省武汉市
河南省黄河迎宾馆	旅游饭店	河南省郑州市
永康宾馆	旅游饭店	浙江省金华市
东莞市太子酒店有限公司	旅游饭店	广东省东莞市
湖州天煌大酒店有限公司	旅游饭店	浙江省湖州市
青岛汇泉王朝大饭店有限公司	旅游饭店	山东省青岛市
昆明国际会展中心有限公司	旅游饭店	云南省昆明市

4-3 续表 7

企业名称	所属行业	企业所在地
南京新纪元大酒店有限公司	旅游饭店	江苏省南京市
宁波市凯洲实业有限公司	旅游饭店	浙江省宁波市
厦门福隆体育产业发展有限公司艾美酒店	旅游饭店	福建省厦门市
揭西县京明温泉度假村有限公司	旅游饭店	广东省揭阳市
广州首旅建国酒店有限公司	旅游饭店	广东省广州市
青岛万达广场置业有限公司万达艾美酒店	旅游饭店	山东省青岛市
武汉马哥孛罗酒店有限公司	旅游饭店	湖北省武汉市
北京港中旅维景国际大酒店有限公司	旅游饭店	北京市西城区
西安丝绸之路(喜来登)大酒店有限公司	旅游饭店	陕西省西安市
苏州胥城大厦有限公司	旅游饭店	江苏省苏州市
舟山市新华侨饭店有限责任公司	旅游饭店	浙江省舟山市
开封中州国际饭店有限公司	旅游饭店	河南省开封市
潍坊雅悦富华酒店管理有限公司	旅游饭店	山东省潍坊市
吴江松陵饭店有限公司	旅游饭店	江苏省苏州市
南宁明园饭店	旅游饭店	广西壮族自治区南宁市
瑞安市钱塘阳光假日酒店有限公司	旅游饭店	浙江省温州市
广州华侨大厦企业有限公司	旅游饭店	广东省广州市
西安建国饭店有限公司	旅游饭店	陕西省西安市
御道津旅(天津)发展有限公司威斯汀酒店	旅游饭店	天津市和平区
绍兴咸亨大酒店有限公司	旅游饭店	浙江省绍兴市
厦门国际会议中心酒店有限公司	旅游饭店	福建省厦门市
金华市世贸大饭店有限公司	旅游饭店	浙江省金华市
广州从化碧水湾温泉度假村有限公司	旅游饭店	广东省广州市
福清融侨大酒店	旅游饭店	福建省福州市
武汉江城明珠酒店有限公司	旅游饭店	湖北省武汉市
河北白鹿温泉旅游度假股份有限公司	旅游饭店	河北省石家庄市
吉林省松苑宾馆	旅游饭店	吉林省长春市
九寨沟喜来登国际大酒店有限责任公司	旅游饭店	四川省阿坝藏族羌族自治州
山东银座佳驿酒店有限公司	一般旅馆	山东省济南市
安徽天鹅湖大酒店有限公司	旅游饭店	安徽省合肥市
新疆瑞豪国际酒店	旅游饭店	新疆维吾尔自治区乌鲁木齐市
丽江悦榕酒店有限公司	旅游饭店	云南省丽江市
北海香格里拉大酒店有限公司	旅游饭店	广西壮族自治区北海市
广州市七天酒店管理有限公司	一般旅馆	广东省广州市
湖南湘投金源大酒店有限公司	旅游饭店	湖南省长沙市
泰州会宾楼宾馆有限公司	旅游饭店	江苏省泰州市
金华国贸大厦有限公司	旅游饭店	浙江省金华市
上海宝隆宾馆有限公司	旅游饭店	上海市虹口区
深圳市东方银座酒店有限公司	旅游饭店	广东省深圳市
中日青年交流中心	旅游饭店	北京市朝阳区
三亚亚龙湾云天热带森林公园有限公司人间天堂鸟巢度假村	旅游饭店	海南省三亚市
开平潭江半岛酒店	旅游饭店	广东省江门市
郑州兆丰中油投资有限公司花园酒店分公司	旅游饭店	河南省郑州市
上海锦江国际饭店有限公司	旅游饭店	上海市黄浦区
南京银河房地产开发有限公司索非特银河大酒店	旅游饭店	江苏省南京市
北京北方华天置业有限公司	旅游饭店	北京市海淀区
佛山市顺德区华财企业投资公司顺德喜来登酒店	旅游饭店	广东省佛山市
北京伯豪瑞廷酒店有限责任公司	旅游饭店	北京市朝阳区
广州市嘉逸国际酒店有限公司	旅游饭店	广东省广州市
广州文化假日酒店有限公司	旅游饭店	广东省广州市
北京中环鑫融酒店管理有限公司	旅游饭店	北京市西城区

4-3 续表 8

企业名称	所属行业	企业所在地
北京市人民政府宽沟招待所	旅游饭店	北京市怀柔区
珠海德翰大酒店有限公司	旅游饭店	广东省珠海市
珠海海湾大酒店	旅游饭店	广东省珠海市
福州美伦大饭店有限公司	旅游饭店	福建省福州市
沈阳黎明酒店管理有限公司黎明国际酒店	旅游饭店	辽宁省沈阳市
合肥万达广场投资有限公司万达威斯汀酒店	旅游饭店	安徽省合肥市
陕西世纪金源大饭店有限责任公司	旅游饭店	陕西省西安市
秦皇岛秦皇国际大酒店有限公司	旅游饭店	河北省秦皇岛市
合肥古井假日酒店	旅游饭店	安徽省合肥市
青岛海情大酒店	旅游饭店	山东省青岛市
北京和园景逸大酒店有限公司	一般旅馆	北京市顺义区
渔阳饭店有限公司	旅游饭店	北京市朝阳区
苏州市会议中心	旅游饭店	江苏省苏州市
扬州迎宾馆有限责任公司	旅游饭店	江苏省扬州市
北京拉斐特城堡酒店有限公司	旅游饭店	北京市昌平区
晋江市荣誉国际酒店有限责任公司	旅游饭店	福建省泉州市
三亚天恩实业有限公司	旅游饭店	海南省三亚市
雷迪森旅业集团有限公司	旅游饭店	浙江省杭州市
东莞市华南国际大酒店有限公司	旅游饭店	广东省东莞市
北京京铁天佑酒店管理有限公司	旅游饭店	北京市丰台区
海南南山文化旅游开发有限公司	旅游饭店	海南省三亚市
南京中山大厦	旅游饭店	江苏省南京市
杭州大厦有限公司	旅游饭店	浙江省杭州市
海南海景乐园国际有限公司三亚蜈支洲岛度假中心	旅游饭店	海南省三亚市
青岛海天大酒店有限公司	旅游饭店	山东省青岛市
甘肃金昌时代酒店管理有限公司	旅游饭店	甘肃省金昌市
贵阳铂尔曼大酒店有限公司	旅游饭店	贵州省贵阳市

4-4 大型餐饮业企业名单

企业名称	所属行业	企业所在地
杭州肯德基有限公司	快餐服务	浙江省杭州市
百胜餐饮广东有限公司	快餐服务	广东省广州市
百胜餐饮(沈阳)有限公司	快餐服务	辽宁省沈阳市
北京肯德基有限公司	快餐服务	北京市东城区
天津肯德基有限公司	快餐服务	天津市南开区
上海肯德基有限公司	快餐服务	上海市徐汇区
南京肯德基有限公司	快餐服务	江苏省南京市
上海必胜客有限公司	正餐服务	上海市徐汇区
广东三元麦当劳食品有限公司	快餐服务	广东省广州市
北京麦当劳食品有限公司	快餐服务	北京市东城区
四川海底捞餐饮股份有限公司	其他餐饮服务	四川省资阳市
百胜餐饮(深圳)有限公司	快餐服务	广东省深圳市
青岛肯德基有限公司	快餐服务	山东省青岛市
北京必胜客比萨饼有限公司	正餐服务	北京市东城区
浙江凯旋门澳门豆捞控股集团有限公司	正餐服务	浙江省杭州市
福州曼伯罗食品有限公司	正餐服务	福建省福州市
百胜餐饮(武汉)有限公司	快餐服务	湖北省武汉市
苏州肯德基有限公司	快餐服务	江苏省苏州市
麦当劳餐厅(深圳)有限公司	快餐服务	广东省深圳市
上海麦当劳食品有限公司	快餐服务	上海市徐汇区
上海统一星巴克咖啡有限公司	饮料及冷饮服务	上海市徐汇区
北京吉野家快餐有限公司	快餐服务	北京市东城区
山东蓝海股份有限公司	正餐服务	山东省东营市
百胜餐饮成都有限公司	快餐服务	四川省成都市
无锡肯德基有限公司	快餐服务	江苏省无锡市
长沙肯德基有限公司	快餐服务	湖南省长沙市
呷哺呷哺餐饮管理有限公司	快餐服务	北京市大兴区
中国全聚德(集团)股份有限公司	正餐服务	北京市西城区
大娘水饺餐饮集团股份有限公司	快餐服务	江苏省常州市
俏江南股份有限公司	正餐服务	北京市朝阳区
天津麦当劳食品有限公司	快餐服务	天津市河西区
太原肯德基有限公司	快餐服务	山西省太原市
广州真功夫快餐连锁管理有限公司	快餐服务	广东省广州市
厦门肯德基有限公司	快餐服务	福建省厦门市
重庆兴红得聪餐饮管理有限公司	快餐服务	重庆市渝中区
顺峰饮食酒店管理股份有限公司	正餐服务	北京市朝阳区
上海领先餐饮管理有限公司	正餐服务	上海市黄浦区
百胜餐饮(西安)有限公司	正餐服务	陕西省西安市
北京首都机场餐饮发展有限公司	正餐服务	北京市顺义区
重庆和之吉饮食文化有限公司	正餐服务	重庆市渝中区
百胜餐饮(福州)有限公司	快餐服务	福建省福州市
津味(上海)餐饮管理有限公司	其他餐饮服务	上海市长宁区
郑州肯德基有限公司	快餐服务	河南省郑州市
北京星巴克咖啡有限公司	饮料及冷饮服务	北京市朝阳区
大连肯德基有限公司	快餐服务	辽宁省大连市
重庆骑龙饮食文化有限责任公司	正餐服务	重庆市北碚区
上海一茶一坐餐饮有限公司	正餐服务	上海市虹口区
南昌肯德基有限公司	快餐服务	江西省南昌市
南京麦当劳餐饮食品有限公司	快餐服务	江苏省南京市
武汉麦当劳餐饮食品有限公司	快餐服务	湖北省武汉市

4-4 续表1

企业名称	所属行业	企业所在地
西安饮食股份有限公司	正餐服务	陕西省西安市
东莞肯德基有限公司	快餐服务	广东省东莞市
内蒙古小尾羊餐饮连锁股份有限公司	正餐服务	内蒙古自治区包头市
重庆佳永小天鹅餐饮有限公司	正餐服务	重庆市江北区
深圳真功夫餐饮管理有限公司	快餐服务	广东省深圳市
深圳面点王饮食连锁有限公司	快餐服务	广东省深圳市
武汉艳阳天商贸发展有限公司	正餐服务	湖北省武汉市
上海老城隍庙餐饮(集团)有限公司	其他餐饮服务	上海市黄浦区
南宁肯德基有限公司	快餐服务	广西壮族自治区南宁市
广州酒家集团股份有限公司	正餐服务	广东省广州市
四川麦当劳餐厅食品有限公司	快餐服务	四川省成都市
浙江麦当劳餐厅食品有限公司	快餐服务	浙江省杭州市
昆明肯德基有限公司	快餐服务	云南省昆明市
西安真爱服务产业有限公司	正餐服务	陕西省西安市
重庆陶然居饮食文化(集团)股份有限公司	正餐服务	重庆市九龙坡区
陕西松茂食品餐饮有限公司	快餐服务	陕西省西安市
绍兴市咸亨酒店有限公司	正餐服务	浙江省绍兴市
上海永和大王餐饮有限公司	快餐服务	上海市闵行区
沈阳顺峰饮食有限公司	正餐服务	辽宁省沈阳市
聚德华天控股有限公司	正餐服务	北京市西城区
杭州饮食服务集团有限公司	正餐服务	浙江省杭州市
北京郭林家常菜食品有限责任公司	正餐服务	北京市西城区
四川乡村基餐饮有限公司	快餐服务	四川省成都市
北京大董烤鸭店有限责任公司	正餐服务	北京市朝阳区
武汉市亢龙太子酒轩有限责任公司	正餐服务	湖北省武汉市
厦门麦当劳食品发展有限公司	快餐服务	福建省厦门市
湖南麦当劳(餐厅食品)有限公司	快餐服务	湖南省长沙市
北京湘鄂情股份有限公司	正餐服务	北京市海淀区
北京眉州酒店管理有限公司	正餐服务	北京市朝阳区
沈阳麦当劳(餐厅食品)有限公司	快餐服务	辽宁省沈阳市
上海巴贝拉意舟餐饮管理有限公司	快餐服务	上海市浦东新区
浙江老娘舅餐饮有限公司	快餐服务	浙江省湖州市
北京永和大王餐饮有限公司	快餐服务	北京市东城区
北京嘉和一品企业管理股份有限公司	正餐服务	北京市顺义区
常州丽华快餐集团有限公司	快餐服务	江苏省常州市
美心星巴克咖啡餐饮(广东)有限公司	饮料及冷饮服务	广东省广州市
福州麦当劳餐厅食品有限公司	快餐服务	福建省福州市
上海金萌苏浙汇餐饮有限公司	正餐服务	上海市徐汇区
眉州东坡餐饮管理(北京)有限公司	正餐服务	北京市朝阳区
真功夫餐饮管理有限公司	快餐服务	广东省东莞市
广州白云国际会议中心有限公司	正餐服务	广东省广州市
重庆肯德基有限公司	快餐服务	重庆市渝中区
上海避风塘美食有限公司	正餐服务	上海市黄浦区
北京真功夫快餐连锁管理有限公司	快餐服务	北京市朝阳区
大连麦当劳餐厅食品有限公司	快餐服务	辽宁省大连市
安徽同庆楼餐饮发展有限公司	正餐服务	安徽省合肥市
浙江两岸食品连锁有限公司	正餐服务	浙江省杭州市
北京市新宏状元餐饮管理有限公司	正餐服务	北京市海淀区
北京金鼎轩酒楼有限责任公司	正餐服务	北京市东城区
北京索迪斯服务有限公司	其他餐饮服务	北京市朝阳区

4-4 续表2

企业名称	所属行业	企业所在地
兰州肯德基有限公司	快餐服务	甘肃省兰州市
迪欧餐饮管理有限公司	饮料及冷饮服务	江苏省苏州市
广州渔民新村饮食有限公司	正餐服务	广东省广州市
南京味千餐饮管理有限公司	快餐服务	江苏省南京市
新疆肯德基有限公司	快餐服务	新疆维吾尔自治区乌鲁木齐市
山东麦当劳(餐厅食品)有限公司	快餐服务	山东省济南市
上海萨莉亚餐饮有限公司	正餐服务	上海市徐汇区
北京和合谷餐饮管理有限公司	快餐服务	北京市西城区
广州市绿茵阁饮食连锁有限公司	正餐服务	广东省广州市
福州德克士食品有限公司	快餐服务	福建省福州市
上海怡乐食食品科技服务有限公司	快餐服务	上海市徐汇区
东莞麦华食品有限公司	快餐服务	广东省东莞市
福州世纪金源大饭店有限公司	正餐服务	福建省福州市
春满园饮食管理服务(深圳)有限公司	正餐服务	广东省深圳市
上海金钱豹宴会餐饮管理有限公司	正餐服务	上海市闵行区
无锡市麦当劳餐厅食品有限公司	快餐服务	江苏省无锡市
武汉市生物工程学院后勤服务中心	正餐服务	湖北省武汉市
浙江外婆家餐饮有限公司	正餐服务	浙江省杭州市
河南麦当劳(餐厅食品)有限公司	正餐服务	河南省郑州市
上海广成餐饮有限公司	正餐服务	上海市长宁区
温州万和豪生大酒店有限公司	正餐服务	浙江省温州市
深圳永和大王餐饮有限公司	快餐服务	广东省深圳市
上海宝莱纳餐饮有限公司	正餐服务	上海市宝山区
北京好伦哥餐饮有限公司	快餐服务	北京市海淀区
美心星巴克咖啡餐饮(深圳)有限公司	饮料及冷饮服务	广东省深圳市
上海避风塘美食餐饮有限公司	正餐服务	上海市虹口区
上海新旺餐饮管理有限公司	正餐服务	上海市黄浦区
山西丽华大酒店有限责任公司	正餐服务	山西省太原市
宁波南苑环球酒店管理有限公司	正餐服务	浙江省宁波市
广州黄埔华苑大酒店	正餐服务	广东省广州市
苏州吴地人家酒店管理有限公司	正餐服务	江苏省苏州市
北京金钱豹餐饮有限公司	正餐服务	北京市东城区
平湖白金汉爵大酒店有限公司	正餐服务	浙江省嘉兴市
汕头高新区新梅园大酒楼有限公司	正餐服务	广东省汕头市
南海渔村有限公司	正餐服务	广东省广州市
安徽麦当劳(餐厅食品)有限公司	快餐服务	安徽省合肥市
成都巴国布衣餐饮发展有限公司	正餐服务	四川省成都市
北京便宜坊烤鸭集团有限公司	正餐服务	北京市东城区
贵州雅园饮食娱乐有限责任公司	正餐服务	贵州省贵阳市
江苏天水雅居餐饮管理有限公司	正餐服务	江苏省无锡市
杏花楼餐饮食品有限公司	正餐服务	上海市黄浦区
东莞麦长食品有限公司	快餐服务	广东省东莞市
上海大富贵酒楼	正餐服务	上海市黄浦区
北京味千餐饮管理有限公司	快餐服务	北京市朝阳区
上海新亚大家乐餐饮有限公司	快餐服务	上海市虹口区
中山麦当劳食品有限公司	快餐服务	广东省中山市
杭州楼外楼实业集团股份有限公司	正餐服务	浙江省杭州市
唐山凤凰园美食城	正餐服务	河北省唐山市
山东天河酒店集团有限公司	正餐服务	山东省东营市
北京凯瑞豪门餐饮有限公司	正餐服务	北京市海淀区

4-4 续表3

企业名称	所属行业	企业所在地
北京金钱豹餐饮管理有限公司	正餐服务	北京市朝阳区
北京市西单麻辣诱惑餐饮有限公司	正餐服务	北京市西城区
北京金悦航天桥餐饮有限公司	正餐服务	北京市海淀区
北京万龙洲饮食有限责任公司	正餐服务	北京市东城区
安徽蜀王美心快餐管理有限责任公司	快餐服务	安徽省合肥市
大连万宝海鲜舫	正餐服务	辽宁省大连市
康帕斯配餐服务(中国)有限公司	快餐服务	上海市闵行区
上海博海餐饮有限公司	正餐服务	上海市金山区
西安麦当劳(餐厅食品)有限公司	快餐服务	陕西省西安市
上海新区小南国餐饮管理有限公司	正餐服务	上海市浦东新区
和夏(南京)餐饮管理有限公司	其他餐饮服务	江苏省南京市
广州市番禺中国旅行社	正餐服务	广东省广州市
东莞旗峰山酒店有限公司	正餐服务	广东省东莞市
上海银湖酒店有限公司	正餐服务	上海市松江区
吉林省南湖宾馆	正餐服务	吉林省长春市
北京小南国餐饮管理有限公司	正餐服务	北京市东城区
深圳航空食品有限公司	其他餐饮服务	广东省深圳市
长春华天酒店管理有限公司	正餐服务	吉林省长春市
重庆市万州区小八仙餐饮有限公司	正餐服务	重庆市万州区
杭州味千餐饮管理有限公司	正餐服务	浙江省杭州市
北京德克士食品有限公司	快餐服务	北京市东城区
武汉湖锦娱乐发展有限公司江汉分公司	正餐服务	湖北省武汉市
上海禾绿饮食有限公司	正餐服务	上海市长宁区
山东华盛江泉城酒店有限公司	正餐服务	山东省临沂市
江门麦当劳(餐厅食品)有限公司	快餐服务	广东省江门市
上海沃歌斯餐饮有限公司	快餐服务	上海市静安区
苏州松鹤楼餐饮管理有限公司	正餐服务	江苏省苏州市
上海爱一特餐饮有限公司	正餐服务	上海市浦东新区
中山市海港商务酒店有限公司	正餐服务	广东省中山市
北京金钱豹国际美食有限公司	快餐服务	北京市朝阳区
深圳市嘉旺餐饮连锁有限公司	快餐服务	广东省深圳市
青岛麦当劳(餐厅食品)有限公司	快餐服务	山东省青岛市
安徽金满楼餐饮股份有限公司	正餐服务	安徽省合肥市
北京东来顺集团有限责任公司	正餐服务	北京市东城区
山西海外海酒店投资管理有限公司	正餐服务	山西省太原市
宏茂饮食管理(深圳)有限公司	其他餐饮服务	广东省深圳市
成都银杏金阁餐饮股份有限公司	正餐服务	四川省成都市
广州陶陶居饮食有限公司	正餐服务	广东省广州市
西安百姓厨房大馄饨餐饮有限责任公司	正餐服务	陕西省西安市
西安福迎门大香港鲍翅酒楼有限公司	正餐服务	陕西省西安市
大连合兴快餐有限公司	快餐服务	辽宁省大连市
山西唐都生态园餐饮有限公司	正餐服务	山西省太原市
济南市环山鱼翅皇宫大酒店	正餐服务	山东省济南市
西安小六汤包餐饮有限责任公司	正餐服务	陕西省西安市
深圳市迈志豪餐饮实业有限公司	其他餐饮服务	广东省深圳市
上海红子鸡美食总汇有限公司	正餐服务	上海市普陀区
深圳领鲜稻香饮食有限公司	正餐服务	广东省深圳市
沈阳筷道餐饮有限公司	正餐服务	辽宁省沈阳市
温州滨海大酒店有限公司	正餐服务	浙江省温州市
广州泛亚饮食有限公司	快餐服务	广东省广州市

4-4 续表4

企业名称	所属行业	企业所在地
广西麦当劳餐厅食品有限公司	快餐服务	广西壮族自治区南宁市
太原滨河一号餐饮有限公司	正餐服务	山西省太原市
北京无名居美食有限公司	正餐服务	北京市海淀区
惠州麦当劳(餐厅食品)有限公司	快餐服务	广东省惠州市
广州市越秀区艺都燕窝鱼翅酒家	正餐服务	广东省广州市
广州市番禺区南村四海一家美食城	正餐服务	广东省广州市
上海常州大娘水饺餐饮有限公司	其他餐饮服务	上海市黄浦区
成都红杏酒家有限责任公司	正餐服务	四川省成都市
武汉市小蓝鲸健康美食酒店管理有限公司	正餐服务	湖北省武汉市
山东舜和国际酒店有限公司	正餐服务	山东省济南市
深圳市禾绿餐饮管理有限公司	快餐服务	广东省深圳市
乐清市金鼎大酒店有限公司	正餐服务	浙江省温州市
乐清市罗马假日大酒店有限公司	正餐服务	浙江省温州市
青岛健力源营养配餐管理有限公司	其他餐饮服务	山东省青岛市
深圳市海珠城美食会有限公司	正餐服务	广东省深圳市
重庆申基房地产开发有限公司申基索菲特大酒店	正餐服务	重庆市九龙坡区
北京金白领餐饮有限公司	正餐服务	北京市海淀区
北京乙十六餐饮有限公司	正餐服务	北京市东城区
南京狮王府美食(休闲)有限公司	正餐服务	江苏省南京市
深圳市百岁村餐饮连锁有限公司	正餐服务	广东省深圳市
深圳市粤菜王府餐饮管理有限公司	正餐服务	广东省深圳市
苏州市大娘水饺餐饮有限公司	其他餐饮服务	江苏省苏州市
长春开元名都大酒店有限公司	正餐服务	吉林省长春市
杭州金沙港旅游文化村有限公司	正餐服务	浙江省杭州市
成都国际会议展览中心	正餐服务	四川省成都市
深圳市誉兴饮食管理有限公司	其他餐饮服务	广东省深圳市
黑龙江麦当劳餐厅食品有限公司	快餐服务	黑龙江省哈尔滨市
新疆百富餐饮管理有限公司	快餐服务	新疆维吾尔自治区乌鲁木齐市
大连天天渔港餐饮有限公司	正餐服务	辽宁省大连市
南京梅山生活服务发展有限公司	正餐服务	江苏省南京市
北京天使食府餐饮有限责任公司	正餐服务	北京市丰台区
上海海舟餐饮服务管理有限公司	其他餐饮服务	上海市浦东新区
山东味千餐饮管理有限公司	快餐服务	山东省青岛市
北京恒泰丰餐饮有限公司	正餐服务	北京市东城区
成都大蓉和酒店有限公司	正餐服务	四川省成都市
湖北巴山夜雨酒店管理有限公司	正餐服务	湖北省武汉市
湛江市赤坎大天然海鲜居有限公司	正餐服务	广东省湛江市
湖北三五醇食品配送有限公司	正餐服务	湖北省武汉市
北京倪氏海泰餐饮有限公司	正餐服务	北京市海淀区
南通市文峰饭店有限公司	正餐服务	江苏省南通市
广州市番禺祈福新邨渡假俱乐部有限公司	正餐服务	广东省广州市
汉堡王(上海)餐饮有限公司	其他餐饮服务	上海市黄浦区
杭州新丰小吃有限公司	其他餐饮服务	浙江省杭州市
狗不理集团股份有限公司	正餐服务	天津市和平区
北京星物语餐饮管理有限公司	其他餐饮服务	北京市东城区
长沙饮食集团长沙火宫殿有限公司	正餐服务	湖南省长沙市
深圳南联食品有限公司	其他餐饮服务	广东省深圳市
杭州知味观味庄餐饮有限公司	正餐服务	浙江省杭州市
蓝蛙餐饮管理(上海)有限公司	正餐服务	上海市浦东新区
深圳威耀饮食有限公司	快餐服务	广东省深圳市

4-4 续表5

企业名称	所属行业	企业所在地
上海展圆餐饮管理有限公司	正餐服务	上海市徐汇区
常州福记餐饮投资管理有限公司	正餐服务	江苏省常州市
上海虹梅小南国餐饮有限公司	正餐服务	上海市闵行区
深圳新语餐饮管理有限公司	其他餐饮服务	广东省深圳市
北京眉州东坡酒楼	正餐服务	北京市朝阳区
杭州新开元大酒店有限公司	正餐服务	浙江省杭州市
天津狗不理水上大酒楼有限公司	正餐服务	天津市南开区
北京禾绿回转寿司饮食有限公司	快餐服务	北京市朝阳区
江西新阳光娱乐餐饮管理有限公司	正餐服务	江西省南昌市
湖北湘鄂情餐饮投资有限公司	其他餐饮服务	湖北省武汉市
北京旺顺阁美食有限公司	正餐服务	北京市朝阳区
北京为之味餐饮有限公司	快餐服务	北京市东城区
北京翔达投资管理有限公司	正餐服务	北京市西城区
上海日益餐饮有限公司	正餐服务	上海市浦东新区
上海外滩三号饮食文化有限公司	其他餐饮服务	上海市黄浦区
北京联合渝乡人家餐饮有限公司	正餐服务	北京市朝阳区
北京航天华盛科贸发展有限公司	正餐服务	北京市丰台区

4-5 分地区大型批发零售和住宿餐饮业企业名单

企业名称	所属行业	企业所在地
北京市		
宝马(中国)汽车贸易有限公司	汽车、摩托车及零配件批发	北京市朝阳区
一汽丰田汽车销售有限公司	汽车、摩托车及零配件批发	北京市海淀区
梅赛德斯－奔驰(中国)汽车销售有限公司	汽车、摩托车及零配件批发	北京市朝阳区
中国航空油料有限责任公司	石油及制品批发	北京市海淀区
中国中煤能源股份有限公司	煤炭及制品批发	北京市朝阳区
神华销售集团有限公司	煤炭及制品批发	北京市东城区
中国矿产有限责任公司	金属及金属矿批发	北京市海淀区
中国进口汽车贸易有限公司	汽车、摩托车及零配件批发	北京市海淀区
中国石油化工股份有限公司北京石油分公司	机动车燃料零售	北京市东城区
中国石化燃料油销售有限公司	石油及制品批发	北京市朝阳区
诺基亚(中国)投资有限公司	通讯及广播电视设备批发	北京市大兴区
丰田汽车(中国)投资有限公司	汽车、摩托车及零配件批发	北京市朝阳区
中钢钢铁有限公司	金属及金属矿批发	北京市海淀区
中石油昆仑燃气有限公司	石油及制品批发	北京市朝阳区
中化化肥有限公司	化肥批发	北京市西城区
五矿有色金属股份有限公司	金属及金属矿批发	北京市海淀区
中国首钢国际贸易工程公司	金属及金属矿批发	北京市海淀区
中国铁路物资股份有限公司	金属及金属矿批发	北京市丰台区
索尼(中国)有限公司	家用电器批发	北京市朝阳区
西门子(中国)有限公司	通讯及广播电视设备批发	北京市朝阳区
中国铁路物资北京有限公司	金属及金属矿批发	北京市西城区
松下电器(中国)有限公司	家用电器批发	北京市朝阳区
佳能(中国)有限公司	家用电器批发	北京市东城区
中国神华能源股份有限公司煤炭销售中心	煤炭及制品批发	北京市海淀区
中邮普泰通信服务股份有限公司	通讯及广播电视设备批发	北京市西城区
中国石油技术开发公司	其他机械设备及电子产品批发	北京市西城区
北新建材集团有限公司	建材批发	北京市海淀区
中国石油天然气股份有限公司北京销售分公司	石油及制品批发	北京市朝阳区
日产(中国)投资有限公司	汽车、摩托车及零配件批发	北京市朝阳区
施耐德电气(中国)有限公司	其他机械设备及电子产品批发	北京市朝阳区
中化物产股份有限公司	其他化工产品批发	北京市东城区
北京普天太力通信科技有限公司	通讯及广播电视设备批发	北京市海淀区
北京京东世纪信息技术有限公司	计算机、软件及辅助设备零售	北京市大兴区
现代汽车(中国)投资有限公司	汽车、摩托车及零配件批发	北京市朝阳区
翰林汇信息产业股份有限公司	计算机、软件及辅助设备批发	北京市海淀区
中国烟草总公司北京市公司	烟草制品批发	北京市通州区
中粮食品营销有限公司	米、面制品及食用油批发	北京市东城区
乐金电子(中国)有限公司	家用电器批发	北京市朝阳区
大金(中国)投资有限公司	家用电器批发	北京市东城区
北京医药股份有限公司	药品零售	北京市东城区
北京金隅水泥经贸有限公司	建材批发	北京市房山区
北京菜市口百货股份有限公司	百货零售	北京市西城区
卡特彼勒(中国)投资有限公司	其他机械设备及电子产品批发	北京市朝阳区
中化塑料有限公司	其他化工产品批发	北京市西城区
北京科园信海医药经营有限公司	中药材及中成药批发	北京市丰台区
中国植物油公司	米、面制品及食用油批发	北京市西城区
中国再生资源开发有限公司	再生物资回收与批发	北京市西城区
北京京东世纪贸易有限公司	邮购及电子销售	北京市海淀区
北京苏宁电器有限公司	家用电器零售	北京市通州区
北京红牛饮料销售有限公司	饮料及茶叶批发	北京市朝阳区
诺基亚西门子通信技术(北京)有限公司	通讯及广播电视设备批发	北京市东城区

4-5 续表 1

企业名称	所属行业	企业所在地
北京首钢新钢联科贸有限公司	金属及金属矿批发	北京市丰台区
北京华联综合超市股份有限公司	超级市场零售	北京市西城区
国美电器有限公司	家用电器零售	北京市朝阳区
中钢设备有限公司	其他机械设备及电子产品批发	北京市海淀区
北京派普科技集团有限公司	通讯及广播电视设备批发	北京市海淀区
北京市大中家用电器连锁销售有限公司	家用电器零售	北京市石景山区
国药集团药业股份有限公司	西药批发	北京市东城区
中建材国际贸易有限公司	建材批发	北京市海淀区
中国石油化工股份有限公司润滑油分公司	石油及制品批发	北京市海淀区
中国有色金属建设股份有限公司	金属及金属矿批发	北京市朝阳区
北京燕莎友谊商城有限公司	百货零售	北京市朝阳区
北京龙禹石油化工有限公司	石油及制品批发	北京市平谷区
路易达孚(北京)贸易有限责任公司	谷物、豆及薯类批发	北京市朝阳区
华润雪花啤酒(中国)有限公司	饮料及茶叶批发	北京市东城区
北京家乐福商业有限公司	超级市场零售	北京市丰台区
北京物美商业集团股份有限公司	超级市场零售	北京市石景山区
李宁(中国)体育用品有限公司	体育用品批发	北京市通州区
中航技进出口有限责任公司	其他机械设备及电子产品批发	北京市大兴区
国药控股北京有限公司	中药材及中成药批发	北京市东城区
华联新光百货(北京)有限公司	百货零售	北京市朝阳区
中国北方工业公司	其他未列明的批发	北京市西城区
中粮国际(北京)有限公司	米、面制品及食用油批发	北京市东城区
中国电子进出口总公司	贸易经纪与代理	北京市海淀区
北京京客隆商业集团股份有限公司	超级市场零售	北京市朝阳区
北京世纪卓越信息技术有限公司	邮购及电子销售	北京市朝阳区
北京物美综合超市有限公司	超级市场零售	北京市大兴区
北京翠微大厦股份有限公司	百货零售	北京市海淀区
苹果电子产品商贸(北京)有限公司	计算机、软件及辅助设备零售	北京市东城区
中铁物资集团有限公司	金属及金属矿批发	北京市海淀区
中粮集团有限公司	谷物、豆及薯类批发	北京市东城区
威斯特(北京)机械设备有限公司	其他机械设备及电子产品批发	北京市大兴区
中国航空技术北京有限公司	其他机械设备及电子产品批发	北京市大兴区
中国机械进出口(集团)有限公司	贸易经纪与代理	北京市西城区
亚马逊卓越有限公司	图书批发	北京市朝阳区
中国联合石油有限责任公司	石油及制品批发	北京市西城区
百盛商业发展有限公司	百货零售	北京市西城区
北京旭阳宏业化工有限公司	煤炭及制品批发	北京市丰台区
李宁(北京)体育用品商业有限公司	体育用品批发	北京市通州区
北京沃尔玛百货有限公司	超级市场零售	北京市石景山区
北京市糖业烟酒公司	饮料及茶叶批发	北京市东城区
北京美廉美连锁商业有限公司	超级市场零售	北京市海淀区
北京肯德基有限公司	快餐服务	北京市东城区
中国精密机械进出口总公司	贸易经纪与代理	北京市海淀区
索尼爱立信移动通信产品(中国)有限公司	通讯及广播电视设备批发	北京市朝阳区
北京九州通医药有限公司	西药批发	北京市大兴区
戴姆勒东北亚零部件贸易服务有限公司	汽车、摩托车及零配件批发	北京市朝阳区
中国免税品(集团)有限责任公司	烟草制品批发	北京市东城区
新时代健康产业(集团)有限公司	其他食品批发	北京市朝阳区
北京周大福珠宝金行有限公司	首饰、工艺品及收藏品批发	北京市东城区
北京中科三环高技术股份有限公司	金属及金属矿批发	北京市海淀区
超威半导体产品(中国)有限公司	通讯及广播电视设备批发	北京市海淀区
松下电工(中国)有限公司	五金、交电批发	北京市朝阳区

4-5 续表 2

企业名称	所属行业	企业所在地
东陶(中国)有限公司	厨房、卫生间用具及日用杂货批发	北京市朝阳区
本田技研工业(中国)投资有限公司	汽车、摩托车及零配件批发	北京市朝阳区
ＢＨＧ(北京)百货有限公司	其他日用品零售	北京市西城区
中化道达尔燃油有限公司	机动车燃料零售	北京市海淀区
北京酷人通讯科技有限公司	通讯及广播电视设备批发	北京市朝阳区
中国石化国际事业有限公司	其他机械设备及电子产品批发	北京市朝阳区
国药控股北京华鸿有限公司	西药批发	北京市东城区
通用美康医药有限公司	中药材及中成药批发	北京市东城区
北京王府井百货(集团)股份有限公司	百货零售	北京市东城区
华糖洋华堂商业有限公司	百货零售	北京市朝阳区
日上免税行(中国)有限公司	百货零售	北京市顺义区
北京超市发连锁股份有限公司	超级市场零售	北京市海淀区
北京当当网信息技术有限公司	图书零售	北京市东城区
北京麦当劳食品有限公司	快餐服务	北京市东城区
凡客诚品(北京)科技有限公司	服装零售	北京市丰台区
北京同仁堂健康药品经营有限公司	中药材及中成药批发	北京市朝阳区
北京福田国际贸易有限公司	汽车、摩托车及零配件批发	北京市昌平区
中国电子器材总公司	其他机械设备及电子产品批发	北京市海淀区
中国水利电力物资有限公司	金属及金属矿批发	北京市西城区
中国石油物资公司	金属及金属矿批发	北京市西城区
国兴汽车服务中心	汽车零售	北京市西城区
北京国泰平安百货有限公司	百货零售	北京市顺义区
北京易喜新世界百货有限公司	百货零售	北京市东城区
北京朝批商贸股份有限公司	米、面制品及食用油批发	北京市朝阳区
中国仪器进出口(集团)公司	贸易经纪与代理	北京市西城区
北京必胜客比萨饼有限公司	正餐服务	北京市东城区
北京中友百货有限责任公司	百货零售	北京市西城区
保利科技有限公司	贸易经纪与代理	北京市东城区
北京保利星徽汽车销售服务有限公司	汽车零售	北京市朝阳区
北京宝泽行汽车销售服务有限公司	汽车零售	北京市丰台区
北京物美大卖场商业管理有限公司	超级市场零售	北京市大兴区
中国出国人员服务总公司	其他机械设备及电子产品批发	北京市朝阳区
北京欧尚超市有限公司	超级市场零售	北京市海淀区
北京现代摩比斯汽车配件有限公司	汽车、摩托车及零配件批发	北京市顺义区
北京恒通华泰汽车销售有限公司	汽车、摩托车及零配件批发	北京市朝阳区
北京骏马机械有限公司	其他机械设备及电子产品批发	北京市海淀区
北京中邮普泰移动通信设备有限责任公司	通讯及广播电视设备批发	北京市丰台区
中建材国际装备有限公司	建材批发	北京市海淀区
捷成(中国)贸易有限公司	汽车零售	北京市东城区
北京当代商城有限责任公司	百货零售	北京市海淀区
北京王府井百货集团双安商场有限责任公司	百货零售	北京市海淀区
默克雪兰诺有限公司	西药批发	北京市顺义区
北京稻香村食品有限责任公司	糕点、面包零售	北京市东城区
北京市京新龙医药销售有限公司	西药批发	北京市朝阳区
乐天超市有限公司	超级市场零售	北京市朝阳区
北京双鹤药业经营有限责任公司	西药批发	北京市东城区
北京德奥达汽车销售有限公司	汽车零售	北京市朝阳区
中国航空技术国际控股有限公司	其他机械设备及电子产品批发	北京市朝阳区
北京赛特百货有限公司	百货零售	北京市朝阳区
北京波士通达汽车销售服务有限公司	汽车零售	北京市朝阳区
北京屈臣氏个人用品连锁商店有限公司	超级市场零售	北京市朝阳区
北京首商集团股份有限公司	百货零售	北京市西城区
北京百得利汽车贸易有限公司	汽车零售	北京市经济技术开发区

4-5 续表 3

企业名称	所属行业	企业所在地
北京博瑞祥云汽车销售服务有限公司	汽车零售	北京市朝阳区
北京盈之宝汽车销售服务有限公司	汽车零售	北京市朝阳区
国金黄金集团有限公司	珠宝首饰零售	北京市平谷区
北京城乡贸易中心股份有限公司	百货零售	北京市海淀区
北京北汽陆驰汽车销售有限公司	汽车、摩托车及零配件批发	北京市顺义区
北京百得利之星汽车销售有限公司	汽车零售	北京市海淀区
北京庄胜崇光百货商场	百货零售	北京市西城区
北京小松工程机械有限公司	其他机械设备及电子产品批发	北京市通州区
北京惠买在线网络科技有限公司	邮购及电子销售	北京市经济技术开发区
北京永辉超市有限公司	超级市场零售	北京市石景山区
北京京宝行汽车销售服务有限公司	汽车零售	北京市海淀区
中国海外经济合作总公司	贸易经纪与代理	北京市西城区
北京中油公交石油销售有限公司	石油及制品批发	北京市通州区
北京英龙华辰科技有限公司	计算机、软件及辅助设备零售	北京市昌平区
北京君太太平洋百货有限公司	百货零售	北京市西城区
北京宜家家居有限公司	家具零售	北京市朝阳区
北京讯宜创新电子有限公司	计算机、软件及辅助设备批发	北京市海淀区
中国集邮总公司	首饰、工艺品及收藏品批发	北京市东城区
北京鑫海韵通商业大楼	百货零售	北京市顺义区
奥林巴斯(北京)销售服务有限公司	医疗用品及器材批发	北京市朝阳区
北京市上品商业发展有限责任公司	服装零售	北京市东城区
安利(中国)日用品有限公司北京分公司	其他综合零售	北京市东城区
北京贵友大厦有限公司	百货零售	北京市朝阳区
北京百得利汽车进出口集团有限公司	汽车零售	北京市大兴区
北京亚之杰汽车贸易有限责任公司	汽车零售	北京市丰台区
北京当当科文电子商务有限公司	音像制品及电子出版物零售	北京市东城区
北京三元石油有限公司	机动车燃料零售	北京市大兴区
北京奥吉通汽车销售有限公司	汽车零售	北京市朝阳区
中国图书进出口(集团)总公司	报刊零售	北京市朝阳区
北京易初莲花连锁超市有限公司	超级市场零售	北京市朝阳区
北京中润发汽车销售有限公司	汽车零售	北京市丰台区
北京中青旅创格科技有限公司	计算机、软件及辅助设备批发	北京市海淀区
北京华冠商贸有限公司	超级市场零售	北京市房山区
飒拉商业(北京)有限公司	服装零售	北京市朝阳区
北京运通博奥汽车销售服务有限公司	汽车零售	北京市大兴区
宝盛道吉(北京)贸易有限公司	服装零售	北京市东城区
北京吉野家快餐有限公司	快餐服务	北京市东城区
北京崇德商贸有限公司	鞋帽零售	北京市西城区
北京之星汽车服务有限公司	汽车零售	北京市大兴区
北京迪信通电子通信技术有限公司	通信设备零售	北京市海淀区
三星电子(北京)技术服务有限公司	家用电器批发	北京市朝阳区
泰戈特(北京)工程技术有限公司	其他机械设备及电子产品批发	北京市朝阳区
北京蒙牛宏达乳制品有限责任公司	其他食品批发	北京市丰台区
阿尔派电子(中国)有限公司	汽车、摩托车及零配件批发	北京市朝阳区
北京伊藤忠华糖综合加工有限公司	化妆品及卫生用品批发	北京市东城区
北京寰宇恒通汽车有限公司	汽车零售	北京市海淀区
呷哺呷哺餐饮管理有限公司	快餐服务	北京市大兴区
北京美的制冷产品销售有限公司	家用电器批发	北京市门头沟区
罗技(北京)贸易有限公司	计算机、软件及辅助设备批发	北京市朝阳区
北京首创轮胎有限责任公司	汽车、摩托车及零配件批发	北京市海淀区
北京四通工控技术有限公司	其他机械设备及电子产品批发	北京市海淀区

4-5 续表 4

企业名称	所属行业	企业所在地
中国全聚德(集团)股份有限公司	正餐服务	北京市西城区
北京明诚技术开发有限公司	其他机械设备及电子产品批发	北京市石景山区
北京市顺义国泰商业大厦	百货零售	北京市顺义区
中国国际贸易中心有限公司	旅游饭店	北京市朝阳区
北京新华书店首都发行所有限公司	图书批发	北京市通州区
北京市亨得利瑞士钟表有限责任公司	钟表、眼镜零售	北京市东城区
北京卜蜂莲花连锁超市有限公司	超级市场零售	北京市朝阳区
北京首都机场商贸有限公司	超级市场零售	北京市顺义区
北京曲美馨家商业有限公司	其他日用品批发	北京市顺义区
北京蓝岛大厦有限责任公司	百货零售	北京市朝阳区
北京鑫方盛五金交电有限公司	五金、交电批发	北京市大兴区
俏江南股份有限公司	正餐服务	北京市朝阳区
库巴科技(北京)有限公司	邮购及电子销售	北京市石景山区
北京中复电讯设备有限责任公司	通信设备零售	北京市朝阳区
北京运通博世汽车销售服务有限公司	汽车零售	北京市经济技术开发区
北京市西南郊食品冷冻厂	肉、禽、蛋及水产品批发	北京市丰台区
北京广丰通田汽车贸易有限公司	汽车零售	北京市朝阳区
北京物美京北大世界商贸有限公司	百货零售	北京市怀柔区
东方家园家居建材商业有限公司	其他室内装修材料零售	北京市丰台区
北京一商美洁商业有限公司	化妆品及卫生用品批发	北京市丰台区
北京宏图三胞科技发展有限公司	计算机、软件及辅助设备零售	北京市西城区
北京紫竹医药经营有限公司	西药批发	北京市海淀区
中国药材公司	中药材及中成药批发	北京市海淀区
丝芙兰(北京)化妆品销售有限公司	化妆品及卫生用品零售	北京市朝阳区
北京博瑞祥驰汽车销售服务有限公司	汽车零售	北京市朝阳区
北京王府井百货集团长安商场有限责任公司	百货零售	北京市西城区
标致雪铁龙(中国)汽车贸易有限公司	汽车、摩托车及零配件批发	北京市朝阳区
北京同仁堂连锁药店有限责任公司	药品零售	北京市西城区
北京恒信玺利珠宝股份有限公司	首饰、工艺品及收藏品批发	北京市朝阳区
北京天超仓储超市有限责任公司	超级市场零售	北京市东城区
北京天竺之星汽车综合服务有限公司	汽车零售	北京市顺义区
北京同仁堂商业投资集团有限公司	中药材及中成药批发	北京市西城区
北京首航国力商贸有限公司	超级市场零售	北京市丰台区
北京甘家口大厦有限责任公司	百货零售	北京市海淀区
顺峰饮食酒店管理股份有限公司	正餐服务	北京市朝阳区
北京金象复星医药股份有限公司	药品零售	北京市西城区
北京一商宇洁商贸有限公司	厨房、卫生间用具及日用杂货批发	北京市东城区
曙光信息产业(北京)有限公司	计算机、软件及辅助设备零售	北京市海淀区
北京方庄丰田汽车销售服务有限公司	汽车零售	北京市丰台区
华润超级市场有限公司	超级市场零售	北京市朝阳区
北京碧生源商贸有限公司	其他食品批发	北京市房山区
北京金一文化发展股份有限公司	工艺美术品及收藏品零售	北京市西城区
柒一拾壹(北京)有限公司	其他综合零售	北京市东城区
沃尔玛(北京)商业零售有限公司	超级市场零售	北京市朝阳区
史赛克(北京)医疗器械有限公司	医疗用品及器材批发	北京市东城区
北京恒城实业发展公司	化妆品及卫生用品批发	北京市朝阳区
北京二商集团有限责任公司	肉、禽、蛋及水产品批发	北京市西城区
北京首都机场餐饮发展有限公司	正餐服务	北京市顺义区
北京京北美廉美超市有限公司	超级市场零售	北京市昌平区
北京赛科昌盛医药有限责任公司	西药批发	北京市朝阳区
爱尔康(中国)眼科产品有限公司	医疗用品及器材批发	北京市朝阳区

4-5 续表 5

企业名称	所属行业	企业所在地
北京九华山庄集团股份有限公司	旅游饭店	北京市昌平区
北京星巴克咖啡有限公司	饮料及冷饮服务	北京市朝阳区
北京旺市百利商业有限公司	超级市场零售	北京市朝阳区
荣宝斋	工艺美术品及收藏品零售	北京市西城区
北京燕莎中心有限公司	旅游饭店	北京市朝阳区
北京华普联合商业投资有限公司	超级市场零售	北京市朝阳区
北京大恒创新技术有限公司	计算机、软件及辅助设备批发	北京市海淀区
中铁信息计算机工程有限责任公司	计算机、软件及辅助设备批发	北京市海淀区
北京法雅商贸有限责任公司	服装批发	北京市西城区
北京市复兴商业城有限公司	百货零售	北京市西城区
北京庆洋汽车服务有限公司	汽车零售	北京市丰台区
王府饭店有限公司	旅游饭店	北京市东城区
迈盛悦合体育用品有限公司	服装批发	北京市东城区
北京新世界利莹百货有限公司	百货零售	北京市朝阳区
东芝医疗系统(中国)有限公司	医疗用品及器材批发	北京市朝阳区
北京鼎力兴商贸有限责任公司	饮料及茶叶批发	北京市朝阳区
中视购物有限公司	邮购及电子销售	北京市海淀区
北京青岛啤酒北方销售有限公司	饮料及茶叶批发	北京市密云县
北京建贸新科建材有限公司	建材批发	北京市朝阳区
北京丽家丽婴婴童用品有限公司	其他综合零售	北京市大兴区
永旺商业有限公司	百货零售	北京市昌平区
北京味多美食品有限责任公司	糕点、面包零售	北京市西城区
北京兴宇班尼路服装服饰有限公司	服装零售	北京市东城区
北京乐天银泰百货有限公司	百货零售	北京市东城区
北京顺天府商贸有限公司	超级市场零售	北京市丰台区
北京金色农华种业科技有限公司	种子、饲料批发	北京市海淀区
乐购特易购商业(北京)有限公司	百货零售	北京市顺义区
北京美惠万家商业有限公司	百货零售	北京市西城区
北京卓瑞兴业珠宝贸易有限公司	首饰、工艺品及收藏品批发	北京市朝阳区
华歌尔(中国)时装有限公司	服装批发	北京市经济技术开发区
北京创益佳家乐福商业有限公司	超级市场零售	北京市朝阳区
北京翠微家园超市连锁经营有限责任公司	超级市场零售	北京市海淀区
北京首创森美汽车贸易有限公司	汽车零售	北京市丰台区
北京市尧舜建材供应站	建材批发	北京市丰台区
北京图书大厦有限责任公司	图书零售	北京市西城区
北京香格里拉饭店有限公司	旅游饭店	北京市海淀区
北京全聚德仿膳食品有限责任公司	肉、禽、蛋及水产品批发	北京市大兴区
北京迪亚商业有限公司	超级市场零售	北京市朝阳区
北京润美康医药有限公司	西药批发	北京市顺义区
北京乐友达康科技有限公司	邮购及电子销售	北京市朝阳区
北京联通鼎盛汽车销售服务有限公司	汽车零售	北京市朝阳区
北京运通博裕丰田汽车销售服务有限公司	汽车零售	北京市大兴区
北京昆仑饭店有限公司	旅游饭店	北京市朝阳区
北京波士山汽车销售服务有限公司	汽车零售	北京市朝阳区
北京爱慕服饰销售有限公司	服装批发	北京市朝阳区
威能(北京)供暖设备有限公司	其他机械设备及电子产品批发	北京市朝阳区
北京吉元盛宝国际贸易有限公司	服装批发	北京市西城区
中粮酒业有限公司	饮料及茶叶批发	北京市东城区
北京京烟卷烟零售连锁有限公司	烟草制品零售	北京市朝阳区
英联马利(北京)食品销售有限公司	盐及调味品批发	北京市海淀区
北京市勤和汽车销售有限公司	汽车零售	北京市朝阳区

4-5 续表 6

企业名称	所属行业	企业所在地
北京市昌平新世纪商城	百货零售	北京市昌平区
北京张一元茶叶有限责任公司	饮料及茶叶零售	北京市西城区
北京富华金宝中心有限公司	旅游饭店	北京市东城区
北京东南得利卡汽车贸易有限公司	汽车零售	北京市丰台区
北京华润万家生活超市有限公司	超级市场零售	北京市丰台区
北京威联德骨科技术有限公司	医疗用品及器材零售	北京市海淀区
北京燃气用户服务有限公司	家用电器零售	北京市朝阳区
创和捷商贸(北京)有限公司	服装零售	北京市朝阳区
北京首联超市有限公司	超级市场零售	北京市石景山区
北京世纪金源大饭店有限责任公司	旅游饭店	北京市海淀区
北京百安居装饰建材有限公司	家具零售	北京市朝阳区
统杰法宝(北京)超市有限公司	超级市场零售	北京市朝阳区
北京郭林家常菜食品有限责任公司	正餐服务	北京市西城区
北京七彩云南商贸有限公司	珠宝首饰零售	北京市西城区
聚德华天控股有限公司	正餐服务	北京市西城区
北京美特斯邦威服饰有限公司	服装零售	北京市西城区
北京友谊宾馆	旅游饭店	北京市海淀区
北京华联精品超市有限公司	超级市场零售	北京市西城区
北京市北京饭店	旅游饭店	北京市东城区
北京立思辰新技术有限公司	其他文化用品零售	北京市海淀区
北京金象大药房医药连锁有限责任公司	药品零售	北京市西城区
北京市天达汽车修理有限公司	汽车零售	北京市丰台区
中国职工之家	旅游饭店	北京市西城区
连卡佛百货商贸(北京)有限公司	服装零售	北京市西城区
北京天虹商业管理有限公司	百货零售	北京市西城区
北京国际饭店	旅游饭店	北京市东城区
北京吴裕泰茶业股份有限公司	饮料及茶叶零售	北京市东城区
北京大董烤鸭店有限责任公司	正餐服务	北京市朝阳区
北京人天书店有限公司	图书零售	北京市丰台区
北京北方新兴长安铃木汽车销售服务有限责任公司	汽车零售	北京市丰台区
北京温都水城旅游饭店管理有限公司	旅游饭店	北京市昌平区
北京湘鄂情股份有限公司	正餐服务	北京市海淀区
北京玉蜓桥物美商贸有限公司	超级市场零售	北京市丰台区
北京乐语金飞鸿通讯设备有限公司	通信设备零售	北京市海淀区
北京眉州酒店管理有限公司	正餐服务	北京市朝阳区
北京嘉和一品企业管理股份有限公司	正餐服务	北京市顺义区
北京永和大王餐饮有限公司	快餐服务	北京市东城区
北京金泰开元汽车销售服务有限公司	汽车零售	北京市丰台区
北京北方福瑞汽车销售服务有限公司	汽车零售	北京市海淀区
北京李宁体育用品销售有限公司	服装零售	北京市东城区
每克拉美(北京)钻石商场有限公司	工艺美术品及收藏品零售	北京市朝阳区
北京国际俱乐部有限公司	旅游饭店	北京市朝阳区
北京亮马河大厦有限公司	旅游饭店	北京市朝阳区
北京资和信百货商场有限公司	百货零售	北京市丰台区
北京奥索克体育用品有限公司	服装零售	北京市朝阳区
眉州东坡餐饮管理(北京)有限公司	正餐服务	北京市朝阳区
北京北辰超市连锁有限公司	超级市场零售	北京市朝阳区
北京京房美廉美超市有限公司	超级市场零售	北京市房山区
北京真功夫快餐连锁管理有限公司	快餐服务	北京市朝阳区
北京港佳好邻居连锁便利店有限责任公司	其他综合零售	北京市西城区
北京市新宏状元餐饮管理有限公司	正餐服务	北京市海淀区
北京金鼎轩酒楼有限责任公司	正餐服务	北京市东城区

4-5 续表 7

企业名称	所属行业	企业所在地
北京市蟹岛绿色生态农庄有限公司	旅游饭店	北京市朝阳区
北京亿客隆连锁超市有限责任公司	超级市场零售	北京市丰台区
北京索迪斯服务有限公司	其他餐饮服务	北京市朝阳区
北京奥士凯物美商业有限公司	其他食品零售	北京市东城区
七天快捷酒店管理(北京)有限公司	一般旅馆	北京市东城区
北京新世界千姿百货有限公司	百货零售	北京市顺义区
北京乐淘文化发展有限公司	鞋帽零售	北京市丰台区
北京门城物美商城有限公司	超级市场零售	北京市门头沟区
北京居然之家家居建材超市有限公司	超级市场零售	北京市海淀区
北京英硕力新柏科技有限公司	医疗用品及器材零售	北京市海淀区
北京和合谷餐饮管理有限公司	快餐服务	北京市西城区
北京物美鼓楼商贸有限责任公司	超级市场零售	北京市密云县
北京市北奔汽车修理厂	汽车零售	北京市丰台区
北京市西苑饭店	旅游饭店	北京市海淀区
北京汉华国际饭店有限公司	旅游饭店	北京市东城区
北京春晖园文化娱乐有限责任公司	旅游饭店	北京市顺义区
丽都饭店有限公司	旅游饭店	北京市朝阳区
北京乐友达康商贸有限公司	其他日用品零售	北京市通州区
北京市好利来食品有限公司	糕点、面包零售	北京市朝阳区
北京香江财富酒店有限公司	旅游饭店	北京市朝阳区
北京新世纪饭店有限公司	旅游饭店	北京市海淀区
东方艺术大厦有限公司	旅游饭店	北京市朝阳区
乐友(中国)超市连锁有限公司	其他日用品零售	北京市通州区
北京亿派创新科技发展有限公司	通信设备零售	北京市门头沟区
北京益生康健电子商务有限公司	邮购及电子销售	北京市海淀区
北京东来顺集团有限责任公司	正餐服务	北京市东城区
桔子酒店管理(中国)有限公司	旅游饭店	北京市海淀区
北京市源烽世纪商贸有限责任公司	服装零售	北京市丰台区
北京香港马会会所有限公司	旅游饭店	北京市东城区
北京市长富宫中心有限责任公司	旅游饭店	北京市朝阳区
北京市长城饭店公司	旅游饭店	北京市朝阳区
北京金钱豹餐饮有限公司	正餐服务	北京市东城区
北京嘉里大酒店有限公司	旅游饭店	北京市朝阳区
北京天伦饭店有限公司	旅游饭店	北京市东城区
北京便宜坊烤鸭集团有限公司	正餐服务	北京市东城区
北京好伦哥餐饮有限公司	快餐服务	北京市海淀区
北京金融街国际酒店有限公司	旅游饭店	北京市西城区
如家和美酒店管理(北京)有限公司	一般旅馆	北京市西城区
赛特集团有限公司	旅游饭店	北京市朝阳区
港澳中心有限公司	旅游饭店	北京市东城区
北京金隅凤山温泉度假村有限公司	旅游饭店	北京市昌平区
北京凯瑞豪门餐饮有限公司	正餐服务	北京市海淀区
北京金钱豹餐饮管理有限公司	正餐服务	北京市朝阳区
北京市西单麻辣诱惑餐饮有限公司	正餐服务	北京市西城区
北京金悦航天桥餐饮有限公司	正餐服务	北京市海淀区
北京万龙洲饮食有限责任公司	正餐服务	北京市东城区
首都大酒店	旅游饭店	北京市东城区
北京华侨大厦有限公司	旅游饭店	北京市东城区
北京航天华盛科贸发展有限公司	正餐服务	北京市丰台区
北京味千餐饮管理有限公司	快餐服务	北京市朝阳区
北京云南大厦酒店有限公司	旅游饭店	北京市朝阳区

4-5 续表 8

企业名称	所属行业	企业所在地
北京燕京饭店有限责任公司	旅游饭店	北京市西城区
北京首都旅游国际酒店集团有限公司	一般旅馆	北京市东城区
北京小南国餐饮管理有限公司	正餐服务	北京市东城区
北京翔达投资管理有限公司	正餐服务	北京市西城区
北京贵宾楼饭店有限公司	旅游饭店	北京市东城区
北京市京伦饭店有限责任公司	旅游饭店	北京市朝阳区
北京亚洲大酒店有限公司	旅游饭店	北京市东城区
中国妇女活动中心	旅游饭店	北京市东城区
北京龙熙温泉度假酒店有限公司	旅游饭店	北京市大兴区
北京新侨饭店有限公司	旅游饭店	北京市东城区
梅地亚电视中心有限公司	旅游饭店	北京市海淀区
北京金钱豹国际美食有限公司	快餐服务	北京市朝阳区
北京裕龙国际酒店	旅游饭店	北京市海淀区
北京歌华开元大酒店有限公司	旅游饭店	北京市朝阳区
北京市建国饭店公司	旅游饭店	北京市朝阳区
北京光明饭店有限公司	旅游饭店	北京市朝阳区
北京欣燕都酒店连锁有限公司	旅游饭店	北京市西城区
北京无名居美食有限公司	正餐服务	北京市海淀区
保利大厦有限公司	旅游饭店	北京市东城区
北京德克士食品有限公司	快餐服务	北京市东城区
北京京都信苑饭店有限公司	旅游饭店	北京市海淀区
北京乙十六餐饮有限公司	正餐服务	北京市东城区
北京金白领餐饮有限公司	正餐服务	北京市海淀区
北京高鹏天成投资管理有限公司	旅游饭店	北京市海淀区
盘古氏国际大酒店有限责任公司	旅游饭店	北京市朝阳区
北京和平宾馆有限公司	旅游饭店	北京市东城区
北京天使食府餐饮有限责任公司	正餐服务	北京市丰台区
北京凯迪克格兰云天大酒店有限公司	旅游饭店	北京市朝阳区
北京西郊宾馆有限责任公司	旅游饭店	北京市海淀区
文津国际酒店管理(北京)有限公司	旅游饭店	北京市海淀区
北京恒泰丰餐饮有限公司	正餐服务	北京市东城区
北京港中旅维景国际大酒店有限公司	旅游饭店	北京市西城区
北京联合渝乡人家餐饮有限公司	正餐服务	北京市朝阳区
北京倪氏海泰餐饮有限公司	正餐服务	北京市海淀区
北京星物语餐饮管理有限公司	其他餐饮服务	北京市东城区
中日青年交流中心	旅游饭店	北京市朝阳区
北京京铁天佑酒店管理有限公司	旅游饭店	北京市丰台区
北京眉州东坡酒楼	正餐服务	北京市朝阳区
北京禾绿回转寿司饮食有限公司	快餐服务	北京市朝阳区
北京北方华天置业有限公司	旅游饭店	北京市海淀区
北京伯豪瑞廷酒店有限责任公司	旅游饭店	北京市朝阳区
北京中环鑫融酒店管理有限公司	旅游饭店	北京市西城区
北京市人民政府宽沟招待所	旅游饭店	北京市怀柔区
北京旺顺阁美食有限公司	正餐服务	北京市朝阳区
北京为之味餐饮有限公司	快餐服务	北京市东城区
渔阳饭店有限公司	旅游饭店	北京市朝阳区
北京拉斐特城堡酒店有限公司	旅游饭店	北京市昌平区
北京和园景逸大酒店有限公司	一般旅馆	北京市顺义区
先正达(中国)投资有限公司	农药批发	北京市东城区

4-5 续表 9

企业名称	所属行业	企业所在地
天津市		
中国石化销售有限公司华北分公司	石油及制品批发	天津市南开区
天津天钢国际贸易有限公司	金属及金属矿批发	天津市东丽区
中国石油化工股份有限公司天津石油分公司	机动车燃料零售	天津市南开区
天津正弘顺工贸科技有限公司	金属及金属矿批发	天津市东丽区
中油东北销售大港分公司	石油及制品批发	天津市滨海新区
天津兴天地实业发展有限公司	金属及金属矿批发	天津市东丽区
中国铁路物资天津有限公司	金属及金属矿批发	天津市河东区
中国石油天然气股份有限公司天津销售分公司	机动车燃料零售	天津市河东区
中国烟草总公司天津市公司	烟草制品批发	天津市和平区
天津一汽汽车销售有限公司	汽车、摩托车及零配件批发	天津市河西区
丰田通商(天津)有限公司	汽车、摩托车及零配件批发	天津市和平区
国药控股天津有限公司	西药批发	天津市和平区
天津市大桥集团电焊条供销有限公司	金属及金属矿批发	天津市西青区
天津医药集团太平医药有限公司	西药批发	天津市和平区
天津一商友谊股份有限公司	百货零售	天津市河西区
天津国美电器有限公司	家用电器零售	天津市南开区
渤海石油物资供应有限责任公司	石油及制品批发	天津市滨海新区
天津肯德基有限公司	快餐服务	天津市南开区
壳牌华北石油集团有限公司	机动车燃料零售	天津市河西区
天津天宁苏宁电器有限公司	家用电器零售	天津市和平区
天津华润万家生活超市有限公司	超级市场零售	天津市东丽区
永立建机(中国)有限公司	其他机械设备及电子产品批发	天津市滨海新区
天津天士力医药营销集团有限公司	中药材及中成药批发	天津市北辰区
玉柴重工(天津)有限公司	其他机械设备及电子产品批发	天津市武清区
天津天时力医药有限公司	药品零售	天津市河北区
三星爱商(天津)国际物流有限公司	贸易经纪与代理	天津市河西区
天津物美未来商贸发展有限公司	超级市场零售	天津市南开区
天津金元宝商厦集团有限公司	百货零售	天津市滨海新区
天津之星汽车维修服务有限公司	汽车零售	天津市东丽区
京瓷(天津)商贸有限公司	其他机械设备及电子产品批发	天津市河西区
天津天宝汽车销售服务有限公司	汽车、摩托车及零配件批发	天津市河西区
天津市蓟州蔬菜批发市场管理服务有限公司	果品、蔬菜批发	天津市县蓟县
美卓矿机(天津)国际贸易有限公司	其他机械设备及电子产品批发	天津市滨海新区
天津市正泰实业总公司	家用电器批发	天津市河北区
天津空港国际汽车园发展有限公司	汽车、摩托车及零配件批发	天津市东丽区
天津海信广场有限公司	百货零售	天津市和平区
中国农业机械华北集团有限公司	汽车、摩托车及零配件批发	天津市和平区
天津市津工超市有限责任公司	超级市场零售	天津市东丽区
天津市人人乐商业有限公司	超级市场零售	天津市南开区
天津市人人乐商业有限公司开发区购物广场	超级市场零售	天津市滨海新区
天津浩众汽车贸易服务有限公司	汽车零售	天津市东丽区
天津港保税区捷丰国际贸易有限公司	汽车零售	天津市河西区
天津劝业场(集团)股份有限公司	百货零售	天津市和平区
天津伊势丹有限公司	百货零售	天津市和平区
美克美家家具连锁有限公司天津配送中心	其他日用品批发	天津市滨海新区

4-5 续表 10

企业名称	所属行业	企业所在地
天津华润超级市场有限公司	超级市场零售	天津市和平区
天津捷通汽车销售有限公司	汽车零售	天津市西青区
天津港物资供应有限责任公司	建材批发	天津市滨海新区
天津麦当劳食品有限公司	快餐服务	天津市河西区
内蒙古伊利实业集团股份有限公司天津分公司	其他食品批发	天津市河东区
天津罗升企业有限公司	其他机械设备及电子产品批发	天津市东丽区
天津裕华经济贸易总公司	其他化工产品批发	天津市和平区
中原百货集团股份有限公司	百货零售	天津市和平区
中盐天津市长芦盐业有限公司	盐及调味品批发	天津市和平区
乐宾百货(天津)有限公司	百货零售	天津市和平区
重庆新日日顺家电销售有限公司天津分公司	家用电器批发	天津市北辰区
天津泰达易买得超市有限公司	超级市场零售	天津市南开区
天津劝业家乐福超市有限公司	超级市场零售	天津市南开区
天津市石化管件有限公司	金属及金属矿批发	天津市滨海新区
天津TCL电器销售有限公司	五金、交电批发	天津市河西区
天津市美的制冷产品销售有限公司	家用电器批发	天津市河东区
天津天服三悦服装有限责任公司	服装批发	天津市西青区
天津市恒大实业公司	烟草制品批发	天津市河东区
天津市天车物资开发有限公司	煤炭及制品批发	天津市河北区
天津市捷兴汽车商贸有限公司	汽车零售	天津市滨海新区
天津市新中国现代文化用品有限责任公司	珠宝首饰零售	天津市和平区
天津市大港滨城商贸有限责任公司	超级市场零售	天津市滨海新区
天津时尚新世界购物广场有限公司	百货零售	天津市南开区
天津劝宝超市有限责任公司	超级市场零售	天津市宝坻区
沃尔玛深国投百货有限公司天津和平路分店	超级市场零售	天津市和平区
天津滨江商厦有限公司	百货零售	天津市和平区
天津津南区华润万家超级市场有限公司	超级市场零售	天津市津南区
家得宝(天津)商业有限公司	其他室内装修材料零售	天津市北辰区
天津家福商业有限公司	超级市场零售	天津市南开区
天津市桂发祥十八街麻花总店有限公司	其他食品零售	天津市河西区
天津塘沽乐购生活购物有限公司	超级市场零售	天津市滨海新区
天津滨江购物中心	百货零售	天津市和平区
天津市鹏峰汽车贸易有限公司	汽车零售	天津市河西区
天津远百百货有限公司	百货零售	天津市南开区
天津迎宾超市商贸有限公司	超级市场零售	天津市滨海新区
天津开发区乐购生活购物有限公司	超级市场零售	天津市滨海新区
天津市蓟县家乐商贸有限公司	超级市场零售	天津市蓟县
天津市文光集团有限公司	五金、交电批发	天津市河东区
天津老百姓大药房连锁有限公司	药品零售	天津市河东区
山田电机(天津)商贸有限公司南京路分公司	家用电器零售	天津市和平区
天津易初莲花连锁超市有限公司	超级市场零售	天津市河西区
天津市大桥道糕点食品有限公司	糕点、面包零售	天津市河东区
天津市海达家乐超市有限公司	超级市场零售	天津市武清区
天津百货大楼集团有限公司	百货零售	天津市和平区
天津大富班尼路服饰有限公司	服装零售	天津市和平区
天津滨海泰达酒店开发有限公司	旅游饭店	天津市滨海新区
天津狗不理水上大酒楼有限公司	正餐服务	天津市南开区
御道津旅(天津)发展有限公司威斯汀酒店	旅游饭店	天津市和平区
狗不理集团股份有限公司	正餐服务	天津市和平区
河北省		
开滦集团国际物流有限责任公司	煤炭及制品批发	河北省唐山市
保定长城汽车销售有限公司	汽车、摩托车及零配件批发	河北省保定市

4-5 续表 11

企业名称	所属行业	企业所在地
河北省唐山市滦通商贸有限公司	煤炭及制品批发	河北省唐山市
北国商城股份有限公司	百货零售	河北省石家庄市
庞大汽贸集团股份有限公司	汽车、摩托车及零配件批发	河北省唐山市
中国石油化工股份有限公司河北唐山石油分公司	石油及制品批发	河北省唐山市
中国石油化工股份有限公司河北石家庄石油分公司	石油及制品批发	河北省石家庄市
迁安市九江煤炭储运有限公司	煤炭及制品批发	河北省唐山市
乐仁堂医药集团股份有限公司	西药批发	河北省石家庄市
河北省烟草公司石家庄市公司	烟草制品批发	河北省石家庄市
中国石油化工股份有限公司河北邯郸石油分公司	石油及制品批发	河北省邯郸市
河北省烟草公司保定市公司	烟草制品批发	河北省保定市
中国石油化工股份有限公司河北沧州石油分公司	石油及制品批发	河北省沧州市
中国石油化工股份有限公司河北邢台石油分公司	石油及制品批发	河北省邢台市
中国石油化工股份有限公司河北保定石油分公司	石油及制品批发	河北省保定市
河北省烟草公司唐山市公司	烟草制品批发	河北省唐山市
中国石油天然气股份有限公司河北保定销售分公司	石油及制品批发	河北省保定市
中国石油化工股份有限公司河北承德石油分公司	石油及制品批发	河北省承德市
唐山百货大楼集团有限责任公司	百货零售	河北省唐山市
河北省烟草公司邯郸市公司	烟草制品批发	河北省邯郸市
中国石油化工股份有限公司河北廊坊石油分公司	石油及制品批发	河北省廊坊市
秦皇岛中油华奥销售有限公司	石油及制品批发	河北省秦皇岛市
中国石油天然气股份有限公司河北石家庄销售分公司	石油及制品批发	河北省石家庄市
中国石油化工股份有限公司河北张家口石油分公司	石油及制品批发	河北省张家口市
河北省烟草公司沧州市公司	烟草制品批发	河北省沧州市
中国石油化工股份有限公司河北衡水石油分公司	石油及制品批发	河北省衡水市
唐山市冀东物贸集团有限责任公司	汽车、摩托车及零配件批发	河北省唐山市
河北保百集团有限公司	百货零售	河北省保定市
汉沽管区中油石油销售有限公司	石油及制品批发	河北省唐山市
中国石油天然气股份有限公司河北唐山销售分公司	石油及制品批发	河北省唐山市
河北省烟草公司邢台市公司	烟草制品批发	河北省邢台市
保定银祥棉业有限公司	棉、麻批发	河北省保定市
河北德泽龙医药有限公司	西药批发	河北省石家庄市
河北省烟草公司廊坊市公司	烟草制品批发	河北省廊坊市
中国石油天然气股份有限公司河北邢台销售分公司	机动车燃料零售	河北省邢台市
中国石油天然气股份有限公司河北沧州销售分公司	石油及制品批发	河北省沧州市
河北省烟草公司秦皇岛市公司	烟草制品批发	河北省秦皇岛市
河北省烟草公司衡水市公司	烟草制品批发	河北省衡水市
石家庄人民商场股份有限公司	百货零售	河北省石家庄市
中国石油天然气股份有限公司河北张家口销售分公司	石油及制品批发	河北省张家口市
中国石油天然气股份有限公司河北邯郸销售分公司	石油及制品批发	河北省邯郸市
秦皇岛渤海物流控股股份有限公司	百货零售	河北省秦皇岛市
河北爱普医药药材有限公司	西药批发	河北省石家庄市
文安县天运商贸有限公司	其他化工产品批发	河北省廊坊市
中国石油天然气股份有限公司河北廊坊销售分公司	石油及制品批发	河北省廊坊市
河北旭跃实业集团有限公司	煤炭及制品批发	河北省石家庄市
石家庄天远建设机械有限公司	其他机械设备及电子产品批发	河北省石家庄市
中国石油天然气股份有限公司河北衡水销售分公司	石油及制品批发	河北省衡水市
河北保定时代商厦有限公司	百货零售	河北省保定市
河北省新华书店	图书批发	河北省石家庄市
保定市保北医药药材有限责任公司	西药批发	河北省保定市
衡水老白干营销有限公司	饮料及茶叶批发	河北省衡水市

4-5 续表 12

企业名称	所属行业	企业所在地
邯郸新世纪商业广场股份有限公司	服装零售	河北省邯郸市
唐山市金客隆超市有限公司	超级市场零售	河北省唐山市
河北国美电器有限公司	家用电器零售	河北省石家庄市
中国船舶燃料供应秦皇岛公司	石油及制品批发	河北省秦皇岛市
中国石油天然气股份有限公司河北承德销售分公司	石油及制品批发	河北省承德市
中国石油天然气股份有限公司河北秦皇岛销售分公司	石油及制品批发	河北省秦皇岛市
保定商场股份有限公司	百货零售	河北省保定市
廊坊市商业明珠大厦	百货零售	河北省廊坊市
保定银河棉业有限公司	棉、麻批发	河北省保定市
河北保龙仓家乐福商业有限公司	超级市场零售	河北省石家庄市
石家庄东方城市广场有限公司	百货零售	河北省石家庄市
河北华北石油商业有限公司	百货零售	河北省沧州市
唐山华盛超市有限公司	超级市场零售	河北省唐山市
承德聚鑫贸易有限责任公司	饮料及茶叶批发	河北省承德市
邯郸市阳光三联电器有限公司	家用电器零售	河北省邯郸市
秦皇岛兴龙广缘商业连锁有限公司	百货零售	河北省秦皇岛市
河北惠友商业连锁发展有限公司	超级市场零售	河北省保定市
石家庄桥西糖烟酒食品股份有限公司	饮料及茶叶批发	河北省石家庄市
保定北国商城有限责任公司	百货零售	河北省保定市
沧州天元医药有限公司	西药批发	河北省沧州市
保定市惠友万家福超级市场有限公司	超级市场零售	河北省保定市
沧州市华北商厦有限公司	百货零售	河北省沧州市
河北恒祥医药集团有限公司	西药批发	河北省邢台市
唐山美的空调销售有限公司	家用电器批发	河北省唐山市
唐山海永商贸有限公司	家用电器批发	河北省唐山市
保定通达医药药材经营有限责任公司	西药批发	河北省保定市
河北龙隆医药有限公司	西药批发	河北省保定市
邯郸武安新世纪商业广场有限公司	百货零售	河北省邯郸市
石家庄苏宁电器有限公司	家用电器零售	河北省石家庄市
石家庄力源工程机械有限公司	其他机械设备及电子产品批发	河北省石家庄市
邯郸交通运输集团汽车贸易服务有限公司	汽车、摩托车及零配件批发	河北省邯郸市
秦皇岛天洋电器有限公司	家用电器零售	河北省秦皇岛市
张家口市帝达购物广场有限公司	百货零售	河北省张家口市
秦皇岛市家惠商贸有限公司	超级市场零售	河北省秦皇岛市
邯郸市龙安达贸易有限公司	建材批发	河北省邯郸市
河北国讯汇方通讯器材有限公司	通信设备零售	河北省石家庄市
黄骅信誉楼百货集团有限公司黄骅信誉楼商厦	超级市场零售	河北省沧州市
唐山荣川实业集团有限公司	汽车零售	河北省唐山市
平泉山庄老酒经营有限公司	饮料及茶叶批发	河北省承德市
唐山家万佳超市有限公司	超级市场零售	河北省唐山市
唐山润良商贸有限公司	超级市场零售	河北省唐山市
邯郸市阳光超市有限公司	超级市场零售	河北省邯郸市
唐山唐宁苏宁电器有限公司	家用电器零售	河北省唐山市
黄骅信誉楼百货集团有限公司泊头信誉楼商厦	百货零售	河北省沧州市
唐山华润万家生活超市有限公司	超级市场零售	河北省唐山市
河北家乐园大洋百货有限责任公司	百货零售	河北省邢台市
衡水百货大楼(集团)股份有限公司	百货零售	河北省衡水市
黄骅信誉楼百货集团有限公司青县信誉楼商厦	百货零售	河北省沧州市
北京京客隆(廊坊)有限公司	超级市场零售	河北省廊坊市

4-5　续表 13

企业名称	所属行业	企业所在地
衡水吉美超市有限责任公司	超级市场零售	河北省衡水市
河北家乐园购物广场有限责任公司	百货零售	河北省邢台市
承德宽广超市集团有限公司	超级市场零售	河北省承德市
秦皇岛秦宁苏宁电器有限公司	家用电器零售	河北省秦皇岛市
沧州市同天购物中心有限公司	百货零售	河北省沧州市
河北衡水爱特购物中心有限责任公司	百货零售	河北省衡水市
唐山鹏润国美电器有限公司	家用电器零售	河北省唐山市
河北美食林商贸集团有限公司	超级市场零售	河北省邯郸市
正定城关供销合作社	百货零售	河北省石家庄市
河北东之杰运动产业发展有限公司	鞋帽批发	河北省石家庄市
青岛润泰事业有限公司保定大润发分公司	超级市场零售	河北省保定市
河北家兴商贸有限公司	百货零售	河北省保定市
石家庄市新华书店有限责任公司	图书零售	河北省石家庄市
河北华润万家生活超市有限公司	超级市场零售	河北省石家庄市
邯郸市康德超级市场有限公司	百货零售	河北省邯郸市
石家庄新兴药房连锁有限公司	药品零售	河北省石家庄市
张家口中美电器有限公司	家用电器零售	河北省张家口市
定州市时代广场商贸有限责任公司	百货零售	河北省保定市
河北国大连锁商业有限公司	其他综合零售	河北省石家庄市
沃尔玛深国投百货有限公司廊坊朝阳分店	超级市场零售	河北省廊坊市
保定市亚太通讯器材有限公司	通信设备零售	河北省保定市
石家庄市怀特国际商城有限公司	百货零售	河北省石家庄市
石家庄信誉楼百货有限公司	百货零售	河北省石家庄市
邯郸市峰峰冀南商城	百货零售	河北省邯郸市
河间市信发商厦有限责任公司	百货零售	河北省沧州市
唐山凤凰园美食城	正餐服务	河北省唐山市
河北世纪大饭店有限公司	旅游饭店	河北省石家庄市
河北宾馆有限公司	旅游饭店	河北省石家庄市
河北建投能源投资股份有限公司国际大厦酒店	旅游饭店	河北省石家庄市
石家庄世贸广场酒店有限公司	旅游饭店	河北省石家庄市
河北白鹿温泉旅游度假股份有限公司	旅游饭店	河北省石家庄市
秦皇岛秦皇国际大酒店有限公司	旅游饭店	河北省秦皇岛市
山西省		
山西潞安煤炭经销有限责任公司	煤炭及制品批发	山西省长治市
山西省国新能源发展集团有限公司	煤炭及制品批发	山西省太原市
山西焦煤集团国际贸易有限责任公司	煤炭及制品批发	山西省太原市
山西煤炭运销集团吕梁有限公司	煤炭及制品批发	山西省吕梁市
山西建邦集团有限公司	金属及金属矿批发	山西省临汾市
山西省煤炭运销集团朔州有限公司	煤炭及制品批发	山西省朔州市
山西煤炭运销集团吕梁柳林有限公司	煤炭及制品批发	山西省吕梁市
山西煤炭运销集团长治襄垣有限公司	煤炭及制品批发	山西省长治市
山西煤炭运销集团阳泉盂县有限公司	煤炭及制品批发	山西省阳泉市
山西大昌汽车集团有限公司	汽车零售	山西省太原市
中国石油化工股份有限公司山西太原石油分公司	机动车燃料零售	山西省太原市
山西煤炭运销集团长治市长治县有限公司	煤炭及制品批发	山西省长治市
山西煤炭运销集团临汾蒲县有限公司	煤炭及制品批发	山西省临汾市
山西煤炭运销集团阳泉有限公司	煤炭及制品批发	山西省阳泉市
山西煤炭运销集团临汾古县有限公司	煤炭及制品批发	山西省临汾市

4-5 续表 14

企业名称	所属行业	企业所在地
中国石油化工股份有限公司山西临汾石油分公司	机动车燃料零售	山西省临汾市
中国石油化工股份有限公司山西吕梁石油分公司	机动车燃料零售	山西省吕梁市
山西省烟草公司太原市公司	烟草制品批发	山西省太原市
中国石油化工股份有限公司山西晋中石油分公司	机动车燃料零售	山西省晋中市
中国石油化工股份有限公司忻州石油分公司	机动车燃料零售	山西省忻州市
山西省焦炭集团有限责任公司	煤炭及制品批发	山西省太原市
山西省煤炭运销总公司晋城分公司高平市公司	煤炭及制品批发	山西省晋城市
山西省烟草公司运城市公司	烟草制品批发	山西省运城市
中国石油化工股份有限公司山西运城石油分公司	机动车燃料零售	山西省运城市
山西省烟草公司临汾市公司	烟草制品批发	山西省临汾市
中国石油化工股份有限公司山西朔州石油分公司	石油及制品批发	山西省朔州市
中国石油化工股份有限公司山西长治石油分公司	机动车燃料零售	山西省长治市
山西煤炭运销集团临汾尧都有限公司	煤炭及制品批发	山西省临汾市
山西煤炭运销集团吕梁中阳有限公司	煤炭及制品批发	山西省吕梁市
中国石油化工股份有限公司山西大同石油分公司	机动车燃料零售	山西省大同市
山西煤炭运销集团吕梁交口有限公司	煤炭及制品批发	山西省吕梁市
山西煤炭运销集团吕梁孝义有限公司	煤炭及制品批发	山西省吕梁市
山西省烟草公司大同市公司	烟草制品批发	山西省大同市
中国石油化工股份有限公司山西晋城石油分公司	机动车燃料零售	山西省晋城市
山西省烟草公司晋中市公司	烟草制品批发	山西省晋中市
山西美特好连锁超市股份有限公司	超级市场零售	山西省太原市
山西煤炭运销集团临汾乡宁有限公司	煤炭及制品批发	山西省临汾市
山西省烟草公司吕梁市公司	烟草制品批发	山西省吕梁市
山西诺维兰集团有限公司	汽车零售	山西省运城市
山西省烟草公司长治市公司	烟草制品批发	山西省长治市
山西双鹤药业有限公司	药品零售	山西省太原市
中国石油天然气股份有限公司山西太原销售分公司	机动车燃料零售	山西省太原市
山西省烟草公司忻州市分公司	烟草制品批发	山西省忻州市
山西煤炭运销集团临汾洪洞有限公司	煤炭及制品批发	山西省临汾市
中国石油天然气股份有限公司山西销售侯马分公司	机动车燃料零售	山西省临汾市
中国石油化工股份有限公司山西阳泉石油分公司	机动车燃料零售	山西省阳泉市
山西煤炭运销集团阳泉郊区有限公司	煤炭及制品批发	山西省阳泉市
晋城市阳城公路煤炭销售有限公司	煤炭及制品批发	山西省晋城市
中国石油天然气股份有限公司山西销售大同分公司	机动车燃料零售	山西省大同市
山西煤炭运销集团长治武乡有限公司	煤炭及制品批发	山西省长治市
中国石油天然气股份有限公司山西销售忻州分公司	机动车燃料零售	山西省忻州市
长治市明华煤业有限公司	煤炭及制品批发	山西省长治市
晋城市沁水公路煤炭销售有限公司	煤炭及制品批发	山西省晋城市
山西新华书店集团有限公司	图书批发	山西省太原市
晋城市泽州公路煤炭销售有限公司	煤炭及制品批发	山西省晋城市
山西煤炭运销集团晋中寿阳有限公司	煤炭及制品批发	山西省晋中市
山西煤炭运销集团晋中灵石有限公司	煤炭及制品批发	山西省晋中市
山西省烟草公司晋城市公司	烟草制品批发	山西省晋城市
山西统配煤矿综合经营总公司	煤炭及制品批发	山西省太原市
山西煤炭运销集团晋中和顺有限公司	煤炭及制品批发	山西省晋中市
山西华宇商业发展股份有限公司	百货零售	山西省太原市
中国石油天然气股份有限公司山西晋中销售分公司	机动车燃料零售	山西省晋中市
山西煤炭运销集团阳泉平定有限公司	煤炭及制品批发	山西省阳泉市
大同煤矿集团朔州矿业公司南窑出口煤站	煤炭及制品批发	山西省朔州市
山西国美电器有限公司	家用电器零售	山西省太原市
山西焦煤集团中源物贸有限责任公司	煤炭及制品批发	山西省太原市

4-5 续表 15

企业名称	所属行业	企业所在地
太原王府井百货有限责任公司	百货零售	山西省太原市
中国石油天然气股份有限公司山西销售晋城分公司	机动车燃料零售	山西省晋城市
山西省烟草公司朔州市公司	烟草制品批发	山西省朔州市
国药控股山西有限公司	西药批发	山西省太原市
中国石油天然气股份有限公司山西长治销售分公司	机动车燃料零售	山西省长治市
襄垣县五阳新世纪有限责任公司	煤炭及制品批发	山西省长治市
山西煤炭运销集团太原古交有限公司	煤炭及制品批发	山西省太原市
山西亚宝医药经销有限公司	中药材及中成药批发	山西省运城市
山西煤炭运销集团晋中昔阳有限公司	煤炭及制品批发	山西省晋中市
潞安五阳广源实业公司	金属及金属矿批发	山西省长治市
忻州药业(集团)有限公司	西药批发	山西省忻州市
山西省太原唐久超市有限公司	其他综合零售	山西省太原市
山西煤炭运销集团大同南郊有限公司	煤炭及制品批发	山西省大同市
晋城市陵川公路煤炭销售有限公司	煤炭及制品批发	山西省晋城市
大同煤矿集团朔州矿业公司金沙滩煤炭集运站	煤炭及制品批发	山西省朔州市
太原肯德基有限公司	快餐服务	山西省太原市
山西三一晋湘工程机械有限公司	其他未列明的批发	山西省太原市
山西省煤炭运销集团晋昌源煤炭经营有限公司	煤炭及制品批发	山西省太原市
山西铜锣湾国际购物中心有限公司	服装零售	山西省太原市
晋城市华洋亚飞汽车连锁销售有限公司	汽车零售	山西省晋城市
山西康美徕医药有限公司	西药批发	山西省太原市
山西宏艺首饰股份有限公司	珠宝首饰零售	山西省太原市
山西汇丰兴业焦煤集团有限公司	煤炭及制品批发	山西省吕梁市
山西苏宁电器有限公司	家用电器零售	山西省太原市
山西煤炭运销集团晋中平遥有限公司	煤炭及制品批发	山西省晋中市
山西中汽贸联汽车销售有限公司	汽车零售	山西省太原市
大同市新荣区公路煤炭交易市场	煤炭及制品批发	山西省大同市
大同煤矿集团大同煤炭运销旧高山集运有限公司	煤炭及制品批发	山西省大同市
山西省芮城县供销合作社联合社	其他综合零售	山西省运城市
大同煤矿集团朔州矿业公司马邑煤炭集运站	煤炭及制品批发	山西省朔州市
山西煤炭运销集团大同有限公司	煤炭及制品批发	山西省大同市
朔州市朔城区刘家口煤炭集运站	煤炭及制品批发	山西省朔州市
深圳创维-RGB电子有限公司山西分公司	家用电器批发	山西省太原市
山西山姆士超市有限公司	超级市场零售	山西省太原市
山西百圆裤业连锁经营股份有限公司	服装批发	山西省太原市
怀仁县南窑煤业有限责任公司	煤炭及制品批发	山西省朔州市
太原轻型汽车总厂	汽车零售	山西省太原市
大同煤矿集团煤炭运销忻州阳方口集运站有限公司	煤炭及制品批发	山西省忻州市
大同市华林有限责任公司	百货零售	山西省大同市
山西吉隆斯商贸股份有限公司	百货零售	山西省晋中市
长治市飞路汽车贸易有限公司	汽车零售	山西省长治市
大同世纪北方电器有限责任公司	家用电器零售	山西省大同市
山西天美新天地购物中心有限公司	服装零售	山西省太原市
晋城市长江实业有限公司	汽车零售	山西省晋城市
大同市华林新天地商贸有限责任公司	服装零售	山西省大同市
山西博源超市有限公司	超级市场零售	山西省长治市
山西华联综合超市有限公司	超级市场零售	山西省太原市
大同市华润燃气有限公司	生活用燃料零售	山西省大同市
阳泉北国商城有限责任公司	服装零售	山西省阳泉市
临汾万佳福仓储超市有限公司	超级市场零售	山西省临汾市
晋城市凤展购物广场有限公司	超级市场零售	山西省晋城市

4-5 续表 16

企业名称	所属行业	企业所在地
山西田森超市集团有限公司	超级市场零售	山西省晋中市
山西丽华大酒店有限责任公司	正餐服务	山西省太原市
大同市云冈宾馆有限责任公司	旅游饭店	山西省大同市
山西海外海酒店投资管理有限公司	正餐服务	山西省太原市
太原滨河一号餐饮有限公司	正餐服务	山西省太原市
山西唐都生态园餐饮有限公司	正餐服务	山西省太原市
山西迎泽宾馆	旅游饭店	山西省太原市
内蒙古自治区		
中国石油天然气股份有限公司内蒙古鄂尔多斯销售分公司	机动车燃料零售	内蒙古自治区鄂尔多斯市
中国石油天然汽股份有限公司内蒙古赤峰销售分公司	石油及制品批发	内蒙古自治区赤峰市
中国石油天然气股份有限公司内蒙古呼伦贝尔销售分公司	机动车燃料零售	内蒙古自治区呼伦贝尔市
中国石油天然气股份有限公司内蒙古呼和浩特市分公司	石油及制品批发	内蒙古自治区呼和浩特市
中国石油天然气股份有限公司内蒙古锡林郭勒销售分公司	机动车燃料零售	内蒙古自治区锡林郭勒盟
内蒙古明华能源集团有限公司	煤炭及制品批发	内蒙古自治区包头市
中国石油天然气股份有限公司内蒙古通辽销售分公司	机动车燃料零售	内蒙古自治区通辽市
中国石油天然气股份有限公司内蒙古包头销售分公司	机动车燃料零售	内蒙古自治区包头市
内蒙古西蒙煤炭有限责任公司	煤炭及制品批发	内蒙古自治区呼和浩特市
中国石油化工股份有限公司内蒙古鄂尔多斯石油分公司	机动车燃料零售	内蒙古自治区鄂尔多斯市
内盟古铁鑫煤化有限公司	煤炭及制品批发	内蒙古自治区包头市
中国石油天然气股份有限公司内蒙古乌海销售分公司	机动车燃料零售	内蒙古自治区乌海市
内蒙古自治区烟草公司鄂尔多斯市公司	烟草制品批发	内蒙古自治区鄂尔多斯市
包头宁鹿石油有限公司	机动车燃料零售	内蒙古自治区包头市
中国石油天然气股份有限公司内蒙古巴彦淖尔分公司	石油及制品批发	内蒙古自治区巴彦淖尔市
内蒙古自治区烟草公司呼和浩特市分公司	烟草制品批发	内蒙古自治区呼和浩特市
中国石油化工股份有限公司内蒙古石油分公司	石油及制品批发	内蒙古自治区呼和浩特市
内蒙古自治区烟草公司包头市公司	烟草制品批发	内蒙古自治区包头市
中国石油天燃气股份有限公司内蒙古乌兰察布销售公司	机动车燃料零售	内蒙古自治区乌兰察布市
内蒙古民族商场有限责任公司	百货零售	内蒙古自治区呼和浩特市
中国石油化工股份有限公司内蒙古包头石油分公司	机动车燃料零售	内蒙古自治区包头市
中国石油天燃气股份有限公司内蒙兴安石油销售分公司	机动车燃料零售	内蒙古自治区兴安盟乌兰浩特市
内蒙古自治区烟草公司赤峰市公司	烟草制品批发	内蒙古自治区赤峰市
中国石油天然气股份有限公司内蒙古阿拉善销售分公司	机动车燃料零售	内蒙古自治区阿拉善盟
内蒙古河套酒业集团销售有限责任公司	饮料及茶叶批发	内蒙古自治区巴彦淖尔市
内蒙古自治区烟草公司乌兰察布市公司	烟草制品批发	内蒙古自治区乌兰察布市
内蒙古高速石油销售有限公司	机动车燃料零售	内蒙古自治区呼和浩特市
内蒙古自治区烟草公司通辽分公司	烟草制品批发	内蒙古自治区通辽市
内蒙古呼铁伊东储运股份有限公司	煤炭及制品批发	内蒙古自治区包头市
乌海市铁鑫煤化有限责任公司	煤炭及制品批发	内蒙古自治区乌海市
内蒙古紫维汽车(集团)有限公司	汽车零售	内蒙古自治区呼和浩特市
包头市华银机械设备有限公司	汽车零配件零售	内蒙古自治区包头市
内蒙古海亮商贸有限公司	服装零售	内蒙古自治区呼和浩特市
内蒙古自治区烟草公司呼伦贝尔市公司	烟草制品批发	内蒙古自治区呼伦贝尔市
内蒙古烟草公司巴彦淖尔市分公司	烟草制品批发	内蒙古自治区巴彦淖尔市
呼和浩特市朝晖商贸有限责任公司	糕点、糖果及糖批发	内蒙古自治区呼和浩特市
包头百货大楼股份有限公司	百货零售	内蒙古自治区包头市
内蒙古维多利商业(集团)有限公司	百货零售	内蒙古自治区呼和浩特市
包头市万方煤炭销售有限公司	煤炭及制品批发	内蒙古自治区包头市
中国石油化工股份有限公司内蒙古赤峰石油分公司	石油及制品批发	内蒙古自治区赤峰市
内蒙古维多利商业管理有限公司	百货零售	内蒙古自治区呼和浩特市
包头王府井百货有限责任公司	百货零售	内蒙古自治区包头市
呼和浩特市恒昌商贸有限责任公司	服装批发	内蒙古自治区呼和浩特市

4-5 续表 17

企业名称	所属行业	企业所在地
内蒙古呼伦贝尔市友谊有限责任公司	百货零售	内蒙古自治区呼伦贝尔市
鄂尔多斯市蒙凯汽车销售集团有限公司	汽车零售	内蒙古自治区鄂尔多斯市
中国石化销售有限公司西北临河分公司	机动车燃料零售	内蒙古自治区巴彦淖尔市
重庆日日顺家电有限责任公司内蒙古分公司	家用电器零售	内蒙古自治区呼和浩特市
赤峰利丰汽车行有限公司	汽车零售	内蒙古自治区赤峰市
内蒙古日强建筑机械有限责任公司	其他机械设备及电子产品批发	内蒙古自治区呼和浩特市
北京华联综合超市股份有限公司呼和浩特分公司	超级市场零售	内蒙古自治区呼和浩特市
内蒙古润宇装饰城市场有限公司	家具零售	内蒙古自治区呼和浩特市
北京国美包头电器有限公司	家用电器零售	内蒙古自治区包头市
内蒙古金汇金旺角服装批发有限公司	服装零售	内蒙古自治区呼和浩特市
赤峰海达电器有限责任公司	家用电器零售	内蒙古自治区赤峰市
内蒙古维多利新城商业管理有限公司	服装零售	内蒙古自治区呼和浩特市
内蒙古小尾羊餐饮连锁股份有限公司	正餐服务	内蒙古自治区包头市
内蒙古诚信数码大厦有限责任公司	计算机、软件及辅助设备零售	内蒙古自治区呼和浩特市
赤峰雷蒙药品经销有限责任公司	西药批发	内蒙古自治区赤峰市
鄂尔多斯市每天百货都市有限责任公司	百货零售	内蒙古自治区鄂尔多斯市
包头市金荣装饰建材城有限责任公司	其他室内装修材料零售	内蒙古自治区包头市
兴安盟利丰恒泰汽车销售有限责任公司	汽车零售	内蒙古自治区兴安盟
海亮百货有限公司	服装零售	内蒙古自治区呼和浩特市
鄂尔多斯市唐老鸭商贸连锁销售集团有限责任公司	其他综合零售	内蒙古自治区鄂尔多斯市
呼和浩特市王府井百货有限公司	百货零售	内蒙古自治区呼和浩特市
内蒙古维多利超市连锁有限公司	超级市场零售	内蒙古自治区呼和浩特市
包头苏宁电器有限公司	家用电器零售	内蒙古自治区包头市
内蒙古赤峰奔腾实业(集团)有限公司	家用电器零售	内蒙古自治区赤峰市
鄂尔多斯市宏丰商贸有限责任公司	饮料及茶叶零售	内蒙古自治区鄂尔多斯市
内蒙古东达酒店有限公司锦江国际大酒店	旅游饭店	内蒙古自治区呼和浩特市
内蒙古饭店有限责任公司	旅游饭店	内蒙古自治区呼和浩特市
香格里拉大酒店(呼和浩特)有限公司	旅游饭店	内蒙古自治区呼和浩特市
香格里拉大酒店包头有限公司	旅游饭店	内蒙古自治区包头市
包头海德酒店有限公司	旅游饭店	内蒙古自治区包头市
内蒙古新城宾馆旅游业集团有限责任公司	旅游饭店	内蒙古自治区呼和浩特市
辽宁省		
中国石油天然气股份有限公司东北销售分公司	石油及制品批发	辽宁省沈阳市
鞍钢集团国际经济贸易公司	金属及金属矿批发	辽宁省鞍山市
中国铁路物资沈阳有限公司	金属及金属矿批发	辽宁省沈阳市
中国石油化工股份有限公司辽宁石油分公司	机动车燃料零售	辽宁省沈阳市
中国石油天然气股份有限公司辽宁沈阳销售分公司	机动车燃料零售	辽宁省沈阳市
大商股份有限公司	百货零售	辽宁省大连市
辽宁省烟草公司沈阳市公司	烟草制品批发	辽宁省沈阳市
中国烟草总公司大连市公司	烟草制品批发	辽宁省大连市
中国石油天然气股份有限公司辽宁营口销售分公司	石油及制品批发	辽宁省营口市
中国石油天然气股份有限公司辽宁鞍山销售分公司	石油及制品批发	辽宁省鞍山市
国药控股沈阳有限公司	西药批发	辽宁省沈阳市
中国石油天然气股份有限公司辽宁锦州销售分公司	机动车燃料零售	辽宁省锦州市
中铁物资集团东北有限公司	金属及金属矿批发	辽宁省沈阳市
百胜餐饮(沈阳)有限公司	快餐服务	辽宁省沈阳市
中兴-沈阳商业大厦(集团)股份有限公司	百货零售	辽宁省沈阳市
中国石油天然气股份有限公司辽宁抚顺销售分公司	石油及制品批发	辽宁省抚顺市
中国石油天然气股份有限公司辽宁盘锦销售分公司	石油及制品批发	辽宁省盘锦市
中国石油天然气股份有限公司辽宁辽阳销售分公司	石油及制品批发	辽宁省辽阳市
大连国际商贸大厦有限公司	百货零售	辽宁省大连市
中国石油天然气股份有限公司辽宁朝阳销售分公司	石油及制品批发	辽宁省朝阳市

4-5 续表 18

企业名称	所属行业	企业所在地
中国石油天然气股份有限公司辽宁丹东销售分公司	机动车燃料零售	辽宁省丹东市
中国石油天然气股份有限公司辽宁葫芦岛销售分公司	石油及制品批发	辽宁省葫芦岛市
中油辽宁铁岭销售分公司	机动车燃料零售	辽宁省铁岭市
中国石油天然气股份有限公司辽宁本溪分公司	机动车燃料零售	辽宁省本溪市
中国石油天然气股份有限公司辽宁阜新销售分公司	石油及制品批发	辽宁省阜新市
沈阳兴隆大家庭购物中心有限公司	百货零售	辽宁省沈阳市
辽宁省烟草公司鞍山市公司	烟草制品批发	辽宁省鞍山市
沈阳铁道金属物资有限公司	金属及金属矿批发	辽宁省沈阳市
沈阳家乐福商业有限公司	超级市场零售	辽宁省沈阳市
东北制药集团公司供销公司	西药批发	辽宁省沈阳市
辽宁卓展时代广场百货有限公司	百货零售	辽宁省沈阳市
沈阳国美电器有限公司	家用电器零售	辽宁省沈阳市
第一汽车大连保税区口岸通商中心	汽车、摩托车及零配件批发	辽宁省大连市
辽宁省烟草公司锦州市公司	烟草制品批发	辽宁省锦州市
辽宁恒力工程机械有限公司	汽车、摩托车及零配件批发	辽宁省沈阳市
辽宁兴隆百货集团有限公司	百货零售	辽宁省盘锦市
辽宁省烟草公司营口市分公司	烟草制品批发	辽宁省营口市
大连大商投资管理有限公司	百货零售	辽宁省大连市
辽宁省烟草公司铁岭市公司	烟草制品批发	辽宁省铁岭市
大连友谊(集团)股份有限公司	百货零售	辽宁省大连市
大连国美电器有限公司	家用电器零售	辽宁省大连市
中国烟草总公司辽宁葫芦岛分公司	烟草制品批发	辽宁省葫芦岛市
中国船舶燃料大连有限公司	石油及制品批发	辽宁省大连市
东北制药集团销售有限公司	西药批发	辽宁省沈阳市
辽宁省烟草公司朝阳市公司	烟草制品批发	辽宁省朝阳市
辽宁省烟草公司抚顺市公司	烟草制品批发	辽宁省抚顺市
辽宁尊荣汽车贸易有限公司	汽车零售	辽宁省沈阳市
辽宁省烟草公司丹东市公司	烟草制品批发	辽宁省丹东市
沈阳苏宁电器有限公司	家用电器零售	辽宁省沈阳市
大连中星汽车有限公司	汽车零售	辽宁省大连市
辽宁成大方圆医药连锁有限公司	药品零售	辽宁省沈阳市
博宇金属股份有限公司	金属及金属矿批发	辽宁省沈阳市
大连沈大苏宁电器有限公司	家用电器零售	辽宁省大连市
大连沃尔玛百货有限公司	超级市场零售	辽宁省大连市
中国石油天然气股份有限公司河北销售瑞州分公司	石油及制品批发	辽宁省葫芦岛市
辽宁奥通汽车销售服务有限公司	汽车零售	辽宁省沈阳市
华润辽宁医药有限公司	西药批发	辽宁省沈阳市
辽宁省烟草公司辽阳市公司	烟草制品批发	辽宁省辽阳市
辽宁省烟草公司阜新市公司	烟草制品批发	辽宁省阜新市
大商集团抚顺百货大楼有限公司	百货零售	辽宁省抚顺市
沈阳铁西百货大楼有限公司	百货零售	辽宁省沈阳市
辽宁惠华汽车集团有限公司	汽车零售	辽宁省沈阳市
朝阳昊天有色金属有限公司	金属及金属矿批发	辽宁省朝阳市
特易购商业(辽宁)有限公司	百货零售	辽宁省沈阳市
辽宁烟草公司本溪分公司	烟草制品批发	辽宁省本溪市
大连金嘉物资回收有限公司	再生物资回收与批发	辽宁省大连市
鞍山天兴百盛购物中心有限公司	百货零售	辽宁省鞍山市
辽宁九州通医药有限公司	西药批发	辽宁省沈阳市
辽中商业大厦有限公司	百货零售	辽宁省沈阳市
辽宁一汽贸易有限公司	汽车、摩托车及零配件批发	辽宁省沈阳市
大商集团沈阳新玛特购物休闲广场有限公司	百货零售	辽宁省沈阳市

4-5 续表 19

企业名称	所属行业	企业所在地
沈阳新世界百货有限公司	百货零售	辽宁省沈阳市
辽宁和兴大众汽车销售服务有限公司	汽车零售	辽宁省沈阳市
辽宁省烟草公司盘锦市公司(专卖局)	烟草制品批发	辽宁省盘锦市
尊荣亿方集团有限公司	汽车零售	辽宁省大连市
一重集团大连国际科技贸易有限公司	其他机械设备及电子产品批发	辽宁省大连市
铁岭兴隆百货有限公司	百货零售	辽宁省铁岭市
葫芦岛市百货大楼	百货零售	辽宁省葫芦岛市
大连家乐福商业有限公司	超级市场零售	辽宁省大连市
大连环嘉集团有限公司	再生物资回收与批发	辽宁省大连市
大连锦辉购物广场有限责任公司	百货零售	辽宁省大连市
辽宁天士力医药有限公司	中药材及中成药批发	辽宁省沈阳市
大连良运集团有限公司	谷物、豆及薯类批发	辽宁省大连市
抚顺市裕民商城有限公司	百货零售	辽宁省抚顺市
大商集团鞍山商业投资有限公司	百货零售	辽宁省鞍山市
沈阳兴隆大天地购物中心有限公司	百货零售	辽宁省沈阳市
大商集团锦州百货大楼有限公司	百货零售	辽宁省锦州市
欧亚集团沈阳联营有限公司	百货零售	辽宁省沈阳市
沈阳荟华楼黄金珠宝首饰有限公司	珠宝首饰零售	辽宁省沈阳市
大商集团阜新新玛特购物广场有限公司	百货零售	辽宁省阜新市
大商集团本溪商业大厦有限公司	百货零售	辽宁省本溪市
本溪华联商厦有限公司	百货零售	辽宁省本溪市
大商集团沈阳铁西新玛特购物休闲广场有限公司	百货零售	辽宁省沈阳市
朝阳兴隆大家庭购物中心有限公司	百货零售	辽宁省朝阳市
大连肯德基有限公司	快餐服务	辽宁省大连市
大商集团铁岭新玛特有限公司	百货零售	辽宁省铁岭市
大商集团沈阳新玛特购物休闲广场有限公司千盛百货购物中心	百货零售	辽宁省沈阳市
辽宁宜佳电视购物有限公司	邮购及电子销售	辽宁省沈阳市
营口经济技术开发区商业大厦有限公司	百货零售	辽宁省营口市
沈阳市领跑体育用品有限公司	服装零售	辽宁省沈阳市
沈阳商业城股份有限公司	百货零售	辽宁省沈阳市
辽宁华润万家生活超市有限公司	超级市场零售	辽宁省沈阳市
沈阳大东兴隆百货有限公司	百货零售	辽宁省沈阳市
大连好又多百货商业广场有限公司	超级市场零售	辽宁省大连市
盘锦兴隆大厦二百有限公司	百货零售	辽宁省盘锦市
沈阳乐购超市有限公司	超级市场零售	辽宁省沈阳市
大石桥市兴隆百货有限公司	百货零售	辽宁省营口市
大商集团抚顺新玛特有限公司	超级市场零售	辽宁省抚顺市
大连天河百盛购物中心有限公司	百货零售	辽宁省大连市
沈阳大润发商业有限公司	超级市场零售	辽宁省沈阳市
丽珂贸易(沈阳)有限公司	贸易经纪与代理	辽宁省沈阳市
山田电机(沈阳)商业有限公司	家用电器零售	辽宁省沈阳市
辽宁真维斯服饰有限公司	服装零售	辽宁省沈阳市
沈阳沃尔玛百货有限公司	超级市场零售	辽宁省沈阳市
本溪明山国家粮食储备库	米、面制品及食用油批发	辽宁省本溪市
大商集团锦州百货大楼有限公司千盛购物广场	百货零售	辽宁省锦州市
锦州大润发商业有限公司	超级市场零售	辽宁省锦州市
营口兴隆百货有限公司	超级市场零售	辽宁省营口市
沈阳顺峰饮食有限公司	正餐服务	辽宁省沈阳市
辽宁百盛新药特药连锁有限公司	药品零售	辽宁省沈阳市
盘锦兴隆大厦三百有限公司	百货零售	辽宁省盘锦市
大连海王星辰医药有限公司	药品零售	辽宁省大连市

4-5　续表 20

企业名称	所属行业	企业所在地
本溪溪林商贸有限公司	计算机、软件及辅助设备零售	辽宁省本溪市
大商集团锦州市新玛特购物有限公司	百货零售	辽宁省锦州市
阜新兴隆百货有限公司	百货零售	辽宁省阜新市
沈阳于洪乐购生活购物有限公司	超级市场零售	辽宁省沈阳市
凌海电力商城有限责任公司	百货零售	辽宁省锦州市
辽宁亿家商业集团有限公司	超级市场零售	辽宁省鞍山市
沈阳宜家家居有限公司	家具零售	辽宁省沈阳市
沈阳润泰商业有限公司	超级市场零售	辽宁省沈阳市
抚顺中兴时代广场商业有限公司	百货零售	辽宁省抚顺市
沈阳国大天益堂药房连锁有限公司	药品零售	辽宁省沈阳市
大连联华快客中山便利商业有限公司	其他综合零售	辽宁省大连市
大连香格里拉酒店有限公司	旅游饭店	辽宁省大连市
朝阳商业城有限公司	百货零售	辽宁省朝阳市
沈阳麦当劳(餐厅食品)有限公司	快餐服务	辽宁省沈阳市
大连富丽华大酒店	旅游饭店	辽宁省大连市
鞍山泰纳隆超市有限公司	超级市场零售	辽宁省鞍山市
大连旅顺供销大厦有限公司	百货零售	辽宁省大连市
新民兴隆百货有限公司	百货零售	辽宁省沈阳市
盖州市兴隆大家庭购物中心有限公司	超级市场零售	辽宁省营口市
鞍山国美电器有限公司	家用电器零售	辽宁省鞍山市
大连乐购生活购物有限公司	超级市场零售	辽宁省大连市
沈阳市苏家屯大润发商业有限公司	超级市场零售	辽宁省沈阳市
大连麦当劳餐厅食品有限公司	快餐服务	辽宁省大连市
抚顺浙商国际商贸有限公司	百货零售	辽宁省抚顺市
大连宜家家居有限公司	其他室内装修材料零售	辽宁省大连市
沈阳东北大药房连锁店	药品零售	辽宁省沈阳市
营口三星电器有限责任公司	家用电器零售	辽宁省营口市
沈阳铁西乐购生活购物有限公司	超级市场零售	辽宁省沈阳市
大连旺达连锁有限公司	其他综合零售	辽宁省大连市
锦州站前华联购物中心有限责任公司	超级市场零售	辽宁省锦州市
大商集团营口新玛特购物广场有限公司	百货零售	辽宁省营口市
辽宁国大一致药店连锁有限公司	药品零售	辽宁省沈阳市
沈阳丽都商务有限公司沈阳丽都喜来登饭店	旅游饭店	辽宁省沈阳市
辽宁瑞心酒店集团有限责任公司	旅游饭店	辽宁省沈阳市
沃尔玛(辽宁)百货有限公司	超级市场零售	辽宁省沈阳市
大连新玛特世达购物广场有限公司	百货零售	辽宁省大连市
沈阳沈河乐购超市有限公司	超级市场零售	辽宁省沈阳市
沃尔玛(大连)商业零售有限公司	超级市场零售	辽宁省大连市
大连万宝海鲜舫	正餐服务	辽宁省大连市
辽宁大厦	旅游饭店	辽宁省沈阳市
沈阳北方航空扬子实业有限公司	旅游饭店	辽宁省沈阳市
沈阳盛贸饭店有限公司	旅游饭店	辽宁省沈阳市
大连合兴快餐有限公司	快餐服务	辽宁省大连市
沈阳筷道餐饮有限公司	正餐服务	辽宁省沈阳市
大连长江广场有限公司日航饭店	旅游饭店	辽宁省大连市
营口红运酒店管理有限公司红运大饭店	旅游饭店	辽宁省营口市
大连天天渔港餐饮有限公司	正餐服务	辽宁省大连市
沈阳黎明酒店管理有限公司黎明国际酒店	旅游饭店	辽宁省沈阳市
吉林省		
一汽马自达汽车销售有限公司	汽车、摩托车及零配件批发	吉林省长春市
中国石油天然气股份有限公司吉林长春分公司	机动车燃料零售	吉林省长春市
长春欧亚集团股份有限公司	百货零售	吉林省长春市

4-5 续表 21

企业名称	所属行业	企业所在地
中国石油天然气股份有限公司吉林延边销售分公司	机动车燃料零售	吉林省延边朝鲜族自治州
吉林省烟草公司长春市公司	烟草制品批发	吉林省长春市
中国石油天然气股份有限公司吉林省吉林市销售分公司	石油及制品批发	吉林省吉林市
吉林亚泰集团水泥销售有限公司	建材批发	吉林省长春市
中国石油天然气股份有限公司吉林松原销售分公司	石油及制品批发	吉林省松原市
吉林省烟草公司吉林市公司	烟草制品批发	吉林省吉林市
长春卓展时代广场百货有限公司	百货零售	吉林省长春市
吉林省烟草公司延边州公司	烟草制品批发	吉林省延边朝鲜族自治州
中国石油天然气股份有限公司吉林四平销售分公司	机动车燃料零售	吉林省四平市
延吉百货大楼股份有限公司	百货零售	吉林省延边朝鲜族自治州
长春伊通河石油经销有限公司	机动车燃料零售	吉林省长春市
中国石油天燃气股份有限公司吉林白城销售分公司	机动车燃料零售	吉林省白城市
公主岭温州商城贸易有限公司	百货零售	吉林省四平市
修正药业集团营销有限公司	中药材及中成药批发	吉林省通化市
中国石油天然气股份有限公司吉林白山销售分公司	机动车燃料零售	吉林省白山市
吉粮集团公主岭金玉收储有限责任公司	谷物、豆及薯类批发	吉林省四平市
长春华阳汽贸有限公司	汽车零售	吉林省长春市
吉林省烟草公司通化公司	烟草制品批发	吉林省通化市
吉林省烟草公司松原市分公司	烟草制品批发	吉林省松原市
吉林省华之诚汽车销售服务有限公司	汽车零售	吉林省长春市
中国石油天然气股份有限公司吉林辽源销售分公司	石油及制品批发	吉林省辽源市
吉林省华宇集团四平仁兴商厦有限公司	服装零售	吉林省四平市
吉林省华生交电集团有限公司	家用电器零售	吉林省四平市
吉林省烟草公司白山市公司	烟草制品批发	吉林省白山市
中国石油化工股份有限公司吉林市石油分公司	机动车燃料零售	吉林省吉林市
吉林省北方医药有限责任公司	西药批发	吉林省长春市
长春苏宁电器有限公司	家用电器零售	吉林省长春市
吉林省吉刚汽车贸易有限公司	汽车零售	吉林省长春市
吉林小松工程机械有限公司	其他机械设备及电子产品批发	吉林省长春市
长春国商百货有限公司	百货零售	吉林省长春市
吉林省中东新天地购物公园有限公司	服装零售	吉林省长春市
吉林省白山方大商贸有限公司	超级市场零售	吉林省白山市
吉林大药房药业股份有限公司	药品零售	吉林省长春市
吉林省金叶烟草有限责任公司	烟草制品零售	吉林省长春市
吉林国美电器有限公司	家用电器零售	吉林省长春市
吉林省东良粮食集团有限公司	谷物、豆及薯类批发	吉林省四平市
吉林市国美电器有限公司	家用电器零售	吉林省吉林市
吉林省威宝恒客隆仓储百货有限公司	超级市场零售	吉林省长春市
吉林市润泰商业有限公司	超级市场零售	吉林省吉林市
吉林市大润发超市有限公司	超级市场零售	吉林省吉林市
长春百货大楼集团股份有限公司	百货零售	吉林省长春市
吉林省东丰万隆商贸有限责任公司	超级市场零售	吉林省辽源市
白山市合兴实业股份有限公司	百货零售	吉林省白山市
松原大润发商业有限公司	超级市场零售	吉林省松原市
长春远方实业集团有限公司	超级市场零售	吉林省长春市
长春香格里拉大酒店有限公司	旅游饭店	吉林省长春市
榆树市新新小镇现代生活馆有限公司	其他综合零售	吉林省长春市
吉林省南湖宾馆	正餐服务	吉林省长春市
长春华天酒店管理有限公司	正餐服务	吉林省长春市
长春金安大饭店有限公司	旅游饭店	吉林省长春市
长春开元名都大酒店有限公司	正餐服务	吉林省长春市
吉林省松苑宾馆	旅游饭店	吉林省长春市

4-5 续表 22

企业名称	所属行业	企业所在地
黑龙江省		
中国石油天然气股份有限公司东北销售大庆分公司	石油及制品批发	黑龙江省大庆市
中国铁路物资哈尔滨公司	石油及制品批发	黑龙江省哈尔滨市
黑龙江倍丰农业生产资料集团有限公司	化肥批发	黑龙江省哈尔滨市
中国石油天然气股份有限公司黑龙江哈尔滨销售分公司	机动车燃料零售	黑龙江省哈尔滨市
黑龙江省烟草公司哈尔滨市公司	烟草制品批发	黑龙江省哈尔滨市
中油黑龙江农垦石油有限公司	石油及制品批发	黑龙江省哈尔滨市
北大荒鑫亚经贸有限公司	谷物、豆及薯类批发	黑龙江省哈尔滨市
哈药集团医药有限公司	药品零售	黑龙江省哈尔滨市
中国石油天然气股份有限公司黑龙江大庆销售分公司	石油及制品批发	黑龙江省大庆市
北大荒粮食物流股份有限公司	米、面制品及食用油批发	黑龙江省哈尔滨市
黑龙江北大荒集团农业生产资料有限公司	化肥批发	黑龙江省哈尔滨市
中国石油天燃汽股份有限公司黑龙江齐齐哈尔销售分公司	石油及制品批发	黑龙江省齐齐哈尔市
黑龙江远大购物中心有限公司	百货零售	黑龙江省哈尔滨市
哈药集团三精医药商贸有限公司	西药批发	黑龙江省哈尔滨市
中国石油天然气股份有限公司黑龙江鸡西销售分公司	石油及制品批发	黑龙江省鸡西市
中国石油天然气股份有限公司黑龙江佳木斯销售分公司	石油及制品批发	黑龙江省佳木斯市
黑龙江省烟草公司齐齐哈尔分公司	烟草制品批发	黑龙江省齐齐哈尔市
中国石油天然气股份有限公司黑龙江双鸭山销售分公司	石油及制品批发	黑龙江省双鸭山市
中国石油天然气股份有限公司黑龙江牡丹江销售分公司	石油及制品批发	黑龙江省牡丹江市
黑龙江省农业机械有限责任公司	农业机械批发	黑龙江省哈尔滨市
中国石油天然气股份有限公司绥化分公司	石油及制品批发	黑龙江省绥化市
黑龙江省烟草公司绥化市公司	烟草制品批发	黑龙江省绥化市
黑龙江省烟草公司大庆分公司	烟草制品批发	黑龙江省大庆市
中国石油天然气股份有限公司黑龙江实华销售公司	机动车燃料零售	黑龙江省哈尔滨市
大商集团大庆百货大楼有限公司	百货零售	黑龙江省大庆市
黑龙江黑天鹅家电有限公司	家用电器零售	黑龙江省哈尔滨市
大商集团大庆新玛特购物休闲广场有限公司	百货零售	黑龙江省大庆市
大庆市庆客隆连锁商贸有限公司	超级市场零售	黑龙江省大庆市
中国石油天然气股分有限公司黑龙江七台河销售分公司	石油及制品批发	黑龙江省七台河市
葵花药业集团药业有限公司	中药材及中成药批发	黑龙江省哈尔滨市
哈尔滨中央红集团股份有限公司	百货零售	黑龙江省哈尔滨市
哈尔滨申格体育连锁有限公司	体育用品零售	黑龙江省哈尔滨市
中国石油天然气股份有限公司黑龙江尚志销售分公司	石油及制品批发	黑龙江省哈尔滨市
黑龙江省烟草公司佳木斯分公司	烟草制品批发	黑龙江省佳木斯市
哈尔滨家乐福超市有限公司	超级市场零售	黑龙江省哈尔滨市
黑龙江省烟草公司牡丹江分公司	烟草制品批发	黑龙江省牡丹江市
黑龙江省烟草公司牡丹江烟叶公司	烟草制品批发	黑龙江省牡丹江市
中国石油天燃气股份有限公司黑龙江肇东销售分公司	石油及制品批发	黑龙江省绥化市
中石油天然气股份有限公司黑龙江鹤岗分公司	石油及制品批发	黑龙江省鹤岗市
哈尔滨松雷股份有限公司	百货零售	黑龙江省哈尔滨市
哈尔滨珍宝医药贸易有限公司	中药材及中成药批发	黑龙江省哈尔滨市
中国烟草总公司黑龙江省鸡西分公司	烟草制品批发	黑龙江省鸡西市
大商集团哈尔滨新一百购物广场有限公司	百货零售	黑龙江省哈尔滨市
哈尔滨华利机械设备有限公司	其他机械设备及电子产品批发	黑龙江省哈尔滨市
中国石油天然气股份有限公司黑龙江伊春经销分公司	石油及制品批发	黑龙江省伊春市
哈尔滨苏宁电器有限公司	家用电器零售	黑龙江省哈尔滨市
大连国际商贸大厦有限公司哈尔滨麦凯乐百货总店	百货零售	黑龙江省哈尔滨市
哈尔滨卓展时代广场百货有限公司	百货零售	黑龙江省哈尔滨市
沃尔玛深国投百货有限公司哈尔滨中山路分店	超级市场零售	黑龙江省哈尔滨市
绥化市华辰商都	百货零售	黑龙江省绥化市
哈尔滨秋林集团股份有限公司	百货零售	黑龙江省哈尔滨市

4-5 续表 23

企业名称	所属行业	企业所在地
黑龙江省北大荒集团建三江种业有限公司	种子、饲料批发	黑龙江省佳木斯市
中国石油天然气股份有限公司黑龙江大兴安岭销售分公司	石油及制品批发	黑龙江省大兴安岭地区
大商集团牡丹江百货大楼有限公司	百货零售	黑龙江省牡丹江市
黑龙江省东方新天地商厦有限责任公司	服装零售	黑龙江省佳木斯市
黑龙江省新华书店	图书批发	黑龙江省哈尔滨市
哈尔滨新世界百货商场有限公司	百货零售	黑龙江省哈尔滨市
大商集团牡丹江新玛特购物广场有限公司	百货零售	黑龙江省牡丹江市
牡丹江广汇经贸股份有限公司	家用电器零售	黑龙江省牡丹江市
大商集团鸡西新玛特购物广场有限公司	百货零售	黑龙江省鸡西市
哈尔滨市联强商业发展有限公司	超级市场零售	黑龙江省哈尔滨市
青岛润泰佳木斯大润发超市	超级市场零售	黑龙江省佳木斯市
大商集团股份有限公司大庆新东风购物广场	百货零售	黑龙江省大庆市
昆山润华商业有限公司牡丹江分公司	超级市场零售	黑龙江省牡丹江市
黑龙江泰华医药集团有限公司	药品零售	黑龙江省绥化市
哈尔滨润富商业有限公司	百货零售	黑龙江省哈尔滨市
哈尔滨大润发商业有限公司	超级市场零售	黑龙江省哈尔滨市
大商集团七台河新玛特购物广场有限公司	百货零售	黑龙江省七台河市
黑龙江比优特商贸有限责任公司	超级市场零售	黑龙江省鹤岗市
大连大商集团有限公司大庆让胡路商场	百货零售	黑龙江省大庆市
佳木斯新玛特购物广场	百货零售	黑龙江省佳木斯市
哈尔滨好又多百货商业广场有限公司	百货零售	黑龙江省哈尔滨市
大商集团佳木斯百货大楼	百货零售	黑龙江省佳木斯市
齐齐哈尔百货大楼股份有限公司	服装零售	黑龙江省齐齐哈尔市
哈尔滨香格里拉大饭店有限公司	旅游饭店	黑龙江省哈尔滨市
大庆市香榭丽购物中心	百货零售	黑龙江省大庆市
佳木斯广江同源家居有限公司	家用电器零售	黑龙江省佳木斯市
齐齐哈尔润泰商业有限公司	超级市场零售	黑龙江省齐齐哈尔市
黑龙江博瑞商业发展有限公司	百货零售	黑龙江省哈尔滨市
哈尔滨万达商业投资有限公司万达索菲特大酒店	旅游饭店	黑龙江省哈尔滨市
哈尔滨华旗饭店有限公司	旅游饭店	黑龙江省哈尔滨市
黑龙江麦当劳餐厅食品有限公司	快餐服务	黑龙江省哈尔滨市
上海市		
中国石化销售有限公司华东分公司	石油及制品批发	上海市长宁区
上海上汽大众汽车销售有限公司	汽车、摩托车及零配件批发	上海市嘉定区
上海三星半导体有限公司	家用电器批发	上海市长宁区
苹果电脑贸易(上海)有限公司	计算机、软件及辅助设备批发	上海市静安区
中国石油化工股份有限公司上海石油分公司	石油及制品批发	上海市黄浦区
上海医药集团股份有限公司	西药批发	上海市长宁区
捷豹路虎汽车贸易(上海)有限公司	汽车、摩托车及零配件批发	上海市浦东新区
宝钢资源有限公司	金属及金属矿批发	上海市浦东新区
中化国际(控股)股份有限公司	其他化工产品批发	上海市浦东新区
上海大润发有限公司	粮油零售	上海市闸北区
保时捷(中国)汽车销售有限公司	汽车、摩托车及零配件批发	上海市浦东新区
上海汽车进出口有限公司	汽车、摩托车及零配件批发	上海市浦东新区
中国铁路物资上海有限公司	金属及金属矿批发	上海市闸北区
中国石油天然气股份有限公司上海销售分公司	石油及制品批发	上海市浦东新区
小松(中国)投资有限公司	其他机械设备及电子产品批发	上海市浦东新区
佳通轮胎(中国)投资有限公司	汽车、摩托车及零配件批发	上海市长宁区
英迈(中国)投资有限公司	计算机、软件及辅助设备批发	上海市徐汇区
华硕电脑(上海)有限公司	计算机、软件及辅助设备批发	上海市闵行区
国药控股股份有限公司	西药批发	上海市黄浦区
锦江麦德龙现购自运有限公司	超级市场零售	上海市普陀区

4-5 续表 24

企业名称	所属行业	企业所在地
三菱商事(上海)有限公司	其他化工产品批发	上海市浦东新区
松下电器机电(中国)有限公司	其他机械设备及电子产品批发	上海市浦东新区
欧尚(中国)投资有限公司	其他未列明的批发	上海市杨浦区
上海伊藤忠商事有限公司	其他化工产品批发	上海市浦东新区
上海云峰(集团)有限公司	煤炭及制品批发	上海市闵行区
沃尔沃汽车销售(上海)有限公司	贸易经纪与代理	上海市嘉定区
夏普商贸(中国)有限公司	其他机械设备及电子产品批发	上海市黄浦区
农工商超市(集团)有限公司	超级市场零售	上海市普陀区
上海老庙黄金有限公司老庙黄金银楼	首饰、工艺品及收藏品批发	上海市黄浦区
欧莱雅(中国)有限公司	化妆品及卫生用品批发	上海市静安区
佳杰科技(上海)有限公司	计算机、软件及辅助设备批发	上海市长宁区
日立建机(上海)有限公司	其他机械设备及电子产品批发	上海市浦东新区
丰田通商(上海)有限公司	其他机械设备及电子产品批发	上海市浦东新区
瑞表企业管理(上海)有限公司	其他日用品批发	上海市徐汇区
上海电力燃料有限公司	煤炭及制品批发	上海市黄浦区
三井物产(上海)贸易有限公司	其他化工产品批发	上海市浦东新区
上海神州数码有限公司	计算机、软件及辅助设备批发	上海市长宁区
上海亚一金店有限公司	首饰、工艺品及收藏品批发	上海市黄浦区
佳电(上海)管理有限公司	计算机、软件及辅助设备批发	上海市长宁区
国药控股分销中心有限公司	西药批发	上海市浦东新区
上海世纪联华超市发展有限公司	超级市场零售	上海市普陀区
联想(上海)有限公司	计算机、软件及辅助设备批发	上海市浦东新区
保乐力加(中国)贸易有限公司	饮料及茶叶批发	上海市黄浦区
米其林(中国)投资有限公司	汽车、摩托车及零配件批发	上海市长宁区
上海韩泰轮胎销售有限公司	汽车、摩托车及零配件批发	上海市徐汇区
杜邦贸易(上海)有限公司	贸易经纪与代理	上海市浦东新区
尼康映像仪器销售(中国)有限公司	其他未列明的批发	上海市黄浦区
上海永裕医药有限公司	西药批发	上海市松江区
路易威登(中国)商业销售有限公司	其他日用品零售	上海市静安区
上海圆迈贸易有限公司	邮购及电子销售	上海市嘉定区
上海博世力士乐液压及自动化有限公司	其他未列明的批发	上海市浦东新区
永乐(中国)电器销售有限公司	家用电器零售	上海市普陀区
联华超市股份有限公司	超级市场零售	上海市普陀区
埃克森美孚(中国)投资有限公司	石油及制品批发	上海市徐汇区
上海苏宁电器有限公司	家用电器零售	上海市长宁区
上海联家超市有限公司	超级市场零售	上海市普陀区
ABB(中国)有限公司上海分公司	其他机械设备及电子产品批发	上海市黄浦区
村田电子贸易(上海)有限公司	其他机械设备及电子产品批发	上海市闸北区
上海国美电器有限公司	其他综合零售	上海市普陀区
东芝电子(上海)有限公司	家用电器批发	上海市静安区
酩悦轩尼诗帝亚吉欧洋酒(上海)有限公司	饮料及茶叶批发	上海市静安区
历峰商业有限公司	珠宝首饰零售	上海市浦东新区
上海五金矿产进出口公司	金属及金属矿批发	上海市闸北区
上海易初莲花连锁超市有限公司	超级市场零售	上海市浦东新区
阿特拉斯?科普柯(上海)贸易有限公司	其他机械设备及电子产品批发	上海市浦东新区
舍弗勒贸易(上海)有限公司	其他未列明的批发	上海市嘉定区
泰科电子(上海)有限公司	其他机械设备及电子产品批发	上海市浦东新区
宝钢金属有限公司	金属及金属矿批发	上海市宝山区
丸红(上海)有限公司	金属及金属矿批发	上海市浦东新区
上海老庙黄金有限公司	首饰、工艺品及收藏品批发	上海市黄浦区
三菱电机自动化(上海)有限公司	其他机械设备及电子产品批发	上海市浦东新区
资生堂(中国)投资有限公司	化妆品及卫生用品批发	上海市浦东新区

4-5 续表 25

企业名称	所属行业	企业所在地
明尼苏达矿业制造(上海)国际贸易有限公司	其他化工产品批发	上海市长宁区
上海住友商事有限公司	金属及金属矿批发	上海市浦东新区
上海新宇钟表集团有限公司	其他日用品批发	上海市黄浦区
上海浦东海澜之家服饰有限公司	服装批发	上海市浦东新区
罗氏诊断产品(上海)有限公司	医疗用品及器材批发	上海市徐汇区
斯凯孚(中国)销售有限公司	其他机械设备及电子产品批发	上海市黄浦区
上海新世界股份有限公司	百货零售	上海市黄浦区
上海雅马哈建设摩托车销售有限公司	汽车、摩托车及零配件批发	上海市徐汇区
上海黄金公司	珠宝首饰零售	上海市黄浦区
上海新联纺进出口有限公司	服装批发	上海市长宁区
迅销(中国)商贸有限公司	服装零售	上海市徐汇区
日上免税行(上海)有限公司	百货零售	上海市浦东新区
东芝电脑网络(上海)有限公司	计算机、软件及辅助设备批发	上海市浦东新区
雅培贸易(上海)有限公司	其他食品批发	上海市浦东新区
东方国际集团上海市对外贸易有限公司	其他未列明的批发	上海市长宁区
通用电气医疗系统贸易发展(上海)有限公司	医疗用品及器材批发	上海市浦东新区
锦湖(中国)轮胎销售有限公司	汽车、摩托车及零配件批发	上海市嘉定区
科勒(中国)投资有限公司	厨房、卫生间用具及日用杂货批发	上海市闸北区
上海第一八佰伴有限公司	百货零售	上海市浦东新区
上海肯德基有限公司	快餐服务	上海市徐汇区
上海浦星贸易有限公司	其他食品批发	上海市松江区
上海百联集团股份有限公司	百货零售	上海市黄浦区
丹佛斯(上海)自动控制有限公司	其他机械设备及电子产品批发	上海市徐汇区
派克汉尼汾流体传动产品(上海)有限公司	五金、交电批发	上海市浦东新区
赛默飞世尔科技(中国)有限公司	其他机械设备及电子产品批发	上海市浦东新区
美敦力(上海)管理有限公司	医疗用品及器材批发	上海市浦东新区
雅诗兰黛(上海)商贸有限公司	化妆品及卫生用品批发	上海市闵行区
雅马哈发动机商贸(上海)有限公司	汽车、摩托车及零配件批发	上海市闵行区
莫仕商贸(上海)有限公司	其他机械设备及电子产品批发	上海市浦东新区
上海宝钢工贸有限公司	金属及金属矿批发	上海市宝山区
上海丝绸集团股份有限公司	服装批发	上海市徐汇区
苹果贸易(上海)有限公司	通信设备零售	上海市浦东新区
联强国际贸易(中国)有限公司	计算机、软件及辅助设备批发	上海市长宁区
上海中燃船舶燃料有限公司	石油及制品批发	上海市虹口区
上海九州通医药有限公司	中药材及中成药批发	上海市普陀区
欧姆龙自动化(中国)有限公司	其他机械设备及电子产品批发	上海市浦东新区
上海必胜客有限公司	正餐服务	上海市徐汇区
上海诺华贸易有限公司	医疗用品及器材批发	上海市浦东新区
中化道达尔油品有限公司	机动车燃料零售	上海市浦东新区
富士施乐实业发展(上海)有限公司	其他机械设备及电子产品批发	上海市浦东新区
香奈儿(中国)贸易有限公司	化妆品及卫生用品批发	上海市浦东新区
上海三凯进出口有限公司	其他未列明的批发	上海市浦东新区
金佰利(中国)有限公司	其他日用品批发	上海市黄浦区
路威酩轩香水化妆品(上海)有限公司	贸易经纪与代理	上海市浦东新区
杰尼亚贸易(上海)有限公司	服装批发	上海市浦东新区
海恩斯莫里斯(上海)商业有限公司	服装零售	上海市黄浦区
罗克韦尔自动化(中国)有限公司	五金、交电批发	上海市浦东新区
上海卡帕体育用品有限公司	服装批发	上海市浦东新区
上海久光百货有限公司	百货零售	上海市静安区
上海益实多电子商务有限公司	邮购及电子销售	上海市浦东新区
上海永乐通讯设备有限公司	家用电器零售	上海市普陀区
上海胜华电缆(集团)有限公司	五金、交电批发	上海市浦东新区

4-5 续表 26

企业名称	所属行业	企业所在地
上海易迅电子商务发展有限公司	百货零售	上海市宝山区
飒拉商业(上海)有限公司	服装零售	上海市长宁区
上海欧尚超市有限公司	超级市场零售	上海市杨浦区
上海家得利超市有限公司	超级市场零售	上海市徐汇区
上海橡果网络技术发展有限公司	百货零售	上海市徐汇区
上海老凤祥银楼有限公司	珠宝首饰零售	上海市黄浦区
上海宝诚汽车销售服务有限公司	汽车零售	上海市浦东新区
格兰富水泵(上海)有限公司	其他机械设备及电子产品批发	上海市浦东新区
上海可的便利店有限公司	其他综合零售	上海市普陀区
上海宝信汽车销售服务有限公司	汽车零售	上海市闵行区
华联集团吉买盛购物中心有限公司	超级市场零售	上海市闸北区
山特维克工具商贸(上海)有限公司	贸易经纪与代理	上海市闵行区
沃尔玛华东百货有限公司	超级市场零售	上海市浦东新区
普拉达时装商业(上海)有限公司	服装零售	上海市静安区
上海森马服饰有限公司	服装批发	上海市闵行区
上海汇之星汽车维修服务有限公司	汽车零售	上海市浦东新区
迪卡侬(上海)体育用品有限公司	体育用品零售	上海市浦东新区
上海永达汽车浦东销售服务有限公司	汽车零售	上海市浦东新区
伊藤忠纤维贸易(中国)有限公司	纺织品、针织品及原料批发	上海市长宁区
碧迪医疗器械(上海)有限公司	医疗用品及器材批发	上海市浦东新区
上海市粮食储运公司	谷物、豆及薯类批发	上海市浦东新区
上海好德便利有限公司	其他综合零售	上海市普陀区
上海太平洋百货有限公司	百货零售	上海市徐汇区
上海烟草集团浦东烟草糖酒有限公司	烟草制品批发	上海市浦东新区
新蛋贸易(中国)有限公司	计算机、软件及辅助设备零售	上海市嘉定区
礼来国际贸易(上海)有限公司	贸易经纪与代理	上海市黄浦区
大昌洋行(上海)有限公司	西药批发	上海市浦东新区
雅马哈乐器音响(中国)投资有限公司	其他文化用品批发	上海市静安区
东方商厦有限公司	百货零售	上海市徐汇区
重机(中国)投资有限公司	其他机械设备及电子产品批发	上海市嘉定区
亚什兰(中国)投资有限公司	其他化工产品批发	上海市徐汇区
上海联华快客便利有限公司	其他综合零售	上海市虹口区
上海飞科实业有限公司	家用电器批发	上海市松江区
丝芙兰(上海)化妆品销售有限公司	化妆品及卫生用品零售	上海市黄浦区
上海南浦食品公司浦东分公司	其他食品批发	上海市松江区
博世贸易(上海)有限公司	汽车、摩托车及零配件批发	上海市长宁区
上海烟草集团黄浦烟草糖酒有限公司	烟草制品批发	上海市黄浦区
上海凡德汽车销售服务有限公司	汽车零售	上海市浦东新区
柯尼卡美能达办公系统(中国)有限公司	其他机械设备及电子产品批发	上海市黄浦区
上海宜家家居有限公司	家具零售	上海市徐汇区
上海德宝汽车服务有限公司	汽车零售	上海市闵行区
上海屈臣氏日用品有限公司	超级市场零售	上海市徐汇区
明基电通有限公司	计算机、软件及辅助设备批发	上海市长宁区
上海宏图三胞电脑发展有限公司	计算机、软件及辅助设备零售	上海市杨浦区
上海百红商业贸易有限公司	化妆品及卫生用品批发	上海市闸北区
上海拉夏贝尔服饰有限公司	服装零售	上海市徐汇区
上海恩德斯豪斯自动化设备有限公司	其他未列明的批发	上海市闵行区
费列罗贸易(上海)有限公司	糕点、糖果及糖批发	上海市浦东新区
先进装配系统有限公司	其他机械设备及电子产品批发	上海市浦东新区
施耐德电气信息技术(中国)有限公司	其他机械设备及电子产品批发	上海市普陀区
山特维克矿山工程机械贸易(上海)有限公司	其他机械设备及电子产品批发	上海市闸北区

4-5　续表 27

企业名称	所属行业	企业所在地
上海福满家便利有限公司	其他综合零售	上海市静安区
上海易买得超市有限公司	超级市场零售	上海市宝山区
理光(中国)投资有限公司	其他机械设备及电子产品批发	上海市黄浦区
上海伍缘现代杂货有限公司	超级市场零售	上海市普陀区
上海中集汽车销售服务有限公司	汽车、摩托车及零配件批发	上海市宝山区
西门子医学诊断产品(上海)有限公司	医疗用品及器材批发	上海市浦东新区
上海麦当劳食品有限公司	快餐服务	上海市徐汇区
阿法拉伐(上海)技术有限公司	其他机械设备及电子产品批发	上海市黄浦区
施华洛世奇(上海)贸易有限公司	首饰、工艺品及收藏品批发	上海市黄浦区
贝克曼库尔特商贸(中国)有限公司	医疗用品及器材批发	上海市浦东新区
上海市机械设备成套(集团)有限公司	其他机械设备及电子产品批发	上海市普陀区
上海索电数码科技有限公司	计算机、软件及辅助设备零售	上海市徐汇区
上海新欧尚超市有限公司	超级市场零售	上海市杨浦区
上海第一食品连锁发展有限公司	其他食品批发	上海市黄浦区
上海烟草集团虹口烟草糖酒有限公司	烟草制品批发	上海市虹口区
上海福然德部件加工有限公司	金属及金属矿批发	上海市宝山区
上海统一星巴克咖啡有限公司	饮料及冷饮服务	上海市徐汇区
上海新华传媒连锁有限公司	图书零售	上海市黄浦区
东方国际创业股份有限公司	服装批发	上海市长宁区
上海迪亚零售有限公司	其他综合零售	上海市浦东新区
上海虹桥药业有限公司	药品零售	上海市闵行区
上海蒙牛乳业有限公司	其他食品批发	上海市黄浦区
爱茉莉太平洋贸易有限公司	化妆品及卫生用品批发	上海市嘉定区
岛津企业管理(中国)有限公司	医疗用品及器材批发	上海市长宁区
克丽丝汀迪奥商业(上海)有限公司	其他日用品零售	上海市静安区
上海蝶翠诗商业有限公司	贸易经纪与代理	上海市黄浦区
大昌华嘉商业(中国)有限公司	西药批发	上海市浦东新区
上海斐讯数据通信技术有限公司	通讯及广播电视设备批发	上海市松江区
上海金枫酒业股份有限公司	其他食品批发	上海市浦东新区
上海克瑞特服饰有限公司	服装批发	上海市浦东新区
上海美承高科技有限公司	计算机、软件及辅助设备零售	上海市徐汇区
上海烟草集团嘉定烟草糖酒有限公司	烟草制品批发	上海市嘉定区
上海江隆进出口有限公司	纺织品、针织品及原料批发	上海市虹口区
劲霸男装(上海)有限公司	服装批发	上海市普陀区
上海罗捷斯迪电子有限公司	通讯及广播电视设备批发	上海市浦东新区
上海青岛啤酒华东销售有限公司	其他食品批发	上海市宝山区
健良(上海)贸易有限公司	其他机械设备及电子产品批发	上海市浦东新区
利惠商业(上海)有限公司	服装批发	上海市静安区
上海烟草集团闵行烟草糖酒有限公司	烟草制品批发	上海市闵行区
中化上海有限公司	其他化工产品批发	上海市黄浦区
上海汇金百货有限公司	百货零售	上海市徐汇区
鞋柜商贸有限公司	鞋帽零售	上海市青浦区
彪马(上海)商贸有限公司	服装批发	上海市黄浦区
上海建发酒业有限公司	其他日用品批发	上海市浦东新区
上海三枪(集团)有限公司	纺织品、针织品及原料批发	上海市黄浦区
爱步贸易(上海)有限公司	鞋帽批发	上海市浦东新区
德利多富信息系统(上海)有限公司	计算机、软件及辅助设备批发	上海市浦东新区
圣犹达医疗用品(上海)有限公司	医疗用品及器材批发	上海市徐汇区
米思米(中国)精密机械贸易有限公司	五金、交电批发	上海市奉贤区
上海麦考林信息科技有限公司	计算机、软件及辅助设备批发	上海市徐汇区
上海复星药业有限公司	中药材及中成药批发	上海市普陀区
上海置地广场商厦有限公司	百货零售	上海市黄浦区

4-5 续表 28

企业名称	所属行业	企业所在地
东方表行(中国)贸易有限公司	其他日用品批发	上海市黄浦区
上海良友金伴便利连锁有限公司	其他综合零售	上海市徐汇区
肯纳飞硕金属(上海)有限公司	贸易经纪与代理	上海市浦东新区
德颐购(上海)商贸有限公司	家用电器零售	上海市黄浦区
勃林格殷格翰国际贸易上海有限公司	西药批发	上海市静安区
国药集团化学试剂有限公司	其他化工产品批发	上海市黄浦区
上海烟草集团青浦烟草糖酒有限公司	烟草制品批发	上海市青浦区
上海汽车工业销售有限公司	汽车、摩托车及零配件批发	上海市徐汇区
上海九海百盛广场有限公司	百货零售	上海市黄浦区
上海市东电力物资有限公司	其他机械设备及电子产品批发	上海市浦东新区
上海烟草集团南汇烟草糖酒有限公司	烟草制品批发	上海市浦东新区
万宝龙商业(中国)有限公司	文具用品零售	上海市静安区
上海烟草集团杨浦烟草糖酒有限公司	烟草制品批发	上海市杨浦区
上海汇姿百货有限公司	百货零售	上海市杨浦区
太古资源(上海)商贸有限公司	服装批发	上海市徐汇区
安富利电子(上海)有限公司	其他机械设备及电子产品批发	上海市浦东新区
基恩士国际贸易(上海)有限公司	其他机械设备及电子产品批发	上海市浦东新区
泰科医疗器材国际贸易(上海)有限公司	医疗用品及器材批发	上海市徐汇区
蔻驰贸易(上海)有限公司	其他日用品批发	上海市静安区
上海烟草集团宝山烟草糖酒有限公司	烟草制品批发	上海市宝山区
上海浦东新区香格里拉酒店有限公司	旅游饭店	上海市浦东新区
上海烟草集团崇明烟草糖酒有限公司	烟草制品批发	上海市县崇明县
上海烟草集团松江烟草糖酒有限公司	烟草制品批发	上海市松江区
上海六和勤强食品有限公司	肉、禽、蛋及水产品批发	上海市长宁区
菲拉格慕时装贸易(上海)有限公司	服装批发	上海市静安区
奥林巴斯(上海)映像销售有限公司	家用电器批发	上海市徐汇区
上海捷强烟草糖酒(集团)连锁有限公司	超级市场零售	上海市虹口区
西雅衣家(中国)商业有限公司	服装零售	上海市长宁区
上海三联(集团)有限公司	钟表、眼镜零售	上海市黄浦区
上海烟草集团奉贤烟草糖酒有限公司	烟草制品批发	上海市奉贤区
上海铂利德钻石有限公司	珠宝首饰零售	上海市闸北区
马克华菲(上海)商业有限公司	服装批发	上海市徐汇区
上海乐扣乐扣贸易有限公司	厨房、卫生间用具及日用杂货批发	上海市闵行区
花王(上海)产品服务有限公司	其他日用品批发	上海市黄浦区
上海烟草集团普陀烟草糖酒有限公司	烟草制品批发	上海市普陀区
俊思(上海)商业有限公司	服装零售	上海市徐汇区
海格曼商贸(上海)有限公司	通讯及广播电视设备批发	上海市浦东新区
上海天成企业发展有限公司	饮料及茶叶批发	上海市松江区
好美家装潢建材有限公司	其他室内装修材料零售	上海市黄浦区
阿尔弗雷德登喜路(上海)贸易有限公司	服装零售	上海市黄浦区
上海烟草集团金山烟草糖酒有限公司	烟草制品批发	上海市金山区
蔡司光学仪器(上海)国际贸易有限公司	医疗用品及器材批发	上海市浦东新区
上海东纺日化销售有限公司	化妆品及卫生用品批发	上海市普陀区
上海城隍珠宝有限公司	珠宝首饰零售	上海市黄浦区
上海又一城购物中心有限公司	百货零售	上海市杨浦区
上海长发购物中心有限公司	超级市场零售	上海市闵行区
上海信谊联合医药药材有限公司	中药材及中成药批发	上海市闸北区
林肯电气管理(上海)有限公司	金属及金属矿批发	上海市宝山区
广派商业(上海)有限公司	服装零售	上海市浦东新区
上海五天实业有限公司	厨房、卫生间用具及日用杂货批发	上海市青浦区
穆勒电气(上海)有限公司	其他机械设备及电子产品批发	上海市长宁区

4-5 续表 29

企业名称	所属行业	企业所在地
上海联亚商业有限公司	服装批发	上海市浦东新区
史泰博(上海)有限公司	文具用品批发	上海市长宁区
库柏电气(上海)有限公司	贸易经纪与代理	上海市浦东新区
友讯电子设备(上海)有限公司	计算机、软件及辅助设备批发	上海市长宁区
上海虹桥友谊商城有限公司	百货零售	上海市长宁区
上海睿盈贸易有限公司	鞋帽批发	上海市黄浦区
上海领先餐饮管理有限公司	正餐服务	上海市黄浦区
上海童涵春堂药业连锁经营有限公司	中药材及中成药批发	上海市黄浦区
上海古今内衣有限公司	服装零售	上海市黄浦区
上海松江燃气有限公司	生活用燃料零售	上海市松江区
梦田服装(上海)有限公司	服装批发	上海市浦东新区
昆山润华商业有限公司上海松江分公司	超级市场零售	上海市松江区
特易购商业(上海)有限公司	超级市场零售	上海市普陀区
永安百货有限公司	百货零售	上海市黄浦区
津味(上海)餐饮管理有限公司	其他餐饮服务	上海市长宁区
傲胜(中国)商业有限公司	家用电器批发	上海市浦东新区
宝格丽商业(上海)有限公司	珠宝首饰零售	上海市静安区
昆山润华商业有限公司上海闵行分公司	超级市场零售	上海市闵行区
上海烟草集团闸北烟草糖酒有限公司	烟草制品批发	上海市闸北区
滔搏体育(上海)有限公司	鞋帽批发	上海市长宁区
上海第一医药股份有限公司(母公司)	药品零售	上海市黄浦区
上海天宝龙凤金银珠宝有限公司	珠宝首饰零售	上海市黄浦区
帝亚吉欧洋酒贸易(上海)有限公司	饮料及茶叶批发	上海市静安区
上海市浦东商场股份有限公司	百货零售	上海市浦东新区
上海三联集团钟表眼镜照相器材批发中心	其他日用品批发	上海市黄浦区
美标(中国)有限公司	厨房、卫生间用具及日用杂货批发	上海市徐汇区
上海梅龙镇伊势丹百货有限公司	百货零售	上海市静安区
利邦(上海)服装贸易有限公司	服装批发	上海市闵行区
上海烟草集团卢湾烟草糖酒有限公司	烟草制品批发	上海市黄浦区
上海曼伦商贸有限公司	医疗用品及器材批发	上海市徐汇区
上海雷允上药业西区有限公司	西药批发	上海市静安区
上海七宝乐购购物中心有限公司	超级市场零售	上海市闵行区
上海信谊医药有限公司	中药材及中成药批发	上海市闸北区
乐金生活健康贸易(上海)有限公司	化妆品及卫生用品批发	上海市徐汇区
泰华施贸易(上海)有限公司	其他化工产品批发	上海市浦东新区
上海徐家汇商城股份有限公司	百货零售	上海市徐汇区
昆山润华商业有限公司上海南汇分公司	百货零售	上海市浦东新区
上海农夫山泉饮用水有限公司	饮料及茶叶批发	上海市浦东新区
上海长江口商城股份有限公司	百货零售	上海市宝山区
湖南旺旺食品有限公司上海分公司	其他食品批发	上海市闵行区
上海三问国际贸易有限公司	纺织品、针织品及原料批发	上海市浦东新区
上海锐力运动用品有限公司	体育用品零售	上海市黄浦区
上海东昌汽车服务有限公司	汽车零售	上海市浦东新区
上海奉贤大润发商贸有限公司	超级市场零售	上海市奉贤区
上海雷允上北区药业股份有限公司	中药材及中成药批发	上海市虹口区
上海合力叉车有限公司	其他机械设备及电子产品批发	上海市虹口区
上海洋帆实业有限公司	其他未列明的批发	上海市闵行区
上海华氏大药房有限公司	药品零售	上海市虹口区
丰田纺织(中国)有限公司	汽车、摩托车及零配件批发	上海市浦东新区
上海梅林正广和便利连锁有限公司	其他综合零售	上海市杨浦区

4-5 续表 30

企业名称	所属行业	企业所在地
上海九百购物中心有限公司	百货零售	上海市宝山区
上海仁达药品经营有限公司	中药材及中成药批发	上海市徐汇区
上海赫基服饰贸易有限公司	服装零售	上海市徐汇区
好时食品国际贸易(上海)有限公司	糕点、糖果及糖批发	上海市浦东新区
托德斯(上海)商贸有限公司	服装零售	上海市静安区
博马努瓦服饰商贸(上海)有限公司	服装零售	上海市长宁区
上海海文班尼路服饰有限公司	服装零售	上海市虹口区
喜利得(中国)商贸有限公司	五金、交电批发	上海市徐汇区
上海慧桥电气自动化有限公司	其他机械设备及电子产品批发	上海市徐汇区
恒源祥(集团)有限公司	纺织品、针织品及原料批发	上海市黄浦区
上海浦东好又多超市有限公司	超级市场零售	上海市浦东新区
上海益忠天惠实业有限公司	五金、交电批发	上海市松江区
上海老城隍庙餐饮(集团)有限公司	其他餐饮服务	上海市黄浦区
中盐上海市盐业公司	盐及调味品批发	上海市黄浦区
上海百安居建材超市有限公司	超级市场零售	上海市浦东新区
上海汇雅百货有限公司	百货零售	上海市浦东新区
上海欧祺亚羊绒服饰有限公司	服装批发	上海市静安区
倍乐生商贸(中国)有限公司	报刊批发	上海市徐汇区
上海美特斯邦威服饰销售有限公司	服装零售	上海市黄浦区
三星法绅贸易(上海)有限公司	服装零售	上海市长宁区
上海震旦办公自动化销售有限公司	其他文化用品零售	上海市浦东新区
美津浓(中国)体育用品有限公司	服装批发	上海市静安区
佳丽宝化妆品(中国)有限公司	化妆品及卫生用品批发	上海市静安区
史丹利五金工具(上海)有限公司	五金、交电批发	上海市浦东新区
利永(上海)时装商贸有限公司	服装批发	上海市闵行区
上海永和大王餐饮有限公司	快餐服务	上海市闵行区
上海康仁乐购超市贸易有限公司	超级市场零售	上海市普陀区
上海闵行华漕大润发商贸有限公司	超级市场零售	上海市闵行区
上海金瑶贸易发展有限公司	服装零售	上海市黄浦区
上海五菱汽车销售有限公司	汽车零售	上海市浦东新区
上海文峰千家惠超市发展有限公司	其他食品批发	上海市浦东新区
静安希尔顿饭店(上海)	旅游饭店	上海市静安区
上海嘉定乐购生活购物有限公司	超级市场零售	上海市嘉定区
上海明天广场有限公司金威万豪酒店	旅游饭店	上海市黄浦区
普罗旺斯欧舒丹贸易(上海)有限公司	化妆品及卫生用品零售	上海市静安区
上海新颖百货有限公司	百货零售	上海市宝山区
上海三林大润发商贸有限公司	超级市场零售	上海市浦东新区
上海复美益星大药房连锁有限公司	药品零售	上海市普陀区
上海申铁信息工程有限公司	计算机、软件及辅助设备零售	上海市闸北区
上海彩姿百货有限公司	百货零售	上海市闵行区
花园饭店(上海)	旅游饭店	上海市黄浦区
上海喜士多便利连锁有限公司	其他综合零售	上海市闸北区
彩盈商贸(上海)有限公司	服装零售	上海市浦东新区
锦江之星旅馆有限公司	一般旅馆	上海市闵行区
上海米源饮料有限公司	饮料及茶叶零售	上海市浦东新区
上海巴贝拉意舟餐饮管理有限公司	快餐服务	上海市浦东新区
上海国际会议中心有限公司	旅游饭店	上海市浦东新区
盖璞(上海)商业有限公司	服装批发	上海市静安区
上海金山乐购生活购物有限公司	超级市场零售	上海市金山区
上海王宝和大酒店有限公司	旅游饭店	上海市黄浦区

4-5 续表 31

企业名称	所属行业	企业所在地
上海嘉定大润发商贸有限公司	超级市场零售	上海市嘉定区
上海国大药房连锁有限公司	药品零售	上海市闸北区
上海新光光学仪器有限公司	家用电器零售	上海市黄浦区
上海闵行大润发商贸有限公司	超级市场零售	上海市闵行区
上海添宝百货有限公司	百货零售	上海市闵行区
上海金萌苏浙汇餐饮有限公司	正餐服务	上海市徐汇区
上海保德威服饰有限公司	服装零售	上海市普陀区
上海西郊宾馆	旅游饭店	上海市长宁区
上海避风塘美食有限公司	正餐服务	上海市黄浦区
上海闸北南区大润发商贸有限公司	超级市场零售	上海市闸北区
菲仕乐贸易(上海)有限公司	其他日用品零售	上海市徐汇区
上海太平洋大饭店有限公司	旅游饭店	上海市长宁区
上海雷允上药品连锁经营有限公司	药品零售	上海市虹口区
上海匯瑩百貨有限公司	百货零售	上海市浦东新区
上海益丰大药房连锁有限公司	药品零售	上海市黄浦区
上海格兰仕电器销售有限公司	家用电器零售	上海市普陀区
上海颐盛商贸有限公司	服装零售	上海市徐汇区
上海萨莉亚餐饮有限公司	正餐服务	上海市徐汇区
上海广亚百货商业有限公司	超级市场零售	上海市宝山区
上海康交乐购超市有限公司	超级市场零售	上海市长宁区
上海真北乐购生活购物有限公司	超级市场零售	上海市普陀区
上海南汇乐购生活购物有限公司	超级市场零售	上海市浦东新区
上海城市超市有限公司	超级市场零售	上海市静安区
上海怡乐食食品科技服务有限公司	快餐服务	上海市徐汇区
永三商贸(上海)有限公司	服装零售	上海市黄浦区
上海锦江饭店有限公司	旅游饭店	上海市黄浦区
利童反斗城(上海)商贸有限公司	其他文化用品零售	上海市闵行区
上海恭汇贸易有限公司	其他综合零售	上海市徐汇区
上海一杀一坐餐饮有限公司	正餐服务	上海市虹口区
上海余天成药业连锁有限公司	药品零售	上海市松江区
上海华德美居超市有限公司	其他室内装修材料零售	上海市浦东新区
上海上实南洋大酒店有限公司	旅游饭店	上海市静安区
上海汇金六百超市有限公司	超级市场零售	上海市徐汇区
上海金钱豹宴会餐饮管理有限公司	正餐服务	上海市闵行区
上海广成餐饮有限公司	正餐服务	上海市长宁区
上海宝莱纳餐饮有限公司	正餐服务	上海市宝山区
上海养和堂药业连锁经营有限公司	药品零售	上海市浦东新区
上海长峰酒店管理有限公司	旅游饭店	上海市长宁区
上海光大会展中心有限公司	旅游饭店	上海市徐汇区
上海避风塘美食餐饮有限公司	正餐服务	上海市虹口区
上海松江乐购生活购物有限公司	超级市场零售	上海市松江区
上海新旺餐饮管理有限公司	正餐服务	上海市黄浦区
上海红星美凯龙全球家居市场经营管理有限公司	家具零售	上海市浦东新区
上海扬子江大酒店有限公司	旅游饭店	上海市长宁区
上海锦江汤臣大酒店有限公司	旅游饭店	上海市浦东新区
上海博海餐饮有限公司	正餐服务	上海市金山区
上海元一酒店有限公司	一般旅馆	上海市闵行区
上海虹桥迎宾馆	旅游饭店	上海市长宁区
上海大富贵酒楼	正餐服务	上海市黄浦区
上海新亚大家乐餐饮有限公司	快餐服务	上海市虹口区
上海紫泰酒店管理有限公司	旅游饭店	上海市长宁区
上海东郊宾馆有限公司	旅游饭店	上海市浦东新区

4-5 续表 32

企业名称	所属行业	企业所在地
上海华亭宾馆有限公司	旅游饭店	上海市徐汇区
上海斯格威大酒店有限公司	旅游饭店	上海市黄浦区
上海锦沧文华大酒店有限公司	旅游饭店	上海市静安区
上海新世界丽笙大酒店有限公司	其他住宿服务	上海市黄浦区
杏花楼餐饮食品有限公司	正餐服务	上海市黄浦区
上海虹桥宾馆有限公司	旅游饭店	上海市长宁区
康帕斯配餐服务(中国)有限公司	快餐服务	上海市闵行区
上海东锦江大酒店有限公司	旅游饭店	上海市浦东新区
上海新区小南国餐饮管理有限公司	正餐服务	上海市浦东新区
上海市上海宾馆有限公司	旅游饭店	上海市静安区
上海松江开元名都大酒店有限公司	其他住宿服务	上海市松江区
上海银湖酒店有限公司	正餐服务	上海市松江区
上海和平饭店有限公司	旅游饭店	上海市黄浦区
上海南新雅大酒店有限公司	旅游饭店	上海市黄浦区
上海建国宾馆有限公司	旅游饭店	上海市徐汇区
上海禾绿饮食有限公司	正餐服务	上海市长宁区
上海海仑宾馆有限公司	旅游饭店	上海市黄浦区
上海沃歌斯餐饮有限公司	快餐服务	上海市静安区
上海新发展圣淘沙大酒店有限公司	旅游饭店	上海市奉贤区
上海爱一特餐饮有限公司	正餐服务	上海市浦东新区
上海国际贵都大饭店有限公司	旅游饭店	上海市静安区
上海紫金山大酒店	旅游饭店	上海市浦东新区
上海国际网球中心酒店管理有限公司	旅游饭店	上海市徐汇区
上海银河宾馆有限公司	旅游饭店	上海市长宁区
宝钢集团宝山宾馆	旅游饭店	上海市宝山区
上海红子鸡美食总汇有限公司	正餐服务	上海市普陀区
上海世茂庄园置业有限公司世茂佘山艾美酒店	旅游饭店	上海市松江区
上海兴国宾馆	旅游饭店	上海市长宁区
上海常州大娘水饺餐饮有限公司	其他餐饮服务	上海市黄浦区
银星宾馆	旅游饭店	上海市长宁区
上海天禧嘉福璞缇客酒店有限公司	一般旅馆	上海市闵行区
上海古象大酒店有限公司	旅游饭店	上海市黄浦区
上海外滩三号饮食文化有限公司	其他餐饮服务	上海市黄浦区
上海海舟餐饮服务管理有限公司	其他餐饮服务	上海市浦东新区
汉堡王(上海)餐饮有限公司	其他餐饮服务	上海市黄浦区
蓝蛙餐饮管理(上海)有限公司	正餐服务	上海市浦东新区
上海展圆餐饮管理有限公司	正餐服务	上海市徐汇区
上海虹梅小南国餐饮有限公司	正餐服务	上海市闵行区
上海锦江国际饭店有限公司	旅游饭店	上海市黄浦区
上海宝隆宾馆有限公司	旅游饭店	上海市虹口区
上海日益餐饮有限公司	正餐服务	上海市浦东新区
上海悦华大酒店	旅游饭店	上海市奉贤区
上海华普汽车销售有限公司	其他机械设备及电子产品批发	上海市金山区
上海申瑞家具有限公司	家具零售	上海市徐汇区
江苏省		
中国石油化工股份有限公司江苏石油分公司	石油及制品批发	江苏省南京市
苏宁电器股份有限公司南京采购中心	家用电器批发	江苏省南京市
江苏苏美达集团公司	其他机械设备及电子产品批发	江苏省南京市
中国石油天然气股份有限公司江苏销售分公司	石油及制品批发	江苏省南京市
南京华能南方实业开发股份有限公司	金属及金属矿批发	江苏省南京市
苏果超市有限公司	超级市场零售	江苏省南京市
江苏国泰国际集团有限公司	服装批发	江苏省苏州市

4-5 续表 33

企业名称	所属行业	企业所在地
昆山润华商业有限公司	超级市场零售	江苏省苏州市
江苏苏酒实业股份有限公司	饮料及茶叶批发	江苏省宿迁市
耐克体育(中国)有限公司	鞋帽批发	江苏省苏州市
博西家用电器(中国)有限公司	家用电器批发	江苏省南京市
江苏乐天玛特商业有限公司	超级市场零售	江苏省南通市
中石化壳牌(江苏)石油销售有限公司	机动车燃料零售	江苏省苏州市
阿迪达斯体育(中国)有限公司	服装批发	江苏省苏州市
阿斯利康(无锡)贸易有限公司	西药批发	江苏省无锡市
江苏五星电器有限公司	家用电器零售	江苏省南京市
江苏省南京市烟草专卖局公司	烟草制品批发	江苏省南京市
江苏省烟草公司苏州市公司	烟草制品批发	江苏省苏州市
江苏大明金属制品有限公司	金属及金属矿批发	江苏省无锡市
宏图三胞高科技术有限公司	计算机、软件及辅助设备批发	江苏省南京市
扬子江药业集团江苏扬子江医药经营有限公司	中药材及中成药批发	江苏省泰州市
江苏开元股份有限公司	纺织品、针织品及原料批发	江苏省南京市
江苏高速公路石油发展有限公司	石油及制品批发	江苏省南京市
江苏无锡商业大厦集团有限公司	百货零售	江苏省无锡市
徐州工程机械集团进出口有限公司	其他机械设备及电子产品批发	江苏省徐州市
江苏苏豪国际集团股份有限公司	纺织品、针织品及原料批发	江苏省南京市
江苏省烟草公司无锡市公司	烟草制品批发	江苏省无锡市
江苏开元国际集团轻工业品进出口股份有限公司	纺织品、针织品及原料批发	江苏省南京市
苏宁电器股份有限公司	家用电器零售	江苏省南京市
江苏金翔石油化工有限公司	石油及制品批发	江苏省南京市
江苏省烟草公司南通市公司	烟草制品批发	江苏省南通市
苏州国信集团	纺织品、针织品及原料批发	江苏省苏州市
江苏汇鸿国际集团土产进出口股份有限公司	建材批发	江苏省南京市
江苏波司登营销有限公司	服装批发	江苏省苏州市
南京纺织品进出口股份有限公司	纺织品、针织品及原料批发	江苏省南京市
江苏省烟草公司常州市公司	烟草制品批发	江苏省常州市
江苏省烟草公司盐城分公司	烟草制品批发	江苏省盐城市
江苏省烟草公司徐州公司	烟草制品批发	江苏省徐州市
江苏明都汽车集团有限公司	汽车零售	江苏省常州市
江苏省烟草公司扬州市公司	烟草制品批发	江苏省扬州市
江苏省烟草公司泰州市公司	烟草制品批发	江苏省泰州市
江苏舜天国际集团机械进出口股份有限公司	其他机械设备及电子产品批发	江苏省南京市
江阴市长江钢管有限公司	金属及金属矿批发	江苏省无锡市
南京医药药事服务有限公司	药品零售	江苏省南京市
华润苏州礼安医药有限公司	药品零售	江苏省苏州市
金鹰国际商贸集团(中国)有限公司	百货零售	江苏省南京市
江苏苏美达五金工具有限公司	其他机械设备及电子产品批发	江苏省南京市
利星行机械(昆山)有限公司	其他机械设备及电子产品批发	江苏省苏州市
连云港中油石油销售有限公司	石油及制品批发	江苏省连云港市
苏州恒润进出口有限公司	服装批发	江苏省苏州市
江苏凤凰出版传媒股份有限公司	图书批发	江苏省南京市
江苏省烟草公司镇江市公司	烟草制品批发	江苏省镇江市
江苏省食品集团有限公司	肉、禽、蛋及水产品批发	江苏省南京市
江苏恒瑞医药销售有限公司	西药批发	江苏省连云港市
南京中央商场股份有限公司	百货零售	江苏省南京市
涟水今世缘酒业销售有限公司	饮料及茶叶批发	江苏省淮安市
南京肯德基有限公司	快餐服务	江苏省南京市
江阴海澜之家供应链管理有限公司	纺织品、针织品及原料批发	江苏省无锡市
南京蓝燕石化储运实业有限公司	石油及制品批发	江苏省南京市

4-5 续表 34

企业名称	所属行业	企业所在地
周大福珠宝金行(苏州)有限公司	首饰、工艺品及收藏品批发	江苏省苏州市
苏州人民商场股份有限公司	百货零售	江苏省苏州市
江苏金一文化发展有限公司	首饰、工艺品及收藏品批发	江苏省无锡市
苏州欧尚超市有限公司	超级市场零售	江苏省苏州市
江苏省烟草公司淮安市公司	烟草制品批发	江苏省淮安市
南通文峰大世界连锁发展股份有限公司	百货零售	江苏省南通市
常熟市交电家电有限责任公司	家用电器批发	江苏省苏州市
南京朗驰集团有限公司	汽车零售	江苏省南京市
江苏苏宁易购电子商务有限公司	邮购及电子销售	江苏省南京市
国药控股江苏有限公司	药品零售	江苏省扬州市
南京宁星汽车维修服务有限公司	汽车零售	江苏省南京市
苏州市苏创集团有限公司	石油及制品批发	江苏省苏州市
常州药业股份有限公司	药品零售	江苏省常州市
徐州金鹰国际实业有限公司	百货零售	江苏省徐州市
江苏省苏盐连锁有限公司	盐及调味品批发	江苏省南京市
南通熔烨仓储有限公司	金属及金属矿批发	江苏省南通市
苏州函数集团有限责任公司	百货零售	江苏省苏州市
江苏省烟草公司连云港市公司	烟草制品批发	江苏省连云港市
徐州淮海药业有限公司	西药批发	江苏省徐州市
德基广场有限公司	服装零售	江苏省南京市
江苏省医药公司	药品零售	江苏省南京市
南京华东医药有限责任公司	西药批发	江苏省南京市
南京神州数码有限公司	计算机、软件及辅助设备批发	江苏省南京市
无锡悦家商业有限公司	超级市场零售	江苏省无锡市
江苏苏食肉品有限公司	肉、禽、蛋及水产品批发	江苏省南京市
维维乳业有限公司销售分公司	饮料及茶叶批发	江苏省徐州市
南京新街口百货商店股份有限公司	百货零售	江苏省南京市
江苏省烟草公司宿迁市公司	烟草制品批发	江苏省宿迁市
江苏先声药业有限公司	西药批发	江苏省南京市
江苏好享购物有限公司	邮购及电子销售	江苏省南京市
江苏舜天股份有限公司	服装批发	江苏省南京市
华润万家(苏州)超市有限公司	超级市场零售	江苏省苏州市
国药控股常州有限公司	药品零售	江苏省常州市
宜兴新苏南商厦有限责任公司	百货零售	江苏省无锡市
苏州肯德基有限公司	快餐服务	江苏省苏州市
苏州泰华商城有限公司	百货零售	江苏省苏州市
扬州金鹰国际实业有限公司	百货零售	江苏省扬州市
昆山商厦股份有限公司	百货零售	江苏省苏州市
深圳市天音通信发展有限公司南京分公司	通讯及广播电视设备批发	江苏省南京市
无锡八佰伴商贸中心有限公司	百货零售	江苏省无锡市
常州百货大楼股份有限公司	百货零售	江苏省常州市
江苏万帮明都汽车有限公司	汽车零售	江苏省常州市
镇江市八佰伴商场有限公司	百货零售	江苏省镇江市
梅特勒-托利多(常州)称重系统设备有限公司	其他机械设备及电子产品批发	江苏省常州市
江苏鹏润国美电器有限公司	家用电器零售	江苏省南京市
江苏宏信商贸股份有限公司	百货零售	江苏省扬州市
江阴华地百货有限公司	百货零售	江苏省无锡市
昆山利通天然气有限公司	石油及制品批发	江苏省苏州市
江阴市全顺汽车有限公司	汽车零售	江苏省无锡市
无锡山禾集团医药物流股份有限公司	药品零售	江苏省无锡市
无锡德尔汽车有限公司	汽车零售	江苏省无锡市

4-5 续表 35

企业名称	所属行业	企业所在地
福中集团有限公司	计算机、软件及辅助设备零售	江苏省南京市
无锡市新纪元汽车贸易集团有限公司	汽车零售	江苏省无锡市
苏州利星汽车服务有限公司	汽车零售	江苏省苏州市
江阴市盛达汽车销售服务有限公司	汽车零售	江苏省无锡市
镇江百盛商城有限公司	百货零售	江苏省镇江市
无锡德星汽车维修服务有限公司	汽车零售	江苏省无锡市
好孩子(中国)商贸有限公司	其他日用品批发	江苏省苏州市
江苏新合作常客隆连锁超市有限公司	超级市场零售	江苏省苏州市
苏州苏宁电器有限公司	家用电器零售	江苏省苏州市
江苏中央新亚百货股份有限公司	百货零售	江苏省淮安市
南京药业股份有限公司	药品零售	江苏省南京市
江苏华润万家超市有限公司	超级市场零售	江苏省苏州市
苏州悦家超市有限公司	超级市场零售	江苏省苏州市
第一汽车(苏州)服务贸易有限公司	汽车零售	江苏省苏州市
苏州宏图三胞科技发展有限公司	家用电器零售	江苏省苏州市
江苏亚邦医药物流中心有限公司	西药批发	江苏省常州市
昆山双鹤医药有限责任公司	药品零售	江苏省苏州市
哈森商贸(中国)有限公司	鞋帽批发	江苏省苏州市
南通开发区炜赋对外贸易有限公司	服装批发	江苏省南通市
连云港康缘医药商业有限公司	药品零售	江苏省连云港市
江苏万邦医药营销有限公司	中药材及中成药批发	江苏省徐州市
江苏苏盛商贸有限公司	烟草制品零售	江苏省南京市
无锡肯德基有限公司	快餐服务	江苏省无锡市
国药控股徐州有限公司	中药材及中成药批发	江苏省徐州市
常州宝尊汽车销售服务有限公司	汽车零售	江苏省常州市
南京医药(淮安)天颐有限公司	中药材及中成药批发	江苏省淮安市
苏州鹏润国美电器有限公司	家用电器零售	江苏省苏州市
苏州市石路国际商城有限责任公司	百货零售	江苏省苏州市
江苏省苏南盐业有限公司	盐及调味品批发	江苏省苏州市
江苏文峰电器有限公司	家用电器批发	江苏省南通市
南京大洋百货有限公司	百货零售	江苏省南京市
裕程(昆山)体育用品有限公司	鞋帽批发	江苏省苏州市
徐州中央百大股分有限公司	百货零售	江苏省徐州市
江苏华晓医药物流有限公司	西药批发	江苏省盐城市
江苏省中油泰富石油集团有限公司	机动车燃料零售	江苏省苏州市
南通苏宁电器有限公司	家用电器零售	江苏省南通市
南京白下苏宁电器有限公司	家用电器零售	江苏省南京市
常熟市汇邦新材料有限公司	其他化工产品批发	江苏省苏州市
徐州苏宁电器有限公司	家用电器零售	江苏省徐州市
南京TCL电器销售有限公司	家用电器批发	江苏省南京市
江苏阳光东升进出口有限公司	服装批发	江苏省南京市
江苏通灵翠钻有限公司	首饰、工艺品及收藏品批发	江苏省南京市
无锡市苏宁电器有限公司	家用电器零售	江苏省无锡市
大娘水饺餐饮集团股份有限公司	快餐服务	江苏省常州市
南通文峰电器销售有限公司	家用电器零售	江苏省南通市
常熟市新合作常客隆购物广场有限公司	超级市场零售	江苏省苏州市
常熟市波司登进出口有限公司	服装批发	江苏省苏州市
常州市五星电器有限公司	家用电器零售	江苏省常州市
宜兴市华地百货有限公司	百货零售	江苏省无锡市
江苏金太阳纺织科技有限公司	纺织品、针织品及原料批发	江苏省南通市
沃得精机销售有限公司	其他未列明的批发	江苏省镇江市

4-5 续表 36

企业名称	所属行业	企业所在地
南京宏图三胞企业发展有限公司	计算机、软件及辅助设备零售	江苏省南京市
盐城亚邦医药有限公司	西药批发	江苏省盐城市
江苏明珠家用设备集成有限公司	家用电器批发	江苏省苏州市
盐城商业大厦有限公司	百货零售	江苏省盐城市
南京欧尚超市有限公司	超级市场零售	江苏省南京市
泰州第一百货商店股份有限公司	百货零售	江苏省泰州市
江苏银海农佳乐国际棉花仓储交易有限公司	纺织品、针织品及原料批发	江苏省盐城市
深圳创维RGB电子有限公司江苏分公司	家用电器批发	江苏省南京市
南京商厦股份有限公司	百货零售	江苏省南京市
南京悦家超市有限公司	超级市场零售	江苏省南京市
盐城金鹰国际购物中心有限公司	百货零售	江苏省盐城市
江苏澳洋医药物流有限公司	中药材及中成药批发	江苏省苏州市
布勒(无锡)商业有限公司	其他机械设备及电子产品批发	江苏省无锡市
镇江九泰投资咨询有限责任公司	其他未列明的批发	江苏省镇江市
徐州医药股份有限公司	药品零售	江苏省徐州市
江苏省农垦米业有限公司	谷物、豆及薯类批发	江苏省南京市
江阴市广吉汽车经销有限公司	汽车零售	江苏省无锡市
江苏春兰电子商务有限公司	家用电器批发	江苏省泰州市
常州泰富百货集团有限责任公司	百货零售	江苏省常州市
江苏盐阜人民商场有限公司	百货零售	江苏省盐城市
无锡美的电器销售有限公司	家用电器批发	江苏省无锡市
苏州润瑞商业有限公司	超级市场零售	江苏省苏州市
常州金太阳至尊家电有限公司	家用电器零售	江苏省常州市
金陵饭店股份有限公司	旅游饭店	江苏省南京市
江苏省大华种业集团有限公司	种子、饲料批发	江苏省南京市
常州苏宁电器有限公司	家用电器零售	江苏省常州市
无锡欧尚超市有限公司	超级市场零售	江苏省无锡市
常州新世纪商城有限公司	百货零售	江苏省常州市
泰州金鹰商贸易有限公司	百货零售	江苏省泰州市
苏州鲁特轻纺有限公司	服装批发	江苏省苏州市
丹阳市华帝百货有限公司	百货零售	江苏省镇江市
江苏汇银电器连锁有限公司	家用电器零售	江苏省扬州市
青岛啤酒(徐州)淮海营销有限公司	饮料及茶叶批发	江苏省徐州市
江苏大众医药连锁有限公司	西药批发	江苏省无锡市
无锡三阳百盛广场有限公司	百货零售	江苏省无锡市
江苏新晨医药有限公司	西药批发	江苏省连云港市
江苏百润商品配送中心有限公司	超级市场零售	江苏省苏州市
徐州市国美家用电器有限公司	家用电器零售	江苏省徐州市
无锡天鹏集团有限公司	肉、禽、蛋及水产品批发	江苏省无锡市
常州老三集团进出口有限公司	服装批发	江苏省常州市
昆山润华商业有限公司镇江分公司	超级市场零售	江苏省镇江市
淮安苏宁电器有限责任公司	家用电器零售	江苏省淮安市
仪征怡华商贸发展有限公司	其他化工产品批发	江苏省扬州市
苏州润德商业有限公司	超级市场零售	江苏省苏州市
江苏雅家乐集团有限公司	超级市场零售	江苏省盐城市
邳州市工贸大厦	超级市场零售	江苏省徐州市
无锡天润发超市有限公司	超级市场零售	江苏省无锡市
江苏华地企业集团有限公司	服装批发	江苏省无锡市
扬州润良商业有限公司	超级市场零售	江苏省扬州市
久光百货(苏州)有限公司	百货零售	江苏省苏州市

4-5 续表 37

企业名称	所属行业	企业所在地
江苏国美永乐家用电器有限公司	家用电器零售	江苏省无锡市
亚欧大陆桥国际商运股份有限公司	金属及金属矿批发	江苏省连云港市
无锡天惠超市股份有限公司	超级市场零售	江苏省无锡市
徐州国美电器有限公司	家用电器零售	江苏省徐州市
南京普迪建材实业集团有限公司	建材批发	江苏省南京市
常州关河大润发商业有限公司	超级市场零售	江苏省常州市
苏州工业园区新宇世家钟表有限公司	其他日用品批发	江苏省苏州市
吴江市润泰商业有限公司	超级市场零售	江苏省苏州市
盐城苏宁电器有限公司	家用电器零售	江苏省盐城市
南通新城集团有限公司	汽车零售	江苏省南通市
昆山红星美凯龙全球家居有限公司	家具零售	江苏省苏州市
江苏柯菲平医药有限公司	中药材及中成药批发	江苏省南京市
江苏恩华和润医药有限公司	中药材及中成药批发	江苏省徐州市
徐州百大超市有限公司	超级市场零售	江苏省徐州市
南京麦当劳餐饮食品有限公司	快餐服务	江苏省南京市
苏果超市(淮安)有限公司	超级市场零售	江苏省淮安市
镇江苏宁电器有限公司	家用电器零售	江苏省镇江市
赣榆县粮食购销公司	谷物、豆及薯类批发	江苏省连云港市
溧阳市华地百货有限公司	百货零售	江苏省常州市
江苏中亚糖酒有限公司	烟草制品零售	江苏省扬州市
吴中医药销售有限公司	中药材及中成药批发	江苏省苏州市
泰州苏宁电器有限公司	家用电器零售	江苏省泰州市
江苏民星茧丝绸股份有限公司	其他农畜产品批发	江苏省盐城市
江苏大统华购物中心有限公司	超级市场零售	江苏省无锡市
张家港市保意电器有限公司	家用电器零售	江苏省苏州市
南通通润发超市有限公司	超级市场零售	江苏省南通市
无锡国美电器有限公司	家用电器零售	江苏省无锡市
无锡宏图三胞科技发展有限公司	计算机、软件及辅助设备零售	江苏省无锡市
江苏博特新材料有限公司	涂料零售	江苏省南京市
扬州苏宁电器有限公司	家用电器零售	江苏省扬州市
南通八佰伴商贸股份有限公司	百货零售	江苏省南通市
泰州医药有限公司	药品零售	江苏省泰州市
江苏省盐城药业有限公司	药品零售	江苏省盐城市
金红叶纸业(苏州工业园区)有限公司南京分公司	文具用品批发	江苏省南京市
徐州悦家商业有限公司	超级市场零售	江苏省徐州市
无锡汇全物流有限公司	厨房、卫生间用具及日用杂货批发	江苏省无锡市
宜兴市药业有限公司	西药批发	江苏省无锡市
苏州航天信息有限公司	计算机、软件及辅助设备批发	江苏省苏州市
江苏圆周电子商务有限公司	邮购及电子销售	江苏省宿迁市
南京金鹰天地购物中心有限公司	服装零售	江苏省南京市
扬州顶津食品有限公司南京分公司	饮料及茶叶批发	江苏省南京市
江阴华联商厦有限公司	百货零售	江苏省无锡市
镇江欧尚超市有限公司	超级市场零售	江苏省镇江市
江苏新合作惠客隆连锁超市有限公司	超级市场零售	江苏省徐州市
连云港家得福商贸有限公司	超级市场零售	江苏省连云港市
张家港市新百信超市连锁经营有限公司	超级市场零售	江苏省苏州市
昆山润华商业有限公司溧阳分公司	超级市场零售	江苏省常州市
张家港市第一人民商场有限责任公司	百货零售	江苏省苏州市
如皋文峰大世界有限公司	百货零售	江苏省南通市
无锡爱莲连锁超市有限公司	家用电器零售	江苏省无锡市
徐州市华美商厦有限公司	百货零售	江苏省徐州市

4-5 续表 38

企业名称	所属行业	企业所在地
连云港润良商贸有限公司	超级市场零售	江苏省连云港市
扬州宏图三胞科技发展有限公司	计算机、软件及辅助设备零售	江苏省扬州市
江苏亚邦药业集团股份有限公司	中药材及中成药批发	江苏省常州市
南京中央金城仓储超市有限责任公司	超级市场零售	江苏省南京市
南京宜家家居有限公司	家具零售	江苏省南京市
扬州丰祥商业有限公司(万家福商城)	百货零售	江苏省扬州市
江苏明都超市有限公司	超级市场零售	江苏省常州市
无锡当当网信息技术有限公司	图书零售	江苏省无锡市
苏州浒关润华商业有限公司	超级市场零售	江苏省苏州市
邳州市棉麻公司	超级市场零售	江苏省徐州市
南京中商金润发龙江超市有限公司	超级市场零售	江苏省南京市
宿迁润良商业有限公司	超级市场零售	江苏省宿迁市
江苏隆力奇生物科技股份有限公司常熟经销部	化妆品及卫生用品零售	江苏省苏州市
连云港东方远通汽车销售服务有限公司	汽车零售	江苏省连云港市
苏州天虹商场有限公司	百货零售	江苏省苏州市
泰兴润泰商业有限公司	超级市场零售	江苏省泰州市
江苏太平洋汽车集团有限公司	汽车零售	江苏省南通市
南通通州润泰商业有限公司	超级市场零售	江苏省南通市
南京利之星汽车咨询服务有限公司	汽车零售	江苏省南京市
如皋市大润发商业有限公司	超级市场零售	江苏省南通市
淮安金鹰国际购物中心有限公司	百货零售	江苏省淮安市
靖江供销社(集团)总公司	其他综合零售	江苏省泰州市
苏果超市(宿迁)有限公司	超级市场零售	江苏省宿迁市
如东文峰大世界有限公司	百货零售	江苏省南通市
南京中商金润发鼓楼购物中心有限公司	超级市场零售	江苏省南京市
南通宏图三胞电脑科技发展有限公司	计算机、软件及辅助设备零售	江苏省南通市
镇江新世纪商厦有限责任公司	家用电器零售	江苏省镇江市
启东文峰大世界有限公司	百货零售	江苏省南通市
连云港苏宁电器有限公司	家用电器零售	江苏省连云港市
张家港市国际购物中心有限责任公司	百货零售	江苏省苏州市
扬中市通达商业总公司	百货零售	江苏省镇江市
苏州宝带润泰商业有限公司	超级市场零售	江苏省苏州市
常州市信特超市有限公司	超级市场零售	江苏省常州市
南京四方建设实业有限公司	百货零售	江苏省南京市
南京新华书店有限责任公司	图书零售	江苏省南京市
江阴国际购物中心有限公司	百货零售	江苏省无锡市
南京市太平商场	百货零售	江苏省南京市
苏果超市(溧水)有限公司	超级市场零售	江苏省南京市
南通国美电器有限公司	家用电器零售	江苏省南通市
常州怀德大润发商业有限公司	超级市场零售	江苏省常州市
溧阳大统华购物中心有限公司	超级市场零售	江苏省常州市
永银收藏品有限责任公司	工艺美术品及收藏品零售	江苏省南京市
苏果超市(仪征)有限公司	超级市场零售	江苏省扬州市
昆山泰莲超市有限公司	超级市场零售	江苏省苏州市
建湖县大润发有限公司	超级市场零售	江苏省盐城市
常州丽华快餐集团有限公司	快餐服务	江苏省常州市
常州长虹大润发商业有限公司	超级市场零售	江苏省常州市
江苏海王星辰健康药房连锁有限公司	药品零售	江苏省苏州市
东台苏中大厦股份有限公司	百货零售	江苏省盐城市
盐城世纪联华超市有限公司	超级市场零售	江苏省盐城市
江苏弘惠医药有限公司	药品零售	江苏省南京市

4-5 续表 39

企业名称	所属行业	企业所在地
苏果超市(扬州)有限公司	超级市场零售	江苏省扬州市
江苏国力通信设备有限公司	通信设备零售	江苏省无锡市
南京市江宁区土产棉麻有限公司	超级市场零售	江苏省南京市
常州市武进乐购生活购物有限公司	超级市场零售	江苏省常州市
常熟华联商厦有限责任公司	百货零售	江苏省苏州市
海门文峰大世界有限公司	百货零售	江苏省南通市
上海捷强烟草糖酒(集团)有限公司(昆山)配销中心	超级市场零售	江苏省苏州市
金坛大统华购物中心有限公司	超级市场零售	江苏省常州市
苏果超市(姜堰)有限公司	超级市场零售	江苏省泰州市
镇江家世界万方连锁超市有限责任公司	超级市场零售	江苏省镇江市
通州文峰大世界有限公司	百货零售	江苏省南通市
迪欧餐饮管理有限公司	饮料及冷饮服务	江苏省苏州市
江苏先声连锁店有限公司	药品零售	江苏省南京市
镇江林宁苏果连锁超市有限公司	超级市场零售	江苏省镇江市
常熟市大润发超市有限公司	超级市场零售	江苏省苏州市
镇江扬中商城	百货零售	江苏省镇江市
南京味千餐饮管理有限公司	快餐服务	江苏省南京市
常州欧尚超市有限公司五星店	超级市场零售	江苏省常州市
南京大有汽车贸易有限公司	汽车零售	江苏省南京市
南京仙林金鹰购物中心有限公司	百货零售	江苏省南京市
苏州市恒孚首饰集团有限公司	珠宝首饰零售	江苏省苏州市
苏果超市(高邮)有限公司	超级市场零售	江苏省扬州市
南京锐创体育用品有限公司	体育用品零售	江苏省南京市
大丰润泰商业有限公司	超级市场零售	江苏省盐城市
常州市公园乐购生活购物有限公司	超级市场零售	江苏省常州市
江苏孩子王实业有限公司	百货零售	江苏省南京市
苏果超市(南通)有限公司	超级市场零售	江苏省南通市
无锡汉爵投资有限公司	旅游饭店	江苏省无锡市
泰州文峰千家惠购物中心有限公司	百货零售	江苏省泰州市
江苏益丰大药房有限公司	药品零售	江苏省南京市
苏果超市(连云港)有限公司	超级市场零售	江苏省连云港市
无锡湖滨饭店有限公司	旅游饭店	江苏省无锡市
江苏苏捷商贸有限公司	烟草制品零售	江苏省南京市
扬州国美电器有限公司	家用电器零售	江苏省扬州市
无锡市麦当劳餐厅食品有限公司	快餐服务	江苏省无锡市
兴化润泰商业有限公司	超级市场零售	江苏省泰州市
镇江市恺源商贸有限责任公司	超级市场零售	江苏省镇江市
沭阳县润泰商业有限公司	超级市场零售	江苏省宿迁市
苏州来伊份食品有限公司	其他食品零售	江苏省苏州市
苏州工业园区金鸡湖大酒店有限公司	旅游饭店	江苏省苏州市
苏州市礼安医药连锁总店有限公司	药品零售	江苏省苏州市
无锡茂业百货有限公司	百货零售	江苏省无锡市
江苏商联超市有限公司	超级市场零售	江苏省淮安市
苏果超市(句容)有限公司	超级市场零售	江苏省镇江市
南京苏宁房地产开发有限公司苏宁环球购物中心	百货零售	江苏省南京市
常州欧尚超市有限公司兰陵店	超级市场零售	江苏省常州市
苏果超市高淳有限公司	超级市场零售	江苏省南京市
东台大润发商业有限公司	超级市场零售	江苏省盐城市
常州欧尚超市有限公司	超级市场零售	江苏省常州市
苏州可的便利店有限公司	其他综合零售	江苏省苏州市

4-5 续表 40

企业名称	所属行业	企业所在地
南通欧尚超市有限公司	超级市场零售	江苏省南通市
张家港大润发商业有限公司	超级市场零售	江苏省苏州市
常州富都大酒店有限公司	旅游饭店	江苏省常州市
南京中山大厦	旅游饭店	江苏省南京市
江苏省会议中心有限公司(钟山宾馆)	旅游饭店	江苏省南京市
江苏天水雅居餐饮管理有限公司	正餐服务	江苏省无锡市
苏州吴地人家酒店管理有限公司	正餐服务	江苏省苏州市
苏州中茵皇冠假日酒店有限公司	旅游饭店	江苏省苏州市
苏州新城花园酒店有限公司	旅游饭店	江苏省苏州市
南京国际大酒店有限公司所属南京维景国际大酒店	旅游饭店	江苏省南京市
和夏(南京)餐饮管理有限公司	其他餐饮服务	江苏省南京市
南京玄武饭店有限责任公司	旅游饭店	江苏省南京市
徐州开元名都大酒店有限公司	旅游饭店	江苏省徐州市
苏州松鹤楼餐饮管理有限公司	正餐服务	江苏省苏州市
江阴国际大酒店有限公司	旅游饭店	江苏省无锡市
南京中心大酒店有限公司	旅游饭店	江苏省南京市
张家港华芳金陵国际酒店有限公司	旅游饭店	江苏省苏州市
南京国际会议大酒店	旅游饭店	江苏省南京市
南京黄马实业有限公司	旅游饭店	江苏省南京市
南京古南都饭店有限公司	旅游饭店	江苏省南京市
江苏天目湖宾馆有限公司	旅游饭店	江苏省常州市
南京狮王府美食(休闲)有限公司	正餐服务	江苏省南京市
苏州市大娘水饺餐饮有限公司	其他餐饮服务	江苏省苏州市
南京梅山生活服务发展有限公司	正餐服务	江苏省南京市
南京新纪元大酒店有限公司	旅游饭店	江苏省南京市
苏州胥城大厦有限公司	旅游饭店	江苏省苏州市
南通市文峰饭店有限公司	正餐服务	江苏省南通市
吴江松陵饭店有限公司	旅游饭店	江苏省苏州市
常州福记餐饮投资管理有限公司	正餐服务	江苏省常州市
泰州会宾楼宾馆有限公司	旅游饭店	江苏省泰州市
南京银河房地产开发有限公司索菲特银河大酒店	旅游饭店	江苏省南京市
苏州市会议中心	旅游饭店	江苏省苏州市
扬州迎宾馆有限责任公司	旅游饭店	江苏省扬州市
浙江省		
浙江物产金属集团有限公司	金属及金属矿批发	浙江省杭州市
远大物产集团有限公司	石油及制品批发	浙江省宁波市
杭州宏盛食品饮料营销有限公司	饮料及茶叶批发	浙江省杭州市
浙江物产国际贸易有限公司	金属及金属矿批发	浙江省杭州市
浙江吉利控股集团汽车销售有限公司	汽车、摩托车及零配件批发	浙江省杭州市
中国石油化工股份有限公司浙江杭州石油分公司	石油及制品批发	浙江省杭州市
浙江前程石化有限公司	其他化工产品批发	浙江省宁波市
中国石油化工股份有限公司浙江宁波石油分公司	石油及制品批发	浙江省宁波市
浙江省烟草公司杭州市公司(杭州市烟草专卖局)	烟草制品批发	浙江省杭州市
中国石油化工股份有限公司浙江石油分公司	石油及制品批发	浙江省杭州市
中基宁波集团股份有限公司	金属及金属矿批发	浙江省宁波市
浙江省烟草公司宁波市公司	烟草制品批发	浙江省宁波市
中国石油化工股份有限公司浙江温州石油分公司	机动车燃料零售	浙江省温州市
浙江省烟草公司温州市公司	烟草制品批发	浙江省温州市
浙江物产燃料集团有限公司	煤炭及制品批发	浙江省杭州市
中国石油化工股份有限公司浙江金华分公司	石油及制品批发	浙江省金华市
中国石油化工股份有限公司浙江台州石油分公司	机动车燃料零售	浙江省台州市

4-5 续表 41

企业名称	所属行业	企业所在地
浙江娃哈哈食品饮料营销有限公司	饮料及茶叶批发	浙江省丽水市
华东医药股份有限公司	西药批发	浙江省杭州市
杭州联华华商集团有限公司	超级市场零售	浙江省杭州市
纳爱斯丽水销售有限公司	化妆品及卫生用品批发	浙江省丽水市
中国石油化工股份有限公司浙江嘉兴石油分公司	石油及制品批发	浙江省嘉兴市
浙江省烟草公司台州市公司	烟草制品批发	浙江省台州市
浙江英特药业有限责任公司	西药批发	浙江省杭州市
浙江超威动力能源有限公司	其他机械设备及电子产品批发	浙江省湖州市
浙江省烟草公司金华市公司	烟草制品批发	浙江省金华市
中国石油化工股份有限公司浙江湖州石油分公司	机动车燃料零售	浙江省湖州市
宁波市慈溪进出口股份有限公司	其他机械设备及电子产品批发	浙江省宁波市
浙江省烟草公司绍兴市分公司	烟草制品批发	浙江省绍兴市
浙江省烟草公司嘉兴市公司	烟草制品批发	浙江省嘉兴市
浙江中大集团股份有限公司	纺织品、针织品及原料批发	浙江省杭州市
中国石油化工股份有限公司浙江绍兴石油分公司	石油及制品批发	浙江省绍兴市
浙江高速石油发展有限公司	石油及制品批发	浙江省杭州市
三江购物俱乐部股份有限公司	超级市场零售	浙江省宁波市
农夫山泉股份有限公司	饮料及茶叶批发	浙江省杭州市
杭州娃哈哈启力食品集团有限公司	饮料及茶叶批发	浙江省杭州市
杭叉集团股份有限公司	其他机械设备及电子产品批发	浙江省杭州市
杭州大厦有限公司	旅游饭店	浙江省杭州市
浙江福士达集团有限公司	服装批发	浙江省杭州市
浙江省烟草公司湖州市公司	烟草制品批发	浙江省湖州市
浙江新大集团有限公司	服装批发	浙江省杭州市
杭州肯德基有限公司	快餐服务	浙江省杭州市
中国石油天然气股份有限公司浙江宁波销售分公司	石油及制品批发	浙江省宁波市
浙江省医药保健品进出口有限责任公司	西药批发	浙江省杭州市
中国石油化工股份有限公司浙江舟山石油分公司	石油及制品批发	浙江省舟山市
浙江省医药工业有限公司	西药批发	浙江省杭州市
浙江省粮油食品进出口股份有限公司	米、面制品及食用油批发	浙江省杭州市
浙江省纺织品进出口集团有限公司	纺织品、针织品及原料批发	浙江省杭州市
中国石油化工股份有限公司浙江衢州石油分公司	石油及制品批发	浙江省衢州市
浙江东方集团股份有限公司	服装批发	浙江省杭州市
浙江省土产畜产进出口集团有限公司	服装批发	浙江省杭州市
中国石油天然气股份有限公司浙江台州销售分公司	机动车燃料零售	浙江省台州市
中石化碧辟(浙江)石油有限公司绍兴分公司	机动车燃料零售	浙江省绍兴市
宁波医药股份有限公司	药品零售	浙江省宁波市
中化宁波(集团)有限公司	其他化工产品批发	浙江省宁波市
中国石油天然气股份有限公司浙江杭州销售分公司	石油及制品批发	浙江省杭州市
衢州市烟草专卖局	烟草制品批发	浙江省衢州市
浙江康达汽车工贸有限公司	汽车零售	浙江省杭州市
浙江海越股份有限公司	机动车燃料零售	浙江省绍兴市
温州金州集团有限公司	鞋帽批发	浙江省温州市
浙江银泰百货有限公司	百货零售	浙江省杭州市
浙江省新华书店集团有限公司	图书批发	浙江省杭州市
浙江省再生资源集团有限公司	再生物资回收与批发	浙江省杭州市
中国石油化工股份有限公司浙江丽水石油分公司	机动车燃料零售	浙江省丽水市
宁波慈星纺织机械销售有限公司	其他机械设备及电子产品批发	浙江省宁波市
浙江人本超市有限公司	超级市场零售	浙江省温州市
宁波宁兴国贸实业有限公司	五金、交电批发	浙江省宁波市
中国石油天然气股份有限公司浙江绍兴销售分公司	机动车燃料零售	浙江省绍兴市
华润万家生活超市(浙江)有限公司	超级市场零售	浙江省杭州市

4-5 续表 42

企业名称	所属行业	企业所在地
杭州巨星科技股份有限公司	五金、交电批发	浙江省杭州市
特易购企业管理(上海)有限公司嘉善分公司	其他食品批发	浙江省嘉兴市
杭州东星行汽车维修有限公司	汽车零售	浙江省杭州市
浙江华润慈客隆超市有限公司	超级市场零售	浙江省宁波市
浙江世纪联华超市有限公司	超级市场零售	浙江省杭州市
浙江百诚集团股份有限公司	家用电器批发	浙江省杭州市
温州华能汽车集团有限公司	汽车零售	浙江省温州市
杭州解百集团股份有限公司	百货零售	浙江省杭州市
宁波方太营销有限公司	家用电器批发	浙江省宁波市
杭州市轻工工艺纺织品进出口有限公司	服装批发	浙江省杭州市
浙江省邮电器材公司	通讯及广播电视设备批发	浙江省杭州市
中国石油天然气股份有限公司浙江温州销售分公司	机动车燃料零售	浙江省温州市
浙江国美电器有限公司	家用电器零售	浙江省杭州市
浙江凯旋门澳门豆捞控股集团有限公司	正餐服务	浙江省杭州市
农夫山泉(淳安坪山)有限公司	饮料及茶叶批发	浙江省杭州市
中国石油天然气股份有限公司浙江舟山销售分公司	石油及制品批发	浙江省舟山市
浙江凯喜雅国际股份有限公司	纺织品、针织品及原料批发	浙江省杭州市
浙江苏宁电器有限公司	家用电器零售	浙江省杭州市
环球控股集团有限公司	五金、交电批发	浙江省宁波市
雄风集团有限公司	家用电器零售	浙江省绍兴市
中石化碧辟(浙江)石油有限公司杭州分公司	机动车燃料零售	浙江省杭州市
浙江奥通汽车有限公司	汽车零售	浙江省杭州市
浙江中捷环洲供应链集团股份有限公司	金属及金属矿批发	浙江省台州市
浙江宏图三胞科技发展有限公司	计算机、软件及辅助设备零售	浙江省杭州市
宁波市北仑加贝购物俱乐部(普通合伙)	超级市场零售	浙江省宁波市
浙江嘉信医药股份有限公司	中药材及中成药批发	浙江省嘉兴市
话机世界数码连锁集团股份有限公司	通讯及广播电视设备批发	浙江省杭州市
浙江珍诚医药在线股份有限公司	西药批发	浙江省杭州市
中国石油天然气股份有限公司浙江嘉兴销售分公司	石油及制品批发	浙江省嘉兴市
宁波狮丹努进出口有限公司	服装批发	浙江省宁波市
宁波博洋服饰有限公司	服装批发	浙江省宁波市
杭州天天物美商业有限公司	超级市场零售	浙江省杭州市
杭州中油石油天然气销售有限公司	石油及制品批发	浙江省杭州市
浙江医药股份有限公司	西药批发	浙江省杭州市
百大集团股份有限公司	百货零售	浙江省杭州市
汇信进出口股份有限公司	其他日用品批发	浙江省嘉兴市
浙江上百贸易有限公司	超级市场零售	浙江省绍兴市
台州上药医药有限公司	西药批发	浙江省台州市
新世纪控股集团有限公司	五金、交电批发	浙江省台州市
浙江震元股份有限公司	中药材及中成药批发	浙江省绍兴市
宁波欧尚超市有限公司	超级市场零售	浙江省宁波市
宁波浙国美电器有限公司	家用电器零售	浙江省宁波市
绍兴大通商城股份有限公司	百货零售	浙江省绍兴市
浙江华联商厦有限公司	百货零售	浙江省宁波市
浙江三江购物有限公司	超级市场零售	浙江省杭州市
浙江省工艺品进出口有限公司	首饰、工艺品及收藏品批发	浙江省杭州市
杭州九阳生活电器有限公司	家用电器批发	浙江省杭州市
高邦集团有限公司	服装批发	浙江省温州市
浙江美承数码科技集团有限公司	计算机、软件及辅助设备零售	浙江省杭州市
浙江雅莹时装销售有限公司	服装批发	浙江省嘉兴市
宁波三江食品加工配送有限公司	其他食品批发	浙江省宁波市
浙江星普五星电器有限公司	家用电器零售	浙江省杭州市

4-5 续表 43

企业名称	所属行业	企业所在地
湖州市浙北大厦有限责任公司	百货零售	浙江省湖州市
杭州五丰联合肉类有限公司	肉、禽、蛋及水产品批发	浙江省杭州市
杭州杭丝时装进出口有限公司	服装批发	浙江省杭州市
浙江易川体育用品连锁有限公司	服装零售	浙江省金华市
杭州银西百货有限公司	百货零售	浙江省杭州市
杭州中艺实业有限公司	其他日用品批发	浙江省杭州市
华东医药宁波有限公司	中药材及中成药批发	浙江省宁波市
宁波甬宁苏宁电器有限公司	家用电器零售	浙江省宁波市
浙江恩泽医药有限公司	药品零售	浙江省台州市
浙江仙居制药销售有限公司	西药批发	浙江省台州市
银泰百货宁波海曙有限公司	服装零售	浙江省宁波市
宁波太平鸟时尚女装有限公司	服装零售	浙江省宁波市
海宁市华联大厦有限公司	百货零售	浙江省嘉兴市
新秀丽国际贸易(宁波)有限公司	其他日用品批发	浙江省宁波市
杭州红牛饮料有限公司	饮料及茶叶批发	浙江省杭州市
浙江农华优质农副产品配送中心有限公司	肉、禽、蛋及水产品批发	浙江省杭州市
绍兴县华通医药有限公司	西药批发	浙江省绍兴市
好易购家庭购物有限公司	邮购及电子销售	浙江省杭州市
浙江印象实业股份有限公司	服装批发	浙江省杭州市
浙江东兴商厦股份有限公司	超级市场零售	浙江省嘉兴市
宁波浙东美的空调销售有限公司	家用电器批发	浙江省宁波市
嘉兴市戴梦得购物中心有限公司	百货零售	浙江省嘉兴市
浙江万达食品商贸有限公司	米、面制品及食用油批发	浙江省金华市
杭州梯西爱尔(TCL)电器销售有限公司	家用电器批发	浙江省杭州市
衢州医药有限公司	西药批发	浙江省衢州市
浙江龙华农业开发有限公司	果品、蔬菜批发	浙江省丽水市
绍兴市国商大厦有限责任公司	百货零售	浙江省绍兴市
浙江汇德隆实业集团有限公司	家用电器零售	浙江省杭州市
温州木材集团公司	建材批发	浙江省温州市
浙江曼卡龙珠宝股份有限公司	珠宝首饰零售	浙江省杭州市
国药控股台州有限公司	西药批发	浙江省台州市
温州美特斯邦威服饰有限公司	服装批发	浙江省温州市
浙江凯虹集团有限公司	百货零售	浙江省舟山市
杭州萧山医药有限公司	西药批发	浙江省杭州市
浙江香蕉实业有限公司	服装批发	浙江省杭州市
香溢融通控股集团股份有限公司	百货零售	浙江省宁波市
浙江荣盛控股集团有限公司	其他化工产品批发	浙江省杭州市
日立电梯中国有限公司杭州有限公司	其他机械设备及电子产品批发	浙江省杭州市
宁波萌恒进出口有限公司	化妆品及卫生用品批发	浙江省宁波市
浙江省建设机械集团有限公司	其他机械设备及电子产品批发	浙江省杭州市
中国石油天然气股份有限公司浙江湖州销售分公司	机动车燃料零售	浙江省湖州市
浙江江南大厦股份有限公司	百货零售	浙江省嘉兴市
杭州外海家友超市有限公司	超级市场零售	浙江省杭州市
浙江国商实业股份有限公司	家用电器批发	浙江省台州市
杭州联华华商集团拱墅世纪联华超市有限公司	超级市场零售	浙江省杭州市
浙江供销超市有限公司	超级市场零售	浙江省绍兴市
德华兔宝宝销售有限公司	建材批发	浙江省湖州市
宁波新江厦连锁超市有限公司	超级市场零售	浙江省宁波市
宁波新江厦股份有限公司	百货零售	浙江省宁波市
浙江新大商贸有限公司	五金、交电批发	浙江省杭州市
杭州欧尚超市有限公司	超级市场零售	浙江省杭州市
温州苏宁电器有限公司	家用电器零售	浙江省温州市

4-5 续表 44

企业名称	所属行业	企业所在地
温州市南亚粮油食品有限公司	米、面制品及食用油批发	浙江省温州市
杭州联华生鲜超市有限公司	超级市场零售	浙江省杭州市
德清德欣时装贸易有限公司	服装批发	浙江省湖州市
浙江不老神食品有限公司	肉、禽、蛋及水产品批发	浙江省衢州市
宁波太平鸟风尚男装有限公司	服装零售	浙江省宁波市
杭州新花海商贸有限公司	化妆品及卫生用品批发	浙江省杭州市
浙江康恩贝医药销售有限公司	中药材及中成药批发	浙江省杭州市
杭州珀莱雅贸易有限公司	化妆品及卫生用品批发	浙江省杭州市
宁波家乐福商业有限公司	超级市场零售	浙江省宁波市
嵊州市国商大厦有限公司	百货零售	浙江省绍兴市
温州崇高百货有限公司	服装零售	浙江省温州市
金华市医药有限公司	西药批发	浙江省金华市
浙江福泰隆连锁超市有限公司	粮油零售	浙江省金华市
上虞市医药有限责任公司	药品零售	浙江省绍兴市
杭州山松工程机械销售有限公司	其他机械设备及电子产品批发	浙江省杭州市
浙江宝瑞医药有限公司	西药批发	浙江省宁波市
宁波英特药业有限公司	西药批发	浙江省宁波市
湖州浙北大厦家电有限公司	家用电器零售	浙江省湖州市
浙江吉奥汽车销售有限公司	汽车、摩托车及零配件批发	浙江省台州市
杭州物美大卖场商业有限公司	超级市场零售	浙江省杭州市
宁波市北仑食品有限责任公司	肉、禽、蛋及水产品批发	浙江省宁波市
宁波华孚进出口有限公司	化妆品及卫生用品批发	浙江省宁波市
浙江金冠实业发展有限公司	服装批发	浙江省杭州市
温岭市食品总公司	肉、禽、蛋及水产品批发	浙江省台州市
浙江英诺法医药有限公司	中药材及中成药批发	浙江省金华市
杭州祖名食品有限公司	其他食品批发	浙江省杭州市
平湖大润发商业有限公司	超级市场零售	浙江省嘉兴市
浙江新安物流有限公司	煤炭及制品批发	浙江省杭州市
嘉兴苏宁电器有限公司	家用电器零售	浙江省嘉兴市
昆山润华商业有限公司瑞安分公司	超级市场零售	浙江省温州市
衢州东方商厦有限公司	百货零售	浙江省衢州市
台州市三和连锁超市有限公司	超级市场零售	浙江省台州市
浙江雄城商贸股份有限公司	百货零售	浙江省绍兴市
耀达集团有限公司	百货零售	浙江省台州市
台州华联超市有限公司	超级市场零售	浙江省台州市
浙北大厦超市有限公司	超级市场零售	浙江省湖州市
浙江欧诗漫集团销售有限公司	化妆品及卫生用品批发	浙江省湖州市
嘉兴麦宝科技信息有限公司	其他日用品零售	浙江省嘉兴市
浙江麦当劳餐厅食品有限公司	快餐服务	浙江省杭州市
嘉兴立华畜禽有限公司	牲畜批发	浙江省嘉兴市
舟山市民生商厦有限责任公司	超级市场零售	浙江省舟山市
宁波市家家乐食品有限责任公司	超级市场零售	浙江省宁波市
绍兴市咸亨酒店有限公司	正餐服务	浙江省绍兴市
慈溪大润发商贸有限公司	超级市场零售	浙江省宁波市
宁波乐购生活购物有限公司	超级市场零售	浙江省宁波市
浙江晋安家电有限公司	家用电器零售	浙江省杭州市
浙江滔搏体育用品有限公司	服装零售	浙江省杭州市
杭州饮食服务集团有限公司	正餐服务	浙江省杭州市
宁波太平洋百货集团有限公司	百货零售	浙江省宁波市
杭州华溥实业有限公司	旅游饭店	浙江省杭州市
浙江越王珠宝有限公司	珠宝首饰零售	浙江省绍兴市
浙江老百姓大药房连锁有限公司	药品零售	浙江省杭州市

4-5 续表 45

企业名称	所属行业	企业所在地
奉化大润发商业有限公司	超级市场零售	浙江省宁波市
绍兴市千客隆超市有限公司	超级市场零售	浙江省绍兴市
浙江老娘舅餐饮有限公司	快餐服务	浙江省湖州市
桐庐大润发商业有限公司	超级市场零售	浙江省杭州市
诸暨大润发商业有限公司	超级市场零售	浙江省绍兴市
浙江开元酒店投资管理集团有限公司杭州开元名都大酒店	旅游饭店	浙江省杭州市
香格里拉大酒店(温州)有限公司	旅游饭店	浙江省温州市
温州鹏润国美电器有限公司	家用电器零售	浙江省温州市
上虞国际大酒店有限公司	旅游饭店	浙江省绍兴市
浙江久加久食品饮料连锁有限公司	饮料及茶叶零售	浙江省杭州市
海盐大润发商业有限公司	超级市场零售	浙江省嘉兴市
湖州老大房超市有限公司	超级市场零售	浙江省湖州市
嘉兴欧尚超市有限公司南湖店	超级市场零售	浙江省嘉兴市
杭州世纪联华超市富阳百大连锁有限公司	超级市场零售	浙江省杭州市
浙江杭州市新华书店有限公司	图书零售	浙江省杭州市
杭州胡庆余堂国药号有限公司	药品零售	浙江省杭州市
浙江两岸食品连锁有限公司	正餐服务	浙江省杭州市
台州欧尚超市有限公司	超级市场零售	浙江省台州市
香格里拉大酒店(宁波)有限公司	旅游饭店	浙江省宁波市
丽水市百货大楼有限公司	百货零售	浙江省丽水市
宁波华侨饭店有限公司	旅游饭店	浙江省宁波市
宁波东港波特曼大酒店有限公司	旅游饭店	浙江省宁波市
杭州联华华商集团临安联华购物广场有限公司	超级市场零售	浙江省杭州市
杭州黄龙饭店有限公司	旅游饭店	浙江省杭州市
嘉兴市嘉润商业有限责任公司	超级市场零售	浙江省嘉兴市
杭州百江液化气有限公司	生活用燃料零售	浙江省杭州市
浙江世贸君澜大饭店	旅游饭店	浙江省杭州市
永康市华联商厦	百货零售	浙江省金华市
温州王朝大酒店有限公司	旅游饭店	浙江省温州市
嘉善东方大厦	超级市场零售	浙江省嘉兴市
温州诚宏百货有限公司	超级市场零售	浙江省温州市
浙江震元医药连锁有限公司	药品零售	浙江省绍兴市
浙江当家人便利店连锁有限公司	其他综合零售	浙江省温州市
浙江外婆家餐饮有限公司	正餐服务	浙江省杭州市
浙江超锐实业有限公司	服装零售	浙江省杭州市
浙江大唐电子通信有限公司	通信设备零售	浙江省台州市
温州万和豪生大酒店有限公司	正餐服务	浙江省温州市
长兴县第一百货商店有限责任公司	百货零售	浙江省湖州市
杭州海王星辰健康药房有限公司	药品零售	浙江省杭州市
金华市江浙苏宁家用电器有限公司	家用电器零售	浙江省金华市
浙江来伊份食品有限公司	其他食品零售	浙江省杭州市
杭州九洲大药房连锁有限公司	药品零售	浙江省杭州市
浙江天天好大药房连锁有限公司	药品零售	浙江省杭州市
建德大润发商业有限公司	超级市场零售	浙江省杭州市
嘉兴市秀洲新区商业有限责任公司	超级市场零售	浙江省嘉兴市
浙江真维斯服饰有限公司	服装零售	浙江省杭州市
杭州香格里拉饭店有限公司	旅游饭店	浙江省杭州市
宁波南苑环球酒店管理有限公司	正餐服务	浙江省宁波市
宁波南苑集团股份有限公司	旅游饭店	浙江省宁波市
平湖白金汉爵大酒店有限公司	正餐服务	浙江省嘉兴市
玖玖旅馆管理股份有限公司	一般旅馆	浙江省温州市

4-5 续表 46

企业名称	所属行业	企业所在地
杭州楼外楼实业集团股份有限公司	正餐服务	浙江省杭州市
温州华侨饭店	旅游饭店	浙江省温州市
浙江金马饭店有限公司	旅游饭店	浙江省杭州市
宁波开元名都大酒店有限公司	旅游饭店	浙江省宁波市
雷迪森旅业集团有限公司	旅游饭店	浙江省杭州市
杭州味千餐饮管理有限公司	正餐服务	浙江省杭州市
杭州国际会议中心有限公司	旅游饭店	浙江省杭州市
杭州之江饭店	旅游饭店	浙江省杭州市
上虞雷迪森万锦大酒店有限公司	旅游饭店	浙江省绍兴市
浙江萧山宾馆股份有限公司	旅游饭店	浙江省杭州市
杭州金沙港旅游文化村有限公司	正餐服务	浙江省杭州市
宁波太平洋大酒店有限公司	旅游饭店	浙江省宁波市
温州滨海大酒店有限公司	正餐服务	浙江省温州市
锦绣天地酒店管理有限公司	旅游饭店	浙江省杭州市
台州耀达国际酒店有限公司	旅游饭店	浙江省台州市
慈溪市杭州湾大酒店有限公司	旅游饭店	浙江省宁波市
苍南国际大酒店有限公司	一般旅馆	浙江省温州市
义乌市锦都酒店有限公司	旅游饭店	浙江省金华市
乐清市罗马假日大酒店有限公司	正餐服务	浙江省温州市
杭州第一世界大酒店有限公司	旅游饭店	浙江省杭州市
浙江开元酒店管理有限公司诸暨耀江开元名都大酒店	一般旅馆	浙江省绍兴市
宁波市凯洲实业有限公司	旅游饭店	浙江省宁波市
舟山市新华侨饭店有限责任公司	旅游饭店	浙江省舟山市
宁波联华超市有限公司	超级市场零售	浙江省宁波市
宁波开元大酒店有限公司	旅游饭店	浙江省宁波市
杭州太虚湖假日酒店有限公司	旅游饭店	浙江省杭州市
平湖圣雷克大酒店有限责任公司	旅游饭店	浙江省嘉兴市
乐清市金鼎大酒店有限公司	正餐服务	浙江省温州市
永康宾馆	旅游饭店	浙江省金华市
湖州天煌大酒店有限公司	旅游饭店	浙江省湖州市
杭州新丰小吃有限公司	其他餐饮服务	浙江省杭州市
瑞安市钱塘阳光假日酒店有限公司	旅游饭店	浙江省温州市
绍兴咸亨大酒店有限公司	旅游饭店	浙江省绍兴市
金华市世贸大饭店有限公司	旅游饭店	浙江省金华市
杭州知味观味庄餐饮有限公司	正餐服务	浙江省杭州市
浙江宾馆有限责任公司	旅游饭店	浙江省杭州市
金华国贸大厦有限公司	旅游饭店	浙江省金华市
杭州新开元大酒店有限公司	正餐服务	浙江省杭州市
中石化碧辟(浙江)石油有限公司宁波分公司	机动车燃料零售	浙江省宁波市
安徽省		
安徽省徽商金属股份有限公司	金属及金属矿批发	安徽省合肥市
海尔电器销售(合肥)有限公司	家用电器批发	安徽省合肥市
联合利华服务(合肥)有限公司	化妆品及卫生用品批发	安徽省合肥市
安徽华源医药股份有限公司	西药批发	安徽省阜阳市
安徽省技术进出口股份有限公司	其他机械设备及电子产品批发	安徽省合肥市
中国石油化工股份有限公司安徽合肥石油分公司	石油及制品批发	安徽省合肥市
安徽省烟草公司合肥市公司	烟草制品批发	安徽省合肥市
安徽江淮汽车股份有限公司多功能车营销分公司	汽车、摩托车及零配件批发	安徽省合肥市
安徽盛世欣兴格力贸易有限公司	家用电器批发	安徽省合肥市
南京医药合肥天星有限公司	药品零售	安徽省合肥市
安徽省烟草公司安庆市公司	烟草制品批发	安徽省安庆市

4-5 续表 47

企业名称	所属行业	企业所在地
合肥百货大楼集团股份有限公司	百货零售	安徽省合肥市
亳州古井销售有限公司	其他食品批发	安徽省亳州市
安徽省烟草公司六安市公司	烟草制品批发	安徽省六安市
安徽烟草公司阜阳市公司	烟草制品批发	安徽省阜阳市
中国石油天然气股份有限公司安徽合肥销售分公司	石油及制品批发	安徽省合肥市
芜湖中油石油有限公司	机动车燃料零售	安徽省芜湖市
安徽省烟草公司滁州市公司	烟草制品批发	安徽省滁州市
中国石油化工股份有限公司安徽滁州石油分公司	石油及制品批发	安徽省滁州市
中国石油化工股份有限公司六安石油分公司	机动车燃料零售	安徽省六安市
芜湖亚夏汽车股份有限公司	汽车零售	安徽省芜湖市
安徽省烟草公司巢湖市公司	烟草制品批发	安徽省合肥市
洽洽食品股份有限公司	其他食品批发	安徽省合肥市
中国石油化工股份有限公司安徽宿州石油分公司	机动车燃料零售	安徽省宿州市
中国石油化工股份有限公司安徽阜阳石油分公司	石油及制品批发	安徽省阜阳市
中国石油化工股份有限公司安徽蚌埠石油公司	石油及制品批发	安徽省蚌埠市
安徽迎驾酒业销售有限公司	饮料及茶叶批发	安徽省六安市
安徽省烟草公司宿州分公司	烟草制品批发	安徽省宿州市
中国石油化工股份有限公司安徽巢湖石油分公司	石油及制品批发	安徽省合肥市
安徽省烟草公司宣城市公司	烟草制品批发	安徽省宣城市
安徽轻工国际贸易有限公司	其他日用品批发	安徽省合肥市
安徽省烟草公司亳州市公司	其他未列明的批发	安徽省亳州市
中石化安徽宣城石油分公司	石油及制品批发	安徽省宣城市
中国石油天然气股份有限公司安徽六安销售分公司	机动车燃料零售	安徽省六安市
安徽省烟草公司芜湖市公司	烟草制品批发	安徽省芜湖市
安徽省烟草公司蚌埠市公司	烟草制品批发	安徽省蚌埠市
安徽百大电器连锁有限公司	家用电器批发	安徽省合肥市
安徽省阜阳市康泰药业有限责任公司	西药批发	安徽省阜阳市
安徽省烟草公司淮南市公司	烟草制品批发	安徽省淮南市
中国石油化工股份有限公司安徽淮南石油分公司	机动车燃料零售	安徽省淮南市
安徽百大合家福连锁超市股份有限公司	超级市场零售	安徽省合肥市
中国石油天然气股份有限公司安徽滁州销售分公司	石油及制品批发	安徽省滁州市
安徽省服装进出口股份有限公司	服装批发	安徽省合肥市
安徽商之都股份有限公司合肥旗舰店	百货零售	安徽省合肥市
安徽省医药(集团)股份有限公司	药品零售	安徽省合肥市
芜湖美的日用家电销售有限公司	家用电器批发	安徽省芜湖市
中国石油化工股份有限公司安徽池州石油分公司	石油及制品批发	安徽省池州市
中国石油化工股份有限公司马鞍山市石油分公司	石油及制品批发	安徽省马鞍山市
中国石油天然气股份有限公司安徽宿州销售分公司	机动车燃料零售	安徽省宿州市
中国石油化工股份有限公司安徽亳州石油分公司	机动车燃料零售	安徽省亳州市
安徽省烟草公司马鞍山市公司	烟草制品批发	安徽省马鞍山市
合肥鼓楼商厦有限责任公司	百货零售	安徽省合肥市
中国石油天然气股份有限公司巢湖销售分公司	机动车燃料零售	安徽省合肥市
安徽省烟草公司池州市公司	烟草制品批发	安徽省池州市
安徽商之都股份有限公司	服装批发	安徽省合肥市
中国石油化工股份公司安徽黄山石油分公司	机动车燃料零售	安徽省黄山市
合肥悦家商业有限公司	超级市场零售	安徽省合肥市
合肥旺旺食品有限公司合肥分公司	其他食品批发	安徽省合肥市
安徽亚夏实业股份有限公司	汽车零售	安徽省宣城市
安徽五星电器有限公司	家用电器零售	安徽省合肥市
中国石油化工股份有限公司安徽淮北石油分公司	石油及制品批发	安徽省淮北市
安徽省烟草公司黄山市公司	烟草制品批发	安徽省黄山市

4-5 续表 48

企业名称	所属行业	企业所在地
中国石油化工股份有限公司安徽铜陵石油分公司	石油及制品批发	安徽省铜陵市
安庆华联购物广场有限责任公司	百货零售	安徽省安庆市
中国石油天然气股份有限公司安徽阜阳销售分公司	机动车燃料零售	安徽省阜阳市
中国石油天然气股份有限公司安徽宣城销售分公司	石油及制品批发	安徽省宣城市
芜湖奇瑞汽车备件有限公司	汽车、摩托车及零配件批发	安徽省芜湖市
安徽华夏商场(集团)有限公司	百货零售	安徽省宿州市
芜湖美的制冷产品销售有限公司	家用电器批发	安徽省芜湖市
宣城亚通汽车销售服务有限公司	汽车零售	安徽省宣城市
安徽省烟草公司淮北市公司	烟草制品批发	安徽省淮北市
合肥湘元工程机械有限公司	其他机械设备及电子产品批发	安徽省合肥市
合肥宝利丰汽车销售服务有限公司	汽车零售	安徽省合肥市
合肥曼迪新药业有限责任公司	西药批发	安徽省合肥市
安徽安迪汽车有限公司	汽车零售	安徽省合肥市
芜湖华亿国际购物中心有限责任公司	百货零售	安徽省芜湖市
安徽省阜阳商厦股份有限公司	百货零售	安徽省阜阳市
安徽永辉超市有限公司	超级市场零售	安徽省合肥市
安徽国生电器有限责任公司	家用电器零售	安徽省合肥市
淮北市新惠康商贸有限公司	超级市场零售	安徽省淮北市
青岛海信电器股份有限公司合肥经营分公司	家用电器批发	安徽省合肥市
合肥百盛逍遥广场有限公司	百货零售	安徽省合肥市
六安市裕园义乌小商品市场服务有限公司	服装批发	安徽省六安市
安徽苏宁电器有限公司	家用电器零售	安徽省合肥市
中国石油天然气股份有限公司安徽蚌埠销售分公司	石油及制品批发	安徽省蚌埠市
安徽小松工程机械有限公司	其他机械设备及电子产品批发	安徽省合肥市
芜湖南京新百大厦有限公司	百货零售	安徽省芜湖市
安徽阜阳医药集团有限公司	西药批发	安徽省阜阳市
合肥TCL电器销售有限公司	家用电器批发	安徽省合肥市
合肥统一企业有限公司合肥销售部	饮料及茶叶批发	安徽省合肥市
芜湖华立工程机械有限责任公司	汽车、摩托车及零配件批发	安徽省芜湖市
合肥丰乐种业股份有限公司	种子、饲料批发	安徽省合肥市
安徽省百川商贸发展有限公司	饮料及茶叶批发	安徽省合肥市
芜湖双鹤医药有限责任公司	药品零售	安徽省芜湖市
滁州市金达石油有限公司	石油及制品批发	安徽省滁州市
安徽华联商厦有限责任公司	百货零售	安徽省淮南市
合肥市迪迈医药有限公司	药品零售	安徽省合肥市
中铁四局集团物资工贸有限公司	建材批发	安徽省合肥市
蚌埠市华运超市有限责任公司	超级市场零售	安徽省蚌埠市
安徽国美电器有限公司	家用电器零售	安徽省合肥市
苏果超市(淮南)有限公司	超级市场零售	安徽省淮南市
合肥百货大楼集团蚌埠百货大楼有限责任公司	百货零售	安徽省蚌埠市
安徽省宣城市医药有限公司	西药批发	安徽省宣城市
合肥五里庙装饰城有限公司	其他室内装修材料零售	安徽省合肥市
合肥亿帆医药经营有限公司	西药批发	安徽省合肥市
六安市家园大市场服务有限公司	其他室内装修材料零售	安徽省六安市
安徽省庐江安德利贸易中心有限公司	百货零售	安徽省合肥市
安徽省徽商红府连锁超市有限责任公司	超级市场零售	安徽省合肥市
巢湖安德利购物中心有限公司	百货零售	安徽省合肥市
合肥百货大楼集团铜陵合百商厦有限责任公司	百货零售	安徽省铜陵市
安徽省台客隆连锁超市有限责任公司	超级市场零售	安徽省宣城市
安徽高炉酒类销售有限公司	饮料及茶叶批发	安徽省亳州市
淮南新欣医药有限公司	药品零售	安徽省淮南市

4-5 续表 49

企业名称	所属行业	企业所在地
安徽皖南烟叶有限责任公司	烟草制品批发	安徽省宣城市
苏果超市马鞍山有限公司	超级市场零售	安徽省马鞍山市
安徽南亚工程机械有限公司	其他机械设备及电子产品批发	安徽省合肥市
安徽省石油化工集团有限责任公司	其他化工产品批发	安徽省合肥市
阜阳市国贸商城投资股份有限公司	百货零售	安徽省阜阳市
青岛润泰事业有限公司马鞍山分公司	超级市场零售	安徽省马鞍山市
安徽天洋集团蚌埠天洋交电有限公司	家用电器零售	安徽省蚌埠市
合肥百大集团蚌埠合家福百大超市有限责任公司	超级市场零售	安徽省蚌埠市
阜阳华联超市有限公司	超级市场零售	安徽省阜阳市
芜湖世纪联华发展有限公司	超级市场零售	安徽省芜湖市
安徽宏图三胞科技发展有限公司	计算机、软件及辅助设备零售	安徽省合肥市
安徽省蚌埠市绿十字医药连锁有限公司	药品零售	安徽省蚌埠市
定远县供销商业总公司	百货零售	安徽省滁州市
安徽滔搏体育用品有限公司	服装零售	安徽省合肥市
淮南大润发商业有限公司	超级市场零售	安徽省淮南市
安徽天洋新世纪购物中心(集团)有限公司	百货零售	安徽省蚌埠市
苏果超市(滁州)有限公司	超级市场零售	安徽省滁州市
苏果超市(合肥)有限公司	超级市场零售	安徽省合肥市
淮北大润发商贸有限公司	超级市场零售	安徽省淮北市
芜湖苏宁电器有限公司	家用电器零售	安徽省芜湖市
黄山工商城有限责任公司	其他综合零售	安徽省黄山市
合肥清溪大润发商业有限公司	超级市场零售	安徽省合肥市
合肥迪信通通信技术有限公司	通信设备零售	安徽省合肥市
合肥新华书店有限公司	图书零售	安徽省合肥市
萧县联华超市	百货零售	安徽省宿州市
安徽同庆楼餐饮发展有限公司	正餐服务	安徽省合肥市
沃尔玛深国投百货有限公司芜湖中山北路分店	超级市场零售	安徽省芜湖市
安徽欧尚超市有限公司	超级市场零售	安徽省芜湖市
安徽家家购物股份有限公司	邮购及电子销售	安徽省合肥市
合肥腾瑞体育用品有限公司	服装零售	安徽省合肥市
滁州新华书店有限公司	图书零售	安徽省滁州市
安徽省易和汽车服务有限公司	汽车零售	安徽省合肥市
安徽海鑫药业有限公司	药品零售	安徽省亳州市
安徽百姓缘大药房连锁有限公司	药品零售	安徽省合肥市
马鞍山市苏宁电器有限公司	家用电器零售	安徽省马鞍山市
安庆市世纪华联超市有限公司	百货零售	安徽省安庆市
特易购商业(安徽)有限公司	超级市场零售	安徽省合肥市
马鞍山医药有限公司	药品零售	安徽省马鞍山市
芜湖大润发商贸有限公司	超级市场零售	安徽省芜湖市
安徽省东港工贸有限公司	其他未列明的零售	安徽省亳州市
池州百汇广场经营管理有限公司	其他室内装修材料零售	安徽省池州市
合肥百维食品饮料有限责任公司	烟草制品零售	安徽省合肥市
安徽天正商务有限公司	超级市场零售	安徽省滁州市
安徽元一大酒店有限公司	旅游饭店	安徽省合肥市
安徽麦当劳(餐厅食品)有限公司	快餐服务	安徽省合肥市
芜湖汉爵阳明大酒店有限公司	旅游饭店	安徽省芜湖市
安徽蜀王美心快餐管理有限责任公司	快餐服务	安徽省合肥市
安徽金满楼餐饮股份有限公司	正餐服务	安徽省合肥市
安徽省世纪金源大饭店管理有限公司	旅游饭店	安徽省合肥市
安徽天鹅湖大酒店有限公司	旅游饭店	安徽省合肥市
合肥万达广场投资有限公司万达威斯汀酒店	旅游饭店	安徽省合肥市

4-5 续表 50

企业名称	所属行业	企业所在地
合肥古井假日酒店	旅游饭店	安徽省合肥市
福建省		
厦门建发股份有限公司	金属及金属矿批发	福建省厦门市
中石化森美(福建)石油有限公司	石油及制品批发	福建省福州市
福建中烟工业公司	烟草制品批发	福建省厦门市
厦门国贸集团股份有限公司	金属及金属矿批发	福建省厦门市
厦门信达股份有限公司	其他未列明的批发	福建省厦门市
龙工(中国)机械销售有限公司	其他机械设备及电子产品批发	福建省龙岩市
中国石油化工股份有限公司福建石油分公司	机动车燃料零售	福建省福州市
厦门安踏贸易有限公司	鞋帽批发	福建省厦门市
永辉超市股份有限公司福建福州鼓楼分公司	超级市场零售	福建省福州市
福建省烟草公司福州市公司	烟草制品批发	福建省福州市
厦门特步投资有限公司	服装批发	福建省厦门市
福州闽台茶业有限公司	饮料及茶叶批发	福建省福州市
福建省烟草公司三明市公司	烟草制品批发	福建省三明市
福建省烟草公司厦门烟草分公司	烟草制品批发	福建省厦门市
福建省烟草公司南平市公司	烟草制品批发	福建省南平市
福建省龙岩烟草分公司	烟草制品批发	福建省龙岩市
福建闽侯永辉商业有限公司	贸易经纪与代理	福建省福州市
厦门七匹狼服装营销有限公司	服装批发	福建省厦门市
福建省烟草公司莆田市公司	烟草制品批发	福建省莆田市
福建省烟草公司宁德市公司	烟草制品批发	福建省宁德市
福建七匹狼实业股份有限公司	服装批发	福建省泉州市
厦门夏商农产品集团有限公司	果品、蔬菜批发	福建省厦门市
福建图图儿童用品有限责任公司	鞋帽批发	福建省泉州市
中国石油天然气股份有限公司泉州销售分公司	机动车燃料零售	福建省泉州市
中国石油天然气股份有限公司福建福州销售分公司	石油及制品批发	福建省福州市
福州华闽进出口有限公司	贸易经纪与代理	福建省福州市
泉州新华都购物广场有限公司	其他综合零售	福建省泉州市
中国石油天然气股份有限公司福建厦门销售分公司	机动车燃料零售	福建省厦门市
沃尔玛深国投百货有限公司福州山姆会员商店	超级市场零售	福建省福州市
福州曼伯罗食品有限公司	正餐服务	福建省福州市
厦门青岛啤酒东南营销有限公司	饮料及茶叶批发	福建省厦门市
福建同春药业股份有限公司	药品零售	福建省福州市
福建新华发行(集团)有限公司	图书零售	福建省福州市
福州民天实业有限公司	果品、蔬菜批发	福建省福州市
国药控股福建有限公司	西药批发	福建省厦门市
福州国美电器有限公司	家用电器零售	福建省福州市
中国石油天然气股份有限公司福建省漳州销售分公司	机动车燃料零售	福建省漳州市
福建新华都综合百货有限公司	百货零售	福建省福州市
明一世代(福建)贸易有限公司	米、面制品及食用油批发	福建省福州市
九牧王股份有限公司厦门分公司	服装批发	福建省厦门市
福州麦多万嘉超市有限公司	粮油零售	福建省福州市
福建朝阳钢材市场有限公司	金属及金属矿批发	福建省漳州市
福建东百集团股份有限公司	百货零售	福建省福州市
厦门永乐思文家电有限公司	家用电器零售	福建省厦门市
厦门信和达电子有限公司	其他机械设备及电子产品批发	福建省厦门市
福建九州通医药有限公司	西药批发	福建省福州市
厦门美的制冷产品销售有限公司	家用电器批发	福建省厦门市
福建苏宁电器有限公司	家用电器零售	福建省福州市
鸿星尔克(厦门)投资管理有限公司	纺织品、针织品及原料批发	福建省厦门市

4-5 续表 51

企业名称	所属行业	企业所在地
厦门市天虹商场有限公司	百货零售	福建省厦门市
福建天福茗茶销售有限公司	谷物、豆及薯类批发	福建省厦门市
泉州鹏润国美电器有限公司	家用电器零售	福建省泉州市
厦门华润燃气有限公司	生活用燃料零售	福建省厦门市
厦门三峡国际贸易有限公司	家用电器批发	福建省厦门市
厦门新五菱汽车销售有限公司	汽车、摩托车及零配件批发	福建省厦门市
重庆新日日顺家电销售有限公司福州分公司	家用电器批发	福建省福州市
福建小松工程机械有限公司	其他机械设备及电子产品批发	福建省福州市
福建华夏汽车城发展有限公司	汽车零售	福建省福州市
福建美的制冷产品销售有限公司	家用电器批发	福建省福州市
沃尔玛深国投百货有限公司厦门世贸分店	百货零售	福建省厦门市
中国石油天燃气股份有限公司福建龙岩销售分公司	机动车燃料零售	福建省龙岩市
厦门福厦苏宁电器有限公司	家用电器零售	福建省厦门市
厦门肯德基有限公司	快餐服务	福建省厦门市
厦门国美电器有限公司	家用电器零售	福建省厦门市
厦门富山诚达百货商业广场有限公司	超级市场零售	福建省厦门市
百胜餐饮(福州)有限公司	快餐服务	福建省福州市
泉州市中闽百汇购物有限公司	超级市场零售	福建省泉州市
泉州市七匹狼体育用品有限公司	服装批发	福建省泉州市
福建五丰大商场有限公司	其他日用品批发	福建省福州市
福建省米兰春天量贩有限公司	超级市场零售	福建省龙岩市
厦门新华都购物广场有限公司	超级市场零售	福建省厦门市
福州家乐福商业有限公司	超级市场零售	福建省福州市
厦门福闽源服装贸易有限公司	服装批发	福建省厦门市
厦门磐基大酒店有限公司	旅游饭店	福建省厦门市
福建诺奇股份有限公司	服装批发	福建省泉州市
三明新华都购物广场有限公司	超级市场零售	福建省三明市
漳州新华都百货有限责任公司	超级市场零售	福建省漳州市
福州TCL电器销售有限公司	家用电器批发	福建省福州市
厦门银祥食品有限公司	肉、禽、蛋及水产品零售	福建省厦门市
深圳创维-RGB电子有限公司福建分公司	家用电器批发	福建省厦门市
国药控股龙岩有限公司	西药批发	福建省龙岩市
厦门万里石股份有限公司	其他未列明的批发	福建省厦门市
厦门润瑞商业有限公司	超级市场零售	福建省厦门市
厦门永辉商业有限公司	超级市场零售	福建省厦门市
泉州苏宁电器有限公司	家用电器零售	福建省泉州市
莆田永辉超市有限公司	超级市场零售	福建省莆田市
南平永辉超市有限公司	超级市场零售	福建省南平市
福州好又多百货有限公司	超级市场零售	福建省福州市
厦门市中博贸易有限公司	通信设备零售	福建省厦门市
龙岩新华都辉业购物广场有限公司	超级市场零售	福建省龙岩市
福州大洋百货有限公司	百货零售	福建省福州市
莆田市新华都万家惠购物广场有限公司	超级市场零售	福建省莆田市
福建泉州市华远电讯有限公司	通信设备零售	福建省泉州市
沃尔玛深国投百货有限公司泉州江滨北路分店	百货零售	福建省泉州市
厦门麦当劳食品发展有限公司	快餐服务	福建省厦门市
漳州鹏润国美电器有限公司	家用电器零售	福建省漳州市
厦门市中闽百汇商业有限公司	百货零售	福建省厦门市
漳州大润发商业有限公司	超级市场零售	福建省漳州市
福州麦当劳餐厅食品有限公司	快餐服务	福建省福州市
厦门家乐福商业有限公司	超级市场零售	福建省厦门市

4-5 续表 52

企业名称	所属行业	企业所在地
福州香格里拉酒店有限公司	旅游饭店	福建省福州市
福建宝闽体育用品有限公司	服装零售	福建省福州市
永安永辉超市有限公司	超级市场零售	福建省三明市
福州沃尔玛百货有限公司	超级市场零售	福建省福州市
厦门永辉民生超市有限公司	超级市场零售	福建省厦门市
福州德克士食品有限公司	快餐服务	福建省福州市
福建连冠食品有限公司	果品、蔬菜零售	福建省龙岩市
南平市好当家商贸有限公司	超级市场零售	福建省南平市
福州世纪金源大饭店有限公司	正餐服务	福建省福州市
晋江润德商业有限公司	超级市场零售	福建省泉州市
厦门市越千阳发展有限公司	服装零售	福建省厦门市
厦门和平里酒店有限公司	旅游饭店	福建省厦门市
厦门国际大酒店有限公司	旅游饭店	福建省厦门市
厦门海悦山庄酒店有限公司	旅游饭店	福建省厦门市
泉州酒店	旅游饭店	福建省泉州市
杭钢(厦门)酒店有限公司	旅游饭店	福建省厦门市
厦门悦华酒店	旅游饭店	福建省厦门市
泉州悦华酒店有限公司	旅游饭店	福建省泉州市
福清融侨大酒店	旅游饭店	福建省福州市
福州西湖大酒店	旅游饭店	福建省福州市
厦门京闽中心酒店	旅游饭店	福建省厦门市
厦门东方酒店有限公司	旅游饭店	福建省厦门市
漳州宾馆	旅游饭店	福建省漳州市
厦门福隆体育产业发展有限公司艾美酒店	旅游饭店	福建省厦门市
厦门国际会议中心酒店有限公司	旅游饭店	福建省厦门市
福州美伦大饭店有限公司	旅游饭店	福建省福州市
晋江市荣誉国际酒店有限责任公司	旅游饭店	福建省泉州市
福建格力电器销售有限公司	家用电器批发	福建省福州市
江西省		
中国石油化工股份有限公司江西赣州石油分公司	石油及制品批发	江西省赣州市
江西煤炭销售运输有限责任公司	煤炭及制品批发	江西省南昌市
中国石油化工股份有限公司江西南昌石油分公司	石油及制品批发	江西省南昌市
江西新华发行集团有限公司	图书零售	江西省南昌市
江西省烟草公司赣州市公司	烟草制品批发	江西省赣州市
中国石油化工股份公司江西吉安分公司	石油及制品批发	江西省吉安市
江西省烟草公司南昌市公司	烟草制品批发	江西省南昌市
中国石油化工股份有限公司江西宜春石油分公司	石油及制品批发	江西省宜春市
江西省烟草公司上饶市公司	烟草制品批发	江西省上饶市
中国石油化工股份有限公司九江石油分公司	机动车燃料零售	江西省九江市
江西省烟草公司九江分公司	烟草制品批发	江西省九江市
江西省烟草公司宜春市公司(江西省宜春市烟草专卖局)	烟草制品批发	江西省宜春市
中国石油化工股份有限公司江西抚州石油分公司	石油及制品批发	江西省抚州市
中国石油化工股份有限公司江西上饶石油分公司	石油及制品批发	江西省上饶市
江西省烟草公司抚州市公司	烟草制品批发	江西省抚州市
江西省烟草公司吉安市公司	烟草制品批发	江西省吉安市
江西南华医药有限公司	药品零售	江西省南昌市
中国石油化工股份有限公司江西新余石油分公司	石油及制品批发	江西省新余市
江西四特酒营销有限责任公司	其他食品批发	江西省宜春市
南昌百货大楼股份有限公司	百货零售	江西省南昌市
南昌海达瑞工贸有限公司	家用电器批发	江西省南昌市
中国石油化工股份有限公司江西景德镇石油分公司	石油及制品批发	江西省景德镇市

4-5 续表 53

企业名称	所属行业	企业所在地
中国石油天然气股份有限公司江西南昌销售分公司	石油及制品批发	江西省南昌市
江西江铃进出口有限责任公司	汽车、摩托车及零配件批发	江西省南昌市
江西汇仁集团医药科研营销有限公司	中药材及中成药批发	江西省南昌市
江西仁和药业有限公司	中药材及中成药批发	江西省宜春市
江西洪客隆百货投资有限公司	百货零售	江西省南昌市
江西江中医药贸易有限责任公司	中药材及中成药批发	江西省南昌市
中国石油化工股份有限公司江西萍乡石油分公司	石油及制品批发	江西省萍乡市
南昌洪城大厦股份有限公司	百货零售	江西省南昌市
中石化江西鹰潭石油分公司	石油及制品批发	江西省鹰潭市
江西省烟草公司萍乡市公司	烟草制品批发	江西省萍乡市
景德镇市烟草公司	烟草制品批发	江西省景德镇市
江西九州通药业有限公司	西药批发	江西省南昌市
联盛商业连锁股份有限公司	百货零售	江西省九江市
江西仁翔药业有限公司	西药批发	江西省宜春市
江西省烟草公司新余市公司	烟草制品批发	江西省新余市
江西省烟草公司鹰潭市公司	烟草制品批发	江西省鹰潭市
江西鹏润国美电器有限公司	家用电器零售	江西省南昌市
江西九州医药有限公司	西药批发	江西省宜春市
赣州国光实业有限公司	超级市场零售	江西省赣州市
南昌市天虹商场有限公司	百货零售	江西省南昌市
江西煌上煌集团食品有限公司	肉、禽、蛋及水产品零售	江西省南昌市
深圳创维-RGB电子有限公司江西分公司	家用电器批发	江西省宜春市
江西五洲医药营销有限公司	西药批发	江西省宜春市
思创数码科技股份有限公司	计算机、软件及辅助设备零售	江西省南昌市
中国石油天然气股份有限公司江西宜春销售分公司	石油及制品批发	江西省宜春市
江西苏宁电器有限公司	家用电器零售	江西省南昌市
南昌肯德基有限公司	快餐服务	江西省南昌市
南昌TCL电器销售有限公司	家用电器批发	江西省南昌市
江西省轩辕春秋实业有限公司	其他机械设备及电子产品批发	江西省南昌市
吉安市国光实业有限公司	超级市场零售	江西省吉安市
江西青龙集团商厦有限公司	超级市场零售	江西省宜春市
江西黄庆仁栈华氏大药房有限公司	药品零售	江西省南昌市
江西宏图三胞科技发展有限公司	计算机、软件及辅助设备零售	江西省南昌市
九江市派拉蒙百货有限公司	超级市场零售	江西省九江市
江西省绿滋肴实业有限公司	其他食品零售	江西省南昌市
心连心集团江西萍乡超市有限公司	超级市场零售	江西省萍乡市
江西省万宜经贸有限公司	百货零售	江西省九江市
南昌西湖大润发商业有限公司	超级市场零售	江西省南昌市
江西东之杰运动产业发展有限公司	服装零售	江西省南昌市
江西风尚家庭购物有限公司	邮购及电子销售	江西省南昌市
江西嘉莱特和平国际酒店有限公司	旅游饭店	江西省南昌市
江西新阳光娱乐餐饮管理有限公司	正餐服务	江西省南昌市
山东省		
中国石油化工股份有限公司山东石油分公司	石油及制品批发	山东省济南市
青岛海尔零部件采购有限公司	金属及金属矿批发	山东省青岛市
山东晨鸣纸业销售有限公司	文具用品批发	山东省潍坊市
淄博商厦股份有限公司	百货零售	山东省淄博市
山东银座商城股份有限公司	百货零售	山东省济南市
山东家家悦集团有限公司	超级市场零售	山东省威海市
新汶矿业集团物资供销有限责任公司	其他机械设备及电子产品批发	山东省泰安市
山东潍坊百货集团股份有限公司	百货零售	山东省潍坊市

4-5 续表 54

企业名称	所属行业	企业所在地
中国石油化工股份有限公司山东潍坊分公司	石油及制品批发	山东省潍坊市
海信科龙电器股份有限公司青岛分公司	家用电器批发	山东省青岛市
中国石油化工股份有限公司山东青岛石油分公司	石油及制品批发	山东省青岛市
青岛海达瑞采购服务有限公司	其他机械设备及电子产品批发	山东省青岛市
润华集团股份有限公司	汽车零售	山东省济南市
青岛烟草有限公司	烟草制品批发	山东省青岛市
中国石油化工股份有限公司山东济南石油分公司	石油及制品批发	山东省济南市
青岛海尔国际贸易有限公司	其他机械设备及电子产品批发	山东省青岛市
中国石油化工股份有限公司山东烟台石油分公司	石油及制品批发	山东省烟台市
临清市泰润轴承有限公司	其他机械设备及电子产品批发	山东省聊城市
山东济南烟草有限公司	烟草制品批发	山东省济南市
道恩集团有限公司	其他化工产品批发	山东省烟台市
山东烟台烟草有限公司	烟草制品批发	山东省烟台市
诸城福田汽车科技开发有限公司	汽车、摩托车及零配件批发	山东省潍坊市
山东省农业生产资料有限责任公司	化肥批发	山东省济南市
中国石油化工股份有限公司山东淄博石油公司	石油及制品批发	山东省淄博市
山东新星集团有限公司	百货零售	山东省淄博市
中国重汽集团进出口有限公司	汽车、摩托车及零配件批发	山东省济南市
山东鲁花集团商贸有限公司	米、面制品及食用油批发	山东省烟台市
济南人民大润发商业有限公司	超级市场零售	山东省济南市
烟台张裕葡萄酿酒销售有限公司	饮料及茶叶批发	山东省烟台市
山东远通汽车贸易集团有限公司	汽车零售	山东省临沂市
山东海王银河医药有限公司	药品零售	山东省潍坊市
山东聊城鲁西化工销售有限公司	化肥批发	山东省聊城市
山东科瑞石油装备有限公司	其他机械设备及电子产品批发	山东省东营市
山东济宁烟草有限公司	烟草制品批发	山东省济宁市
济南华联商厦集团股份有限公司	百货零售	山东省济南市
青岛海信国际营销股份有限公司	家用电器批发	山东省青岛市
山东德州百货大楼(集团)有限责任公司	百货零售	山东省德州市
中国石油化工股份有限公司山东济宁石油分公司	石油及制品批发	山东省济宁市
中国石油天然气股份有限公司山东青岛销售分公司	机动车燃料零售	山东省青岛市
山东盛世欣兴格力贸易有限公司	家用电器批发	山东省济南市
青岛日日顺乐家贸易有限公司	其他日用品批发	山东省青岛市
华润山东医药有限公司	西药批发	山东省济南市
中国石化山东泰山石油股份有限公司	石油及制品批发	山东省泰安市
山东菏泽烟草有限公司	烟草制品批发	山东省菏泽市
中国石油化工股份有限公司山东菏泽石油分公司	石油及制品批发	山东省菏泽市
中国石油化工股份有限公司山东德州石油分公司	石油及制品批发	山东省德州市
中国石油化工股份有限公司山东滨州石油分公司	机动车燃料零售	山东省滨州市
中国石油天然气股份有限公司山东济南销售分公司	石油及制品批发	山东省济南市
金都招远黄金珠宝首饰城有限公司	首饰、工艺品及收藏品批发	山东省烟台市
山东淄博烟草有限公司	烟草制品批发	山东省淄博市
山东瑞康医药股份有限公司	西药批发	山东省烟台市
中国石油天然气股份有限公司山东烟台销售分公司	石油及制品批发	山东省烟台市
山东泰安烟草有限公司	烟草制品批发	山东省泰安市
中国石油化工山东日照石油公司	石油及制品批发	山东省日照市
山东德州烟草有限公司	烟草制品批发	山东省德州市
中国石油化工股份有限公司山东聊城石油分公司	石油及制品批发	山东省聊城市
中国石油化工股份有限公司山东枣庄石油分公司	石油及制品批发	山东省枣庄市
中国石油化工股份有限公司山东威海石油分公司	机动车燃料零售	山东省威海市
山东东方誉源现代农业集团有限责任公司	化肥批发	山东省潍坊市
山东枣庄烟草有限公司	烟草制品批发	山东省枣庄市

4-5 续表 55

企业名称	所属行业	企业所在地
青岛益佳国际贸易集团有限公司	服装批发	山东省青岛市
青岛福兴祥商品配送有限公司	米、面制品及食用油批发	山东省青岛市
烟台市农业生产资料总公司	化肥批发	山东省烟台市
中国石油天然气股份有限公司山东菏泽销售分公司	石油及制品批发	山东省菏泽市
罗欣医药集团有限公司	药品零售	山东省临沂市
中远佐敦船舶涂料(青岛)有限公司	其他未列明的批发	山东省青岛市
诸城雷沃科技有限公司	汽车、摩托车及零配件批发	山东省潍坊市
青岛维客集团股份有限公司	百货零售	山东省青岛市
山东滨州烟草有限公司	烟草制品批发	山东省滨州市
青岛北方国贸大厦集团股份有限公司	百货零售	山东省青岛市
山东威海烟草有限公司	烟草制品批发	山东省威海市
沾化王尔庄海产品有限公司	肉、禽、蛋及水产品批发	山东省滨州市
三联商社股份有限公司	家用电器零售	山东省济南市
青岛永旺东泰商业有限公司	百货零售	山东省青岛市
枣庄贵诚集团购物中心有限公司	百货零售	山东省枣庄市
烟台市家家悦超市有限公司	超级市场零售	山东省烟台市
山东九州通医药有限公司	西药批发	山东省济南市
烟台市振华百货集团股份有限公司振华商厦	百货零售	山东省烟台市
中国石油天然气股份有限公司山东潍坊销售分公司	石油及制品批发	山东省潍坊市
中国石油天然气股份有限公司山东泰安销售分公司	机动车燃料零售	山东省泰安市
肥城银宝食品销售公司	肉、禽、蛋及水产品零售	山东省泰安市
青岛肯德基有限公司	快餐服务	山东省青岛市
青岛利客来商贸集团股份有限公司	百货零售	山东省青岛市
青岛福兴祥物流股份有限公司	纺织品、针织品及原料批发	山东省青岛市
中国石油天然气股份有限公司山东枣庄销售分公司	石油及制品批发	山东省枣庄市
中国石油天然气股份有限公司山东淄博销售分公司	石油及制品批发	山东省淄博市
山东齐鲁万和医药营销有限公司	医疗用品及器材批发	山东省济南市
中国石油天然气股份有限公司山东德州销售分公司	机动车燃料零售	山东省德州市
济南药业集团有限责任公司	中药材及中成药批发	山东省济南市
青岛传承国际商贸有限公司	鞋帽批发	山东省青岛市
山东东营烟草有限公司	烟草制品批发	山东省东营市
绮丽集团有限责任公司	服装批发	山东省青岛市
中化工油气销售有限公司	石油及制品批发	山东省济南市
山东九州商业集团有限公司	百货零售	山东省临沂市
山东瑞中医药有限公司	西药批发	山东省济宁市
新泰市青龙路市场服务有限公司	其他农畜产品批发	山东省泰安市
青岛国美电器有限公司	家用电器零售	山东省青岛市
山东省万事达物资有限公司	金属及金属矿批发	山东省滨州市
山东赛菲尔珠宝首饰有限公司	珠宝首饰零售	山东省潍坊市
山东新华书店集团有限公司	图书批发	山东省济南市
烟台振华量贩超市有限公司	百货零售	山东省烟台市
利群集团青岛利群商厦有限公司	百货零售	山东省青岛市
山东全福元商业集团有限责任公司	百货零售	山东省潍坊市
山东福田雷沃重工国际贸易有限公司	农业机械批发	山东省潍坊市
济南国美电器有限公司	家用电器零售	山东省济南市
利群集团股份有限公司	其他日用品批发	山东省青岛市
山东银座配送有限公司	米、面制品及食用油批发	山东省济南市
重庆海尔家电销售有限公司济宁分公司	家用电器批发	山东省济宁市
青岛海信东海商贸有限公司	百货零售	山东省青岛市
山东康惠医药有限公司	西药批发	山东省潍坊市
烟台市供销石油公司	石油及制品批发	山东省烟台市
中国石油化工股份有限公司山东莱芜石油分公司	机动车燃料零售	山东省莱芜市

4-5 续表 56

企业名称	所属行业	企业所在地
中国石油天然气股份有限公司山东济宁销售分公司	机动车燃料零售	山东省济宁市
山东省聊城市百货大楼有限责任公司	百货零售	山东省聊城市
山东永弘工程设备有限公司	其他机械设备及电子产品批发	山东省烟台市
济宁美的制冷产品销售有限公司	家用电器零售	山东省济宁市
临沂医药集团有限公司	药品零售	山东省临沂市
青岛鲁宁苏宁电器有限公司	家用电器零售	山东省青岛市
东营金田小商品市场发展有限公司	纺织品、针织品及原料批发	山东省东营市
青岛百洋医药科技有限公司	医疗用品及器材批发	山东省青岛市
山东龙口市博商购物广场	百货零售	山东省烟台市
东营银座商城有限公司	百货零售	山东省东营市
山东新华医药贸易有限公司	西药批发	山东省淄博市
山东蓝海股份有限公司	正餐服务	山东省东营市
山东苏宁电器有限公司	家用电器零售	山东省济南市
威海长江糖酒有限公司	超级市场零售	山东省威海市
中国石油天然气股份有限公司山东聊城销售分公司	石油及制品批发	山东省聊城市
济宁九龙家电有限公司	家用电器零售	山东省济宁市
淄博东泰集团有限公司	百货零售	山东省淄博市
青岛利群百货股份有限公司	百货零售	山东省青岛市
临沂佳轮汽车销售服务有限公司	汽车零售	山东省临沂市
淄博矿业集团济北矿区铁路运销处	煤炭及制品批发	山东省济宁市
淄博银座商城有限责任公司	百货零售	山东省淄博市
滨州银座商城有限公司	百货零售	山东省滨州市
山东永弘机械销售有限公司	其他机械设备及电子产品批发	山东省烟台市
山东鲁南蔬菜产业有限公司	果品、蔬菜批发	山东省临沂市
中国船舶燃料青岛有限公司	石油及制品批发	山东省青岛市
山东统一银座商业有限公司	超级市场零售	山东省济南市
山东晨曦集团有限公司	其他化工产品批发	山东省日照市
山东银座电器有限责任公司	家用电器批发	山东省济南市
山东龙大商贸有限公司	米、面制品及食用油批发	山东省聊城市
中国石油天然气山东日照销售分公司	石油及制品批发	山东省日照市
新泰银座商城有限公司	百货零售	山东省泰安市
山东奥德隆集团有限公司	百货零售	山东省淄博市
泰安银座商城有限公司	百货零售	山东省泰安市
济南TCL电器销售有限公司	家用电器批发	山东省济南市
山东金宇商贸有限公司	其他室内装修材料零售	山东省济宁市
烟台振华购物中心有限公司	百货零售	山东省烟台市
山东莱芜烟草有限公司	烟草制品批发	山东省莱芜市
麦凯乐(青岛)百货总店有限公司	百货零售	山东省青岛市
新泰青云购物中心有限公司	百货零售	山东省泰安市
潍坊美的制冷产品销售有限公司	家用电器批发	山东省潍坊市
济南天业工程机械有限公司	其他机械设备及电子产品批发	山东省济南市
山东滨州鲁滨首饰有限公司	首饰、工艺品及收藏品批发	山东省滨州市
山东登海先锋种业有限公司	种子、饲料批发	山东省烟台市
山东康诺盛世医药有限公司	西药批发	山东省烟台市
山东潍坊烟草有限公司诸城分公司	烟草制品批发	山东省潍坊市
山东鲁百百货大楼集团有限公司	百货零售	山东省东营市
山东荣庆物流有限公司	果品、蔬菜批发	山东省临沂市
日照日百商业有限公司	百货零售	山东省日照市
青岛黄海制药经营有限公司	西药批发	山东省青岛市
山东省桓台县供销合作社联合社	百货零售	山东省淄博市
龙口市第一百货商店有限责任公司	百货零售	山东省烟台市

4-5 续表 57

企业名称	所属行业	企业所在地
胜利油田胜大超市	超级市场零售	山东省东营市
山东北药远东医药有限公司	西药批发	山东省潍坊市
东营市商业大厦有限责任公司	百货零售	山东省东营市
青岛巴龙集团有限公司	纺织品、针织品及原料批发	山东省青岛市
诸城金顺粮油购销有限公司	米、面制品及食用油批发	山东省潍坊市
国运集团有限公司	汽车、摩托车及零配件批发	山东省青岛市
日照凌云工贸有限公司	家用电器零售	山东省日照市
淄博特信百货商城有限公司	百货零售	山东省淄博市
山东景芝酒厂销售总公司	饮料及茶叶批发	山东省潍坊市
临沂银座商城有限公司	百货零售	山东省临沂市
苍山县北方物流有限公司	果品、蔬菜批发	山东省临沂市
银座集团股份有限公司菏泽银座商城	百货零售	山东省菏泽市
兖州新合作百意商贸有限公司	百货零售	山东省济宁市
青岛润华汽车销售服务有限公司	汽车零售	山东省青岛市
山东山推工程机械成套设备有限公司	其他机械设备及电子产品批发	山东省济宁市
青岛屈臣氏个人用品商店有限公司	超级市场零售	山东省青岛市
青岛海信电器股份有限公司临沂经营分公司	家用电器批发	山东省临沂市
山东金田小商品市场发展有限公司	厨房、卫生间用具及日用杂货批发	山东省威海市
山东潍坊烟草有限公司青州分公司	烟草制品批发	山东省潍坊市
威海金蚂蚁集团有限公司	五金、交电批发	山东省威海市
青岛第一百盛有限公司	百货零售	山东省青岛市
山东潍坊烟草有限公司高密分公司	烟草制品批发	山东省潍坊市
山东德州扒鸡集团有限公司	肉、禽、蛋及水产品批发	山东省德州市
青岛家乐福商业有限公司	超级市场零售	山东省青岛市
潍坊烟草有限公司安丘分公司	烟草制品批发	山东省潍坊市
山东福胶药业有限公司	中药材及中成药批发	山东省济南市
山东南菜园蔬菜食品有限公司	果品、蔬菜批发	山东省临沂市
邹城市百货大楼有限责任公司	百货零售	山东省济宁市
东营振华百货发展有限公司	百货零售	山东省东营市
龙口市城关供销合作社	百货零售	山东省烟台市
山东莱州市百货大楼有限公司	超级市场零售	山东省烟台市
山东宏图三胞科技发展有限公司	计算机、软件及辅助设备零售	山东省济南市
菏泽牡丹医药有限责任公司	药品零售	山东省菏泽市
济南柳工永安机械设备有限公司	其他机械设备及电子产品批发	山东省济南市
青岛国货汇海丽达购物中心有限公司	百货零售	山东省青岛市
山东新方集团股份有限公司	煤炭及制品批发	山东省潍坊市
章丘市供销社	百货零售	山东省济南市
青岛阳光百货股份有限公司	百货零售	山东省青岛市
青岛瑞尚贸易发展有限公司	服装批发	山东省青岛市
德州银龙集团有限公司	棉、麻批发	山东省德州市
济南漱玉平民大药房有限公司	药品零售	山东省济南市
济南人民商场集团有限公司	百货零售	山东省济南市
安丘市永安实业总公司	建材批发	山东省潍坊市
邹城九龙贵和购物广场有限公司	百货零售	山东省济宁市
山东金孚隆股份有限公司	超级市场零售	山东省潍坊市
山东大陆企业集团有限公司	金属及金属矿批发	山东省临沂市
烟台华河机械有限公司	其他机械设备及电子产品批发	山东省烟台市
山东省德州泰康药业有限公司	药品零售	山东省德州市
山东五星电器有限公司	家用电器零售	山东省青岛市
淄博富尔玛家具广场有限公司	家具零售	山东省淄博市

4-5 续表 58

企业名称	所属行业	企业所在地
山东潍坊烟草有限公司临朐分公司	烟草制品批发	山东省潍坊市
山东圣豪商业有限公司	超级市场零售	山东省滨州市
泰安凌云经贸有限公司	百货零售	山东省泰安市
山东威海百货大楼集团股份有限公司	百货零售	山东省威海市
青岛海信营销有限公司临沂分公司	家用电器零售	山东省临沂市
山东天成恒信科技大厦	计算机、软件及辅助设备零售	山东省东营市
潍坊广潍汽车销售服务有限公司	汽车零售	山东省潍坊市
山东金都百货股份有限公司	超级市场零售	山东省烟台市
日照银座购物广场有限公司	百货零售	山东省日照市
日照市新世纪商厦有限公司	服装零售	山东省日照市
淄博圣隆润发商业有限公司	超级市场零售	山东省淄博市
青岛新华书店有限责任公司	图书零售	山东省青岛市
陵县粮食购销中心	粮油零售	山东省德州市
庆云县信誉商厦有限公司	百货零售	山东省德州市
诸城百盛商场有限责任公司	百货零售	山东省潍坊市
青岛润泰事业有限公司	超级市场零售	山东省青岛市
山东乐拍商业有限公司	邮购及电子销售	山东省济南市
利群集团莱州购物广场有限公司	超级市场零售	山东省烟台市
青岛春阳大润发商业有限公司	百货零售	山东省青岛市
青岛香格里拉大饭店有限公司	旅游饭店	山东省青岛市
龙口市南山宾馆有限公司	旅游饭店	山东省烟台市
青岛润泰事业有限公司临沂分公司	超级市场零售	山东省临沂市
银座集团德州商城有限公司	百货零售	山东省德州市
山东大厦	旅游饭店	山东省济南市
银座集团股份有限公司莱芜银座商城	超级市场零售	山东省莱芜市
淄博广电天网视讯有限公司	通信设备零售	山东省淄博市
山东世纪泰华集团有限公司	百货零售	山东省潍坊市
利群集团胶州购物广场	百货零售	山东省青岛市
山东泰山新合作商贸连锁有限公司	百货零售	山东省泰安市
肥城市盛世佳和购物广场	超级市场零售	山东省泰安市
滕州银座商城有限公司	百货零售	山东省枣庄市
济南市新华书店	图书零售	山东省济南市
济宁银座购物广场有限责任公司	百货零售	山东省济宁市
淄川东大小商品城	文具用品零售	山东省淄博市
山东十八乐超市有限公司莱芜店	超级市场零售	山东省莱芜市
青岛家佳源(城阳)购物中心有限公司	百货零售	山东省青岛市
山东临朐华兴商场有限公司	百货零售	山东省潍坊市
济宁大润发商业有限公司	百货零售	山东省济宁市
新泰齐云商场有限公司	百货零售	山东省泰安市
山东麦当劳(餐厅食品)有限公司	快餐服务	山东省济南市
山东省桓台县联华超市有限公司	超级市场零售	山东省淄博市
威海润华商业有限公司	百货零售	山东省威海市
威海苏宁电器有限公司	家用电器零售	山东省威海市
淄博盈华置业有限公司惠仟佳购物广场	百货零售	山东省淄博市
淄博中润新玛特有限公司	超级市场零售	山东省淄博市
临沂市沂蒙路百货大楼	百货零售	山东省临沂市
文登市恒源商贸有限公司	百货零售	山东省威海市
潍坊百货大楼股份有限公司	百货零售	山东省潍坊市
济南舜耕山庄	旅游饭店	山东省济南市
邹平供销大厦集团有限公司	百货零售	山东省滨州市
枣庄市森博家具有限公司	家具零售	山东省枣庄市

4-5 续表 59

企业名称	所属行业	企业所在地
山东省临沂市新华书店	图书零售	山东省临沂市
青岛即墨振华大润发商业有限公司	超级市场零售	山东省青岛市
淄博齐鲁商业有限公司	百货零售	山东省淄博市
济宁市中央百货有限责任公司	百货零售	山东省济宁市
淄博信誉楼百货有限公司	百货零售	山东省淄博市
莒南县天添乐超市有限公司	百货零售	山东省临沂市
青岛海景花园大酒店	旅游饭店	山东省青岛市
青岛府新大厦	旅游饭店	山东省青岛市
山东天河酒店集团有限公司	正餐服务	山东省东营市
青岛奥海投资发展有限公司海尔洲际酒店	旅游饭店	山东省青岛市
苍山县天运发展总公司	服装零售	山东省临沂市
济南海尔绿城置业有限公司喜来登酒店	旅游饭店	山东省济南市
青岛颐中国际大酒店有限公司	旅游饭店	山东省青岛市
山东华盛江泉城酒店有限公司	正餐服务	山东省临沂市
青岛麦当劳(餐厅食品)有限公司	快餐服务	山东省青岛市
济南市环山鱼翅皇宫大酒店	正餐服务	山东省济南市
山东银座旅游集团有限公司	旅游饭店	山东省济南市
荣峰国际饭店	旅游饭店	山东省泰安市
山东舜和国际酒店有限公司	正餐服务	山东省济南市
青岛健力源营养配餐管理有限公司	其他餐饮服务	山东省青岛市
赤山集团有限公司赤山大酒店	旅游饭店	山东省威海市
青岛黄岛蓝海大饭店有限公司	旅游饭店	山东省青岛市
青岛黄海饭店	旅游饭店	山东省青岛市
青岛汇泉王朝大饭店有限公司	旅游饭店	山东省青岛市
山东味千餐饮管理有限公司	快餐服务	山东省青岛市
青岛万达广场置业有限公司万达艾美酒店	旅游饭店	山东省青岛市
潍坊雅悦富华酒店管理有限公司	旅游饭店	山东省潍坊市
山东银座佳驿酒店有限公司	一般旅馆	山东省济南市
青岛海情大酒店	旅游饭店	山东省青岛市
山东格力电器市场营销有限公司	家用电器批发	山东省济南市
海阳市胶东水产品批发市场	其他食品批发	山东省烟台市
山东瑞中医药销售公司	中药材及中成药批发	山东省济宁市
昆山润福商贸有限公司济南天桥分公司	超级市场零售	山东省济南市
青州市黄楼弘秀花卉发展有限公司	其他农畜产品批发	山东省潍坊市
山东家家悦生鲜配送有限公司	肉、禽、蛋及水产品批发	山东省威海市
青岛海天大酒店有限公司	旅游饭店	山东省青岛市
济阳方正家具市场	家具零售	山东省济南市
河南省		
郑州煤电物资供销有限公司	建材批发	河南省郑州市
郑州日产汽车销售有限公司	其他机械设备及电子产品批发	河南省郑州市
中国石油化工股份有限公司河南郑州石油分公司	石油及制品批发	河南省郑州市
河南省烟草公司郑州市公司	烟草制品批发	河南省郑州市
河南诚信格力电器市场营销有限公司	家用电器批发	河南省郑州市
郑州煤炭工业(集团)正运煤炭销售有限公司	煤炭及制品批发	河南省郑州市
河南省烟草公司南阳市公司	烟草制品批发	河南省南阳市
洛阳长兴农业机械有限公司	农业机械批发	河南省洛阳市
郑州丹尼斯百货有限公司	百货零售	河南省郑州市
中国石油化工股份有限公司河南南阳石油分公司	石油及制品批发	河南省南阳市
中国石油天然气股份有限公司河南郑州销售分公司	石油及制品批发	河南省郑州市
中国石油化工股份有限公司河南洛阳石油分公司	机动车燃料零售	河南省洛阳市
河南省烟草公司商丘市公司	烟草制品批发	河南省商丘市
河南省烟草公司洛阳市公司	烟草制品批发	河南省洛阳市

4-5 续表 60

企业名称	所属行业	企业所在地
中国石油天然气股份有限公司河南销售分公司	石油及制品批发	河南省郑州市
郑州海永蓝工贸有限公司	汽车零售	河南省郑州市
河南省烟草公司周口市公司	烟草制品批发	河南省周口市
河南省烟草公司信阳分公司	烟草制品批发	河南省信阳市
河南中油高速公路油品股份有限公司	石油及制品批发	河南省郑州市
河南省烟草公司平顶山分公司	烟草制品批发	河南省平顶山市
河南省烟草公司驻马店市公司	烟草制品批发	河南省驻马店市
河南省烟草公司许昌分公司	烟草制品批发	河南省许昌市
中国石油化工股份有限公司河南三门峡石油分公司	石油及制品批发	河南省三门峡市
中国石油化工股份有限公司河南信阳石油分公司	机动车燃料零售	河南省信阳市
河南省烟草公司安阳市公司	烟草制品批发	河南省安阳市
河南省烟草公司新乡市公司	烟草制品批发	河南省新乡市
中国石油化工股份有限公司河南平顶山石油分公司	石油及制品批发	河南省平顶山市
河南九州通医药有限公司	西药批发	河南省郑州市
中国石油化工股份有限公司河南安阳石油分公司	石油及制品批发	河南省安阳市
中国石油化工股份有限公司驻马店分公司	石油及制品批发	河南省驻马店市
中国石油化工股份有限公司河南商丘分公司	机动车燃料零售	河南省商丘市
河南省烟草公司三门峡市公司	烟草制品批发	河南省三门峡市
河南省烟草公司开封市公司	烟草制品批发	河南省开封市
中国石油化工股份有限公司河南焦作石油分公司	石油及制品批发	河南省焦作市
中国石油化工股份有限公司河南许昌石油分公司	石油及制品批发	河南省许昌市
国药控股(郑州)九瑞股份有限公司	中药材及中成药批发	河南省郑州市
中国石油天然气股份有限公司河南洛阳销售分公司	机动车燃料零售	河南省洛阳市
新乡市红旗区洪门镇钢材市场	金属及金属矿批发	河南省新乡市
中国石油化工股份有限公司河南开封石油分公司	石油及制品批发	河南省开封市
华润河南医药有限公司	医疗用品及器材批发	河南省郑州市
中国石油化工股份有限公司周口分公司	石油及制品批发	河南省周口市
中国石油天然气股份有限公司河南商丘销售分公司	机动车燃料零售	河南省商丘市
河南省新华书店	图书批发	河南省郑州市
中国石油化工股份有限公司河南濮阳石油分公司	机动车燃料零售	河南省濮阳市
河南省国美电器有限公司	家用电器零售	河南省郑州市
河南省烟草公司漯河市公司	烟草制品批发	河南省漯河市
河南省烟草公司濮阳市公司	烟草制品批发	河南省濮阳市
河南省烟草公司焦作市公司	烟草制品批发	河南省焦作市
中国石油化工股份有限公司河南漯河石油分公司	石油及制品批发	河南省漯河市
河南省医药有限公司	中药材及中成药批发	河南省郑州市
中国石油天然气股份有限公司河南周口销售分公司	石油及制品批发	河南省周口市
海马汽车销售有限公司	汽车、摩托车及零配件批发	河南省郑州市
中国石油天然气股份有限公司河南许昌销售分公司	石油及制品批发	河南省许昌市
河南永乐生活电器有限公司	家用电器零售	河南省郑州市
河南圣光医药物流有限公司	西药批发	河南省平顶山市
中国石油天然气股份有限公司河南平顶山销售分公司	石油及制品批发	河南省平顶山市
许昌天润实业有限公司	建材批发	河南省许昌市
河南小松工程机械有限公司	其他机械设备及电子产品批发	河南省郑州市
许昌市胖东来商贸集团有限公司	百货零售	河南省许昌市
郑州铁路华东实业总公司	煤炭及制品批发	河南省郑州市
大商集团郑州新玛特购物广场有限公司	百货零售	河南省郑州市
哈森集团世一堂百川医药商贸有限公司	西药批发	河南省商丘市
中国石油化工股份有限公司河南鹤壁石油分公司	石油及制品批发	河南省鹤壁市
洛阳铁路运通集团实业发展公司	煤炭及制品批发	河南省洛阳市
驻马店中油销售有限公司	石油及制品批发	河南省驻马店市
中国石油天然气股份有限公司河南南阳销售分公司	石油及制品批发	河南省南阳市

4-5 续表 61

企业名称	所属行业	企业所在地
河南威佳汽车贸易有限公司	石油及制品批发	河南省郑州市
中国石油天然气股份有限公司河南开封销售分公司	石油及制品批发	河南省开封市
新乡美的制冷产品销售有限公司	家用电器批发	河南省新乡市
河南省烟草公司鹤壁市公司	烟草制品批发	河南省鹤壁市
中国石油化工股份有限公司河南济源分公司	石油及制品批发	河南省济源市
中国石油天然气股份有限公司河南新乡销售分公司	石油及制品批发	河南省新乡市
河南千里马工程机械有限公司	其他机械设备及电子产品批发	河南省郑州市
洛阳王府井百货有限责任公司	百货零售	河南省洛阳市
河南大张实业有限公司	超级市场零售	河南省洛阳市
西亚和美商业股份有限公司	超级市场零售	河南省信阳市
中国石油天然气股份有限公司河南信阳销售分公司	机动车燃料零售	河南省信阳市
鹿邑县真源办事处供销社	谷物、豆及薯类批发	河南省周口市
河南沃通建筑设备有限公司	其他机械设备及电子产品批发	河南省郑州市
河南省烟草公司邓州市公司	烟草制品批发	河南省南阳市
大商集团(郑州)商贸有限公司	服装零售	河南省郑州市
郑州湘元三一工程机械有限公司	其他机械设备及电子产品批发	河南省郑州市
中铁十五局集团物资有限公司	石油及制品批发	河南省洛阳市
河南苏宁电器有限公司	家用电器零售	河南省郑州市
新乡市胖东来百货有限公司	百货零售	河南省新乡市
焦作新亚商厦有限责任公司	百货零售	河南省焦作市
洛阳市鼎信御安药业有限公司	西药批发	河南省洛阳市
郑州肯德基有限公司	快餐服务	河南省郑州市
郸城县城关供销社	其他综合零售	河南省周口市
洛阳丹尼斯量贩有限公司	肉、禽、蛋及水产品批发	河南省洛阳市
辉县市金穗粮油有限责任公司	粮油零售	河南省新乡市
许昌市胖东来(集团)华豫电器有限公司	家用电器零售	河南省许昌市
南阳市烟草公司唐河县分公司	烟草制品批发	河南省南阳市
南阳市烟草公司内乡县分公司	烟草制品批发	河南省南阳市
南阳市烟草公司方城县分公司	烟草制品批发	河南省南阳市
河南思达连锁商业有限公司	超级市场零售	河南省郑州市
漯河市烟草公司临颍县分公司	烟草制品批发	河南省漯河市
河南万宝股份有限公司	家用电器零售	河南省开封市
信阳亚兴集团有限责任公司	超级市场零售	河南省信阳市
洛阳美的制冷产品销售有限公司	家用电器批发	河南省洛阳市
河南省烟草公司镇平县公司	烟草制品批发	河南省南阳市
方城县鸿发商贸集团有限公司	煤炭及制品批发	河南省南阳市
郑州悦家商业有限公司北环店	超级市场零售	河南省郑州市
河南张仲景大药房股份有限公司	药品零售	河南省郑州市
河南省烟草公司济源市公司	烟草制品批发	河南省济源市
永城市煤电控股集团先帅百货有限责任公司	百货零售	河南省商丘市
南阳市烟草公司社旗县分公司	烟草制品批发	河南省南阳市
漯河双汇商业连锁有限公司	肉、禽、蛋及水产品零售	河南省漯河市
新乡洪门建筑材料市场管理委员会	建材批发	河南省新乡市
洛阳铁路运通集团煤炭运销公司	煤炭及制品批发	河南省洛阳市
郑州市易初莲花连锁超市有限公司	超级市场零售	河南省郑州市
新乡市胖东来生活广场有限公司	超级市场零售	河南省新乡市
焦作市百货大楼有限责任公司	百货零售	河南省焦作市
河南华润万家生活超市有限公司	超级市场零售	河南省郑州市
郑州正道花园百货股份有限公司	百货零售	河南省郑州市
驻马店市乐山商场实业有限公司	百货零售	河南省驻马店市
南阳市万德隆商贸有限责任公司	百货零售	河南省南阳市

4-5 续表 62

企业名称	所属行业	企业所在地
河南九头崖集团平顶山商业连锁有限公司	超级市场零售	河南省平顶山市
河南富豪表行有限公司	钟表、眼镜零售	河南省郑州市
新乡市平原商场有限公司	百货零售	河南省新乡市
濮阳市百姓量贩有限公司	超级市场零售	河南省濮阳市
沈丘县北郊供销社	百货零售	河南省周口市
河南麦当劳(餐厅食品)有限公司	正餐服务	河南省郑州市
郑州迪信通电子通信技术有限公司	通信设备零售	河南省郑州市
新乡市百货大楼有限责任公司	百货零售	河南省新乡市
郑州丹尼斯生活广场有限公司济源分公司	百货零售	河南省济源市
洛阳永乐生活电器有限公司	家用电器零售	河南省洛阳市
信阳市文新茶叶有限公司	饮料及茶叶零售	河南省信阳市
郑州裕达国贸酒店有限公司	旅游饭店	河南省郑州市
河南中州旅游股份有限公司	旅游饭店	河南省郑州市
河南雅高国际饭店有限公司	旅游饭店	河南省郑州市
河南大河锦江饭店有限责任公司	旅游饭店	河南省郑州市
河南省黄河迎宾馆	旅游饭店	河南省郑州市
开封中州国际饭店有限公司	旅游饭店	河南省开封市
郑州兆丰中油投资有限公司花园酒店分公司	旅游饭店	河南省郑州市
郑州经济技术开发区自备车运输贸易有限公司	煤炭及制品批发	河南省郑州市
湖北省		
中国石化销售有限公司华中分公司	石油及制品批发	湖北省武汉市
武钢集团国际经济贸易总公司	贸易经纪与代理	湖北省武汉市
中国石油化工股份有限公司湖北石油分公司	石油及制品批发	湖北省武汉市
中国石油天然气股份有限公司湖北销售分公司	石油及制品批发	湖北省武汉市
中国铁路物资武汉公司	贸易经纪与代理	湖北省武汉市
中石化长江燃料有限公司	石油及制品批发	湖北省武汉市
中百控股集团股份有限公司	超级市场零售	湖北省武汉市
武汉武商集团股份有限公司	百货零售	湖北省武汉市
武汉白沙洲冷链物流有限责任公司	肉、禽、蛋及水产品批发	湖北省武汉市
中国石油化工股份有限公司湖北武汉分公司	机动车燃料零售	湖北省武汉市
湖北省烟草公司武汉市公司	烟草制品批发	湖北省武汉市
中国石油天然气股份有限公司湖北武汉销售分公司	生活用燃料零售	湖北省武汉市
武汉艾德蒙科技股份有限公司	计算机、软件及辅助设备批发	湖北省武汉市
九州通医药集团股份有限公司	西药批发	湖北省武汉市
武汉工贸有限公司	家用电器零售	湖北省武汉市
东风裕隆汽车销售有限公司	汽车、摩托车及零配件批发	湖北省武汉市
三环集团公司	汽车零售	湖北省武汉市
武汉中商集团股份有限公司	百货零售	湖北省武汉市
湖北省烟草公司恩施州公司	烟草制品批发	湖北省恩施土家族苗族自治州
湖北银丰实业集团有限责任公司	棉、麻批发	湖北省武汉市
湖北劲牌保健酒业有限公司	饮料及茶叶批发	湖北省黄石市
中国石油化工股份有限公司湖北襄樊石油分公司	石油及制品批发	湖北省襄樊市
湖北省烟草公司黄冈市公司	烟草制品批发	湖北省黄冈市
湖北省烟草公司襄阳市公司	烟草制品批发	湖北省襄樊市
中国石油天然气股份有限公司湖北黄冈销售分公司	石油及制品批发	湖北省黄冈市
湖北省农业生产资料集团有限公司	化肥批发	湖北省武汉市
中国石油化工有限公司湖北十堰石油分公司	石油及制品批发	湖北省十堰市
湖北省烟草公司宜昌市公司	烟草制品批发	湖北省宜昌市
中石化股份有限公司湖北荆州石油分公司	石油及制品批发	湖北省荆州市
湖北省新华书店(集团)有限公司	图书批发	湖北省武汉市
湖北省烟草公司孝感市公司	烟草制品批发	湖北省孝感市
湖北高路油站经营有限责任公司	机动车燃料零售	湖北省武汉市

4-5 续表 63

企业名称	所属行业	企业所在地
中国石油化工股份有限公司湖北荆门石油分公司	石油及制品批发	湖北省荆门市
中国石油化工股份有限公司湖北黄冈石油分公司	石油及制品批发	湖北省黄冈市
武汉屈臣氏个人用品商店有限公司	百货零售	湖北省武汉市
湖北新兴格力电器销售有限公司	家用电器批发	湖北省武汉市
中国石油化工股份有限公司湖北咸宁石油分公司	石油及制品批发	湖北省咸宁市
中国石油化工股份有限公司湖北恩施分公司	石油及制品批发	湖北省恩施土家族苗族自治州
枝江吉星商贸有限公司	其他食品批发	湖北省宜昌市
中铁大桥局集团武汉物资有限责任公司	金属及金属矿批发	湖北省武汉市
百威(中国)销售有限公司	饮料及茶叶批发	湖北省武汉市
中国石油化工股份有限公司湖北黄石石油分公司	机动车燃料零售	湖北省黄石市
新龙药业集团有限公司	西药批发	湖北省武汉市
周大福珠宝金行(武汉)有限公司	首饰、工艺品及收藏品批发	湖北省武汉市
中国石油天然气股份有限公司湖北襄樊销售分公司	石油及制品批发	湖北省襄樊市
中国石油天然气股份有限公司湖北宜昌销售分公司	机动车燃料零售	湖北省宜昌市
武汉苏宁电器有限公司	家用电器零售	湖北省武汉市
百胜餐饮(武汉)有限公司	快餐服务	湖北省武汉市
武汉汉福超市有限公司	超级市场零售	湖北省武汉市
十堰市新合作超市有限公司	超级市场零售	湖北省十堰市
湖北省烟草公司黄石市公司	烟草制品批发	湖北省黄石市
宜昌国贸大厦集团有限公司	百货零售	湖北省宜昌市
黄冈市黄商贸易股份有限公司	百货零售	湖北省黄冈市
群光实业(武汉)有限公司	百货零售	湖北省武汉市
武汉国美电器有限公司	家用电器零售	湖北省武汉市
中国石油化工股份有限公司湖北随州石油分公司	石油及制品批发	湖北省随州市
同济堂医药有限公司	西药批发	湖北省武汉市
赤壁市赤壁商城物业管理中心	果品、蔬菜零售	湖北省咸宁市
中石化长江燃料有限公司武汉分公司	机动车燃料零售	湖北省武汉市
湖北省烟草公司随州市公司	烟草制品批发	湖北省随州市
中国石油天然气股份有限公司湖北孝感销售分公司	机动车燃料零售	湖北省孝感市
武汉市南浦食品有限责任公司	其他食品批发	湖北省武汉市
湖北富迪实业有限公司	超级市场零售	湖北省仙桃市
荆门市东方百货大厦	超级市场零售	湖北省荆门市
中国石油湖北十堰销售分公司	石油及制品批发	湖北省十堰市
湖北立旺食品有限公司武汉分公司	其他食品批发	湖北省武汉市
中国石油天然气股份有限公司湖北咸宁销售分公司	石油及制品批发	湖北省咸宁市
中国石油化工股份有限公司湖北高速公路油站管理分公司	机动车燃料零售	湖北省武汉市
武汉千里马工程机械有限公司	其他机械设备及电子产品批发	湖北省武汉市
湖北金城大厦(集团)实业公司	百货零售	湖北省荆门市
湖北省十堰市寿康永乐有限公司	超级市场零售	湖北省十堰市
武汉中南工程机械设备有限责任公司	其他机械设备及电子产品批发	湖北省武汉市
湖北盐业集团有限公司	盐及调味品批发	湖北省武汉市
武汉武商集团十堰市人民商场有限公司	超级市场零售	湖北省十堰市
湖北省金属材料总公司	金属及金属矿批发	湖北省武汉市
中国石油天然气股份有限公司湖北恩施销售分公司	石油及制品批发	湖北省恩施土家族苗族自治州
湖北省烟草公司仙桃市公司	烟草制品批发	湖北省仙桃市
武汉长江沙鸥植物油有限公司	米、面制品及食用油批发	湖北省武汉市
武汉市汉商集团股份有限公司	百货零售	湖北省武汉市
湖北宏发农产品经营有限公司	肉、禽、蛋及水产品零售	湖北省襄樊市
中国石油天然气股份有限公司湖北荆门销售分公司	石油及制品批发	湖北省荆门市
武汉小松工程机械有限责任公司	其他机械设备及电子产品批发	湖北省武汉市

4-5 续表 64

企业名称	所属行业	企业所在地
湖北博通电器有限公司	家用电器零售	湖北省潜江市
武汉京东世纪贸易有限公司	邮购及电子销售	湖北省武汉市
沃尔玛(湖北)商业零售有限公司	超级市场零售	湖北省武汉市
武汉友谊副食品商业有限责任公司	其他农畜产品批发	湖北省武汉市
湖北中建工程机械有限责任公司	其他机械设备及电子产品批发	湖北省武汉市
武汉市滔搏商贸有限公司	服装零售	湖北省武汉市
武汉蒙牛乳业有限公司	饮料及茶叶批发	湖北省武汉市
沃尔玛深国投百货有限公司武汉中山大道分店	超级市场零售	湖北省武汉市
湖北孝感电器集团有限公司	家用电器零售	湖北省孝感市
武汉麦当劳餐饮食品有限公司	快餐服务	湖北省武汉市
武汉TCL电器销售有限公司	家用电器批发	湖北省武汉市
武汉泰天工程机械有限公司	其他机械设备及电子产品批发	湖北省武汉市
房县供销合作社联合社	其他食品零售	湖北省十堰市
武汉艳阳天商贸发展有限公司	正餐服务	湖北省武汉市
湖北银泰仙桃商城大厦有限公司	百货零售	湖北省仙桃市
湖北银海棉业有限责任公司	棉、麻批发	湖北省潜江市
湖北世纪愿景商贸有限公司	其他食品零售	湖北省武汉市
武汉鲁巷广场购物中心	百货零售	湖北省武汉市
武汉光明乳业销售有限公司	饮料及茶叶批发	湖北省武汉市
湖北良品铺子食品有限公司	其他食品零售	湖北省武汉市
宜昌宏信商贸有限责任公司	饮料及茶叶批发	湖北省宜昌市
襄樊鼓楼商场股份有限公司	其他综合零售	湖北省襄樊市
湖北省东安工贸有限公司	汽车零售	湖北省武汉市
郧西县供销合作社联合社	百货零售	湖北省十堰市
湖北雅斯连锁商业有限公司	超级市场零售	湖北省宜昌市
新百丽鞋业(深圳)有限公司	鞋帽零售	湖北省武汉市
武汉王府井百货有限责任公司	百货零售	湖北省武汉市
湖北鑫园商贸有限公司	百货零售	湖北省潜江市
武汉市亢龙太子酒轩有限责任公司	正餐服务	湖北省武汉市
襄阳市好邻居连锁超市有限公司	超级市场零售	湖北省襄樊市
武汉中邮时代电讯科技有限公司	通信设备零售	湖北省武汉市
湖北真维斯服饰有限公司	服装零售	湖北省武汉市
湖北孝商股份有限公司	百货零售	湖北省孝感市
武汉马应龙大药房连锁有限公司	药品零售	湖北省武汉市
湖北省十堰市五堰商场股份有限公司	百货零售	湖北省十堰市
武汉新华书店股份有限公司	图书零售	湖北省武汉市
恩施中百连锁仓储超市有限公司	百货零售	湖北省恩施土家族苗族自治州
湖北美尔雅销售有限公司	服装零售	湖北省黄石市
宜昌北山商业连锁有限责任公司	超级市场零售	湖北省宜昌市
武汉南洋大华商贸中心	烟草制品零售	湖北省武汉市
沙洋万利家居建材城	家具零售	湖北省荆门市
荆州大润发商业有限公司	超级市场零售	湖北省荆州市
湖北航天信息技术有限公司	计算机、软件及辅助设备零售	湖北省武汉市
武汉市生物工程学院后勤服务中心	正餐服务	湖北省武汉市
武汉新金珠宝首饰有限公司	珠宝首饰零售	湖北省武汉市
武汉班尼路商贸有限公司	服装零售	湖北省武汉市
湖北顺泰商贸有限公司	超级市场零售	湖北省随州市
武汉市丽红商业有限公司	其他综合零售	湖北省武汉市
长江轮船海外旅游总公司(武汉)	旅游饭店	湖北省武汉市
香格里拉国际饭店管理有限公司	旅游饭店	湖北省武汉市
武汉湖锦娱乐发展有限公司江汉分公司	正餐服务	湖北省武汉市

4-5 续表 65

企业名称	所属行业	企业所在地
武汉市小蓝鲸健康美食酒店管理有限公司	正餐服务	湖北省武汉市
武汉扬子江游船有限公司	旅游饭店	湖北省武汉市
武汉华美达光谷大酒店	旅游饭店	湖北省武汉市
湖北巴山夜雨酒店管理有限公司	正餐服务	湖北省武汉市
武汉马哥孛罗酒店有限公司	旅游饭店	湖北省武汉市
湖北三五醇食品配送有限公司	正餐服务	湖北省武汉市
武汉市七天酒店管理有限公司	旅游饭店	湖北省武汉市
武汉江城明珠酒店有限公司	旅游饭店	湖北省武汉市
湖北湘鄂情餐饮投资有限公司	其他餐饮服务	湖北省武汉市
十堰市新合作京华超市有限公司	超级市场零售	湖北省十堰市
武穴市食品公司	肉、禽、蛋及水产品零售	湖北省黄冈市
湖南省		
南方建材股份有限公司	建材批发	湖南省长沙市
湖南九华钢材物流股份有限公司	金属及金属矿批发	湖南省湘潭市
湖南大唐燃料开发有限责任公司	煤炭及制品批发	湖南省长沙市
湖南省烟草公司长沙市公司	烟草制品批发	湖南省长沙市
中国石油化工股份有限公司湖南株洲石油公司	机动车燃料零售	湖南省株洲市
中国石油化工股份有限公司湖南长沙石油分公司	机动车燃料零售	湖南省长沙市
湖南友谊阿波罗商业股份有限公司	百货零售	湖南省长沙市
湖南省烟草公司衡阳市公司	烟草制品批发	湖南省衡阳市
中国石化湖南衡阳分公司	机动车燃料零售	湖南省衡阳市
步步高商业连锁股份有限公司	超级市场零售	湖南省湘潭市
湖南省烟草公司郴州市公司	烟草制品批发	湖南省郴州市
湖南省烟草公司常德市公司	烟草制品批发	湖南省常德市
湖南省烟草公司邵阳市公司	烟草制品批发	湖南省邵阳市
湖南省烟草公司永州市公司	烟草制品批发	湖南省永州市
中国石油化工股份有限公司湖南郴州石油分公司	机动车燃料零售	湖南省郴州市
中国石油化工股份有限公司湖南岳阳石油分公司	机动车燃料零售	湖南省岳阳市
湖南省烟草公司岳阳市公司	烟草制品批发	湖南省岳阳市
长沙通程实业(集团)有限公司	百货零售	湖南省长沙市
中国石油天然气股份有限公司湖南长沙销售分公司	机动车燃料零售	湖南省长沙市
湖南格力电器销售有限公司	家用电器批发	湖南省长沙市
中国石油天然气股份有限公司湖南销售郴州分公司	机动车燃料零售	湖南省郴州市
湖南省烟草公司株洲分公司	烟草制品批发	湖南省株洲市
中国石油化工股份有限公司湖南邵阳石油分公司	机动车燃料零售	湖南省邵阳市
中国石油化工股份有限公司湖南怀化石油分公司	机动车燃料零售	湖南省怀化市
湖南省烟草公司益阳分公司	烟草制品批发	湖南省益阳市
中国石油化工股份有限公司湖南永州石油分公司	机动车燃料零售	湖南省永州市
湖南省烟草公司怀化市公司	烟草制品批发	湖南省怀化市
快乐购物有限责任公司	邮购及电子销售	湖南省长沙市
长沙双鹤医药有限责任公司	中药材及中成药批发	湖南省长沙市
湖南省烟草公司湘西自治州公司	饮料及茶叶批发	湖南省湘西土家族苗族自治州
中国石油化工股份有限公司湖南常德石油分公司	机动车燃料零售	湖南省常德市
中国石油化工股份有限公司湖南娄底石油分公司	机动车燃料零售	湖南省娄底市
湖南省新华书店有限责任公司	图书批发	湖南省长沙市
中国石油化工股份有限公司湖南湘潭石油分公司	机动车燃料零售	湖南省湘潭市
湖南平和堂实业有限公司	百货零售	湖南省长沙市
中石化湖南益阳石油分公司	机动车燃料零售	湖南省益阳市
湖南大旺食品有限公司长沙分公司	其他食品批发	湖南省长沙市
湖南省烟草公司张家界市公司	烟草制品批发	湖南省张家界市
株洲百货股份有限公司	百货零售	湖南省株洲市

4-5 续表 66

企业名称	所属行业	企业所在地
湖南省轻工盐业集团有限责任公司	盐及调味品批发	湖南省长沙市
湖南家润多超市有限公司	超级市场零售	湖南省长沙市
湖南新一佳商业投资有限公司	超级市场零售	湖南省长沙市
长沙王府井百货有限责任公司	百货零售	湖南省长沙市
湖南达嘉维康医药有限公司	西药批发	湖南省长沙市
中国石油天然气股份有限公司湖南怀化销售分公司	机动车燃料零售	湖南省怀化市
中国石油天然气股份有限公司湖南销售常德分公司	机动车燃料零售	湖南省常德市
中国石油天然气股份有限公司湖南益阳销售分公司	机动车燃料零售	湖南省益阳市
湖南苏宁电器有限公司	家用电器零售	湖南省长沙市
长沙肯德基有限公司	快餐服务	湖南省长沙市
湖南邵阳中油销售有限公司	机动车燃料零售	湖南省邵阳市
湖南时代阳光医药有限公司	西药批发	湖南省长沙市
湖南酒鬼酒销售有限公司	其他食品批发	湖南省湘西土家族苗族自治州
宁乡县联发商贸有限公司	糕点、糖果及糖批发	湖南省长沙市
中国石油湖南销售衡阳分公司	机动车燃料零售	湖南省衡阳市
湖南双舟医药有限责任公司	西药批发	湖南省长沙市
湖南中移鼎讯通信有限公司	通讯及广播电视设备批发	湖南省长沙市
长沙步步高商业连锁有限责任公司	超级市场零售	湖南省长沙市
中储发展股份有限公司衡阳分公司	金属及金属矿批发	湖南省衡阳市
青岛海信电器股份有限公司长沙经营分公司	家用电器批发	湖南省长沙市
湖南国美电器有限公司	家用电器零售	湖南省长沙市
湖南天士力民生药业有限公司	中药材及中成药批发	湖南省湘潭市
湖南中旺工程机械设备有限公司	其他机械设备及电子产品批发	湖南省长沙市
益阳恒康药业有限公司	药品零售	湖南省益阳市
长沙TCL电器销售有限公司	家用电器批发	湖南省长沙市
湖南益丰大药房医药连锁有限公司(总部)	药品零售	湖南省常德市
湖南梅尼超市股份有限公司	百货零售	湖南省张家界市
湖南常德鼎城德源医药有限公司	西药批发	湖南省常德市
湖南多喜爱纺织科技有限公司	纺织品、针织品及原料批发	湖南省长沙市
岳阳巴陵经贸有限公司	金属及金属矿批发	湖南省岳阳市
湖南金霞粮食产业有限公司	米、面制品及食用油批发	湖南省长沙市
长沙东之杰运动产业发展有限公司	服装零售	湖南省长沙市
新化县明园阳光购物中心	纺织品及针织品零售	湖南省娄底市
王一实业集团衡阳香江百货有限公司	百货零售	湖南省衡阳市
怀化步步高商业连锁有限责任公司	超级市场零售	湖南省怀化市
湖南康尔佳医药有限公司	西药批发	湖南省长沙市
老百姓大药房连锁有限公司	药品零售	湖南省长沙市
长沙家乐福超市有限责任公司	超级市场零售	湖南省长沙市
湖南佳惠百货有限责任公司	超级市场零售	湖南省怀化市
湖南涌鑫石油集团有限公司	机动车燃料零售	湖南省长沙市
心连心集团有限公司	超级市场零售	湖南省湘潭市
湖南步步高连锁超市益阳有限公司	超级市场零售	湖南省益阳市
沃尔玛深国投百货有限公司岳阳巴陵中路分店	超级市场零售	湖南省岳阳市
长沙市人人乐商业有限公司	百货零售	湖南省长沙市
湖南运达酒店管理有限公司	旅游饭店	湖南省长沙市
衡阳步步高商业连锁有限责任公司	超级市场零售	湖南省衡阳市
湖南麦当劳(餐厅食品)有限公司	快餐服务	湖南省长沙市
华天酒店集团股份有限公司	旅游饭店	湖南省长沙市
邵阳步步高连锁超市有限责任公司	百货零售	湖南省邵阳市
湖南华雅国际大酒店有限公司	旅游饭店	湖南省长沙市
购宝乐商业(湖南)有限公司	超级市场零售	湖南省长沙市

4-5 续表 67

企业名称	所属行业	企业所在地
湖南真维斯服饰有限公司	服装零售	湖南省长沙市
常德大润发商业有限公司	超级市场零售	湖南省常德市
沃尔玛深国投百货有限公司娄底春园分店	百货零售	湖南省娄底市
新百丽鞋业(深圳)有限公司长沙分公司	鞋帽零售	湖南省长沙市
长沙路口物资供销有限公司	百货零售	湖南省长沙市
长沙市天虹百货有限公司	百货零售	湖南省长沙市
沃尔玛深国投百货有限公司长沙黄兴南路分店	超级市场零售	湖南省长沙市
长沙润良商业有限公司	超级市场零售	湖南省长沙市
湖南千金金沙大药房零售连锁有限公司	药品零售	湖南省长沙市
湖南国际金融大厦有限公司(潇湘华天大酒店)	旅游饭店	湖南省长沙市
衡阳四海神龙实业有限公司神龙大酒店	旅游饭店	湖南省衡阳市
湖南芙蓉国酒店管理有限公司	旅游饭店	湖南省长沙市
长沙通程国际广场置业发展有限公司	旅游饭店	湖南省长沙市
长沙世纪金源大饭店有限公司	旅游饭店	湖南省长沙市
长沙明城国际大酒店有限责任公司	旅游饭店	湖南省长沙市
长沙神农酒店管理有限公司	旅游饭店	湖南省长沙市
株洲市华天大酒店有限责任公司	旅游饭店	湖南省株洲市
湖南圣爵菲斯投资有限公司	旅游饭店	湖南省长沙市
湖南富丽华大酒店	旅游饭店	湖南省长沙市
长沙饮食集团长沙火宫殿有限公司	正餐服务	湖南省长沙市
湖南湘投金源大酒店有限公司	旅游饭店	湖南省长沙市
广东省		
中国石化销售有限公司华南分公司	石油及制品批发	广东省广州市
中国石油化工股份化工销售华南分公司	其他化工产品批发	广东省广州市
中国石油天然气股份有限公司华南销售分公司	石油及制品批发	广东省广州市
松日数码发展(深圳)有限公司	其他未列明的批发	广东省深圳市
广东省石油企业集团南方石油化工有限公司	石油及制品批发	广东省广州市
天音通信有限公司	通讯及广播电视设备批发	广东省深圳市
比亚迪汽车销售有限公司	汽车、摩托车及零配件批发	广东省深圳市
中国石油化工股份有限公司广东石油分公司	石油及制品批发	广东省广州市
中油碧辟石油有限公司	石油及制品批发	广东省广州市
中国石油化工股份有限公司广东广州石油分公司	机动车燃料零售	广东省广州市
中国石油化工股份有限公司深圳石油分公司	石油及制品批发	广东省深圳市
中国石油天然气股份有限公司华南化工销售分公司	其他化工产品批发	广东省广州市
广东物资集团汽车贸易公司	汽车零售	广东省广州市
深圳市华富洋供应链有限公司	其他机械设备及电子产品批发	广东省深圳市
广州医药有限公司	西药批发	广东省广州市
深圳中电投资股份有限公司	其他机械设备及电子产品批发	广东省深圳市
中国石油化工股份有限公司广东佛山石油分公司	石油及制品批发	广东省佛山市
华润万家有限公司	超级市场零售	广东省深圳市
联想(深圳)电子有限公司	计算机、软件及辅助设备批发	广东省深圳市
完美(中国)日用品有限公司生产经营部	其他食品批发	广东省中山市
华南蓝天油料有限公司	石油及制品批发	广东省广州市
中国烟草总公司深圳市公司	烟草制品批发	广东省深圳市
广州立白企业集团有限公司	厨房、卫生间用具及日用杂货批发	广东省广州市
广东烟草广州市有限公司	烟草制品批发	广东省广州市
广东省纺织品进出口股份有限公司	纺织品、针织品及原料批发	广东省广州市
国药控股广州有限公司	西药批发	广东省广州市
天虹商场股份有限公司	百货零售	广东省深圳市
深圳市年富实业发展有限公司	通讯及广播电视设备批发	广东省深圳市
深圳市爱施德股份有限公司	通讯及广播电视设备批发	广东省深圳市

4-5 续表 68

企业名称	所属行业	企业所在地
中山市物资集团有限公司	金属及金属矿批发	广东省中山市
昆山润华商业有限公司广州黄埔分公司	服装批发	广东省广州市
中海油销售深圳有限公司	机动车燃料零售	广东省深圳市
广州万力轮胎商贸有限公司	汽车、摩托车及零配件批发	广东省广州市
广州市国美电器有限公司	家用电器零售	广东省广州市
中油碧辟石油有限公司广州分公司	机动车燃料零售	广东省广州市
深圳市中金岭南有色金属股份有限公司	金属及金属矿批发	广东省深圳市
广东烟草东莞市有限公司	烟草制品批发	广东省东莞市
中石化中海船舶燃料供应有限公司	石油及制品批发	广东省广州市
中国石油化工股份有限公司广东江门石油分公司	机动车燃料零售	广东省江门市
深圳空港陆地石油化工有限公司	石油及制品批发	广东省深圳市
沃尔玛深国投百货有限公司	百货零售	广东省深圳市
广东烟草佛山市有限公司责任公司	烟草制品批发	广东省佛山市
中国石油化工股份有限公司广东惠州石油分公司	机动车燃料零售	广东省惠州市
中国石油化工股份有限公司湛江石油分公司	机动车燃料零售	广东省湛江市
中国石油化工股份有限公司广东茂名石油分公司	机动车燃料零售	广东省茂名市
中石化工股份有限公司广东肇庆石油分公司	机动车燃料零售	广东省肇庆市
众业达电气股份有限公司	其他机械设备及电子产品批发	广东省汕头市
华润水泥投资有限公司	建材批发	广东省深圳市
中国石油化工股份有限公司广东清远石油分公司	石油及制品批发	广东省清远市
广州屈臣氏个人用品商店有限公司	超级市场零售	广东省广州市
广东天禾农资股份有限公司	化肥批发	广东省广州市
中国石油化工股份有限公司广东韶关石油分公司	石油及制品批发	广东省韶关市
广州市广百股份有限公司	百货零售	广东省广州市
广州纺织品进出口集团有限公司	服装批发	广东省广州市
广州友谊集团股份有限公司	百货零售	广东省广州市
深圳市青岛啤酒华南营销有限公司	饮料及茶叶批发	广东省深圳市
佳能(中国)有限公司广州分公司	计算机、软件及辅助设备批发	广东省广州市
中国石油化工股份有限公司广东中山石油分公司	机动车燃料零售	广东省中山市
松下电器机电(深圳)有限公司	其他机械设备及电子产品批发	广东省深圳市
广东合诚集团有限公司	汽车零售	广东省佛山市
百胜餐饮广东有限公司	快餐服务	广东省广州市
深圳市人人乐商业有限公司	超级市场零售	广东省深圳市
深圳市三九医药贸易有限公司	中药材及中成药批发	广东省深圳市
深圳茂业商厦有限公司	百货零售	广东省深圳市
深圳市金立通信设备有限公司	通讯及广播电视设备批发	广东省深圳市
广州人和新天地贸易有限公司	服装批发	广东省广州市
广东新协力集团有限公司	汽车零售	广东省佛山市
华润万家生活超市(广州)有限公司	超级市场零售	广东省广州市
广东烟草湛江市有限公司	烟草制品批发	广东省湛江市
深圳市国美电器有限公司	家用电器零售	广东省深圳市
广东苏宁电器有限公司	家用电器零售	广东省广州市
中国石油天然气股份有限公司广东广州销售分公司	机动车燃料零售	广东省广州市
广东烟草梅州市有限公司	烟草制品批发	广东省梅州市
广州神州数码有限公司	计算机、软件及辅助设备批发	广东省广州市
广州尚岑服饰有限公司	服装批发	广东省广州市
深圳市苏宁电器有限公司	家用电器零售	广东省深圳市
广东省肇庆土产进出口公司	米、面制品及食用油批发	广东省肇庆市
中捷通信有限公司	通讯及广播电视设备批发	广东省广州市
深圳伟仕宏业电子有限公司	其他机械设备及电子产品批发	广东省深圳市
广州市长晟实业发展有限公司	服装批发	广东省广州市

4-5 续表 69

企业名称	所属行业	企业所在地
中域电讯连锁集团股份有限公司	通信设备零售	广东省东莞市
广东烟草惠州市有限责任公司	烟草制品批发	广东省惠州市
周生生中国商业有限公司	首饰、工艺品及收藏品批发	广东省广州市
深圳市燃气集团股份有限公司	石油及制品批发	广东省深圳市
中国石油化工股份有限公司广东河源石油分公司	机动车燃料零售	广东省河源市
广州易初莲花连锁超市有限公司	超级市场零售	广东省广州市
广东省中山食品水产进出口集团有限公司	肉、禽、蛋及水产品批发	广东省中山市
广东吉之岛天贸百货有限公司	百货零售	广东省广州市
中国石油化工股份有限公司广东梅州石油分公司	机动车燃料零售	广东省梅州市
广州百佳超级市场有限公司	超级市场零售	广东省广州市
广东烟草清远市有限公司	烟草制品批发	广东省清远市
广东省外贸开发公司	贸易经纪与代理	广东省广州市
四会市东城街道经济实业发展总公司	珠宝首饰零售	广东省肇庆市
广东烟草揭阳市有限公司	烟草制品批发	广东省揭阳市
中国石油化工股份有限公司广东珠海石油分公司	机动车燃料零售	广东省珠海市
广州天马国际时装贸易有限公司	服装批发	广东省广州市
广东九州通医药有限公司	西药批发	广东省中山市
广东烟草江门市有限公司	烟草制品批发	广东省江门市
广东省轻工进出口股份有限公司	其他未列明的批发	广东省广州市
广东烟草韶关市有限公司	烟草制品批发	广东省韶关市
施耐德电气(中国)投资有限公司广州分公司	五金、交电批发	广东省广州市
中国石油天然气股份有限公司广东肇庆分公司	机动车燃料零售	广东省肇庆市
广东省机械进出口股份有限公司	其他机械设备及电子产品批发	广东省广州市
广东烟草茂名市有限责任公司	烟草制品批发	广东省茂名市
广州天河城百货有限公司	服装零售	广东省广州市
肇庆市盛林再生资源有限公司	再生物资回收与批发	广东省肇庆市
广东烟草汕头市有限责任公司	烟草制品批发	广东省汕头市
中山市壹加壹商业连锁有限公司	百货零售	广东省中山市
深圳市华孚进出口有限公司	纺织品、针织品及原料批发	广东省深圳市
深圳酷动数码有限公司	计算机、软件及辅助设备批发	广东省深圳市
中国石油化工股份有限公司广东阳江分公司	石油及制品批发	广东省阳江市
广东烟草肇庆市有限责任公司	烟草制品批发	广东省肇庆市
中海石油炼化惠州销售有限责任公司	机动车燃料零售	广东省惠州市
新一佳超市有限公司	百货零售	广东省深圳市
中山格兰仕家用电器销售有限公司	家用电器批发	广东省中山市
广东三元麦当劳食品有限公司	快餐服务	广东省广州市
广州国盈医药有限公司	西药批发	广东省广州市
李锦记中国销售有限公司	盐及调味品批发	广东省广州市
广东烟草河源市有限责任公司	烟草制品批发	广东省河源市
广州友谊班尼路服饰有限公司	服装零售	广东省广州市
联强国际贸易(中国)有限公司广州分公司	计算机、软件及辅助设备批发	广东省广州市
百威中国销售有限公司广州分公司	饮料及茶叶批发	广东省广州市
和记黄埔(中国)商贸有限公司	化妆品及卫生用品批发	广东省广州市
广东烟草汕尾市有限公司	烟草制品批发	广东省汕尾市
广东烟草中山市有限责任公司	烟草制品批发	广东省中山市
中国航空技术广州有限公司	其他机械设备及电子产品批发	广东省广州市
深圳市顺电连锁股份有限公司	家用电器零售	广东省深圳市
广东烟草潮州市有限责任公司	烟草制品批发	广东省潮州市
茂名市天源商贸发展有限公司	石油及制品批发	广东省茂名市
百胜餐饮(深圳)有限公司	快餐服务	广东省深圳市
深圳市怡化电脑有限公司	计算机、软件及辅助设备批发	广东省深圳市

4-5 续表 70

企业名称	所属行业	企业所在地
松下电器(中国)有限公司广州分公司	家用电器批发	广东省广州市
深圳东风南方汽车销售服务有限公司	汽车零售	广东省深圳市
广州中山医医药有限公司	西药批发	广东省广州市
深圳一致药业股份有限公司	西药批发	广东省深圳市
佛山市顺德区乐从供销集团有限公司	超级市场零售	广东省佛山市
深圳市仁孚特力汽车服务有限公司	汽车零售	广东省深圳市
深圳市亨吉利世界名表中心有限公司	钟表、眼镜零售	广东省深圳市
中国石油化工股份有限公司广东云浮石油分公司	机动车燃料零售	广东省云浮市
广东君奥汽车贸易有限公司	汽车零售	广东省广州市
广州壳牌石油化工有限公司	石油及制品批发	广东省广州市
广东烟草珠海市有限公司	烟草制品批发	广东省珠海市
广东仁孚怡邦汽车销售服务有限公司	汽车零售	广东省广州市
深圳市粮食集团有限公司	米、面制品及食用油批发	广东省深圳市
三星中国投资有限公司广州分公司	家用电器批发	广东省广州市
深圳市东方嘉盛供应链股份有限公司	贸易经纪与代理	广东省深圳市
广东烟草普宁市有限责任公司	烟草制品批发	广东省揭阳市
联新能源发展有限公司	石油及制品批发	广东省广州市
卡西欧电子(深圳)有限公司	其他机械设备及电子产品批发	广东省深圳市
广州采芝林药业有限公司	中药材及中成药批发	广东省广州市
中国石油化工股份有限公司广东揭阳石油分公司	石油及制品批发	广东省揭阳市
深圳市宝骏汽车销售服务有限公司	汽车零售	广东省深圳市
深圳市华成峰实业有限公司	其他机械设备及电子产品批发	广东省深圳市
广州市唯品会信息科技有限公司	服装零售	广东省广州市
广东周大福珠宝金行有限公司	首饰、工艺品及收藏品批发	广东省广州市
深圳市百佳华百货有限公司	百货零售	广东省深圳市
大金(中国)投资有限公司广州分公司	其他机械设备及电子产品批发	广东省广州市
广州市振戎燃气连锁经营有限公司	石油及制品批发	广东省广州市
广东龙粤通信设备集团有限公司	通信设备零售	广东省广州市
广东粤宝汽车销售服务有限公司	汽车零售	广东省广州市
深圳岁宝百货有限公司	百货零售	广东省深圳市
维达商贸有限公司	化妆品及卫生用品批发	广东省江门市
广州锦龙汽车发展有限公司	汽车零售	广东省广州市
广东烟草潮阳有限责任公司潮阳分公司	烟草制品批发	广东省汕头市
永旺华南商业有限公司	百货零售	广东省深圳市
广州盛世欣兴格力贸易有限公司	家用电器批发	广东省广州市
汕头市创美药业有限公司	中药材及中成药批发	广东省汕头市
广州市龙星行汽车销售服务有限公司	汽车零售	广东省广州市
东莞东风南方汽车销售服务有限公司	汽车零售	广东省东莞市
东莞市糖酒集团美宜佳便利店有限公司	糕点、糖果及糖批发	广东省东莞市
珠海市免税企业集团有限公司	百货零售	广东省珠海市
东莞市嘉荣超市有限公司	超级市场零售	广东省东莞市
广州市好又多百货商业广场有限公司	百货零售	广东省广州市
深圳市奥德汽车贸易有限公司	汽车零售	广东省深圳市
深圳市恒波商业连锁股份有限公司	通信设备零售	广东省深圳市
深圳市南方腾星汽车销售服务有限公司	汽车零配件零售	广东省深圳市
无限极(中国)有限公司广州分公司	化妆品及卫生用品批发	广东省广州市
深圳市光汇石油化工股份有限公司	石油及制品批发	广东省深圳市
东莞市东糖集团有限公司	糕点、糖果及糖批发	广东省东莞市
东莞市时尚电器有限公司	家用电器零售	广东省东莞市
中国石油天然气股份有限公司广东江门销售分公司	机动车燃料零售	广东省江门市
珠海方正印刷电路板发展有限公司	其他机械设备及电子产品批发	广东省珠海市

4-5 续表 71

企业名称	所属行业	企业所在地
深圳市国有免税商品(集团)有限公司	烟草制品零售	广东省深圳市
中国石油天然气股份有限公司广东惠州销售分公司	石油及制品批发	广东省惠州市
中国石油天然气股份有限公司广东东莞销售分公司	石油及制品批发	广东省东莞市
深圳市启悦光电有限公司	家用电器批发	广东省深圳市
中国船舶燃料广州有限公司	石油及制品批发	广东省广州市
广东烟草阳江市有限责任公司	烟草制品批发	广东省阳江市
深圳市齐普生信息科技有限公司	计算机、软件及辅助设备批发	广东省深圳市
丽珠医药集团股份有限公司	西药批发	广东省珠海市
佛山市珅宝汽车销售服务有限公司	汽车零售	广东省佛山市
广州铁路物资公司	金属及金属矿批发	广东省广州市
广州家广超市有限公司	超级市场零售	广东省广州市
深圳市海王星辰医药有限公司	药品零售	广东省深圳市
遂溪县供销合作联社	化肥批发	广东省湛江市
深圳市邮政局	报刊零售	广东省深圳市
广东中奥汽车销售服务有限公司	汽车零售	广东省广州市
广州市粮食集团有限责任公司	米、面制品及食用油批发	广东省广州市
麦当劳餐厅(深圳)有限公司	快餐服务	广东省深圳市
中油碧辟石油有限公司江门分公司	机动车燃料零售	广东省江门市
TCL家用电器(惠州)有限公司	家用电器批发	广东省惠州市
深圳市增特汽车贸易有限公司	汽车零售	广东省深圳市
华润万家生活超市(珠海)有限公司	百货零售	广东省珠海市
雅芳(中国)有限公司	化妆品及卫生用品零售	广东省广州市
佛山市顺德区越大化工贸易有限公司	其他化工产品批发	广东省佛山市
珠海格力电器销售有限公司	家用电器批发	广东省珠海市
广东烟草云浮市有限责任公司	烟草制品批发	广东省云浮市
深圳深岩燃气有限公司	石油及制品批发	广东省深圳市
深圳家乐福商业有限公司	超级市场零售	广东省深圳市
深圳岁宝连锁商业发展有限公司	百货零售	广东省深圳市
深圳汇洁集团股份有限公司	服装零售	广东省深圳市
深圳市鑫荣懋实业发展有限公司	果品、蔬菜批发	广东省深圳市
中国石化股份有限公司广东汕尾石油分公司	机动车燃料零售	广东省汕尾市
佛山市苏宁电器有限公司	家用电器零售	广东省佛山市
中油碧辟石油有限公司中山分公司	机动车燃料零售	广东省中山市
深圳市天音通信发展有限公司广州分公司	通讯及广播电视设备批发	广东省广州市
深圳市东华通贸易发展有限公司	其他食品批发	广东省深圳市
广州市国美电器有限公司佛山分公司	家用电器零售	广东省佛山市
金利来(中国)有限公司广州分公司	服装批发	广东省广州市
百朗商贸(深圳)有限公司	鞋帽零售	广东省深圳市
深圳市康哲药业有限公司	西药批发	广东省深圳市
中国石油化工股份有限公司广东粤东石油分公司	石油及制品批发	广东省汕头市
广东温氏食品集团有限公司勒竹分公司	肉、禽、蛋及水产品批发	广东省云浮市
中油碧辟石油有限公司惠州分公司	机动车燃料零售	广东省惠州市
广东烟草潮州市有限责任公司潮安分公司	烟草制品批发	广东省潮州市
深圳市利联太阳百货有限公司	百货零售	广东省深圳市
广东大地通讯连锁服务有限公司	通讯及广播电视设备批发	广东省东莞市
广东烟草南雄市有限公司	烟草制品批发	广东省韶关市
深圳市华熙汽车销售服务有限公司	汽车零售	广东省深圳市
福达(中国)投资有限公司	盐及调味品批发	广东省广州市
广州大旺食品有限公司广州分公司	糕点、糖果及糖批发	广东省广州市
广州钢铁企业集团有限公司	金属及金属矿批发	广东省广州市
东莞市天虹商场有限公司	百货零售	广东省东莞市

4-5 续表 72

企业名称	所属行业	企业所在地
广东省中山食品进出口有限公司	肉、禽、蛋及水产品批发	广东省中山市
恒得利服装有限公司	服装批发	广东省江门市
达能益力贸易(深圳)有限公司	饮料及茶叶批发	广东省深圳市
广州仁孚汽车销售服务有限公司	汽车零售	广东省广州市
广东新明珠陶瓷集团有限公司	建材批发	广东省佛山市
深圳市大兴丰田汽车销售有限公司	汽车零售	广东省深圳市
中油碧辟石油有限公司深圳分公司	其他未列明的零售	广东省深圳市
广东鸿粤汽车销售集团有限公司	汽车零售	广东省广州市
广州长润汽车销售有限公司	汽车零售	广东省广州市
深圳市休明盛世商贸有限责任公司	饮料及茶叶批发	广东省深圳市
广东赛壹便利店有限公司	超级市场零售	广东省广州市
珠海市燃气集团有限公司	石油及制品批发	广东省珠海市
深圳市深燃石油气有限公司	其他未列明的零售	广东省深圳市
广东大参林连锁药店有限公司	药品零售	广东省广州市
广东乘用汽车销售有限公司	汽车零售	广东省广州市
深圳市领跑体育用品有限公司	服装零售	广东省深圳市
中山榄菊销售有限公司	其他日用品批发	广东省中山市
广东海华实业投资有限公司	鞋帽批发	广东省广州市
大自然地板(中国)有限公司	建材批发	广东省佛山市
广东东鹏陶瓷股份有限公司	建材批发	广东省佛山市
重庆新日日顺家电销售有限公司广州分公司	家用电器批发	广东省广州市
广州市鲲跃体育用品有限公司	服装批发	广东省广州市
华润万家生活超市(中山)有限公司	超级市场零售	广东省中山市
广州红牛维他命饮料有限公司	饮料及茶叶批发	广东省广州市
高州市食品企业集团公司	肉、禽、蛋及水产品批发	广东省茂名市
广东新华发行集团股份有限公司	图书批发	广东省广州市
广州TCL电器销售有限公司	家用电器批发	广东省广州市
中国石油化工股份有限公司广东潮州石油分公司	石油及制品批发	广东省潮州市
中国电子器材深圳有限公司	其他机械设备及电子产品批发	广东省深圳市
嘉顿食品贸易(中国)有限公司	糕点、糖果及糖批发	广东省东莞市
广州和氏壁化工材料有限公司	其他化工产品批发	广东省广州市
广州广保丰田汽车销售服务有限公司	汽车零售	广东省广州市
深圳市国美电器有限公司东莞市分公司	家用电器零售	广东省东莞市
广州摩登百货股份有限公司	百货零售	广东省广州市
广州市新力实业有限公司	其他机械设备及电子产品批发	广东省广州市
茂名市明湖百货有限公司	超级市场零售	广东省茂名市
广州王府井百货大楼有限责任公司	百货零售	广东省广州市
佛山怡和仁孚汽车服务有限公司	汽车零售	广东省佛山市
深圳市江波龙电子有限公司	计算机、软件及辅助设备批发	广东省深圳市
广东粤松工程机械有限公司	其他机械设备及电子产品批发	广东省广州市
深圳市深长实业股份有限公司	机动车燃料零售	广东省深圳市
广东雄峰特殊钢有限公司	金属及金属矿批发	广东省佛山市
信宜市粤信肉类食品有限公司	肉、禽、蛋及水产品批发	广东省茂名市
广州沃尔玛百货有限公司	超级市场零售	广东省广州市
广州真功夫快餐连锁管理有限公司	快餐服务	广东省广州市
微优商贸(深圳)有限公司	计算机、软件及辅助设备批发	广东省深圳市
深圳市宝安大兴丰田汽车销售服务有限公司	汽车零售	广东省深圳市
四会市大地资源再生有限公司	再生物资回收与批发	广东省肇庆市
深圳世强电讯有限公司	其他机械设备及电子产品批发	广东省深圳市
广州市盛世长运商贸连锁有限公司	服装批发	广东省广州市
广州大参林药业有限公司	中药材及中成药批发	广东省广州市

4-5 续表 73

企业名称	所属行业	企业所在地
深圳市奇建贸易有限公司	汽车零售	广东省深圳市
广州市森大贸易有限公司	其他未列明的批发	广东省广州市
中国石油天然气股份有限公司广东茂名销售分公司	机动车燃料零售	广东省茂名市
潮州市中凯华丰能源连锁配送有限公司	石油及制品批发	广东省潮州市
东莞沃尔玛百货有限公司	超级市场零售	广东省东莞市
广东温氏食品集团有限公司车岗分公司	肉、禽、蛋及水产品批发	广东省云浮市
东莞美的制冷设备销售有限公司	家用电器批发	广东省东莞市
东莞市苏宁电器有限公司	家用电器零售	广东省东莞市
广东华农温氏畜牧股份有限公司	肉、禽、蛋及水产品批发	广东省云浮市
珠海市泰锋电业有限公司	家用电器零售	广东省珠海市
中山市信和商业连锁有限公司	超级市场零售	广东省中山市
深圳市深业丰田汽车销售服务有限公司	汽车零售	广东省深圳市
广州市宏丽有限公司	超级市场零售	广东省广州市
深圳出版发行集团公司	图书批发	广东省深圳市
广州食品企业集团有限公司	肉、禽、蛋及水产品批发	广东省广州市
珠海市华海鹏城酒业有限公司	饮料及茶叶批发	广东省珠海市
深圳市富迅通贸易有限公司	家用电器零售	广东省深圳市
健康元药业集团股份有限公司	西药批发	广东省深圳市
中油碧辟石油有限公司湛江分公司	机动车燃料零售	广东省湛江市
广州九州通医药有限公司	中药材及中成药批发	广东省广州市
广东益华百货有限公司	百货零售	广东省中山市
广东温氏食品集团有限公司稔村分公司	肉、禽、蛋及水产品批发	广东省云浮市
沃尔玛(广东)商业零售有限公司	超级市场零售	广东省广州市
安富利物流(深圳)有限公司	其他机械设备及电子产品批发	广东省深圳市
中山市万荣营销有限公司	化妆品及卫生用品批发	广东省中山市
中国石油天然气股份有限公司广东韶关销售分公司	石油及制品批发	广东省韶关市
佛山骏安丰田汽车销售服务有限公司	汽车零售	广东省佛山市
茂名市实业发展集团公司	其他化工产品批发	广东省茂名市
中山市创世纪汽车有限公司	汽车零售	广东省中山市
东莞市东部丰田汽车销售服务有限公司	汽车零售	广东省东莞市
广东格兰仕电器销售有限公司	家用电器批发	广东省中山市
深圳市龙浩天地商贸发展有限公司	鞋帽零售	广东省深圳市
深圳市朵唯志远科技有限公司	其他机械设备及电子产品批发	广东省深圳市
东莞市荣兴纸业有限公司	其他未列明的批发	广东省东莞市
广州市万绿达集团有限公司	再生物资回收与批发	广东省广州市
银基贸易发展(深圳)有限公司	饮料及茶叶批发	广东省深圳市
东莞市澳洁贸易有限公司	厨房、卫生间用具及日用杂货批发	广东省东莞市
中国石油天然气股份有限公司广东阳江销售分公司	石油及制品批发	广东省阳江市
广州市万荣商贸有限公司	贸易经纪与代理	广东省广州市
广州市长隆酒店有限公司	旅游饭店	广东省广州市
唯品会(中国)有限公司	体育用品零售	广东省广州市
深圳市卡尔丹顿服饰有限公司	服装零售	广东省深圳市
广州花园酒店	旅游饭店	广东省广州市
五华县食品公司	肉、禽、蛋及水产品批发	广东省梅州市
新兴县温氏食品联营有限公司	肉、禽、蛋及水产品批发	广东省云浮市
七天酒店深圳有限公司	一般旅馆	广东省广州市
广东一力医药有限公司	中药材及中成药批发	广东省肇庆市
深圳百安居装饰建材有限公司	家具零售	广东省深圳市
深圳荷花商贸有限公司	服装批发	广东省深圳市
深圳市瑞霖医药有限公司	西药批发	广东省深圳市
东莞家乐福商业有限公司	超级市场零售	广东省东莞市

4-5 续表 74

企业名称	所属行业	企业所在地
韶关市宜达燃料开发有限公司	煤炭及制品批发	广东省韶关市
海球(广州)商业有限公司	服装零售	广东省广州市
深圳市昊天林实业有限公司	其他机械设备及电子产品批发	广东省深圳市
深圳市源兴果品有限公司	果品、蔬菜批发	广东省深圳市
广州市运通四方实业有限公司	汽车、摩托车及零配件批发	广东省广州市
东莞市励骏实业有限公司	鞋帽零售	广东省东莞市
佛山市顺德合诚丰田汽车销售服务有限公司	汽车零售	广东省佛山市
东莞市国贸超级市场有限公司	超级市场零售	广东省东莞市
深圳市安新源贸易有限公司	化妆品及卫生用品批发	广东省深圳市
香格里拉大酒店(广州琶洲)有限公司	旅游饭店	广东省广州市
广州宜家家居有限公司	家具零售	广东省广州市
深圳乐荣超市有限公司	超级市场零售	广东省深圳市
深圳市国美电器有限公司中山分公司	家用电器零售	广东省中山市
特易购商业(广东)有限公司	百货零售	广东省广州市
广州市田美润福商业有限公司	百货零售	广东省广州市
永旺(中国)商业有限公司佛山东方广场分公司	超级市场零售	广东省佛山市
南海桂城丰田汽车销售服务有限公司	汽车零售	广东省佛山市
东莞市嘉祥通讯有限公司	通信设备零售	广东省东莞市
广州市新大新有限公司	百货零售	广东省广州市
广州摩拉贸易有限公司	邮购及电子销售	广东省广州市
东莞市东孚商贸有限公司	化妆品及卫生用品批发	广东省东莞市
东莞喜威液化石油气有限公司	生活用燃料零售	广东省东莞市
深圳创维-RGB电子有限公司广州分公司	家用电器批发	广东省广州市
珠海众大利物资车业有限公司	汽车零售	广东省珠海市
广州百佳超级市场有限公司深圳分公司	超级市场零售	广东省深圳市
佛山市三水燃气有限公司	石油及制品批发	广东省佛山市
深圳市国美电器有限公司惠州分公司	家用电器零售	广东省惠州市
深圳市联建光电股份有限公司	其他机械设备及电子产品批发	广东省深圳市
广东省农业生产资料总公司	化肥批发	广东省广州市
佛山市顺德区乐从供销集团顺客隆商场有限公司	超级市场零售	广东省佛山市
深圳臻乔时装有限公司	服装批发	广东省深圳市
中山苏宁电器有限公司	家用电器零售	广东省中山市
广东省农业机械总公司	其他机械设备及电子产品批发	广东省广州市
深圳宜家家居有限公司	家具零售	广东省深圳市
深圳市金活医药有限公司	中药材及中成药批发	广东省深圳市
广东省广弘食品集团有限公司	肉、禽、蛋及水产品批发	广东省广州市
东莞肯德基有限公司	快餐服务	广东省东莞市
深圳市燕加隆实业发展有限公司	建材批发	广东省深圳市
佛山市顺德区大润发商业有限公司	超级市场零售	广东省佛山市
深圳市风神华瑞汽车贸易有限公司	汽车零售	广东省深圳市
佛山市南海大洋实业有限公司	鞋帽批发	广东省佛山市
深圳市赛威特实业有限公司	计算机、软件及辅助设备批发	广东省深圳市
中国石油天然气股份有限公司广东清远销售分公司	石油及制品批发	广东省清远市
深圳真功夫餐饮管理有限公司	快餐服务	广东省深圳市
蓝带啤酒销售有限公司	其他食品批发	广东省肇庆市
深圳面点王饮食连锁有限公司	快餐服务	广东省深圳市
中国石油天然气股份有限公司广东梅州销售分公司	机动车燃料零售	广东省梅州市
深圳市维真化妆品有限公司	化妆品及卫生用品批发	广东省深圳市
广东骏和通信设备连锁销售有限公司	通信设备零售	广东省广州市
深圳市金帝营销有限公司	糕点、糖果及糖批发	广东省深圳市
中山市华润万家便利超市有限公司	超级市场零售	广东省中山市

4-5 续表 75

企业名称	所属行业	企业所在地
深圳市鹏峰投资发展有限公司	汽车零售	广东省深圳市
广州晶东贸易有限公司	邮购及电子销售	广东省广州市
深圳市沙头角商业外贸有限公司	谷物、豆及薯类批发	广东省深圳市
台山市长江食品有限公司	肉、禽、蛋及水产品批发	广东省江门市
东莞华港国际贸易有限公司	其他未列明的批发	广东省东莞市
佛山市兴华商场有限公司	百货零售	广东省佛山市
东莞市天和商贸有限公司	百货零售	广东省东莞市
佛山市顺德区港华燃气有限公司	生活用燃料零售	广东省佛山市
深圳市大润发商业有限公司	超级市场零售	广东省深圳市
深圳市易天移动数码连锁有限公司	通信设备零售	广东省深圳市
广州市长越贸易有限公司	服装批发	广东省广州市
深圳市磊科实业有限公司	贸易经纪与代理	广东省深圳市
广州酒家集团股份有限公司	正餐服务	广东省广州市
广州安骅汽车贸易有限公司	汽车零售	广东省广州市
广东省罗定市食品企业集团公司	肉、禽、蛋及水产品批发	广东省云浮市
惠州市天虹商场有限公司	百货零售	广东省惠州市
雷州市食品总公司	肉、禽、蛋及水产品批发	广东省湛江市
江门市益华百货有限公司	百货零售	广东省江门市
深圳市金永励实业发展有限公司	化妆品及卫生用品批发	广东省深圳市
广州市风日汽车贸易有限公司	汽车零售	广东省广州市
广州市东山百货大楼股份有限公司	百货零售	广东省广州市
深圳市TCL电器销售有限公司	其他机械设备及电子产品批发	广东省深圳市
深圳市海雅商业股份有限公司	百货零售	广东省深圳市
广东万宁连锁商业有限公司	其他综合零售	广东省广州市
广州宝元贸易有限公司	服装零售	广东省广州市
佛山市好又多怡东百货商业有限公司	超级市场零售	广东省佛山市
深圳市鹏峰汽车有限公司	汽车零售	广东省深圳市
肇庆市大润发商业发展有限公司	超级市场零售	广东省肇庆市
广州市广百新一城商贸有限公司	百货零售	广东省广州市
中国大酒店	旅游饭店	广东省广州市
深圳华侨城大酒店有限公司	旅游饭店	广东省深圳市
昆山润华商业有限公司中山分公司	超级市场零售	广东省中山市
广州市番禺沙园集团有限公司	家用电器零售	广东省广州市
广州购书中心有限公司	图书零售	广东省广州市
深圳市岁孚服装有限公司	服装零售	广东省深圳市
汕头苏宁电器有限公司	家用电器零售	广东省汕头市
深圳市一致医药连锁有限公司	药品零售	广东省深圳市
深圳宜和股份有限公司	邮购及电子销售	广东省深圳市
广州卡奴迪路服饰股份有限公司	服装零售	广东省广州市
广州市南菱汽车销售服务集团有限公司	汽车零售	广东省广州市
香格里拉大酒店(深圳福田)有限公司	旅游饭店	广东省深圳市
珠海经济特区国营外币免税商场有限责任公司	百货零售	广东省珠海市
惠州市人人乐商业有限公司	百货零售	广东省惠州市
广州康诚商业有限公司	超级市场零售	广东省广州市
昆山润华商业有限公司中山小榄分公司	百货零售	广东省中山市
深圳市公明天虹商场有限公司	百货零售	广东省深圳市
青岛润泰事业有限公司东莞大朗分公司	超级市场零售	广东省东莞市
中国石油天然气股份有限公司广东河源销售分公司	机动车燃料零售	广东省河源市
港中旅(珠海)海洋温泉有限公司	旅游饭店	广东省珠海市
韶关市大润发商业有限公司	超级市场零售	广东省韶关市
广州市金佳信通信产品发展有限公司	通信设备零售	广东省广州市

4-5 续表 76

企业名称	所属行业	企业所在地
利信达商业(中国)有限公司	服装零售	广东省广州市
汕头市易初莲花连锁超市有限公司	超级市场零售	广东省汕头市
深圳市梅林天虹实业有限公司	百货零售	广东省深圳市
白天鹅宾馆	旅游饭店	广东省广州市
深圳市有荣配销有限公司	超级市场零售	广东省深圳市
广东吉之岛天贸百货有限公司珠海扬名广场分公司	百货零售	广东省珠海市
佛山宾馆有限公司	旅游饭店	广东省佛山市
广州富力恒盛置业发展有限公司富力丽思卡尔顿酒店分公司	旅游饭店	广东省广州市
惠州市丽日购物广场有限公司	百货零售	广东省惠州市
佛山市南海区华南通商贸发展有限公司	百货零售	广东省佛山市
敢创国际商贸(深圳)有限公司	家用电器零售	广东省深圳市
佛山市顺德区北滘供销社	其他综合零售	广东省佛山市
广东大参林连锁药店有限公司茂名公司	药品零售	广东省茂名市
永旺中国商业有限公司顺德分公司	超级市场零售	广东省佛山市
广州市百安居装饰建材有限公司	其他室内装修材料零售	广东省广州市
红珏高级时装有限公司	服装零售	广东省深圳市
昆山润华商业有限公司潮州分公司	百货零售	广东省潮州市
广州市好又多新港百货商业有限公司	超级市场零售	广东省广州市
美心食品(广州)有限公司	糕点、面包零售	广东省广州市
惠州苏宁电器有限公司	家用电器零售	广东省惠州市
七天四季酒店(广州)有限公司	旅游饭店	广东省广州市
佛山市顺联国际购物中心有限公司	百货零售	广东省佛山市
广东有道汽车有限公司	汽车零售	广东省广州市
美心星巴克咖啡餐饮(广东)有限公司	饮料及冷饮服务	广东省广州市
河源市源城好万家电器有限公司	家用电器零售	广东省河源市
广州市人人乐商业有限公司	超级市场零售	广东省广州市
佛山市顺德合丰汽车销售服务有限公司	汽车零售	广东省佛山市
广州市国美电器有限公司江门分公司	家用电器零售	广东省江门市
广州市国美电器有限公司茂名分公司	家用电器零售	广东省茂名市
广州市东方宾馆股份有限公司	旅游饭店	广东省广州市
佛山市庆宏隆汽车销售服务有限公司	汽车零售	广东省佛山市
广州城建开发宏城连锁超级市场有限公司	超级市场零售	广东省广州市
肇庆市苏宁电器有限公司	家用电器零售	广东省肇庆市
中山市优越城百货管理有限公司	百货零售	广东省中山市
佛山市南海润良商业有限公司	超级市场零售	广东省佛山市
广州市润平商业有限公司	百货零售	广东省广州市
深圳市好又多量贩百货有限公司	超级市场零售	广东省深圳市
真功夫餐饮管理有限公司	快餐服务	广东省东莞市
广州白云国际会议中心有限公司	正餐服务	广东省广州市
广州市城建天誉房地产开发有限公司威斯汀酒店	旅游饭店	广东省广州市
广州富力鼎盛置业发展有限公司富力君悦大酒店分公司	旅游饭店	广东省广州市
深圳市华峰汽车有限公司	汽车零售	广东省深圳市
江门市蓬江区大昌超市有限公司	超级市场零售	广东省江门市
广东东明股份有限公司	超级市场零售	广东省韶关市
广州市好又多芳村百货商业有限公司	百货零售	广东省广州市
星河实业(深圳)有限公司星河丽思卡尔顿酒店	旅游饭店	广东省深圳市
广东吉之岛天贸百货有限公司中山君悦分公司	超级市场零售	广东省中山市
深圳市安迅汽车贸易有限公司	汽车零售	广东省深圳市
佛山市雄峰骏程汽车服务有限公司	汽车零售	广东省佛山市
深圳市国惠康实业发展有限公司	超级市场零售	广东省深圳市
广州金叶连锁有限公司	烟草制品零售	广东省广州市

4-5 续表 77

企业名称	所属行业	企业所在地
广东胜佳超市有限公司	百货零售	广东省广州市
广州渔民新村饮食有限公司	正餐服务	广东省广州市
东莞市塘厦三正半山酒店有限公司	旅游饭店	广东省东莞市
佛山市顺德区金百惠贸易有限公司	超级市场零售	广东省佛山市
东莞市会展国际大酒店	旅游饭店	广东省东莞市
广州市海王星辰医药连锁有限公司	药品零售	广东省广州市
惠州市辉达东本实业有限公司	汽车零售	广东省惠州市
惠州市康帝国际酒店有限公司	旅游饭店	广东省惠州市
广东吉之岛天贸百货有限公司佛山保利水城分公司	超级市场零售	广东省佛山市
清远城市广场益华百货有限公司	百货零售	广东省清远市
真维斯服饰(广东)有限公司	服装零售	广东省惠州市
广州健民医药连锁有限公司	药品零售	广东省广州市
东莞麦华食品有限公司	快餐服务	广东省东莞市
广州市绿茵阁饮食连锁有限公司	正餐服务	广东省广州市
深圳市大中华喜来登酒店有限公司	旅游饭店	广东省深圳市
沃尔玛深国投百货有限公司佛山桂城分店	百货零售	广东省佛山市
上海嘉定乐购生活购物有限公司顺德分公司	超级市场零售	广东省佛山市
春满园饮食管理服务(深圳)有限公司	正餐服务	广东省深圳市
深圳香格里拉大酒店有限公司	旅游饭店	广东省深圳市
广州市新华书店集团有限公司	图书零售	广东省广州市
广东新白云宾馆有限公司	旅游饭店	广东省广州市
江门市逸豪酒店有限公司	旅游饭店	广东省江门市
广州市好又多黄花岗百货有限公司	百货零售	广东省广州市
深圳市八马茶业连锁有限公司	饮料及茶叶零售	广东省深圳市
广东海航乐万家连锁超市有限公司	超级市场零售	广东省梅州市
东莞润德商业有限公司	超级市场零售	广东省东莞市
深圳永和大王餐饮有限公司	快餐服务	广东省深圳市
广东天天商业有限公司	超级市场零售	广东省佛山市
永旺华南商业有限公司吉之岛惠州东平店	百货零售	广东省惠州市
沃尔玛深国投百货有限公司惠州演达路分店	超级市场零售	广东省惠州市
美心星巴克咖啡餐饮(深圳)有限公司	饮料及冷饮服务	广东省深圳市
广东华南通商贸发展有限公司	超级市场零售	广东省佛山市
广州市光之彩天幕城商贸有限公司	家用电器零售	广东省广州市
中山市利得汽车销售服务有限公司	汽车零售	广东省中山市
广东华南通商贸发展有限公司汕头金平分公司	百货零售	广东省汕头市
珠海市珠光丰田汽车销售服务有限公司	汽车零售	广东省珠海市
深圳威尼斯酒店	旅游饭店	广东省深圳市
深圳维也纳酒店有限公司	旅游饭店	广东省深圳市
广州喜市多便利连锁有限公司	其他综合零售	广东省广州市
佛山市南海润瑞商业有限公司	超级市场零售	广东省佛山市
韶关市苏宁电器有限公司	家用电器零售	广东省韶关市
佛山市顺燃喜威燃气有限公司	生活用燃料零售	广东省佛山市
中山市古镇益华百货有限公司	百货零售	广东省中山市
佛山市顺德区大参林药业有限公司	药品零售	广东省佛山市
深圳圣廷苑酒店有限公司	旅游饭店	广东省深圳市
广州市九龙湖旅游娱乐开发有限公司	旅游饭店	广东省广州市
东莞市松山湖酒店有限公司	旅游饭店	广东省东莞市
广东亚洲国际大酒店	旅游饭店	广东省广州市
汕头高新区新梅园大酒楼有限公司	正餐服务	广东省汕头市
中山市京华世纪酒店有限公司	旅游饭店	广东省中山市
南海渔村有限公司	正餐服务	广东省广州市

4-5 续表 78

企业名称	所属行业	企业所在地
东莞市蒂豪花园酒店有限公司	旅游饭店	广东省东莞市
东莞麦长食品有限公司	快餐服务	广东省东莞市
中山麦当劳食品有限公司	快餐服务	广东省中山市
广州黄埔华苑大酒店	正餐服务	广东省广州市
金茂深圳酒店投资有限公司金茂深圳万豪酒店	旅游饭店	广东省深圳市
东莞市嘉华酒店有限公司	旅游饭店	广东省东莞市
华润(深圳)有限公司君悦酒店	旅游饭店	广东省深圳市
深圳市嘉旺餐饮连锁有限公司	快餐服务	广东省深圳市
江门市名冠金凯悦大酒店有限公司	一般旅馆	广东省江门市
保利(佛山)酒店有限公司	旅游饭店	广东省佛山市
广州市番禺中国旅行社	正餐服务	广东省广州市
东莞旗峰山酒店有限公司	正餐服务	广东省东莞市
湛江康益广场娱乐有限公司	旅游饭店	广东省湛江市
深圳航空食品有限公司	其他餐饮服务	广东省深圳市
深圳市华侨城城市客栈有限公司	一般旅馆	广东省深圳市
珠海度假村酒店有限公司	旅游饭店	广东省珠海市
深圳好日子酒店有限公司	旅游饭店	广东省深圳市
广州大厦有限公司	一般旅馆	广东省广州市
广东省机场管理集团公司白云机场铂尔曼大酒店	旅游饭店	广东省广州市
江门麦当劳(餐厅食品)有限公司	快餐服务	广东省江门市
中山市海港商务酒店有限公司	正餐服务	广东省中山市
加福投资(深圳)有限公司福朋喜来登酒店	旅游饭店	广东省深圳市
肇庆市奥威斯酒店有限公司	旅游饭店	广东省肇庆市
深圳恒丰海悦国际酒店有限公司	旅游饭店	广东省深圳市
宏茂饮食管理(深圳)有限公司	其他餐饮服务	广东省深圳市
广州凯旋华美达大酒店	旅游饭店	广东省广州市
东莞市宏远酒店有限公司	旅游饭店	广东省东莞市
东莞市太子酒店有限公司	旅游饭店	广东省东莞市
广州陶陶居饮食有限公司	正餐服务	广东省广州市
深圳市迈志豪餐饮实业有限公司	其他餐饮服务	广东省深圳市
增城市碧桂园凤凰城酒店有限公司	旅游饭店	广东省广州市
广州市星河湾酒店有限公司	旅游饭店	广东省广州市
广州科学城企业家创业服务中心有限公司	旅游饭店	广东省广州市
广州泛亚饮食有限公司	快餐服务	广东省广州市
广州流花宾馆集团股份有限公司	旅游饭店	广东省广州市
龙门县南昆山温泉旅游大观园有限公司	旅游饭店	广东省惠州市
惠州麦当劳(餐厅食品)有限公司	快餐服务	广东省惠州市
广州市越秀区艺都燕窝鱼翅酒家	正餐服务	广东省广州市
广州市番禺区南村四海一家美食城	正餐服务	广东省广州市
深圳领鲜稻香饮食有限公司	正餐服务	广东省深圳市
深圳市禾绿餐饮管理有限公司	快餐服务	广东省深圳市
深圳市五洲宾馆有限责任公司	旅游饭店	广东省深圳市
东莞市长安国际酒店有限公司	旅游饭店	广东省东莞市
东莞市昌明实业有限公司喜来登酒店	旅游饭店	广东省东莞市
东莞市龙泉国际大酒店	旅游饭店	广东省东莞市
广东大厦	旅游饭店	广东省广州市
东莞御景湾酒店	旅游饭店	广东省东莞市
深圳市海珠城美食会有限公司	正餐服务	广东省深圳市
深圳阳光酒店	旅游饭店	广东省深圳市
湛江市霞山区金辉煌酒店	旅游饭店	广东省湛江市
中山香格里拉大酒店有限公司	旅游饭店	广东省中山市

4-5　续表 79

企业名称	所属行业	企业所在地
汕头帝豪酒店有限公司	旅游饭店	广东省汕头市
深圳市百岁村餐饮连锁有限公司	正餐服务	广东省深圳市
深圳市粤菜王府餐饮管理有限公司	正餐服务	广东省深圳市
东莞市凯景酒店有限公司	旅游饭店	广东省东莞市
深圳骏豪酒店有限公司	旅游饭店	广东省深圳市
深圳市誉兴饮食管理有限公司	其他餐饮服务	广东省深圳市
广州三寓宾馆	旅游饭店	广东省广州市
揭西县京明温泉度假村有限公司	旅游饭店	广东省揭阳市
广州首旅建国酒店有限公司	旅游饭店	广东省广州市
湛江市赤坎大天然海鲜居有限公司	正餐服务	广东省湛江市
广州市番禺祈福新邨渡假俱乐部有限公司	正餐服务	广东省广州市
广州华侨大厦企业有限公司	旅游饭店	广东省广州市
深圳南联食品有限公司	其他餐饮服务	广东省深圳市
广州从化碧水湾温泉度假村有限公司	旅游饭店	广东省广州市
深圳威耀饮食有限公司	快餐服务	广东省深圳市
佛山市顺德区华财企业投资公司顺德喜来登酒店	旅游饭店	广东省佛山市
广州市七天酒店管理有限公司	一般旅馆	广东省广州市
深圳市东方银座酒店有限公司	旅游饭店	广东省深圳市
深圳新语餐饮管理有限公司	其他餐饮服务	广东省深圳市
开平潭江半岛酒店	旅游饭店	广东省江门市
广州市嘉逸国际酒店有限公司	旅游饭店	广东省广州市
广州文化假日酒店有限公司	旅游饭店	广东省广州市
珠海德翰大酒店有限公司	旅游饭店	广东省珠海市
珠海海湾大酒店	旅游饭店	广东省珠海市
东莞市华南国际大酒店有限公司	旅游饭店	广东省东莞市
广州白马服装贸易有限公司	服装批发	广东省广州市
广州市金宝服饰有限公司	服装批发	广东省广州市
广东烟草汕尾市有限公司陆丰分公司	烟草制品批发	广东省汕尾市
广西壮族自治区		
中国石油化工股份有限公司广西南宁石油分公司	石油及制品批发	广西壮族自治区南宁市
中国石油化工股份有限公司广西柳州石油分公司	石油及制品批发	广西壮族自治区柳州市
中国石油化工股份有限公司广西桂林石油分公司	石油及制品批发	广西壮族自治区桂林市
广西壮族自治区烟草公司南宁市公司	烟草制品批发	广西壮族自治区南宁市
中国石油化工股份有限公司广西梧州石油分公司	石油及制品批发	广西壮族自治区梧州市
中国石油化工股份有限公司广西百色石油分公司	石油及制品批发	广西壮族自治区百色市
广西壮族自治区烟草公司桂林市公司	烟草制品批发	广西壮族自治区桂林市
中国石油天然气股份有限公司广西南宁销售分公司	石油及制品批发	广西壮族自治区南宁市
中国石油化工股份有限公司广西玉林石油分公司	石油及制品批发	广西壮族自治区玉林市
中国石油化工股份有限公司广西钦州石油分公司	石油及制品批发	广西壮族自治区钦州市
中国石油化工股份有限公司广西贵港石油分公司	石油及制品批发	广西壮族自治区贵港市
广西柳州医药股份有限公司	药品零售	广西壮族自治区柳州市
中国石油化工股份有限公司广西河池石油分公司	石油及制品批发	广西壮族自治区河池市
广西壮族自治区烟草公司柳州市公司	烟草制品批发	广西壮族自治区柳州市
南宁百货大楼股份有限公司	百货零售	广西壮族自治区南宁市
中国石油天然气股份有限公司广西桂林销售分公司	石油及制品批发	广西壮族自治区桂林市
中国石油天然气股份有限公司广西柳州销售分公司	石油及制品批发	广西壮族自治区柳州市
中国石油天然气股份有限公司广西销售分公司	石油及制品批发	广西壮族自治区南宁市
广西格力空调销售有限责任公司	其他机械设备及电子产品批发	广西壮族自治区南宁市
广西辉煌交通石化有限公司	石油及制品批发	广西壮族自治区南宁市
广西壮族自治区烟草公司百色市公司	烟草制品批发	广西壮族自治区百色市
中国石油天然气股份有限公司广西玉林销售分公司	石油及制品批发	广西壮族自治区玉林市

4-5 续表 80

企业名称	所属行业	企业所在地
国药控股南宁有限公司	药品零售	广西壮族自治区南宁市
中国石油天然气股份有限公司广西钦州销售分公司	石油及制品批发	广西壮族自治区钦州市
广西壮族自治区烟草公司玉林市公司	烟草制品批发	广西壮族自治区玉林市
广西壮族自治区烟草公司河池市公司	烟草制品批发	广西壮族自治区河池市
中国石油化工股份有限公司广西北海石油分公司	石油及制品批发	广西壮族自治区北海市
中国石油天然气股份有限公司广西梧州销售分公司	石油及制品批发	广西壮族自治区梧州市
北流市食品公司	肉、禽、蛋及水产品批发	广西壮族自治区玉林市
广西壮族自治区烟草公司贵港市公司	烟草制品批发	广西壮族自治区贵港市
广西壮族自治区烟草公司梧州市公司	烟草制品批发	广西壮族自治区梧州市
广西玉柴机器专卖发展有限公司	其他未列明的零售	广西壮族自治区玉林市
广西壮族自治区烟草公司钦州市公司	烟草制品批发	广西壮族自治区钦州市
中国石油天然气股份有限公司广西百色销售分公司	石油及制品批发	广西壮族自治区百色市
广西壮族自治区烟草公司北海市公司	烟草制品批发	广西壮族自治区北海市
广西壮族自治区烟草公司贺州市公司	烟草制品批发	广西壮族自治区贺州市
广西南宁梦之岛百货有限公司	百货零售	广西壮族自治区南宁市
中国石油天然气股份有限公司广西河池销售分公司	石油及制品批发	广西壮族自治区河池市
桂林微笑堂实业发展有限公司	百货零售	广西壮族自治区桂林市
中国石油化工股份有限公司广西崇左石油分公司	石油及制品批发	广西壮族自治区崇左市
广西壮族自治区烟草公司来宾市公司	烟草制品批发	广西壮族自治区来宾市
广西钜荣汽车销售服务有限公司	汽车零售	广西壮族自治区南宁市
广西新华书店集团有限公司	图书批发	广西壮族自治区南宁市
广西南城百货股份有限公司	超级市场零售	广西壮族自治区南宁市
中国石油天然气股份有限公司广西贵港销售分公司	石油及制品批发	广西壮族自治区贵港市
南宁柏联百盛商业有限公司	百货零售	广西壮族自治区南宁市
广西小松工程机械设备有限责任公司	其他机械设备及电子产品批发	广西壮族自治区南宁市
广西壮族自治区烟草公司防城港市公司	烟草制品批发	广西壮族自治区防城港市
广西联华超市股份有限公司	超级市场零售	广西壮族自治区柳州市
南宁国美电器有限公司	家用电器零售	广西壮族自治区南宁市
广西百祥石油有限公司	石油及制品批发	广西壮族自治区南宁市
广西平安堂药业有限责任公司	西药批发	广西壮族自治区玉林市
广西新胜利农业生产资料有限责任公司	化肥批发	广西壮族自治区南宁市
广西太华医药有限公司	西药批发	广西壮族自治区南宁市
南宁市人人乐商业有限公司	超级市场零售	广西壮族自治区南宁市
柳州工贸大厦股份有限公司	百货零售	广西壮族自治区柳州市
广西顶佳计算机信息有限公司	计算机、软件及辅助设备批发	广西壮族自治区南宁市
柳州市百货股份有限公司	百货零售	广西壮族自治区柳州市
广西鼎华商业股份有限公司	糕点、糖果及糖批发	广西壮族自治区南宁市
广西桂北美的制冷产品销售有限公司	家用电器批发	广西壮族自治区柳州市
广西苏宁电器有限公司	家用电器零售	广西壮族自治区南宁市
广西南方黑芝麻食品销售有限公司	米、面制品及食用油批发	广西壮族自治区玉林市
北海大润发商业有限公司	超级市场零售	广西壮族自治区北海市
广西松宇机电设备有限公司	其他机械设备及电子产品批发	广西壮族自治区南宁市
广西洁宝纸业有限公司	化妆品及卫生用品批发	广西壮族自治区柳州市
南宁肯德基有限公司	快餐服务	广西壮族自治区南宁市
玉林金城商厦有限责任公司	百货零售	广西壮族自治区玉林市
桂林西麦营销有限公司	饮料及茶叶零售	广西壮族自治区桂林市
广西南宁梦之岛购物中心(有限公司)	百货零售	广西壮族自治区南宁市
桂林市南城百货有限公司	超级市场零售	广西壮族自治区桂林市
桂林百货大楼股份有限公司	百货零售	广西壮族自治区桂林市
广西利客隆超市有限公司	超级市场零售	广西壮族自治区南宁市
柳州润平商业有限公司	超级市场零售	广西壮族自治区柳州市

4-5 续表 81

企业名称	所属行业	企业所在地
广西华润万家生活超市有限公司	百货零售	广西壮族自治区南宁市
北海和安贸易有限责任公司	百货零售	广西壮族自治区北海市
广西老百姓大药房连锁有限公司	药品零售	广西壮族自治区南宁市
广西华联综合超市有限公司	超级市场零售	广西壮族自治区南宁市
广西通用商贸有限公司	超级市场零售	广西壮族自治区玉林市
柳州桂中大药房连锁有限责任公司	药品零售	广西壮族自治区柳州市
柳州五菱新事业发展有限责任公司	汽车零售	广西壮族自治区柳州市
广西红林大酒店有限公司	旅游饭店	广西壮族自治区南宁市
广西南宁饭店	旅游饭店	广西壮族自治区南宁市
香格里拉大酒店(桂林)有限公司	旅游饭店	广西壮族自治区桂林市
广西沃顿国际大酒店有限公司	旅游饭店	广西壮族自治区南宁市
广西麦当劳餐厅食品有限公司	快餐服务	广西壮族自治区南宁市
柳州饭店	旅游饭店	广西壮族自治区柳州市
桂林漓江大瀑布饭店有限责任公司	旅游饭店	广西壮族自治区桂林市
南宁明园饭店	旅游饭店	广西壮族自治区南宁市
北海香格里拉大酒店有限公司	旅游饭店	广西壮族自治区北海市
海南省		
中国石油化工股份有限公司海南石油分公司	机动车燃料零售	海南省海口市
海南一汽海马汽车销售有限公司	汽车、摩托车及零配件批发	海南省海口市
中国石油天然气股份有限公司海南销售分公司	机动车燃料零售	海南省海口市
海南省烟草公司海口公司	烟草制品批发	海南省海口市
海南省烟草公司三亚公司	烟草制品批发	海南省三亚市
海南省烟草公司琼海公司	烟草制品批发	海南省琼海市
海南省烟草公司儋州公司	烟草制品批发	海南省儋州市
中免集团三亚市内免税店有限公司	化妆品及卫生用品零售	海南省三亚市
海南四环医药有限公司	西药批发	海南省儋州市
海南大润发商业有限公司	超级市场零售	海南省海口市
海口家乐福商业有限公司	超级市场零售	海南省海口市
金茂(三亚)旅业有限公司	旅游饭店	海南省三亚市
金茂(三亚)旅业有限公司金茂三亚丽思卡尔顿酒店	旅游饭店	海南省三亚市
广州市国美电器有限公司海南分公司	家用电器零售	海南省海口市
海南快克药业有限公司	西药批发	海南省海口市
海南神威药业有限公司	中药材及中成药批发	海南省儋州市
海南望海国际商业广场有限公司	百货零售	海南省海口市
三亚天域实业有限公司	旅游饭店	海南省三亚市
金茂(三亚)度假酒店有限公司	旅游饭店	海南省三亚市
三亚盈湾酒店有限公司	旅游饭店	海南省三亚市
海南南山文化旅游开发有限公司	旅游饭店	海南省三亚市
三亚华宇旅业有限公司	旅游饭店	海南省三亚市
海南骏豪旅游发展有限公司	旅游饭店	海南省海口市
三亚红树林旅业有限公司	旅游饭店	海南省三亚市
三亚家化旅业有限公司	旅游饭店	海南省三亚市
海南苏宁电器有限公司	家用电器零售	海南省海口市
三亚国光豪生度假酒店有限公司	旅游饭店	海南省三亚市
海南新佳和实业有限公司三亚分公司	旅游饭店	海南省三亚市
三亚海韵度假酒店有限公司	旅游饭店	海南省三亚市
三亚鹿回头旅游区开发有限公司三亚半山半岛洲际度假酒店	旅游饭店	海南省三亚市
海南海景乐园国际有限公司三亚蜈支洲岛度假中心	旅游饭店	海南省三亚市
三亚海宇旅业投资有限公司	旅游饭店	海南省三亚市
三亚湘投瑞达置业有限公司三亚湘投银泰度假酒店	旅游饭店	海南省三亚市
华能海南实业有限公司海口喜来登温泉度假酒店	旅游饭店	海南省海口市

4-5 续表 82

企业名称	所属行业	企业所在地
海南海居旅业有限公司石梅湾艾美度假酒店	旅游饭店	海南省万宁市
三亚亚龙湾云天热带森林公园有限公司人间天堂鸟巢度假村	旅游饭店	海南省三亚市
三亚天恩实业有限公司	旅游饭店	海南省三亚市
重庆市		
中国烟草总公司重庆市公司	烟草制品批发	重庆市江北区
中国石油天然气股份有限公司重庆销售分公司	石油及制品批发	重庆市渝中区
重庆商社新世纪百货有限公司	百货零售	重庆市江北区
中国石油化工股份有限公司重庆石油分公司	石油及制品批发	重庆市渝中区
重庆百货大楼股份有限公司	百货零售	重庆市渝中区
重庆东风渝安汽车销售有限公司	汽车、摩托车及零配件批发	重庆市沙坪坝区
重庆医药(集团)股份有限公司	西药批发	重庆市渝中区
重庆铠恩国际家居名都经营有限公司	家具零售	重庆市巴南区
重庆永辉超市有限公司	其他食品零售	重庆市江北区
重庆华轻商业公司	家用电器批发	重庆市渝中区
重庆明辉格力电器销售有限公司	家用电器批发	重庆市九龙坡区
重庆渝宁苏宁电器有限公司	家用电器零售	重庆市渝中区
九禾股份有限公司	化肥批发	重庆市九龙坡区
中国石油天然气股份有限公司重庆永川销售分公司	石油及制品批发	重庆市永川区
重庆新华书店集团公司	图书零售	重庆市渝中区
重庆龙禹石油有限公司	石油及制品批发	重庆市渝北区
重庆桐君阁股份有限公司	中药材及中成药批发	重庆市渝中区
重庆国美电器有限公司	家用电器零售	重庆市沙坪坝区
中国石油重庆销售涪陵分公司	机动车燃料零售	重庆市涪陵区
中国石油化工股份有限公司重庆三峡石油分公司	石油及制品批发	重庆市万州区
重庆市油脂公司	米、面制品及食用油批发	重庆市渝中区
重庆市盐业总公司	盐及调味品批发	重庆市渝北区
重庆中钢物资有限公司	非金属矿及制品批发	重庆市长寿区
重庆美的制冷产品销售有限公司	家用电器批发	重庆市渝中区
中国石油化工股份有限公司重庆涪陵石油分公司	机动车燃料零售	重庆市涪陵区
中国石油天然气股份有限公司重庆江北销售分公司	石油及制品批发	重庆市江北区
重庆重客隆超市连锁有限责任公司	超级市场零售	重庆市渝中区
重庆海松机械有限公司	其他机械设备及电子产品批发	重庆市北碚区
重庆科渝药品经营有限公司	西药批发	重庆市南岸区
重庆商社电器有限公司	家用电器零售	重庆市渝中区
中国石油天然气股份有限公司重庆销售江北分公司渝北经营部	石油及制品批发	重庆市渝北区
中国烟草总公司重庆市公司彭水分公司	烟草制品批发	重庆市彭水苗族土家族自治县
重庆九州通医药有限公司	西药批发	重庆市南岸区
重庆家乐福商业有限公司	百货零售	重庆市渝中区
周大福珠宝金行(重庆)有限公司	首饰、工艺品及收藏品批发	重庆市涪陵区
中国石油天然气股份有限公司重庆江南销售分公司	石油及制品批发	重庆市南岸区
重庆市长安跨越车辆营销有限公司	汽车、摩托车及零配件批发	重庆市江北区
中国石油天然气股份有限公司重庆渝中销售分公司	机动车燃料零售	重庆市九龙坡区
重庆和平药房连锁有限责任公司	药品零售	重庆市渝中区
重庆市新大兴实业(集团)有限公司	超级市场零售	重庆市涪陵区
重庆远东百货有限公司	百货零售	重庆市江北区
重庆市凯福珠宝金行有限公司	首饰、工艺品及收藏品批发	重庆市涪陵区
重庆昊华再生资源回收有限公司	金属及金属矿批发	重庆市长寿区
重庆建设销售有限责任公司	汽车、摩托车及零配件批发	重庆市九龙坡区
万州烟草分公司	烟草制品批发	重庆市万州区
重庆万友经济发展有限公司	汽车、摩托车及零配件批发	重庆市渝中区
重庆市烟草公司奉节分公司	烟草制品批发	重庆市奉节县

4-5 续表 83

企业名称	所属行业	企业所在地
国药控股重庆有限公司	西药批发	重庆市南岸区
重庆东风南方汽车销售服务有限公司	汽车零售	重庆市九龙坡区
中国烟草总公司重庆市公司涪陵分公司	烟草制品批发	重庆市涪陵区
重庆安福汽车营销有限公司	汽车零售	重庆市渝北区
中国中石油天然气股份有限公司重庆万州销售分公司	石油及制品批发	重庆市万州区
重庆兴红得聪餐饮管理有限公司	快餐服务	重庆市渝中区
中国烟草总公司重庆市公司巫山分公司	烟草制品批发	重庆市巫山县
重庆长圣医药有限公司	西药批发	重庆市南岸区
重庆粮食集团铜梁县粮食有限责任公司	谷物、豆及薯类批发	重庆市铜梁县
重庆和之吉饮食文化有限公司	正餐服务	重庆市渝中区
重庆市龙水五金产业投资有限公司	五金零售	重庆市大足区
中国烟草总公司重庆市公司酉阳分公司	烟草制品批发	重庆市酉阳土家族苗族自治县
中国烟草总公司重庆市公司黔江分公司	烟草制品批发	重庆市黔江区
重庆骑龙饮食文化有限责任公司	正餐服务	重庆市北碚区
重庆市东轮实业有限责任公司	汽车零售	重庆市黔江区
重庆天利实业有限公司	米、面制品及食用油批发	重庆市渝中区
重庆医药销售有限公司	西药批发	重庆市南岸区
重庆东银壳牌石化有限公司	石油及制品批发	重庆市渝北区
重庆市再生资源物流有限公司	再生物资回收与批发	重庆市渝中区
重庆八达电子工程有限公司	计算机、软件及辅助设备零售	重庆市九龙坡区
中国石油重庆销售江南分公司巴南公司	石油及制品批发	重庆市巴南区
重庆中百仓储超市有限公司	超级市场零售	重庆市渝北区
重庆TCL电器销售有限公司	家用电器批发	重庆市九龙坡区
重庆市人人乐商业有限公司	超级市场零售	重庆市沙坪坝区
中国烟草总公司重庆市公司巫溪分公司	烟草制品批发	重庆市巫溪县
重庆陶然居饮食文化(集团)股份有限公司	正餐服务	重庆市九龙坡区
重庆佳永小天鹅餐饮有限公司	正餐服务	重庆市江北区
重庆市黔江区武陵山家居市场有限责任公司	家具零售	重庆市黔江区
重庆鑫源汽车有限公司	汽车零售	重庆市九龙坡区
重庆梦工场乳制品连锁有限公司	饮料及茶叶零售	重庆市江北区
重庆桐君阁大药房连锁有限责任公司	药品零售	重庆市渝中区
重庆大都会购物中心有限公司	百货零售	重庆市渝中区
綦江县万家福超市有限责任公司	超级市场零售	重庆市綦江区
重庆市黔江区依蝶商贸有限公司	百货零售	重庆市黔江区
重庆肯德基有限公司	快餐服务	重庆市渝中区
重庆名豪实业集团百货有限公司	百货零售	重庆市永川区
重庆好又多百货商业有限公司	超级市场零售	重庆市南岸区
重庆雄风百货广场有限公司	百货零售	重庆市北碚区
重庆美特斯邦威服饰有限责任公司	服装零售	重庆市渝中区
南川区风之彩商贸有限公司	超级市场零售	重庆市南川区
重庆世纪金源时代大饭店有限公司	旅游饭店	重庆市江北区
重庆诚泰通信连锁有限公司	通信设备零售	重庆市渝中区
重庆市金科大酒店有限公司	旅游饭店	重庆市渝北区
重庆君豪大饭店有限责任公司	旅游饭店	重庆市江北区
重庆天来酒店有限公司	旅游饭店	重庆市渝北区
重庆市万州区小八仙餐饮有限公司	正餐服务	重庆市万州区
重庆皇石大酒店有限公司	旅游饭店	重庆市渝中区
重庆申基房地产开发有限公司申基索菲特大酒店	正餐服务	重庆市九龙坡区
重庆洲际酒店投资有限公司	旅游饭店	重庆市渝中区
重庆德佳食品(集团)销售公司	牲畜批发	重庆市合川区

4-5 续表 84

企业名称	所属行业	企业所在地
四川省		
攀钢集团国际经济贸易有限公司	金属及金属矿批发	四川省成都市
中国石化销售有限公司四川分公司	机动车燃料零售	四川省成都市
四川省烟草公司成都市公司	烟草制品批发	四川省成都市
中国铁路物资成都有限公司	金属及金属矿批发	四川省成都市
中国石油天然气股份有限公司化工与销售西南分公司	其他化工产品批发	四川省成都市
中石化四川销售有限公司	石油及制品批发	四川省成都市
中国石油天然气股份有限公司四川成都销售分公司	机动车燃料零售	四川省成都市
四川省烟草公司凉山州公司	烟草制品批发	四川省凉山彝族自治州
四川陆地石油销售有限责任公司	石油及制品批发	四川省德阳市
联想(成都)有限公司	计算机、软件及辅助设备批发	四川省成都市
成都红旗连锁有限公司	百货零售	四川省成都市
成都伊藤洋华堂有限公司	百货零售	四川省成都市
成都西部医药经营有限公司	西药批发	四川省成都市
四川苏宁电器有限公司	家用电器零售	四川省成都市
中铁物资集团西南有限公司	金属及金属矿批发	四川省成都市
四川科伦医药贸易有限公司	西药批发	四川省成都市
四川省烟草公司泸州市公司	烟草制品批发	四川省泸州市
成都国美电器有限公司	家用电器零售	四川省成都市
四川省烟草公司绵阳市公司	烟草制品批发	四川省绵阳市
成都王府井百货有限公司	百货零售	四川省成都市
中国石油天然气股份有限公司四川岷江销售分公司	机动车燃料零售	四川省成都市
中国石油天然气股份有限公司四川宜宾销售分公司	石油及制品批发	四川省宜宾市
四川省烟草公司宜宾市公司	烟草制品批发	四川省宜宾市
四川省医药有限公司	西药批发	四川省成都市
延长壳牌(四川)石油有限公司	机动车燃料零售	四川省成都市
中国石油天然气股份有限公司四川乐山销售分公司	机动车燃料零售	四川省乐山市
中国石油天然气股份有限公司四川德阳销售分公司	石油及制品批发	四川省德阳市
中国石油天然汽股份有限公司四川绵阳销售分公司	机动车燃料零售	四川省绵阳市
中国石油天然气股份有限公司四川南充销售分公司	机动车燃料零售	四川省南充市
中国石油四川广元销售分公司	石油及制品批发	四川省广元市
中铁二局集团物资有限公司	建材批发	四川省成都市
四川省烟草公司南充市公司	烟草制品批发	四川省南充市
中国石油天然气股份有限公司四川攀枝花销售分公司	机动车燃料零售	四川省攀枝花市
中国石油天然气公司泸州销售分公司	机动车燃料零售	四川省泸州市
四川省烟草公司德阳市公司	烟草制品批发	四川省德阳市
中国石油天然气股份有限公司四川达州销售分公司	机动车燃料零售	四川省达州市
四川海底捞餐饮股份有限公司	其他餐饮服务	四川省资阳市
中国石油天然气股份有限公司四川凉山销售分公司	机动车燃料零售	四川省凉山彝族自治州
四川省烟草公司乐山分公司	烟草制品批发	四川省乐山市
成都家乐福超市有限公司	超级市场零售	四川省成都市
成都神州数码有限公司	计算机、软件及辅助设备批发	四川省成都市
成商集团股份有限公司	百货零售	四川省成都市
四川华星名仕汽车销售服务有限公司	汽车零售	四川省成都市
四川省烟草公司眉山分公司	烟草制品批发	四川省眉山市
四川省烟草公司资阳分公司	烟草制品批发	四川省资阳市
成都京东世纪贸易有限公司	邮购及电子销售	四川省成都市
四川省烟草公司广元市公司	烟草制品批发	四川省广元市
成都万友经济开发总公司	汽车零售	四川省成都市
中国石油天然气股份有限公司四川雅安销售分公司	石油及制品批发	四川省雅安市
成都三和汽车服务有限公司	汽车零售	四川省成都市
中国石油天然气股份有限公司四川眉山销售分公司	机动车燃料零售	四川省眉山市

4-5 续表 85

企业名称	所属行业	企业所在地
中国石油天然气股份有限公司四川资阳销售分公司	机动车燃料零售	四川省资阳市
中国石化销售有限公司川渝攀枝花分公司	机动车燃料零售	四川省攀枝花市
成都市人人乐商业有限公司	百货零售	四川省成都市
中国石油天然气股份有限公司四川内江销售分公司	机动车燃料零售	四川省内江市
四川省烟草公司广安分公司	烟草制品批发	四川省广安市
四川省烟草公司自贡市公司	烟草制品批发	四川省自贡市
四川省烟草公司巴中分公司	烟草制品批发	四川省巴中市
中石化绵阳石化销售有限公司	机动车燃料零售	四川省绵阳市
中国石油天然气股份有限公司四川甘孜销售分公司	石油及制品批发	四川省甘孜藏族自治州
四川省烟草公司攀枝花市公司	烟草制品批发	四川省攀枝花市
四川省烟草公司内江分公司	烟草制品批发	四川省内江市
成都青羊区仁和春天百货有限公司	百货零售	四川省成都市
四川省烟草公司遂宁市公司	烟草制品批发	四川省遂宁市
四川省古蔺县仙潭销售有限公司	饮料及茶叶批发	四川省泸州市
四川成都美的制冷产品销售有限公司	家用电器批发	四川省成都市
成都仁和春天百货有限公司	百货零售	四川省成都市
中国石油天然气股份有限公司川南销售分公司	机动车燃料零售	四川省自贡市
中国石油天然气股份有限公司四川巴中销售分公司	机动车燃料零售	四川省巴中市
中国石油天然气股份有限公司四川广安销售分公司	机动车燃料零售	四川省广安市
四川领跑体育用品有限公司	服装批发	四川省成都市
绵阳市酒鑫鑫商贸有限公司	饮料及茶叶批发	四川省绵阳市
成都建国汽车贸易有限公司	汽车零售	四川省成都市
百胜餐饮成都有限公司	快餐服务	四川省成都市
四川华星天然气有限责任公司	石油及制品批发	四川省成都市
四川金利医药贸易有限公司	西药批发	四川省成都市
成都市蓉锦医药贸易有限公司	中药材及中成药批发	四川省成都市
泸州汇通百货股份有限公司	百货零售	四川省泸州市
四川本草堂药业有限公司	西药批发	四川省成都市
四川申蓉圣飞汽车销售服务有限公司	汽车零售	四川省成都市
中国汽车贸易西南公司	汽车零售	四川省成都市
四川省互惠商业责任有限公司	超级市场零售	四川省成都市
四川省吉峰长城工程机械有限公司	其他机械设备及电子产品批发	四川省成都市
成都科讯药业有限公司	西药批发	四川省成都市
成都舞东风连锁超市有限责任公司	超级市场零售	四川省成都市
成都泰立电信商场连锁有限公司	通讯及广播电视设备批发	四川省成都市
成都美美力诚百货有限公司	服装零售	四川省成都市
四川省烟草公司阿坝州公司	烟草制品批发	四川省阿坝藏族羌族自治州
四川同创工程机械有限公司	其他机械设备及电子产品批发	四川省成都市
成都TCL电器销售有限公司	家用电器批发	四川省成都市
成都龙翔通讯有限责任公司	通讯及广播电视设备批发	四川省成都市
四川省绵阳药业集团公司	西药批发	四川省绵阳市
成都讯捷通讯连锁有限公司	通信设备零售	四川省成都市
渠县人民市场开发服务有限公司	肉、禽、蛋及水产品批发	四川省达州市
四川省烟草公司甘孜分公司	烟草制品批发	四川省甘孜藏族自治州
成都好又多百货商业广场有限公司	超级市场零售	四川省成都市
成都欧尚超市有限公司	超级市场零售	四川省成都市
成都大商投资有限公司	百货零售	四川省成都市
成都金松营销有限公司	家用电器批发	四川省成都市
绵阳市家福来电器有限公司	家用电器零售	四川省绵阳市
成都天味商贸有限公司	其他食品批发	四川省成都市
乐山市大众汽车贸易有限公司	汽车零售	四川省乐山市

4-5 续表 86

企业名称	所属行业	企业所在地
渠县龙溪综合批发市场	果品、蔬菜批发	四川省达州市
四川省达州商业集团有限公司	百货零售	四川省达州市
群光大陆实业(成都)有限公司	百货零售	四川省成都市
成都德仁堂药业有限公司	中药材及中成药批发	四川省成都市
四川雅安博娟超市连锁有限公司	超级市场零售	四川省雅安市
成都华裕玻璃制造有限公司	其他未列明的批发	四川省成都市
蓬溪县南门口综合农贸市场有限公司	其他综合零售	四川省遂宁市
香格里拉大酒店(成都)有限公司	旅游饭店	四川省成都市
四川麦当劳餐厅食品有限公司	快餐服务	四川省成都市
成都中顺纸业有限公司	化妆品及卫生用品批发	四川省成都市
成都屈臣氏个人用品商店有限公司	化妆品及卫生用品零售	四川省成都市
成都华联商厦有限责任公司	百货零售	四川省成都市
四川哦哦超市连锁管理有限公司	超级市场零售	四川省成都市
四川国光农资有限公司	化肥批发	四川省资阳市
四川省汇星实业(集团)有限公司	百货零售	四川省绵阳市
成都欧尚超市有限公司高新店	超级市场零售	四川省成都市
成都市滔博商贸有限公司	鞋帽零售	四川省成都市
成都伊斯丹百货有限公司	百货零售	四川省成都市
城市名人城市酒店管理(中国)股份有限公司	旅游饭店	四川省成都市
绵阳兴达好又多商贸有限公司	超级市场零售	四川省绵阳市
重庆商社新世纪百货连锁经营有限公司南充商都	超级市场零售	四川省南充市
成都市青羊区红旗连锁有限公司	超级市场零售	四川省成都市
四川乡村基餐饮有限公司	快餐服务	四川省成都市
成都市锦江区红旗连锁有限公司	超级市场零售	四川省成都市
成都世纪城新国际会展中心有限公司世纪天堂洲际大饭店	旅游饭店	四川省成都市
重庆百货大楼股份有限公司泸州商场	百货零售	四川省泸州市
成都市向阳凯宾斯基饭店有限公司	旅游饭店	四川省成都市
四川九寨天堂国际会议度假中心有限公司	旅游饭店	四川省阿坝藏族羌族自治州
四川宜宾叙府旅游开发有限公司	百货零售	四川省宜宾市
成都市成华区红旗连锁有限公司	超级市场零售	四川省成都市
成都美特斯邦威服饰有限责任公司	服装批发	四川省成都市
成都九龙贸易连锁有限责任公司	超级市场零售	四川省成都市
达县美好农贸有限责任公司	肉、禽、蛋及水产品零售	四川省达州市
四川锦江宾馆	旅游饭店	四川省成都市
自贡市家和超市有限责任公司	超级市场零售	四川省自贡市
荣县金桥供销集团有限公司	其他日用品零售	四川省自贡市
四川自贡大商投资有限公司	百货零售	四川省自贡市
四川省宜宾市燕君贸易连锁有限责任公司	家用电器零售	四川省宜宾市
成都巴国布衣餐饮发展有限公司	正餐服务	四川省成都市
成都建工集团旅游有限公司青城国际酒店	旅游饭店	四川省成都市
成都世纪城新国际会展中心有限公司假日酒店	旅游饭店	四川省成都市
四川富豪首座酒店管理有限公司	一般旅馆	四川省成都市
成都银杏金阁餐饮股份有限公司	正餐服务	四川省成都市
成都红杏酒家有限责任公司	正餐服务	四川省成都市
中国石油天然气股份有限公司四川遂宁销售分公司	机动车燃料零售	四川省遂宁市
成都国际会议展览中心	正餐服务	四川省成都市
绵阳绵州酒店有限公司	旅游饭店	四川省绵阳市
成都大蓉和酒店有限公司	正餐服务	四川省成都市
九寨沟喜来登国际大酒店有限责任公司	旅游饭店	四川省阿坝藏族羌族自治州
新华文轩出版传媒股份有限公司	图书零售	四川省成都市
成都屈臣经济发展有限公司	超级市场零售	四川省成都市

4-5 续表 87

企业名称	所属行业	企业所在地
贵州省		
贵州茅台酒销售有限公司	饮料及茶叶批发	贵州省遵义市
贵州省烟草公司遵义市公司	烟草制品批发	贵州省遵义市
贵州省烟草公司贵阳市公司	烟草制品批发	贵州省贵阳市
贵州省烟草公司毕节地区分公司	烟草制品批发	贵州省毕节市
贵州前进轮胎销售有限公司	汽车、摩托车及零配件批发	贵州省贵阳市
中国石油化工股份有限公司贵州贵阳分公司	石油及制品批发	贵州省贵阳市
中国石油化工股份有限公司贵州遵义石油分公司	机动车燃料零售	贵州省遵义市
中国石油天然气股份有限公司贵州贵阳销售分公司	机动车燃料零售	贵州省贵阳市
中国石油化工股份有限公司六盘水石油分公司	机动车燃料零售	贵州省六盘水市
贵州贵铁物流有限公司	煤炭及制品批发	贵州省贵阳市
贵州省烟草公司黔南州公司	烟草制品批发	贵州省黔南布依族苗族自治州
贵州省黔西南州烟草公司	烟草制品批发	贵州省黔西南布依族苗族自治州
贵州省烟草公司铜仁分公司	烟草制品批发	贵州省铜仁市
中国石油化工股份有限公司贵州黔西南州石油分公司	机动车燃料零售	贵州省黔西南布依族苗族自治州
中国石油化工股份有限公司贵州黔南石油分公司	石油及制品批发	贵州省黔南布依族苗族自治州
中国石油化工股份有限公司贵州黔东南石油分公司	石油及制品批发	贵州省黔东南苗族侗族自治州
中国石油化工股份有限公司贵州毕节石油分公司	机动车燃料零售	贵州省毕节市
贵州省烟草公司六盘水市公司	烟草制品批发	贵州省六盘水市
贵州省烟草公司黔东南分公司	烟草制品批发	贵州省黔东南苗族侗族自治州
中国石油化工股份有限公司贵州安顺石油分公司	机动车燃料零售	贵州省安顺市
贵州省烟草公司安顺分公司	烟草制品批发	贵州省安顺市
中国石油化工股份有限公司贵州铜仁分公司	机动车燃料零售	贵州省铜仁市
中国石油股份有限公司遵义销售分公司	机动车燃料零售	贵州省遵义市
贵州水城煤电物资供销有限公司	其他机械设备及电子产品批发	贵州省六盘水市
贵州茅台酒厂(集团)习酒有限责任公司	饮料及茶叶批发	贵州省遵义市
中国石油天然气股份有限公司贵州毕节销售分公司	机动车燃料零售	贵州省毕节市
贵阳星力百货集团有限公司	百货零售	贵州省贵阳市
贵州宁铁南昆物流有限责任公司	煤炭及制品批发	贵州省黔西南布依族苗族自治州
贵阳东方苏宁电器有限公司	家用电器零售	贵州省贵阳市
贵州康心药业有限公司	西药批发	贵州省贵阳市
贵州省新华书店	图书批发	贵州省贵阳市
贵州省医药(集团)有限责任公司	西药批发	贵州省贵阳市
贵州美的制冷产品销售有限公司	家用电器批发	贵州省贵阳市
贵州小松工程机械有限公司	其他机械设备及电子产品批发	贵州省贵阳市
贵阳通源丰田汽车销售服务有限公司	汽车零售	贵州省贵阳市
贵州安宇机电设备有限公司	其他机械设备及电子产品批发	贵州省贵阳市
贵州国美电器有限公司	家用电器零售	贵州省贵阳市
贵州松宇机械设备有限公司	其他机械设备及电子产品批发	贵州省贵阳市
贵州一树连锁药业有限公司	药品零售	贵州省贵阳市
贵州宏宇汽车贸易有限公司	汽车零售	贵州省贵阳市
贵州永辉超市有限公司	超级市场零售	贵州省贵阳市
贵州新讯捷通讯有限公司	通信设备零售	贵州省贵阳市
贵阳世纪金源大饭店管理有限责任公司	旅游饭店	贵州省贵阳市
贵州雅园饮食娱乐有限责任公司	正餐服务	贵州省贵阳市
贵州饭店有限责任公司	旅游饭店	贵州省贵阳市
贵阳国贸时代购物中心有限公司	百货零售	贵州省贵阳市
贵阳铂尔曼大酒店有限公司	旅游饭店	贵州省贵阳市
云南省		
中国石油化工股份有限公司云南昆明石油分公司	石油及制品批发	云南省昆明市
云南省烟草公司曲靖市公司	烟草制品批发	云南省曲靖市
云南省烟草公司昆明市公司	烟草制品批发	云南省昆明市
中国石油天然气股份有限公司云南昆明销售分公司	机动车燃料零售	云南省昆明市

4-5 续表 88

企业名称	所属行业	企业所在地
云南省医药有限公司	西药批发	云南省昆明市
云南省烟草公司红河州公司	烟草制品批发	云南省红河哈尼族彝族自治州
中国石化股份有限公司曲靖石油分公司	石油及制品批发	云南省曲靖市
云南省烟草公司玉溪市公司	烟草制品批发	云南省玉溪市
云南省烟草公司大理州公司	烟草制品批发	云南省大理白族自治州
云南省烟草公司楚雄分公司	烟草制品批发	云南省楚雄彝族自治州
云南省烟草公司昭通市公司	烟草制品批发	云南省昭通市
中国石油化工股份有限公司大理分公司	石油及制品批发	云南省大理白族自治州
云南省烟草公司保山市公司	烟草制品批发	云南省保山市
中国石油化工股份有限责任公司云南红河石油分公司	机动车燃料零售	云南省红河哈尼族彝族自治州
云南省烟草公司普洱市公司	烟草制品批发	云南省普洱市
中国石油化工股份有限公司云南玉溪石油分公司	石油及制品批发	云南省玉溪市
云南省烟草公司临沧市公司	烟草制品批发	云南省临沧市
中国航油集团云南石油有限公司	石油及制品批发	云南省昆明市
中国石油化工股份有限公司云南楚雄石油分公司	石油及制品批发	云南省楚雄彝族自治州
云南沃尔玛百货有限公司	超级市场零售	云南省昆明市
西双版纳中化橡胶有限公司	其他化工产品批发	云南省西双版纳傣族自治州
华致酒业有限公司	饮料及茶叶批发	云南省迪庆藏族自治州
云南省烟草公司丽江市公司	烟草制品批发	云南省丽江市
中国石油化工股份有限公司云南昭通石油分公司	机动车燃料零售	云南省昭通市
云南鸿翔一心堂药业(集团)股份有限公司	药品零售	云南省昆明市
云南万友汽车销售服务有限公司	汽车零配件零售	云南省昆明市
云南强林石化有限公司	机动车燃料零售	云南省昆明市
中国石油化工股份有限公司云南保山石油分公司	机动车燃料零售	云南省保山市
中国石油化工股份有限公司云南文山石油分公司	机动车燃料零售	云南省文山壮族苗族自治州
云南易初明通工程机械维修有限公司	其他电子产品零售	云南省昆明市
中国石油天然气股份有限公司云南红河销售分公司	机动车燃料零售	云南省红河哈尼族彝族自治州
昆明云顺和商业发展有限公司	百货零售	云南省昆明市
昆明家乐福超市有限公司	超级市场零售	云南省昆明市
云南丰瑞油脂有限公司	米、面制品及食用油批发	云南省昆明市
云南白药集团医药电子商务有限公司	化妆品及卫生用品批发	云南省昆明市
中国石油天然气股份有限公司云南玉溪销售分公司	机动车燃料零售	云南省玉溪市
中国石油天然气股份有限公司云南大理销售分公司	石油及制品批发	云南省大理白族自治州
云南英茂商务有限公司	汽车零售	云南省昆明市
昆明百货大楼商业有限公司	百货零售	云南省昆明市
中国石油天然气股份有限公司云南保山销售公司	机动车燃料零售	云南省保山市
昆明铁路磷业工贸有限公司	化肥批发	云南省昆明市
昆明七彩云南实业股份有限公司	珠宝首饰零售	云南省昆明市
云南金六福酒业有限公司	饮料及茶叶批发	云南省迪庆藏族自治州
中国石油天然气股份有限公司楚雄销售分公司	石油及制品批发	云南省楚雄彝族自治州
云南苏宁电器有限公司	家用电器零售	云南省昆明市
昆明国美电器有限公司	家用电器零售	云南省昆明市
云南东骏药业有限公司	西药批发	云南省昆明市
昆明金美百货有限公司	百货零售	云南省昆明市
云南小松工程机械有限公司	其他机械设备及电子产品批发	云南省昆明市
云南中驰汽车销售服务有限公司	汽车零售	云南省昆明市
云南凯捷实业有限公司	煤炭及制品批发	云南省昆明市
中国石油化工股份有限公司云南德宏石油分公司	石油及制品批发	云南省德宏傣族景颇族自治州
昆明船舶设备集团有限公司	其他机械设备及电子产品批发	云南省昆明市
云南迅捷通讯有限公司	通讯及广播电视设备批发	云南省昆明市
云南大唐红河电力燃料有限公司	煤炭及制品批发	云南省红河哈尼族彝族自治州
云南健之佳连锁健康药房有限公司	药品零售	云南省昆明市
云南东昌医药股份有限公司	西药批发	云南省昆明市

4-5　续表 89

企业名称	所属行业	企业所在地
深圳创维-RGB电子有限公司云南分公司	家用电器批发	云南省昆明市
昆明肯德基有限公司	快餐服务	云南省昆明市
云南玉溪百信商贸集团有限公司	超级市场零售	云南省玉溪市
富源县供销合作社联合社	化肥批发	云南省曲靖市
云南立锐体育用品有限公司	服装零售	云南省昆明市
云南美好家园商贸有限公司	百货零售	云南省昆明市
昆明新华书店连锁有限公司	图书零售	云南省昆明市
云南白药大药房有限公司	药品零售	云南省昆明市
昆明雄达商贸有限责任公司	饮料及茶叶零售	云南省昆明市
云南省曲靖市吉玛特百货有限公司	超级市场零售	云南省曲靖市
昆明世纪金源大饭店有限公司	旅游饭店	云南省昆明市
云南楚雄鹿城大厦实业有限责任公司	百货零售	云南省楚雄彝族自治州
易门县龙泉市场开发有限公司	其他综合零售	云南省玉溪市
云南红河投资有限公司酒店分公司	旅游饭店	云南省红河哈尼族彝族自治州
昆明翠湖宾馆有限公司	旅游饭店	云南省昆明市
昆明国际会展中心有限公司	旅游饭店	云南省昆明市
丽江悦榕酒店有限公司	旅游饭店	云南省丽江市
云南红塔烟叶物资有限责任公司	其他农畜产品批发	云南省玉溪市
西藏自治区		
西藏自治区烟草公司	烟草制品批发	西藏自治区拉萨市
中国石油天然气股份有限公司西藏销售分公司拉萨公司	机动车燃料零售	西藏自治区拉萨市
西藏天圣药业有限公司	西药批发	西藏自治区拉萨市
西藏泰达厚生医药有限公司	西药批发	西藏自治区拉萨市
陕西省		
中国铁路物资西安公司	石油及制品批发	陕西省西安市
中国石油化工股份有限公司陕西石油分公司	石油及制品批发	陕西省西安市
榆林神华能源有限责任公司	煤炭及制品批发	陕西省榆林市
中国石油天然气股份有限公司陕西西安销售分公司	石油及制品批发	陕西省西安市
陕西省烟草公司西安分公司	烟草制品批发	陕西省西安市
陕西西部国际车城有限公司	汽车零售	陕西省西安市
陕西省煤炭运销(集团)有限责任公司	煤炭及制品批发	陕西省西安市
陕西西北轻工批发市场经营管理有限公司	家用电器零售	陕西省西安市
陕西丹尼尔市场股份有限公司	服装批发	陕西省西安市
中国石油天然气股份有限公司陕西宝鸡销售分公司	石油及制品批发	陕西省宝鸡市
中国石油天然气股份有限公司陕西延安销售分公司	石油及制品批发	陕西省延安市
中国石油天然气股份有限公司陕西榆林销售分公司	石油及制品批发	陕西省榆林市
陕西丹尼尔康复路大卖场有限公司	服装批发	陕西省西安市
中国石油天然气股份有限公司渭南销售分公司	石油及制品批发	陕西省渭南市
中国石油化工股份有限公司陕西西安石油分公司	石油及制品批发	陕西省西安市
西安大明宫购物广场有限责任公司	家具零售	陕西省西安市
陕西华润万家生活超市有限公司	超级市场零售	陕西省西安市
中油股份陕西咸阳销售分公司	石油及制品批发	陕西省咸阳市
陕西省汽车工业贸易总公司	汽车、摩托车及零配件批发	陕西省西安市
西安市人人乐超市有限公司	超级市场零售	陕西省西安市
陕西省烟草公司榆林市公司	烟草制品批发	陕西省榆林市
西安市国美电器有限公司	家用电器零售	陕西省西安市
陕西省烟草公司渭南市公司	烟草制品批发	陕西省渭南市
陕西省烟草公司咸阳市公司	烟草制品批发	陕西省咸阳市
陕西华东置业发展有限公司	服装零售	陕西省西安市
西安开元商城有限公司	百货零售	陕西省西安市
陕西省烟草公司安康市公司	烟草制品批发	陕西省安康市
中国石油天然气股份有限公司陕西汉中销售分公司	石油及制品批发	陕西省汉中市
陕西新兴格力电器销售有限公司	家用电器批发	陕西省西安市

4-5 续表 90

企业名称	所属行业	企业所在地
陕西延长壳牌石油有限公司	机动车燃料零售	陕西省西安市
陕西省烟草公司宝鸡市分公司	烟草制品批发	陕西省宝鸡市
中国石油天然气股份有限公司陕西安康销售分公司	石油及制品批发	陕西省安康市
陕西省烟草公司汉中市公司	烟草制品批发	陕西省汉中市
西安大明宫建材家居有限公司	建材批发	陕西省西安市
陕西苏宁电器有限责任公司	家用电器零售	陕西省西安市
西安西电国际工程有限责任公司	金属及金属矿批发	陕西省西安市
陕西西凤酒营销有限公司	饮料及茶叶批发	陕西省宝鸡市
西安民生集团股份有限公司	百货零售	陕西省西安市
陕西凯达投资集团有限责任公司	服装零售	陕西省西安市
世纪金花股份有限公司	百货零售	陕西省西安市
陕西西铁钢铁炉料有限责任公司	煤炭及制品批发	陕西省西安市
陕西省军区军人服务社	百货零售	陕西省西安市
陕西东大石油化工有限公司	石油及制品批发	陕西省西安市
西安爱家超市有限公司	超级市场零售	陕西省西安市
中国石油天然气股份有限公司陕西商洛销售分公司	石油及制品批发	陕西省商洛市
陕西省烟草公司商洛市公司	烟草制品批发	陕西省商洛市
陕西新丰泰汽车有限公司	汽车零售	陕西省西安市
国药集团西北医药有限公司	西药批发	陕西省西安市
宝商集团宝鸡商业经营管理有限责任公司	超级市场零售	陕西省宝鸡市
中国石油天然气股份有限公司陕西铜川销售分公司	石油及制品批发	陕西省铜川市
西安金鹰国际购物中心有限公司	百货零售	陕西省西安市
西安航天龙腾丰田汽车销售服务有限公司	汽车零售	陕西省西安市
陕西新华发行集团有限责任公司	图书批发	陕西省西安市
陕西通达果汁集团股份有限公司	饮料及茶叶零售	陕西省西安市
西安金康茶文化传播有限公司	饮料及茶叶批发	陕西省西安市
中国石油化工股份有限公司陕西汉中石油分公司	石油及制品批发	陕西省汉中市
咸阳世纪金花商贸有限公司	超级市场零售	陕西省咸阳市
百胜餐饮(西安)有限公司	正餐服务	陕西省西安市
西安兴正元购物中心有限公司	百货零售	陕西省西安市
西安新西北双鹤医药有限责任公司	中药材及中成药批发	陕西省西安市
陕西省烟草公司铜川市公司	烟草制品批发	陕西省铜川市
中国石化销售有限公司西北宝鸡分公司	石油及制品批发	陕西省宝鸡市
西安双鹤医药股份有限公司	药品零售	陕西省西安市
榆林市煤炭出口集团有限责任公司	煤炭及制品批发	陕西省榆林市
陕西百嘉贸易服务有限公司	化妆品及卫生用品批发	陕西省西安市
陕西渭南燕兴实业有限公司	汽车零售	陕西省渭南市
宝鸡天健医药有限公司	西药批发	陕西省宝鸡市
中国石油化工股份有限公司陕西渭南石油公司	石油及制品批发	陕西省渭南市
开元商城宝鸡有限公司	百货零售	陕西省宝鸡市
陕西民生家乐商业连锁有限责任公司	超级市场零售	陕西省西安市
西安饮食股份有限公司	正餐服务	陕西省西安市
西安易初莲花连锁超市有限公司	超级市场零售	陕西省西安市
城固县小河桥蔬菜瓜果批发市场	果品、蔬菜批发	陕西省汉中市
宝鸡人民商场股份有限公司	百货零售	陕西省宝鸡市
西安TCL电器销售有限公司	家用电器批发	陕西省西安市
陕西班尼路服饰有限公司	服装零售	陕西省西安市
西安真爱服务产业有限公司	正餐服务	陕西省西安市
陕西松茂食品餐饮有限公司	快餐服务	陕西省西安市
西安宝秦贸易有限公司	体育用品零售	陕西省西安市
陕西乐家电视购物有限责任公司	邮购及电子销售	陕西省西安市
西安市新华书店	图书零售	陕西省西安市
西安迅捷通讯有限公司	通信设备零售	陕西省西安市

4-5　续表 91

企业名称	所属行业	企业所在地
沃尔玛陕西百货有限公司	超级市场零售	陕西省西安市
延安百货大楼(集团)有限公司	百货零售	陕西省延安市
香格里拉大酒店(西安)有限公司	旅游饭店	陕西省西安市
西安美特斯邦威服饰有限责任公司	服装零售	陕西省西安市
咸阳华润万家生活超市有限公司	超级市场零售	陕西省咸阳市
咸阳人人乐商业有限公司	超级市场零售	陕西省咸阳市
陕西华盛兴勇商贸有限公司	超级市场零售	陕西省汉中市
陕西天锐汽车销售服务有限公司	汽车零售	陕西省西安市
西安世纪金花宜品生活用品有限公司	超级市场零售	陕西省西安市
陕西人民大厦有限公司	旅游饭店	陕西省西安市
宝鸡华通商厦有限责任公司	百货零售	陕西省宝鸡市
西安秋林商贸有限责任公司	百货零售	陕西省西安市
陕西老百姓大药房连锁有限公司	药品零售	陕西省西安市
西安大润发超市有限公司	百货零售	陕西省西安市
西安麦当劳(餐厅食品)有限公司	快餐服务	陕西省西安市
西安百姓厨房大馄饨餐饮有限责任公司	正餐服务	陕西省西安市
西安福迎门大香港鲍翅酒楼有限公司	正餐服务	陕西省西安市
西安小六汤包餐饮有限责任公司	正餐服务	陕西省西安市
陕西宾馆	旅游饭店	陕西省西安市
西安丝绸之路(喜来登)大酒店有限公司	旅游饭店	陕西省西安市
西安建国饭店有限公司	旅游饭店	陕西省西安市
陕西世纪金源大饭店有限责任公司	旅游饭店	陕西省西安市
子洲县万家乐超市	超级市场零售	陕西省榆林市
西安百福乐好又多商贸有限公司	超级市场零售	陕西省西安市
甘肃省		
中国石油天然气股份有限公司西北销售兰州分公司	石油及制品批发	甘肃省兰州市
中国石油天然气股份有限公司甘肃兰州销售分公司	机动车燃料零售	甘肃省兰州市
中国石油天然气股份有限公司甘肃酒泉销售分公司	石油及制品批发	甘肃省酒泉市
甘肃省烟草公司兰州市公司	烟草制品批发	甘肃省兰州市
中国石油天然气股份有限公司甘肃平凉销售分公司	石油及制品批发	甘肃省平凉市
中国石油天然气股份有限公司甘肃天水销售分公司	机动车燃料零售	甘肃省天水市
中国石油天然气股份有限公司甘肃庆阳销售分公司	石油及制品批发	甘肃省庆阳市
中国石油天然气股份有限公司甘肃定西销售分公司	机动车燃料零售	甘肃省定西市
中国石油天然气股份有限公司甘肃武威销售分公司	石油及制品批发	甘肃省武威市
中国石油天然气股份有限公司甘肃陇南销售分公司	机动车燃料零售	甘肃省陇南市
中国石油甘肃白银销售分公司	机动车燃料零售	甘肃省白银市
甘肃中油交通油品有限公司	机动车燃料零售	甘肃省兰州市
中国石油天然气股份有限公司甘肃张掖销售分公司	石油及制品批发	甘肃省张掖市
甘肃省烟草公司天水分公司	烟草制品批发	甘肃省天水市
中国石化销售有限公司西北甘肃分公司	石油及制品批发	甘肃省兰州市
甘肃仕通汽车销售有限公司	汽车、摩托车及零配件批发	甘肃省兰州市
甘肃省烟草公司陇南市公司	烟草制品批发	甘肃省陇南市
兰州民百(集团)股份有限公司	百货零售	甘肃省兰州市
甘肃省烟草公司庆阳市公司	烟草制品批发	甘肃省庆阳市
中国石油天然气股份有限公司甘肃临夏销售分公司	石油及制品批发	甘肃省临夏回族自治州
甘肃省烟草公司定西分公司	烟草制品批发	甘肃省定西市
兰州强生医药有限责任公司	西药批发	甘肃省兰州市
甘肃省烟草公司武威市公司	烟草制品批发	甘肃省武威市
兰州西太华工贸集团股份有限公司	百货零售	甘肃省兰州市
陇南市金徽酒业销售有限公司	饮料及茶叶批发	甘肃省陇南市
甘肃省烟草公司临夏回族自治州公司	烟草制品批发	甘肃省临夏回族自治州
甘肃省烟草公司张掖分公司	烟草制品批发	甘肃省张掖市
甘肃苏宁电器有限公司	家用电器零售	甘肃省兰州市

4-5 续表 92

企业名称	所属行业	企业所在地
甘肃华润万家生活超市有限公司	百货零售	甘肃省兰州市
甘肃国芳综合超市有限公司	百货零售	甘肃省兰州市
兰州良志实业集团有限责任公司	汽车零售	甘肃省兰州市
甘肃国美电器有限公司	家用电器零售	甘肃省兰州市
甘肃东方百佳商贸有限公司	超级市场零售	甘肃省庆阳市
兰州大润发商业有限公司	百货零售	甘肃省兰州市
兰州肯德基有限公司	快餐服务	甘肃省兰州市
甘肃众友医药连锁有限公司	药品零售	甘肃省兰州市
甘肃新乐连锁超市有限责任公司	超级市场零售	甘肃省张掖市
兰州国芳百盛虹盛百货有限公司	百货零售	甘肃省兰州市
兰州惠仁堂药业有限公司	药品零售	甘肃省兰州市
甘肃宁卧庄宾馆	旅游饭店	甘肃省兰州市
甘肃金昌时代酒店管理有限公司	旅游饭店	甘肃省金昌市
青海省		
中国石油天然气股份有限公司青海销售公司	石油及制品批发	青海省西宁市
中国石油化工股份有限公司青海石油分公司	石油及制品批发	青海省西宁市
中国石油天然气股份有限公司青海格尔木销售分公司	石油及制品批发	青海省海西蒙古族藏族自治州
青海省烟草公司西宁市公司	烟草制品批发	青海省西宁市
西宁中油燃气有限责任公司	石油及制品批发	青海省西宁市
中国石油化工股份有限公司青海格尔木石油分公司	石油及制品批发	青海省海西蒙古族藏族自治州
中国石油天然气股份有限公司青海海东分公司	机动车燃料零售	青海省海东地区平安县
西宁王府井百货有限责任公司	超级市场零售	青海省西宁市
西宁大十字百货商店有限公司	百货零售	青海省西宁市
青海物产物资配送有限责任公司	建材批发	青海省西宁市
北京华联综合超市股份有限公司青海第一分公司	超级市场零售	青海省西宁市
青海百货有限责任公司	百货零售	青海省西宁市
青海宁食集团有限公司	其他综合零售	青海省西宁市
宁夏回族自治区		
宁夏灵武宝塔大古储运有限公司	石油及制品批发	宁夏回族自治区银川市
中国石化销售有限公司西北宁夏分公司	石油及制品批发	宁夏回族自治区银川市
中国石油天然气股份有限公司宁夏银川销售公司	石油及制品批发	宁夏回族自治区银川市
中油宁夏石嘴山销售分公司	石油及制品批发	宁夏回族自治区石嘴山市
宁夏驰创贸易有限责任公司	煤炭及制品批发	宁夏回族自治区银川市
银川新华百货商店股份有限公司	百货零售	宁夏回族自治区银川市
中国石油天然气股份有限公司宁夏高速公路销售分公司	石油及制品批发	宁夏回族自治区银川市
宁夏回族自治区烟草公司银川市公司	烟草制品批发	宁夏回族自治区银川市
银川市新华百货连锁超市有限公司	超级市场零售	宁夏回族自治区银川市
中国石油天然气股份有限公司固原销售分公司	石油及制品批发	宁夏回族自治区固原市
银川新华百货东桥电器有限公司	家用电器零售	宁夏回族自治区银川市
宁夏回族自治区烟草公司吴忠市公司	烟草制品批发	宁夏回族自治区吴忠市
宁夏银铁平汝实业有限公司	煤炭及制品批发	宁夏回族自治区石嘴山市
宁夏烟草公司固原分公司	烟草制品批发	宁夏回族自治区固原市
新疆维吾尔自治区		
中国石油天然气股份有限公司西北销售新疆分公司	石油及制品批发	新疆维吾尔自治区乌鲁木齐市
中国石油天然气股份有限公司新疆乌鲁木齐销售公司	机动车燃料零售	新疆维吾尔自治区乌鲁木齐市
中国石油天然气股份有限公司新疆阿克苏销售分公司	石油及制品批发	新疆维吾尔自治区阿克苏地区
中国石油天然气股份有限公司新疆库尔勒销售分公司	石油及制品批发	新疆维吾尔自治区巴音郭楞蒙古自治州
国药集团新疆新特药业有限公司	药品零售	新疆维吾尔自治区乌鲁木齐市
新疆友好集团股份有限公司	百货零售	新疆维吾尔自治区乌鲁木齐市
新疆农资(集团)有限责任公司	化肥批发	新疆维吾尔自治区乌鲁木齐市
中国石油天然股份有限公司新疆喀什销售分公司	石油及制品批发	新疆维吾尔自治区喀什地区
新疆兵团棉麻公司	棉、麻批发	新疆维吾尔自治区乌鲁木齐市
中国石油天然气股份有限公司新疆哈密销售分公司	石油及制品批发	新疆维吾尔自治区哈密地区
中国石油天然气股份有限公司新疆昌吉销售分公司	石油及制品批发	新疆维吾尔自治区昌吉回族自治州

4-5 续表 93

企业名称	所属行业	企业所在地
中国石油化工股份有限公司新疆阿克苏石油分公司	石油及制品批发	新疆维吾尔自治区阿克苏地区
新疆维吾尔自治区烟草公司乌鲁木齐分公司	烟草制品批发	新疆维吾尔自治区乌鲁木齐市
乌鲁木齐铁路局实业开发总公司	石油及制品批发	新疆维吾尔自治区乌鲁木齐市
中国石油天然气股份有限公司新疆伊犁销售分公司	石油及制品批发	新疆维吾尔自治区伊犁哈萨克自治州
新疆同益投资有限公司	石油及制品批发	新疆维吾尔自治区克拉玛依市
中国石油天然气股份有限公司新疆吐鲁番销售	石油及制品批发	新疆维吾尔自治区吐鲁番地区
中国石油天然气股份有限公司新疆阿勒泰销售分公司	石油及制品批发	新疆维吾尔自治区阿勒泰地区
新疆兵团农业生产资料供应公司	化肥批发	新疆维吾尔自治区乌鲁木齐市
新疆九州通医药有限公司	西药批发	新疆维吾尔自治区乌鲁木齐市
库尔勒利华棉业有限责任公司	棉、麻批发	新疆维吾尔自治区巴音郭楞蒙古自治州
中国石油天然气股份有限公司新疆克拉玛依销售分公司	石油及制品批发	新疆维吾尔自治区克拉玛依市
美克美家家具连锁有限公司	家具零售	新疆维吾尔自治区乌鲁木齐市
新疆兵团农四师供销合作联合社	化肥批发	新疆维吾尔自治区伊犁哈萨克自治州
新疆国美电器有限公司	家用电器零售	新疆维吾尔自治区乌鲁木齐市
中国石油化工股份有限公司新疆石油分公司	石油及制品批发	新疆维吾尔自治区乌鲁木齐市
昌吉回族自治州粮油购销(集团)有限责任公司	谷物、豆及薯类批发	新疆维吾尔自治区昌吉回族自治州
中国石油天然气股份有限公司新疆和田销售分公司	石油及制品批发	新疆维吾尔自治区和田地区和田市
新疆亚欧大陆桥煤炭运销有限责任公司	煤炭及制品批发	新疆维吾尔自治区乌鲁木齐市
中国石化销售有限公司西北新疆喀什分公司	石油及制品批发	新疆维吾尔自治区喀什地区
新疆维吾尔自治区阿克苏地区烟草公司	烟草制品批发	新疆维吾尔自治区阿克苏地区
新疆兵团农七师供销合作总公司	棉、麻批发	新疆维吾尔自治区伊犁哈萨克自治州
新疆维吾尔自治区巴音郭楞蒙古自治州烟草公司	烟草制品批发	新疆维吾尔自治区巴音郭楞蒙古自治州
新疆兵团农三师农业生产资料公司	化肥批发	新疆维吾尔自治区喀什地区
新疆维吾尔自治区新华书店	图书批发	新疆维吾尔自治区乌鲁木齐市
新疆维吾尔自治区昌吉回族自治州烟草公司	烟草制品批发	新疆维吾尔自治区昌吉回族自治州
巴楚县鑫鹏棉业有限责任公司	棉、麻批发	新疆维吾尔自治区喀什地区
新疆维吾尔自治区喀什地区烟草公司	烟草制品批发	新疆维吾尔自治区喀什地区
新疆烟草公司伊犁州分公司	烟草制品批发	新疆维吾尔自治区伊犁哈萨克自治州
新疆汇嘉时代百货股份有限公司	百货零售	新疆维吾尔自治区乌鲁木齐市
新疆棉花产业(集团)莎车棉业有限责任公司	棉、麻批发	新疆维吾尔自治区喀什地区
新疆友好百盛商业发展有限公司	百货零售	新疆维吾尔自治区乌鲁木齐市
中国石油天然气股份有限公司新疆塔城销售公司	石油及制品批发	新疆维吾尔自治区塔城地区
新疆中石化基钰化工销售有限公司	石油及制品批发	新疆维吾尔自治区乌鲁木齐市
新疆星沃机械工程有限公司	汽车、摩托车及零配件批发	新疆维吾尔自治区乌鲁木齐市
中国石油天然气股份有限公司新疆博州销售分公司	石油及制品批发	新疆维吾尔自治区博尔塔拉蒙古自治州
新疆小松工程机械有限公司	汽车、摩托车及零配件批发	新疆维吾尔自治区乌鲁木齐市
阿瓦提县棉麻公司	棉、麻批发	新疆维吾尔自治区阿克苏地区
新疆好家乡超市有限公司	超级市场零售	新疆维吾尔自治区乌鲁木齐市
新疆军企工程机械(集团)有限责任公司	其他机械设备及电子产品批发	新疆维吾尔自治区乌鲁木齐市
库车县棉麻公司	棉、麻批发	新疆维吾尔自治区阿克苏地区
新疆苏宁电器有限公司	家用电器零售	新疆维吾尔自治区乌鲁木齐市
新疆家乐福超市有限公司	超级市场零售	新疆维吾尔自治区乌鲁木齐市
新疆棉花产业(集团)麦盖提棉业有限责任公司	棉、麻批发	新疆维吾尔自治区喀什地区
新疆库尔勒华力运销公司	石油及制品批发	新疆维吾尔自治区巴音郭楞蒙古自治州
精河县精棉棉业有限责任公司	棉、麻批发	新疆维吾尔自治区博尔塔拉蒙古自治州
新疆丹璐时尚百货有限公司	服装零售	新疆维吾尔自治区乌鲁木齐市
新疆宏景通讯有限公司	通信设备零售	新疆维吾尔自治区乌鲁木齐市
新疆肯德基有限公司	快餐服务	新疆维吾尔自治区乌鲁木齐市
新疆银都酒店有限责任公司	旅游饭店	新疆维吾尔自治区乌鲁木齐市
新疆鸿福大饭店有限责任公司	旅游饭店	新疆维吾尔自治区乌鲁木齐市
新疆机场集团天缘酒店管理有限责任公司	一般旅馆	新疆维吾尔自治区乌鲁木齐市
新疆边疆宾馆	旅游饭店	新疆维吾尔自治区乌鲁木齐市
新疆百富餐饮管理有限公司	快餐服务	新疆维吾尔自治区乌鲁木齐市
新疆瑞豪国际酒店	旅游饭店	新疆维吾尔自治区乌鲁木齐市
新疆亚欧大陆桥农产品运销有限责任公司	棉、麻批发	新疆维吾尔自治区乌鲁木齐市

附　录

简要说明:

附录Ⅰ：统计上大中小微型企业划分办法

附录Ⅱ：批发和零售业、住宿和餐饮业统计限额标准

附录Ⅲ：主要统计指标解释

附录 I　统计上大中小微型企业划分办法

一、根据工业和信息化部、国家统计局、国家发展改革委、财政部《关于印发中小企业划型标准规定的通知》(工信部联企业〔2011〕300 号),结合统计工作的实际情况,特制定本办法。

二、本办法适用对象为在中华人民共和国境内依法设立的各种组织形式的法人企业或单位。个体工商户参照本办法进行划分。

三、本办法适用范围包括:农、林、牧、渔业,采矿业,制造业,电力、热力、燃气及水生产和供应业,建筑业,批发和零售业,交通运输、仓储和邮政业,住宿和餐饮业,信息传输、软件和信息技术服务业,房地产业,租赁和商务服务业,科学研究和技术服务业,水利、环境和公共设施管理业,居民服务、修理和其他服务业,文化、体育和娱乐业等 15 个行业门类以及社会工作行业大类。

四、本办法按照行业门类、大类、中类和组合类别,依据从业人员、营业收入、资产总额等指标或替代指标,将我国的企业划分为大型、中型、小型、微型等四种类型。具体划分标准见附表。

五、企业划分由政府综合统计部门根据统计年报每年确定一次,定报统计原则上不进行调整。

六、本办法自印发之日起执行,国家统计局 2003 年印发的《统计上大中小型企业划分办法(暂行)》(国统字〔2003〕17 号)同时废止。

附表：统计上大中小微型企业划分标准

行业名称	指标名称	计量单位	大型	中型	小型	微型
农、林、牧、渔业	营业收入(Y)	万元	Y≥20000	500≤Y＜20000	50≤Y＜500	Y＜50
工业 *	从业人员(X)	人	X≥1000	300≤X＜1000	20≤X＜300	X＜20
	营业收入(Y)	万元	Y≥40000	2000≤Y＜40000	300≤Y＜2000	Y＜300
建筑业	营业收入(Y)	万元	Y≥80000	6000≤Y＜80000	300≤Y＜6000	Y＜300
	资产总额(Z)	万元	Z≥80000	5000≤Z＜80000	300≤Z＜5000	Z＜300
批发业	从业人员(X)	人	X≥200	20≤X＜200	5≤X＜20	X＜5
	营业收入(Y)	万元	Y≥40000	5000≤Y＜40000	1000≤Y＜5000	Y＜1000
零售业	从业人员(X)	人	X≥300	50≤X＜300	10≤X＜50	X＜10
	营业收入(Y)	万元	Y≥20000	500≤Y＜20000	100≤Y＜500	Y＜100
交通运输业 *	从业人员(X)	人	X≥1000	300≤X＜1000	20≤X＜300	X＜20
	营业收入(Y)	万元	Y≥30000	3000≤Y＜30000	200≤Y＜3000	Y＜200
仓储业	从业人员(X)	人	X≥200	100≤X＜200	20≤X＜100	X＜20
	营业收入(Y)	万元	Y≥30000	1000≤Y＜30000	100≤Y＜1000	Y＜100
邮政业	从业人员(X)	人	X≥1000	300≤X＜1000	20≤X＜300	X＜20
	营业收入(Y)	万元	Y≥30000	2000≤Y＜30000	100≤Y＜2000	Y＜100
住宿业	从业人员(X)	人	X≥300	100≤X＜300	10≤X＜100	X＜10
	营业收入(Y)	万元	Y≥10000	2000≤Y＜10000	100≤Y＜2000	Y＜100
餐饮业	从业人员(X)	人	X≥300	100≤X＜300	10≤X＜100	X＜10
	营业收入(Y)	万元	Y≥10000	2000≤Y＜10000	100≤Y＜2000	Y＜100
信息传输业 *	从业人员(X)	人	X≥2000	100≤X＜2000	10≤X＜100	X＜10
	营业收入(Y)	万元	Y≥100000	1000≤Y＜100000	100≤Y＜1000	Y＜100
软件和信息技术服务业	从业人员(X)	人	X≥300	100≤X＜300	10≤X＜100	X＜10
	营业收入(Y)	万元	Y≥10000	1000≤Y＜10000	50≤Y＜1000	Y＜50
房地产开发经营	营业收入(Y)	万元	Y≥200000	1000≤Y＜200000	100≤Y＜1000	Y＜100
	资产总额(Z)	万元	Z≥10000	5000≤Z＜10000	2000≤Z＜5000	Z＜2000
物业管理	从业人员(X)	人	X≥1000	300≤X＜1000	100≤X＜300	X＜100
	营业收入(Y)	万元	Y≥5000	1000≤Y＜5000	500≤Y＜1000	Y＜500
租赁和商务服务业	从业人员(X)	人	X≥300	100≤X＜300	10≤X＜100	X＜10
	资产总额(Z)	万元	Z≥120000	8000≤Z＜120000	100≤Z＜8000	Z＜100
其他未列明行业 *	从业人员(X)	人	X≥300	100≤X＜300	10≤X＜100	X＜10

说明：

1.大型、中型和小型企业须同时满足所列指标的下限，否则下划一档；微型企业只须满足所列指标中的一项即可。

2.附表中各行业的范围以《国民经济行业分类》(GB/T4754-2011）为准。带*的项为行业组合类别，其中，工业包括采矿业，制造业，电力、热力、燃气及水生产和供应业；交通运输业包括道路运输业，水上运输业，航空运输业，管道运输业，装卸搬运和运输代理业，不包括铁路运输业；信息传输业包括电信、广播电视和卫星传输服务，互联网和相关服务；其他未列明行业包括科学研究和技术服务业，水利、环境和公共设施管理业，居民服务、修理和其他服务业，社会工作，文化、体育和娱乐业，以及房地产中介服务，其他房地产业等，不包括自有房地产经营活动。

3.企业划分指标以现行统计制度为准。(1）从业人员，是指期末从业人员数，没有期末从业人员数的，采用全年平均人员数代替。(2）营业收入，工业、建筑业、限额以上批发和零售业、限额以上住宿和餐饮业以及其他设置主营业务收入指标的行业，采用主营业务收入；限额以下批发与零售业企业采用商品销售额代替；限额以下住宿与餐饮业企业采用营业额代替；农、林、牧、渔业企业采用营业总收入代替；其他未设置主营业务收入的行业，采用营业收入指标。(3）资产总额，采用资产总计代替。

附录Ⅱ　批发和零售业、住宿和餐饮业统计限额标准

<table>
<tr><th>行业类别</th><th>统计指标名称</th><th>限额标准</th></tr>
<tr><td>批发业</td><td>年主营业务收入</td><td>2000 万元</td></tr>
<tr><td>零售业</td><td>年主营业务收入</td><td>500 万元</td></tr>
<tr><td>住宿业</td><td rowspan="2">年主营业务收入</td><td rowspan="2">200 万元</td></tr>
<tr><td>餐饮业</td></tr>
</table>

附录Ⅲ 主要统计指标解释

一、批发和零售业、住宿和餐饮业主要财务指标解释

1. **资产总计**：指企业拥有或控制的能以货币计量的经济资源，包括各种财产、债权和其他权利。资产按其流动性(即资产的变现能力和支付能力)划分为：流动资产、长期投资、固定资产、无形资产、递延资产和其他资产。

2. **流动资产**：指企业可以在一年内或者超过一年的一个生产周期内变现或者耗用的资产，包括现金及各种存款、短期投资，应收及预付款项、存货等。

3. **固定资产原价**：指企业在建造、购置、安装、改建、扩建、技术改造某项固定资产时所支出的全部货币总额。

4. **固定资产折旧**：指对固定资产由于磨损和损耗而转移到产品中去的那一部分价值的补偿。

5. **负债合计**：指企业所承担的能以货币计量，将以资产或劳务偿付的债务，偿还形式包括货币、资产或提供劳务。

6. **所有者权益合计**：指企业投资人对企业净资产的所有权。企业净资产为企业全部资产与企业全部负债的差额，包括实收资本、资本公积、盈余公积、未分配利润等。

7. **实收资本**：指企业投资者实际投入的资本(或股本)，包括货币、实物、无形资产等各种形式的投入。实收资本按投资主体可分为国家资本、集体资本、法人资本、个人资本、港澳台资本和外商资本。

8. **国家资本**：指有权代表国家投资的政府部门或机构、直属事业单位对企业形成的资本金。

9. **集体资本**：指由本企业职工等自然人集体投资或各种机构对企业进行扶持形成的集体性质的资本金。

10. **法人资本**：指法人以其依法可支配的资产投入企业形成的资本金。

11. **个人资本**：指自然人实际投入企业的资本金。

12. **港澳台资本**：指我国香港、澳门和台湾地区投资者实际投入企业的资本金。

13. **外商资本**：指外国投资者实际投入企业的资本金。

14. **营业收入合计**：指企业在销售商品、提供劳务及让渡资产使用权等日常活动中所形成的经济利益的总收入。包括主营业务收入和其他业务收入。

15. **主营业务收入**：指企业在从事销售商品、提供劳务等主要生产经营活动中所产生的收入总额。

16. **主营业务成本**：指企业为销售商品、提供劳务等主要生产经营活动而发生的各种耗费。

17. **主营业务税金及附加**：指企业根据实现收入的一定比例计提的营业税、城建税和教育费附加总额。

18. **主营业务利润**：指企业在从事商品销售、提供服务等主要经营中所产生的利润之和。

19. **其他业务利润**：指企业除销售商品、提供劳务等主要经营活动外的其他业务收入扣除其他业务成本及应负担的费用、税金后的净收入。

20. **销售费用**：指企业在销售商品和提供劳务过程中产生的各种费用，包括应由企业负担的运输费、装卸费、包装费、保险费、维修费、展览费、差旅费、广告费和其它经费。

21. **管理费用**：指企业行政管理部门为组织和管理生产经营活动而发生的各项费用。

22. **财务费用**：指企业为筹集生产经营所需资金等而发生的费用，包括利息支出、汇兑损失以及相关的金融机构手续费等。

23. **营业利润**：指企业从事生产经营活动所产生

的利润，即主营业务利润加其他业务利润扣除管理费用、财务费用后的净额。

24. 利润总额：指企业在生产经营过程中各种收入扣除各种耗费后的盈余，反映企业在报告期内实现的亏盈总额，包括营业利润、补贴收入、投资净收益和营业外收支净额。

25. 应交所得税：指企业按税法规定，应从生产经营等活动的所得中交纳的税金。

26. 应付职工薪酬：指企业为获得职工提供的服务而给予各种形式的报酬以及其他相关支出。包括职工工资、奖金、津贴和补贴，职工福利费，医疗保险费、养老保险费、失业保险费、工伤保险费和生育保险费等社会保险费，住房公积金，工会经费和职工教育经费，非货币性福利，因解除与职工的劳动关系给予的补偿，其他与获得职工提供的服务相关的支出。

27. 应交增值税：指企业按税法规定，从事货物销售或提供加工、修理修配劳务等增加货物价值的活动本期应交纳的税金。计算公式为：

本年应交增值税=销项税额-(进项税额-进项税额转出)-出口抵减内销产品应纳税额-减免税款+出口退税

二、批发和零售业商品购、销、存情况指标解释

1. 商品购进额：指从本企业以外的单位和个人购进（包括从国外直接进口）作为转卖或加工后转卖的商品金额。本指标由从生产者购进额、从批发和零售业购进额、进口额和其他项组成，反映批发和零售业从国内外市场上购进商品的价值总量。

2. 进口：指直接从国外进口的商品和委托外贸部门代理进口的商品，不包括从国内有关单位购进的进口商品。外贸企业只能统计自主经营进口的商品，不包括受托代理进口的商品。

3. 商品销售额：指售予本企业以外的单位和个人的商品金额(含增值税)。这个指标反映批发和零售业在国内市场上销售商品以及出口商品的价值总量。

4. 出口：指直接向国（境）外出口商品和委托外贸企业代理出口的商品金额，商品出口不包括售给外贸企业出口或加工后出口的商品，以及在国内市场以外币销售的商品。外贸企业只统计自主经营出口的商品，不包括受托代理出口的商品。

5. 期末商品库存额：指批发和零售业企业（单位）已取得所有权的全部商品金额。这个指标反映批发和零售业的商品库存情况，以及对市场商品供应的保证程度。

三、住宿和餐饮业经营情况指标解释

1. 营业额：指住宿和餐饮业法人企业、产业活动单位在经营活动中因提供服务或销售商品等取得的收入。包括：客房收入、餐费收入、商品销售额（含增值税）和其他收入。

2. 客房收入：指住宿和餐饮业法人企业、产业活动单位在经营活动中因提供住宿服务取得的收入。

3. 餐费收入：指住宿和餐饮业法人企业、产业活动单位因为顾客提供就餐服务取得的收入。包括：经烹饪、调制加工后出售的各种食品，如主食、炒菜、凉拌菜等的收入。

4. 商品销售额：指住宿和餐饮业法人企业、产业活动单位出售商品的销售总额（含增值税）。

5. 其他收入：指营业额中除客房收入、餐费收入、商品销售额（含增值税）以外的其他收入。包括：娱乐、健身和商务服务等。

四、批发和零售业、住宿和餐饮业主要经济效益分析指标解释

1. 负债率：指企业负债总额与资产总额之比。它表示企业资产总额中，债权人提供资金所占的比重，以及企业资产对债权人权益的保障程度。其计算公式为：

负债率 =（负债总额 ÷ 资产总额）×100%

2. 主营业务毛利率：指企业主营业务收入和主营业务成本之间的差额与主营业务收入之比，其计算公式为：

主营业务毛利率 =（主营业务收入 － 主营业务成本）÷ 主营业务收入×100%

3. 人均营业收入：指企业营业收入与年末从业人员数之比，其计算公式为：

人均营业收入 = 营业收入 ÷ 年末从业人员

数

4. **费用率**：指销售费用、管理费用和财务费用三项之和与营业收入之比。其计算公式为:

费用率 =（销售费用 + 管理费用 + 财务费用）÷营业收入×100%